民國思潮讀本

● 一 第四卷 一 ●

主　编　　田晓青

策　划　　徐　晓

主编助理　纪　彭

作家出版社

目　　录

国民政府的正统思想及其批判

战　国　策

新 哲 学

新 传 统 主 义

宪政与法治

自由主义

关于自由经济

社　会　学

抗战胜利后的文化与学术

延安整风运动

国民政府的正统思想及其批判

最近二十年国内思潮之动向

刘炳藜

最近二十年国内思潮可分作三个时期来叙述。第一个时期以五四运动为起始；第二个时期以国共合作（国民党与共产党合作）为起始；第三个时期以九一八事变以后为起始。三个时期各相距约六七年，合之为最近二十年来国内思潮之动向。

一

五四运动发生于民国八年，正是欧洲大战结束后之第一年（一九一九年）。欧洲大战之结果是协约国胜利了，是协约国的民主精神胜利了。由于这个胜利在欧洲发生对战败国（德国）之分赃运动，并创立对这分赃运动的所谓和平机关。由于这个机关——巴黎和会之发轫，中国学生外受强邻之欺压，内惧国贼之横行，以民族自决和民主主义精神为中心，乃自然而然地发生五四运动。这个运动发生于北平，不旋踵间蔓延于全国。由于这一个运动，中国民族有些觉悟了。由于这一个运动，中国改革了以前的艰深难懂的古典文字而代之以简浅明显的白话文。胡适之提倡白话文的确是功在国家，他之攫取世界学者之头衔并不是因为他著了一部中国哲学史，那部哲学史并没有什么价值，至多只将实验主义的工具粗浅地运用一下。他之独得世界学者之头衔，乃是由于他提倡白话文，白话文的确便利大众，为大众造幸福。这就是一种民主精神所发生出来的花果。由于这一个运动——五四运动下之白话文运动，民主思潮也跟着普遍化了。民主思潮普遍化，欧美各种思潮不断地滚滚东来。国人骤开思潮之路，目不暇给，胡乱地吸收了一些乱杂的欧美思潮。有的信仰虚无主义，有的研究共产主义，有的研究无政府主义，甚至一个中学生连外国字也识不得几个，也组织并领导什么社会主义研究会而大出其风头，若干年来领导中国共产党的毛泽东就是这样一个学生献身于共产主义运动而独得这样的成绩的。当时欧美各种思潮尤其民主主义与社会主义思潮真是雨后春笋一般地在中国发扬滋长。这个时期可说是个思潮混乱输入时期。

由于这个时期思潮的混乱输入，中国人民，尤其中国的学生或读书人的思想解放了。由于思想解放，引起了怀疑、自由、自主和打破偶像等的精神。钱玄同在这个时期改名为疑古玄同。顾颉刚在这个时期稍后开始怀疑古史之研究，旋出了古史辨一书。陈独秀钱玄同等在这时开始打倒孔家店；往后陈独秀走入急进的道路，领导一班青年向布尔什维克的道路上走，李大钊当时就做了他的有力的伴侣。北京大学一班学生为五四运动的主持者的，初办新潮以研究各种思潮或新文化为鹄的，往后到外国去读书，现在多在国内任要职。朱谦之出家做和尚，但到后来也讨了老婆，得了西湖富有和尚的赐予安住在西湖之滨。康白情由善后会议走入四川的老巢，据说抽起鸦片起来，现在不识结果如何了。施存统在浙江一个中学读书，大倡非孝主义，反对他的父亲；的确从此有些青年拿着他的父亲的血汗到城市去读书，一旦重返家乡便大骂他的父亲为老朽昏庸，有些怀疑与非孝主义者甚至对他的父亲也怀疑反对起来了。这个混乱糊涂时期的思潮的确生了一个混乱糊涂的现象。

二

但是混乱糊涂时期不能继续得太长久。由于历史的演进，渐渐由混乱糊涂中抽出些条理；并且因为时间的洗礼，有些不切实用的思潮渐渐被淘汰了。于是民国十二三年的时候，其在国内思潮露头角者，是具有民权主义和克谟克拉西性质之民主主义，具有民生主义和社会主义性质之共产主义，以及具有民权、民生、民族主义尤其具有浓厚民族主义性质的三民主义。三民主义不是发生于这个时期，也不是发生于五四运动；它发生于民国建立以前，在五四运动前后已开始具有活跃性，到民国十二三年就开始活跃起来而且具体化了。大凡一个思潮经过了若干时间的酝酿便要具体化变为行动，即一个政治运动，其初是社会思潮或一般思潮的酝酿，往后才变为具体行动。经过若干年酝酿的三民主义思潮，现在具体化，行动化，活跃起来了。因有苏俄第三国际的指示，中国共产党虽然只经过数年的时间的酝酿，到民国十二三年也开始活跃起来了。至于民主思潮在民主国招牌照耀之下如民主政体的形式一样徒具着空洞的形式。所以到民国十三年在民主国形式之下，国民党改组了，共产党加入国民党工作了，这就名叫国共合作，表示国民党与共产党合作从事国民革命共同建设起新中国。但是中国共产党受着苏俄第三国际的指挥，阳奉阴违，名义上加入国民党进行国民革命，实际上挂羊头卖狗肉而进行其阶级斗争和农工暴动和无产阶级专政的工作。经过二三年的貌合神离的合作，中国共产党终于在民国十六年被国民党踢出党外了。从此三民主义与共产主义从理论到事实都发生剧烈的斗争。这一个斗争的工作从民国十六年到民国二十年表现得最严重和尖锐。在这个时期，虽然共产主义的事实即共产党的流寇式的运动被国民党击败了，但是共产主义的理论却五花八门或深入或浅出地活现于文化市场，尤其是大都市。在这个时期，市场上的各种社会科学书籍，几无不以用唯物辩证法来研究为获得青年学子的欢心。文化论坛上和大学文法教室中，其所讨论和研究者，几无不以唯物辩证法为工具或马克思主义为骨骼，虽然表面上仍披着三民主义的大衣；盖因共产主义事实上之失败，其理论不敢公然揭露故也。所以当时虽是共产主义事实在中国失败之时，却是共产主义理论在中国获得胜利之时。这是共产主义思潮在中国登峰造极之时。至于三民主义的国民党，因其崇尚事实的斗争，许多有为的人物均竞争于现实政治场中，斤斤于以求得官职为满足，故鲜有从事于理论的研究者。在民国十三年至二十年，七八年的期间，其在三民主义理论上有造见的著作，只能列出戴季陶先生的对于三民主义哲学基础及民生史观的阐发和胡汉民先生的三民主义的连环性论二书，这两本书的确在三民主义理论上提供了一些重要的意见，在共产主义理论猖獗时间为共产党理论和实行者所嫉视。然而凤毛麟角，何能敌得住共产主义理论前后左右的环攻夹击？所以这个稀有的理论仍然不能普遍化和通俗化，甚至为有些国民党同志所忽视。周佛海先生所著的三民主义理论的体系一书虽然风行一时，然而是述而不作，只能供考试场中笔述解述之用，不能与共产主义的根本理论相抗衡。所以这个时期可说是国内思潮斗争时期，也是三民主义理论衰败而事实战胜时期。

三

三民主义事实战胜，共产主义事实便退败了。由于共产主义事实之退败，共产主义理论亦相应地遁逃了，所以从九一八以来，共产主义理论或思潮没有以前那样猖獗，那样流行，许多青年不一定要抱着以马克思为骨干来描写的书本方为出风头。在这个时候，因为三民主义事实之战胜，以三民主义为中心的理论渐渐风行起来了。记得在五年前的时候，我们在本志上提倡民族革命的口号，可是当时有许多人，甚至自命为懂得马克思主义而是三民主义信徒的学者亦视为这口号太落后，但是时过境迁，过了三四年的光景，直到去年，原来以为这个口号落后的现已转变为时髦了。民族革命的口号现已风行全国了。现在国人已知中国革命要遵循民族主义的路线，不复遵循其他主义的路线，如社会主义路线或所谓人民阵线。近年来国人已知道中国文化有些优点应该保存，不如五四运运时期一样，一味废弃以前的旧文化。自从蒋委员长提倡新生活运动以后，国人已知道中国固有文化，尤其礼义廉耻的重要。大学中庸之道在五四运动为人所唾弃的，现在亦为人所重视了。现在各级学校，尤其军事与政治学校的人生哲学，均以大学中庸为中心理论了。这不是复古，这是将中国固有文化或理论的优点保存起来。这一个复兴或保存固有优美中国文化的运动是蒋委员长提倡起来的。他之提倡此种运动乃是因为他在以三民主义事实击败共产主义事实之后，也正是一面以复兴中国固有文化和道德，相应地以为击败共产主义事实之理论的援助或呼应。所以在三民主义事实战胜之后，三民主义的理论也兴盛起来了，在共产主义事实被击败之后，共产主义理论便衰落了。三民主义理论是以中国固有文化与道德为基础。所以近年来中国固有文化与道德之提倡亦即三民主义理论之发展。由于民族革命路线之遵循，已进至民族第一主义与民族铁血主义。民族高于一切，祖国高于一切，民族国家之建立为当今第一要图。因为要建立民族国家必须国内统一，于是由民族第一主义进而至民族统一主义了。这些均是现在论坛上很时髦的口号。由于本国固有优美文化与道德之提倡复兴，现在东方人之大道或东方文化之优美已为国际间所重视。蒋委员长近数月来发表四篇重要文献：一、五十生日感言；二、对张杨训词；三、对儿玉等欢迎词；四、西安半月记。这四篇文献，作者已先后为文在本志颂扬了，是现在中国人民的活历史与活教训，应为全国公民所诵读。这就是东方文化或东方道德之表现，已为国人或甚至世界人所重视。这是九一八以后国内思潮活跃之实际情形，亦即近年来国内思潮流变之梗概。

四

由上所述，可知最近二十年来国内思潮的动向有两个重要的特征。其一是，由混乱趋于斗争而竟归于稳定或统一：即是第一个时期是混乱时期，第二个时期是斗争时期，而现竟归于稳定或统一。其二是，由多数趋于少数而竟归于一尊：即是第一个时期是多数主义或多数思潮涌进时期，如民主主义、社会主义和虚无主义等在第一个时期风起云涌，到第二个时期只剩着有力的共产主义与三民主义相斗争，到第三个时期共产主义也退败了。只剩着稳定或统一的三民主义理论为全国一般思潮尤其革命思潮之指导。到这个时候，我们虽然还能看见共产主义、民主主义或其他主义的残骸作回光返照的活动，如上海和北平市场上还见有些穿着三民主义大衣而骨子里仍本着马克思主义衣钵，挂羊头卖狗肉地幌耀着三民主义或民族主义或统一主义旗帜，摇身一变在国民党所指导或津贴创办的刊物，以头形深隐外为捧场实际透露其阴贼狠险的文字变形地来吹嘘（上海市场的自新的理论的活动），或甚至在其自有日报或周报上公开地提倡观念的民主主义或精神统一论（北平上海天津市场之落后的民主主义理论的活动）。但是这种现象必然地不能久存，终不过是昙花一现而已。我们记述近二十年来的国内思潮的动向，同时我们歌颂三民主义二十年来由混乱到斗争而至最近时期的稳定与统一！我们要不负时代所给予我们的责任，在三民主义稳定和统一理论指导之下迈步前进！

原载《前途》杂志五卷七期，一九三七，七，十六

中国社会思潮的新倾向（节录）

孙啸凤

……

三 中国民族生存力强韧的原因

我国现代社会思潮的倾向如何？我们从历代的"内变"与"外铄"所演绎出的事实观察，知道所演变的过程，确已届一划时期的新倾向。在中国历史上，我们知道有两次变动最剧烈的时期：第一是春秋战国时期。那时诸子百家杂出，成为中国思想运动上的一个黄金时代。其原因是那时候的铁器的使用及灌溉术的发明之农业生产力在技术上的进步。工商业由此鼎盛，城市由此繁荣，促成封建制度的崩溃，使中国社会已走向商业资本的阶段。于是站在这个基础上的一切社会意识形态，不得不随之而起重大的变动。第二是清末鸦片战争以后。帝国主义者的武力与经济的势力，双管齐下的攻入闭关自守的我国，于是素以农业经济为核心的我国社会，遂不得不日渐崩溃，因之所反映于思想方面，震于西洋的文明，而窃取其唾余；毁弃的固有文明，而尚其所守。于是守旧者主张"保存国粹"，维新者主张"全盘西化"，折衷派主张"中学为体，西学为用"，社会思想至此遂特别庞杂纷歧。及至最近十余年间，西洋思想已形成两个不同的体系——资本主义文化与社会主义文化之对立，两者都被介绍过来，至酿成共产党在中国人的心理上所遗留之毒素，使中国社会思想，更为复杂，亦犹之中国经济的形态，封建的残渣也有，资本主义的生产关系也有，是一样的情形。这种变动和复杂的思想，完全是受"内在"与"外铄"的影响。

其次是民族意识在中国社会思潮内的始终一贯。我国自"周逐犹"以至民国建立，上下五千余年，关于民族意识之坚强，见之于可歌可泣的民族英雄传记，咏之于慷慨悲歌的爱国志士诗篇，实可以充分的证明中国社会所涵蓄的民族意识是异常浓厚和继续不断。此其原因，是中国素受所谓东夷、西戎、南蛮、北狄的外患，稍一不慎，民族生存，即感受威胁，为事实所迫，民族抗战之情绪不得不热烈。这种由外患所形成的社会思想，足以充分地证明是受环境的支配。

四　中国社会思潮的三大倾向

现在再由社会立体的研究而转入于社会平面的探讨，也可说是由"纵断面"的探溯，而进于"横断面"的批判，中国近两年来无论从政治方面，或经济方面，甚至社会本身方面，关于思想主潮变迁的历程，均已趋向好转，概括言之，约有三点：

一、由理论而实际。中国的学者，向来以"清谈"著名，上焉者如晋朝党锢，唐代清流，斤斤于名节，迂远而不切于事实；下焉者如明之复社，当明室危亡之时，毫无抗敌救亡的实践工作，徒托一二名妓之向背，以为贤奸之判别。就是前几年中国社会史论战的诸位先生，如王宜昌骂岩云峰是先天的唯物史观，任曙讥李季为半马克思主义的买办理论，朱其华嘲一般参加中国社会史论战的人，为抹杀事实的玄学的死公式论者，唇枪笔战，闹得喧嚣之至，大有"你说的不对，原因是你说的，我说的一定对，因为是我说的"的形势。试问不去搜集实际材料，徒死死的去争论公式，于中国社会问题有什么益处？近几年的风气，可就大大不同了，大家都埋头于实际工作，不尚空洞的批判，如中央研究院在殷墟的考古发掘，顾颉刚钱玄同等从事于辨伪考证工作，地方经济的调查统计的盛行，各机关及出版界之各种年鉴编辑的风起，各书局关于数理科学类书籍出版之发达。这种史料研究与社会实况调查的积极并进，在学术思想上，实是放一异彩。尤其蒋委员长近年所倡导的新生活运动与国民经济建设运动两种运动的同时并进，使精神建设与物质建设，得以连系一致的切实推行，所影响于社会实际的建设更大，成为中国社会思潮趋于实际化的一个强有力的"动力"。

二、由放任而统制。中国的思想界，向来以放荡不羁、自由放任为习性的，除一二特殊的人物能言行一致外，多数都是放言高论，不负实际责任和工作，故每当社会纷乱与国家危殆的时机，只见"离心力"的言论，因之形之于主权方面，则成"一国三公，其谁适从"的多头政治，表之于国策方面，则成"筑室道旁，议论多而成功少"的现象，翻开中国的历史一看，此种事例，举不胜举。此中国历史上统一的时期所以较短，而集中的文化，所以不能建立也。我们要了解"科学底文化，只有现实的实践的斗争的过程上才能得到，而不是在单纯的理论斗争过程上能得到的"（《伊里奇全集》第十七卷）。我们根据这个原则，检查最近的社会思潮，确已因事实需要的迫切，而大异往昔了：第一因"五卅""六三""三一八"之反帝反封建的实践运动，民众已觉悟到革命的需要，而集中意识于三民主义领导之下，一致奋斗。第二因"九一八"、"一二八"日帝国主义的凶猛侵略，大家都感觉到"一盘散沙""人自为战"的无济于事，而愿意牺牲成见，接受政府通盘筹算的主张；尤其由这次蒋委员长在西安蒙难的事实观之，举国上下，无论平时对政府持反对或赞成者，均一致主张营救，无一人或有异议。及至脱险回京，无论通都大市、穷乡僻壤，无不欢声雷动，共表庆祝。这足以充分的证明中国的自由思想已粉碎于实践斗争之中，自然而然的统制于民族解放的大纛之下了，这种思想的转变，可说是中华民族复兴的佐证。

三、由个人而集体。中国人的个人主义色彩的浓厚，在世界上是顶有名的。这种思想，在闭关无事的时代，尚无多大关系，可是在这"以集团主义击退个人主义，是每个战士必要的战斗勤务"（加田哲二《国民主义与国际主义》）的时候，是不适于生存的，因此我国近年思想界为着事实之迫切：已有一最大的转换，就是由个人思想转入集体思想。换一句话说，当这民族感觉生存危殆的时候，大家的国家民族意识都已加强，已由私人观念而变为民族观念了。这种思想的倾向，尤其值得宝贵！

五　民族经济单位相当的形成

话又说回来，中国社会思潮所以有以上三种新的倾向，不是偶然的，一方面是民族解放实践运动的需要，一方面是民族经济单位相当的形成。我国自去年十一月实行法币政策以来，关系国脉之经济形态，已趋好转，如汇价的稳定，入超额的减低，金融市场的安定，物价指数的合理上升，法币信用的昭著，生产指数的逐渐高涨，现金的集中准备，使中央的财力，足以控制地方，如这次蒋委员长在西安蒙难的十四天当中，国内人心只忧愤而不浮动，金融市场只沉寂而不紊乱，虽曰民族观念之深有以使然，而中央经济制度业已树立，不易动摇，其关系亦甚大也。因此我们站在现阶段的经济立场去展望现社会思想的倾向，也是势所必然的，是由自由而转为集中，由理论而转为实际，由个人而转为民族的。

六 结论

总括起来说，思想运动，本来是社会主义者一种狭义的阶级解放或劳动问题，但是我国现在已因外患迫切的"外铄"关系与经济变动的"内在"变革，已成为整个民族运动的新倾向了。换一句术语说，整个中国已经是"民族社会与民族国家"。一切思想运动，已透过经济领域与民族意识，使民族斗争代替了阶级斗争，民族革命代替了阶级革命。

因此，我们知道今后中国社会运动的任务，一方面是求经济建设的完成，期将国防建设与民生建设互相结托，一方面是反帝反封建为解放民族的任务，尤其在反帝的内容上，以现阶段而言是以收复失地与进行民族防卫战线为最急要的任务。今后中国社会思潮之倾向，一方面是倡导大众的血与肉的文化统制，期造成举国一致的实践精神，一方面是合流于民族复兴运动，期扫荡一切"离心力"的集中运动。这种思潮，是一个时代的要求，无所谓进化，也无所谓逆流！

行的哲学之认识（节录）

夏君虞

一

知行学说在中国可说是盛极一时，举其大者亦有八个不同的说法：

    甲　知易行难说

    乙　知先说

    丙　知行交发说

    丁　知即能行说

    戊　知行不是两截说

    己　知行合一说

    庚　知难行易说

    辛　行的哲学

知易行难说倡始于商代的传说，是中国的知行学说出世的第一个，看来似很合理，极为一班人所遵奉，但细加研究，便知其学理上根据极浅，只能算为开路的先锋，功劳固有，价值却不大。知先说倡始亦很早，孔子以降，即主张如此，《论语》言"盖有不知而作者，我无是也"，这便是知在行先的意思，孔子虽未说知易行难说的肤浅，然知先说确较知易行难说为进步，直到现在还不能有所訾议。知行交发说发生于宋代，司马光等就是如此主张，实则蘧伯玉的"五十而知四十九年非"的一语，已是这说的萌芽。知即能行说创始于宋代程门，杨时所领导的"道南"一派，发扬尽致，有人说这就是明代王守仁的知行合一说的祖师，虽不尽然，但知行间的距离确是因为有知即能行说的第一次缩短，方才有知行合一说的第二次归并。知行不是两截说也是宋儒的产物，似出于朱紫阳之门，除陈淳等倡言外，其流并不广。近世总理孙中山先生主张知难行易说，将知易行难说恰恰倒过来看，这已为周知的事实，而总理在《孙文学说》里也自发挥得很详细。第八个行的哲学乃今日蒋委员长所发明，是中国知行学说最新的一个学说，迄至现在止，委员长尚时时加以解释，但其已成为一种定论，则事无可疑。

统观中国知行学说，其趋势似为由知易行难而知行合一，而知难行易，而行的哲学。学说虽有八个，主要的则只有四个，而第八个行的哲学单提一行字，不将知行并列，这不但学说之产生的时代最新，其学说的形式，也就最新了。

委员长常说："革命的学问，是中国固有的学问"，我人看总理说的忠孝仁爱信义和平，以及智仁勇，委员长所说的礼义廉耻，以及大学之道，无往不以中国固有的学问为基础，以推进中国革命事业，则行的哲学之亦为中国固有的学问当属必然。在字面上看，只有传说的知易行难说有重行的暗示，然我人前已言知易行难说极少学理的根据，行的哲学乃最近最新的学说，以学术的进化论，断不致与传说的主张一样，这也是必然而无可疑的。

……

兹拟就"学理的根据"以及"与中国固有学问的关系"，对于行的哲学加以发挥，然只云个人意见，其当与否则不敢问。

……

四

中国古代的儒家学说，虽主张"知在行先"，但其立教则又说行应在知先，《论语》上说："弟子入则孝，出则弟，谨而信，泛爱众，而亲仁，行有余力，则以学文。"

又孔子对于"命"与"仁"等与"利"一样地罕言，若是诸弟子向他请问，他则只在行为上指点，只是教人怎样去行，这因为一般人，知饮食者多，知味者寡，若必待人人知味而后饮食，那么，世间早没有人类了。不论是伦理上政治上的任何一种措施，创始的先知先觉者，当然要是知在行先，所谓"不知而作者我无是也"，其意即指此。但天下之大，万民之众，家喻户晓，势所难能，此亦所谓知难，社会安宁与进化又不可一日或缺，这只有教之先行之一法，于是又有"行先说"之教，乃古代圣贤淑世的一种苦心。

委员长的"行的哲学,"在学理上固有其极强的根据,但其所以创设这学说的原因,似亦具有"行先说"的苦心,换言之,即行的哲学之倡导,亦有"行先说"的教育宗旨,这可看委员长自己的以下几段说话:

"我们每星期做纪念周,读总理遗嘱,在《建国方略》、《建国大纲》、《三民主义》,及'第一次全国代表大会宣言'里,总理的政治主张很明白的告诉我们;关于主义的解释,在《三民主义》讲演上面,也完全讲得很明白;至于革命策略和程序,在《建国大纲》中,讲得更明显——所以我们如果是总理的信徒,就用不着另外解释总理所著的遗教。……所以总理在的时候常说:'你们一切不要讲,不要想,你只要盲从我就行,我所研究的东西,所讲的东西,都已经解释明白,研究明白,大家实行就是了,行得通就好了。如果你要解释,便解释一生,也都不会明白。'所以总理革命的哲学基础,即是要我们'行',要我们'做'不要我们空讲,要实行,革命才可以成功。"——《信徒与叛逆之分》

"……若说要求学问的知识完全,就要用许多时间,更是不易。求知既是不易,即是很难,后知后觉,以及不知不觉的人们,只要跟着先知先觉的人们去行,就可以节省时间,完成革命,因为跟着去行是很容易的,……我们一般同志,要知道今天党国弄到这样地步,就是这一般曲解主义,坐而言不能起而行的人弄出来的,我们今天要救党国,没有旁的,就是要把我们自己的良知发现出来,本着我们自己的良知,照着我们总理知难行易的学说去做,这样才可以完成革命。"——《自述研究革命哲学经过的阶段》

不讲学理,只注重时代的需要,革命的需要,握住一般人的短处,教人去行,教人去力行,所谓"节省时间",所谓"跟着去行是很容易",所谓"知难",唯一的用意都在教人先行。在这一点上,也可证明委员长的行的哲学与中国固有的学问有同一的宗旨。

一切教育与政治,就其根本目的言,自然是要人人皆真知,但这谈何容易,古人不得已于"知先说"而外,又提倡所谓"行先说"以为教,此"行先说所以产生,所以需要"。然一而言"知先",一而又言"行先",令人绞绕不清,学既不易有进步,教亦不能广大施行,此当为中国进步的一个阻碍。委员长在学理上只主张行的哲学,在政教上也主张行的哲学,单言"行"而不将"知""行"并列,澄消人们的脑筋,清醒学术的眉目,其主张行先说虽同,其所以主张行先说则不同,我想其效果一定也当有很大的不同。

……

六

现在谈一谈及行的哲学之内容与其方法论，以为此文之结束。

委员长批评日本武士道的精神，以为仅截取了中国王阳明"知行合一"学说的一半的意旨，只知道行，而不知道所以行，弄成今日的状态，一味的侵略，只知勇而无仁的意义。

委员长又常说要将王阳明的"知行合一"学说，与总理的"知难行易"学说合成为一个武器，恢复中国固有的民族精神智仁勇。

由此我们可以了然于行的哲学之内容了。行的哲学以行为一切的总称，这行不但要有勇，而且要有智与仁与勇的行，其行可以平天下，可以使世界同登大同之域，好勇斗狠一味的侵略固不为；懦弱、卑怯、偷生、妄动亦不至于有。这行是中国所固有的，同时也是现代中国所需要的。

然则怎样去行呢？委员长于此讲得最多，对教育界主张要提倡人格教育，对军队主张要有武德，新生活运动则讲礼义廉耻，阐明伦理与政治的哲学，则主张大学之道。说法仅有不同，然这些方法的当中，有一个要件是不可少的，即是要"从个人做起"。这在大学上便是"一是皆以修身为本"，在现代语里，便是"尽其在我"。

"尽其在我"，个人的行为固应该如此，国家的行为亦应该如此，充实国防，恢复民族的精神，都是从一个意义出发，都是一个意义的推行。

力行哲学的基本认识（节录）

袁月楼

……

（一）力行哲学是唯生的哲学。总理常讲精神与物质是不能分开的，他认为心与物只是"生"的两种表现形式，宇宙的中心是"生"，历史的重心是"民生"。总裁认为"人生在宇宙中间，终日因缘结解，都离不了事与物"，他以为人类的活动，是起于心意而著于事物，我们若要认识事物，就不能离开心意；他同时"承认一切的一切，都要从事实上客观上来决定"。他一方面否定了唯物论，认为"完全排除了精神的唯物，在东方民族是站不住的，就是西方民族也不是离开了精神而独讲物质所能立住的"。他同时否定了唯心论，认为"中国从前仅仅是讲唯心，而不注重唯物，所以不能够独立发展"。他主张"一个新时代的国家，精神与物质决不能偏废"。所以力行哲学并不是只知物质而忽略精神的唯物哲学，也不是只知精神而离开物质的唯心哲学，它是"人之生也为行而生，我们只要为生而行"的唯生哲学。因为唯物论者常陷于机械论的观点而不知自拔，以致变成经院学派式的哲学，成为庸俗的万有皆物论；唯心论者常陷于玄学的观点，以致变成空虚无物的作品，不值一论。所以力行哲学重实践，以实践创造一切，适合于社会生活的发展，和人类的进化。

（二）力行哲学是革命的哲学。"力行就是革命，革命的动机在教人，革命的本务在行仁，行的精神，……就是革命的精神"。人类所以要革命，在改革腐败的，落伍的，而使世界有新的形态，新的进化。力行哲学认定一切生命现象，都是"破坏""创造"与"进化"的连环循递，所以是革命的哲学。他始终站在革命的立场，以求人类生存的延续与进步。社会要有不间断的进化，必须人类有不间断的力行，如果没有力行，则社会没有进展。力行哲学就是要从事于先进的革命的任务，破坏失却时代的反革命的理论与行动，树立三民主义的革命旗帜。

（三）力行哲学是人生的哲学。"行的本义是人生"，所以"我们的哲学，唯认知难行易为唯一的人生哲学，简言之，唯认行的哲学为唯一的人生哲学"。我们要以力行的精神，征服自然，统制宇宙，发挥人类创造的能力，以求达到共生共存共进共荣的大道。力行的目的，是在"增进人类生活，群众生命，民族生存，国民生计。"我们所以要诚意正心修身，并不是要创造自己美满的生命，而是以治国平天下为依据。故总裁认为："生活的目的，在增进人类全体之生活；生命的意义，在创造宇宙继起之生命。"从力行哲学的内容归纳起来，我们知道力行是要把一己的力量贡献于国家、民族、世界，有利于人类大众，它是"只知有公，不知有私的革命人生观，也就是力行的人生观"。

（四）力行哲学是科学的哲学。力行必须确定计划，规定顺序，而且要系统分明，条理整齐。总裁认为办事成功的一个要诀，就是因人制宜，因事制宜，因时制宜。因为制宜，首先要认清楚一件事物周围的环境，和事物本身的内容。认清了对象，又要根据客观和主观的种种条件来决定着手进行的步骤和逐步实施的整个计划。一切计划方案和实施条件都预备好了之后，然后才可以按照实行，同时还要随时检查，改正错误，补救缺点。这样处处依照科学的方法去行，才不致先后失次，本末倒置，缓其所急，急其所缓，就可以得到成功。总理所谓"凡事皆从知识而构成意象，从意象而生出条理，本条理而筹备计划，按计划而用下工夫，则无论其事物如何精妙，工程如何浩大，无不指日可望乐成也。"就是这个意思。同时，力行哲学不仅方法是科学的，他的本质也是科学的。力行哲学是二十世纪科学时代的产物，他的根底深植于科学的土壤之中。他不仅在理论上有伟大的发明，即在实际上亦有莫大的贡献。所以力行哲学实为科学的哲学。

（五）力行哲学是民族的哲学。力行哲学是民族文化的精髓，也就是中国儒家哲学结晶，他是从中华民族性中发展出来的，是民族有信力的根源。中国古代的先圣先贤，都叫我们要从行动中体认理论，更从理论中进一步的支配行动。孔子是民族文化的代表者，他就是一个"耻其言而过其行"的人，他"欲讷于言而敏于行"，主张"行有余力，则以学文"。易经说的"天行健"，大学说的"至诚无息"都是强调力行作用，发挥力行精神。总理总裁渊源于民族文化的思想，叫我们要努力实行，从知难的过程中，得到更大的行动的力量，从行易的不满足中，更去追求知难的道理。知是行的较高阶段，永远的实行，就不断的求知。而求知的方法，除了关于物质的科学方法以外，举凡关于心理、心性、民族精神、道德、历史、政治、法律、社会问题以至于一切思想艺术，和整个的文化意识形态各问题，都是有民族性的，都有这个民族对于这些问题的遗传观念，和生活习惯的因子。力行哲学是以民族为本位的哲学，也就是民族文化的哲学。

（六）力行哲学是创造的哲学。"古往今来宇宙之间，只有一个行字，才能创造一切。"力行哲学在积极方面，是要创造宇宙、国家、民族、社会，以至一切的物质与精神，养成谨严、勤劳、求真、诚实、发奋、进取为公的精神和勇气；在消极方面，是要救济人类苟且、懒惰、空疏、颓放、自私自利等腐败恶劣的习惯，与挽救国家民族的危亡。它要改革沉滞不进的状态，打破彷徨烦闷的心理。要以力行的信心和决心，冲破恶劣的环境，创造美丽的世界。不以挫折而退缩，不以困难而灰心。所以力行哲学中建设重于破坏，创造重于毁灭。

（七）力行哲学是动的哲学。力行哲学认定宇宙万象都是循环无端，川流不息，所以是动的哲学。动的意义就是变易，革命就是一种高速度的进化的积极形态。我们要从动的方面去发展，去实践，发挥民族精神，复兴中华民族。几千年来我们被玄虚的哲学所腐化，屈服于传统的政治意识，仅在知识形式上做过一翻工夫，这种治学方法，没有离封建文化的窠臼，现在我们只有站在动的哲学之立场上，扬弃以前的玄虚哲学，建立新的力行哲学。

（八）力行哲学是道德的哲学。力行哲学认定同类相残者，是违反宇宙之生的本意而必趋于灭亡。它主张人类生而具有一种向上的利他的先天倾向，我们应当发挥此种向上的先天倾向，以互助互爱的精神，求达共存共荣的大道。但是人类常因私利欲望，蒙蔽其善良的本性，以至于伦理的衰落，知识的贫乏，实践的欠缺，精神的缺陷，非加强力行，不足以纠正此严重的弊病。德性的发展，从生活向上的活动开始，达到全体国民身心方面的长进，这就是由新哲学贯彻而成的。可见力行哲学不仅是革命理想之实践的动力，而且是人类善性发展的必要条件。

以上八点，说明了力行哲学的涵义，同时也表现了力行哲学的特质。我们知道力行哲学为实现革命主义的柱石，推行革命工作的原动力，每一个革命同志，都应该有深刻的了解和正确的认识，以为建功立业之必要的信念。

原载《新知识》月刊三卷一期，一九四一，三，十五

力行哲学与伦理改造（节录）

冯蔚国

一、伦理改造的意义及其重要性

人类所以能群居而不乱，全赖道德为之维系，此理至简，勿需证明。所谓道德与伦理同义而异词，就是社会上一般的行为的规则——人与人间、人与社会间和社会与社会间的正当关系或伦理。也就是一个民族一个社会里面人们所为所共同遵守的不成文法典：这是人类组织的精神基础。

什么叫做伦理改造呢？把原有的社会上一般的行为规则，全部或部分的放弃，而建立一种适合时代需要的，人与人间、人与社会间和社会与社会间的正常关系的伦理与实践的标准，以为社会上一般人行为的准则，此种作用，名为伦理改造。伦理标准是一时代中一社会的生活规范和理想，如果此种规范和理想不足以使该社会善生永生时，那么，这个社会里的伦理标准就必须加以改造，否则，该社会必陷于无生，甚至丧生！南宋时候，倘非岳飞的"精忠报国"和朱熹实践的理学，以纠正张邦昌秦桧等不忠不孝觍颜事仇的无耻邪行，恐怕不会产生文文山的浩然正气和陆秀夫的视死如归——八十余年中同化元人，恢复民族地位，恐怕也没有那样容易！这证明了伦理改造对于民族复兴的重要。十九世纪后半，德国所以能战胜法国而复兴，一般人归于费希特（Fichte）的"告德意志国民书"。费氏改造了德国国民自私自利的恶德，勉其国民与强敌作道德的及知识的斗争。因此，恢复了丧失的国土，这说明了伦理改革与复兴国家的关系！

……

三、伦理改造与力行哲学

不正确的宇宙观，产生了不正确的社会观，人们便不认识社会的连锁关系，所以产生了消极的社会思想，没有社会的伦理和国家的伦理。因此，我国伦理改造的核心问题，是在如何普遍建立一般国民的科学的宇宙观和社会观，并在这种正确的宇宙观和社会观之下，如何力行其自己对于国家民族应尽之义务。易言之，即如何使国民明了自己是宇宙的主宰及自己与社会的连锁关系，矫正过去消极的社会思想，全民以"无为""无生""无用"为可耻，以有为、有生、有用为美德，人人在科学之宇宙观和社会观之下，树立一人生理想，力行而实现之，使个人永生，民族善生！

伦理思想的改造，有没有人提出呢？曰，有。

力行哲学是建立在科学的宇宙观和社会观之上的，其目的是要改革中国的伦理思想，改变中国民族的生活态度。总裁说："生活的目的，在增进全体人类之生活，生命的意义在创造宇宙继起之生命。人在宇宙中的地位是宰制宇宙、征服自然，创造文化。""人在社会中的责任是：为社会劳动服务，为人群谋利造福。"力行哲学既有科学的宇宙观和社会观为基础，又以力行为表现及保存个人生命和民族生命的方法，所以它对于我国伦理思想的改造，可以说是最高的指导原则，也是最切要的方法。特概述其要义如下：

（一）行的意义："行"就是"应乎天理，顺乎人情"，至诚不息，始终不怠以服务人群，提高全体人类在宇宙中之地位和价值的人生。分析言之，可得二义：（甲）"行"就是人生。生命现象不外思维与行动二项，此二者不是截然划分相互对立的二事，而实为一事。所谓"行"，实包括思维与行动，只是思维是脑之运行，在内部而不显著，行则表现于外而较显耳。且就行之过程言，思维乃行之过程的一段，故广义之行，实包有思维。由此言之，人生除"行"之外，即无别事。例如孩提初生，就能哭能吮乳，这是人类本能的行。及其长，即能模仿他人的行为，这是行而不知的行。及其成年，则其学愈博，知益深，慎思明辨，有别是非、识善恶之能力，其行为才是有真知作指导，有良心作监督的行，此种行为，始为真行，始为对全体人类有贡献之行。总之，"行"是人类与生俱来的天性，拂此天性，则人生陷于痛苦而无生气，甚而至于毁灭！故为维持人生，增进人生，创造人生，唯有顺人类的天性而行，而力行。（乙）"行"就是民生。人类一生下来，便开始了他们的行为，如果行为停止，便不能生，一个民族也是如此。民族的行为是非常复杂的，但是分析起来，不外保、养、育、群、知、乐六件大事。保，就是民族保卫其生存所作的工作，如国防是。养，就是民族解决其全体的食、衣、住、行的一切活动。育，是延续民族生命和延续民族经济所行的生育和教育。群，是民族所行的社会生活。知，是民族求知识的一切活动。乐，是民族使现实生活美满所作的一切艺术活动。这六件大事就是国防、经济、人口、教育、社会生活、学术和艺术。一个民族如果不行这六件大事，还能生存吗？如果这六件大事行得不好，还能遂生吗？为了说明的方便，才把民族的行为分为六件，实际上，这六件大事是互相关系，互相依靠，浑然一体，休戚相通的。一言以蔽之曰："行"而已矣。故"行"就是"民生"，尤其要"力行"，才有好的"民生"。

"行"就是"人生"，就是"民生"，前者是行的较低级的意义，后者乃是行的较高级的意义。并且"人生"是为了"民生"，只有对于"民生"的六件大事有贡献的"人生"，才是真的人生，才是真的行，否则，都不是力行哲学所谓的"行"。如何才能使人生的"行"成为"真行"呢？那就是"行仁"了。"行仁"是"行"的本务，所谓"仁"，就是"博爱"，就是"仁民"，就是爱民族，爱全人类。但是"仁民"不是空口说白话，必须有所表现，必须有爱的内容。然则爱的内容如何？就是"成物"。广义的"物"包括一切精神的及物质的成果，所以广义的"成物"是指政治、经济、文化等建设而言，狭义的"成物"是指物质建设而言。因此，"行仁"和"成物"是一致的。

（二）行与知：从逻辑上言，知在行之先。即是先有真知作指导，始可产生真行；先有伟大理想，始有盖世事业；先有正确计划，始有不朽事功。但是，在实际上，往往"行"在先而"知"在后，甚至有终生行之而不知其道的人。比方我国农民中，不乏忠义之人，可是，如果你问他人生为何应如彼，彼不知也，这是行而不知的"行"。近代西洋科学最重实验，必须累试累验所得之结果，始为科学上真知，这是行而后知的"行"。但是愈至近代，人类即愈接近知而后行之时期。

总理分人类文明之进化为行而不知、行而后知与知而后行三时期，这是以人类行为为中心的社会进化学说，比较法国社会学家孔德（Comte）以知识为中心的神学时代、玄学时代及科学时代为更有价值。因为前者注重"行"。"知"不过是为了"行"，"行"中所得的"知"，其究竟还是为了"行"。"行"是个体生命及全体生命之表现，这种分法是唯生论者的主张。至于孔德呢，他是唯物论者，他忽略了创造知识的"行"，所以他的分法也就以知识为中心了。至行而不知，行而后知，知而后行三时期并不是截然划分的，并非在后一时期内就无其他二种"行"，而只是一种比较罢了。比如近代，因为人类知识进步，所以行为方面是"知而后行"的"行"较多，"行而不知"和"行而后知"的"行"不特还有，而且是很重要。

明儒王阳明先生以为"知行合一"。真知必能见于行，不能行者非真知；良知必能致、必须致，否则非良知，此为不朽之发明。总理"知难行易"之说可将"知行合一"包举之，"知难行易"是总理鉴于革命同志奴于传说"知易行难"之说，对于革命方略，格而不行，于是从学理上事实上以证明知确是难而行确是易，能知必能行，不知亦能行，有志竟成，勉同志力行革命方略，建设新中国。总裁继承总理力行革命方略，亲身体验"行"之重要，创为力行哲学，认"行"就是人生、就是民生，不行不特不能知，且必陷整个宇宙人生于毁灭，因宇宙人生皆息息运行不息也。

依近代行为派心理学的说法："知"就是"行"，"知"就在"行"之中，当然要由行而得的知才是可靠。行是进步的，当然知也是进步的了。所以，总理说："生徒之习练也，即行其所不知以达其所能也；科学家之试验也，即行其所不知以致其所知也；探索家之探索也，即行其所不知以求其发现也；伟人杰士之冒险也，即行其所不知以建其功业也。"这样"以行而求知"，"因知以进行"连续无限的发现，社会文化乃有不断向上的进步，故宇宙间唯有行，行重于知！

（三）行的方法论：行有行的方法，行的步骤，不是茫然而行，贸然而动的。第一，必须有目的。行的总目标是在创造民族的生命，光大民族的生命，为了达成这个总目标，必须有各种不同的行和各种不同的小目标，但是此等小目标都是总目标的组成分子，不得与总目标相背。第二，行必须有计划，目标既定之后，必须确定计划，规定顺序，周密预备，精确计算，注意时间空间之限制及人员之配备，物力财力之运用，计划订定，即可按步施行，指日计功矣！第三，行必须有顺序。西谚云："善的开始，即成事之半。"由是可知"行"必须分别轻重缓急，何者宜先，何者宜后，订定步骤，选择起点，顺序而行，不急，不躐等，则"行"无有不成的。

四、新伦理的内容

力行哲学既是针对着我国伦理思想的缺点而发，我国国民即应全体接受此伟大哲学，明了之，力行之，以建立我们新的伦理。然则新伦理应具何种要素呢？即其内容如何呢？

伦理改造是要建立适合时代需要的人与人间、人与社会间和社会与社会间正常关系的理论与实践的标准，以为社会上一般人行为的准则。这种新的伦理关系的理论与实践的标准，统不出力行哲学之范畴：第一，应有科学的宇宙观，和努力冒险以征服自然利用厚生的精神。第二，应有注重社会人群公共福利的社会道德和爱国家爱民族的国家观念、民族观念。第三，应有智仁勇三达德。第四，应有为社会服务的精神。第五，应有"人为万物之灵"的观念。第六，应有"民胞物与"的胸怀。第七，应有"俯仰之间了无愧怍"的诚一。第八，应有导欲而不禁欲的思想。我们知道力行哲学有科学的宇宙观为根据，主张利用自然、征服自然；力行的目的在建设新国家，改造新民族，实现人人善生乐生的理想社会。易言之是在建设国家伦理、民族伦理和社会伦理；力行的本务在行仁，能行仁者必智，能行仁者必勇；力行是为社会，故产生服务的人生观；力行哲学以人为万物之灵，是宇宙的主宰；力行的原动力是诚一；力行是要满足个体及全体善生、美生、永生的欲望，主导欲而不主禁欲。这是新伦理的大概内容。

总之，这个新伦理在宇宙观方面是人为宇宙的中心，为万事万物的权衡，吾人应努力奋斗以求能控制自然，改造自然，使适合吾人的需要；在社会观方面，吾人应有人道之感，为社会服务的精神，对于国家民族以及其他各人所在的社会团体应分别的尽他应尽的义务；在人生观方面，则每人应有一个具有伦理意识的高尚理想，并努力发展他的才能，修养他的德行，以求其理想的完成。一言以蔽之曰：社会应有积极的力行的集体思想，个人应有力行为社会服务的人生观，唯有行，唯有力行，才有新伦理，才是生路！

一九三六，除夕于南京

《中国社会》第三卷第三期，一九三七年一月出版

中国之命运（节录）

蒋介石

......

第六章　革命建国的根本问题

第一节　建设与革命哲学之建立问题

在国民革命初步成功，建国工作真正开始的今日，国民一方面对于国家独立自由地位的获得，或不免有"骄矜自慢"和"一得自足"的错觉；而他方面对于今后应做的工作，亦不免有"畏难却顾"和"避重就轻"的心理。我对于这两方面，在前章已经有详明的解释。现在再在本章里面指出几个建国的基本问题，亦就是建国成败的关键所在。希望我全体国民有所警惕，而首先要指出的就是辛亥革命成功和失败的教训。我国民如果能领受这个深切的教训，今后建国的工作，一定可以成功。

大家知道，辛亥革命把中国三千余年的君主政体，满清二百六十年的专制政治，在极短的时间以内，彻底推翻。自此以后，袁世凯的帝制，张勋的复辟，莫不失败。所以我们不能说革命没有绝大的成功。然而辛亥革命以后，十几年间，又遭逢了世界第一次大战的时机，我们不但不能得到自立自强，而外患反而更深，内忧反而更凶，我们怎么不承认革命是失败呢？就说当时辛亥革命的成功，要知道这只是革命破坏方面的成功，而革命的失败，亦就是建设方面的失败。破坏的革命所以能够成功，是由于满清末叶，国民的心志，集中于反对丧权辱国的专制政府。建设的革命所以失败，是由于国民对于革命必须建设与破坏二者并行的道理，没有真切的认识，即有认识，也不能够趋于一致。所以辛亥革命一旦成功，国民就惑于"革命军起，革命党消"之说，以为无须再用革命手段，从事建设了。不独国民如此，革命党中的同志也是如此。所以军阀政客得以为所欲为。初则假借约法，继而破坏约法；初则树立政党，继而割据自雄。在国家民族大有可为的时期，反而过醉生梦死，自杀自伐的生活。他们误国的过失，卖国的罪恶，固然不可胜诛，而一般国民，尤其是智识阶级文人学士，一面受军阀的压迫，一面受帝国主义工具反革命派的宣传，混淆是非，颠倒黑白，因之多不能了解国父的主张，更不信奉三民主义。尤其是他们对中国国民党的态度，不是旁观冷漠，即为反对敌视，更不能够认识中国国民党与整个国家，全体国民的生命，有不可分离的关系，这也要负绝大的责任。所以国父在此时期，看出国民的心理建设，是革命成功的根本。心理建设的要义，就是要党中同志和一般国民明白"知难行易"的道理。

　　破坏的革命所以成功，建设的革命所以失败的缘故，国父曾明确指示，这完全是由于国民的"知"与"不知"的关系。国父说道："夫破坏之革命成功，建设之革命失败，其故何也？是'知'与'不知'之故也。予之于破坏革命也，曾十起而十败者，以当时大多数之中国人，犹不知彼为满洲之所征服，故醉生梦死，而视革命为大逆不道。其后革命风潮渐盛，人多觉悟，知满清之当革，汉族之当复，遂能一举而覆满清，易于反掌。唯对于建设之革命，一般人民固未知之，而革命党亦莫名其妙也。夫革命事业，莫难于破坏，而莫易于建设。今难者既成功，而易者反失败，其故何也？唯其容易也，故人多不知其必要而忽略之，此其所以败也。何以谓之容易？因破坏已成，而阻力既灭；阻力一灭，则吾人无所不可，来往自由，较之谋破坏时，稍一不慎，则不测随之之际，何啻天渊？然吾人知革命排满为救国之必要，则犯难冒险而为之；及夫破坏既成，则以容易安全之建设，可以多途出之，而不必由革命之手续矣。此建设之事业所以失败也。"这一段话，把辛亥革命成功与失败的本源，指示得何等的透彻，何等的真切！可惜当时党中同志与一般国民仍然不能够完全领悟！他们为什么不能够完全领悟？这是由于我们国人深中了"知之匪艰，行之唯艰"古说之害，而不知哲学的真理是"行之匪艰，知之唯艰"。国父说道："此说深中于学者之心理，由学者而传之于群众，则以难为易，以易为难，遂使暮气畏难之中国，畏其所不当畏，而不畏其所当畏。由是易者则远而避之，而难者又趋而近之。始则欲求知而后行，及其知之不可也，则唯有望洋兴叹，而放去一切而已。间有不屈不挠之士，费尽生平之力以求得一知者，而又以行之为尤难，则虽知之而仍不敢行。如是不知固不欲行，而知之又不敢行，则天下事无可为者矣。此中国积弱衰败之原因也。"辛亥革命以后，一般国民与党中同志，不知建设的必要，更不知中国的建设必须以革命的手段实行。虽有国父真知，作我们的指导，一般同志和国民仍然以知为易，以行为难，忽视建设，尤不能了解民生主义，而只以具备民族民权主义的形式为满足，所以建设的革命就失败了。

"知之匪艰，行之唯艰"的古说，并不是中国传统的心理。在社会上，人人都依照自然的法则而行，然而知道自然法则的人很少。所以孔子说："民可使由之，不可使知之。"知者固然依自然法则而行，不知者仍然依自然法则而行。所以孟子说："行之而不着焉，习矣而不察焉，终身由之而不知道者众矣！"《中庸》说："君子之道，费而隐，夫妇之愚，可以与知焉，及其至也，虽圣人亦有所不知焉。夫妇之不肖，可以能行焉，及其至也，虽圣人亦有所不能焉。"足见得天地万物，遵循的法则，是易行而难知的。

古人的知，是从累代的经验与毕生的力行得来的。所以我常说："不行不能知。"唯有从力行得来的知，才是真知，唯有真知，方才易行。孔子以六艺教人，就是要学者从六艺的实行得到真知。洒扫应对，射御书数，都可以使学者得到下学而上达的真知。后世的学者，把古人累世的经验与毕生的力行得来的真知，看容易了。所以他们以知为易，以行为难。"知之匪艰，行之唯艰"的古说，因而深入于人心，发生知行分离，与以易为难，以难为易的流弊。阳明"知行合一"之说，意在纠正知行分离的流弊。然在科学时代，"即知即行"的道理，仍不足为人生指导的原理。依照科学的方法，每一个人的工作，必遵循分工专职的原理，知者与行者虽有合作的必要，然仍须分工。故唯有国父知难行易之说，才是指导人生的真理。

知的本源在于人类的本性，不必外求。就表面上说：我们求知，要接受民族的经验和教训，要学习外国的科学和技术。然而就实质上说：知识如果"无得于己"，便不能算是真知。唯有"有得于己"的知，才是真知，不但真知，亦且易行。为什么清末民初革命的先烈，能够赴汤蹈火，视死如归呢？他们笃信只有革命才可以救国救民，他们就力行革命的工作，死生荣辱，置于度外。他们的"知"本于天性，他们的"行"发于真知，才造成了推翻三千多年君主政体，与二百多年满清专制的伟大之业。为什么辛亥革命以后，党中同志与一般国民不能够继续先烈的遗绩，接受国父的指导呢？他们的理论与主张，都不过东抄西抹，人云亦云，反求诸心，无得于己。他们的"知"，不由于至诚，他们的"行"，不出于大勇。所以民元以后，社会政治就在扰攘喧哗之中，过了十几年，而误国殃民的军阀、反革命派之所为，亦就横行无忌了。

何以事实的经过已确切证明了正确的路线，而国民仍不能够有一致的认识？揆其原因，正由于在理论方面，他们自己既不能"实事求是"以探讨真切的学问，又不能虚心接受事实已有证明的真理。在行动方面，他们既不能够自拔于似是而非、不痛不痒的风气，更不能追随先知先觉的指导，毅然决然的力行。总之，理论上的不正确，是由于不能真知；行为上的不振作，是由于不能力行。唯有至诚，始可以无要而达于真知；唯有至诚，始可以不息而见诸力行。唯有真知力行，始可以不瞻顾，不迟疑，勇往直前，笃实践履。中庸说："不诚无物。"国民的心理，社会的风气，不返于朴实诚笃，建国复兴事业，断没有成功的可能。所以国父自辛亥革命以后，在最艰难困穷的时期，以"行易知难"的学说，指导同志，晓谕国民，永为我国民革命建国复兴的基本哲学。即今日以后，建国工作的成败，亦必以我全国国民能不能领悟这个哲学为权衡。只要我们全国国民接受辛亥革命的教训，领悟国父"行易"的哲学，一致起而力行，则我们完成五项建设，以造成文化国防与经济合一的国家大业，是一定能如期成功的。

……

斥所谓《中国文化的统一性》

范文澜

重庆中央社新近发表一篇社论，题为《中国文化的统一性》。篇中列举中国史实来说明中国文化的特性，我也是喜欢谈中国文化和历史的，读了这篇文章，很有些大惑不解，愿意提供些意见，向文化界的先进求教。

……

下面仿照六朝人论辩体，专就"中国文化的统一性"提出异议。凡称论曰……都是中央社论原文，凡称辩曰……都是我的意见。

论曰：我们要以传统继承者自任，必须首先看清楚一个最重要的事实，这个事实，就是中国只有促成政治统一的文化，没有助长封建割据的文化，这个事实，就是证明中国文化的统一性。

辩曰：谈文化，既指出它的统一性，更必需着重地指出它的斗争性，同时必须指出它的进步性、正义性或倒退性、反动性。谈统一，更必需区别革命性、正义性的统一或倒退性、反动性的统一。如果只谈统一性，又只谈抽象的空洞的统一性，那是非常危险的。例如日本法西斯强盗狂吠其所谓"日满华一体论"和"大东亚共荣论"（法西斯文化），汉奸汪精卫高叫其所谓"中国反共和平统一论"（汉奸奴隶文化），他们也都用所谓"中国只有促成政治统一的文化"做口实来欺骗人民，我们若不发扬正义的、进步的抗战文化和他们斗争，坚决消灭他们的反动腐朽的血腥下贱文化，那么，就会发生谁统一谁和如何统一的严重问题。在今天的中国离开了斗争性和革命性来谈统一性，不是中国对日寇汪逆妥协的"统一"，就是日寇汪逆征服中国的"统一"，除此以外，还有什么统一的途径？因为没有弄清楚这个问题，所以中央社这篇文章往后就发生了一联串的糊涂观念。

论曰：中唐以后二百年的思想界统一运动，造成了宋元明清一千年的统一国家……遍读古今思想家的作品，从没有一个替封建割据作辩护的。

辩曰：蒙元满清在当时不是异民族暴力征服汉民族的朝代么？孙中山先生在民族主义讲演中明明白白说过："中国几千年以来，受过政治力的压迫，以至于完全亡国，已有了两次，一次是元朝，一次是清朝。"孙先生说是亡国，这篇社论的作者却说是"统一"，难道亡国就是"统一"么？元清统治中国三百余年，汉民族曾不断起义反抗，以破坏那两个"统一国家"为神圣天职，孙中山先生领导的同盟会，即曾以理论与行动坚决反对清末保皇党拥护当时"统一国家"的汉奸路线，国民党是同盟会的后身，理应发挥这一光荣的革命传统，不意国民党的代表宣传机关却公开歌颂元清的统一，并归功于"中唐以后二百年的思想界统一运动！"韩愈、周敦颐、程颢、朱熹之流提倡君主专制的奴隶文化是事实，奴隶文化在异族侵略下极易转变为汉奸文化也是事实，论者托命于号称民主共和之世，弄笔于民族危急存亡之秋，对于这样的专制文化、汉奸文化不加以严厉的挞伐，反而备予表彰，颂为典范，实属不可思议之至。若然，留梦炎、吕文焕、赵孟頫、范文程、洪承畴、吴三桂、李光地以及无数大小汉奸都是赞助统一的中国文化优秀传统的继承者，而文天祥、张世杰、陆秀夫、郑思肖、史可法、黄道周、郑成功、黄宗羲、王夫之、顾炎武、洪秀全、孙中山以及无数忠臣义士都是反对统一的"封建割据"者和破坏中国文化优秀传统的罪人了。曾国藩卖身满清，破坏孙中山先生所再三赞美的太平革命，屠杀极惨，号称"曾剃头"，为今日一切大小汉奸开其先路；抗战以来的汪精卫卖身日寇，倡言反共，破坏民族革命，穷凶极恶，无所不为，凡属国民孰不切齿痛恨，争欲食其肉而寝其皮。照论者说来，难道他们也是赞成统一的文化优秀传统的继承者么？照论者说来，中国人好像是历来对于不论什么统治者的"统一"都是无条件拥护的，这就是所谓中国文化的最大特征，那就必然得出这样的结论：凡建军据地以反抗元清或其他反对统一者，都是政治的"封建割据"。凡著书立说以反抗元清或其他反对统一者，都是文化的"封建割据"。那么，孙中山先生在辛亥以前，屡谋广东作革命根据地（按满清政府说是谋割据造反）以反抗统一的满清政府；在北伐以前，屡取广东作革命根据地（照北京军阀政府说是割据作乱）以反抗统一的袁世凯、段祺瑞、吴佩孚之流的军阀政府，也应该作为政治的"封建割据"；而孙中山先生一切鼓吹革命反抗的遗教，也应该作为文化的"封建割据"了。论者自称"遍读古今思想家的作品"，事实说明，不特宋明两朝孤臣遗老的"作品"未曾翻阅，则三民主义唯一经典的中山遗著，似乎也未曾寓目，所谓"遍读"岂其然乎？

......

今天的世界既是民主的反封建反独裁的世界，即令再有袁世凯式的统一出现，在全世界范围来说也不过是一种封建割据；况且中国已经加入民主阵营，中国人民经过早期的民主斗争，也都已熟知民主的必要，这种反民主的政治就更无统一全国的可能。至于在反对封建统一，封建割据或法西斯侵略的革命运动方面，当其统治力量限于一地区时，这个地区称为革命根据地，扩大及于全国时则称为革命的民主的统一。过去孙中山先生根据广东以反抗帝国主义的侵略和北京军阀政府的封建割据，今天共产党创立陕甘宁边区及华北华中各根据地以反抗日本法西斯的侵略及溥仪汪精卫等汉奸群的卖国封建割据，都是最好的例证。

论曰：远在二千五百年前，中国思想界就起了"大统一"的运动，春秋的思想中心就是大统一，孟子就力主"天下定于一"，荀子就主张"调一天下"。

辩曰：孔孟荀在当时主张统一，确是一种进步的思想。他们这一思想的进步性，不在于笼统地主张统一，而在于主张应该用什么标准什么力量什么方法来统一。今文家说春秋讲大一统，同时讲故宋，黜周，以春秋当新王。孔子作易革卦象辞称："汤武革命，顺乎天而应乎人，革之时大矣哉！"孟子赞美汤以七十里、文王以百里行仁政王天下，劝齐宣王梁惠王学汤武的故事。荀子看到秦的经济比较进步，政治比较严明（灭六国后却一变而为多行暴政。所以二世而亡于农民起义之手），不主张周的统一而预料秦可以统一。孔孟荀都是封建学说的创造者，中心思想不外乎如何保持并扩大君主的权利，不过他们懂得政治的是非和历史的趋势，不敢无视人民的公意，尤其是孟子还主张"民为贵，社稷次之，君为轻"，可见他所说的"定于一"乃是定于民而非定于君，这比后世腐儒文丐一味提倡专制的独裁，盲目忠君，如汉奸周佛海未投敌前所宣传的"信仰主义要信仰到迷信的程度，服从领袖要服从到盲从的地步"者，智愚相差，是不能比较的。

论曰：中国文化之特点就在于充满了融和的力量，充满了统一的性能。由于这丰富的融和力与统一性，使中华民族能建国于亚洲大陆有五千年悠久的历史。如对于中国文化所蕴蓄的统一性与由此统一性而发挥的融和力熟视无睹，纵然赞叹中国文化的优秀，也就等于买椟还珠。

辩曰：鸦片战争以前，中国文化高出于四邻任何种族，但当中国统治阶级腐朽到极度的时候，北方游牧部落种族如五胡、拓跋、鲜卑、契丹、女真、蒙古、满洲等族，乃能凭借武力征服中国的全部或一部。这些种族里面的统治层，利用中国文化的黑暗面，豢养大批文武汉奸来维持自己的地位。这样，他们虽然有意识地保存"骑射国语"，力戒被同化于"汉儿柔靡之风"，但历时既久，这个外来种族一方面生产方法前进了，文化程度提高了，另一方面，固有的强健朴野之俗也就因中国旧统治阶层的腐化影响而消磨殆尽，逐渐"融和"在汉族里面（只有元顺帝回到长城以外，恢复了蒙古旧俗）。这个所谓"融和"，对于整个侵入民族诚然产生了进步的结果，但对于当时国亡家破，受尽"扬州十日""嘉定三屠"式的残杀蹂躏的汉民族，却是极可耻极可悲的。

……

如果在鸦片战争以前，中国统治阶级一味吹嘘自己的所谓"融和性""统一性"，已足使中国一亡再亡，那么，到了鸦片战争以后，中外的形势与以前更是完全不同了，外国侵略者的生产力高于中国，中国已经再不能像从前那样，亡了国还去"融和"人家，而只能被人家所"融和"了，这时中国和中国文化的问题，更不是什么"融和性""统一性"的问题，而是老老实实、实事求是地推翻封建专制，发动人民力量，学习外来科学，实行内部改革，借以救亡图存的问题了。不懂得或不承认这一点，会造成近百年史无数次的大失败。当初满清统治者是不懂得这个道理，庞然自大，提出"天朝至上"的口号，企图用封建文化与资本主义文化对抗，结果披靡溃败，国权残破。后来是懂得了而不愿意承认，因为承认了就得让位给人民，于是满清的忠实走狗张之洞又苦心发明一个"中学为体，西学为用"的口号，它的实质就是保存固有的专制政治，拒绝新兴的民主革命，而欢迎舶来的"奇技淫巧"与坚甲利兵，用以提高自己的享受和保护自己的统治——坚甲利兵而不与民主革命相结合，当然是只能"安内"，不足"攘外"的。所以这个口号显然最适合于半封建半殖民地大地主大资产阶级的利益。这个口号在今天还可以偷运舶来的法西斯主义，彼此沆瀣一气，助长固有的专制主义，不过这样想的先生们要注意法西斯已经是一只死在俄顷、无法逃命的恶虎，全世界正义人士正到处打这只恶虎，贸贸然拿虎皮披在自己的身上，一鸣既不足以惊人，一默更是驴脚毕露。柳宗元"三戒"之一的那篇文章，是值得深长思之的。这个口号又可以用以为投降外国的法西斯侵略者的理论基础，例如日寇在沦陷区宣讲"孔孟王道"，汪逆可以说："这是中学为体呵"；日寇在沦陷区开矿造路，榨取人力物资，汪逆可以说："这是西学为用呵"。假如不幸沦陷区与日寇竟这样"融和"起来，则论者又将奈之何哉？

……

论曰：愿为中国文化优秀传统的继承者，则首先必须正视三个真实的具体的事实：（一）中国文化从来只有促成中国的统一而决计没有助长割据的事情。（二）中国文化的发扬光大都在于政治统一的时期，如秦汉、如隋唐、如宋明，绝无例外。（三）外来文化有时纵为割据分立者所利用，例如佛教，但不久即融会于中国固有文化之中而丧失了它的本来面目，所以中国从来没有宗教战争一类的文化战争。

辩曰：（一）单讲文化的统一性而不讲斗争性，又不区别文化统一性的正义性进步性与反动性倒退性，必致误认元、清为统一，而抹煞了异族入侵，国统中绝，生灵涂炭，沦为奴隶牛马的事实；必致误认卖国求荣，为虎作伥的汉奸为文化优秀传统的继承者；必致误认反抗的力量为封建割据破坏文化优秀传统之罪人；必致不敢正视和继承孙中山先生据广东以实行民族民主革命的伟大事业。而孙中山先生的这一伟大事业，在当时就曾经被那些主张"武力统一"的北洋军阀百端诬蔑，妄指为"作乱造反"。蒋介石先生民国十五年八月十六日的《国民革命军出师宣言》中声讨吴佩孚，就指斥过这种诬蔑，说："其尤不可恕者，则利用国人之专制传统思想，日俱复古，反抗潮流，造谣赤祸，以防民众；托偶像以树威凛，借名教以亮奸诈，欲造成一系天下，遂标榜武力统一，使一般时代落伍之腐儒官僚军人政客，结合而成封建末期洛阳式的残余腐败势力，以为反动思想之中心。"当此日本法西斯强盗劫掠中国，扶助汪逆伪政权的"统一"，妄称我中央政府为"重庆地方政府"的时候，希望中国谈文化的作者们留意及之，幸甚！

（二）政治统一，也要分清进步的统一与反动的统一。在中国历史上的反动统一时代，文人学士们或作诗文以歌颂天王之神圣，或讲哲学以巩固君长之威权，宗旨不外提倡专制，压抑民主，著书汗牛充栋，"发扬光大"的主要部分，如此而已。秦始皇焚书坑儒；汉武帝罢黜百家，独尊今文经说；隋唐以诗赋取士；宋以诗赋经义四六取士；元尊喇嘛教，相传八娼九儒十丐，斯文扫地；明清以八股取士，窒息读书人思想使作代圣贤立言的鹦鹉。凡此所谓政治统一时代的政府，摧残文化如此暴厉，可称"绝无例外"。反之分立时代，也要看这所谓分立是反动统治者的内部分立，还是进步与反动的分立。若在后一种分立时期，则文化不但不会衰落，而且一定发扬光大。例如孔子创立儒宗是在春秋分立时代，战国诸子百家，号称古代文化的黄金时代，即如孟荀两大宗师也都是战国时人，黄宗羲、王夫之、顾炎武等大思想家著书立说，都在反抗满清所谓统一的时期，尤显著的是孙中山先生反满清反北洋军阀的三民主义思想，在中国文化史上发一大光彩，岂是依靠满清和军阀"政治统一"的威胁利诱收买豢养才捏造出来。要之，国家在反动倒退的政治统一之下，文化必然趋于衰落，而卑劣的腐臭的奴隶的文化却得以特别发达；在反抗这种反动政治的运动勃起时，进步的文化才可以与之俱兴，直到革命统一以后，进步性文化才能正常地普遍地在全国范围内发展起来。

（三）中国全部历史并无利用佛教进行割据分立之例，所称未知何据。外来宗教古有佛教回教，鸦片战争以后天主教耶稣教传播亦渐盛（古代佛回二教外，其他外来宗教不发达）。各教教徒，佛教衰颓已甚，至于戒沽高僧到今天并没有"丧失了它的本来面目"。回教信徒更是极大多数恪守天方穆圣的遗训，教规谨严，丝毫不苟。天主教、耶稣教流传已一百年，不为不久，中国著名人物受洗入教，成为基督徒者不乏其人，他们是否已经"丧失了它的本来面目"？论者说"中国从来没有宗教战争一类的文化战争"，其实一部中国历史，尤其是近百年史，从文化方面说，这是一部文化战争史。在中国的政治战争史——文化战争史中，宗教战争的成分确是比较少些（绝对纯粹的宗教战争，在世界史上本来是没有的），但如满清政府屡次屠杀回回民族，不是民族压迫兼宗教歧视的战争么？汉奸曾国藩反对太平天国，以及义和团之役，不是也带着一部分宗教战争的色彩？不过论者在这里的本意，原不在研究什么宗教战争，而在于否认文化战争。我们应该正告论者，这种企图不但违背着中国历史的事实，也违背着中国革命与抗战的利益。谁不知道，鸦片战争以来的无数次反侵略战争，没有一次不是中国革命的民族主义文化向外国资本主义、帝国主义、法西斯主义文化和汉奸投降主义文化的战争；谁不知道，孙中山先生提倡合乎世界潮流的自由思想民权政治，满清政府悬赏购头，企图消灭中山先生的肉体生命，袁世凯编一本"国贼孙文"，企图消灭中山先生的政治生命，而反满战争，反北洋军阀战争岂不也就是三民主义文化对那些顽固旧文化的战争。

……

原载《解放日报》，一九四三，七，十

评《中国之命运》（节录）

陈伯达

（一）关于中华民族

　　蒋先生此书对于中华民族的了解，和本来的历史真实情况完全不相符合。此书说："我们中华民族是多数宗族融合而成的"，是"同一血统的大小宗支"。民族血统论，本来是德、意、日法西斯主义的糟粕，德、意、日法西斯就是拿这类怪论去作为进行侵略全世界的工具的。不料蒋先生也以血统立论，实属怪事。这类怪论，决不能解释中华民族形成的历史。平日我们习用的所谓"中华民族"，事实上是指中华诸民族（或各民族）。我们中国是多民族的国家，这本来是不用多辩的。清朝末年，孙中山先生和同盟会革命党人的反满运动，就是在民族主义的旗帜下举行的。而且孙中山先生手订的中国国民党第一次代表大会宣言，就明明白白写过："中国境内各民族"，否认这种见解，等于否认孙中山先生及其主义。作者以中山先生信徒自命，但却别开生面，承认中国只有一个民族，这是很可骇怪的意见。按照作者的见解，则孙中山先生称辛亥革命为民族革命，这不是无的放矢吗？国民党第一次代表大会郑重宣言："承认中国以内各民族之自决权，于反对帝国主义及军阀之革命获得胜利以后，要组织自由统一的（各民族自由联合的）中华民国"，这不又是无的放矢吗？蒋先生的意见，不明明是和孙先生的意见相违背吗？

　　我们请研究一下：汉族和蒙族本来是"同一血统的大小宗支"吗？汉族和藏族本来是"同一血统的大小宗支"吗？汉族和西来的回族本来是"同一血统的大小宗支"吗？汉族和苗族瑶族本来是"同一血统的大小宗支"吗？汉族和倮倮和夷人又都是"同一血统的大小宗支"吗？出自何经？据于何典？这是从那里考证出来的？作者引了《诗经》"文王孙子，本支百世"的句子，难道现在中国诸民族都是文王的孙子吗？凡此都是每一个中国人的常识，并不需要什么高深学问才能理解的问题，作者违背了这点常识，故弄得毫无是处。在此问题上，作者还提出所谓"婚姻的系属"，但是我们也请研究一下：难道汉朝王昭君出塞（不要忘记呀，这段历史曾经是汉民族统治者向匈奴民族统治者送美女去委曲求全的一段悲剧），就使得匈奴变成了汉民族的"宗支"吗？难道唐朝文成公主嫁到吐蕃（即今之西藏），就使得藏族变成了汉民族的"宗支"吗？若然，则近代许多中国人（其中包括现在国民党的某些要人）娶了日本女人做妻子，中华民族也可以算成日本民族的"宗支"吗？

把中国国内各民族做那些解释，则全部中国历史都变成一堆不可了解的糊涂账。如果照那种解释，则汉时代汉民族和匈奴的战争，就不算是民族的战争，而只算是一个民族内部的战争了（或者说是大小姓的冲突吧）。五胡乱华、南北朝那时代汉民族与各民族的战争，也就都不算是民族的战争，而只算是一个民族内部的战争了。唐时代汉民族和回纥、吐蕃、沙陀的战争，也就都不算是民族的战争，而只算是一个民族内部的战争了。五代时汉民族和契丹的战争，宋代时汉民族和契丹、西夏、女真、蒙古的战争，也就都不算是民族的战争，而只算是一个民族内部的战争了。明时代汉民族和蒙古、满洲的战争，也就都不算是民族的战争，而只算是一个民族内部的战争了。太平天国和同盟会反满的战争，也就都不是民族的战争，而只是一个民族内部的战争了。若然，则岳飞、文天祥、陆秀夫、朱元璋、徐达、袁崇焕、史可法、郑成功、李定国、洪秀全、李秀成、黄花岗七十二烈士以及孙中山先生……这一切在汉民族史上可歌可泣，而为汉民族和中国河山生色的历史人物，不就都成为一批毫无意义而死去的愚夫愚妇吗？而石敬塘、张邦昌、刘豫、秦桧、洪承畴、曾国藩、张勋……这一切万恶不赦的汉奸，不又大可以"登庙堂之上"，而"受俎豆于千秋"吗？按照作者关于民族的解释和历史的渲染，则全部中国历史，必须完全推翻，而我们民族也寄托于乌有。

蒋先生说："至于各宗族历史上共同的命运之造成，则由于我们固有的德性，足以维系各宗族内向的感情，足以感化各宗族固有的德性。"我们也请研究一下：根据前面所列举的史实，我们历史上的民族斗争，曾经那么残酷，那么无情，如果现在按照作者所说，那又将作何解呢？是的，历史上汉民族在反对异民族侵入的时候，是有两种人的根本分别的，一种人是广大民众，他们流血牺牲，抗拒外患，是保卫祖国与光复旧物的基本动力；另一种人则是一些腐败的统治者，他们在异民族侵入面前，时常采取"宁赠友邦，勿予家奴"的政策，甚至以"天子之尊"向异民族的侵略者称臣、称子、称侄、称孙，而每年贡纳很多银帛，杀戮抗战的大将，以求取得其宠幸（最好请看五代和宋朝的历史吧）。这些皇帝和臣宰们时常拿出什么忠孝仁爱信义和平和所谓孝弟忠信礼义廉耻这些法宝来驾驭人民，大概他们对于异族侵略者的这种行径，也就算是实行了他们的忠孝仁爱信义和平及孝弟忠信礼义廉耻的德性吧。但是，这些行径，对于我们民族，又有什么值得夸耀呢？

......

现在是科学昌明的世界，民族历史必须按照科学去解释。法西斯主义曲解民族历史、削改民族历史、捏造民族历史的伎俩，决不足为训。如果拿这种东西作为国民的教本，就会愚弄国民。中国大地主大资产阶级之所以要捏造这种单一民族论，其目的就在于提倡大汉族主义，欺压国内弱小民族。我们汉民族本来也是一个很弱的民族，正应和国内一切弱小民族进行平等的民主的联合，才能共同抵抗侵略者。如果我们一方面抵抗侵略者，另方面又要拿大汉族主义去欺压国内其他弱小民族，那就会给敌人以利用的空隙，而不利于我们民族解放的事业。这是每个头脑清醒的中国人所应该注意的。

中国和外国的一切大地主大资产阶级总是盗窃"民族"为私有，好像民族即朕，朕即民族。请研究一下：民族是由什么人组成的呢？我们这民族的绝对大多数不是工农群众吗？如果没有这百分之九十以上的劳动民众，我们民族从何处得到衣食住，从何处组成抗战的军队，又从何处有文化？工人农民不正是民族的主体吗？不正是他们的利益才和民族的利益完全一致吗？不正是他们才真正配得代表民族的名义吗？而其他的人，反对工农大众的人，却自称是民族的代表者，不就是一种篡窃吗？既然劳苦大众是民族的主体，那么，只有劳动人民至上才是民族至上国家至上，不是很明显的道理吗？把劳动人民看成至下，这不就是把民族看成至下，把国家看成至下吗？

......

（二）关于中国历史

我们继续说中国历史，特别说一说近代中国的历史吧。中国历史应该是民众的历史，因为没有中国民众，就没有中华民族。中国历来和自然界战斗，和黑暗制度战斗，和侵略者战斗的主要力量，是中国劳苦民众。民众是中国历史的主要动力。……

清代中叶，中国民族遇到了一种和过去完全不同的新的民族侵略者，即资本主义与帝国主义国家。这种新的民族侵略者挟持其资本主义的优越经济力量，打开了中国的长城。但中国人民并不是不能抵抗这种新的民族侵略者的。中国抵抗力的软弱，是由于满清朝廷一方面在国内各民族之间所造成的民族牢狱，另方面在人民之间所造成的专制主义牢狱。作者说："我们百年来国势的陵夷，民气的消沉，大抵以不平等条约为造因"。这是倒果为因的说法，中华民族为什么会被钉上不平等条约的枷锁？这难道不是因为万恶的满清黑暗专制政治，使得民气不得发挥，人民不得奋发起来抵抗侵略者才产生出来的一种结果吗？如果按照作者的说法，则在订不平等条约之前，应该是国势鼎盛、民气兴旺的时候了。但是，既然国势鼎盛、民气兴旺，为什么又会有不平等条约呢？

但作者又说："国耻之所由招致，又必须追溯于满清一代政治的败坏，尤其是学术与社会的衰落。"这不就是"原因"了吗？如果这是"原因"，那么，前面所说的"原因"又是什么呢？如此逻辑，岂非自相矛盾？姑且也研究一下：第一，作者这里说的是"政治的败坏"（带一笔：作者不愿意说是专制政治，此点我们后面还要说及），这又是自相矛盾：作者不是盛赞满清一代"建国规模的宏远"，"政制政令的精密"吗？第二，如果按照作者所说，"尤其是学术与社会的衰落"，所以有了国耻，可是，作者不是说过吗："满清道咸年间，曾（国藩）胡（林翼）左（宗棠）李（鸿章）之流，亦以转移风气为己任。曾文正行法主刚，而用人则重血性，尚器识。其于学术思想，则兼取宋学与汉学而归本于至诚，其立身行事，则本于'慎独、主敬、求仁、习劳'的精神，故湘军淮勇的成功，当然不是偶然的。"这样，宜若国耻可以由此减少了，为什么又弄得国耻如麻呢？历史的教训显然是和作者所说的相反：原来中国之弄得国耻如麻，恰恰是因为曾国藩李鸿章辈的"湘军淮勇的成功"。不是吗？请研究一下：太平天国曾统治了许多省份，时间十余年，和外国人也有来往，但是，太平天国毕竟没有和什么外国订立不平等条约，不就是因此惹起洋大人生气，组织了"戈登常胜军"，使太平天国内外受敌，而陷于失败吗？如果太平天国获得胜利，把"曾胡左李之流"打得落花流水，打倒了清朝，建立新国，发扬了民气，创立了国防，则外国侵略者就不可能送我们这样多的国耻。所以我们说，湘军淮勇的成功，就是民众的失败，也就是洋大人的成功。……

（三）关于中国近代思潮

......

　　《中国之命运》的作者这样写道："五四以后，自由主义与共产主义的思想，流行国内……其流风之所至，一般人以为西洋的一切都是的，而中国的一切都不是。他们崇拜外国是一样的，其所以各成派别，是由于外国不只一国，外国的学说也不止一派。他们各仿一国，各宗一派，因而各立门户，入主出奴。各国的学说，既不断的变迁，所以他们无论哪一派的持说，也是不得不随之不断的变化的。……至于自由主义与共产主义之争，则不外英美思想与苏俄思想的对立。这些学说和政治，不仅不切于中国的国计民生，违反了中国固有的文化精神，而且根本上忘记了他是一个中国人，失去了要为中国而学亦要为中国而用的立场。"请研究一下！世界各国先进的思潮，确实有不同的，因为有一种进步思潮（比如民主主义）反映某一种进步的时代（反封建时代），为某一定进步的、革命的阶级所需要；又有另一种更进步或最进步思潮（共产主义）则又反映另一种更进步的时代（反资本主义时代），为某一定进步的、革命的阶级所需要。近代中国处在全世界大变革时代，中国内外各种关系、各种阶级、各种社会人物的斗争错综在一起，因此，哪怕在同一时候，世界各种不同的进步思潮，都可能为各种一定的社会阶级代表所接受，并形成一定的合作。比如革命的资产阶级民主主义者——孙中山就接受西方林肯等人的民主主义（民有、民治、民享），后来又接受了某一部分俄国革命经验（孙中山说过"以俄为师"），而代表中国无产阶级的中国共产党人就接受了科学共产主义——马克思列宁主义，这两方面在1924年后就形成了彼此的合作。这是对民族极有利的，大革命业已证明了。又比如：中国还有其他一部分自由主义者或民主主义者，他们的思想都反映了一定的阶级或阶层，而根据其需要，也可能在一定时候及一定问题上和共产主义形成一定的合作。这是对民族也有利的，许多事实也证明了。这一切是否"切于中国国计民生"，必须以民族利益民众利益为考验，除此以外，一切就都是诡辩。蒋先生在此公开反对英美的自由主义思想与苏俄的共产主义思想，实在可怪之至。一切法西斯国家以及汉奸汪精卫，不正是每时每刻都在狂吠反对自由主义与共产主义吗？蒋先生此书一出，难道不怕希特勒、墨索里尼、东条、汪精卫辈引为同调，而使罗斯福、邱吉尔、斯大林以及一切反法西斯的人们觉得可惜，觉得齿冷，觉得丧气吗？

……

至于要说到共产党，那么，倒也可以算一算看：中国共产党的思想，是毛泽东的思想，是中国化的马克思列宁主义，它在马克思列宁主义这一个思想上，不但和苏联共产党的思想相同，而且也和全世界各国共产党思想相同，但是，科学的马克思列宁主义正是要求每个国家的共产党人根据自己的国情提出政纲，决定政策，而依靠人民自己救自己，中国共产党在中国的工作正是这样做的。他们为中国民族中国人民而创造了的各种进步力量，完全不是靠"外国"起家的，没有一件军械是靠外国帮助的，也没靠过外国钱，作战战略也全靠自己。一切都是"自力更生"。中国共产党人所领导的八路军新四军，抵抗日寇在华百分之五十以上的兵力，从来不妄想外国人替中国人打仗。在中共势力所及的地方，更从来没有和外国人订立过一条或半条的不平等条约，例如塘沽协定、何梅协定、淞沪协定之类。中国共产党人的政策和行动，到处为中国人民所欢迎，因为是符合了民族和人民的利益。中国共产党更从来没有今天依靠这国，明天依靠那国，"人主出奴"，翻云覆雨的事。上述的一切，都是中国共产党思想指导的结果。这真是一个十全十足的"为中国而学亦为中国而用"的中国人自己的革命政党，在中国，再没有可以和它相比拟的了。

……

（四）关于国共关系

……

《中国之命运》的第七章："中国革命建国的动脉及其命运决定的关头"，这是全书的核心。其中心思想，在实质上说来，即"一个党、一个主义、一个领袖"。其中心思想，就是国民党即中国，中国即国民党。法国专制暴君路易十四"朕即国家"的思想是完全复活了。此章对于全国国民和青年，字里行间，充满了威胁的利诱，要他们都一致加入国民党和三青团。对于共产党则充满了杀机。特别其中所说的"新式封建与变相军阀"，显然是对八路军新四军和各抗日民主根据地而说的。作者说："大家如果不肯彻底改变封建军阀的作风"，和没有根本放弃武力割据的决心，那就是无论怎样宽大，决不会发生什么效果，亦找不出有什么合理的方法了。"首先请研究一下蒋先生及国民党当局诸公的"宽大"。我们很不了解：一直到现在，还在捕共产党，杀共产党，骂共产党，打共产党，派遣大批特务钻进共产党，这些是否就叫做"宽大"？好吧，就说是共产党一万个该杀，但是，共产党以外的许多党派，许多社会集团，许多文化组织与经济组织，一切无党无派的公正人士，一切纯正的青年，甚至一切真正爱国不愿反共的国民党员，他们总算没有八路军新四军和抗日民主根据地的纠葛了，他们得到过什么"宽大"呢？他们有发表自己思想的自由没有？他们有集会结社的自由没有？他们有读书的自由没有？他们有要求民主的自由没有？他们有要求不当特务的自由没有？那些国民党人例如孙夫人宋庆龄廖夫人何香凝等等几千几万的人们，有说话和行动的自由没有？不说政治，来说经济吧，在大后方，农民没有要求减租减息的自由不用提了，最近连工人都没有获得工资的自由也不用提了，但是中小工业资本家有没有发展自己经济的自由？各种小生产者有没有发展自己生产的自由？不是一切都垄断干净了吗？垄断得使他们得不到血本，因而使生产逐渐衰落了吗？难道这一切也都叫做"宽大"的吗？

但是蒋先生及国民党当局诸公的宽大是确实有的，这就是对于土豪劣绅的宽大，对于贪官污吏的宽大，对于几百个反革命特务大队在全中国境内横行霸道无法无天的宽大，对于日本第五纵队的宽大，对于汪精卫汉奸群的宽大，对于日汪奸细陶希圣、吴开先的宽大，对于三十三个投敌将领的宽大，对于洋狗坐飞机的宽大，对于孔令仪小姐携带大批嫁妆坐飞机到美国去结婚的宽大……好了，蒋先生及国民党当局诸公确实有了无数的宽大。但是试问这些宽大对于国家民族有什么利益呢？除了尽情尽量地破坏一切抗日人民的积极性、自信心、自尊心与创造力，除了把国家民族引入绝路，还有什么别的结果没有呢？

……

蒋先生说："中国从前的命运在外交，……今后的命运，则全在内政……"蒋先生全书的精神，可以"对内"二字概括之。但是我们知道：今日大好江山还沦陷敌手，就使英美已废除了不平等条约，但那些东西都在沦陷区，不战胜日寇，一切就都是空话。抗战前途还极多艰难，今日基本问题显然是对外——即共同对日，而不是对内——即准备内战。蒋先生提出或者"精诚团结，奉公守法"八个字，或者是"诈欺虚伪，毁法乱行"八个字，而且认为："这是我们中国命运的分水岭，其决定即在此抗战时期，而不出于这二年之中。"但是有问题还是要请问的：制造摩擦，发动内战，"你的就是我的，我的还是我的"，是否即"精诚团结"？降敌叛国者不加讨伐，抗敌有功者不加奖赏，贪污横行，豺狼当道，封建遍地，专制自私，是否即"奉公守法"？威胁利诱青年去做特务，要他们钻进共产党，钻进国民党以外的一切所谓"异己"党派，"异己"集团，钻进一切民众团体，钻进文化界、教育界、经济界，要他们不做正派人而做两面派，是否即"诈欺虚伪"？拒绝实行三民主义，拒绝实行抗战建国纲领，而且所做的适和三民主义及抗战建国纲领相反，是否即"毁法乱行"？在此抗战时期，不出于这二年之中，要在国内"决定命运"，是否意味着要在今明两年之内组织国内战线，消灭一切"异党"？我们是希望蒋先生给我们解释这些问题的，因为我们晓得：自从有了法西斯主义或公开地或掩蔽地在中国出现以来，字典上就有许多不同的解释了。如果"中国之命运"竟然成为内战的工具，则蒋先生将何以自解于国人？无怪自1943年3月间《中国之命运》一书出版后，几个月来，人们纷纷传说，这是一本对中国人民的宣战书，是为着发动内战的思想准备与舆论准备，"二年决定命运"，原来在书中已写得明明白白了。

……

说共产党人是"自私"的吗？中国共产党人为着民族与人民，弃家离井，随时随地可为人民的利益抛掷自己的头颅，而没有一个共产党人会拿取人民的血汗积累为个人的私有财产。共产党没有一个发洋财或发土财的人。中国共产党人到处为人民工作，但决不是做官，更不想做大官。谁是"以个人的私欲为前提"？谁是"以个人的私利为中心"？请研究一下国民党内部的情况吧！除了那些真正的爱国的国民党人之外，其中多少人刮削民脂民膏，多少人把民脂民膏变成个人的财产，多少人本来还一无所有，但一朝大权在握，就马上银钱累累，荒淫无耻，尽富尽贵，这不是天下人所共见共闻的吗？

……

（五）为中国民族前途呼吁，为中国民众、中国青年们、孩子们呼吁！……

《中国之命运》第六章所谓"革命建国的根本问题"，其基本内容，就是：其一，反对民主政治；其二，反对思想自由。这真是中国政治危机的所在，中国国民精神（思想）危机的所在。

大家知道：中山先生积四十年的革命经验，其所得的中心思想是唤起民众。而这点和《中国之命运》的中心思想正相冲突。或者是拥护民众，或者是反对民众。这是中国革命的基本问题，是革命路线与反革命路线的基本问题，是民族与反民族的基本问题。唤起民众的中心问题就是民主政治和思想自由，民族力量因此就可以发扬，而反革命路线必将一概加以否认，民族力量因此就可以被绞杀，这也是现在中国国体（在其实不在其名）的问题，是现在中国政体的问题，又是民族生命、中国前途的问题。

我国之所以衰弱，所以被外国人欺侮，是由于民众被专制政治所压迫；如果在抗战以后，我们民众仍然还要继续受专制的压迫，则中国仍将不能转弱为强，仍将不能达到解放，一切建设都会无望。这不是我们的危言，过去几十年的历史早已证明过了。

大地主大资产阶级反动代表在大后方所进行的特务教育，所采取的对待青年的手段，是极端悲惨的。青年们纯洁的心灵，没有根据自己的生活和理智去选择思想的自由。不仅如此，还有人用"左倾"思想做钓饵，去勾引某些青年，特别是勾引那些活泼有为的青年，等到他们不及提防上了钓钩之后，就立即强迫他们签字发誓到共产党中、到一切所谓异己势力中去当特务，有的并须要以他们的家庭或某种亲属为质，否则加以格杀。这种方法甚至施行到十三四岁的孩子们。一切情形完全出乎有理智的人类思想之外，其残忍阴谋和希特勒、墨索里尼、东条这些东西没有分别，甚或过之。这就是他们的"爱护青年"，"不利用青年"！这就是他们的仁爱真诚！我们敢向全国同胞大声疾呼！这是对于青年们孩子们的虐杀！这是中国青年旷古未有的精神大灾难！这是我们中国民族的精神大灾难！我们不知道《中国之命运》作者的所谓"真诚笃实的风气"是否就是这样的风气？要知道这样的风气是由国民党中央特务机关、宣传机关、教育机关、组织机关以及三青团部直接主持的。

现在听说《中国之命运》订为大后方青年们孩子们必读的"圣经"了。一定要把假造历史、曲解历史的东西和叶德辉那套什么中国伦理圣教是世界第一的衣钵，强迫灌输到青年们孩子们的头脑中去，真是"居心何忍"！这不真是可悲可叹，而大大足为我们民族前途担心的吗？

我们要为中国民族前途呼吁，为中国民众、中国青年们、孩子们呼吁！也为我们中国的后代呼吁！要求蒋介石先生，要求一切真正的爱国的国民党人，要求一切抗日党派，要求一切爱国同胞团结起来，坚持抗战，反对内战，坚持团结，反对分裂，坚持孙中山的三民主义，反对买办的封建的法西斯主义！反对新专制主义！让中国民众得到自由的呼吸吧！让中国青年们、孩子们有机会根据自己的理智去选择思想和追求光明吧！救救青年！救救孩子！救救我们民族后代吧！让中国不再回到专制、内战、黑暗、屠杀、特务——这一类的旧路吧！让以民众为主人翁的新民主主义的新中国诞生出来吧！中国万岁！

原载《解放日报》，一九四三，七，二十一

战　国　策

大政治时代的伦理（节录）

——一个关于忠孝问题的讨论

林同济

四月十六日昆明市各界在省党部举行民众讨逆大会，我陪着几位名流的末座，作几句关于中国文化的演讲。

我当时曾提出三点平凡之见。（一）是谈到中国"孝为百行先"的流弊，主张我们此后应当以忠为百行先。（二）是谈到中国"猎取功名"观念的流弊，主张代以"创造事业"观念。（三）是谈到中国"容忍苟安"的习气，主张此后应当特别注重"勇"的提倡。

后来有署名"迪身"者在报上发表文章反对我们意见，他以为忠孝本一贯；我们尽可"沿传统之观念，仍曰孝为百行先"。按他那篇文字本身价值，我们实无费神辩论的必要。但是自另一方面看去，他这种论调实可象征近年来乘着各种机缘而暗里抬头的旧势力。在这方面看去，我们却觉得此中却有一论之必要。并且忠孝问题确是我们二千年来实际生活上待决未决的大悬案。在某立场观察来，我们一谈到忠与孝的关系，我们便直挖着中国文化的核心，牵连到中国文化的命运。此空前的抗战局面，我们对任何种问题必须具空前的锐眼与决心。我们应当不避现实，奋把中国整个的文化，下一个彻底的、忠实的再一度反省，再一度估量。我们正无妨以忠孝问题为我们反省的起点。

……

本篇的忠孝论，也并不只是一种战时特有的伦理观，乃是现代国家应有的，必须的伦理观。我无以名之，名之曰大政治时代的伦理。兹且把我的立场简单的申说如下。

（一）我承认现代世界是个大政治世界。我不愿谈八千年前的太古洪荒，亦不愿谈八千年后的所谓"大同"世界；我所注意的是此时此世的现实。对我们这个现实的世界，我以为我们当有切实忠实的认识者数点：

（甲）它并不是缓带轻裘揖让上下的世界，乃是一个激烈竞争的世界。

（乙）这个竞争的根据，最重要的是"力"，不是所谓"法"与"德"。

（丙）竞争力的单位，最主要的、最不可缺的、最有效的，是国家，而不是个人、家庭，也不是教会或阶级。换言之，最主要的竞争是国力与国力的竞争。

（丁）这个国力是正在急速的走向全体化。就是说，国内一切精神物质的力量，一方面极端的分头发展，一方面又极端的组成一体。所谓大政治者，就是国与国间凭着彼此极端全体化的力，以从事于平时的多面竞争与战时的火并决斗。这不是我故作恶语。大家只须不要幻想，只要定眼看着现代世界实际政治的趋势，对此语必表赞同。

（二）在此种以全体化国力为竞争单位的世界，最重要的是每个人民都要成为国家的有机体的一分子。个个"人民"都得练成一个得力的"公民"。换言之，在大政治世界上公德比私德重要，政治德行比任何德行都重要。这不是说公德与私德必相冲突，两者往往相成，但有时却相冲突。所谓公德重于私德者，就是说两者冲突之时，我们当全公德而灭私德。两者往往并行不悖，但是如果有相悖的倾向，我们当存公德而舍私德。

（三）一切的公德，一切的政治德行之中，忠为第一。所谓忠者，不是古代忠于君或忠于朋友的忠。忠于君或忠于朋友的忠不免含有五分私德意。大政治时代的忠，绝对忠于国。唯其人人能绝对忠于国，然后可化个个国民之力而成为全体化的国力。忠是国力形成的基础，形成的先决条件。忠是一种纯政治的德行，与伦理原则有时吻合，有时冲突。例如本国与他国冲突时，即使在伦理上本国未必是，他国未必非，我们为履行政治道德的需求，必须为本国作战，与他国相拼杀。我们为求对得住国家，有时乃对不住人类。然而现代国家的组织，就是根基于此纯政治的德行——忠——而建立，而运用，而维持，而发展的。换而言之，就是忠为百行先。这并不是我个人新奇之说，乃是现代各国实际上认为当然推行必须推行的根本大计。其实现代事实所指示，不但政治时常脱离伦理的羁绊，并且伦理本身大有日趋"政治化"的倾向，日趋"国家立场化"的倾向。自国家立场而有利的便是"好"，便是"是"。自国家立场而有害的便是"恶"，便是"非"。国家的利害，变成伦理是非的标准。这在往时超然的伦理眼光看之，是何等的"不道德"、"反道德"。然而大政治时代需要大政治的立场。国力竞争局面，需要政治化伦理，不要伦理化政治。换言之，忠不但为百行先，乃不可遏止的逐渐成为百行的标准，一切的价值的评判员。也就是说，大政治时代的伦理乃含有"反伦理"倾向之可能。

总而言之，大政治时代是以全体化的国力而从事于国际竞争的时代。在此时代中，必须树立"忠为第一"主义，必须以忠为中心以建立我们全民族思想系统，以忠为基础建造我们国家的社会制度。这是我主张忠为百行先的立场。既是忠为百行先，则孝当降格，在此立场下，我反对孝为百行先。

　　我此刻要声明的，我反对孝为百行先，与五四运动时代"非孝"之说有点不同。五四时代的非孝大抵以个人解放，个性解放为据本，为目的。我的主张却是以国力组合，与政治集体为立场。五四时代正值西方欧战之后。欧战后的西方政治与思想是一种欧洲文化的支流对其本流的暂时反对。时势到了今日却已把西方的现代文明的主要意义，赤条条显在目前，绝不容我们再事"自催眠"指鹿为马。三百年来的欧西文明的发展自大政治的眼光看去（大政治眼光是对现代世界生活最重要，最不可缺的眼光）只是国家力量的发展与集中。个性解放自现代的现实看去，可说是国力发展的基础，也是国力集中的导线。就中国二三十年来的经历而说，五四运动的解放个性正是我们从今而后国力发展运动的先锋。如果我们的立场及目的与五四时代不同，那是我们随着时代轮的前进，把五四运动向前一步推行；也可说是应大时代的唤呼，把我们酝酿未熟的思想猛向现世界的本流合奔。在这方面看去，个人与集体之两宗，质虽异而用则合。他们对过去的"孝为百行先"的家族主义，宗法制度，皆同样的采取对立的态度，革命的精神。

　　……

　　以孝为百行先，便是以孝为国民伦理的基础。绕着孝的观念，自然而然的要建成一个特殊的，"一贯的"思想系统。它不但以孝为百行先，它还要把孝字来解说一切人生的价值。所以祭义有曰："居处不庄，非孝也。莅官不敬，非孝也。朋友不信，非孝也。战阵无勇，非孝也。"迪身君于此却说得不错："夫莅官战阵已属乎忠之范围，而必纳之于孝者，盖举孝以赅忠。"这种"必纳之于孝"的勉强手段，我们当注意的。它也许是古圣哲企图以孝助忠之威，坚忠之志。它也许是古圣哲看出孝的范围太狭小，孝的用途有不逮，于是把孝的意义，勉强的扩大，而包括家庭以外的公德。但是它的最大意义，是要以孝解释一切的价值。夫唯一切的价值"必纳之于孝"然后孝的思想系统成。此于现代各国的趋向，要把一切价值必纳之于忠一样。孰优孰劣，是玄理上不可决的问题，我们不谈。我们所要穷究的，哪一个适应于现代的生存？分明时代要求是公德，是政治德行，是忠为第一。为什么不直截了当奉忠为第一，而偏要向那宗法社会的残余堆里，抓出那孝的一套，然后把忠纳之于孝，然后再评三议四，看看这个忠是否有合于孝，然后才敢下个判语，决定这个忠究竟是否"有当"，是"合道德"呢？为什么我们必要把忠放在孝的胯子下？为什么我们必要苦向孝之中，孝之下寻出忠来？为什么我们不让堂堂之忠独立于光天化日之下以直接应付此大时代的来临，而偏偏要把这个二十世纪最重要的公德，硬当作儿女私德——孝——的注脚呢？

私德为先，公德为后，私德为主，公德为副。这是二千年来，我们宗法制度下的伦理之不可免避的倾向，不可免避的流弊。二千年来社会的整个现实与二千年前二三圣人的训话正不必相符而竟可往往相背。谈到此地。忠孝不两全的缘故，可以明了了，忠孝的冲突是中国历史上永未解决的事实。尽管二千年前的圣哲登席高呼"求忠臣必于孝子之门"，苦喊大家"移孝非忠"，却是实际上我们观察社会一般人的行为，总不免觉得在我们家族主义的绑缚下，"移孝"一功夫，难赛"移山"；孝子之门，忠臣鲜焉，其中原因就是由于中国不但以孝为中心而组成一套的思想系统，还凭此思想系统而组成一批"吃人"的礼法，构出一个庞大的宗法社会，复杂的家族制度。这个制度又自有它实际上内在的因素，使它实际上的逐日发展与原初的理想论训愈离愈远。本来实际与理想的差别，在人类文化史中不一其例。中世纪末马丁·路德所反抗的罗马教会与二世纪的原始耶教，实有天渊之别。中国的家庭制度何莫不然？反而观之，制度的本身也不是全不受理想的影响，思想自有极大的力量的。古圣贤学说之中，实含有不少种子，为后来制度上积弊之源，甚且成为制度上积弊之护符。那些"父母在不远游"，"孝子不登高，不临深"，"身体发肤，受之父母，不敢毁伤"的孝的哲学，乃与经传"明哲保身"之训混合，而在那家庭势力膨胀的环境中，竟结成一套"怕死的人生观"磅礴于"神州"的全部！至于那些"莅官不敬，非孝也"，"战阵无勇，非孝也"的公德化的孝论，欲在历史上求其实行者乃历千秋而落落如晨星。中国民族观念与政治存在，尚能屡经大难而勉强支持者，也就靠此少数又少数的成仁取义的英雄。然而大政治时代的迫来，所需要的是全国国民个个都担起英雄的责任。哪还容把此大好河山尽托诸几个人的手里？对此空前的局面，我们迎头赶去，还恐不及；哪里有时光迁回萦绕，模仿那闭关时代学究们老态，来徐敲孝子之门搜寻出一二忠臣呢？老学究的办法是要教孝而求忠。我们的提议是教忠而求忠。其实教忠而求忠，犹恐不给，况乃教孝而求忠，则宜其十叩世俗所谓孝子之门而不免九度弛然返也！

忠与孝二千年来的实际冲突，既不是二千年前圣人口头上训为"一贯"之所能掩，也不是这些圣人之所能防，则凡现在负责指导我们国民思想者不容不对此紧加注意。历史的经验显然告诉我们：二者往往难兼，我们当有警惕。事到今日，我们已不堪盲目的再蹈古人之覆辙。让我们大家认清主要目标，决然把孝放开少谈，多多提倡忠字。其实在此"孝的制度"积弊丛生之下，我们最好的办法是干干脆脆把孝一套旧理论旧制度轻轻的束之高阁，只留下"敬爱父母"的干净四字作我规模，好把这民族所有的有限精力直接灌输到"忠"的伟大工夫上！

......

我说中国重孝轻忠，便是说它以孝为先，以忠为后。孝为百行先之说，自汉以后，坚牢不拔的深入民间。而忠之一字，无形中成为次要之次要。结果，大家的心目中总认得不孝之罪大于不忠。所以在我们的社会里，逆父母者乡党不齿，而卖国者反可取得一般亲友的优容。抗战以来，我们的头脑已显然的得到一番的改变。抗战愈久愈烈，我料知"忠为百行先"终要成为全民族深深体验深深了解的信条。如果此外再能得一般思想界的人们出来说透此中的道理，则此正在形成的思潮便可变为一种有意识有系统的运动，而我们民族的前途必可有一番新光彩的焕发。企予望之！

原载《今论衡》一卷五期，一九三八，六，十五

优生与民族（节录）

——一个社会科学的观察

林同济

潘光旦先生在《妇女与儿童》一文内（今日评论十四期）提出三大原则以为他所谓"新的妇女运动"的指南。第一原则是要看清男女分化的科学事实，承认子女的生、养、教是妇女无可避免的任务。第二原则是要转换价值的观念，把生、养、教三字标为新妇女的根本价值，以与男子们的各种传统价值抗衡。这两原则都有相当的理由，也吻合世界的新趋势。虽然其间容有应当充补之点，我们大体上愿作共鸣。

刺人眼的却是他的第三原则。原文如下：

第三，要改变（妇女）运动的目标，以前的目标是个人的解放与发展，今后的目标应当是民族健康的推进。民族健康的根本条件不是外铄的公共卫生，而是内在的遗传良好；而遗传良好端赖民旅中中上分子能维持与增加他们的数量，此外更没有二条路径。

本来讨论问题，全靠立场。站在纯优生学的立场来看，潘先生这段的论调都是意中事。我们这里所爱提出的是"社会科学"的看法。纯优生学的看法不能免基本派的倾向，社会科学的看法，却可以注意到事物间相对的关系。如果前者不免见其偏，后者或许见其全。前者容易流为超时空的理论，后者往往可以得到贴现实的方案。

要把妇女运动的目标，由个人的解放与发展改变为民族健康的推进，似乎对健康两字当有明白的界说。把健康只当作生理上的健康解，不免狭小之嫌。如果把它广义化，而包含心理上的健康在内，则这种宽博正大的目标，莫说是榜作妇女运动的招牌，无人置喙，即扬起来当做全人类一切工作的最终目的，也何尝不得体，何尝不合宜？问题的关键似乎在如何推进。说到如何推进，那便说到实行问题、步骤问题，我们的眼光便要脱离纯理论、纯逻辑的层级而进入现实的范围，于是乎应当孰先孰后？注意点应当何去何从？这却不复是主观的学理问题，乃要看客观的环境的情况而定。内在的历史遗产，外在的潮流压力，都要结算在内。

用这种的眼光看去，则所谓民族健康的推进也许与妇女个人的解放与发展是发生有不可切断的关系。进而言之，在现有的中国社会状况下，妇女个人的解放与发展也许乃正是潘先生所谓民族健康推进的必须第一着，也许竟是民族健康推进的大前提。

个人的解放与发展是五四运动的主脑母题。五四运动在国史上的意义，不一而足，但是个性的解放，恐怕是它最重要的使命。中国传统的文化太发展了群体的压制力，太伸张了社会制度的权威。五四运动揭起来个性解放的旗子，煞是一种极有价值的反动。如果用福洛特【今译弗洛依【伊】德】的名词来说，中国数千年的文化，太发挥了所谓"太上我 Super ego"【今译"超我"】的威力，所以必须要唤醒"阿特 Id"【今译"本我"】的活动。"阿特"固然是极富危险性的东西，但是把它压制的太紧，势将又不免要摧残整个人的生气与灵机。中国民族的生理与心理，颓萎到今天的田地，是不是直接间接都与个性的被压——尤其是女性的被压——发生最根本的因果关系呢？这是优生家与任何家都应当首先自问的大题。

数千年来女性太受压迫了，太受摧残了——由缠足说起，以至小老婆制度与夫社交上机会上的不平。就用纯优生学的眼光，你看我们那些生理心理层层桎梏的妇女们，如何而担得起潘先生所要来的"生、养、教"的责任呢？且莫忙谈儿童健康、民族健康。也许先决问题，乃是把儿童所出自的妇女们尽先健康化起来！要把女性健康化，也许在中国现有的历史遗产下第一步工夫就是要他们个人的解放与发展！

固然的，五四到今天已经整整二十年。我们抚往思来，当然也可以问一问：中国妇女们到今天是不是已经解放够度了，解放过度了？尤其是在此抗战时代，我们所当侧重的，似乎应当是集体，不是个体，是民族，不是个人。五四时代所提倡的个性解放到今天是否应当告一结束？

我们不能不承认五四以来的解放运动，流弊孔多，但是这些流弊，与其说是解放本身的错误，不如说是解放未得其方，未得其向。功过对抵之后，解放运动，终究还是二十年来最有意义的史实。即就妇女方面而言，女性在轮廓上的进步，恐怕不能不说是民国以来差强人意的成绩了。

女性解放够度了吗？我的答案是"决不够度！"我看那家家虐待的丫头，我看那到处逢源的变态的纳妾，犯法的重婚，我看那下层丈夫的打老婆，上层女子的无职业，我看那整个社会的依旧重男轻女，我晓得这个古老文明的我国，说到解放女性，蓬山前路，远隔万重呵！须知真正的个体解放并不与集体团结冲突。两者本来是相得益彰，相辅而行的。抗战期间的文化动向，一方面必须辟出新途径，把集体组织化；一方面却也必须继续五四的作风，向个体上作进一步的合理的解放。如果个体解放必须在集体组织的范围内推行，集体组织也必须在解放了的个体上建立。在这点上着想，五四运动与抗战期内的精神总动员，乃在一条直线上，并不是对垒而立的。

这不是一个纯理论的问题。看看四围的大现实，再抓住这些大现实中心的意义，即使站在优生学立场，恐怕所谓民族健康的推进，大前提还是女性的解放。根本的原则是人格尊严的树立与社会机会的平等。不消说，所谓人格尊严绝不是女性男化；所谓机会平等并不必是男女同工。这两点不但不与潘先生的第一第二两原则冲突，并且，我看，还是他那两原则的基础的必要前提。

"民族健康的根本条件决不是外铄的公共卫生，而是内在的遗传良好"。潘先生这句话，确是道地的优生学家的口头。背后的假定，当然就是遗传比环境为根本。Nature 与 Nurture 孰本孰末，本是学术界纷纷莫决的老问题。种瓜得瓜，种豆得豆。恐龙不会生狗；狗不会生人。在这点说好像遗传是根本，环境无能为力了。然而同一个生猴子的祖宗，为什么也会生人呢？大家公认的理由据说是"突变"。突变的来源又是什么呢？与处却没有人断说其不由于环境的作用了。最少这点是无疑的：即使种类的本身是出自遗传，种类的生存与消灭却不免是由环境决定，你说哪一个是"根本"呢？

社会科学的看法是要看出了物间相对的关系。根本不根本，从无绝对的定评。卫生为根本吗，还是遗传为根本呢？你说你的大少爷是个天生的玉树，但是卫生不讲，不成人而殇，好遗传有何用处？卫生与遗传，本是互相为用，缺一不可，这点就是优生学家也不否认。

……

其实论到良好遗传，最困难问题就是审别，谁来审别？用什么标准来审别？这些都是难赛上天的问题。古希腊的斯巴达曾经勇往决行了，它用生理强壮的标准，由国家来强制审别。据说斯巴达的倒台，与它这种迷信遗传乃大大有关。诚然的，现代的科学关于可遗传的生理与心理的病症，已有相当可靠的知识。禁止这些病人们的传种，可以不难办到。但是由此以上，谁当生子，谁当绝后，目前的生理学、医学，自问尚是茫然。

谈到此地，我们便要评一评潘先生的最后一点了。

潘先生说："遗传良好端赖民族中中上分子能维持与增加他们的数量，此外更没有二条路径。"

这是关键句子，因为这是说明潘先生审别遗传的标准。换言之，潘先生相信"中上分子"具有良好遗传，所以主张中上分子多多生育。涵隐的反面意思，也就说"中上以下的分子"遗传欠善，应当多多节育。究竟"中上分子"四字作何解释呢？

谅不出下列二者：（1）中上二字是指体质（生理的）的与智慧（心理的）的程度而言。（2）中上二字是指经济或社会的地位而言。著作前者解释，那就是说体智上中的，应当多多生育。这句话可说是常识的真理，谁能反对，谁不赞成？关键还在审别的标准。你所用来以审别那些上中下的体智的，究竟是什么？我说过了，要寻出几种最浅显的可遗传的病症，不至发生偌大的困难。过此以往，在常态的人们中，要挑拣出而下品题，把上中下的太古三格式硬套在人家的头上，那就恐怕大有流为希特拉【今译"希特勒"】"量鼻子主义"的危险，结果却要禁止爱因斯坦成婚生子了！审别体质，已是难事。有骨架的只有拜请上席亲身出马——就是你那风动一世的时髦统计学，"测鼻术"也是无能为力的。这是事实问题，不是你我个人意见所能左右。

只说中上体智的分子，而提不出任何适用的标准，那就等于说体智良好的，应当生育；也就是说，有良好遗传的，应当遗传。此之谓遁词，此之谓 Tautology（同义反复），此之谓虽解释而未解释。

如果潘先生的解释而有确实的意义的话，恐怕只得作第二说解。"中上分子"恐怕是指经济或社会的地位而言。换而言之，就是有钱的人，有身份的人。且莫管你赞成，或是反对，钱与身份比较地尚是近于客观化的标准。并且在一个健全的社会里，钱与身份，大体上说，尚能与"才德"相符，尚能表征体智健康。在无可奈何中，它们或尚可算是差堪应用的价格。

只是在中国的现时，这价格，这标准，是绝对不可用了！我们社会中现有的中上层分子，你看他们的面目头颅，他们的心肝五脏，究竟是合于哪一格的标准呢？他们钱是有的，而且愈来愈多。他们身份更是高的——只须头衔是官。却是他们中间，有多少个是眉目清秀？有多少个是双肩阔方？有多少个是心肠中正？有多少个是指头老实？潘先生要请这些人来尽量发挥他们的生育性，你想他们所遗传于民族的，是天鹅还是乌龟呢？

其实一向的中国社会，本来就是他们在那里繁殖。老百姓添儿女，一大半都是死亡。所以五口之家确是农村的常态。大人先生们却不够了。有了老妻不算数，金房子还要贮娇。大姨太、二姨太的产品，加上正房的成绩，一五一十，四个手的指头，转瞬间已不够数了。然而生出来的，大都不是豚犬，便是豺狼。到了近年来，十之八却都做成鸦片王了。我看城市里所谓上层的红男绿女类皆是青脸黄皮，我晓得如果要改良民族的健康，还是请农村的"下层"父母，多多努力。所谓中上层的夫妇，即使全部罢工，民族未必不收"失马"之福。

最后让我们再提出一点来，潘先生目击现时渐有独身，迟婚，少生子或不生子的案件，便惶惶然认为民族自杀的恶征。其实这个拥有四万万五千万人的老国，愁的不是人少，乃是有了人而却不当人看待！

独身，迟婚，与节育——这些事实，无宁是可喜的新气象。社会上会发生这些事实，最重要的原因，当然是经济的不给。目前国内，旧式的大家庭逐渐崩溃，生计也逐渐由成年的子女自当。独身，迟婚，节育等等是必然的现象，也是自由意志的一种表现。人家财力不够，为什么你偏要迫着他非做姑爷，非做爸爸不可？

数千年来，有脑力、有智识的国民，都被迫着个个非做姑爷，非做爸爸不可。我们文化中的破绽，恐怕就端为这点出来！我们整个的文化制度，整个的人生观，太"姑爷"了，太"爸爸"了。也许民族目前所需要的，正是一大批无妻无子（或是无夫无子）的人，胸中一虑不挂，凭着一己的直觉，赤脚双拳，迹步踏来为大社会创造，为大社会努力！

原载《今日评论》一卷二十三期，一九三九，六，四

建国在望的第三周文化

雷海宗

只看目前，我们是在抗战中建国。但若把眼光放得远大些，我们今日显然的是正在结束第二周的传统文化，建设第三周的崭新文化。从任何方面看，旧的文化已没有继续维持的可能，新的文化有必须建设的趋势，此次抗战不过加速这种迟早必定实现的过程而已。我们近来时常称今日为"大时代"，真正的意义就在此点。

此次抗战，有如塞翁失马，在表面损失的背后，隐藏着莫大的好处。自抗战开始之后，著者对他的最后意义，时常拟题自问，自供的答案也日愈清楚。假定开战三两月后，列强就出来武力调停，勉强日本由中国领土完全退出。那与目前这种沿江沿海与各大都市以及重要交通线全因战败而丧失的局面，孰优孰劣？答案是：战败失地远胜于调停成功。假定开战不久，列强中一国或两国因同情或利益的关系而出来参战，协助中国于短期内战败日本。那与目前这种沿江沿海与各大都市以及重要交通线全因战败而丧失的局面，孰优孰劣？答案是：战败失地远胜于借外力而成功。假定战争初开或开战不久，日本又发生一次大地震，较一九二三年那一次尤为严重，都市全部破坏，轻重工业整个消毁，全国公私一并破产，元气丧失到不可恢复的程度，因而被迫不得不无条件的向中国求和。那与目前这种沿江沿海与各大都市以及重要交通线全因战败而丧失的局面，孰优孰劣？答案是：战败失地远胜于因敌遭天灾而成功。假定我们有一位科学天才，发明一种非常的利器，能使我们于一两个月之内将日本的实力全部歼灭。那与目前这种沿江沿海与各大都市以及重要交通线全因战败而丧失的局面，孰优孰劣？答案是：战败失地远胜于靠特殊利器而胜利。假定日本因国内与国际的种种顾忌而不敢发动此次的侵略战争，容许我们再有十年的准备，以致我们与敌人势均力抵，能用外交的压力或战场上短期的正面决战强迫它退出中国。那与目前这种沿江沿海与各大都市以及重要交通线全因战败而丧失的局面，孰优孰劣？这个拟题的诱惑力，诚然太大，与上面的几个假设相比，的确是一个深值考虑的出路。但我们仍不妨狠心而大胆的回答：把眼光放远放大些，战败失地还是胜于外交压迫或短期决战的胜利。

我们为何无情的屏弃一切可能的成功捷径，而宁可忍受目前这种无上的损失与痛苦？理由其实很简单：为此后千万年的民族幸福计，我们此次抗战的成功断乎不可依靠任何的侥幸因素。日本速战速决的胜利是不可能的；中国速战速胜的战果是不应该的。即成可能，我们的胜利也不当太简易的得来。若要健全的推行建国运动，我们整个的民族必须经过一番悲壮惨烈的磨炼。二千年来，中华民族所种的病根太深，非忍受一次彻底澄清的刀兵水火的洗礼，万难洗净过去的一切肮脏污浊，万难创造民族的新生。

"新生"一词含意甚广，但一个最重要的意义就是"武德"。非有目前这种整个民族生死关头的严重局面，不能使一般人民与文人学士从心坎中了解征兵的必要。好在我们沦陷的区域甚广，敌人的疯狂残暴逼得向来自扫门前雪的老百姓不得不挺身自卫，不得不变成为个人，为家庭，为国家民族拼命的斗士。同时，为应付势所必然的长期战争，未沦陷的后方又不得不加紧推行战前已经开端而未完成的国民兵役制度。所以全国之内可说都在向普遍征兵的方向迈进。此中虽然因二千年来的积习太深，不免有许多障碍与困难，但经过此番波动，自卫卫国的观念必可渗入每个国民的意识中，将来彻底实行征兵，可无极大的困难。

旧中国传统的污浊，因循、苟且、侥幸、欺诈、阴险、小气、不彻底，以及一切类似的特征，都是纯粹"文德"的劣根性。一个民族或个人，既是软弱无能以致无力自卫，当然不会有直爽痛快的性格。因为直爽痛快不免与人发生磨擦，磨擦太多就不免动武。但由弱者的眼光看来，动武是非常可怕的事，所以只有专门使用心计了。处世为人，小则畏事，大则畏死。平日只知鬼鬼祟祟的手段去谋私利，紧急关头则以"明哲保身"的一句漂亮语去掩饰自己的怯弱。这种人格如何的可耻！这种人所创出的社会风气如何的可鄙！上面所列的一切恶毒，都是由这种使用心计与明哲保身的哲学而来。此次抗战有涤尽一切恶劣文德的功用。我们若求速胜，岂不又是中了旧日文人侥幸心理的恶毒？

但我们绝不是提倡偏重武德的文化，我们绝不要学习日本。文德的虚伪与卑鄙，虽然不好，但纯粹武德的暴躁与残忍，恐怕比文德尤坏。我们的理想是恢复战国以上文武并重的文化。每个国民，尤其是处在社会领导地位的人，必须文武兼备。非如此，不能有光明磊落的人格；非如此，社会不能有光明磊落的风气；非如此，不能创造光明磊落的文化。此点若不能达到，将来我们若仍与已往二千年同样的去度纯文德的卑鄙生活，还不如就此亡国灭种，反倒痛快！

初级教育与军事训练都当成为每个国民必有的义务与权利。义教是文化的起点，军训是武化的起点。两者都是基本的国民训练。这个目标达到之后，整个中国的面目就要改观。当然在面积广大边防极长的中国，恐怕非有一个常备军甚至职业军不可，但这只能作为征兵的前提，必须由征兵训练中产生。所有的兵必须直接出自民间，兵与民必须一体，二千年来兵民对立的现象必须彻底打破。由此次抗战的英勇，我们可知中华民族虽然很老，但并不衰，仍是第一等的兵士材料。这是征兵制能够成功的绝对保障，也是新文化必定实现的无上把握。

兵的问题，牵动整个的社会，兵制与家族制度又是不能分开的。中国历来讲"忠孝"，认为忠与孝有密切的关系：在家孝，在国必忠。但这大半是理论。实际上，为家庭的利益而牺牲国家社会的利益，在已往几乎成了公认的美德。二千年来无兵的文化，全都由此而来。所以旧日夺人志气的大家族，必须废除。反之，近世欧美的小家庭也不是绝对无疵的办法，因为小家庭无形中容易培养成一个极端个人主义的风气，发展到极点，就必演成民族自杀的行动——节制生育。这恐怕是许多古代文化消灭的主要原因，这也是今日西洋文化的最大危机。中国于战国秦汉间也曾一度遇到这个难关，所幸太古传下的家族观念始终没有完全消灭，汉代的人口政策大体成功，所以此种恶风未能普遍的流行，民族的生机未被不可挽回的斩断。我们今日能如此英勇的抗战，就是受此种强度的家族观念之赐。否则我们的民族与文化恐怕也早已与埃及巴比伦或希腊罗马同样的完全成为博物馆中的标本，欲求今日流离颠沛的抗战生活，亦不可得矣！这个问题，比兵的问题尤其难以应付。兵的问题是一个可以捉摸的问题，可以用法令解决。家庭生活虽有利益的关系，但情感的成分甚大，不是法令所能随意支配的。舆论的倡导，学人的意见，社会领导者的榜样，是解决这个问题的必要力量。我们虽不必仍像从前以无限制的多子多孙为理想，但像西洋上等社会流行的独身与婚而不育的风气，却必须当作洪水猛兽去防御。所幸此种现象，在中国尚未成为固执的风气。现在的中心问题是大小家庭的问题，不是节制节育的问题，大家族与小家庭的调和，虽不免困难，但并不是绝对不可能的。近年来，中国实际正在向这方面进行。现在的趋势，是在大家族的观念与形式仍然保留之下，每个成年人都去过他独立的生活。旧日老人专权的家族制，当然不能再维持，因为那是使社会停顿与国家衰弱的势力。但西洋的个人完全与父母兄弟隔绝的办法，也万不可仿效；因为无论短期间的效果如何，那到最后是使社会国家破裂与民族生命毁灭的势力。中国自古以来善讲中庸之道。中庸之道，无论在其他方面是否仍当维持，在家族制度方面却无疑的是绝对需要继续采用的。我们若要度健全的生活，若要使民族的生命能万古不绝，一个平衡的家族制度是一个必不可缺的条件。这个问题非三言两语所能说尽，最后的解决仍有待于来日与来人。

兵的问题与家族问题之外，我们还有一个政治问题。政治问题虽然千头万绪，但最少由表面看来，一个固定的元首制度是最为重要的。因为政局的稳定与否，就由元首产生时的平静与否而定。近年来吃了群龙无首的大亏之后，国人已渐觉到首领的必要；此次抗战尤其增进了这种认识，我们已有了全民族所绝对拥护的领袖。毫无疑问的，这对将来政治问题的解决可以有莫大的帮助。但这个问题，微妙难言。古代罗马帝国的制度，或可供我们将来的参考。

建国运动，创造新生，问题何只万千？但兵可说是民族文化基本精神的问题，家族可说是社会的基本问题，元首可说是政治的基本问题。三个问题若都能圆满的解决，建国运动就必可成功，第三周文化就必可实现。但我们万不可认为这是轻而易举的工作。此次的复兴建国，是人类史上的空前盛事，因为从古至今向来没有一个整个文化区组成一个真正统一的国家的现象。罗马帝国或秦汉以下的中国皆为大而无当的庞大社会，绝非春秋战国或近世欧美的许多真正统一的一类国家。所以我们是在进行一件旷古未有的事业，绝无任何类似的前例可援，其困难可想而知。抗战开始以前，著者对于第三周只认为有实现的可能，而不敢有成功的希望。抗战到今日，著者不只有成功的希望，并且有必成的自信。以一年半以来的战局而论，中华民族的潜力实在惊人，最后决战的胜利确有很大的把握。我们即或承认最坏的可能，最后决战我们仍然失败；但此次抗战所发挥的民族力量与民族精神仍是我们终久要创造新生的无上保障。

我们生为今日的中国人，当然是不免痛苦的，但也可说是非常荣幸的。今日是中国文化第二周与第三周的中间时代。新旧交替，时代当然混乱；外患乘机侵来，当然更增加我们的痛苦。但处在太平盛世，消极的去度坐享其成的生活，岂不是一种太无价值太无趣味的权利？反之，生逢二千年来所未有的乱世，身经四千年来所仅见的外患，担起拨乱反正，抗敌复国，变旧创新的重任——那是何等难得的机会！何等伟大的权利！何等光荣的使命！无论何人，若因意志薄弱或毅力不坚，逃避自己分内的责任，把这个机会平白错过，把这个权利自动放弃，把这个使命轻易抹煞，岂不是枉生人世一场？

选自《中国文化与中国的兵》商务印书馆，一九四〇年二月

战国时代的重演（节录）

林同济

一

我们必须了解时代的意义。

民族的命运，只有两条路可走：不是了解时代，猛力推进，做个时代的主人翁，便是茫无了解，即或了解而不彻底，结果乃徘徊、分歧、失机而流为时代的牺牲品。

现时代的意义是什么呢？干脆又干脆，曰在"战"的一个字。如果我们运用比较历史家的眼光来占断这个赫赫当头的时代，我们不禁要拍案举手而呼道：这乃是又一度"战国时代"的来临！

说来虽奇怪，却不是无因无缘。历史自有历史的逻辑，快眼可以抉发。历史上自成体系的文化，只须有机会充分发长，不至中途被外力摧残而夭折者，都要经过一个"战国时期"。在我们中国，则上自吴越战争，下至秦始皇兼并六国，为期约二百五六十年。在希腊罗马史，则上自腓尼基战争，下至凯【恺】撒时代，为期约二百年。埃及印度各体系的文化，也都各有各的战国一段落。

欧洲文化，崛起于希腊罗马的古典文化之后，虽处处显露着希腊罗马的影响，但在整个体质上乃是独立的体系。经过了文艺复兴、宗教改革、地理发现、工业革命的各幕热剧，乃不可遏止地成为现代全世界文明的动力，并且还决定了现代世界史——人类第一次真正的"世界史"——的发展模型与方式。我们细察二百年来的世界政治，尤其是过去半世纪的天下大势，不得不凛然承认你和我这些渺小体魄，你和我兢兢集凑而成的中华民族，已经置身到人类历史上空前的怒潮狂浪当中了！我们的时辰八字，不是平凡，乃恰恰当着世界史上"大战国时期"露骨表演的日子。这段热剧，在十六、十七、十八三世纪早已渐呈雏形，就好像我们的"春秋时代"在许多方面也都是"战国七雄"的先驱一般。但真正开幕之期。似可以拿破仑为准：充量的揭发，大可能还要包括此后的三五百年。

二

战国时代的意义，是战的一个字，加紧地、无情地、发泄其威力，扩大其作用。

战本来是任何时代都有的现象，并不是战国时代的专有品。战国时代之战，所以大异于其他时代之战者，有三个大趋向在。这三个大趋向，因为了各个文化体系的内外在环境之特殊，主观客观之差异，当然不免也有和缓与极端发展之不同，部分与充分表现之互别。却是演化的形势以及发挥的作用，大体上都能够绰约相等。广观中外古今，战国时代之所以为战国时代，战国的战之所以为战国的战者，理由都在这里。

（一）战为中心。每个时代有一个时代的偏重的中心现象。这个中心现象一方面决定了那个时代的"统相"Cestalt，一方面也就说明了那时代的意义。宗教时代，信仰中心。经济时代，企业中心。革命时代，社会改造中心。战国时代，战争中心。所谓战争中心者，战不但要成为那时代最显著最重要的事实，而且要积极地成为一切主要的社会行动的标准。在宗教、经济、革命各时代，战的主要动机，多出于信仰、企业、社会改造等等事实；战的进行，也并不积极干涉到信仰、企业、社会组织等等的主要内容。到了战国时代，战的威胁与需求迫切，而战乃竟成为一切行动的大前提。社会上的一切都要逐步地向战的影子下取得存在的根据。一向所谓信仰、企业、社会改造等等大事情都要逐步地失去独立发展的自主权；战的威力反要加紧地、加速地取得主动的地位，而积极决定其他一切的内容与外表。

（二）战成全体。其他时代的战，性质不免"偏面"，参战员的数目有限，作战物的品类不多。到了战国时代，战乃显著地向着"全体化"一条路展进。全体化的形势与程度，各体系的文化虽然各自不同；但尽其文化内在条件的可能范围，都一致力求"人人皆兵，物物成械"。这种气象，在中国的"战国阶段"就露出相当的规模，既不是以前的封建以至春秋时代所可比，更不是以后的大一统局面下"雍穆熙和""粉饰太平"的一套。在中国的战国七雄中，比较最能彻底推行全体战的，便是秦国。现代所谓全能国家如德、意等等，都可说是"秦之续"而变本加厉。

……

"一切为战，一切肯战"，这是全能国家的根本历史意义与作用。我们要知"时势"，用不着再捧出那班实验派的专家，请他们调查统计，来一五一十地在纸上苦作推敲。但看十数年来全能国家跟着一个个呱呱坠地，我们可以无疑地判断天下大势是不可遏止地走入"战国作风"了。

（三）战的歼灭。这恐怕是最重要的一点。战国的战，最惊人的色彩在这里，战国时代在人类历史上最无情的作用也在这里。

战有两种：一曰取胜之战，一曰歼灭之战。前者的战局，最多也不过赔款割城；后者的结局，则非到敌国活力全部消灭不止。在我们国史上，春秋时代七大战都是属于前者。吴越战争，开始露出歼灭的倾向。到了战国时代，便愈战愈显出歼灭的本色。齐桓公"兴灭继绝"的半封建作风，晋文公"退避三舍"的贵士豪慨，有如岳阳黄鹤一去不返了。

所以然者，春秋时代之战，目的尚在维持国际的均势：大国对大国，只求名义上"让执牛耳"；大国对小国，也多半只要它"听命"而不对它"占领"。到了战国时代，乃有一种崭新的欲望产生——即所谓"囊括四海，并吞八方"之心了。换言之，就是统治世界的企图。

唯其如此，胜者对败者的要求，绝不是割城赔款所能满足；即使满足，也是暂时又暂时，不转瞬间，起视四境而秦兵又至了。如此一次又一次，必到你全部消灭而后已。所以战国时代之战，其特别可怕处，尚不在战之"多而大"乃在取胜战少而歼灭战多，不在取胜战少而歼灭战多，乃尤在乎一切的取胜战都是着意地为着歼灭战作先驱！演到最后的一阶段，两雄决斗，一死一生，而独霸独尊的"世界大帝国"告成。我们古代的国史如此，希腊罗马史也是如此，目前以欧洲文化为基础的世界史，它此后的发展，是否可以独成例外呢？这只有让时间供答案。目前的事实，是歼灭战已开始展开。

三

一个文化，演到某阶段而便有战国时代的来临，并不是偶然之事，也不是神秘天工。物质条件、精神条件发展到相当程度，各区域、各民族间的接触也就日繁，互倚赖、互磨擦的情节也就日多。在那相吸相抵的矛盾境界中，较大的政治组织成为了逻辑的必需，并吞的欲望就在这里产生。由欲望而企图，由企图而行动，于是战乃不可免。战到了相当尖锐化，战国时代遂岸然出现于人间！

用战的方式来解决民族间、国家间的各种问题，论理是"不道德"，也"不经济"的。在这一点上，我们"仁义派"的孟子与"功利派"的墨子反之战论，与现各国思想家的和平主义，根本原无二致。无奈理论自理论，事实自事实。向来理论家和平呼声涨得最高之时，也正是战国局面急待直下之顷。好像战国时代的国家每每脱不了战国时代的气质的。它固然也想平心静气来"解决"国与国之间的种种实利问题，但它更想要逞力制胜，取得独立独尊的地位。道地的战国灵魂乃竟有一种"纯政治"以至"纯武力"的倾向，充满了"非道德""非经济"的冲动的。韩非子如炬的眼光早已抓住这点。他所说"上古竞于道德，中古遂于智谋，当今争于气力"，可算是对战国时代精神，一针见血。斯宾格勒谓此后世界，政治第一，最近作家德拉克也高唱"经济人没落"的一说，都可说是"见几"之谈。战国的气运，仿佛定命似一般，都要向着"世界大帝国"一方向拥进，而且所采取的手段，好像也都不由自主地要出于歼灭战之一途。所谓和平手段、共和方式，在战国时代，侃侃能谈者总比任何时代为多，实际推行的可能性也总比任何时代为少。这不是说和平不"应该"，只是说战争是"事实"。

运用全体战、歼灭战，向着世界大帝国一条路无情地杀进——这是战国时代的作风，战国发展的逻辑。如果我们眼下展开的世界史上的战国时代（可把它叫做"大战国时代"）稍有以异于古代中国或希腊罗马史上的前身的话，那恐怕就是：

（甲）古战国之战，还未能充分发展其全体性；今战国之战，可以本着空前的科学发明以及科学组织法，而百分之百地把国家的一切人力物力向着一个中心目标全体化起来。

（乙）古战国的歼灭方法尚不免粗而浅；今战国的歼灭方法却精密而深入得多。坑杀降卒，收兵铸像，秦始皇的办法也；把迦太基烧成荒墟，片瓦不留，五十万人口所剩下的五万残遗，尽数卖为奴，卖为隶，西庇欧的办法也；今战国的作风，则经济榨取之外，还加上微妙的奴化教育。日本则更本着他的"准武士道"的原始残忍性而推广其毒化政策，从根本上来消灭我们种族。古今中外，方法确有精粗之别，而其为歼灭，为"活埋"则同！

（丙）继承古战国而展开的若干"世界大帝国"，其面积究竟不过全地球的一角；今战国的力魄，如果尽量发挥，莫能阻遏，其所形成的大帝国，规模必定广大。详细的过程无由预测。大可能的，也许开始是一种大陆式的若干"区域霸国"的对峙，最后仍在火并而成为全世界的"大一统"。

莫谓这种"大狂妄"绝对没有实现之一日。现在这个由欧洲文明扩大而成的世界文明，是充满所谓"浮士德精神"的，是握有一种无穷膨胀力，无穷的追求欲的。我们"中庸为教"的中国人，也许对这种大企图，始终难于了解，难于认真置信。尽管我们在报章杂志上也跟着人家大喊，指斥某国某国包藏征服天下的野心，却是许多人的脑子后头总不肯认真相信天地间果会有这般大狂妄，更大大怀疑这般大狂妄果会有实现的可能。然而我们这坏地里的妙处，也往往正在你我认为"期期不可能"之中，蓦地涌出一个惊人的"实现"。成吉思汗，凭着他那种游牧社会的原始工具，还可以霹雳一声，创出来并跨欧亚两洲的大帝国，谁能保这个踏进了"金属混合品时代"的二十世纪科学文明必不会有到世界大一统之一日！技术的基础，经济的需求，已经开展到一个程度，竟使二三"狼子野心"的国家不由自主地在那里跃跃试手了。客观条件、主观心理，已经酝酿到初步的成熟，所欠的大概只是时间——虽然在目前还看不出谁为六国，谁为强秦。

这正是世界"大战国"的初期。生于斯世，为斯世人，我们所要关心的，尚不在三百年后天下是否"定于一"。最迫切的，我们要认清楚自今日起，时代已经无情地开始了"战国式的火并"。这个火并，不是三年五年便可了事。它仍是代表着一个旷古"强有力"的文化在演展路程中所势必表现的主要阶段。正所谓时代的中心潮流，其来也有数百年的酝酿，其去也恐怕亦必须数百年的工夫。

……

五

最后，让我们提出两三点，大家必要认清：

（一）不能战的国家不能生存。战国时代来到，再没有一个国家可以躲避歼灭战的尝试。在这种情势下，小国弱国终没有幸存的余地；即使幸存，也不过我们"战国七雄"时代的宋、鲁，对当时的大政治，毫没有过问的资格，危坐着火山边际，永远战战兢兢，到了最后一顷刻，人家挥刀，他们只有引颈就戮而已。这乃是无情的时代，充满了杀伐残忍之风。却也是伟大的时代，布遍着惊人的可能。唯其无情，所以伟大；唯其伟大，所以无情。人类的大运所趋，竟已借手于日本的蛮横行为来迫着我们中国人作最后的决定——不能伟大，便是灭亡，我们更不得再抱着中庸情态，泰然捻须，高唱那不强不立不武的偷懒国家的生涯！

（二）左右倾各字样，意义全消。左倾右倾两名词，到今日原来已成为过时的花样。在战国作风未到露骨表演的时辰，国家内部的各社会，各阶级，还可有尔诈我虞，相倾相轧的闲工夫、闲机会。所谓左倾右倾各字样有它们的现实背景，也有它们的社会作用。到了今天，世界大政治的演变乃早已把这两字样当日的涵义，根本取消，而微妙地翻手一拍，转变成国际纵横捭阖的一种纯工具！用旧日的眼光来看，目前各国中，最左的当然是苏联，最右的当然纳粹德国；然而把这两国的政治经济制度平心相较，却比其他任何国都近抵得多。名义上，为国际策略的方便起见，彼此仍可自命为左，自命为右；实际上整个世界的中心潮流，迫于时势的需求，只能有朝着一个方面推进的——就是如何建设道地的"战国式"的国家，如何把整个国家的力量，组织到最高度的效率以应付战国时代势必降临。势已降临的歼灭战、独霸战，叫做社会主义、生产主义也好，叫做法西斯主义、纳粹主义也好，甚至和缓其词，叫做代议会全能主义及罗斯福新政策也好，根本的动向却都是"殊途同归"，实际的结果我看都不外是"国产主义"的完成。完成的速度与形式，因为了外在环境内在传统之不同，不免各国各异，但完成的必然愈演展必要愈显明。

因此，十年来满耳哦哦的政论，苦把意识形态的对垒——民治对全能、社会主义对资本主义等等——来砭砭然解释国际的合纵连横，根本上就等于捕风与捉影，前期的意识形态再也吻合不了现实的事实。如果有一些国家依旧应用着那些老名词，那也是完全把他当做战国作战的工具，合用则高唱高捧，不合用则如屣弃捐。如果他日时移事迁，弃捐的仍可再用。你和我若还把这一套认真看待，那就未免"太书生"了。

（三）中国文化的发展，早已踏过了它的战国阶段而悠悠度过了二千多年的"大一统"的意识生活。我们中国人的一般思想立场，无形中已渗透了所谓"大同"局面下的"暖带轻裘""雍雍熙熙"的懒散态度。直到今天，我们还不免时时刻刻高提着"大一统"时代的眼光来评量审定"大战国"的种种价值与现实。从上次欧战后之高歌"公理战胜"，以至九一八之苦赖国联，其思想都出于一条的路线。置身火药库旁，却专门喜欢和人家交换"安详古梦"，这恐怕是我们民族性中包含的最大的危险。

大同可以为人们最后的理想，"战国"必须是我们入手的途径。要取得谈世界和平的资格，先栽培出能作"战国之战"的本领。

　　象征的说法，我们须要"倒走"二千年，再建起"战国七雄"时代的意识与立场，一方面来重新策定我们内在的各种方针，一方面来仔细评量我们二千多年来的祖传文化！

《战国策》半月刊创刊号，二十九年四月

历史警觉性的时限

雷海宗

多年来中国学术界有意无意间受了实验主义的影响，把许多问题看得太机械、太简单。以史学为例：一般认繁琐的考证或事实的堆砌为历史的人，根本可以不论；即或是知道于事实之外须求道理的学者，也往往以为事实搜集得相当的多之后，道理自然就能看出。实际恐怕绝不如此。历史的了解，虽凭借传统记载的事实，但了解程序的本身是一种人心内在的活动，一种时代精神的哲学表现，一种整个宇宙人生观应用于过去事实的思维反应。生于某一时代，若对那个时代一切的知识、欲望、思想与信仰而全不了解，则绝无明了历史的能力。对自己时代的情形与精神愈能体会，对过去历史的了解力也愈发增高。由另一方面言，一个时代愈发紧张生动，那时代少数警觉性深刻的人对过去的历史也愈发看得透彻。一个完全平淡静止的时代，对于任何过去的大事都绝无明了的能力。历史的了解是了解者整个的人格与时代精神的一种表现，并非专由乱纸堆中所能找出的一种知识。

上面一段话或者不免过于抽象，意义不免过于晦涩。但我们举出具体的例证之后，问题大概就容易看清了。在任何民族的生命中，历史的了解力或警觉性都是为时甚暂的一种活动。中国秦汉以下二千年间，史料的丰富使人气闷，以史家自命的学者车载斗量，但始终没有一本历史的作品。原因也很简单。二千年来的中国社会，虽间或有小的波动，但一向绝无真正的变化更革。一人身处完全静止的环境中，整个的人格，整个的心灵也都是静止的。此种人格所影射的一切也当然是静止的，对于过去真正停滞的时代当然看为停滞，即或对于活泼生动的时代也难以看出道理，因为人格中所完全缺乏的，绝无在外物中找到，正如宇宙间有许多颜色与音响为人类的耳目所不能见闻的一样，因为这些声色超过我们官感构造的范围。一个患贫血症的人格，对于机械的史料或者还能作点排列的工夫，遇到富有意义的史料要手足无措。二千年来对于战国以前的历史毫无办法，就是因为这个原故。后世对于所谓三代文化的憧憬与崇拜证明一些空虚无物的人格仍能感到战国以上的伟大；但伟大处到底何在，都是二千年来无人能够明了的一件事。大致讲来，秦汉以下改朝换代的平淡故事，同化了全部的中国历史，所以三代也不过是三个朝代而已。这是如何幼稚可怜的一种看法！

一个民族历史警觉性最发达的时间，至多不过二百年。前世是信仰混沌的阶级，虽有历史命运的向往，但无清楚的观念，根本谈不到历史的了解。后此则一切都糊涂渺茫，思想与想象都微弱到苟延残喘的地步，正如我们秦汉以来二千年间的情形。两者之间有二百年的非常时代，是文化的最高峰，民族的事业达到顶点：向后回顾，来龙清楚；向前瞻视，去脉分明。还是人类心胸最开阔的时代。但绝峰之上难以久留，明古知来的幸运阶级转瞬即逝。前此的心地光明一变而为一塌糊涂。这个短暂的幸运阶级，在中国就是战国时代，在欧西就是今天。

中国的战国时代，前后二百五十年；欧西自进到战国后，也已有一百五十年的历史。但历史的了解力或警觉性并非与时代相终始的。时代的初期，警觉性仍甚微弱，到末期就又趋于模糊。真正发达的时期，还不是二百年。中国此期所遗于所世的唯一作品就是《左传》。《左传》是战国前半期的创作，在当时可说是一部通史。殷商西周的事迹，当时已不十分知清。著者为慎重起见，由平王东迁后开始，叙述到著者生前的几十年间为止。全书的线索虽然非常复杂，条理却十分清楚，使读者能够身临其境，对于春秋时代整个的国际局面以及少数大国的内部状态都能一目了然。当然只有大手笔能有如此的成就，但大手笔必须生在大时代才能具有如此的魄力。春秋时代虽然在前，但我们今日对它的认识远胜于战国，就是因为关于战国时代没有这样一部的作品。试想：若无《左传》一书，我们今日对于春秋时代岂不也要如对西周一样的恍恍惚惚？

欧西对历史的了解，由法国革命开始。法国革命前尚无名实相符的史学。今日唯一认为有史学价值的革命前的作品——吉朋的《罗马帝国衰亡史》——其价值在文字而不在史解。革命方兴，了解力仍甚薄弱。到一八五〇年左右，历史的警觉才成了知识阶级全部人格的一个不可缺的部分，少数哲学头脑特别发达的人也才对古往今来的一切有比较彻底的认识。由一九〇〇年到今天，欧西人的历史意识可说已达到最高峰。而今而后，只有倒退，难有再进一步的发展。法西斯主义兴起之后，思想渐受统制。这种趋势只有日愈强烈，减轻的希望很少，消灭的可能绝无。此种非理性，反理性的新神秘主义，最多不过五十年后，一定要成了笼罩整个欧西文化的弥天黑云。独立的思想渐被扑灭，历史的了解也必同时消亡。史学的消灭与哲学的结果是同一件事的两方面。五十年后，欧西思想界一定要有类似杂家者出现，杂家是哲学发展的丧钟。同时史学界也必要开始呈现司马《史记》的没落形态。太史公是中国古代伟大史学消灭的象征。二千年来学术界对于司马迁的崇拜，正是二千年间中国没有史学的铁证。《史记》一书，根本谈不到哲学的眼光，更无所谓深刻的了解，只是一堆未消化的史料比较整齐的排列而已，后此的所谓史著，都逃不出此种格式，甚至连史公比较清楚的条理也学不来。文化精神衰退的一泻千里，真可惊人！

战国时代为何能明白过去的历史？因为战国时代的文化最为复杂，最为紧张；任何时代的任何事迹在战国时代的心目中，都不至显得生硬。反之，比较简单松懈的时代，对于战国时代根本无从了解，因为战国的许多潮流与线索是其他时代的人所不能想象的。只有复杂紧张的战国才能产生少数特别复杂紧张的人格，只有这种人格才能对古往今来的一切设身处境的去体会。此种能力，在春秋以上，在法国革命以前，绝无出现的可能。中国到吕不韦时代，欧西到二〇〇〇年左右，这也就成为无人能够想象的一种异能。

我们混混沌沌的过了二千年的静止生活。今日幸逢欧西的盛大时会，受了外力的渲染，又第二次的得有明了历史的良机。深望国人善于利用机会，把埋没二千年的历史彻底寻出一个条理，不要终年累月的在训诂考据中去兜圈子。中国只要不亡，此后千万年都是我们可以尽情沉湎于训诂考据的时间。真正明了历史的机会，却是一纵即逝，最多不过还有五十年的工夫。中国的乱纸堆，二千年来堆得太高，若必要把许多毫无价值的问题都考证清楚，然后再从事于综合了解的工作，恐怕是到人类消灭时也不能完成的一种企图！

尤有进者。欧西人无限的欲望与追求，使他们发现了许多古民族的历史。埃及、巴比伦、印度以及希腊罗马的发展经过，今日欧西人所知道的，在许多方面比各古民族自己当初所知道的尤为清楚。这种扩大心胸的机会是如何的难得！有心的人，为何不抖去由堆满败简残篇的斗室中所沾的灰尘，来到海阔天空的世界大吸一口新鲜的空气！

《战国策》第十一期，一九四〇，九，一

民主政治与战国时代

林良桐

昨天我为今日评论写了一篇《中国人民与民主政治》，结论称："我对于施行民主政治的能力毫不怀疑；但民主政治与我国建国的目的能否相成，就不乐观了。"我们能够施行民主政治，因为我国人民有政治的天才，有自治的习惯；民主政治未必与建国目的相成，因为我们所处的是战国时代，因为民主制度不适应于战国时代。几十年来我国人士讨论民主问题的，多集中于能不能的问题。有人以为能，所以主张采用他；有人以为不能，所以反对采用他。他们大都和蒲徕士的意见一样，总觉得民主政治是"可欢迎的，可颂扬的，可景仰的"，正如钱端升先生所说的："凡是有思想的文明人又哪能不浸润于民治主义？"我以为能不能，不成问题，我们会摹仿会移植，我们早有民治的储能；现在的问题却在于要不要摹仿，要不要移植。

"独裁国家组织适合战争，民主国家组织不适合战争"，罗隆基先生认为"不确之论"；但英国历史家马考莱却把英国民主制度的发达，归功于地理的因素，"很少参加大陆的战争，无须扩充常备军"。个人的意见尽管不同，但在性质上，民主政治尚自由尚平等尚理智，战争时代讲服从讲纪律讲信任，这是我们不能不承认的。习于战争的民族很难崇尚自由；习于民主的民族，亦很难绝对服从。赵武灵王教民胡服骑射，直至其遵令弑父弑妻始曰可用，这是服膺自由主义者所绝对办不到的。此例未免过于极端，但两者的性质确不相容。证诸史实，更见明显。民主国家之所以成为民主国家，因民选机关可以控制政府，政府一切重要的措施须得到民选机关的授权，财政来源须得到民选机关的批准，而民选机关亦须时时经过人民的选举。但依这两次欧战的经验，无论哪个民主国家均大权集中于政府之手，政府可以命令代替法律，政府可以命令制定国家预算，政府可以国家的信用举行公债。民选机关已由发动的地位而退居容忍的地位。如果战争时期甚暂，则民选机关一时的蛰伏尚无所谓；如果战争时期相当的长，甚至比民选机关自身的寿命还长数倍，则国家既不愿在此严重时期更事竞选的纷扰，而所选出来的民选机关又不过聊备虚位，像这样的民主与独裁相去几希？路易·乔治在组织战争内阁时说："一个政府如果不独裁有什么用处？不独裁的政府就不是政府……内阁人数所以减到四人的唯一理由，就是人数不宜过多。人数多则意见多，意见多则口舌多，口舌多则纠纷多，纠纷多则误事。"罗先生说："一九一四至一九一八年第一次欧战，联盟国的战时机构，无论在前方或在后方，绝不在德英两国以下。这足以证明民主国家的组织，足以适应战争。"可是他忘记了这战时的机构是经过改组的，他忘记了这战时机构已失掉民主的精神。如果战时机构永远存在于同盟国，那么我们也要赐同盟国以独裁国家的头衔了。如果民主国家组织适应于战争，又何必多改组的一举呢？

战国时代需要一个大权在握的政府，"要政府有大权，即不容多党存在；如容多党存在，则政府必不能有大权"（钱端升先生语）。然而"政党仍是民主政治所必需的条件。在全能国家中，一党专政，一党治国，严格言之，就不成其为政党"（吴文藻先生语）。一个英国人也说：民主国家的每一个法规的通过，"必需在少数党反对党面前，每行每句的讨论"。钱先生想调和这两者的冲突，在其《一党与多党》一文中，一面想维持民主的精神，尊重言论自由，尊重异己意见；一面想适应战国的时代，主张一党主政，主张大权集中。但钱先生所说的，只是希望而不是制度。如果我们撇开希望单讲制度，则将来尊重自由的政制下，许不许异党存在呢？假设不许异党的存在，万一当权的政党缺乏雅量时，有什么方法以保障言论与思想的自由呢？假设允许异党的存在，万一当权的政党欠缺能力时，有什么方法以阻止多党的产生呢？我们固相信组织严密领袖贤明的政党有建国治国的能力，我们也希望此党有宽大的风度，但为制度着想，难免有此困难。

战国时代的政府，应以国家民族的生存和独立为第一个任务。为求这个任务的圆满达到，在经济上须求自足，在国防上须求巩固，那么计划经济是少不了的。所谓计划经济，申言之，就是政府管理进出口贸易，规定最高或最低的物价与工资，限制投资，奖励农业，统制货币与信用制度，禁止罢工与停业等。这些统制，直接间接均与个人自由不相容。实际施行计划经济的政府，须具备高度的效率，而这样的政府复难由民主政治产生。虽然有人承认"民主政治与计划经济是相成的"，但他所希望的民主政治尚未产生，尚须"贤明"的政治家作"贤明"的政治设计。

民主政治，依传统的概念，系以个人自由与平等的保护为目的，而自由与平等到了现在就发生内在的矛盾。假使不设法限制个人的自由，就无法维持个人的平等。社会立法原来是趋向这目标的，但在民主政治制度之下，较为彻底的社会立法亦难达到。拉斯基教授谓，此种彻底的改革，大多数人不会坚持而不懈的。

总之，战国时代所需求的，是国家的安全与强盛；民主政治所企图的，是个人的自由与繁荣。前者重团体，后者重个人；前者利于强有力的政府，后者利于无为的政府。此就美法革命以来的民主国家观察，大致没有错误；虽然有人努力寻求二者调和的方案，可是直至现在仍滞留于原则和理想的时期。我并不是主张独裁，但我只指出民主的弱点；假设我们能寻求一种方案，使政府不至于太强而压抑自由，复不至于太弱不能抵御外侮，有最高的效率，有最大的安全，我固馨香而祝之。如其不能，则我们似亦不必过分迷信民主政治。御侮重于个人，安全重于自由。我们要生存，光荣的生存，则不能不注意此战国时代的国际环境。

二九，一二，八，昆明

《战国策》第十五、十六合期，一九四一年一月出版

民族主义与二十世纪（节录）

——列国阶级的形态观

林同济

……

（二）

用形态学或统相学来看文化，这种尝试，为期尚浅。方法虽可相同，结论未必一致。我个人看法是觉得一切文化似乎都经过下列三个阶段：一、封建时代；二、列国时代；三、大一统时代。

封建时代是一个文化由原始状态升到水平线以上的时代。在这时期中，一切文物，无论政治、经济、宗教、社会各方面，才慢慢地显示其独特的形态，丰富的内容，以及高度发展的可能性。严格言之，到这时期始有文化可言。就文化之"意"（精神）上看，封建时代的文化往往就是它任何文化后来整个精神的基础。就文化之"形"说，凡是封建时代的文化，都有下列各特征。

其表现政治方面者，则为一种分化，分封的制度。虽然在那文化所被的区域，多半有一个名义上的"共主"，但其权力并不集中，共主的命令并不能透过各种下级的统治阶层，而直接驾驭所有的民众。

其表现在经济方面者，则为一种比较凝固不动的状态。农业是这时期的经济基础。"采邑式"的农田经济，限制了经济区域的扩大，减低了交通的效率，而各自成为自给自足的简单单位。

其表现在社会方面者，则为一种等级、层级的严密区分。人们的身份各自依附于若祖若父以来的等级或层级，不得僭越，不得混同。此种等级的区分虽因个别的文化体系而各有小异，然大处看之，都形成统治与被统治两级。两者之间，被一层截然的隔膜障碍着，无法接吻，不许互婚。

其表现在宗教方面者，则为一种集团的、贵族的宗教。政权正式承认的宗教是统治阶层所特享，平民都常常被禁止向神或上帝直接沟通。统治阶层自成一集团，故宗教亦呈集体现象，成为一种贵族的集体信仰物。封建时代统治阶层的宗教，大都起源于祖先崇拜。故当时他们重要的神，往往即为他们的祖先。神与先祖在这时代每有某混同的意义。

总之，这时期的文化，无论其表现在任何方面者，吾人皆可以一言以蔽之曰，必具有"上下之别"，必严于上下之别。"上下"两字是这时期一切价值最重要最基本的标准。

随着封建时代而发展的，是列国时代。在这时期中，就政治方面说：由分封到统一，由分化到集中，顺应统一和集中的趋势，国家的形态方才确立，而自然演进为列国并峙的局面。就经济方面说：由凝固而流通，由自给自足的采邑经济到互通有无的商品经济。最显著的时代特征，即为商人阶级的抬头。此时工人也可以取得相当的地位，但因个别文化内在的不同，其成就亦便有高低。就社会方面说：由差别到平等，由等级到混同。维持等级和身份的种种特权逐渐减少，自由和竞争的机会日益增多。就宗教方面说：由贵族到平等，由特殊到普遍，由集体到个人。个人可以不经僧侣而直接向神或上帝契合通意，其结果则为信仰自由。

总结一句：列国时代一切价值的基础，不在于"上下之别"，乃在于"内外之分"。上下之别虽不完全泯灭，但是降到次要地位了。此时社会上的意识，不注重贵贱阶级之互异，而最注重国与国间之区别。所以外战可以消除内争，攘外往往足以安内。在封建时代，甲国的贵族往往可以公开被迎入而为乙国的传统，两个敌国的统治门阀，可以彼此结婚，而不能与本国平民结婚。到列国时代，则此风渐泯，而"国籍"乃成人们最基本的标志。"内外"（国内国外）两字乃成鉴别一切价值的标准了。

结束列国纷争局面的，是大一统时代。在此时期中，一个庞大的帝国兴起，包括整个文化区域。在政治，趋向于专制。在经济，多少应用管制。所谓国营或官商合办的经济事业，在这时期内渐渐时髦。如果封建时代经济的象征是农夫，列国时代经济的象征是商人，大一统时代经济的象征可说是官僚。官僚地位的隆起，是这时期的最大事实。在一个皇帝或独裁者的专制下，社会上一切人皆有摇身一变而为官僚之可能、之希望。路径有二：或是遵循一种具有客观标准的考试制度，或是凭借其在社会上获得的一种特殊势力与关系。也就是说，一个平民可依据自己的"势力"或"能力"而取得统治或准统治的地位，王侯将相，宁有种乎？这与封建时代的世袭世业制度不同。大一统时代的社会，可说是独夫专制下的大众平等式。至于宗教方面，则表现出一种颓萎的倾向。表面上，官家多要制造一种膜拜皇帝的宗教；实际上，民间已渐失去坚贞单纯的信心。各种神秘秽亵的杂教混聚相糅，而产生一种迷信的综合教。两汉以后的中国道教，便是此类。

此时期内一切价值的基础，在清平隆盛时或勉强可以维持前两期形式之一部，但其大势所趋，往往只是"势力判定一切"。私人的势力决定一切，无俨然的上下之别，也无截然的内外之分了。

上述封建、列国、大一统三个时代，是人类历史上各个文化体系均有的三阶段，中国如此，希腊罗马如此，我们细看汤贝【今译汤因比】所研究的二十余个文化体系，竟都如此！

（三）

现在我们要问的：两百年来推动全世界发展的西洋文化是怎样呢？

我们中国人应当坚决相信我们将来可以创造一个新的文化，成为世界主要的动力。我们应当具有这种决心和抱负。同时在今日的现状下，西洋文化，都是世界的主流。这点无须否认，也不宜否认。唯其如此，在今日而谈任何问题，必不容离开西洋文化所表现的一切问题而推演而讨论。

第一步，我们先要认识西洋文化的"形态"。

以西洋文化而言，十四世纪以前为它的封建时代。十四纪以后，即从文艺复兴以至现在，为它的列国时代，此后西洋文化会不会走入大一统阶段呢？换句话说：此后西洋文化是否可以不走历史上其他各体系的文化所皆已经过的路线呢？我们此刻暂不论。根据我们上列所举的历史形态，我们却可以认定，目前西洋文化已演到它的列国阶段的高峰。大家晓得中国文化内的列国阶段，曾经我们的历史家分为春秋战国前后两期，如果应用这两个名词到西洋文化上头，我们可以如此说：文艺复兴至法国革命是西洋文化的春秋的时期，法国革命以至现在，便是西洋文化的战国时期了。春秋与战国，虽然同属于列国阶段，但彼此不同之处颇多，最重要的：春秋时代各方面都保留着封建时代的贵士遗风，战国时代则在战的需求与影响下，一切贵士遗风扫荡殆尽。关于这点，我们这里也不能多谈，只好另日细论。

认清了西洋文化目前已走入战国时代，走入它的列国阶段的高峰，我们便可以再进一步来讨论民族主义。

民族主义即英文 Nationalism，是一种社会现象，也是一种政治主张。按前者看去，民族主义是：一群人们受了地理历史及其他种种的环境作用，感觉他们彼此间虽然分别言之，利害难免参差，但从大处着想，却有一种生命上心灵上不可分离的共同根据。于是产生一种渴求、愿望，在政治上要组成一个完整的单位，内在要统一，外在要独立。凡是一群人有了这种感觉和渴求，我们便可以说在这群人们中发生了民族主义的社会现象。承认这种现象是合理的，是"应当"的，并且须设法培植、增进、加强，使它那种感觉和渴求完全实现的——这便是把民族主义变为一种政治主张。

……

民族主义是任何文化行到列国时代的产品。西洋文化的列国时代在文艺复兴时开始，民族主义在那时也老早就开始了。五六百年来的历史，是紧看着这个主义步步开展，步步演进。中山先生如炬的眼光，看到这点。在国人半醉半梦的时辰，揭出民族主义，作为开宗明义第一章，这是他把握着历史，把握着时代精神的中心。

民族主义应当放在第一条的，我们说过了，列国时代，一切价值，建在内外两字上。内外之分，就是以民族（或国家）为准的。把民族主义放在第一条，我想中山先生具有其深意的，他要我们认清民族主义是一切的前提，一切的一切都应当在民族主义范围内发挥其作用；民族主义是为民族的，民生主义也是为民族的。共产主义与民生主义的一个大不同点，我想也许就在这里：前者要指不谈民族主义而谈经济平等，后者却是随着开宗明义第一章之民族主义而顺流延长的。广泛一点看，把民生主义当作一种"民族的共产主义也无不可"，民生主义究竟是不主张蔑视民族的"内外"之分的。

……

列国时代是任何文化所演出可能的花样之最热闹时期。西洋文化的列国时代尤为好剧层出。最少有六幕热剧可堪注意，而每幕的演出，都与上列所称的两大潮流有关，都是推动这两大潮流的表现。

第一幕是文艺复兴运动。文艺复兴的一方面的意义，是人文主义的产生，提出了"人"的概念，以与中古的"神"对抗。人代替了上帝而成为人们意识生活的中心，这是个人意识伸张的第一步。同时，文艺复兴另有一方面的意义，就是对政治的解释由"神意"的表现，而变为"人力"的表现。马奇唯里【今译马基雅维利】的"霸术"论便是这种看法的结果，与中古的圣·奥古斯丁的

"上帝之城"恰恰相对衬。从这时期起，政治才渐渐脱离了神的拘束，而成为人的意志的关系，以及物的力量的关系。在文艺复兴时代，鞑靼霸王铁木真——人力的象征——在欧洲人脑筋里所引起的仰慕之忱，竟可与上帝争衡。反叛上帝的普罗米修士【斯】偷天火以贵人间，尤为文艺诗歌的题材。文艺复兴在这点上说，乃是政治解放，把政治脱离宗教伦理，需放在政治的本位上来发展来鉴赏，也就是政治组织强化的第一步。

第二幕是宗教改革。宗教改革的意义，自然是把个人从教会里解放出来，使一切人在神的面前一律平等，一切人多少都可以直接与上帝契合，不须由教会为媒介。由这方面看，马丁·路德以及他的继起人的努力，都代表一种个人意识伸张的运动。同时，中世纪罗马教会所管辖的"世俗"事项，现在一一划归于各地域的封君或国王，中世纪教会所占有的财产和土地，现在也慢慢剥削到各国王的手中。宗教慢慢成为人们纯粹内心生活的趋势，因此，所谓"政教分权"，实际上乃有把教权隶属于政权的作用。政治组织日益具体，日益扩张。

第三幕是地理发现运动。地理发现富裕了欧洲人的经济情况，它使欧洲人得充分发挥其经济力量于空前天地的大舞台之中，其最后结果则为自由贸易主义的兴起。有一点堪注意的：地理发现与个人自由主义有莫大的关系。新大陆的发现，予欧洲商人以人类空前的机会，来发展商人的历史地位与作用。这机会为其他文化内的商人所未有的。自由贸易主义是商人所以对抗国王的专营主义之工具，它实在曾给了个人主义自由主义以一种强有力的支持与表现。但反面观之，地理发现也带来了种种政治涵义，如何驾御土人，如何管理殖民地，如何保证并利用殖民地的资源与他国竞争，这亦都非发明有更强大的政治机构不可，所以地理发现实促进了欧洲各国的军国组织"帝国"组织的机缘。

第四幕是工业革命。工业革命本由于科学的发达，机械的发明。科学的发达是人们求知精神的成功，本是个性发挥的证实。由科学而机械，由机械而控制自然，人们到此乃为自然的主人翁，上帝的驱使者，声、光、电、化……种种的发明，哪一种不是证明人们的头脑差不多可与上帝争衡？科学发达，工业革命都可说是个性发达的表现，而同时也促进了个人意识的伸张。但个人"致知"与社会"致用"不分工的。个人发明所以供社会致用，科学在历史上的意义绝不仅在"求知"，乃尤在"致用"；绝不仅在饱属个人求真的欲望，乃尤在使整个社会科学化、机械化、组织化、规则化。科学即组织，科学发达，政府组织也要扩大，也要加强。科学和欧洲经济的相互关系，是论史者不可或忽的大事实。

第五幕是民主主义运动，民主主义运动，狭义言之，是一个政治运动。这个政治运动，目的在求人民自己成为国家的主人翁用投票形式来表现各个公民的政治威力。其代表一种个人意识的伸张，彰彰明著。但我们不可忽视，民主主义发达以后，对于政治组织的强化却也大大有帮助。"人民是国家主人翁"的观念，提高了民众的爱国心和责任心。在西洋历史上，民众运动每次都提携着爱国运动而来。尤堪注意的一个微妙事实：教育国营与全国征兵制——两个加强政治组织的大工具——便是随着法国大革命的民主运动而出现的。原来民主运动，在事实上不只是个人主义的表现，也是集体主义的促成。这点是许多形式分析派的史家每每看不到的。

最后一幕是社会主义运动。这个运动的本来意义，在把民主运动由政治推到经济方面。必须经济平等方可以发展个性，故社会主义运动本是个人意识伸张运动的引申，但社会主义，在理论上又显然是一种集体主义。而在事实上的表现，同属于社会主义性的国家，无论是苏联或是其它，其政治组织上，亦必然地呈出一种极高度的强化，不管理论家说法如何，就已有事实表现上看，社会主义的实现，竟也就是极权国家的产生！

所以，六幕热剧只有两个中心母题，尽管表面上的旗帜标出了文艺、宗教、地理、科学、政治、经济各符号，而每幕的主要作用都是伸张个人意识，加强政治组织。我已经提过了，这两个潮流大有相克相反之处的。个人意识的伸张，是一种离心的运动；政治组织的加强，是一种向心的工作。一是散，一是集，一是离，一是合。如何可以把它调剂协合起来呢？这确是近代西洋文化中的一个实际社会重建问题，也是一个心灵重建问题。

为了这两个思潮的矛盾产生了西洋无数人灵魂上的烦闷与不安。在这里，民族主义确有它的作用。一个人感觉自我特立独在，拥有独具的价值，不与人同，也不要与人同——这是个人意识所产生所培植的观念。但他同时又要否认自我，承认自我只不过为一个"大我"的零星断片，不能离大我而独立，必当附大我而发挥其作用——这是政治组织加强化所必须根据的基本观念。民族主义颇能够在这两个矛盾观念之间，搭起来一座桥梁，使之融合于一体。民族主义提出它那种族一概念，引唤那地域内每一个人都觉得他的特立的自我原来都是出自一个公共的祖先，化自一个同源的血统（事实上是否如此，是不涉重要的问题）。每个人尽管还是每个人，但同时也自愿承认为那个同源的集体之一部——就是民族。而所谓政治组织的单位，并不是自外突来的异体，乃即是他所自出的民族，于是个人意识的伸张相安。越是这两个潮流发达，越需要民族主义做调人。在西洋文化里，民族主义之所以比任何文化都强烈鲜明者，这点或许是个大理由。

反而观之，民族主义本身，受过了这两个潮流的洗礼，也就不再是列国初期的那种模糊不确的原始种族观念。它受了个人主义的刺激，成为一种富于自觉性自动性的东西，因为它乃由每个人经过自觉工夫而自动接受的，它受了政治组织加强化的影响，成为一种富于组织，实力性的东西，因为它不仅是一个概念，乃拥有一个社会制度以为其执行意志的机关的。列国时代的"民族主义"所以大异于封建时代的"民族意识"者，就在这里。

（六）

我上面提过了，虽然列国时代一经开始，个人主义潮流与政治组织潮流便并肩发展，但到了后来愈向前走，政治组织潮流越形优越。十九世纪中叶以来的西洋文化可说是已经走到了这种情境。那时候，社会主义的抬头，德意两国的统一都可说是这种情境的号箭。

社会主义运动这一出剧，在一般人看去，都认为是一种工人解放运动，一种阶级革命的运动。诚然，诚然。但更重要的意义——就是它在历史上的中心作用——在我看去，恐怕将在于政治组织的极端加强化。历史上许多事情，在起初推动者的用意是一回事，到了后来实际上的结果或作用另是一回事。社会主义的开始固然是一种阶级运动，实际上的结果只怕还是促进极权国家——由苏联以至德意——的诞生！究竟列国时代的基本价值与形式或是内外之分，不是上下之别。所可"上下别"的阶级解放运动都终要有意无意变成为"内外分"的国家极权运动。阶级解放终只能在国家的界限内发展而不能打破国界而成为国际的整个运动。应该不应该，不在话下，我们所指出的，是客观历史范畴的事实。

极权国家的诞生可能即是下一幕戏剧的鸣铎。伴着极权国家而演出的热剧，大约就是所谓"大战"（Greatwar）之一物了。"国家要极权，为的是对外好作战。"李伯曼 Lippman 这看法是对的。极权国家就是大战的另一面。

除非当代人类能用旋天转地的意思，突破这历史的尽头，这可能就是二十世纪的意义了：二十世纪大可能要被未来的历史家叫做"大战的世纪"。韩非子当日所赐予其所目击的中国战国时代的名字很可以移用到现时的西洋战国时代——就是"大争之世"。大争之世要发现许多次的大战争。上次欧战后，历史家把它叫做 the greatwar，好像是唯一的大战，不会再有了。现在却扑来了第二次大战。第二次大战后可免有第三次大战吗？我希望可免，我希望这次战后，不会再有大战来临，我希望这次战后，我们联合国家可以想出法子，建立一个永久和平的世界。但——事体是不易办的，整个的历史气运是沉重地迫向"大争"路上走。要于这番战后，翻手转"大争"为"大同"，除非人类能显出空前未有的智慧、决心、毅力，前途未许轻易乐观的。政治家的职务，在充分认清困难后，仍求努力。万不当否认困难的存在，而高歌"世界民族解放"的必来，亿万斯年和平的在握。最近美国斯帕克孟教授发表一书，称此次战后世界仍要恢复到"势力均衡"的局面，"美国也许需要得英国的同意，利用日本与德国均衡中国与苏联之势力"。他的看法是根据于世界"地略"而下这些现实式的结论。他的见解谅不能得美国朝野大多数人士的赞同，但我们一方面深信英美同盟国确守大西洋宪章的精诚，一方面却不能不注意其他发展的可能性以至或然性。

换句话说，按历史的气运看，我们的世代正是"大争之世"的一部。如果我们要于这次的"大争"后建立"永久和平"，第一个条件是不容错认永久和平当然来临——永久和平需要永久努力的代价！

大争之世，其所以为"大"者在哪里呢？曰，争以全体。曰，争在天下。也就是说，战的方法，要动员全民族的人力、财力、智力、文化力。战的归宿，有意无意，都有一种世界性的权力的形成。

大争之世乃任何文化走到列国后期所终要走到之世。它与民族主义所产生的关系可说是一方面代表了民族主义在若干复杂因素中所动荡而成的最高峰，一方面也表示了由于这最高峰而产生的相反倾向。因为，一个世界性的权力形成之日，也就是民族主义消亡之日。天下定于一，民族主义的多元概念势当取消。

然而细察当前的形势，西洋文化还未到"定于一"的时辰。这次大战，不论哪一方胜利，其所带来的结果，将不是世界的统一，而乃是两三个超级国家的诞生。这两三个超级国家可是一类压倒势的"大力国"Great powers，实际上决定人类命运的前途。配合而来的，也必有一类"大力国主义"，从理论上赋予这两三个大力国以公认的地位与特权。

问题不在"大力国主义"的成立，因为它的成立恐怕是必然的。问题在这次战后这大力国主义究竟是取希特勒东条的强暴形式，抑还是一种开明领导的"齐桓公"作风——我们尚可叫为罗斯福作风？

民族主义的前途恐怕就在这两类型的大力国主义下取得决定。前之类型胜利，民族主义将逐渐汩没。后之类型胜利，民族主义或可取得一种新方式与大力国主义并行而并存。

这是西洋民族主义的开头，而也是中国民族主义的关锁。

三十一年八月讲于昆明

"战国"派对战争的看法帮助了谁?（节录）

——斥林同济《民族主义与二十世纪》一文

汉 夫

　　林同济们在"战国"等所写的文章，还是在翻来覆去的重复着他们的那一套说话，没有什么特别新鲜的东西。如果要说有什么和以前不同的话，那就是现在逐渐的接触到当前的实际问题了。也就是说，正在用他们的理论来分析时事了。这样，也就更鲜明了他们的"理论"的实质和对抗战的毒害。

　　也许是因为大家把"战国"派"理论"的法西斯的实质揭露了吧，林同济在"文化的尽头和出路"（六月十五日重庆《大公报》星期论文）里，第一次喊出了"希特勒绝对要不得"！然而，从林同济讲的"民族主义与二十世纪"的演讲词中，却还是"不管正义不正义，正义便在其中"（原稿缺字）震惊了他，"指环"国传了（原稿缺字）他口里叫"希特勒绝对要不得"，分明是言不由衷，而且，叫叫还是有别的作用的。

一

　　从《民族主义与二十世纪》一文中，可以看到林同济对当前同盟国反对法西斯侵略者的战争的全部看法。我们就来集中在几个重要问题上吧。

　　林同济说历史上有"六幕热剧可堪注意"，"最后一幕是社会主义运动"，于是乎他就一扯，说：

　　"而在事实上的表现，凡属于社会主义性的国家，无论是苏联或是纳粹德国，其在政治组织上，乃也必然地呈出一种极高度的强化。不管理论家说法如何，就已有的事实表现上看，社会主义的实现，竟便是产生了极权式的国家！"

　　一句话，现在正在"大争"的社会主义的苏联和法西斯主义的德国，在林同济看来，竟是"一丘之貉"。这种"看法"，早已不新鲜。世界上的顽固的反苏亲德分子，早就这样说了。只是在中国今天还在不顾事实，还在鼓其余勇公开的这样说的，这一年来，怕倒只有林同济。林同济是不管理论家的说法而注意"事实上的表现"的。那么，就请把希特勒的"理论家"宣传的"民族社会主义"的"理论"抛开，看看希特勒德国的事实吧。如果林同济相信事实的话，总不能否认希特勒侵略并灭亡了十几个国家的事实吧？这是社会主义么？总不能否认希特勒屠杀被占领国的人民和他的反犹太主义吧，绝不能否认焚烧科学的和进步的书籍，放逐爱因斯坦、曼恩等科学家和文学家的事实吧，这是社会主义么？总不能否认德国人民没有言论、出版、集会结社的事实吧，绝不能否认德国人民没有选举代表，过问政治，而只有听任希特勒压迫及宰割的权利的事实吧，这是社会主义吗？请看真社会主义的国家苏联吧！我想林同济总可以相信，英国的主教去苏联观光后所写的印象，总该不是瞎说了吧？坎特伯利主教约翰生博士在《Sorlet powol》（查无此人，书名疑误植）一书中，这样描写苏联的政治生活：

"苏联的人权宪章保障了每个公民的下列权利：

工作权；

休息权；

教育权；

老年及病者的物质保障。

……这个民主，也不像我们的，仅限于一部分人。这些权利扩及每个民族，语音及种色的男女。

……每个民族、种族、语言、宗教信仰和性别的人们，从十八岁起，都有平等、直接、秘密投票的权利。牧师可以投票，沙皇时代做过官的可以投票，什么人都可以投票。"

他接着还说选举前有普选，推举候选人不限于党员，代表人物来自各职业，从牧人起一直到老布尔塞【什】维克。因篇幅关系，恕不多引。

林同济因为法西斯德国和社会主义的苏联有一字相同就是"专政"，就把他们并入"极端"国家的同类，那么也请听听约翰生博士的观察罢。他说，有些人常常把共产主义的专政，看成是同样的东西。"事实上，他们是两极端"，"而且无产阶级专政只是暂时的阶段，是达到一个目标的工具。法西斯主义专政是固定的，法西斯领袖是神化了的，他是固定的秩序的一部分，他是目的而不是工具。法西斯专政者为求得专政的稳定而努力，无产阶级专政瞩望和致力于一切专政都归消逝的日子"。

由此可知，苏联是真正社会主义的、民主的、有发展的国家。德国是法西斯主义、专制的、没有前途的国家。苏联的政治组织高度强化，建立于没有敌对阶级，民主权利的扩展和民族平等的强固基础上，德国的政治组织"高度强化"建立于阶级对立尖锐，民主权利的剥夺和民族压迫和侵略的沙土般的基础上。

林同济还能够否认这个事实么？我们得指出，他不见得真不知道这事实，其目的还是在混同二者以便掩饰其反苏亲德的真相！

二

因为林同济对今天欧洲战场上两大敌对作战国家的不同不弄清楚，甚至有意混同，所以，又把这次法西斯侵略战争和反法西斯正义的战争混同，更进而把战争的责任推在社会主义运动身上去。

这次战争的原因是什么呢？照林同济"战国"派的逻辑，这是因为"社会主义运动这一出剧，在一般人看去，都认为是一种工人解放运动，一个阶级革命运动。诚然，诚然。但是更重要的意义——就是它在历史上的中心作用！在我看去，乃在于政治组织的极端强化"。为什么呢？这是因为社会主义运动者理论和实践不一致，口是心非，前后矛盾。"历史上许多事情，在起初推动者的用意是一回事，到了后来实际上的结果或作用另是一回事。社会主义的开始固然是一种阶级运动，实际上的结果恐怕还是极权国家——由苏联以至德意——的诞生吗？"于是乎，社会主义运动变了质，所以，"上下别"的阶级解放运动都变成为"内外分"的国家极权运动，因此，"随着社会主义运动而演出热剧，大约就是所谓'大战'（Great war）之一物了"，"极权国家就是大战的另一面"。

林同济耍了许多花枪，兜了不小的圈子，算是把战争和社会主义运动联在一起了。我得回敬林同济一句，我是不管"战国派"理论家说法如何的，"就已有的事实"表现上看，林同济的这套逻辑，是有其重大内容的。林同济拉了德意做苏联的陪客，实际上是他所说的"希特勒绝对要不得"的手段，就是"斯大林也绝对要不得"。可是，他的手段，比托洛茨基要巧妙一点，也就是隐蔽一点，套上了一个"历史形态的看法"，弄得读者们迷惑，看不清他道貌岸然的道袍上，究竟还是八卦，还是卐字。德国与苏联的绝对不同，前段已经交代过。现在只谈他这段话的实质和目的。

照林同济的意思，大概认为苏联的十月革命，革出来的不是社会主义国家，而是一个和法西斯德国一样的国家。他认为苏联共产党和德国纳粹党都不为工人阶级解放的；他的意思，以为列宁的用意是推动社会主义，而到了斯大林时期，其"实际上的结果或作用"变成了和希特勒一样的法西斯主义，而希特勒的用意，竟也是推动社会主义，而结果才变了法西斯主义。这种不顾事实，只凭主观的看法，目的是要读者读了之后，得到德苏都是"一样恶"的结论。林同济只说"希特勒绝对要不得"的半句话的妙用，就在这里。可我们在此地，要说明这次战争是不是因为社会主义运动而演出的。

法西斯主义的德国和社会主义的苏联之不同，既已说过，那么，我们可以从"已有的事实上来看"了。远的不说，只问侵略波兰的，占领巴尔干的，侵占法国的，是压迫人民、压迫社会民主党和共产党——这是领导社会主义运动的首脑部——的法西斯德国啊，还是社会主义运动成功的苏联？竭力维护集体安全制于欧战爆发之前，竭力维护和平中立政策于欧战爆发之后的，是社会主义的苏联，还是法西斯主义的德国呢？抗战五年来援助中国民族解放战争，抵抗法西斯主义的日寇的，是社会主义的苏联，还是法西斯主义的德国？经常协助日寇侵华战争，并且一再进行劝我投降，提出条件，奔走活动的是苏联还是德国？再去年六月廿二日不宣而战，突然袭击苏联的又是法西斯主义的德国，还是什么社会主义的苏联自己呢？从已往的一切事实，难道还看不到这次发动侵略战争的，是法西斯主义的德国吗？我们不强调德国发了第一枪吧，难道估计战争的发生，能不从发动战争的国家的性质出发？今天有谁能否认德国和苏联的不同，和中、英、美的不同？请问林同济，这次战争不是发生于法西斯主义，倒是发生于什么呢？怎么能够说是发生于社会主义运动？相反的，社会主义国家和社会主义运动，向来是反对侵略战争的。这个事实，难道还要再多说？还有，"战国"诸君，为什么对日寇侵略中国，一个字也不提？日寇侵略中国的战争，是不是"随着社会主义运动而演出"的？如果说是，请给事实的证明，如果说不是，请问林同济历史形态学家，这又属于那六幕剧的哪一幕？

我们须指出，这次战争，远溯到"九一八"，都是日德意三个法西斯主义国家掀起的。与社会主义运动背道而驰，而且刚刚是尖锐的背道而驰！

至于战争的目的，现在就是小学生也懂得，中、苏、英、美等同盟国，是为了消灭法西斯主义的德、意、日，维护民族独立、民主政治；而侵略国的目的是在"欧洲新秩序""东亚共荣圈"。可是，林同济却偏偏把苏德两国划在一起，说什么"大争之世，其所以为'大'者在哪些呢？曰，争以全体，曰，争在天下。……战的目的，在创立一个世界性的政权"。要是把这段话和"战国"

的"指环"至上主义联在一起看，结论就是"打天下"。这应用对法西斯主义的侵略国家，是对的。要同样的放在苏联和中、英、美头上，就套不上去。反侵略国家中，谁也没有"打天下"的作战目的。这在大西洋宪章、苏美协定、苏英同盟中都可以看到。而中国抗战的目的，也是一样。因此，在这次大战，除了对德、意、日外，"创立一个世界性的政权"这个目的，是对谁也用不上的。因为这句话就包括了侵略别国的意义在内的，否则用不上"政权"两个字。同盟国家胜利后的国际性的组织，正是林同济所说的虽于实现的"以志愿为基础的共和协助"，是国际间平等联合的团体，而决不是靠武力"打天下"打出来的"世界性的政权"。

这种把同盟国的正义战和法西斯国家的侵略战分不开，而把这次大战看成"列国"混战的"实际上的结果和作用"，就是不分敌友，这是最起码的更进而要同盟国的朋友及中国人民把苏联看成和德、意、日一样，都是敌人，这就是煽动反苏情绪，挑拨同盟国间的团结，为仇者快，为亲者痛。结果是替法西斯国家做啦啦队。最严重的，是对中国抗战看成毫无前途。（这在下面还要讲到）。

三

……

第四个问题：在前三个问题，林同济已经竭尽其委婉曲折，挑拨离间同盟国之能事。而他对于民族主义的"历史形势的看法"，竟是在他一看之下，把什么民族都侮辱了，把任何民族的前程都葬送了。

林同济说，在目前的关头，"民族主义也就转入空前的危机"。坐在希特勒和东条的"指环"里，当然只看见"在希特勒东条的武力威胁下，民族主义有消灭于'凯【恺】撒皇权'之可能"。可是，从理论上说来也好，从"已有的事实表现上看"也好，绝并不是这样一回事。对于林同济当然除了"指环"里的"事实表现"——戈培尔所制造的"事实"的表现以外，的确，再也没有什么事实了。然而，真正的事实，却是民族主义正以簇新的姿态，生动的力量，打出一条出路、生路来。这次战争，我再说一遍，正是法西斯民族侵略主义和民主国民族独立自决原则的战争啊！中国问题，放在下一节说。单说同盟二十八个国家吧，哪个国家不是因为民族已被法西斯侵略者凌辱压迫或其独立已受威胁而起来对轴心绝交宣战的呢？苏联国内各民族奋起团结，英勇杀敌，造成了历史上空前的战绩，英、美民族不是在动员一切力量，和侵略者做殊死战？

挪威、南斯拉夫的游击战，法国和其他欧洲被占领国内的怠工、罢工、破坏运动，哪个不是为了民族的生存，民族的独立自主？他们为了民族的生存，不惜流血牺牲。他们在联合抗敌中，是一定能得到胜利的。只有"战国"派及一切对反法西斯侵略战争的胜利没有信心的人，才敢于说希特勒东条的武力，有"消灭"民族主义的"可能"，也只有这些人才敢侮辱各民族，而说"半因厌恶的惨酷，半因恐惧凯【恺】撒之来临，世界上的若干民族已在那里日夜焚香，只求'安全'之在握"，而抹杀和忽视这些民族不怕战争，决心战争，日夜反对法西斯的努力，也只有这些人，才敢污蔑各民族，说有些国家已经甘愿牺牲"民族独立"的信条。去岁欧洲流亡国家代表在伦敦会议要求战后可得英美的"保证"，便是其"端倪"，而把吉斯林、贝当、赖伐尔、汪精卫辈的所作所为加到全民族的头上去。我们要大声疾呼的昭告"战国"派们，各民族决没有在希特勒、东条的"指环"中低头！低头的是"战国"派。各民族决没有为了"安全"，而甘愿牺牲"民族独立"的信条，日夜焚香只求"指环"中的"安全"，是那些反苏亲德，对同盟国的反侵略战争胜利没有信心的人们，是那些帮戈培尔吹喇叭的人们。欧洲流亡国家代表，决没有要求英、美在战后予以"保证"，而要求现在予以协助，俾能争取独立，而在战后英美一道来建设和平繁荣。总之一句话，民族主义因为法西斯民族侵略主义而"转入一个空前的危机"，但是，它并没有"也许现在要开始衰微"，也没有像吉斯林、贝当、赖伐尔、汪精卫之流似的"重寻存在的方式"——要在民族独立自决之外，去找寻民族主义存在方式，已经不是民族主义了。民族主义没有到"一个动摇时期"，而是更坚强更有力了！

然而，也不能不指出：林同济对民族主义的这个看法，只是为了说明希特勒的干法"粗暴而简单"，同盟国的理想是"难于实现"，"其实际上的结果和作用"，还是长侵略者的威风，灭同盟国的志气。

第五个问题：林同济的万言长文，和他以及他的同派人们的其他文章一样，对日寇侵略和中国抗战是吝啬文字的，老实说，在民族主义和二十世纪这样大的题目中，抗战了五年的中华民族的解放斗争，是不能不占重要地位的。而我们的"历史形态"家的看法，竟不予重视。然而，从他的整篇文章中，是可以得到对中国抗战问题的结论的。

照林同济的看法，苏、德都是"争在天下"的，而且，今后还有大战在，所以，我们对世界大战不必多管，反正谁胜了对我们也没有好处，这是一。

同盟国的目标和理想，"难于实现"，我们不要希望。将来英、美还要联合起来对付中、苏，我们犯不上在现在多管英、美的战争。而且，"我们一方面深信英美同盟国确守大西洋宪章的精诚，一方面却不容不注意其他发展的可能性以至或然性"，我们还得提防着英美才行，这是二。

以上是把中国和英、美、苏三盟邦隔开了。

再看关于民族解放战争的说法吧！

希特勒东条的武力威胁是了不得的，有消灭民族主义的"可能"的，我们抗日，太不量力，这是三。

欧洲的民族主义都已经"开始衰微"了"动摇"了，若干民族已经"甘愿牺牲民族独立"了，这"说明"民族主义已经不合乎潮流啦，别的民族都不争取民族独立啦，我们中国还不顺乎潮流牺牲独立？可还抗战干什么？这是四。

而且，"中国呢？问题却复杂"，两千年来我们的民族意识未能充分发育。虽然林同济也在万言长文中用了几百字的篇幅，提到要提防中山先生的民族主义被"软化"、"变质"、"无形中捐弃"，提到民族意识"年来刚露新芽，实在不容中发"等等，可是，这些一切，却在他们素来宣扬的"力"决定一切，希特勒东条的武力威胁又是了不起的，而现在又将趋向于"大一统"的前提下，压得透不过气来，挤得看不见了。这样就是把"刚露新芽"的民族意识，描写成弱不经风，狂风暴雨下是难以站得住的，这样，抗战有什么前途呢？这是五。

综括林同济的所谈五个大问题，和对中国抗战的五项结论，无一不是在说明同盟国也好，中国一国也好，抗战都是没有出路的，无一不是挑拨离间，消沉士气，分散和消弱中国及同盟国的力量，也就无一不是对侵略国有利，对同盟国有害，对中国抗战有害的。

四

写到此地，我觉得"战国"派及林同济对战争和战后的看法，太和陈独秀在《大公报》上登的那半篇文章中的内容相像了。"战国"派的这种"看法"，实在对民族不利，我们觉得应该再度辩告他们，为了民族，为了后代，少给青年们注射毒素吧！青年们大部是能辨是非的，决不会上当的。

"七七"抗战五周年纪念日

《群众周刊》一九四二，七，三一

民族文学运动

陈　铨

（一）文学的性质

文学是文化形态的一部分。假如一种文化，因为时间空间的不同，它的各种形态就会呈现出各种特殊的情状，那么文学的性质也同样要受时间空间的支配。一个时代有一个时代的文学。希腊和罗马不同，罗马和中世纪不同，中世纪和文艺复兴不同，因为它们各时代有各时代的文化。同样英国法国德国中国的文学，也各各有鲜明的特点，因为各民族有各民族的文化。

举一个具体的例来说：在十七世纪的时候，法国的新古典主义运动，奠定了法国文学的基础。当时人才辈出，盛极一时。法国文学能够在世界文学史上占一个地位，完全因为有这一个伟大的时代。但是法国新古典主义运动的发生和成功，决不是偶然的，它不发生在旁的国家，它不发生在法国以前的时代，这中间确有它根本的道理。拿时代来说，十七世纪是一个理智主义高涨的时代，当时欧洲一般智识界的人士，都相信理智是万能的，它可以决定人生的一切，而且只有在理智支配之下的人生才是最高尚的人生。这是当时的时代精神。把这一种精神应用到文学，就是法国十七世纪的新古典主义，因为法国的新古典主义最崇拜理智的。它的开山祖师马雷伯，就是理智主义的极端崇拜者。因为崇拜理智，所以文章要清楚，用字要准确，规律是神圣的，天才要受严格的训练，他们不要奔放无归的感情，神奇荒诞的想象。

时代精神固然是形成法国新古典主义的主要原因，但是另外还有一个主要的原因，就是法国民族的性格。法国民族素来就喜欢修饰。他们要的是整齐，有秩序，有条理，上流社会的人，说话要明白，要漂亮，要有机智。法国"沙龙"里边，或者高贵人家的客厅里边，喜欢聚集一些文人雅士，男男女女，大家穿得整整齐齐，用极清楚的头脑，极明亮的语言，互相接谈。这中间假如一个人感情太热烈，没有学会抑制自己的本事，一定会闹出许多的笑话，上流社会的人士一定要觉得此人离奇。在这一种空气中间产生的文学，自然染满了理智主义浓厚的色彩。这就是为什么新古典主义运动不发生在旁的国家，特别发生在法国，同时也就是为什么新古典主义在法国最良好的收获，它的命运也特别久长。

所以时间和空间，对文学有伟大支配的力量，时间就是时代的精神，空间就是民族的性格。抛弃了这两个条件来谈文学，我们就不能真正了解文学。

文学和科学性质两样。科学求同，文学求异。科学导求超时空的基本原理，文学表现当时此地特殊的情状。原理是抽象的，情状是具体的。假如一种科学只限于一时一地的个别事物，那么科学的价值就不高。一种文学只能描绘抽象的规律，文学的价值也有限。这就是为什么世界上有民族的文学，而没有民族的科学，有时代的文学，而没有时代的科学。就算有，也是过去的陈述，后人已经取而代之。在科学方面，往往是后来者居上；在文学方面，近代的文学却不一定比古代高明。

文学是要受时间和空间的限制的：但是这种限制，不唯不减少文学的价值，反而增加了文学的价值。因为文学的使命，是要表现特殊的事物。天下古今没有绝对相同的两个人，天下古今也没有两人绝对相同的心境。同样一朵花，同样一轮月，同样一幅山水，古人有古人发生的情绪，今人有今人发生的情绪，李白有李白的观感，杜甫有杜甫的观感。专门仿效古人的文学家，决不是第一流的文学家，专门仿效今人的文学家，也一样不是第一流的文学家。

文学家是不能仿效的，仿效就是欠天才。文学家第一件事情，就是要认识自我。在自我认识的时候，就是天才起首表现的时候。固然在基本训练中间，一位青年作者未尝不可以借镜他人。但是在高尚的表现，成熟的时期，一位文学家依然不能摆脱别人，建设自己，那么我们只能说他没有天才，或者有天才而没有认识自我，所以把自我毁灭了。

（二）民族与文学的关系

一个人和另外一个人是不同的，一个民族和另外一个民族，更是不同的。一个人有一个人的天才性格，一个民族也有一个民族的天才性格。一个人要认识自我，才能够创造有价值的文学，一个民族也要认识自我，对于世界文学然后才有真正的贡献。

一个民族有特殊的血统，特殊的精神，特殊的环境，特殊的传统风俗。假如一个民族，不能够把它的种种特殊之点，在文学里尽情表现出来，成天整日，专心一意去模仿旁的民族的文学，那么它的文学，一定只有躯壳，没有灵魂，只有形式，没有内容，枯燥无味，似是而非，不但文学是没有价值的文学，民族也是没有出息的民族。

……

在雷兴【今译莱辛】的指导之下，德国民族认识了他们自己。接着哈芒黑尔德【今译赫尔德】出来，发起狂飙运动，少年的歌德、席勒，完全摆脱法国文学传统的势力。天才、感情、力量、自然，成了当时德国文学界理想的目标。仿效、修饰、秩序、规律，都认为是文学的束缚。经过这一度的解放，德国天才得着充分的自由发展。从此以后，德国文学在世界上，可以同英国法国分庭抗礼，因为德国人不奴隶式地仿效别人，自己找出自己本来的面目。

文学是要特殊的，它的价值也就在特殊。世界文学史上并不需要完全相同的模仿，它需要崭新的创造。一个民族的文学要能够永垂不朽，必须要把自己表现出来。摇旗呐喊，跟着别人走，不但心劳日拙，穷极无聊，而且东施效颦，丑态百出。

进一步来说，一个民族能够认识自己，创造特殊有价值的文学，大多数的国民必须先要有民族意识，他们自己首先要感觉自己和旁人不同，而且这一种不同的地方，就是他们自己可以自己骄傲的地方。现在中国有许多丧心病狂的人，不骄傲自己的祖国，而骄傲别人的祖国。这样的人，连自己的祖先都弄不清楚，还配谈什么文学？然而这样的文学口号，却风行一时，许多青年认为时髦；许多在社会上有地位的文学家，为着博取一般青年人的欢迎，也勉强在自己作品中间掺杂一些这样的口号，真是可惜！

所谓世界文学，并不是全世界清一色的文学，或者某一个民族领导，其余的民族仿效的文学，乃是每一个民族发扬自己，集合拢来成功一种文学。我们可以说，没有民族文学，根本就没有世界文学；没有民族意识，也根本没有民族文学。

世界上许多伟大的文学运动，往往同伟大的民族运动同时发生，携手前进。意大利是这样，法国是这样，英国德国也是这样。（参阅拙著《文学运动与民族运动》，《军事与政治》月刊第二卷第二期）特别在近代社会里，文学和政治常常是分不开的。因为政治的力量支配一切，每一个民族都是一个严密组织的政治集团。文学家是集团中一分子，他的思想生活，同集团息息相关，离开政治，等于离开他自己大部分的思想生活，他创造的文学，还有多少意义呢？所以民族意识的提倡，不单是一个政治问题，同时也是一个文学问题。

（三）五四以来中国文学的三阶段

文学受时间空间的支配，空间是民族的特性，时间是时代的精神。时代精神有转变，民族特性表现的方式也有转变。在某一个时代，民族意识还不够强烈，时代精神把一般作者领导到另外一个方向，使他们不能认识他们自己。在这种时候，真正的民族文学就不容易产生，它对于世界文学的贡献，因此也不能伟大。文学的情状既然这样，政治的情状当然也陷于一种苦闷的境界。全国民众意见纷歧，没有中心的思想，中心的人物，中心的政治力量，来挑动一切，团结一切。这是文学的末路，也是民族的末路。

自从五四运动以来，中国的思想界经过三个显明的阶段：第一个阶段是个人主义，第二个阶段是社会主义，第三个阶段是民族主义。中国的新文学也随着这三个不同的阶段，表现出不同的色彩。

在第一个阶段间，中国思想界的领袖努力解放个人。对于传统的道德、风俗、社会、政治一切的标准，都激烈反抗，因为它们压迫个人的自由。个人要有怀疑的精神，反抗的勇气，他不愿意受任何的束缚，崇拜任何偶像，他要绝对自由。但是他的自由观念是很空泛的，他只有要求自由的意志，他并没有明了自由的真义。他是一位纯洁天真的青年，他还没有实际人生的经验。他还不知道，人生是有限制的，真正的自由，不在外界，而在内心；漫无边际的追求，只能增加自身精神上的痛苦，不但对于国家社会没有补益，对于个人的前进更没有光明。

在这一个阶段间产生的文字，大部分都模仿西洋。诗歌学美国的自由诗，戏剧尊崇易卜生的问题剧，一部分浪漫主义中间包含的感伤主义，弥漫于各种文体之间。个人主义，无疑地是这一个阶段的时代精神。一般的文学作品，所要表现的，都是个人问题；就是政治社会问题，也站在个人的立场来衡量一切。这一种思想文学，对于打破旧传统，贡献是很伟大的，但是对于建设新传统，它却是不切实的。因为新的社会新的国家，不能建筑在极端的个人主义之上。虽然说自由的国家社会应当是一群自由分子所结合，然而为着国家社会的自由，往往个人的自由就不得不加以限制，甚至于牺牲。在这种关头，真正的自由，应当求之于内心，尽责任就是得自由，自由在我自己，而不在他人。只有这样讲自由，才没有极端个人主义的流弊。五四时代的文学，不能产生伟大的文学，因为它没有得着一个巩固的基础。

个人主义的风气，虽然一直到现在没有绝灭，但是它不久就不能作时代的中心。在第二个阶段中间，社会主义成了思想界研究的对象。在这一个阶段，大家认为没有个人自由就没有社会自由；在第二个阶段，刚好翻过来了，大家认为没有社会自由根本就没有个人自由。社会怎样才可以自由呢？第一要政治平等，但是政治平等必须先要有经济平等。经济是一切问题的中心，社会主义是解决的方法。然而他们根本忘记，中国是一个半殖民地的国家，外来政治军事经济三方面的侵略，重量压迫，整个民族都失掉了自由。中国最迫切的问题，是怎样内部团结一致，对外求解放，而不是互相争斗，使全国四分五裂，给敌人长期侵略的机会。

在这一个阶段中间的文学，仍然是模仿外国。俄国的作家成了最时髦的作家，描写的对象，说来说去，永远离不了阶级斗争。对于一切外力的侵凌，政治社会的罪恶，都用社会主义的名词来解释，在这一个时期，全国的民族意识最薄弱了。一般所谓前进份子，已经把自己的祖国抛于九霄云外。他们的口号虽然叫得热烈，但是他们的思想，和第一阶段的思想同样地空幻不着边际。他们把全世界的人类，分成两种不同的阶段。但实际上全世界的人类的基本分别，究竟还是中国人和外国人。中国人和中国人的利害关系，究竟远较中国人和外国人的关系密切。这个铁一般的事实，他们却没有看见。他们那种思想产生的文学，虽然可以号召一些青年，仍然不能使中华民族走向光明之路。因此它的价值也是一时的，不是永久的，是肤浅的，不是真实的，是部分的，不是全体的。

到了第三个阶段，中国思想界不以个人为中心，不以阶级为中心，而以全民族为中心。中华民族是一个整个的集团，这一个集团，不但要求生存，而且要求光荣的生存。在这一个大前提之下，个人主义、社会主义，都要听它支配，凡是对民族光荣生存有利益的，就应当保存，有损害的，就应当消灭。我们可以不要个人自由，但是我们一定要民族自由；我们当然希望全世界的人类平等，但是我们先要求中国人和外国人平等，中国人自有中国人的骄傲，不能听人宰割，受人支配。

在这一个阶段中间，中华民族第一次养成极强烈的民族意识。他们第一次看清楚自己，中国的文学，从现在起，一定有一个伟大的将来。因为，我已经说过了，只有强烈的民族意识，才能产生真正的民族文学。

（四）民族文学运动的意义

过去二十几年间，中国的思想界，从个人主义到社会主义，从社会主义到民族主义。中国现在的时候，是一个民族主义的时代。我们政治上的先知先觉，虽然早已经提倡民族主义，然而真正民族意识强烈的发展，实在是最近几年的事情。政治和文学，是互相关联的。有政治没有文学，政治运动的力量不能加强；有文学没有政治，文学运动的成绩也不能伟大。现在政治上民族主义高涨，正是民族文学运动最好的机会；同时民族政治运动，也急需文学来帮助它，发扬它，推动它。

民族文学运动的发起，在今日刻不容缓，但是要发起这一个运动，我们必须要先明瞭这一个运动的意义。

第一，民族文学运动，不是复古的文学运动。一个时代有一个时代的文学，古人的处境和今人不同，古人的文字和今人不同，古人的思想和今人不同，因此古人文学形式技术，和今人也应当不一样。古人固然有光荣的成绩，我们应当尊敬宝贵，但是我们不一定要奴隶式地仿效古人，因为仿效不能成功，就算能够成功，我们也只能学得一些表面的形式技术。内容方面，同新时代不唯不发生关系，而且常常要发生冲突。新时代有新时代的思想，古人虽然没有这些思想，我们尽可以尽情表现。新时代有新时代的语言，二十多年前的白话运动，理论是正确的，其所以没有伟大的文学，不是工具不良，乃是因为没有正确的思想，和伟大的天才。我们不能因此回复到文言，增加表现现代思想的阻碍。新时代有新时代的环境，我们就当就地取材，不能再在故纸堆中，去描写与现代无关的陈腐对象。新时代有新时代的形式技术，诗歌不必遵守旧的格律，戏剧不必墨守成规，小说尽可废弃章回，散文更不必恢复桐城，揣摩史汉。明了当时此地，不向时代开倒车，才是真正的民族文学运动。

第二，民族文学运动不是排外的文学运动。一个民族的文学，性格要特殊，内容要丰富，特别有悠久历史的文学更需要旁的民族的文学来充实它，培养它。一个真正伟大的文学，决不排斥外来的影响，因为这种影响，如果善于利用，对本身是有益无损的。就像一株花，时时需要不同的养料，更像一株花，它吸收不同的养料，在本身溶解消化，自己表现自己特殊的色香。这就是说，对于外来的文学，不能奴隶式是仿效，也不能顽固地拒绝。即如戏剧，中国只有歌舞剧，没有话剧。西洋的话剧，正可以补充中国戏剧的内容。不过我们需要中国的语言，中国的情节，中国的人物，创造中国的新技术，不能够生吞活剥，把西洋的戏剧搬上中国的戏台。近来有些所谓戏剧家，用一些直译的外国话，什么"我的最亲爱的"、"我的最甜蜜的"满台乱叫，而自鸣得意，这当然是不对。不过在另外一方面，有人以为话剧既然是西洋的东西，我们就不应当采纳，我们应当专门写作西皮二黄，就是描写现代的人物，也让他们走台步，作种种不自然的声音，这又失掉民族文学运动的意义了！

第三，民族文学运动不是口号的文学运动。文学是具体的，不是抽象的，是创造的，不是模仿的。假如一位文学家只知道利用几个口号，而不能具体地创造真正的艺术，那么他的作品不但本身毫无价值，而且引起别人对民族文学运动的反感。民族文学运动需要埋头创造用有形的方式，表现高尚的思想，最好是不用口号，惹人嫌厌。

第四，民族文学运动应当发扬中华民族固有的精神。时代虽然不同，民族固有的精神是一样的。我们的民族有光荣的历史，我们的祖先到底凭什么精神创造过去的光荣历史呢？依我看来，第一是战斗精神。中国历来开国的君主，都是勇敢善战，到天下太平以后，他们就废武功，谈文治，所以国力削弱，以至乱亡。中国的圣贤，虽然教人安不忘危，足食足兵，然而重文轻武的风气，始终不能改易，我们今后要恢复先民勇敢善战的精神，才可以在现今战国时代达到光荣生存的目的。除了战斗的精神以外，我们还要恢复祖先道德的精神。中国素来是最讲道德的。一个民族没有道德，互相欺诈，互相压迫，互相争斗，一定不能坚固团结。国际政治和国内政治根本是两件事情。国际政治，有时因为民族生存利害的关系，强食弱肉的局面，不能不采取现实政治；但是在国内的政治，人人必须奉公守法，诚实忠信。中国的圣贤，处处以道德教人，但是到了最近代，道德成了敷衍的名词，欺骗的口号，许多人满口的道德仁义，满肚的奸诈邪淫。这就是因为我们已经失掉了先民道德的精神。今后中国文学，应当用艺术的形式，提倡固有的道德精神，这样的文学，才是真正的民族文学。

第五，民族文学运动应当培养民族意识。民族意识是民族文学的根基，民族文学又可以帮助加强民族意识，两者互相为用，缺一不可。所以民族文学运动，最大的使命就是要使中国四万万五千万人，感觉他们是一个特殊的政治集团。他们的利害相同，精神相通，他们需要共同努力奋斗，才可以永远光荣生存在世界。他们有共同悠久的历史，他们骄傲他们的历史，他们对于将来的伟大创造，有不可动摇的信心。对于祖国，他们有深厚的感情，对于祖国的自由独立，他们有无穷的渴想。他们要为祖国生，要为祖国死，他们要为祖国展开一幅浪漫、丰富、精彩、壮烈的人生图画。有了这样的民族意识，伟大的民族文学运动才可以成功。

第六，民族文学运动应当有特殊的贡献。怎么样才能够有特殊的贡献呢？要采中国的题材，用中国语言，给中国人看。这三个原则，是民族文学运动的规矩准绳，中国作家不容忽视。固然真正特殊贡献需要文学的天才，文学没有天才，根本谈不上文学，不过天才也有走错路的时候。英国批评家安诺德主张，文人应当生活在一种"智识潮流"中间。所谓智识潮流，就是合乎时代精神的正确思想。这种思想，是文学天才发展的根基。历史上好些伟大的天才，因为得着伟大文学批评家的指导，力量用在正当的途径，才有最优异的成绩。如像歌德遇着赫尔德，受他最大的影响，摆脱传统的拘束，发挥自己的天才。假如没有赫尔德，那么歌德也许还要多受法国文学的支配。

也就是因为这一种关系，民族文学需要一种运动，来创造一种智识潮流，使中国的文学天才向正当有效的途径发展。

选自《时代之波》 大东书局一九四六年版

"民族文学"与法西斯谬论

《解放日报》编者

　　重庆出版、陈铨主编的《民族文学》，是一个公开宣传法西斯主义的刊物。它或者公然歪曲与侮蔑进步的历史事实，或者谈批评、谈创作、谈恋爱、谈人生，而在那里面掺进法西斯主义的毒药。

　　举一个典型的例子：在一卷三期上，有一篇编者写的《五四运动与狂飙运动》，对五四运动极尽侮蔑，说五四运动犯了三个错误：（一）不要民族主义，（二）要求个人解放，（三）提倡理智主义。

　　反对五四运动，是大后方宣传法西斯主义的人们的纲领之一。他们害怕五四精神，正因为五四是中国人民自觉反帝反封建运动，是中国广大人民的民族民主革命运动，民族主义是五四精神的主要内容之一方面。不要民族的，恰恰不是实行五四运动和继承了五四革命精神的人们，而是镇压五四运动的北洋军阀和那些继承北洋军阀传统的人们。要不是五四运动，反动的北京政府就已经在巴黎和会上签订出卖民族的屈辱条约了。五四以来，接二连三地丧权辱国的，是什么人？七七以来，投降敌人或抗战不力的，又是什么人？不正是那些反对五四精神、下令禁止纪念五四的人们吗？！

　　五四运动的民主精神，也是中国的法西斯主义者所害怕的。他们不敢公然反对民主主义，尤其不敢承认五四运动是广大人民的民主运动。他们狡猾而恶毒地把五四渲染成简单的"个人主义"运动，于是就浩浩荡荡向着自己幻想出来的这一个侏儒敌人进军。《民族文学》就依照着这样的纲领，反对他们自己杜撰的所谓五四运动的"个人解放"。它公然赞扬罗马教皇的"集体主义"，而认为十八世纪以后的天赋人权（他们曲解五四是简单主张卢梭天赋人权思想的）与民治主义，都是要不得的。这就是公开主张恢复中古时代的专制主义，反对实行民主。照它说，"一个民族，则如一群绵羊"，应该听从英雄的奴役。因为历史是英雄所创造，"英雄与历史是分不开的，历史进展的迅速，就看英雄识见的高下"。而它所谓"英雄"是什么人呢？那就是"强者"、"权威者"。换句话说，就是独夫，就是压迫者。"强者始终是强者，只有强者才配在人类社会上光荣地生存。"（见一卷二期：《少壮的阶段》）人民应该驯顺如羊，服从权威——法西斯的奴役人民的思想，是表现得这样的露骨。

要使人民盲从他的所谓"权威者"，就必须人民是盲目无知的动物。所以，法西斯主义者又害怕人民有理智，有知识。《民族文学》又依照这一条纲领反对五四运动提倡理智（正确的说，就是科学）。照它说，理智是要不得的，"在人类行为中，感情比理智还要重要"。这就是说，你只须盲目的服从，盲目的干，至于事情合不合理，你不必看。"即如民族主义，……它不是肤浅的理智所能分析的，它是一种感情，一种意志，……一经分析，就瓦解冰消了。"又说："民族主义需要的，不是爱国的道理，而是爱国的'感情'。"（见一卷四期：《感情就是一切》）的确，法西斯主义者们自己所标榜的民族主义，是经不起分析的，科学的照妖镜一照上去，它的假民族的面具就会"瓦解冰消"。心劳日拙的法西斯主义者这一下子居然变得老实起来，把自己的心事坦白了。但中国人民所要的，可不是这样一种假民族主义。这一种用民族的招牌来欺骗人民，牺牲人民，只为少数社会寄生者、民族的害虫谋利的法西斯的虚伪民族思想（在德国叫做亚利安人优越论，在日本是大和民族高于一切的思想，在中国叫做大汉族主义），在今天已经到了这样一种开始"瓦解冰消"的地步。即还不必等待科学家的分析，老百姓自己的"理智"，已能够从他们的事实行动里，"分析"出一种危害民族的毒素来了。

五四运动给中国人民带来的就是三件最宝贵的东西：民族、民主、科学。没有五四运动的这三个伟大贡献，中国今天的进步是不能想象的。而"民族文学"的卑劣恶毒的暗箭，却恰恰就是要射毁这些中国人民的宝贝。中国法西斯主义者的用心，是明如烈火了。

在大后方严密的书报杂志检查法网之下，这种公开宣传法西斯主义的刊物，却可以自由自在地向出版界放毒，这在全世界反法西斯的同盟国家里岂不是怪事！

原载《解放日报》，一九四四，八，八

新　哲　学

辩证法的各种问题（节录）

张东荪

……

现在且不讨论译名，请即提出几个问题。第一个问题是：辩证法是一个方法呢？还是一个行历呢？即是 dialectic method（辩证法）呢？还是 dialectic proccess（辩证历程）呢？或是二者兼而有之呢？我们必可见照亚里斯【士】多德的意思，则辩证法只是一个方法，并且是应用形式逻辑的一个方法。照柏拉图的意思，亦只能是一个方法。不过却是一个很高深的东西，实在即等于一种"学问"（science）了。所以我对于柏拉图与亚里斯【士】多德所用的这个字主张即译为"学问"。按中国所谓学问就其原义乃是"学会发问"的意思。因为问不是一件容易的事。必须问的正当，然后方能引出正当的答案。而正确的知识却从这样的发问得来所以不妨即把 dialcctic 译为"学问"。

说到康德与黑格尔则辩证法便不是一个方法了。在康德乃是一种批判，其实亦正是一种"学"。至于黑格尔却不但不是方法而乃正是一个"行历"。不过这个行历不是时间上的历程，换言之，即不是有时间性的，乃只是逻辑上的历程，换言之，即这个历程只是"正反合"一种动性的逻辑而已。我们明白了这一点便知道这个字译为"辩证"固然不妥，即译为"法"亦有问题。因为有时是方法，而有时却不是方法。马克思是继承黑格尔，所以马克思的辩证法亦不是方法而只是历程式行历。不过黑格尔的行历绝对没有时间的成分包含在内，而马克思既用于人类历史与社会进化则当然不能不含有几分时间性。这便是马克思误解黑格尔的所在了，亦可以说马克思把黑格尔的原义改坏了。

若谓黑格尔与马克思都是把辩证法既认为是一个方法而同时又是一个行历，须知这个辩护是不通的。因为方法是主观自定的规则而施用于客观，行历是自然的事实而映射于主观。照马克思的唯物论来说，当然不能是主观立法。如果是外界的事实而映入主观，则便是以行历为主。所以依然有分别，决不能说同时是方法。因为照这样说，显见方法是由事实而来的，可知兼而有之之说仍是有问题。

第二个问题是：辩证的行历是否与进化相同。照黑格尔说，辩证的行历既无时间成分在内，当然绝对不是进化。但马克思于此又曲解了。马克思的党徒总喜欢求助于达尔文（Darwin）的进化论。论劳动与生活的关系亦要借重于进化论，论道德观念的变迁亦要借重于进化论。他们采取进化论的地方可谓很多。但我们苟一细思便知马克思派一手拉着黑格尔，一手拉着达尔文，实在是表示他们自身的无知识。原来辩证的历程根本上没有丝毫进化的意思在内。黑格尔的正反合只是一个，并不是一个正反合以后又接着来另一个正反合以继其后，所以黑格尔的正反合是空前绝后的。于是我们可知有辩证即无进化，有进化即无辩证。但在实际上，即马克思说，将来的社会变成共产以后，试问共产的社会内还有进化没有？如果没有，这方合于辩证。如还有进化，则是进化而非辩证。我个人的主张是根本上反对黑格尔的辩证法的。所以我以为要达尔文，便不能同时要黑格尔。

第三个问题是：辩证的现象是否普遍？黑格尔的意思当然认为宇宙的一切都是中于辩证的程式。不过他却有一个前提：就是他以为"思"与"有"是一而非二，换言之，他以为心与物是一而非二，既然思想与存在（即实有）是一，则思想的法则与实有的法则当然亦是一了。其实须知这仍是以思想的法则来代表"存在"的法则，因为一切实有必与思想俱存。所以黑格尔的辩证法不免有偏于思想程式的嫌疑，于此马克思又把他改正了。马克思派认此纯为"存在"的法则。果尔我们不能不一问：一切存在是否都能嵌以这样的程式？于是便有人说：物理界上的阳电与阴电，什么 proton（质子）与 electron（电子）都是辩证的现象。我听了这话真是要笑得肚子痛了。老实说，自然界固然是有"两极性"（Polarity）或两极化（Polarization）的作用。最近美国心理学生理学者都用这个两极化来说明神经作用。不过我们须知两极性和所谓正反合并不相同，安可附会在一起呢！可笑的是美国耶路大学的努斯罗波（T. S. C Northrop 见所著《Science and First Principles》）他对于小宇宙的原子（Microscopic atom）与大宇宙的原子（Macroscopic atom）形成两极性，遂谓与黑格尔的"正""反"相通。这真是极牵强附会之能事。我们只须把头脑稍稍弄得清楚些，便知道两极并不是相反。两极化亦决不是由相反而成的"相成"。可见马克思派的人们没有一个不是头脑混淆的。他们把精虫的争入胎球和工厂工人的罢工以及两个国家的打仗统统置于一个字（即战争 War）之下，而谓为都是战争，其实三者绝不相同。工人的罢工虽争而不流血，精虫的入胎是物理（或称生理）作用，这都和两国交兵大大不同。而安可用一个字来总括之呢？正反亦然。须知"男""女"不是一个正一个反，"天""地"亦不是，"日""月"更不是，"白""黑"至"红""绿"都绝对不是。所以倘使把这些都认为是辩证的现象，则这个人的脑子可谓糊涂到万分了。我们决不愿和这类人讨论。

第四个问题是：试问正之后有反是否以正为因而以反为果呢？照黑格尔的原义是以正反合为一套，所以正反合三者同时存在，而不是反在正之后，正在反之前。但照马克思则不然。照马克思的历史定命论（即唯物史观）来说，确是以经济条件来决定社会此后的变化。所以在马克思是在正反合之间有前后可言，这一层和上述的时间性是一样的。黑格尔没有时间，而马克思有时间。黑格尔没有前后，而马克思有前后。所以黑格尔是真以辩证为行历；而马克思是辩证无名而因果律无实。我们真不懂何以马克思不老老实实承认因果律而偏要采取辩证法，其实因果律亦不见比辩证法坏些。

第五个问题是：倘使照马克思派那样到处都可用辩证法来观察，以为天下万物没有不是"内在的矛盾"，一切物的成立都是由于有相反者相争而始生，则我们敢问：辩证法自身是不是亦具有"内在的矛盾"，亦是由于有相反者相争而始生。倘使辩证法不如此，则世界至少便有一个东西是不含有内在的矛盾的了。则世界上至少有这个辩证法是不由相反而相成的。

总之，辩证法的问题实在太多。现在只举这几个，然每一个又可生出几个小问题。所以有些人把辩证法认为已成"定律"而想到处应用，实在是不思之甚。老实说，我们若为使思想进步起见，首先便应把这些混淆的东西加以剖解。但这乃是哲学家的工作，决不是社会革命家的工作。所以别的问题我们可以不谈，而论到辩证法是什么，似乎非请教研究哲学的人们不可。

原载《再生》一卷五期，一九三四年

腐败哲学的没落（节录）

——为批判张东荪编的《唯物辩证法论战》而作

陈伯达

（一）

腐败的哲学家已索性地否认了哲学上本体论的存在，却假称哲学上只剩下了认识论了，可是这也正是腐败哲学家的自白。因为腐败的哲学本来就只是像失掉了血和肉的幽灵；因为腐败哲学所凭依的历史，在现阶段上，正在大踏步地丧失着自己历史的生命，把哲学上最基本的问题，本体论的问题——也即是思维与存在之关系的问题根本地取消了，这哲学还成为什么哲学？哲学上的本体论与认识论，好比一刀的两面，彼此构成了不可分开的关联。事情决不是如傅统先所说的"本体论是根据于认识论的讨论"（张东荪编的《唯物辩证法论战》六一页），也决不是如牟宗三所说的"离认识而独立的本体是乌有的"（同书二八九页），却是相反，离本体而独立的认识是乌有的；认识论是依据于本体论的基础，离本体论而独立的认识论也是乌有的。腐败哲学家自称自己的哲学，只是没有本体论的认识论。在一方面，这是显出了腐败哲学自觉的没落；在另一方面，他们却正不可免地要在这里直接地或曲折地暴露自己关于本体论的见地，暴露自己对于思维与存在关系之极端的颠倒：因为哲学决不能容忍你掩盖你自己的本体论，只要是你想挨到哲学。你固然想"根本不问本体"（牟宗三语），然而本体却会问你，却会向你提出问题，而你却又会不自觉地给了本体以答复。

……

腐败的哲学家如何地来了解近代唯物论所提出的"实践"这个东西呢？傅统先答道："所谓实践……就是说外界的可感觉性或影响，也就是说我们能感觉它，或由感觉去推动它，也就是叶青所谓反应。……何由而有实践乃因耳闻目睹，及由耳闻目睹之推论"（《论战》六〇，六一页），阿弥陀佛！所谓"实践"，据腐败哲学家看来，就是"推论""可感觉性"，"由感觉去推动"，"反应"！当然的，腐败的哲学家，正如其所代表的寄生根基，肩不能挑，手不能持，除了躺在安乐椅上，"推论着"，"感觉着"，"由感觉去推动着"，这已是唯一难能的"实践"；对于他们还能有什么"实践"？还能想得到还有什么其他的"实践"？我们之所谓实践又是什么东西呢？我们之所谓实践，是社会生产的实践，是社会历史的实践，是和自然界的奴役奋斗的实践，是和社会界的奴役奋斗的实践。作为腐败哲学的支持者的社会寄生者，却正是游离了，躲开了，恐畏了，抑压了这实践。他们装了一副麻木的脑袋，对于世界真实的东西，他们实在并没有"感觉着"，"推论着"；最多，他们也只"感觉着"，"推论着"那一些无从捉摸的幻影。社会生产的实践和社会历史的实践相一致，反之，社会生产的实践之隔绝，也正和社会历史的实践之隔绝相一致，而这种隔绝，也必然地要隔绝了真理的认识。腐败的哲学家，随着客观历史的发展，随着自己社会真实根基的没落，已由客观地隔绝真理的认识的过程，进到于主观地否认任何认识之可能与存在。二百年前英国的主教伯克莱以为物就是感觉，"存在就是被知觉"。现在的腐败哲学家随着对于本体的否认，并且也在索性地否认着知觉，而我们中国的腐败哲学家，中国的新康德主义者，就最露骨地来做这样的否认了。牟宗三在剖取外国腐败哲学家的"理论"，写着所谓"物质自身是乌有的。物质是被人认识的物质"之后，急忙地附和道："这当然不是说真的有什么物质被人认识了"（《论战》二八四页）。这里的意思以为：即使那"物质是被人认识的物质"，也是没有被认识。这样子，腐败哲学不但取消了物质的存在，而且又取消了认识的存在。本来根据腐败的哲学看来，认识即物质，物质即认识，换句话说，只有认识没有物质；再换句话说，认识就是认识。可是事实上，没有任何认识不是物质的反映，不是客观实在的反映；认识不能就是认识，而且认识亦不能就是认识的反映。所以，否认认识是物质的反映，否认认识是客观实在的反映，结果就必然地进到否认认识的可能和存在，因为根本地没有那种不是客观实在反映的认识。腐败哲学在现阶段正是进到了这个地步，公开地否认了本体论，进至否认认识论，这二者的行动是必然要互相追随的。而从哲学上取去了本体论和认识论，这就是整个地、丝毫不留存地取消了哲学，腐败哲学家从这里自己宣告了自己哲学的完全破产和没落，历史迫得他们自己也掩盖不了自己了。历史对于腐败哲学破毁得不留余地，正如对于它所依据的社会真实根基破毁得不留余地一样。

腐败哲学家的否认本体论，并进而取消认识论。在一方面，是因为腐败哲学家所依赖的社会真实根基之一般地颓废、无望、畏惧、厌倦，纯粹寄生的养活，不顾问任何真实的东西；另一方面，依此所反映的，则也正是哲学历史本身发展的结果，因为近代唯物论的作战，终于击碎了腐败哲学任何企图颠倒真实的诡辩，摧毁了腐败哲学一切最后的避难所。一个世界正崩解着，其他世界正如日方升，腐败的哲学家就这样地宣告了什么都没有了，除了神秘的虚无，虚无的神秘。如果我们说，为历史所逼迫得无路可走的现代世界寄生者代表的唯心哲学之特征，是由理性主义转变到非理性主义，那么，在我们中国，腐败哲学这种非理性主义，比起哪里都要走得远些。如张东荪的阐发什么"冥索的哲学"，主张什么"向心探求"，认为要"明宇宙的真际"和"事物的真相"只有"向内探求自心的构造"，这正是在发展这种神秘的非理性主义，把宇宙的真相，都归结于任意的、神秘的"内心"。

……

（二）

正如对于本体论的颠倒一样，腐败的哲学家把逻辑（即所谓"名学"，也即是认识论）看成为"与经济的具体世界无涉"。张东荪关于这点有无数重复的论调。例如，他说："矛盾与负面是名学上的，而不是事实上或经验上的"（《论战》一七一页）；"矛盾是在名学上的，而对待则在经验上……"（一七二页）；"矛盾只在于名学上，乃是关于说话的，本与实际无干……"（一七三页）像这类的话，就在他那篇《唯物辩证法之总检讨》的文章上，也够你抄得忙不过来。在这里，为便利说明问题起见，暂且把他所提出关于"矛盾"是否只在"名学"上的问题拨开，我这里只指出：张东荪这里告诉我们："名学"是和事实，和实际，和经验完全无干，而只是"关于说话"，或者更恰当于张东荪的意思来说：名学就是修辞学；如果更率直地来说：那么，名学就是名学，腐败哲学家这里说明了什么呢？这就是说，什么都不说明，而且也没有什么可说明。这里事实的发展，恰好就是在证明我们上章的指示：腐败哲学对于逻辑的取消，对于认识论的取消。在近代唯物者看来，逻辑（论理学、"名学"），辩证法，和认识论的相互关系，正如一个伟大哲人所写着："三个名词是不必要的，它们同是一个东西。"

关于上述这点，我们还有很好的注证。张东荪写道："须知寻常逻辑是'理智'的作用，并是其唯一的作用"（一九二页），在这话之后，张东荪便接着谈论关于"理智"和"直觉"的问题，结果张东荪是只要走"直觉"的路（见上章我们的引述），虽然张东荪只要走"直觉"的路，而不走"理智"的路；虽然张东荪把逻辑只看成是"理智"的作用；那么，张东荪的否认"理智"，恰不就是在否认"逻辑"吗？

……

腐败的哲学把逻辑的认识从感性的认识分离出来，从实践分离出来，把逻辑的认识建筑于空中楼阁，结果必然要走进于否认逻辑的认识。腐败哲学家这种离开自感性之外的逻辑学的发展，与其社会真实根基从历史舞台消失自己生命的发展，适相陪衬，而且正是因为其社会根基的消失，消失了自己的生命。

在另一方面，另一种逻辑新形态的出现，也正是伴随着新历史根基而出现，而且是根基于新历史根基而出现，形式逻辑与辩证逻辑之在中国前后出现，正是描写着中国觉醒之在"五四"前后不同的阶段。逻辑的东西与历史的东西相一致，全部逻辑学史，不仅是全部人类认识学史，而且是全部人类社会历史所反映的一种形态。所以反对历史发展的，也必然反对哲学史的发展。腐败哲学家的所以死敌新逻辑，正是一种历史的命运。

……

辩证法就是寄托在活生生的事物上，是宇宙万千无尽的事物之灵魂。没有矛盾，没有辩证法，即没有宇宙，没有自然，没有社会，也没有思维。

……

辩证法自身的矛盾，依存于一切事物的矛盾之中。依存于人类认识过程的绝对真理与相对真理的矛盾之中。事物矛盾的发展无尽，人类认识过程矛盾的发展无尽，辩证法矛盾的发展也无尽。只有对于历史发展积极的祖护者、创造者，才敢正视这辩证法的真理，而且发展这辩证法的真理。"辩证法本身亦是辩证的"，这正是证明了辩证法充塞乎天地之间之不可抵抗的力量。辩证法本身之矛盾的发展，不是否定辩证法本身的存在，正如婴儿之产生，不是否定母亲本身的存在一样。但是，婴儿的产生（经过在母胎内数量上的发展而达到突变之质量上的发展），这是一种新生，是从母体分离出来，是一种对母亲的否定。蒲列哈诺夫在《历史一元论》写道："花是植物的一机关，并且，当作这样东西看的花之不否定植物，恰如密海洛夫斯基的书之不否定密海洛夫斯基本人一样。但是，果实，正确地说，受胎了的卵，实际上当作新的生命发展之出发点看，是一定的有机体之否定。恩格斯从那由受胎了的卵生出的植物之发展的开始，到植物把受胎了的卵再现为止，观察植物的生涯。"这个例子，同样地可以拿来说明辩证法本身。

……

张东荪领率下的马下将牟宗三自述其反对辩证法的理由，写道："今之人不明白哲学史各家术语的定义，但是又离不了他们，所以只好望文生义……辩证论者所最起劲的，就是世界是变的，相关的。这个道理我敢说无人不承认，虽愚夫愚妇亦尽知之，虽下愚不移，一经指点，也可明白，没有一个人反对这个道理的；所反对的，就是专门术语之不可乱用……"（一二六——一二七页），又写道："辩证论者所说的否定之否定，其所指完全是具体事实之发展过程……辩证论者名目上用否定之否定，而骨子里则讲事物之发展的内部因果关系，这是万难掩饰得住的"（一二九页）。这两段话所证明的，就是一点：即使是如何顽固的辩证法反对者，在不可抵抗的辩证法力量之前，亦只得对辩证法屈服下来。不错，唯物辩证法最起劲的，是关于世界的变，一切事物的相关是在"骨子里讲事物之发展的内部因果关系"（虽则这样简单看，还是不大恰切），这在辩证论者从来一点也不曾掩饰过，而且是以全力来发挥。真实的辩证论者没有那么多的空闲，和腐败哲学家，争执什么术语，而只问那术语是否反映具体事物的发展，腐败哲学家承认了辩证法的事实，承认对于辩证法，"虽下愚不移，一经指点，也可明白"，而却只反对辩证论者应用辩证上的术语；因为根据他们看来，应用逻辑上的术语，就不应牵涉事实。这里正是反映着我们与腐败哲学家对于逻辑本质上不同的见解；腐败哲学家以为逻辑是独立于事实之外，与事实无干，而我们则以为逻辑只是事实的反映，逻辑的发展与事实的发展相一致，没有事实就没有逻辑。

辩证法也让反对辩证法者来证实辩证法了，你看！哪里找到比这个更伟大的力量？

（三）

哲学是一种科学。"哲学是关于自然，社会，和人类思维的一般法则的学问"，它是在社会科学发展的一般成果，而又转成为继续发展自然科学和社会科学的武器。更进一步地说，更确切地说，转成为人类"改造世界"的一种武器。人类经过自己的实践，和世界奋斗，认识世界，说明世界，而又经过自己的实践，改造世界。这里首先为近代唯物论所阐明。而又为近代唯物论以寄托的精神之所在，在哲学史上，近代唯物论者首先自觉地把哲学放在改造世界的基础上，这正是近代唯物论所凭借的历史展开自古未有的伟大历史实践之反映。

近代唯物论者同样地首先指出了哲学的党派根性。哲学的为历史所限制，正如某个人类集团的，为历史所限制一样；而且在历史上，为历史所限制的哲学，正是为某个人类集团的历史根性所限制。"海阔从鱼跃，天高任鸟飞"，这诚然是自由的了，然而鱼跃终不得越出海外，鸟飞终不得越出天空一定的界线。这个法则可以拿来说明历史上自由与必然的某种状态，也可以拿来说明哲学思想及其他一切思想上自由与必然的某种状态。许多中国腐败哲学家在哲学争论中，时常自许自己的思想为超历史的自由，可是归根到底没有一个能够越出了自己历史的界线。柏拉图不能不成为奴隶的祖护者，中世纪哲学必然成为神学的婢女，十八世纪的启蒙思想家只成为布尔乔亚世界的讴歌者，伯克莱、休谟及其一切后继者成为布尔乔亚向上帝忏悔的祷告者……这里正表现了没有一种哲学或哪个哲学家能不受自己的历史所约束或不存在有自己的党派根性。自从这种根性为近代唯物论者所指出之后，一般腐败哲学家企图遮掩自己历史的秘心，利己的贪婪，却以全力来诋毁这种根性的存在。近代唯物论者一方面或摘其他哲学这种根性，另一方面又公开自己哲学这种根性。以全人类利益为利益者，他们必不掩盖自己这种根性，而且必要越是尽力表扬自己这种根性，才越能发露其他哲学这种根性，才越能发露自己之历史的能动作用，"改造世界"之能动作用。

张东荪因为近代唯物论者提出了哲学的党派根性，反转而诬蔑了近代唯物论者"否认"哲学。是的，近代唯物论者否认腐败哲学，却从来没有否认自己的哲学。你说这是近代唯物论的偏袒吗？对的，是偏袒，是对于历史的偏袒。然而又不是偏袒，因为这偏袒是适合于客观真理的发展，适合于客观历史的发展，适合于全人类利益的发展，反转来说，只有腐败哲学家的偏袒，是一种利己贪婪的偏袒，是对于历史戕贼的偏袒：这种偏袒，使人类永远不能忘记中世纪光明思想家所遭的惨痛及其后代这种惨痛扩大的重演。

腐败哲学家指斥近代唯物论者"破坏思想自由"，思想限于"八股式"，"不许作第二种答案"，关于这些，李长之那篇《八股式的唯物辩证法》说得最为无聊和丑恶，然而，这里挨嘴巴的，却不是近代唯物论者，而是腐败哲学家自己，腐败哲学家一方面企图把人们束缚于空虚的幻梦中，一方面凭借火与剑以攻"异端"，企图使人们永远俯伏为保守历史和自然的奴役。而近代唯物论者则正是在启发自己和人们要从空虚的幻梦和一切不合理的役奴中解放出来，启发人们的自觉，而若历史和自然，经过自己的实践，去接近并把握活生生的具体事物和过程，因而发现活生生的具体的真理，并经过自己的实践去改造真理。这真理之"接近于客观的，绝对真理的界限，在历史上虽被附上条件，但这种真理之存在，却是无条件的，我们逐渐接近具体的真理，也是无条件的"，唯其是这真理，从人类实践而获得，从人类实践再现和证明，这真理在当时是独一无二的真理，而且这真理在当时只能有一种最确切的"答案"；做这种"答案"的，对于这答案的承认和实现，自然会以全力去争取，在这里，拥护真理者的不容有谬说或真理的歪曲，亦正如谬说者的不容有真理。谁是思想自由的历史"破坏"者，谁是历史"八股式"者，腐败哲学家的丑恶却在这里把自己表露无遗了。

张君劢给《唯物辩证法论战》写序言，开头就这样写道："异哉近年吾国思想界也；以外人为网目，自待若鱼虾，鱼虾入绳网之中，无异于自寻死路，以外人为围场中之猎者，自视若兔雉，兔雉在天罗地网之中，终于为人所擒，人之投网罗而不自知，未有如吾国今日者矣。"这一段八股文章表现了中国腐败哲学家内容之穷极无聊的悲鸣。然而这段话所形容的，同样地不是近代唯物论，而倒是中国腐败哲学的自供。不用说：在现代的中国，谁匍匐于"外人"宗主的足下在各方面来奴役自己人民，这是人所周知的事情，为这个根基的上层思想活动者，当然毫无例外的，投入于这"外人"宗主的绳网；这种投入，在他们是自觉（自知）的，而且也"乐于公然自居"（用牟宗三语，见二八一页）作外人的鱼饵，来企图钓尽整个的中国人民，供外人宗主的宰割。在张东荪编辑的《唯物辩证法论战》，差不多千篇一律地重演了"外人"一切反对近代唯物论的"武器"（姑名之曰"武器"），完全脱不了什么"休谟"、"康德"、"柯亭"、"柏格森"、"罗素"、"杜威"……这些外国宗主的"天罗地网"，张东荪等流人对于这些"武器"的搬运，并没有发明什么，也没有增加什么，只是把这些"武器"弄得更丑恶化，更万花缭乱而已。我们知道，那些精神武器全是近代外国宗主奴役自己之民和殖民地人民的鸦片剂。张东荪等流代表这里除了效劳外国宗主来奴役自己民族外，别无其他意义存在。更无耻的，他们居然公开把日本帝国主义（"日本主义"）侵略中国的讴歌者纪平正美（如二八一页）也奉来做他们学说的祖宗。这里，张东荪等流人的"自由"又在哪里？历史的必然把张东荪等流人的思想完全束缚在自己社会根基的栏栅内。

"自由，是由于对必然的了解。"只有了解必然的人，才有真正的自由；了解了必然，才能操纵自如地驾驭必然。能操纵自如地驾驭必然，这并不是取消了必然，而是能更顺应地，更大踏步地，来推动必然的发展和前进。孙子说："知己知彼，百战不殆……不知彼，不知己，每战必殆。"军队中的参谋本部对于那军队的作战，所以能有决定的作用，就是因为它是从事考察自己和敌人政治上经济上军事上的各种具体情形，根据这各种具体情形以制定作战计划。如果它所考察的是正确的，那么，由此所制定的作战计划也当会是正确的。在这个时候，它的指挥作战，进退就来得很有把握。在这个时候，参谋本部是自由的，因为它了解了必然。在这个时候，必然转成为自由，因为必然已被参谋本部所了解；而自由又转成为必然，因为参谋本部根据自己的了解，推动了作战的开展。

"……自由不外是根据于自然的必然性之理解的。对于我们自己与外部自然的支配，所以自由，必然是历史的发展之产物。"所以，自由具有自己的历史性，具有自己历史的范围。这里换句话说：历史上不是任何社会阶层都能了解必然；向历史倒退的社会阶层，同时是阻碍了自己对于必然及其发展的了解，而且，不管他自己以为自己是"自由"，可是在事实上，依然是盲目地受必然的支配。工厂主或许以为自己有打算出产商品的完全自由，可是首先他自己就必要考虑利润的条件；而且，这种无政府状态的商品生产自由（资本主义生产的基本状态），由于生产与消费的矛盾，却以历史的必然（完全为资本家所不自觉的，所不能控制的，所莫名其妙的），造成资本主义经济周期扩大的危机，引导资本主义的灭亡。同样地，张东荪等流人历史的偏见，把他们从历史必然的了解隔绝起来，他们丝毫没有看见历史的远景，而只周转于丑恶的虚幻。如果这叫做"自由"，那就是混乱的"自由"，而不是科学的自由。他们企图以全力把这种混乱的"自由"来代替科学的自由，来摧毁科学的自由，这种混乱的"自由"，只是盲目的别名，只是对于历史的必然，表示自己完全的盲目，完全没有办法的屈服，正像张东荪等流人的历史真实根基的终要在历史面前屈服一样。

近代唯物论者之所以是自由的，正因为近代唯物论者把握了、把握着历史发展的动向，把握了历史发展的法则。近代唯物论者之所以是自由的，正因为他们是自觉地成为历史必然的发展者、奋斗者、创造者。近代唯物论者是历史的有定论者，认为自然、历史，都不是乱杂无章的进行着，而是有一定的法则。然而近代唯物论者绝不是历史的宿命论者。近代唯物论者了解：人是历史的产物，而历史却正是人所创造的，虽则人受必然的支配，可是当其了解了必然，却要使必然来受自己的支配。九一八以来，日本军国主义进行侵华战争，我们从其所遭到的中国人民抵抗的战迹上看，这军队内部的对外士气，比起甲午之战和一九〇五年日俄之战的日本"武士道"，是不可以同日而语的，在这点却正是反射日本帝国主义历史必然的衰颓，而东北四省的战略，只能是它垂暮的返照，可是历史的必然，东省的夺回，还是要取决于中国人民力量的决战。中国人民对于这种历史必然的觉醒，必须从自己的抵抗中，更深刻地去发挥自己的力量之所在，发现日本侵略者内部各方面的腐败和弱点之所在，来决定自己战略和行动的去取。这时候，在日本侵略者那里，是受必然的盲目所支配，因此而加强自己历史必然的溃灭；在中国人民这里，则正是必然转成为自由，必然转受自由的支配，因此而加强自己历史必然的前进（自由又转成必然）。毫无疑义的，历史的宿命论者，就是等待论者，和历史的有定论者完全相反，他们在这里只是在解除民族抗战的武装。

真正的思想自由，依赖于真正的社会自由，真正的社会自由，必须由于社会不合理的桎梏之摆脱，由于人间榨取之消灭，而这种状态只有在近代唯物论者所指出，所力取的那个历史境地之下，只有在那境地，才有广阔无边的社会自由，才可以真正从自然的奴役中解放出来，才有真正的"事在人为"。只有在那境地，全体人民能从必然的盲目状态之下解放出来，获得普遍的自由，能普遍地从盲目地服从自然法则转变为自觉地来发展，来控制自然法则，把自然法则自身转变为我们的法则，由思想的自由进到自由的思想。"这将是人类由必然的王国，进于自由的王国之突变。"然而这自由还是依据于必然的了解。

所以，认为近代唯物论者"破坏思想自由"，纯粹是无聊的诬赖。在事实上，近代唯物论者乃是站在真正自由的历史前头，中国近代唯物论者也从来没有做过任何"外人"的俘虏，如张君劢的胡诌。中国近代唯物论者，只是在自觉地也即是自由地（因为他们了解了必然）做着忠诚的历史人物；他们把自己看成四海兄弟，而且为四海兄弟所共看待，除此而外我们找不出其他的意味。

一九三五，三月十四，夜。

原载《读书生活》四卷一、二期，一九三六年

艾思奇的新哲学讲话

—— 由对立哲学到联合哲学

谭辅之

一

只要近几年来对于中国哲学界稍稍注过意的人，就会知道艾思奇的。在《读书生活》上他每期都有一段《哲学讲话》，后来的《哲学讲话》一书，都是搜集那些文章而成的，现在这书又改名为《大众哲学》。据他自己说："才不过出世五个月，已经就是四版，那现在应该有几万的人读这书了。"可见他的哲学对于一般的读者的影响之大，艾思奇是把哲学通俗化的第一人（至少在中国是他），因为要求通俗化，又要故意挑拨一般的读者的趣味，故不妨以"孙悟空七十二变"、"在劫者难逃"、"天晓得"等等标题来投那喜欢读《西游记》、《火烧红莲寺》的读者们的喜好，结果竟至销了四版。

通俗化，我们在原则上是不反对的，但是如把高深的理论本身都通俗化，而且反对高深的理论之研究，那就是庸俗化，把哲学上某些问题化做孙悟空的变戏法，总难免对原题失之儿戏，同时也难免牵强附会，曲解奇离。通俗化是在表现方面，而不在理论本身。

艾思奇诚如他自己所说："以我自己生活经验的贫乏，文字的拙劣，研究的浅薄，要写得很具体，很现实，自然不会做得好的。"只因为太求通俗化了，故对某些问题，想使之轻松浅显，致不能充分地深入地解剖论究，有时也因为既然只要通俗就够了，对某些细致精深一点的问题，就懒得去深思力索，殊不知要深入才能浅出，在作者自己的研究和理解上要尽可能地深，在表现上文字上要尽可能地浅，这才不致自误误人。

但是，艾思奇的错误，主要的还不在于由通俗化而引出的错误。在从前，他只是失之"贫乏"，"浅薄"；到近来，尤其是到最近，则更失之"歪曲"，"转变"，走到了与他以前恰相反对的路道上去了——不管是出于有意，抑或是出于无心，我们切不要为他那左的面貌所蒙蔽，而就不去揭发他的"向右转"的真实形象，从极左有时可以走到极右的。

我们现在将艾思奇哲学上的许多枝节小错，都通统省略了，只将他那由绝对的对立走到"任何"东西都可以统一和"联合"的痕迹，揭发出来就是了，我们最好是要少加说明，让那些真正懂得"新哲学"的人来共同鉴赏这光辉的奇迹！

二　艾思奇的对立哲学

先就来检阅以前的艾思奇的对立哲学。

关于"感性的认识"和"理性的认识"艾思奇在《大众哲学》上说过如此的话：

现在我们知道人类的认识能力是"有感性的认识"和"理性的认识"的分别了。感性的认识就好像照相一样，从周围摄取形形色色的影像，理性的认识却更进一步，把那感性的认识所看不见的东西，已抽将出来，抽出了普遍的和整个的东西，这叫做抽象。

感性的认识使我们知道的，就是这些表面上的各不相同的特征。……但这种统一，这种关系，都不是感觉器官可以直接看得到的，……我们要用我们的理解力去了解它。

感性中觉得是同一的，理性中偏偏看出了差别，感性中觉得有差别的，理性中偏偏看出了同一。……这种矛盾也就是"感性的认识"和"理性的认识"的矛盾。

感性的认识和理性的认识是永远要抬杠下去的。（以上引文均见于该书第三章）

总之，感性和理性是两个绝对对立的东西，是绝对不能统一的。

在该书的第四章上又说：

因此这种统一就只是暂时的、相对的，只有矛盾是永久存在的，绝对的东西。

在他的《新哲学学论集》上也充满着对立哲学，如《理智和直观之矛盾》

一个文题，本身也就充分表示出了他无处不是以绝对对立的眼光去观察任何东西。他不仅反对过"唯心主义"，而且主张与那"披着唯物论的外表"的"假唯物论""分裂"。他说：

"人生问题的唯心主义固然已消声灭迹了，但披着唯物论的外衣的另一种唯心论便在辩证法之中发展起来，正确的唯物辩证法不能不另用一番心力与之抗争，与之分裂。"（见上书一四九页）

谁都知道的，艾思奇是一个绝对否认形式逻辑的作用的人，他认为形式逻辑一点用处没有。同时他也反对任何静止状态，认为运动是绝对的，"所以形式论理学是没有能力可以支配的"。（《大众哲学》一五九页）他把运动和静止绝对对立起来，把形式逻辑和辩证逻辑也绝对对立起来。

此外，他又在口头上很勇敢地很彻底地做"两条线上的斗争"，一方面和机械的唯物论绝对对立，一方面同观念论绝对对立。他说：

"机械论——和观念论……都是一种病态，……和这两种病态的思想斗争，就称为两条线上的斗争。"

他《廿二年来之中国哲学思潮》一文上竭力反对过"生命哲学"，同时他更反对中国近年来的仿效德国的"指挥刀的保护中"的"生命哲学"。他说：

"生命哲学是标榜既不唯物，也不唯心，而以生命为唯一的本体，以生命、生活、人生为研究对象，实则仍只是化过装的唯心论，是唯物论的死敌。而在中国的生命哲学，……内中仍混有封建的传统哲学之要素，又是一度的封建幽灵之复为！"

由此可见，他不仅反对"生命哲学"，而同时也和"封建哲学"是"死敌"了。

总之，不管艾思奇所反对的，是否是不正确，但他总一贯地（在以前）与那同他不同的主张对立起来，而且绝对对立起来，无"联合"之余地。我们在他的《大众哲学》和《新哲学论集》上完全可以看出这种不屈不挠的英勇的左的精神。

三 艾思奇的联合哲学

但是时代变了，而艾思奇的哲学也变了，他由对立哲学"转变"成了"联合"哲学或"统一"哲学去了，如果不信，请看证据。

"爱国主义的文化运动完全是民主主义的性质，并且是要在民主主义的精神之下结合成文化上的联合战线，不论是资本主义的文化要素也好，封建的文化要素也好，不论是实验主义也好，社会主义也好，只要你所发挥的是有用，美点，都竭诚欢迎你到这运动中来。……我们还需要封建文化中有用的精粹，……我们不需要五四时代那样对旧戏完全排击的态度，……如《风波亭》和《走麦城》之类。"（见《生活星期刊》第一卷第十九期艾思奇《中国目前的文化运动》）

看了上面所征引的文句，使我们不相信是以前自命为"新哲学"者的讲对立哲学的艾思奇先生所写的。他反对过封建文化，也如上文所引。而且一个自命为新哲学者的人，似乎也直觉地应该反对封建文化的。然而曾几何时，他就说起"我们还需要封建文化中有用的精粹"来了，我们原就有国粹派的老先生了，用不着这后进的新国粹派！艾思奇在《大众哲学》上也大骂过实用主义的。他说："如果我们跟着实用主义者，主张人类所能认识到的真理只是相对真理，那结果会多么荒谬！一脚踢开了吧！让我们走自己的路，找出我们自己的主张来。"（读书一〇〇页）曾几何时，那样被英勇地"一脚踢开"了的"荒谬"的实用主义，又"联合"在我们的艾先生的"爱国主义的文化"里来了！不仅那样，那讲忠君，讲"气节"的《风波亭》和《走麦城》之类的东西，也应该"竭诚欢迎"了。我们的艾先生简直从他以前的哲学转到了一百八十度的角度了。

至于艾思奇的"爱国主义"哲学对与不对，"正确"与否，我们倒想略而不论，我们还是回到纯哲学方面来，他之反"生命哲学"，认为它是"没落的资产阶层的哲学"和"传统的封建哲学"，是"死敌"，已如上说，然而在最近出版的《现世界》第二卷第一期上，我们又看见他从对立走到了联合了。看他现在对于"唯生论"的态度如何：

"譬如说劳苦大众，因为他们的物质生活是等于在死亡线上挣扎，他们的物质生活逼着他们拼命地生活而挣扎，于是他们精神上、思想上所有着唯一的中心观念，也只是"要活"。……这样说时，对于唯生论的问题也就容易解决了，当生活受到威胁的时候，人们自然要努力求得生存。……如果站在这样的观点上来看，那么唯生论也未尝没有一部分的真理，甚至也有一部分近于唯物论的真理。因为生的要求正是一种生物或一个民族的物质要求。如果唯生论能把它的这一方面发展出来，使它成为一种抗敌救亡的理论基础，那对于今日的民族救亡运动，就有很大的利益。"（见该刊上《世界观的确立》一文）

从上面一段看来，那艾思奇又何必在以前要苦苦同"生命哲学""分裂"，作"死敌"呢？我们再看：

"在全国一致抗敌的时候，我们需要动员全国一切的力量，哲学的力量也是其中之一。我们不需要谁压迫谁，却需要大家同心合力，各自发挥他们的优点，来为民族尽力。相信唯物论的人，可以和唯生论者携手；相信唯生论的人，也不必以唯物论者为敌。"（同上）

那我就要请问艾思奇先生：你在《大众哲学》上高声呼叫的"哲学上的党派性"（九四页），那"永久"而又"绝对"的"对立"，到什么地方了？你不是说过，"生命哲学……只是化过装的唯心论"么？如果你以前这话是真的，那你又何必在以前又要在"两条线上斗争"呢？你从前的绝对对立的战线，现在来了一个否定，转变成了绝对"联合"的战线了，真是"出乎尔反乎尔"！

还不够，请看下面：

"对于任何一派的哲学，我们所抱的态度，并不是要绝对打倒或绝对拥护，而是要采取它的有用的一面，……对于别人，我们不必勉强他一定来相信唯物论，只要找出他们的好的一面，督促他，提携他。"（同上）

我们又要问艾先生："任何一派的哲学"中是不是包括有的观念论？如果有，那我们是不是也要"提携它"？据艾先生的意思，"任何一派哲学"似乎都有其好的一面，那么观念论或艾先生所骂为"法西主义"之"生命哲学"（见《新哲学论集》八八页）也是否有其好的一面，也是否应与之"提携"？我恐怕艾先生已经不是你自己所"标榜的""新哲学"者了啊！

四

末了，我得总括一句。在以前，艾思奇是一个激烈的、彻底的讲对立哲学的"新哲学"者，现在已经成了"联合"哲学的哲学者了。至于他以前的对立哲学正不正确，现在的联合哲学正不正确，那又另外是一回事。我们这儿应得向读者指出的是：不管艾思奇的以前的对立哲学，不管他现在的联合哲学，都决不是真正的"新哲学"。同时，他之一时要绝对对立，和一时要把"任何"东西都"联合"、"提携"，这也决不是他自己所时常称道而又自以为了解的"辩证法"。他从前的对立哲学，也就是盲目哲学，把什么都绝对对立起来，对任何东西都绝对反对，他现在的联合哲学，也就是妥协哲学，同什么东西都可"提携"，都可"联合"，所以决不是"辩证法的唯物论"。他从前的哲学如名之为"哲学讲话"，那现在的哲学则可名之为"新哲学讲话"。新哲学讲话是哲学讲话的否定，同时也是一个更高级的"合"！

《思想月刊》第一卷第三期，一九三七年

西方学术思想在吾国之演变及其出路

张君劢

自欧洲势力东渐以后，吾国人思想之变迁，普通分三时期：第一船坚炮利时期，指曾文正李文忠设兵工厂船政局之政策言之；第二变法改制时期，指戊戌康梁变政以至筹备宪政言之；第三文学革命及社会改造思潮勃兴时期，指五四以后文学革命及家庭解放等运动言之。以上分类法就吾国与欧洲接触后一般思潮之变化言之，其所涉及之方面，有关于技术者，有关于法律政治者，有关于文艺思潮者。可以见欧洲势力之逼进，先从外部起，逐渐深入于民族生活之内部。即如家庭问题之改造，今亦立于欧洲观点之下矣。

今但指学术思潮之变迁言之，即指欧洲之科学，哲学输入东方后，我国学界所以接受之状态如何，关于欧洲学术输入之历程，亦可分为三时期：

一、门外汉翻译时期；

二、一肩承担时期；

三、分科研究时期。

一、门外汉翻译时期。指曾李设江南制造局后翻译西洋各种书籍言之。制造局所译，大抵关于化学、数学、物理、天文、造炮、机器等书。同一种书而译者有两方，一方口述者是外国人，他方笔录者为中国人，如李善兰、华蘅芳及徐某（化学家）等。此笔录者并不通外国文字，唯对于理化、数学，平日素有兴趣，且长于中国文辞，故以之充口述者之对手方。彼等既非科学专门家，对于所译书但负中国文字通否之责，至于内容如何，悉听口述者之所言，不能有所斟酌去取，故我名之曰门外汉，言其对于各科学为门外之人也。

二、一肩承担时期。此时代略当戊戌政变庚子拳乱以后，其代表人物当推严又陵梁任公两先生。严又陵所译各书，如赫胥黎《天演论》，是关于进化论之书；斯密亚当《原富》，是经济学之书；穆勒·约翰《名学》，是关于论理学而偏重于归纳方法之书；《群己权界论》，乃穆勒·约翰讨论个人自由之书；孟德斯鸠《法意》，是根据各国地理历史推论法律由来之书；斯宾塞《群学肄言》，是社会学初发生时期社会学方法论之书。是严氏所译之书，有属于进化论，有属于政治学，有属于经济学，有属于法律学，有属于论理学及哲学，以一人所涉及的方面如此之多，无非急于将西洋思想，输入中国，故顾不到自己的专门学问在哪里了。梁任公在亡命日本的时候，所做的工作，是偏重于以西洋思想灌溉国人。他在《新民丛报》所著"新民说"如进取、冒险、独立、自由、公德、民族主义等篇，无非采取欧洲之新观点，以之转移中国人心。他的贡献并不像严又陵之注重翻译，而在乎能以自己所见到的欧洲学说或情形，用自己流利的笔法，打动中国人心坎。更考他所介绍的欧洲学说有康德、霍布斯、孟德斯鸠、边沁、洛克等各家。他所讨论的问题，有为教育，有为法制，有为历史，有为哲学，有为货币金融，各种西洋学说，都可以到他笔下来。所以我说严氏梁氏是一肩担当的人。

梁任公批语他自己对于这个时代工作之言曰：

"戊戌政变，继以庚子拳祸，清室衰微益暴露，青年学子，相率求学海外，而日本以接境故，赴者尤众。壬寅癸卯间译述之业特盛，定期出版之杂志，不下数十种，日本每一新书出，译者动辄数家，新思想之输入，如火如荼，然皆所谓梁启超式的输入，无组织，无选择，本末不具，派别不明，唯以多为贵，而社会亦欢迎之。盖如久处灾区之民，草根木皮，冻蕉腐鼠，罔不甘之。朵颐大嚼，其能消化与否不问，能无召病与否更不问也，而亦实无产生良品足以为代。"

任公先生不自居于先觉，反而在事后追想，自己谦逊若此，是值得吾人佩服的。这时代我们学界与西洋科学哲学有了真正接触，比第一期之隔膜，已不相同。而西洋科学哲学门类既多，我们治学的人，好像站在大海中，没有法子看看这个海的四围。就是说科学哲学究有多少种类，我们无法像测量家对于面积测量一下。同时哲学与科学有它们的历史，其中分若干种派别，在我们当时加紧读人家教科书如不暇及，又何敢站在这门学问以内来判断甲派长短得失，乙派长短得失如何呢？一个溺水的人，哪敢对于水的广狭深浅加以论断呢？这个时代中有一两人以输进全部西洋学术自任，大家推为先知先觉，因而他们除了自居于百货商店之资格外，没有第二办法。

三、后来东西洋留学生渐渐加多，有的学自然科学，有的学社会科学，有的学陆海军与技术等。这些留学生，虽然人数很多，但是大部到行政方面、军队方面、工商方面去，留下少数人来做学术工作。但是这时期中分科研究的趋势，已渐明显。我们要就各种科学以及哲学，把国内各名家所担承的工作，分别记载出来，这并不是一件困难的事，不过在这个演讲之内，来把这种情形，一一列举，不免太干燥无味，我现在约略举几个人，表现这个分科的趋势。

第一地质学丁文江、翁文灏等。

第二物理学吴有训、严继慈、叶企荪、姚郁泰等。

第三数学苏步青（几何）、陈建功（解析）、周绍年（位置解析）、曾浚（代数）。

第四生物学植物学秉志、胡先骕等。

第五经济学此门中若干问题如货币银行财政等，不乏专家，然经济理论自成一家言者，尚不多见，故略而不举。

第六社会学此门不举个人名姓，其理由与前同。

第七优生学潘光旦等。

第八政治学萧公权等。

第九哲学张东荪等。

第十论理学金岳霖等。

以上所举中，各人之特别创见如何，暂置不论，其以科学哲学为自己研究的田地，是已确定的了。至于分科程度，尚不能使我们满足，以哲学为例而说明之。哲学中包含认识论，论理学、伦理学、形上学、哲学史与夫专家研究、专题研究，各部门应该有分门担任的人，但是我们各大学中对于以上各门的分科，还不到这个程度。至于各人在他的范围以内，有特创的见解与发明，那是更难了。张东荪的认识多元论，不能不说是他的一种新贡献。近年数学界学者，亦有新学说发见。我相信从分科研究，达到自己创立学说，那不是一件难事。

以上所说，对于数十年来思想演变，给他一个回顾。至于以后的出路是怎样呢？先就社会情形说一说，有三点应注意的事：一、激刺；二、感情；三、行动。此等情形，很足以妨碍学术思想之发展，而我们不可不改善的。

第一，我国人对于世界情势，如俄国五年计划，如希特勒登台，凡大吹大打的事情，最易引起国人注目，于是大家群起来讨论，等到过了一时，各人兴趣又淡焉若忘了。一方面可以说他是幼稚，好比小孩子的注意力，是不能长久的，他方面可以说是老衰，因为不经过大吹大打，就像聋哑的人，不能视听一样。从这个毛病看来，国人从国际方面所接近的，多限于官觉部分，还没有到心坎里去，故名之曰激刺。

第二，现在国内人受了国际形势刺激，颇趋于感情用事，如所谓打倒帝国主义，如所谓打倒资本阶级，专从仇恨方面，感情方面，鼓起人民的热心。至于帝国主义，何以能侵略，资本阶级，何以能剥削，我们如何能抵抗帝国主义，如何能限制资本阶级，这是需要一番思考，一番计划，而后能解决的，换言之，这是理智，而不是情感。

第三，最近从欧洲移过来的目标，有所谓社会改造运动，有所谓直接行动，有所谓"干"等名词。此中种种无非表示以行动为第一义。既有行动，当然对于学说方面，不免于武断，因为需要一种信条，方能有所动作；同时须得驱使一般青年，在宣传示威方面工作。唯其如此，乃有所谓实行或动作，大家对于讨论或思考，视为空谈，无济无事。

我举出以上三点，不是说以上三事完全于国家无益，我亦知道，唯有情感，然后一切动作中，乃有一种热烈情绪，不过如其专向以上三方走，那么理智绝不能发达。因为理智是重在思考，重在静默中分析或综合，而不在盲从一家之言。重在对于各种学说，加以公平研究，求一种永久的办法，而不兢兢于一时的表现，我可以说如其学界上不抬高理智与理性，不但一切学术不能发展，就是政治经济上也不会得有良好计划。

现在我更从积极方面，说到我们思想的出路。我要先声明一句：第一所指出来的，不是思想方法，因为有了方法，不一定就是能思想。譬如读了一部论理学，虽懂了思想方法，不一定就能对于思想上有所贡献。第二我也不同大家讨论内容，因为懂得思想内容，等于采树上现成果子，不一定就懂得种树。所以我以为思想的出路，不在方法，不在内容，而别有所在。

我曾经看过一个大思想家传记。这本书名我忘了，前面有一句卷头语写着："思想家之任务在思想。"我看此语，吃了一惊，因为这卷头语，并没有说出思想家的任务如何，而就说思想家的任务在思想。这个思想家与思想两词连在一起，初看来是重复的，而其实有奥妙的意义。

人类之所以为人类，在乎他有思想，在乎他有自主的思想。甲为甲阶段之研究，而有甲说，乙为乙阶段之研究，而有乙说，乙之所说，和甲不同，因为乙有乙的思想，比甲进了一步。一个个人如此，一个民族也是如此，不应人云亦云，而贵乎能说他民族所没有说的话。这个就是一个民族自主的思想。我举一个例，拿哲学来说，有了笛卡儿、兰白涅兹【今译莱布尼兹】的理性主义，有了洛克等的经验主义，康德能够提出所谓批导主义，这个批导主义，就是他的自主思想，比前两派进了一步。唯其如此，康德尽了他思想之任务。再如英国提倡个人主义，认为个人各自发展，自然能达到团体利益。至于德国人，未尝不承认个性之重要，但是认为一国的学术法制政治经济，皆以民族以国家为本位，所以德国人看国家思想与民族精神，比英美人来得重要。这就是德国人特有的思想，即是德国民族对于世界思想史之贡献，再举学术上的例来说，昔日有了旧心理学之所谓观念联合论。现在德国的 Kohler【今译科勒】、Kofke【今译考夫卡】提出所谓完形心理学，这就是 Kohler 等的特有思想。能将心理原子论打倒，而说出心理上固有的结构来；爱因斯坦能推翻牛顿的绝对时空，而达到相对时空，这就是爱因斯坦思想的特点，也就是他对于学术史上的贡献。

在以上所举的例中，可以见文化之进步，在乎有能思想的大思想家。所以大家如要问我中国思想的出路如何，我可以用与那个卷头语同样的话，就在乎能思想，就在乎有思想家。

大家听了这句话，或不免奇怪，因为在思想幼稚的吾国，怎能一下产生出来像康德、像爱因斯坦这样大思想家呢？我所说的，不是希望今天或明天从天上忽然降下几个大思想家来。我所希望的，是我们处到一个困难环境中，应该有自己立场上的一种考量，有了考量，自然能发现一种新思想。比如说现在有一派人主张十九世纪式之民主政治与思想自由等。他一方面亦有人主张俄国式意大利式的独裁政治与思想压迫。假定我们拿这两方面短长得失，比较起来，而定其所应取舍，这就是我们中华民族特有的思想，就可以对于世界政治思想上提出一种新贡献来了。其他科学方面如物理学、生物学、心理学与经济学、社会学乃至哲学等等，可以容许我们作这种工作的，决不在少数。所以我们从模仿采取而达到我们思想的自由与独立，决不是很困难的事情，就靠我们国内学者大家来努力。

现在我要举一段熊十力先生在他《文化与哲学》中的话：因为这段话对于今后思想发展很有关系的。

"吾曾发一种议论，即谓中国学人有一至不良的习惯，对于学术根本没有抉择一己所愿学的东西，因之于其所学无有不顾天不顾地而埋头苦干的精神，亦无有甘受世间冷落寂寞而沛然自足于中的生趣。如此而欲其于学术有所创辟，此比孟子所谓缘木求鱼及挟泰山超北海之类，殆尤难之尤难。吾国学人总好追逐风气，一时之所尚，则群起而趋其涂，如海上逐臭之夫，莫名所以，曾未一刹那，风气或变，而逐臭者复如故。此等逐臭之习有两大病：（一）各人无牢固与永久不改之业，遇事无从深入，徒养成浮动性；（二）大家共趋于世所矜尚之一涂，则其余千涂万辙，一切废弃，无人过问。此二大病都是中国学人死症。"

我可以告诉大家，一国之中，有新闻记者，专顾到舆论与世界空气，又有大学教授，专门在课本上讨生活；又有政论家，时刻不忘政界上升沉的趋势。这等人都不是思想家，因为思想家在他范围内，不论为哲学为各种科学，有一种不顾天不顾地而埋头苦干的精神。简单说是专以思想为一生事业所寄托。如其我们有这种精神，不怕我们今后没有思想家，更不怕未来思想史没有光明的前途。

原载《新中华》杂志五卷十期，一九三七，五，二五

谈理性主义

胡 绳

因为听到现在中国哲学界的联合要以理性主义为标识这样的话，有位先生就着慌起来了，他去查了查"哲学辞典"和"哲学史"，知道"理性主义者的代表为笛卡儿"。而笛卡儿的学说却是"怀疑论"和"二元主义"。原来"理性主义就是唯心主义"。这位先生得意起来了。

作为十七世纪的新兴的市民阶层的思想上的代表者的笛卡儿在理性主义的立场上发展了他的二元论的体系，这原是"哲学上的常识"。但是这位先生难道不知道十七世纪另一"理性主义者的代表"斯宾诺沙却是个伟大的唯物论者吗？

这位抱住"哲学辞典"的先生其实不但不懂得理性主义是什么，连笛卡儿哲学是什么东西恐怕也不大清楚。笛卡儿哲学固然以怀疑论出发，但是他的怀疑论和"世纪末"的怀疑论是绝对不同的。笛卡儿自己说："我……并非要模仿怀疑派的哲学家，因为他们只是为怀疑而怀疑，……我的计划和他们恰恰相反，我正是要找到确信的根据，要把松懈的沙土掷开，好来找得磐石或黏土……"（Discourse on Method）。他所要掷开的沙土是中世纪的传统的独断和盲目信仰，他所要找得的盘石是合理的思考和确定的真理。所以他的怀疑论仍是他的理性主义的表现，且是表示了新兴的阶层向传统的黑暗思想的勇敢的挑战。固然在历史生命即将结束的阶层中间也常会发生怀疑思想，但他们是"为怀疑而怀疑"，是用怀疑论来掩饰自己对于客观世界的无知，来掩饰自己对于真理追求的失望。这种怀疑论却是反理性主义的了！

笛卡儿在打破了一切中世纪教会的独断思想之后，不幸他自己也用了一种独断态度的确说了作为万物之能生因的上帝的存在和能思维的"心"的独立的存在，但是同时他也承认：客观的物质是独立存在着，且按照了必然的、机械的法则而发展的——这里表现了笛卡儿在观念论与唯物论之间的动摇，但这种动摇又是表现了工业革命以前的法国的尚未成熟的市民阶层的向上的企图的。

无论对于怀疑论、二元论，还是理性主义……都不能单从白纸上的黑字去笼统地理解这个名词的内容。在笛卡儿手里的怀疑论，甚至二元论都是有着时代的进步意义，有着充分的斗争性的。同样的，十七、十八世纪的理性主义也是新兴阶层的斗争武器，它用这武器来打击愚蠢的迷信，来给实证的自然科学开道，用"唯心主义"四个字是抹煞不掉十七、十八世纪的理性主义的进步性的。而且理性主义不但不等于"唯心主义"，反而是和唯物论在各种不同的程度上相结合的，因为理性主义要求对于事物做清醒的、自由的观察，不根据教条而根据必然的法则来思考。在这一意义上，理性主义是和直觉主义、独断主义对立的。包含在笛卡儿哲学中的机械唯物论的契机正是他的理性主义的表现。而在斯宾诺沙哲学中，我们可以看见，这一契机是发展为更完满的形态了。因此，虽然一般的十七、十八世纪的哲学史都把英国的经验主义和大陆的理性主义相对照，但广义的理性主义是连一部分的经验主义者也包括在内的，如现代哲学中的经验论的鼻祖倍根【今译培根】就是主张哲学要把从经验中收集得的材料"摆在理解力中，加以变化和消化的"（Novum Aganum）。倍根以后的唯物论者霍布士、托兰（Toland）、奥维敦（Overton）和二元论者洛克的思想都是英国市民革命时代的产物，因此也或多或少地表现了对于反理性主义的斗争。但经验主义发展到柏克立，休谟，反理性主义的倾向却抬头起来了，柏克立根据"直觉"的"经验"否认一切事物的存在，独断地把思想的对象看做是依靠了思想的主体的，这自然是反理性主义的，至于休谟的不可知论更是不待说的了。只有十八世纪的法国唯物论者才是十七世纪的理性主义者的光辉的承继人。

　　但十九世纪以后，整个的欧洲的市民阶层在历史上一步步地走着下山路了。在哲学思想上，也完全放弃了前世纪的理性主义的传统，叔本华的生活意志的哲学、尼采的疯狂的超人哲学、马赫的经验批判论、柏格森的生命哲学，以至实用主义、新康德主义、新黑格尔主义以至现在德意的钦定哲学……它们的一贯的中心是用朦胧的直觉、盲目的意志、主观的经验……来代替清醒的客观的观察和思考，是拿反理性主义代替理性主义。

　　那么十七、十八世纪的理性主义到了什么地方去了呢？那是由新唯物论接受下来了。这样说，也许更会使得以为理性主义就是唯心主义的先生大吃一惊了吧？可是既然理性主义在十七、十八世纪的反对封建的市民阶层手里表现为自然科学，机械的唯物论和不彻底的二元论；那么它在十九、二十世纪的新兴的阶层手里表现为战斗的新唯物论，这难道是不可理解的事么？

　　只有从历史的发展中间（而不是从一本哲学词典中间）去理解理性主义的

意义，才能懂得为什么中国现在需要在理性主义的标识上进行各派哲学的联合。

五四时代是中国市民阶层的抬头的、向上的时期，他们和封建的传统思想作战，努力对于自然、社会、人生找得新的真理，因此他们必然是站在理性主义的立场上的；他们发展了自然科学，也发展了低级的机械唯物论。但是他们的理性主义的倾向只是一瞥即过，跟着他们也在西方传来的前面已经提到过的各派哲学思想中间和反理性主义相结合了——自然，这事实不能只是用西方思想的影响来解释，而是要从中国的市民阶层的发展史中来说明的。

但是西方的市民阶层已经一步步地更深更深地走入反理性主义的泥沼中，不能自拔了，而近两三年来中国的市民阶层的思想者在若干点上表示了向理性主义的复归——而且这种倾向必然会在反帝反封建的斗争中间更加更加发展起来。原因是：西方的市民阶层一般地已经没落，但半殖民地的市民思想者对于民族的独立解放斗争却感到切身的利害，因而不能不相当抛弃他们的朦胧的，直觉的认识，而面对现实，思考现实的问题。

固然，中国的市民阶层的思想者决不会因此就达到彻底的新唯物论的立场，但是市民阶层的理性主义的特征在消极方面是反封建、反独断、反神秘主义和迷信，在积极方面是民主主义、自然科学的建立——这一切在中国现在岂不是急需的么？而且中国现在的客观环境更必然会使一切形态的理性主义者都站到爱国主义的旗帜下来。

有人问：理性主义就是爱国主义么？这是个愚蠢的问题。理性主义本身不是笛卡儿的二元论，也不是现在中国的爱国主义：它是在各种特殊的具体环境下表现为各种具体形态的。正如民主主义在雅典的奴隶社会、资本主义社会、半殖民地的中国社会、社会主义社会中间都表现为不同的形态一样——然而这是一个从破破烂烂的辞典中去找 Democracy（正如他找 Rationalism 一样）的意义的人所能知道的吗？

原载《认识月刊》创刊号，一九三七，六，十五

哲学理论的生活应用例证（节录）

史　实

　　把哲学理论应用在日常生活的方法和态度上，我相信是每一个哲学学习者最热烈的期望和最迫切的需求，可是这却并不是十分容易的工作。要做到可能把哲学理论在日常生活上应用，至少对哲学理论本身的认识，已有较深的程度，但反过来要对哲学理论较深刻较切实的认识，却又只有在日常生活实践的应用中来完成。因此我们虽则指出这是一个不十分容易做的工作，但决不是要使大家害怕而不敢去做，相反的却正要鼓励大家不断的努力去做，因为我们学习哲学的根本目的，除了更高速的作改造世界推进社会的打算之外，就近来说却便在造成一个合理和积极的生活。哪一个不懂得把哲学理论和生活实践联系起来，那么他的哲学便是白读了。同时只要我们自觉的努力练习，日久之后把哲学理论应用到生活实践上去，这件比较困难的事，也就会变成习惯和容易的了。……

一、怎样把握对立物的统一法则

　　对立物的统一法则，是新哲学全部理论的出发点，是事物变化和发展的最根本的规律，因此不论对于自然现象或社会现象，它的应用是极为普遍广泛而又同时无往不准的。在日常生活的应用上，我们也正应该把握对立物的统一法则，来作为生活的方法和态度。

　　可是能在日常生活上应用对立物的统一法则底人，却实在非常稀少，我们的日常生活观点和态度，大都是给形式逻辑的绝对原则所影响。虽则恩格斯曾经说过："在日常的琐细事务上，形式逻辑是有着它应用底领域的。"可是我们应该理解，恩格斯的这句话决非是把日常生活认定是应为形式逻辑的"势力范围"，而非辩证逻辑所当顾问。他只是指出，在日常的琐细生活中，为了方便起见，人们还是习用形式逻辑的原则来表示态度或传达意见。譬如我们在日常生活中，自然可以在一定限度内依着形式逻辑的同一律，而说这是一张桌子，他是一个活人，现在是十二点钟等等，并不需要依着辩证逻辑的对立物的统一法则而说这是一张桌子但又不是一张桌子（桌子是会毁坏得不成桌子的），他是一个活人但终将成为死人（凡人都是要死的），现在是十二点钟而又不是十二点钟（时间是永远流动不息而不能固定在一点的），但这并非是以形式逻辑来替代辩证逻辑，我们只要对这些事实作较深入的思考和分析，就可以看到只有辩证逻辑才能提出正当的答案和适切的解决，不过在日常生活中我们不需要对每一件事都作这样深入的分析罢了。但日常生活毕竟是一个过程，一个会变化有发展的过程，因此毕竟是辩证逻辑应用的对象，尤其是我们学习了辩证逻辑的人，就更应该自觉地把辩证逻辑的原则，而不是把形式逻辑的原则来应用于日常生活上。这样，我们的生活方法和态度，就还是应该采取对立物的统一法则，而不是采取同一律。

但正像上面我们所指出的，许多人——甚至是已经开始学习辩证逻辑或已有相当研究的——却终是不自觉的为形式逻辑的同一律所束缚。我们常常碰到许多为家庭问题所苦恼的青年会提出这样的问题："我还是仍屈就家庭的束缚呢？还是毅然抛弃家庭而去从事我自己的理想底发展呢？"这种问题的提出一般的总容易得到别人的同情和鼓励，并且答覆者一定指出后一条路才是应该走的道路，这在原则上自然是通得过的。可是较深入较仔细的分析，特别是根据了事实的分析，我们看到这样的提出问题和这样的答覆，都还是采用同一律的观点而不是正确的对立物的统一法则底应用，因为双方实在都是把屈就家庭和发展理想的二者各各看做是一个绝对物，同样把它们二者间的矛盾也看做是绝对的。这样若屈就家庭就不能发展理想，要发展理想就不得不抛弃家庭。可是事实上要每个人都抛弃家庭而去发展理想，却是不合理也是不可能的，一个原则的应用得出不合理和不可能的结果，这个原则显然不是正确的原则，这正是应用同一律的错误结论。假使正确地应用对立物的统一法则，就不是这个情形。我们首先就不能把屈就家庭和发展理想看做是两个绝对孤立的事实，而应该在具体事实的联系上去把握它们，进而也不能把它们间的矛盾看做是绝对的，而应该看出它们间的对立底统一关系来：在家庭的范围内，并不会完全没有发展你理想的因素，而在你发展理想的过程中，除了家庭的束缚，却还有许许多多现实的障碍，我们没有办法一个一个隔绝这些障碍的，而只有好好的应用它然后再克服它。对于家庭也是一样，我们不能把抛弃它看做唯一的办法，而应该懂得把家庭本身就把握做是一个对立物的统一体，它对你发展理想有不利的条件（如父兄的顽固、保守、专制），但也存在着有利的条件（如经济条件、社会关系等），怎样应用这些有利的条件并且把不利条件转化为有利条件（如进行说服和争取的工作等），才是我们正确的生活方法和生活态度。这决非叫你向保守的家庭屈服，而只是通过它的矛盾而进行内部的斗争和发展，却不必简单的抛弃它，脱离它。因为单纯的抛弃对于你理想的发展往往更引出一个不好的对立物，造成更多的障碍，而使你整个的理想扑空了。根据了同一的认识，我们认为有许多人提出"还是困居孤岛，还是到内地去工作"这样的问题也多少有些不妥，因为这是认为只有内地才可能有工作的绝对观点，而不知道孤岛虽则环境恶劣，可是同样需要工作也同样有着积极工作的可能（当然需要很好的技巧和警觉性，但事实上孤岛上就正有着无数坚强的战士仍是继续不懈地工作着），到内地去工作固好，但并不是在孤岛就非"困居"不成呀！

我们又常常看到，多有进步倾向的青年，他们大概对金钱都是鄙视而又深恶痛绝到极顶，把它看做是世界上最污秽最恶毒的东西，而大有不屑一顾之概。这种观点转化为生活实践上是"不谋私利"底态度，当然是要得的，可是假使就轻视金钱，不事生产和经济上的发展（事实上确乎有许多青年把赚钱看为是庸俗甚至是堕落或退步的事），那就又正是中了形式逻辑绝对主义的毒，而不知道把握金钱本身的矛盾意义。金钱所发生的种种不良作用，事实上倒并不在于它本身，而是在于它所隶属的社会关系，而特别是在资本主义社会，一切成为了商品化，因此作为货币的金钱更是有着巨大的作用。彻底地说，没有钱，就是连革命也革不起来。因此我们对于金钱的看法，就也不能采取单纯的鄙视态度，不加重视，而应当懂得怎样好好的聚积它，随后才能为我们的理想所好好的应用。……

二、质量互变律的应用

紧接着对立物的统一法则，我们就来检讨一下质量互变律在生活实践上的应用。

我们常常看到许多青年人，他们的生活观点是显然和质量互变的真理不符合的，最普遍的一点，就在他们不愿意也不从事量变，而却希望突然地来一个质变。譬如青年甲希望成为一个文学家，可是他却从不读书，也从不学习写作，他只是空空洞洞地相信总有一天他会成为一个文学家。这种空空洞洞的相信和希望所带来的结果也必然是空空洞洞的，这就是说，他永远成不了一个文学家。为什么呢？因为事物的发展是必须经过量的渐变而才会引起质的突变的，没有量的堆垒，一辈子也不会有质变。从一个普通人到一个文学家原是一个向上的发展过程，假使你根本不是在不断的努力学习和写作，使你的文学修养，文字的磨炼，甚至生活经验的丰富，都是逐渐的与日俱增，你就是希望到白头，也是成为不了一个文学家的。

和这个例子一样，一切速成的想望，都是和质量互变的真理相违背的，因此其唯一结果，也只能是想望的扑空。这种想望的本质是机会主义的。

我们把握住了质量的互变法则，而把它应用在自己的生活实践上，就必须对每一件事，都不放松在量的渐变阶段底不断的努力。我们要对某一种学术有一点成就，就得经常孜孜勤勤的下功夫去研究；我们希望有一笔整数的钱为某一个理想应用，就也得会从事聚积，会贮蓄；我们要自己的健康从衰弱转化为强壮，就得日日锻炼，处处注意。图侥幸贪便宜的心理是要不得的，正像有一个人希望买了一本"英语一月通"来读了就能学会英文，但结果他自己写下了两句话，叫做"英语一月通，一通也不通"。

在质量互变律的学习上，还有一个很重要的原理需要把握，那便是看重突变。突变就是事物起质变的一刹那，也就是从旧的事物或性状发展到新的事物或性状底关键。……譬如你写一篇文章，它最后的一段文字正是使这全篇文字成为一篇完整的文章的突变关键之所在，因此也正是一个"紧要关头"。你假使认为文章已到尽头就随随便便的加以结束，其结果却一定使你的全篇文字都因而减色。又如你在追求一个异性对象，当他（或她）已经即将接受你的爱，而在这个时候，你自己却忽然因循松懈起来，那么你必将会因不懂得抓紧这突变的"紧要关头"而失败。

……

根据哲学理论的指示，人类的主观在事物突变的完成上是往往发生很大的推动作用的，它甚至可以缩短量的渐变过程而加速质变的实现。在日常生活中，我们正应该处处加强自己的主观努力，而使质的变化提早实现。英语一月通是不成的，但别人花八年才真正弄好了一个外国语，我则加倍努力而使在四年之中就赶上别人的程度，这不是做不到的。

三、关于否定之否定的法则

否定之否定的法则，原是对立物统一法则底更进一层的具体的发现形态。

在日常的生活之中，否定的否定之法则也是普遍地存在着，一切事物的变化和发展，都不是采取直线式的形态而进行的，因此它总得通过否定之否定的法则而表现为肯定、否定和综合的诸阶段。一个健康的人会因疾病而丧失了健康，但也因疾病的痊愈并加以调养和锻炼而获得了更好健康；一个有些钱的人由于浪费而耗尽了他的财产，但他却可以借生产、节俭和贮蓄，而得到更多一点的经济上的发展。当然，我们并不是着重在列举一些否定之否定的法则底在生活领域中的种种表现形态的例证，而却是要讨论一些怎样在生活实践中自觉地来应用这个法则的例证，那么，最重要的关键，就在我们应该把握了否定之否定的法则，而在做一件事情的时候，懂得不让它只是直线式的发展，而要会得曲线式的进行。

怎样是直线式的发展？怎样又是曲线式的进行呢？那么，前者便是中国人俗语所称“没有转弯”的意思。譬如你处在此时此地的孤岛，而倒能敌忾同仇，报国有心，站在文化斗争的岗位上，与几个志同道合的朋友，一起办一个立场严正的刊物，借以振奋和维系孤岛居民的人心，这自然是很对的。但你的刊物的内容，假使是非常露骨和过分尖锐，那你这个刊物出了几期，一定就不能存在下去，不是工部局不发登记证便是吊销登记证，当然工部局也是受着另一方面的压力不得已才这样做的，但我们自己却终于上了直线式的发展底当了。因此在这种场合我们就应该会从事曲线进行的办法，会充分的做得技巧化，我们不必把一个刊物在表面上做得太凶太辣，为了维持它的存在，我们尽可以使它研究性重一些，甚至可以带点学究气味，而在骨子里打下根深蒂固的战斗底意识形态。在同一原则的应用下，我们在别的许多事上也一样可以采取曲线进行的办法，而避免直线进行的碰壁。旁敲侧击的运用，常常是会得到更有效的结果。

把握了否定之否定的法则，我们还应该养成一种正确的生活态度，即当我们对某一件事做坏或失败的时候，我们决不要悲观和消极，一件事的做坏或失败，正是处于这件事的整个发展过程中底否定阶段，而我们只要能继续乐观积极地努力下去，并且认识了做错和失败的教训在哪里，我们就同样有可能把这件事从它的否定阶段发展到更高级的肯定阶段，综合的阶段。“失败是成功之母”，这句话正应该这样的来理解。只要你会得好好的应用，那么“转危为安”、“苦尽甘来”也正将是你的报酬。……

四、把握必然便有自由

"必然"原是指事物发展的一个一定道理，把握了这个一定的道理，我们做起事来自然可以"绰绰有余"、"左右逢源"了，而种种悠游自在、幸福、有办法的状态，也就是所谓"自由"？因此把握必然便有自由的真理，在我们的生活实践中不只是应用得最广，并且也是最有效果最有实际贡献的一个。

譬如你患了疟疾，而你能把握到这样的一个必然，即金鸡纳霜对于疟疾是特效药。用金鸡纳霜来治疟疾就正是"对症下药"，那么你吃了金鸡纳霜之后，你也就可以从疟疾的压束和苦难下解放出来，而获得健康的自由。

从这个例子里，我们可以看到，所谓把握必然，就不只光是认识必然的意思，在认识了这个必然之后，还需要顺应着这个必然而有所动作，因此把握必然正便是认识必然和实践必然的结合。

……

在我们的日常生活之中，不论做怎样一件事，首先就应该探求这件事的发展的必然是怎样的，假使对必然无知或违背了必然而去做，则你将碰到的一定是倒霉的结果。譬如上赌场上回力球场的必然命运便是输钱（这个必然是人类千万次的现实经验所说明了的），你却盲然于这个必然或违背了另一个"要不输钱，就只有根本不赌钱"的必然，而居然希望"一本万利"地到里面去赢钱，那么结果"倾家荡产""身败名裂"都在等待着你。

当然在赌场里偶然赢钱的事实也不是没有，可是这对上赌场输钱的必然来讲实在不成一个比例。这里我们正也可以进而讨论一下必然和偶然关系在生活实践上我们需要怎样的处置和应用。那么最主要的就是我们必须把握了必然，当然另一方面也不忽略某些偶然因素所起的作用，但却决不能把偶然因素抬高到超过必然的地位，不然你便是"倒果为因"、"头脚颠倒"，而一定做不出好事来。……

辩证法与形式逻辑（节录）

钱曼予

一、从理论上看辩证法与形式逻辑

辩证法与形式逻辑的关系怎样？这是新哲学上最重要的问题之一。从这问题的解答中，可以看出各人对整个辩证法理解的正确与否；同时各派机会主义者，在这里也明显地暴露出他们理论上歪曲的根源。

形式逻辑，它是形而上的思维方式及其在逻辑学上的理论的表现。照拥护它的人们说："是研究单纯思维形式的科学。它从认识的一切材料抽象出来，建立永久不变的思维法则，这法则对于一切国民、一切时代，都是同一的。"这样形式逻辑把抽象的思维法则看成了绝对体，把形式跟内容分裂开来，它就经常地具有一种唯心论的倾向。照形式逻辑学者的主张，所谓正确的思想，即"合道理"的思想或"合逻辑"的思想，至于和事实相符与否，那是不管的。试问如果思想和事实不符，那么怎得称它是正确的思想呢？这种见解，岂不是唯心论的梦呓吗？

形式逻辑给思维的形式建立了三条根本法则：即同一律，不矛盾律，和排中律。它没有对照外界的关系去建立这些法则的基础，它诉诸这些法则的直接明了性。逻辑上一切其他法则，都是依据这三条法则作为判断起点的。……

……

形式逻辑观察一切事物，只看出它的同一与肯定的一面，而且把它绝对化了。（在这个意义上讲，形式逻辑不仅是方法上不充分，而且是错误了）所以恩格斯说："它是片面的、狭隘的、抽象的思维方法。"辩证法则不然，它指示我们从事物的同一中见到它的对立，从肯定的东西中见到否定的因素。形式逻辑已看到的东西，辩证法不但看见，而且加以改造、加以深化。这样形式逻辑就被辩证法所吸收、同化，被辩证法所否定了。它已经失了认识论中的效用，变成历史的遗迹。

……

三、从社会的背景上看辩证法与形式逻辑

形式逻辑已被辩证法否定了，但现在社会上还有许多人抓着形式逻辑不肯放手，且以各种方式反对辩证法，这是什么缘故呢？对于这问题，只有从近代社会的阶级斗争上去考察，才有适当的解答。

唯物辩证法的发生，离开了资本主义社会的矛盾的发展，及劳动阶级的国际运动，是不能想象的。资本主义社会的矛盾，从其初诞生时，便一同带来了。十九世纪以前资产阶级反对贵族阶级的大众运动每发生一次，劳动者的独立革命运动也会勃发起来。德国的农民战争、十七世纪英国革命时代的炭坑夫运动、法国革命时代的巴布夫的运动，就是这样的。随着资本主义的发展，阶级斗争就益趋激化。一八三一年及一八三三年出现了两次里昂劳动者的暴动；一八三〇到四〇年有英国的大宪章运动。这两次运动，都给马恩二氏见解之形成以深刻的影响。十九世纪前半的德国，是经济落后的国家，正因为如此，劳动阶级在资本主义与封建势力双重压迫之下，表现了高度的政治自觉，劳动阶级的斗争，很快地发展起来。这时候，马恩二氏实际参加了十九世纪中叶的劳动者运动，深深地研究了先进的欧洲各国的阶级斗争。唯物辩证法便是在这些斗争环境中生长起来的。它在革命的实践上，是劳动阶级手中锐利的武器。唯物辩证法和革命实践间存在着有机的不可分割的联系。

资产阶级的学者，为着要替资本主义辩护，把资本主义社会说成永久的理想王国，这种保守性，使他们不能不远避唯物辩证法，而采取形而上的思维方法。马克思说："辩证法对于资产者及其空论的代辩者，却是一个苦闷，一个恐怖。因为它在现存事态的肯定理解之中，同时又包含着对现存事态的否定的理解，即其必然趋于没落的理解；因为它对于历史上生成了的一切形态，都在运动之洪流中，因而从其过程上去理解。所以它不怕什么，它在本质上是批判的，是革命的。"资产阶级不但害怕辩证法，明显地反对辩证法，而且随着革命运动的发展，不得不混入劳动阶级的阵营中，自己冒称辩证法家，而实行对辩证法加以修正、曲解，以便传布他反动的理论，如一切机会主义之所为。我们要时时特别留意这种"内奸"，并揭发他的真面目。

总之，唯物辩证法是劳动阶级用以认识和改变世界的革命工具；形式逻辑是资产阶级保存一切古旧和陈腐东西的反动工具。辩证法与形式逻辑之争，正反映着两种人类类型的你死我活之争。因此我们不可能跟形式逻辑成立任何的妥协。

虽然如此，形式逻辑的研究，纵然在今日，对于我们仍有意义。因为我们要和敌人（形式逻辑）斗争就必须要明了他。不像资产阶级的学者，对他们的敌人（辩证法）作盲目的攻击。不但如此，而且从辩证法的观点看来，了解思维发展的以前诸阶段是很重要的。我们只有彻底地研究形式逻辑，了解它的各种缺点和克服这些缺点，才能脱离形式逻辑的支配；同时具体地把握唯物辩证法，做一个自觉的辩证法家。

四、对辩证法与形式逻辑之关系的歪曲理论的批判

我们已经从理论上、从历史上、从社会的背景上研究辩证法与形式逻辑的关系，知道形式逻辑的有用成分已被辩证法所吸收而加以根本的改造，形式逻辑本身则被辩证法所否定了。它不能再有独立着而与后者并列起来的地位。现在再略说几种对辩证法与形式逻辑之关系的不正确的见解：

第一，便是反对辩证法，坚持形式逻辑的人。不消说，他们所用以反驳辩证法的方法，还是形式逻辑。他们都有一根本的特征，就是，不理解辩证法。他们的攻击，差不多等于无的放矢。还有一点，就是他们所持的理由，都是和近代科学的最高成果相违反的。

第二，便是形而上的绝对否认形式逻辑作用的人。他们对形式逻辑的态度是简单地抛弃，不知道辩证法的否定是奥伏赫变（扬弃）。否定的过程，是同时包含着消灭、保留与创造的意义的。他们在表面上反对形式逻辑好像很彻底，而实质上在他们手中的辩证法，并不是真正的辩证法，而常是诡辩论。他们自己仍然是形式逻辑的俘虏。

第三，便是采取折衷主义的见地，调和辩证法与形式逻辑的人，这派以俄国的普列哈【汉】诺夫为首，我们中国也有他很多的追随者。普氏认为凡是我们按照"非此即彼"的公式去作判断时，就表示我们是在应用形式逻辑。而照他的意见，以为凡是在我们探讨到业已存在的诸事物的时候，我们就应用到形式逻辑。可是在我们考察事物的运动和变化，考察新的属性和新的事物之发生时，我们就该受辩证法的指导而应用"既是又非"的公式。这样普氏把辩证法

简化为"既是又非"的公式，在他理解之下的辩证法已变成诡辩论了。他所以犯此错误，乃由于他不能把握辩证法与形式逻辑的实质，不理解当作辩证法本质的对立物之统一法则，不知道过程的始终，矛盾是过程自己的运动源泉。辩证法不但支配一种质向另一种质的转化，即所与的质的本身仍然是辩证法所支配的领域，因此辩证法乃是客观世界唯一的认识方法。凡替辩证法与形式逻辑划定势力范围，又都没有理解辩证法的"概念之全面的、普遍的柔软性"（伊里奇），不知道辩证法是时时要求接近一切积极的过程及现象的。

原载《哲学杂志》第二期，一九四○年

物质与精神的关系（节录）

梓　年

反对唯物主义（辩证唯物主义和历史唯物主义）的人，常常是用这样的一种论证方法：先是把唯物主义者说得好像只承认物质的存在不承认精神的存在似的，或者至少好像是不承认精神有重要作用似的；接着再说明精神有如何的重要，精神作用有如何之大；然后做一个结论，说唯物主义是错误的，"世界之上是没有它的立足之地"的。这个论证方法，可说完全是一种无知，是一种向壁虚造的方法。

他们说："在整个宇宙之内，无疑的确有物质与精神两种现象的存在，即物质力量可影响精神，精神力量亦可影响物质；因此，我们要解释任何事物，以至于"解释历史，使非将物质与精神两者，同时并重兼顾不可；否则，如果忽略任何一方面，便是定一偏之见，而终陷于不可救药的错误"。意思就是说，唯物主义就是忽略了精神的一方面，所以是"一偏之见"，所以要"陷于不可救药的错误"。

他们说："精神作用的重要及其力量的伟大，实非任何人所能否认的。"意思是说，唯物主义者就是否认了这一点，所以他们可以"在有形无形之中，给与马克思唯物史观以无情的打击，使之无立足之地"。

这种"打击"的方法，是莫须有的打击方法；说得好一点，是扎了草人当箭靶的办法，说得不好一点，是栽赃诬陷的办法。

马列主义，辩证唯物主义和历史唯物主义，不但没有忽略了精神的一方面，恰恰相反，正还很重视精神的一方面；不但没有否认精神的作用，恰恰相反，正还很强调精神的作用。……

既然这样，既然唯物主义者对精神作用如此看重，那么，唯物主义者之所以为唯物主义者，其特点又在哪里呢？

唯物主义的特点是在于：唯心主义者以能有美妙的理想为满足，把它挂在天上叫人去膜拜，把它安放在明天作为一种希望；唯物主义者则不以只有美妙理想为满足，而还要求一理想能够见之于实际，要把它从天上拉到地下来，要把它从明天的变成今天的。

说详细些，根据斯大林的规定，唯物主义特点是：

（一）唯心主义认为世界是"绝对观念"、"宇宙精神"、"意识"的显现，唯物主义则认为：按其本质说，世界是物质的，世界上形形色色的现象是运动着的物质的各种形态；世界是按物质运动规律而发展着，它并不需要任何"宇宙精神"。用恩格斯的话说，就是"唯物主义的世界观不过是对自然界本来面目的了解，而不需要任何外来的附加"。

（二）唯心主义认为只有我们的意识才真实存在着，物质世界、自然界，只在我们的意识中，只在我们的感觉、观念、概念中存在的；唯物主义则认为：物质、自然界，是在意识以外并不依赖于意识而存在着的客观实现；物质是第一性的现象，意识则是第二性的现象，是物质的反映；思维则是发展到完善高度的物质，即人脑底产物。用恩格斯的话说，就是"凡断定精神先于自然界而存在的……就组成唯心主义的营垒。而凡认为自然界是基本起源的，则属于唯物主义各派"。

（三）唯心主义否认有认识世界及其规律的可能性，不相信我们知识底确实性，不承认观客真理，认为世界是充满着那些为科学所永远不能认识的"自在之物"。唯物主义则认为：世界及其规律是完全可以认识的；世界上没有不可认识之物，只有尚未认识之物，而且它们是终要被科学和实践力量所揭露和认识的。如恩格斯所说，"既然我们能够以这样一种方法来证明我们对于自然界某一现象的了解正确，就是说，我们自己把它制造出来，依它的条件而把它产生出来，并且强逼它服务于我们的目的——既然如此，那么，康德的不可捉摸的'自在之物'就要完结了"。（参看《辩证唯物主义和历史唯物主义》）。

据此可知，唯物主义和唯心主义的区分，并不在于后者只承认精神，前者只承认物质。物质与精神，两者都是一种客观存在，谁也否认不了其中的任何一种。唯物与唯心之分是在于，后者把精神认识是先有的、根源的；前者则把物质认为是先有的、根源的。后者是要把精神作为一切事物的最后解释者、推动者，而前者则把物质作为一切事物的最后解释者、推动者。精神是不可捉摸的，所以把它作为最后的解释者，就常常会有不可知之物，即所谓"自在之物"，把它作为最后的推动者，就常常坐而言的不能起而行，因为无从着手；物质是有迹象可靠的，所以把它作为最后的解释者，就没有不可知之物，把它作为最后的推动者，就一切都可以有找到办法的着手处。

至此，反对唯物主义的人一定会说，既然物质与精神，两者都是一种客观存在，为什么不可把两者认为是同时存在的，同是根源的，而一定要偏执其一而认其为先有，为根源呢？殊不知物质先于精神而存在，为先有，为根源，并不只是我们认为是如此，而是事实上就是如此。……

我们必须弄清楚，"根源的"和"重要的"这两论之间，决不能划上一个等号。我们不能从达尔文人类同宗说或猿为人祖说，得出猿比人重要的结论，也不能从古人仓廪实而后知礼义这句话，得出仓廪实比知礼义重要的结论，不能从强健的精神宿于强健的身体中这句话，得出强健的身体比强健的精神重要的结论。说它是重要的，是说它的作用大，说这是根源的，是说应从这里着力。根深者叶茂，树艺必从根上下功夫。但树艺的重要却少在根上，大多是在花和果上，有的则在干上。就抗战说，胜利第一，经济第一，制胜之基，是在军队的战斗力和物质的供应力上，国人必须在这两方面痛下功夫，而这两方面都是物质的；但使抗战必胜最重要的一个因素，则是我们的抗战是正义的战争、进步的战争这一点，而这一点是精神的。

……

的确的，唯物主义者（辩证唯物主义和历史唯物主义者）对于精神的作用估计之高，对于它的意义估计之重，比别的人是有过之无不及的。马列主义者有这样一句话：历史应由人类自己来创造。这意思是说，到今天为止，人类的历史还是一个必然的王国，一切还都在受自然性的历史法则的支配，人类自己无能加以控制：自然性的历史法则决定要来的事，不管对人类是如何惨重的灾难，如水旱灾，如瘟疫，如生产过剩，市场混乱，如战争，等等，要来的终于要来，拒绝不了，逃避不了。自然性的法则没有决定要来的事，不管人是如何的希望，如丰收，如康宁，如升平，等等，不来的还是不来。人类还始终处于被动的地位，没有掌握到主动权。马列主义的事业，就是要使人类把这主动权扭转到自己手里来。自然科学的发达，已使人类把对自然现象的主动权逐渐扭到自己手里来了，马列主义就要来使人类把对社会现象的主动权也逐渐扭转到自己手里来。"社会历史科学，不管社会现象如何复杂，总都能够成为例如生物学一样准确的科学，它能够利用社会发展规律来供实际的应用"（斯大林），使我们对社会现象，也能够像对自然现象那样，"我们自己把它制造出来，依它的条件而把它产生出来，并且强迫它服务于我们的目的"（恩格斯）。譬如说，生产事业中的那种无政府状态是首先须要克服的，人剥削人，人压迫人那样的人与人之间的关系是应当把它革除的，各民族之间的那种隔阂以至于仇视是应当叫它休止的，大多数劳动大众受不到文化教育的春风化雨的现象应当叫它消灭的。一切现象，需要的把它产生出来，不要的把它消除掉，都要由人类自己作出分期完成的计划来，按部就班的做去。如苏联的几次五年计划那样，不管经济建设也好，政治建设或社会建设也好，文化教育建设也好，都有一定的计划，都能按照计划做去，按照计划完成。这样，人类就真的能把对社会现象的主动权逐渐扭转到自己手里来了，就真的能强迫它服务于我们的目的了，就真的能由必然的王国一步一步的走入自由的王国了。把一切现象，自然的、社会的，都由自己来创造，来控制，对一切现象都能强迫它服务于自己的目的，这还不是把精神的作用扩张到最大限度了吗？这还不是把精神的力量挥发到最高程度了吗？这还不是把精神的意义估计得极重要了吗？试看一看苏联当年五年计划四年完成时，各处突击队员那种工作竞赛的奋发精神；嗣后斯达哈诺夫运动工作者那种把工作速率提高到几十倍几百倍于一般工作速率的创造精神；今日莫斯科保卫战中，塞巴斯托波尔保卫战中，斯大林格勒保卫战中，红军将士所表现的那种斯大林格勒人的精神；其后方人民父代子，妻代夫以加紧生产的那种只知有国不知有他的爱国精神，其意义之大，力量之高，真是旷古罕闻，人间少有。

然而，唯物主义者所以能把精神作用、精神力量发挥到如此之高的道理，正是因为他们首先承认社会物质生活条件在社会发展过程中的首要作用。社会主义建设首先是把人民生活改善了，剥削取消了，压迫没有了；斯达哈诺夫运动之所以成为可能，是因为现代化的生产技术条件备具了，人与人之间的对立关系没有了，苏联人民的爱国战争所以那样英勇，爱国精神所以那样辉煌，是因为他们的物质生活条件已达到了空前的完善。精神是重要的，伟大的，但它不能自己生长，自己发展，而要因物质的生长而生长，因物质的发展而发展。

上面所讲的这一些，无非说明这样一个真理：在唯物主义面前，精神是重要的，但物质却是首要的；物质是根据的，精神是派生的。

最后可以讲一讲唯物主义的道德问题。

反对唯物主义的人说："依照唯物主义者的主张，人类的意志与精神价值，既被其否认，所有一切的行为与动向，完全为物质境遇所支配，其结果将使各人的人格可以不讲，奋斗吃苦的精神更可不要，大家都以个人目前的私利是图，既无所谓道德，亦无所谓正义，完全听受环境的支配，入于富贵则淫，陷于贫贱则移，遭遇威武则屈，毫无人格精神之可言。"说这样话的人，他自己的人格精神大概总是高尚的了吧？但，对什么是唯物主义还未摸清，就信口雌黄，而且破口骂人——这就叫做王婆骂街，而王婆骂街是常常骂在自己身上的。

如前所述，唯物主义者一点也没有否认"人类的意志与精神价值"。既然如此，那么根据了这点所发出的一切议论，批评，就都落了空，所发出的许多恶骂就都在骂者自己身上，这里无需对此多讲什么废话。

辩证唯物主义者的战斗精神、牺牲精神、忠于自己的主义的精神、忠于人类解放事业的精神、刻苦奋斗坚强不拔的精神，世有公论，无庸争辩。我们所要讲的是：唯物主义者一方面非常讲究气节，讲究道德，但同时他决不空谈气节，空谈道德；他认为气节、道德等等是有物质基础的，是从一定的利益出发的。唯其因为唯物主义者讲道德，笔直揭出道德的物质基础，揭出道德所捍卫的到底是怎样的一种利益，和自己的利益又是怎样的关系，所以他对于道德的认识就毫无模糊之处，他对道德的态度就非常坚强，因而他所表现出来的殉道精神也就比别的人有过之无不及。于此也说明了唯物主义的真实性。

原载《群众》周刊八卷四期，一九四三，二，十六

新传统主义

儒家思想的新开展

贺　麟

中国近百年来的危机，根本上是一个文化的危机。文化上的失调整，不能应付新的文化局势。中国近代政治军事上的国耻，也许可以说是起于鸦片烟战争，中国学术文化上的国耻，却早在鸦片烟战争之前。儒家思想之正式被中国青年们猛烈的反对，虽说是起于新文化运动，但儒家思想之消沉，僵化，无生气，失掉孔孟的真精神，和应付新文化需要的无能，却早腐蚀在五四运动以前。儒家思想在中国文化生活上失掉了自主权，丧失了新生命，才是中华民族最大的危机。

五四时代的新文化运动，可以说是促进儒家思想新发展的一个大转机。表面上，新文化运动虽是一个打倒孔家店，推翻儒家思想的一个大运动。但实际上，其促进儒家思想新发展的功绩与重要性，乃远在前一时期曾国藩张之洞等人对于儒家思想的提倡。曾国藩等人对儒学之倡导与实行，只是旧儒家思想之回光返照之最后的表现与挣扎，对于新儒家思想的开展，却殊少直接的贡献。

新文化运动之最大贡献，在破坏扫除儒家的僵化部分的驱壳的形式末节，和束缚个性的传统腐化部分。他们并没有打倒孔孟的真精神、真意思、真学术；反而因他们洗刷扫除的工夫，使得孔孟程朱的真面目更是显露出来。新文化运动的领袖人物，以打倒孔家店相号召的胡适之先生，他打倒孔家店的战略，据他英文本《先秦名学史》的宣言，约有两要点：第一，解除传统道德的束缚，第二，提倡一切非儒家的思想，亦即提倡诸子之学。但推翻传统的旧道德，实为建设新儒家的新道德作预备工夫，提倡诸子哲学正是改造儒家哲学的先驱。用诸子来发挥孔孟，发挥孔孟以吸取诸子的长处，因而形成新的儒家思想。假如，儒家思想经不起诸子百家的攻击、竞争、比赛，那也不成其为儒家思想了。愈反对儒家思想而儒家思想愈是大放光明。

西洋文化学术之大规模的无选择的输入，又是使儒家思想得新发展的一大动力。表面上西洋文化之输入好像是代替儒家，推翻儒家使之趋于没落消灭的运动。但一如印度文化之输入，在历史上曾展开了一个新儒家运动，所以西洋文化之输入，无疑地亦将大大地促进儒家思想之新开展。西洋文化之输入给儒家思想一个试验，一个生死存亡的大试验、大关头。假如儒家思想能够把握、吸收、融会、转化西洋文化，以充实自身，发展自身，则儒家思想便生存、复活，而有新的开展，如不能经过此试验，渡过此关头，就会死亡、消灭、沉沦永不能翻身。

……

根据上面所说，道德传统的解放，非儒家思想的提倡，西洋文化学术的输入与把握，皆足以促进儒家思想的新发展。兹请进而检讨儒家思想新发展所须取的途径。

不用说，欲求儒家思想的新发展，在于融会吸收西洋文化的精华与长处。而西洋文化之特殊贡献为科学。但我们既不必求儒化的科学，亦无须科学化儒家思想，盖科学以研求自然界的法则为目的，有其独立的领域。没有基督教的科学，更不会有佛化或儒化的科学。一个科学家的精神生活方面，也许信仰基督教，也许皈依佛法，也许尊崇孔孟，但他所发明的科学，仍属于独立的公共的科学范围，无所谓基督教化的科学，或儒化佛化的科学。反之，儒家思想亦有其指导人生，提高精神生活，发扬道德价值的特殊效准，独立领域，亦无须求其科学化。……

简言之，我们不必采时髦的办法，去科学化儒家思想。欲充实并发挥儒家思想，似须另辟途径。盖儒家思想本来包含有三方面：有理学，以格物穷理，导求智慧。有礼教，以磨炼意志，规范行为。有诗教，以陶养性灵，美化生活。故求儒家思想之新开展，第一必须以西洋之哲学发挥儒家之理学。儒家之理学为中国之正宗哲学，亦应以西洋之正宗哲学发挥中国之正宗哲学。盖东圣西圣，心同理同。苏格拉底柏拉图亚理士多德康德黑格尔之哲学，与中国孔孟程朱陆王之哲学会合融贯，而能产生发扬民族精神之新哲学，解除民族文化之新危机，是即新儒家思想发展所必循之途径。使儒家的哲学内容更为丰富，系统更为谨严，条理更为清楚，不仅可作道德可能之理论基础，且可奠科学可能之理论基础。

第二，须吸收基督教之精华以充实儒家之礼教。儒家的礼教本富于宗教之仪式与精神，而究竟人伦道德以为中心。宗教则为道德之注以热情，鼓以勇气者。宗教有精诚信仰，坚贞不贰之精神，宗教有博爱慈悲，服务人类之精神；

宗教有襟怀旷大，超脱现世之精神。基督教文明实西洋文明之骨干，其支配西洋人之精神生活，实深刻而周致，但每为浅见者所忽视。如非宗教之知"天"与科学之知"物"合力并进，若非宗教精神为礼，物质文明为用，绝不会产生如此伟大灿烂之近代西洋文化。我敢断言，如中国人不能接受基督教的精华而去其糟粕，则决不会有强有力的新儒家思想产生出来。

第三，须领略西洋之艺术以发挥儒家之诗教。诗歌与音乐为艺术之最高者。儒家特别注重诗教乐教，确具深识卓见，唯凡百艺术皆所以表示本体界之义蕴，皆精神生活洋溢之具体的表现，不过微有等差而已。建筑、雕刻、绘画、小说、戏剧皆所以发扬无尽藏的美的价值，与诗歌音乐亦皆系同一民族精神与夫时代精神之表现，似无须轩轾于其间。过去儒家，因乐经佚亡乐教中衰，诗教亦式微。对其他艺术，亦殊少注重与发扬，几为道家所独占。固今后新儒家之兴起，与新诗教、新乐教、新艺术之兴起，应该是联合并进而不分离的。

儒学是合诗教礼教理学三者为一体的学养，也即是艺术宗教哲学三者之谐和体。因此新儒家思想之开展，大约将循艺术化、宗教化、哲学化之途径迈进。有许多人，摭拾"文人无行"、"玩物丧志"等语，误认儒家为轻蔑艺术。只从表面去解释孔子"敬鬼神而远之""未知生，焉知死""未能事人，焉能事鬼"等语的意义，而否认孔子之有宗教思想与宗教精神。或误解"性与天道不可得而闻之"语，而谓孔子不探究哲学。凡此种种说法，皆所以企图将儒学褊狭化、浅薄化、孤隘化，不唯有失儒家之真精神，使儒家内容缺乏狭隘，且将使儒家思想无法吸收西洋之艺术宗教哲学以充实其自身，因而亦将不能应付现代之新文化局势。

……

以上是就文化学术方面，指出新儒家思想所须取的途径，就生活修养而言，则新儒家思想目的在使每个中国人都具有典型的中国人气味，都能代表一点纯粹的中国文化。也即是希望每个人都有一点儒者气象，儒者风度。不仅诸葛孔明有儒者气象，须扩充为人人皆有儒者气象。不仅军人皆有"儒将"的风度，医生皆有"儒医"的风度，亦不仅须有儒者的政治家（昔时叫作"儒臣"），须有儒者的农人（昔时所谓耕读传家之"儒农"）。在此趋向于工业化的社会中，所最需要者尤为具有儒者气象的"儒工"、"儒商"，和有儒者风度之技术人员。若无多数重忠孝仁爱信义和平的道德修养之儒商儒工由以树立工商的新人格模范，商者凭借其经济地位以剥夺人，工者凭借其优越技能以欺凌人，傲慢人，则社会秩序将无法安定，而中国亦殊难走上健康的工业化的途径。

......

儒家思想的新开展，基于学者对于每一时代问题，无论政治社会文化学术各方面的问题，皆能本典型的中国人的态度，站在儒家的立场，予以合理合情合时的新解答，而得其中道。哲学上的问题，无论宇宙观、人生观、历史观，与夫本体论、知识论等，皆须于研究中外各家学说之后，而求得一契合儒家精神与态度的新解答。哲学问题本文暂置勿论，试就现在正烦扰着国人的政治问题为例，而指出如何从儒家的立场，予以解答的途径。

譬如，中国现在须厉行法治而言，便须知有所谓法家的法治，亦有所谓儒家的法治。前者即申韩式的法治，主张由政府或统治者颁布苛虐的法令，厉行严刑峻法，以满足霸王武力征服的野心，是刻薄寡恩，急功好利的，是无情无理的，现代法西斯蒂主义的独裁，即是基于申韩式的法治的。这只是以满足霸王一时之武力征服，绝不足以谋国家的长治久安和人民的真正幸福。而儒家的法治，亦即我所谓诸葛式的法治（参看拙著《法治的类型》一文）则不然，是法治与礼治，法律与道德，法律与人情，相辅而行，兼顾并包的。法律是实现道德的工具，是人的自由本性的发挥，绝不是违反道德，桎梏自由的。西洋古代如柏拉图，近代如黑格尔所提倡的法治，以及现代民主政治中的法治，都可以说是与儒家精神相近，而与申韩式法家精神相远的。以为儒家反法治，以为提倡法治，即须反对儒家，皆是不知儒家的真精神，不知法治的真意义的说法。故今后欲整饬纪纲，走上新法治国家的大道，不在于片面的提倡申韩之术，而在于得到西洋正宗哲学家法治思想的真意，而发挥出儒家思想的法治。

试再就民治主义为例，亦有所谓儒家的民治主义与非儒家的民治主义。如有所谓放任政治，政府对人民取不干涉态度，认为政府管事愈少愈好，政府权力愈小愈好。一切事业，政府让人民自由竞争，听其天然淘汰，强者吞并弱者，几乎有无政府的趋势。这是欧洲十七及十八世纪盛行的消极的民主政治，在某意义下，颇有中国道家的自然主义色彩。这种民主政府的起源，是基于开明运动之反对君主专制，争人民的自由平等和天赋人权。其末流便是个人主义的抬头和资本主义的兴起。这当然不是契合儒家精神的民治主义。假如，只认儒家思想是为专制帝王作辩护谋利益的工具，是根本违反民治主义的，这不唯失掉了儒家"天视民视，天听民听"和"民贵君轻"等说的真精神，而且也忽略了西洋另有一派足以代表儒家精神的民治思想。这一派注重比较有建设性积极性的民治，其代表人物为理想主义的政治思想家。他们认国家为一有机体，人民在此有机体中，各有其特殊的位分与职责。国家不是建筑在武力上或任何物质条件上，而是建筑在人民公意或道德意志上，人民忠爱国家，以实现其真我，发挥其道德意志，确认主权在民的原则，尊重民意，实现民意，（但民意不一定指林林总总的群众投票举手所表现的意见，或许是出于大政治家的真知灼见，对于国家需要人民真意之深识远见）满足人民的真正需要，为人民兴利除弊，甚或根据全体的福利，以干涉违反全体福利之少数人的活动，政府有积极地教育人民，训练人民，组织人民，亦可谓为"强迫人民自由"的职责，以达到一种道德理想，这种政治思想就多少代表我所谓儒家式的民治主义。例如美国罗斯福总统的许多言论，就代表我所谓儒家式的民主政治。试看他逐渐教育民众，改变舆论，感化孤立派，容纳异党，集中权力，种种设施，均与普通的民主政治，特别与十七十八世纪的消极民主政治不同。然而他所设施，的确仍是一种民主政治，他反对因利图便玩弄权术的现实政治，而提高人类共同生活的道德理想，但他的政策，并不是不切实际，他立在人民之前，领导人民集中权力，但并不是独裁，所以我们可以称罗斯福为有儒者气象的大政治家（外国人可以有儒者气象，一如中国人可以有耶稣式的人格。其实美国的大政治家中如华盛顿，如福【富】兰克林，如林肯，皆有儒者气象，美国政治特别注重道德理想，比较最契合儒家所谓王道）。

……

以上就政治上的法治与民治问题，而指出以能符合儒家精神之解答为最适当。兹试再就男女问题为例而讨论之。男女问题可以说是中国现代许多解放运动的发端。许多反家庭，反礼教，反儒家思想家的运动均肇端于男女关系。许多新思想家皆以不能解决新时代的男女问题，为儒家思想发展的一大礁石。但我们认为男女问题不求得一合理、合情、合时、符合真正儒家精神的答案，决不能得圆满的解决。须知"父母之命，媒妁之言"的旧式婚姻，男女授受不亲的社交隔阂，三从四德的旧箴言，纳妾出妻的旧制度，已是残遗的旧躯壳，不能代表真正儒家合理合情合时的新态度。反之，酒食征逐，肉欲放纵，个人享乐的婚姻，发疯、自杀、决斗的热情恋爱，乃是青年男女的堕落，社会国家的病态，更是识者所引为痛心的，假如男女问题能循（1）有诗意；（2）合礼义；（3）负社会国家的道德责任的途径，以求解答，便可算得契合儒家的矩范了。所谓有诗意，即男女关系基于爱慕与相思，而无淫猥渎亵之邪思，如关关雎鸠的爱慕，辗转反侧式的相思，便有诗意了。所谓合礼仪即男女交际，有内心之裁制，有社交的礼仪，其结合亦须得家庭社会法律之承认。所谓须负社会国家的道德责任者，即男女结合既非为个人享受亦非仅解决个人性欲问题，乃有极深之道德意义，于家庭社会民族皆有其责任。男女之正当结合于社会国家皆有裨益，且亦是社会国家所赞许嘉勉的。男女关系须受新诗教新礼教的陶冶，且须对社会国家负道德责任，这就是儒家思想新开展中所指示的途径，而且现在中国许多美满的家庭生活，已无意间遵循着实现着代表着此种新儒家的理想了。……

原载《思想与时代》月刊一期，一九四一，八，一

何谓唯心论（节录）

——兼评贺麟著《近代唯心论简释》

谢幼伟

……

（三）

关于贺君是书内容之介绍与说明，仅止于此。是书重要而极有价值之作甚多，如"知行合一新论"，如"宋儒的思想方法"，如"辩证法与辩证观"，如"康德名辞的解释和学说的大旨"，如"五伦观念新的检讨"等篇，悉有新意，限于篇幅，不能一一加以叙述。兹当以所余篇幅，一述作者读是书后所发生之疑问，提出而与贺君商榷之。

第一，贺君认心灵之发现，乃人类生活进化极高后之事，必物质文明发达，科学知识进步，然后哲学家始逸而追问征服自然，创造物质文明之精神基础——心，进而追溯构成科学知识之基本条件——具有先天范畴之心。"故唯心论是因科学发达，知识进步，而去研究科学的前提，知识的条件，因物质文明发达而去寻求创造物质文明，驾驭物质文明的心的自然产物。故物质文明与科学知识最发达的地方或时代，往往唯心论亦愈盛。当一个国家只知稗贩现成的科学知识，只知崇拜他人的物质文明，为之作被动的倾销场时，当然无暇顾及构成科学知识的基本条件，和创造并驾驭物质文明的精神基础，据此国家尚未达到精神的独立与自觉，而其哲学思想之尚不能达到唯心的阶段，自是必然而无足怪。譬如原始人或原始民族，穴居野处，生活简单用不着多少工具，故不感觉物的重要，更不感觉制驭物质的心的重要，而他们无思无虑，受本能或自然环境支配而活动，亦不感觉具有理想和评价力量的心的重要。在此情形之下，唯心的思想，绝不会发生。换言之，无创造物质文明驾驭物质文明的需要，无精神的困难须得征服的自然人，决不会感觉精神的重要，决不会发生唯心的思想。"（原书第二页）贺君此一段言论，自是有感而发，若云真理，则极为可疑。吾知贺君必不敢否认古代之印度（如佛家之唯识）及古代之中国（如大学、中庸，及宋明理学）亦有所谓唯心论也。虽中印之唯心论，不必与西洋唯心论相同，然中印哲人之重视精神或心灵，当为无可否认之事实。吾知贺君亦不敢认古代之中国与印度，为物质文明发达与科学知识进步之时代与区域也。虽古代之中印，不能谓为穴居野处之自然状态，然以言物质文明，以言科学知识，则相距尚远。即以西洋论，西洋物质文明之发达与科学知识之进步，可谓始于文艺复兴，而最盛于十九世纪，然吾知贺君必不敢认西洋之唯心论始于文艺复兴，或西洋人之重视精神或心灵，乃文艺复兴以后学也。不然，则吾人决不能谓唯心论乃物质文明发达与科学知识进步后之产物，更不能谓物质文明不发达与科学知识不进步之处，即不知重视精神或心灵，或即无所谓唯心论。对此明显事实，而贺君加以忽视，殊感不解也。

第二，贺君一方面认心物永远平行，而为一体之两面，另一方面又认心为主宰，物为工具，心为体，物为用，心为本质，物为表现。此其平行论与主从论，或体用论，能否调合，作者对之亦有所疑。盖心物如确平行，则心物之误，似不能有主从或体用之可言。如心物确有主从或体用之可言，则心物似非平行。以所谓平行者，彼此不相涉之谓，彼此互不影响之谓。若心能为物之主而出物，心为体，而物为用，则心物之间，已有关系，而此关系，且非第三者所造成之关系，乃心物本身不得不为之关系。心为体，为体者必有用。心为本质，为本质者必有表现。心物间之关系，乃视心为体，为本质，而有之关系，亦可谓心所自成之关系，此乃体用合一论，而决非平行论。谓心物平行，而又有其主从与体用之关系，实所不解。兼之，心为主宰，物为工具之说，亦与体用合一说，有矛盾处。因为主宰者，不必兼为工具。柏拉图"台美亚斯篇"内之神，为造物主宰，然其工具，如理型与"能容"（Receptacje），即与神分离而独立。是若持体用合一说，即不可持主宰与工具说。虽贺君可谓主宰与工具为譬喻之辞，然此一譬喻，亦不甚妥，足以引起误会也。

第三，贺君认为，吾人之于中西文化固不应比较其优劣，且亦不必比较其异同。"若比较中西文化的异同，目的在判优劣，当然无甚意义。若比较中西文化的异同，目的在便生悟解，便结果恐会引起误解。因为文化乃道、精神之显现，可以说是形而下的价值物，形下事物间的关系，可以说是'毕同毕异'，而无有绝对的异同。若执着文化间之异同，认为绝对，则陷于武断。所以应该直接探求有普遍性永恒性之理则，勿庸斤斤于文化事物之异同可也。"（原书二七一页）此说作者认为亦有问题。盖贺君无论如何不能不承认西洋文化，有优点，亦有劣点也。如西洋文化有优点，亦有劣点，则所谓彻底了解西洋文化者，安可不了解其优点与劣点？如不了解其优劣，不了解西洋文化之优于中国者何在，或劣于中国者何在，则不唯非彻底了解，且亦不足以言"化西"。贺君谓化西，"即是自动地，自觉地，吸收融化，超越扬弃西洋现在已有的文化"（原书二六九页）。试问不比较中西文化之优劣，贺君如何去一吸收融化？又如何去"超越扬弃"？所"扬"者为何？所"弃"者又为何？此说之不可通者也。次则，贺君亦不能不承认，中西文化纵无绝对之异同，而必有同中之异，异中之同，亦即必有相对的异同。明瞭中西文化之同异处，如何"会引起误解"？实则一般对中西文化之误解，多由不知其同异而起。真能理解中西文化之同异，或其同中之异，异中之同，必于中西文化有深切之认识。否则，必不能理解其同异。夫于中西文化已有深切之认识，则误解何来？是贺君不赞成比较中西文化之优劣与同异，不唯非事实所许，即理论上亦非圆成也。

以上三点，略示作者所疑。作者或有误解贺君理论之处，然贺君是书已非系统的赘述，则发挥未及透彻处，当所难免。以全书内容论，贺君是书已为今日中国哲学上不可多得之著作。于唯心论之说固有发明，即于中国哲学，亦极多精审之解释，而足帮助吾人之理解也。

原载《思潮与时代》月刊十一期，一九四三，四，一

对于儒家哲学之新修正

冯友兰

我对于儒家哲学所要修正之点有二：（一）如程明道识仁篇的"天地之用皆吾之用"一类的话；（二）宋明儒家的修养方法——陆王批评程朱的方法失于"支离"，程朱批评陆王的方法失于"空疏"。但在讲修正意见之前，先要说明哲学的性质及其功用，而后根据这个理论，再来申述对于儒家哲学之修正意见。

哲学的性质及其功用：

这里所谓哲学，是哲学里最根本的一部分。严格的说，即是"形上学"。哲学的性质及其功用，也就是形上学的性质及其功用。为说明方便起见，故称之谓哲学的性质及其功用。

讲到哲学，大家会联想到有唯心唯物的争论。照我的意思，真正的哲学，是要取消这种争论的。哲学与科学有什么分别？先说科学：科学有广义狭义之别，广义的科学凡是一种有系统的确切知识，统称之为科学。这样说来，哲学也是科学之一。狭义的科学，是专指社会科学自然科学而言，并不包括算学、逻辑学、哲学等。因为狭义科学，是一种对于事实有所肯定的学问。如天文学，则对于日月星辰有所肯定。而算学、逻辑学、哲学，对于事实并无所肯定，讲的都是空架子。如算学，讲的数目，没有事实，全是空的。逻辑也是这样，有无事实，它都不管的。故就狭义的科学说，算学、逻辑学、哲学都不是科学。不过，哲学虽是属算学、逻辑学方面，但与算学、逻辑学又有不同。算学和逻辑学，完全是空架子，完全与事实无干，哲学并不是完全与事实没有关系。哲学上所有之命题，也有说到事实的，不过是形式的说法，对于事实无所肯定。

科学，对于事实有所肯定，作积极的解释；哲学，虽说到事实，但对于事实无所肯定，没有积极的解释。算学和逻辑学完全是空架子，所以哲学既不同于科学，又不同于算学逻辑学。怎样算是说到事实，又对于事实无所肯定，没有积极的解释？要说明这一点，先来讲两段故事。《世说新语》有一段故事说：

钟会有一天带了许多朋友去访嵇康。嵇康性喜打铁，刚好看见嵇康在大树下打铁，向秀为其拉风扇。钟会到时，嵇康并不理会。钟会见到主人不招待，回头走了。但到他要走的时候，嵇康说了，"何所闻而来，何所见而去？"钟会答道："闻所闻而来，见所见而去。"另有一段故事说：邵康节会知别人所不知的事，有一次和程伊川谈话，忽然见有雷，邵即问程，你知道雷起于何处？程答：我知道的，雷起于起处。这两种命题，就是说到事实，而对于事实无所肯定，只作形式的解释。要是钟会说：我听到你是贤人而来的，你不招待我，我去了。这是对于事实有所肯定，有了积极的内容。要是程伊川说：雷起于沙坪坝，也是对于事实有所肯定，有了积极的内容。"闻所闻而来，见所见而去"，你不能说他没有说到事实；"雷起于起处"，也不能说他没有说到事实，可是对于事实无所肯定。因此，哲学给我们的知识，是形式的知识。形式的知识，有一种好处，就是决不会错。积极的知识，可以对，也可以错。形式的知识，不必用试验以证明的。要是钟会说：我听到你是贤人而来的，那么他可以说：我不是贤人，你错了。但是他说：闻所闻而来，你就不能说有错的。又如雷起于起处，这个也不能找出错处来的。要是说，雷起于沙坪坝，则是否起于沙坪坝，可用考查以证明。考查结果，可以对，也可以错。

哲学给我们的知识，既是形式的，故哲学所有的观念，也都是形式的观念，没有内容的。例如：

一、宇宙观念。哲学的宇宙不是科学的宇宙。天文学所指的宇宙，乃指星球、太阳系等等而言，是一种物质的结构，积极的观念。哲学的宇宙是指"大全"。大全者，即所有一切东西的总称。既不能叫我们知道这一切东西是什么，又不能叫我们知道这一切东西有多少，所以这观念是形式的。中国旧时哲学称宇宙为天地，此"天地"和"天下"意思不同，天下即现时所谓世界。假使你误为一样，那么，天下大乱可以叫做天地大乱；治国平天下也可以叫做治国平天地了，这是不通的。郭象庄注说："天地者，万物之总名。"程伊川说："天地无内外；言天地之外，便不识天地。"所有万物宇宙都已包括。这种形式观念，对于事物，无所肯定。然而可以使人"开拓万古之心胸"。

二、理的观念。理的观念也是形式的。哲学不能知一类事物之所以为某类事物者是什么，但可知每一类事物都必有其所以为某某事物者。人是一类事物，必定与猫狗不同。桌子是一类事物，也必定与凳子不同。人之所以为人者，桌之所以为桌者，都是一类事物之理。就一类事物之所以为一类事物者而思之，即有理的观念，这也是形式的。所以有人批评新理学家所讲的理是太空洞了。

所说的无非类似的话重说一遍，这个本来是如此的。要是会增加你的知识，对于事物有所肯定，则即不是形式观念，而是科学观念了。

三、道体观念。什么是道体，所有实际的世界及其间事物生灭变化的洪流，都是道体。哲学不能叫我们知道事物怎样生灭和变化，只可叫我们知道实际的事物，无时不在生灭之中，实际的世界，无时不在变化之中。所以这种观念也是形式的。

这种形式的观念，说它是没有用的，可以说没有什么用；但，可以叫我们知道有不可思议不可感觉的，有不可感觉只可思议的，有不可思议只可感觉的。宇宙是不可思议不可感觉的。宇宙即是"大全"，我们不能说站在宇宙之外，也不能说要离开宇宙，所以宇宙是不可思议不可感觉的。假使你思议宇宙，你所思议的宇宙，就不包括你的思议。你言说的宇宙，就不包括你的言说。你思议所得的宇宙，便不是哲学上的宇宙，你言说所指的宇宙，也不是哲学上的宇宙。所以宇宙之为物，正如禅宗所说："拟议即乘。"理是只可思议不可感觉的。像说方的，方之所以为方者，只可思议不可感觉。具体的事物是不可思议，只可感觉。例如这个东西，那个东西。

讲科学的人，如说这种形式的知识太空洞，没有用处，这是我承认的。不过，唯心唯物论者，他们自认他们所说是不空的，说万物的根本是心或是物。这种说法，也是打算给我们一种积极的知识。不过，他们的说法有没有什么方法可以证实？不空的说法也是与科学一类的说法，应该用科学方法来证实。科学证实的方法是试验。试验结果，可以证明其对不对。要是一种说法，想给我们积极的知识，可是不能用科学方法以证实，那就是没有意义的。否则，只说"万物本体是心"或"万物本体是物"，都没有方法可以证实，只看说话的人谁的气长谁算是赢了。所以唯心唯物的人说我是空，我诚然是空；不过我要说：你的不空的说法没有法子可以证实。

如果科学家来批评哲学是太空没有用，我承认哲学不能有如科学所有之用。科学的用处可以叫我们对于自然界有积极的知识，还能够叫他们对于自然界有控制的权力。此种科学的功用，确为哲学所没有的。但是不能说哲学没有这种功用就说是没有用了。因为我们可以说：所谓用处不一定限于这个用处的。这就是说：学问的用处，不限于像科学那样的用处，这样哲学也就有用了。

科学的用处，在于增进人的知识，加强控制自然的权力。哲学的用处，在于扩大人的眼界心胸，提高人的境界。普通人的眼界心胸，只限于只可感觉不可思议的范围，只限于具体的东西。如果想了解多一点，超过了感觉，则他的眼界心胸，便不为具体事物所限，而到了不可感觉只可思议的范围。倘想了解再进一步，可以到不可思议也不可感觉的范围，这就是天地境界了。所以，哲学的用处，是可以提高我们的境界。

科学与哲学的分别，如旧时的"为学"与"为道"的分别。老子说："为学日益，为道日损。"研究科学，是为学，此学可以给我们积极的知识；研究哲学，是为道，此道不能给我们积极知识，只能提高境界。有高的境界的人，不一定有很多知识，因为为学与为道完全是两回事。有高的境界的人，如果要在某一方面有所作为，就得在某一方面去求积极的知识。圣人有高的境界，不能说圣人就会造飞机；圣人要会造飞机，还得要去求积极的知识——飞机制造学。

哲学的性质和功用，前面已经说明，现在再讲对于宋儒的修正意见。

一、程明道《识仁篇》说："天地之用皆吾之用。"这句话给人的印象是：好象只要一个人浑然与物同体，什么也可以不必学。因为"天地之用，皆吾之用"，天会刮风，我也会刮风，天会下雨，我也会下雨。乃至治国平天下，出兵打仗之事，只要我浑然与物同体，都可以不学而做得到，这不是笑话么？朱子的格物致知，给人家的印象也是如此。《大学·格物传》上说："人心之灵莫不有知，天下之物，莫不有理。唯其理有未穷，故其知有未尽。是以大学始教，必使学者即凡天下之物，莫不因其已知之理而益穷之，以求至乎其极。至于用力日久，而一旦豁然贯通，则众物之表里精处无不到，而吾心之全体大用无不明矣。"有些人以为只要我境界高，别的学问可不必研究，反正我到了那个时候吾心之全体大用自无不明，治国平天下之事统统可以知道。于是宋儒之学生出了流弊，有些人把工夫都用在"居敬存诚上"，不再研究别的学问了。社会国家，种种复杂的事，如何治理，统统不知，统统不管，一心一意去"居敬存诚"。宋儒有此流弊，又成了极高明而不道中庸。到清初，遂有颜李之学反对宋儒。不过颜李之学，固然注重应用，但就高明方面看，也就差了。哲学只能提高人的境界，不能说人的境界高，别的知识也会增多。境界高的人，要做某种事业，仍然要去求某种知识，此理前已说明。了解此理，则就不会空疏了。这是我所要修正的第一点。

二、宋明儒家的修养方法，程朱是"致知""用敬"同时并进；陆王是先"致知"后"用敬"。于是程朱批评陆王为空疏，陆王批评程朱为支离——无要领——我们如明白了哲学的性质和功用，可以得到个一方法，既不支离又不空疏。我以为修养方法，是要"先立乎其大者"。所谓"用敬"，是对于了解用敬。先有了了解，然后"用敬"。如果没有了解，"用敬"是空的。先有了了解，用敬才有着落。不过陆王没有讲明怎样来"先立乎其大者"，于是有失空疏之嫌。我们所谓"先立乎其大者"，是要先得到哲学上的几个基本观念，——宇宙、理、道体这几个观念。我们说哲学使人自"只可感觉不可思议"，而到"只可思议不可感觉"，再到"不可思议不可感觉"，即是"先立乎其大者"是意。有此观念后，眼界心胸都已扩大，当然是"先立乎其大者"了。如此说来，可不致"空疏"了。

要得到基本观念，光靠上面所说的一点，还是不够的，因为这样还不能算得到所要真了解这几个观念。还要从经验方面来体验，此即程朱之格物之道。用今日格一物，明日格一物的方法，以体验之。不过程朱之病，在求一切理的内容，譬如说方，他要知道方的内容如何。我们以为只要有理的观念，不一定要知道理的内容。只要知道有理，就可以开拓我们的心胸。如果要知道一切理的内容，那就不可能了。这样说来，我们也可说是用程朱的今日格一物，明日格一物的方法，但也不失于支离。

总之，先有哲学的基本观念，是"先立乎其大者"。用研究工夫，以今日格一物，明日格一物的方法得到哲学的基本观念，是先立乎其大者的方法。这种方法，近于陆王，但并不失于空疏，近于程朱，但亦不失于支离。这是我们对于宋明儒家的修正的第二点。

原载《中央周刊》五卷四七期，一九四三，七，八

关于新理学

李文湘　冯友兰

芝生先生：前曾上函，叩询大作新理学何处有现货出售，承蒙赐复，极感，现已得阅新理学一书，快愉无已。唯其中尚有数处未能了解，兹列举如下，敬请指教：

（一）先生说："虽没有宇宙'底'心，而却有宇宙'的'心"，其意思是说"宇宙间所有实际底心，即宇宙的心，此外宇宙没有它自己的心"（一六三页）大体尚能明了。但"底"与"的"两字如此用法其区别安在？实不了解，敬请指教。

（二）先生说："就一时一切之社会说，则合乎其时其地之某种势之社会制度是好底；否则是坏底。"（二〇五页）又说："凡存在者……都是合势底。"（二〇〇页）现在仍存在底社会制度都是好底；坏底社会制度是也存在底。不知尊意是否如此？如应不谬，则前说似易引起误会，以为不合势底社会制度也会存在。先生以为然否？

（三）先生说圣人者"即能尽人之性之人"（三〇一页），又说"可以人人是圣人"（二九四页）。但又说"人所有对于人之性之气质或气禀，因人而殊。有能使其气质之性充分合乎人之义理之性者，有不能使其气质之性充分合乎人之义理之性者，所以人有贤愚善恶之不齐"（一五〇页），此语与前二语好似不能互相解释，请问此"好似"之错误何在？

（四）先生说"真际是指凡可称为有者"（十页），然又说"过去底事物之有，诚非真际底有"，此两语好似矛盾，请问此"好似"之错误何在？

（五）《星期评论》三十八期有关于大著书评一则（孙雄曾作），其中批评第四点，愚深有同感，特抄录于下，请指教："……则理之有事实底存在底，其在真际中之地位便发生问题。盖理不是实际底事物，当然不属于实际；而现在之理却是有事实底存在底，故又不属于纯真际。然则理之有事实底存在底，压根儿不能在真际中。"其他尚有三点，尊意如何？如能示知，更为欣感（如已有发表之答复，则请检寄一阅，阅后当即奉还）。

因养病乡间，不能趋前聆教，以上五点，务请拨冗赐复，以开茅塞。无任感激。再者，愚草此函，固因希望打破疑团，而更大之原因，实在爱护大著也，如先生以为此五点中，有亦可能引起其他读者之误会者，而在大著中加以解释或补充，则幸甚矣。

六月十七日李文湘拜启

答 书

文湘先生：来信敬悉，因学校中事忙，未及即复，歉甚，所询五点兹分答如下：

（一）在弟近来著作中，以"底"字表示形容词，如"红底"，"抽象底"等。以"的"字表示领格，如"你的""我的"等。所谓"宇宙的心"及"宇宙底心"，如以英文表示之，则"宇宙的心"意谓 Mind of the Cosmos。"宇宙底心"意谓 Cosmie Mind。不过"宇宙的心"一词不甚妥，因为"宇宙的心"仍可解释为"宇宙底心"，所以在《新原人》（此书不久即将在重庆商务印书馆出版）中弟改"宇宙的心"一词为"宇宙中底心"；并声明在新理学中亦应照改。

（二）凡存在者都是合势者，可见凡存在底社会制度，都是好底。坏底社会制度是不存在底，弟意可以如此说。但为什么世界上有坏底制度存在？其理由是：所谓坏底社会制度，本来并不是坏底，它本来也是合乎一种势底，在此种势已变之时，此种社会制度亦趋于不存在。在此时人即以为它是坏底。

（三）可以人人是圣人，是就原则上说。但事实上有能者有不能者，此不能或只是未能。例如在学校中我们说某人功课不能及格，此话并不一定是说，在原则上他必不能及格。

（四）过去底事物之有，是实际底有，实物底有包括于真际底有之中，故是实际底有，不仅只是真际底有。原书中说："过去底事物之有，诚非真际底有"，非字下应加一"只"字。

（五）实际底有亦包括于真际底有之中，所以是实者，必是真，但是真者未必是实，如人是动物，是人者必是动物，然是动物者，未必是人，明乎此则孙君之疑，可以解释。关于孙君书评，弟有解释，载星期评论第末期中，弟所有之稿，一时不知置于何处，望别查之。

来信谓此数点有亦可能引起他读者之误会者，诚然！故弟近拟将各处讨论函件在重庆之《读书通讯》中发表，以便讨论，尊函亦拟如此办理，如先生不愿出名，则请示知，弟当将尊名省去也。

弟冯友兰启八月十六日

原载《读书通讯》合订三、六三期，一九四三，四，一

一个唯心论者的文化观

——评贺麟著《近代唯心论简释》

胡 绳

……

直觉论的神秘主义

在本书中，有一篇附录，是德国 Heinrch Meier 的分析近五十年来西洋哲学的论文，其中说得好，"由注重直觉而陷于无理性，由理性的绝对主义，而走到无理性主义，此实现时哲学界最显著的事"（页三四九）。虽然这位德国教授对于这种反理性思潮的分析是非常不完备的，但他正确地指出了直觉论与神秘主义和反理性主义之连接，认为这是"对于真理之反叛"，并且他指出这种倾向是启端于十九世纪末年，而"自欧洲大战后愈益流行"。在我们看来，这种思潮正是大资产阶级腐败没落的表现，当然是代表不了这五十年的整个哲学界的。站在古典唯心论立场的这位德国教授却不能不对唯心论的这种没落痛心疾首，认为"自此种哲学流行以来，哲学界显然弄成一种可怕的无批判无指针的状况"。

奇怪的是中国的贺麟教授在翻译了这一篇德国教授的论文后，并不能断然否认直觉的反理性的意义，却又自白道："我个人对于此问题也异常徘徊迟疑，但经过很久的考虑，我现时的意思仍以为直觉是一种经验，复是一种方法。"（页九二）终于说："我们谓直觉方法与抽象的理智方法不同则可，谓直觉方法为无理性或反理性则不可。"（页九四）然则这到底是怎样的一种方法呢？他又用不确定的口气说："直觉法恐怕更是基于天才的艺术。"（页九四）并且直觉又可以是"先理智的"，就是说，在运用理智前，先可以用直觉来慧眼一瞥地得到"对于实在对于理念的整个印象"（页九六），而理智的作用却不过是分析这种印象而已。

唯物论者认为感性的认识是先于理性的认识的，人们透过感觉的认识才能对于外物实行理智的思考。多数的唯心论者则相反，把理智置于感觉之前。但没有从感觉中得到的实在的经验做基础，所谓理智岂不是完全落空了吗？于是当唯心论发展到其最后阶段，就索性把理智也推翻了。在理智之前，更设一所谓"直觉"的阶段，而这直觉是"天才"的"艺术"，平常人所无法企及的。这样他们就更远地离开实在的知识，而更深地进入神秘的境界了。

所以，贺麟先生虽自认为绍述康德与黑格尔，但实际上却是那些把整个康德黑格尔学说神秘化。反理性化的新黑格尔学派……德国的 Kroner，意大利的 Croce 之流的同盟弟兄，这些侮辱了那位伟大的辩证法哲人的名字的德意学者，现在已经成为法西斯主义思想上的保护人。而我们的贺麟教授也跟随着把黑格尔学说和辩证法神秘化起来。他对辩证法的描写是"辩证法一方面是一种方法，一方面又不是方法，是一种直观"，"这需要天才的慧眼"，"理智的直观每为大诗人、小说家、戏剧家、政治家、宗教家所同具，且每于无意中得之"，"无论获得辩证观也好，运用辩证观也好，都需要艺术式的创造天才"。（均见本书《辩证法与辩证观》一文中）

很显然的，假如这样的"直观"，这样解释的辩证法，是成为方法的话，这种方法就只是神秘主义的方法，这种方法不能引我们到真理，而只能引我们到混沌。

想用这样解释的辩证法当做武器来攻打唯物论的辩证法，那不过是想以一个无处着落的黑影子来对敌辉煌的阳光罢了。

超历史的范畴

但要以慧眼的洞观，天才的直觉来自瞬息之间，了悟过去与当代的文化，这怎样能办得到呢？唯物论者从实际历史发展中讨论过去的人类文化是经过怎样的历程，以后又将是怎样发展下去，但这种讨论，在贺先生看来是"形而下的"，与哲学无关。哲学却是要"单就理论上先天地去考察"社会文化所"应取的步骤或阶段"。（页二三二）这就是说：可以不顾过去历史"是"怎样，而专从理论上来讨论它"应该是"怎样，因而也就是不从现实的发展趋势来推究以后将"是"怎样，而只是从理论上推断其"应该是"怎样。这所谓理论是先天的、先经验的、先理智的——这是何等奇怪的理论啊！对于主张这种理论的人，我们只好说：你愿意白昼做梦，你就去白昼做梦吧。你不管真理，真理也不会来理你!

但一种理论既和事实无关,到底有什么用处呢?与社会进化的事实无关的社会进化的逻辑,对于文化能起什么批评作用呢?……贺先生回答道:理论(先天的逻辑)与事实,虽不相关,但却能往往相符合。为什么呢?他又告诉我们,这是因为理论本身既是合法则的,则虽是先于经验,经验的事实却不会违背它。这实在是很奇怪的。依照此说,则我们可以完全不知道历史,光凭空洞的逻辑,就能设想出社会进化的历程,而历史事实却刚好和这设想相符。这是无论如何也令人难以想象的。于是贺先生又补充说,事实之所以符合理论,原来是因为"事实本来是经理论逻辑,先天范畴加以组织整理而成"。(页二四九)我们先有对于社会发展的幻想的公式(对不起,我们只好称这是幻想的公式),然后根据这公式去整理事实,于是结果,事实就符合了理论,这固然是明白易晓的事,但如此做法,我们对于事实了解了一些什么呢?我们对于社会的发展了解了一些什么呢?那不过是在任意改造事实来迁就理论罢了。

目前流行的对唯物史观的"批评"是说,唯物史观只依照主观的公式来安排历史材料。但这批评,如上所述,恰恰倒正是这些唯心论者为自己写照。本来,一切唯心论者——特别是进入其腐败时期的直觉论者,无例外的,是绝端的主观主义者,他们假设了"先天的范畴"而把历史硬装进去。

既然是依照"先天的逻辑"来纯主观地批评社会文化,当然他们就可以十分自由地,不顾古今中外的不同(用贺麟先生的话,就是"超时空"地)任意搬弄一切文化历史的现象,像在这本论文集中就把十七十八世纪欧洲的人本主义和中国古代儒家之注重人伦混为一谈(页二七五)。具体的文化历史条件,和由此而产生的,在仿佛相似的面貌下的相反本质是完全被弃置不论的。这样一来,一切发展进步也就毫无意义了。所以贺麟先生说:"从书的里面去发现新的,这就叫作推陈出新,必定要旧中之新,有历史有渊源的新,才是真正的新。"(页二七四)固然我们也从不以为,新的事物是与旧的事物完全无关,突然跳出来的。但这并不是说,"从旧的里面去发现新的",(这是承认新早已存在旧里面)而是从旧的里面发展出新的;旧经过发展,变革而成新的。

市面上现在流行着许多新字号的产品——新理学、新世训、新人生观。其所谓新,就正是如贺麟先生所解释的,在基本上,他们都是用超历史的范畴来抹煞新旧的差别,把旧货改装一下,当做新货来出卖。

人与天的关系

　　什么是文化呢？贺麟先生说，文化是"精神自觉的活动之直接产物"（页二），文化的本质是精神。而精神呢，则是"指道或理之活动于内心而言"（页二六三）。总起来说："道之凭借人类的精神活动而显现者谓之文化"（页二六二）。很明白的，在这里的意见不过是黑格尔学说中适合于神秘主义者的脾胃的一部分的抄袭。其所谓"道"是超越文化，超越一切自然与社会的物的，这实在是不可捉摸的东西，而要加以捉摸，就只有乞怜于宗教。所以贺麟先生在一切文化物中，特别重视宗教，他说："宗教以调整人与天（此所谓天，就是所谓"道"的注解——引者）的关系为目的，道德以调整人与人的关系为目的。在此意义下，我们不能不说，宗教为道德之体，道德为宗教之用"（页二六五）。既然说不从社会关系上来说明道德，而是把来看成天意在人事上的反映，则道德自然要受宗教的支配，而现实社会中的道德——为了固定一定的社会关系而产生的道德，也就要被看成是神秘的东西，是由不可抗的天意所决定的了。在一定的社会中产生一定的人与人的支配关系，这种人与人的支配关系，在贺麟先生手里却被解释为天对于人的支配关系，经过这种解释，人与人的支配关系就被合理化，神圣化起来了——这正是在神秘主义外貌中的本质。

　　最清楚地表现这种本质的是贺麟先生对三纲五常的新解释。所谓君君臣臣父父子子的五常，所谓君要臣死不得不死，父要子亡不得不亡的三纲，本是反映着封建等级社会中的人与人的支配关系的道德教条，而贺麟先生则以为从这里发现了"新"的东西。他说："三纲说是将人对人的关系，转变为人对理，人对位分，人对常德的片面的对绝关系。故三纲说当然比五伦说来得深刻而有力量。"（页二八四）他以为臣必须尽忠于君并不是表示君支配臣，而是"对名分，对理念尽忠，不是作暴君个人的奴隶"（页二八五）——这正是向一切奴隶说教，你不必苦恼，要知道你并非服从你的主人，你不过是服从那个在主奴之间的天理罢了。

　　然而贺麟先生却以为五常说和西洋的人本主义相当（页二七五），三纲说更是和"西洋向前进展向外扩充的近代精神相符合"（页二八六）——他既然对于西欧思想，只是抄袭了其末期的发着腐尸气味的糟粕，他根本就呼吸不到那与无神论相结合着的人本主义，与唯物论相联系着的健康的精神。"近代基督教是整个西洋文化的缩影与反映"（页二六七）——贺麟先生所看到的西洋近代文化就是如此。

那么，我们在关于中国现在的文化问题上还能向贺麟先生要求什么呢？他固然批评了中学为体，西学为用说，批评了全盘西化论，批评了本位文化论，然而当他自己主张说："应该以道，以精神或理性作本位，换言之，应该以文化主体作为文化之本位"（页二七二）时，其实是和那些说法一丘之貉，甚至还要落后一点。假如还不懂贺先生的意思，那么请读下面这句子吧："现在的问题是如何从旧礼教的破瓦颓垣里，去寻找出不可毁坏的永恒的基石，在这基石上，重新建立起新人生新社会的行为的规范的准则（页二八八）。"

从欧洲贩运来大资产阶级的腐败时期的直觉论和神秘主义思想，回来加入到旧礼教的复古营垒里去——这倒的确是目前中国文化中的一个值得我们深思的现象。

一九四二，九，二一

选自《理性与自由》，一九四六，六

论《新理学》的哲学方法

洪 谦

（一）问题之所在

我们如列举中国现代富于学术性而且有普遍影响的哲学著作，那么自然不能不推冯芝生先生的名著《新理学》了。冯先生去年在《哲学评论》第八卷第一、二两期中又发表一篇谈他的《新理学》的哲学方法的文章。这篇文章名为"新理学在哲学中的地位及其方法"。在这篇文章里有许多地方谈到现代欧洲一个新兴的哲学学派维也纳学派。冯先生在这篇文章里之所以谈到维也纳学派的原因，主要的是在于借维也纳学派对于玄学的批评来证明他个人的玄学（冯先生称他的新理学的哲学系统为"真正的玄学"）在理论上的根据以及在哲学中的地位。因为如冯先生所言：一切似是而非的传统的玄学，已被"现代批评玄学最力的维也纳学派""取消"了，但是他的玄学不但没有被"取消"，反而他的本质因之"益形显露"。所以维也纳学派对于玄学的批评，不但与真正的玄学无关，而且对真正的玄学有"显正摧邪"的功用。由此方面说：维也纳学派不但不是玄学的罪人，而且是玄学的功臣。

本文所引为问题的对象，就在于冯先生这种对于维也纳学派对玄学批评的看法，是否从维也纳学派立场所能承认的，所能解释的。具体点说：本文所欲提示的问题，就在于维也纳学派只能"取消"传统的玄学，而不能取消冯先生的玄学么？冯先生的玄学不但不能被维也纳学派"取消"，反而把他的本质因之"益形显露"么？假如我们对于这些问题有了答复，那么冯先生的玄学能否借维也纳学派证明这个问题也能同时明白了。

（二）传统的玄学与冯先生的玄学

冯先生所谓维也纳学派只能"取消"传统的玄学而不能"取消"他的玄学的主要理由，是在于他认为这是两种根本不同的玄学。这两种玄学的根本不同点，就如冯先生所言：传统的玄学是以"对于事实为积极的肯定"的综合命题为根据，他的玄学则以"对于事实为形式的解释"的分析命题为根据。"对于事实为积极的肯定"的综合的玄学命题，就是哲学上所谓"上帝存在""灵魂不死""意志自由"一类的命题。"对于事实为形式的解释"的分析的玄学命题，则如冯先生所谓"山是山，水是水。山不是非山，水不是非水。山之所以是山而不是非山，水之所以是水而不是非水，必因山有山之所以为山，水有水之所以为水一类"的命题。

所谓"对于事实为积极的肯定"的综合命题者，就是一种对于事实有所传达（Mitteil en Communication）的命题。自然科学社会科学以及日常生活中的经验命题，都是此一综合命题。综合命题既然在原则上必须对于事实有所叙述，有所传达，于是这一类命题之为真为伪以及有无实际的意义，就不能不以他所叙述所传达的事实在实际上之有无为之标准，为之根据。假如一个综合命题名虽对于事实有所述叙有所传达，而实际上我们根本就不能证实这样的事实之有无，那么这样的综合命题只有综合命题之名，而无综合命题之实了。属于这类的命题无论其本来意义如何的动人视听，无论对于我们的感情方面如何的刺激，但是对于事实总不能为客观的叙述，真实的传达的。他们只是一些名为综合命题而实非综合命题的一种命题，是如维也纳学派所谓"似是而非的命题"（Die-scheinaussage）而已。

维也纳学派之所以必须（取消）传统的玄学者，即因传统的玄学命题如"上帝存在""灵魂不死""意志自由"一类的命题，虽然在感情方面具有深厚的意义，但是严格的分析起来，是一种变相的所谓"桌子是爱情"、"炮台是道德"的命题，是一些如维也纳学派所谓"似是而非的命题"。传统的玄学既然以这样无实际意义的"似是而非的命题"为之根据，既然是一个这样命题的理论体系，那么它如何能对于事实有所叙述有所传达呢？它如何能成为一种关于实际的知识理论的体系呢？

冯先生认为维也纳学派之所以不能"取消"他的玄学的唯一理由，即在于他的玄学根本就不是一个这样的综合命题的理论体系，而是一种所谓"对于事实的形式的解释"的理论系统。所以维也纳学派既不能以"取消"传统的玄学的理论根据而"取消"它，同时也不能因它之为分析命题如数学逻辑以及一般的分析命题，根本就无实际方面的意义，而摈诸玄学范围之外了。

（三）维也纳学派与冯先生的玄学

……

从哲学史上看到玄学的发展，最易于感觉到无论古今中外的玄学家，无论他们的玄学理论如何的不同，但总同样的对于科学知识有所歧视：他们不是对于科学之为关于实际的知识理论的体系表示怀疑，就是表示不满意。欧洲著名的玄学家无论为叔本华黑格尔柏格森甚至于哈德曼海德歌尔【哈德曼·海德格尔】，虽然各有各的思想方法和玄学系统，但无一而不假定了一个特殊的知识对象和实际范围，以与科学的知识对象和实际对象相对立。这个特殊的玄学的知识对象和实际范围，他们或者以实际的"那一边"（Terseits der Wirklichkeit）或者以经验的"那一边"来区别科学的实际和科学的知识。冯先生这位玄学家虽未如欧洲一般的玄学家假定了在实际"这一边"（Diesseits der Wirklichkeit）之外还有所谓实际的"那一边"或经验的"那一边"。但是他认为在"这一边"实际之内有两方面的实际知识。冯先生称这个两方面的实际知识为"积极的实际知识"和"形式的实际知识"。所谓实际的积极方面的知识，就是一些"对于事实为积极的肯定"的综合知识。所谓实际的形式方面的知识，则是如冯先生所谓"对于事实为形式的解释"的分析知识，就是冯先生所主张的玄学知识了。

由此而论，我们即不难明了玄学之所以产生以及玄学家对于玄学的要求，不只是对于实际得到理解和认识，此外还想从中得到感情上的满足和内心中的安慰。难怪乎创立划时代的"批评哲学"的哲学家康德曾慨乎言之：我们对于玄学问题是无能为力的：因为"人类根本未具有解决玄学问题的理性"。不过这个康德视为非人类理性所能解决的玄学问题，到了冯先生所誉为"现代批评玄学最力"的维也纳学派，则就得到新的解决方法和途径了。我们之所以称维也纳学派对于解决玄学问题有新的方法和途径者，即因它认为玄学问题在哲学上的对象，并不在于某种"玄学的客体"（Metaphysisches Objekt）在实际上之有无的确定，而在于基本的玄学命题在实际上有无意义的分析。维也纳学派认为所谓玄学问题确为一个关于实际的问题，那么它必须从分析上而能了解其在实际上的意义，假如他根本未具有任何关于实际的意义，那么它就不成其为一个实际的问题，只是一种如维也纳学派所谓"似是而非的问题"（Die scheinfaage）了。

……

固然维也纳学派所谓实际命题的证实方法，有原则上和事实上的两种。凡是具有原则上的证实方法如"月球反面有三千米高的山"一类的命题，虽然我们不能立时从事实上证实它之为真为伪，之有无实际上的意义，但是这一类的命题的证实方法，在原则上是能够想象的，能够捉摸的。可是一个未具有原则上证实方法的命题如"电子内有一种无任何外在现象的核子"一类的命题，我们对之不能只从事实上证实它之为真为伪，之有无实际上的意义，就是这一类的命题的证实方法，在原则上亦无法想象无法捉摸了。因为我们对于这个命题的与实际的比较手续以及他在实际上的事实根据，只能以那个核子及在电子中的"外在现象"为之标准：我们只有根据这一点才能确定他在实际上之有无，它是否具有实际的意义。但是这个证实方法的唯一可能性，从那个核子的定义中就完全被否定了。所以我们对于这样命题所叙述的所传达的对象，在原则上就无法加以肯定或否定，所以是未具有实际意义的命题，或者说是一种"似是而非的命题"了。

维也纳学派之所以能"取消"传统的玄学而认为玄学问题不成其为关于实际的问题者，即因传统的玄学命题如"上帝存在""灵魂不死""意志自由"一类的命题，都是些未具有原则上证实方法的命题，都是属于"电子内有一种无外在现象的核子"一类的命题。我们对于这些玄学命题既不能知其与实际的比较手续，亦不能知其在实际上的事实根据，我们只知其在感情方面似有所叙述，似有所传达，但并不知其在实际方面所叙述的所传达的如何？我们只知其在信念中似有这样的问题，但并不知在实际方面之为问题何在？我们对于这一类的命题不只是不能知其事实上与实际的比较手续和在实际上的事实根据，就是在原则上对于这样的命题与实际的比较手续和实际上的事实根据的可能性，也是无法想象的，无法捉摸的。传统的玄学命题既然是属于这一类命题，那么它自然不能对于事实有所叙述有所传达，自然不能具有任何实际的意义，自然是些"似是而非的命题"。传统的玄学既然以这样"似是而非的命题"为之根据，既然为一种"似是而非的命题"的理论体系，那么他不能成一种关于实际的知识理论的体系，就是所谓"非人类理性所能解决的玄学问题"之为关于实际的问题，也毫无事实根据和逻辑意义可言了。

……

冯先生的"对于事实为形式的解释"的玄学命题如"山是山，水是水。山不是非山，水不是非水。山是山不是非山，必因有山之所以为山，水是水不是非水，必因有水之所以为水"，在原则上就是一些对于事实无所叙述无所传达的"重复叙述的命题"。因为这样的命题对于事实所叙述的传达的对象，我们从事实方面亦不能有所肯定或否定的，同时这样的命题亦不因其在事实方面不能有所肯定或否定而失去它的真性，而失去其原有的意义的。换句话说：我们只知一个对于"山"或"水"有所叙述有所传达的命题，是"山是什么或不是什么""水是什么或不是什么"而不是"山是山""山不是非山""水是水""水不是非水"一类的命题。我们从"山是什么或不是什么""水是什么或不是什么"中，就能推论"山是山不是非山，必因山之所以为山"，"水是水不是非水，必因水之所以为水"。可不能借"山是山不是非山，必因有山之所以为山""水是水不是非水，必因有水之所以为水"一类命题，对于"山之所以为山""水之所以为水"还有所了解还有所认识了。所以假如我们称传统的玄学命题是一些变相的"桌子是爱情""炮台是道德"，或者"电子内有一种无外在现象的核子"一类无事实根据的"似是而非的命题"，那么我们亦可称冯先生的玄学命题是一些变相的"今天是星期三就不是星期四""今天是晴天就不是雨天""戴有色眼镜的人就不是戴无色眼镜的人"一类根本对于事实无所叙述无所传达的"重复叙述的命题"（今天是星期三就包含了不是星期四或星期二，今天是晴天就包含了不是雨天或雪天，戴有色眼镜的人就包含了不是戴无色眼镜的人或不戴眼镜的人，这还有什么可说，这分明是无所说是"空话"——Leeres Word。不过这就是我们所谓对于某种意义以重复的叙述，就是我们所谓重复叙述的分析命题。康德对于这一点已经有完善的说明了）。

......

（四）冯先生的玄学在哲学中的地位

冯先生的玄学在理论上的根据，从维也纳学派而言，已经如上面所说。现在我们对于它在哲学中的地位，还须加以说明。我们曾经说过传统的玄学之所以不能从哲学上加以"取消"，即因它虽不能成为一种关于实际的知识理论的体系，但在人生哲学方面则具有深厚的意义和特殊的作用的。所以维也纳学派中人就说："玄学家所能引为自慰的：玄学虽不能成为一种关于实际的知识体系或真理系统，但对于生活方面感情方面则具有科学所未有的作用。就是我们从玄学的体验中和玄学理想中确能得到内心中的满足和精神上的安慰，确能弥补生活上的空虚，扩张我们体验中的境界。所以人称玄学为'概念的诗歌'，同时它在文化上的意义和作用，我们亦只能以艺术诗歌譬之了。"

冯先生的玄学虽与传统的玄学同样不成其为一种关于实际的知识体系或真理系统，但对生活方面感情方面的意义和作用则并不同。我们从传统的玄学命题如"上帝存在""灵魂不死""意志自由"中，可以得到在理想上的许多丰富的感觉、优美的境界，得到许多满足许多安慰。但是我们从冯先生的玄学命题如"山是山，水是水"，"山不是非山，水不是非水""山是山不是非山，必因有山之所以为山，水是水不是非水，必因有水之所以为水"中不仅无有如此的感觉境界、满足和安慰，甚至于似乎有点"无动于衷"之感。所以维也纳学派假如欲"取消"玄学，那么冯先生的玄学之被"取消"的可能性较之传统的玄学为多。因为传统的玄学虽不能成其为一种关于实际的知识理论的体系，但有其在人生哲学方面的深厚意义。但是冯先生玄学似乎是两者俱无一借。虽然冯先生的玄学也与传统的玄学一样，想对于"人生境界"方面有所贡献，不过事实上传统的玄学已经有了收获，冯先生的玄学似乎须有新的努力，须有待于将来了。

（五）结论

现在将本文的主要点作一概括的结论，同时将它分作三点：

第一点，冯先生想借维也纳学派对于玄学的批评以证明他的玄学在理论上的根据以及在哲学中的地位。从维也纳学派而言，与冯先生的看法是完全相反的。我们可以说：传统的玄学经此一批评不但未被"取消"，而且它的本质因之"益形显露"，但是冯先生的玄学则有被维也纳学派"取消"之虑了。

第二点，冯先生认为从形式主义的玄学上能建立一个从"觉解"上达到"最高的人生境界"的玄学。从维也纳学派而言，他的玄学在这一方面的贡献，不但不能超过传统的玄学，而且远不如传统的玄学之既伟且大的。

第三点，关于玄学的方法问题：从维也纳学派而言，只有应用直觉主义的方法，才能保持玄学在人生哲学方面的伟大意义。但是应用冯先生所谓形式主义的方法，则似乎有失去玄学这个伟大意义的危险了。

一九四四，十二，十五，昆明脱稿

原载《哲学评论》十卷二期，一九四六，十二，十一

时代思潮的演变与批判

贺 麟

一 引言

……

现代思潮所涉及的区域也不只限于中国，其根源其影响，往往是世界性的，我们现在要批评的现代思潮，一是胡适之等所提倡的实验主义，此主义在西洋最初由詹姆士·杜威等为倡导人，在五四运动前后十年支配整个中国思想界，尤其是当时的青年思想，直接间接都受此思想的影响，而所谓新文化运动，更是这个思想的高潮。跟着实验主义，我们要批评的第二个现代思潮便是所谓唯物辩证法，这个思潮开始传播于北伐成功，国共分裂的一段时间内，而盛行于九一八前后十年间。实验主义的政治背景是自由主义，亦即常时大家所崇奉的"德先生"或民治主义，胡适之先生亦曾自标其政治主张为"新自由主义"。至于唯物辩证法的政治背景是共产主义，那是大家很熟悉的。我们要批评的第三种现代思潮，很难确定究属于何派，我们只可称之为正统哲学，这是哲学上最大的一派，也可称之为普遍的哲学或典型的哲学，其出发点在于人类性情之正，出于人同此心，心同此理的基础上。其内容也中正持平，不偏于任何方面。在我个人看来，这派哲学将要大大发展的，现在只是初起萌芽，而其政治背景也比较接近于三民主义。即比较与三民主义思想相符合，它也可以说是三民主义哲学，实在与三民主义来自同一根源。

二 实验主义或实用主义批判

现在进说实验主义。实验主义可以说是美国人的哲学，因为美国人开辟新大陆，需要很多工程实业方面的努力，实验主义就是这种努力的理论基础。所以实验主义可以说是工程师的哲学，是一种垦荒的哲学。主动，主干，主实验，主冒险，以实验科学为基础，将科学的实验精神扩大，讲人生，讲宇宙，讲哲学。这种哲学在美国为实验主义，提倡动手动脚。在英国则有经验主义，注重感觉经验的观察，社会生活的阅历。在德国另有体验主义，体验是精神生活的体察，故德国所产生的哲学近于精神哲学，与实验主义均有不同。关于实验主义，可分三方面来说：

第一，实验主义教人要养成一种实验室的态度。这种态度要人随时随地注重问题的发生，然后针对此问题提出种种可能解决此问题的假设。最后动手动脚用实验来证明某个假设可以解决某个问题。这种态度无疑是想用行为去证明理论，用工作来解决问题。实验主义者以为人类的思想起于环境上困难的发生，思想是从应付环境的动作中产生出来的。以知识出于行为原是实验主义中最健康的观点。这与中山先生"以行而求知，因知以进行"的思想暗中符合，而与蒋先生力行哲学之不行不能知的说法也可以贯通。实验主义注重行虽固然是对的，但他们不知道行为之注重有知难行易作其根本的前提，可是胡适之等固然在提倡实验，却又反对知难行易之说。他们不知道知是主，行是从，我们必须在知难行易知主行从的原则下谈行为，谈知行合一，谈实验。实验精神之另一方面是冒险精神，但是冒险不能不有远见。哥仑布的探险，亦并不是毫无知见作指导的。即以实验本身而论，亦必在实验以前有假设有计划，无假设无计划的实验是盲目的试猜。无远见的冒险便是鲁莽或铤而走险。这一点实验主义似乎没有看清楚。

第二，实验主义所用的方法是考核实际效果，循名责实的方法。这派哲学家往往不问理论本身是否颠扑不破，而只问该理论所发生的效果如何，这就所谓注重"兑现价值"（CushValue）。只要一个理论发生了好的实验效果，这理论便是对的，否则便是不对的。本来考核实际效果，也是吾人日常生活所常用，所不能不用的方法。用实际效果来考核思想的价值，也不失为判断思想真伪一种外在标准。不过应用这个标准是有着相当限度，而真理的标准也决不是全部系于实际效果之有无这一点上，过分地全部地以实际效果为理论真伪的标准，便会流于急功好利与皮相之见。因为有许多事效果既非一时可见，亦难有确定的形相可寻，注重实际效果的人往往流于近视而缺乏远见，并且考核效果是从外来批评知识。譬如一人患病，医生去开一药方，常人无法判断这药方对不对，只有看病人依据此药方服药之后的效果如何，病好即说此药方好，病不好，即说此药方不好。但一个内行的医生详诊病情，一看药方，即知此药方好不好，并且可以说明其所以然之理。足见从实际效果去考核真伪，往往是外行人的皮相之见，根本上我们还当从理论本身来考核其是非。

第三，实验主义注重实用。在实验主义者看来一切理论对个人、社会、人生，有用的就是好的，无用的便是坏的。有用即真，无用即伪，他们提出"实用"为改善政治社会的标准。征服自然和改良社会原是实验主义的两大目标，而在消极方面反对宗教迷信，玄学奥妙，所以实验主义者也可称为实用主义者。有用的被承认，无用的被鄙弃，凡对现社会无用的典章制度一概推翻，所以在五四时代，他们要推翻旧礼教，因为旧礼教不适用于新时代；他们要打倒孔家店，因为在他们看来孔子思想已无用了。宋明有理学而宋明国势衰弱，亡于异族，所以他们反对理学。他们反对古文提倡白话文，因为古文是死文字。白话文是有用的活文字。他们甚至反对哲学，因为哲学无用。其实以用来作判断真伪和品评价值的标准亦一样的失之表面。即以语文问题来说，古文之被扬弃，语体文之应提倡，尚有别的内在理由，初不必用狭义的实用主义去说明。并且凡有用的东西，都是"工具"。而我们做事最先考虑的，倒不是工具，而是理想和目的，先问应该不应该，其次再问有用无用。做事应以道义为重，实用其次。所谓"正其谊不谋其利，明其道不计其功"就是这个意思。我们做事，往往不一定满足个人实用的需要，最重要的还在于满足精神生活的要求。假如人生一切行为皆以实用为准，那么人生还有什么意义？人格的尊严何在？

由于实验主义者重行轻知，重近功忽远效，重功利轻道义，故其在理论上乏坚实的系统，在主义上无确定的信仰。在他们的目光中，一切都是假设，随时可以改变。所以其理论是消极的破坏意义居多，积极建设的意义很少。理论和行为，都缺乏建设精神。所以实验主义者，没有坚定的信仰，没有革命的方案，头痛医头，脚痛医脚，"不谈主义，多谈问题"正是实验主义者最直率的自白。这种零碎片段的作风，其结局在哲学上不能成立伟大的系统，在行为上无团体的组织，无坚定不移的理想和信仰。故不论在政治方面、理论方面，都不能满足青年精神生活的要求，于是有一派思潮代之而起，使青年有了一个坚定的信仰，形成了具体的组织，还提出了解决中国问题的政治方案。当着这个新思潮，实验主义是无法抵拒，只有退让，这个新思潮便是辩证法唯物论。

三　辩证法唯物论批判

辩证法唯物论盛于九一八前后十年左右，当时有希望的青年几乎都曾受此思潮的影响。那时的中国学术界，既没有重要的典籍出版，又没有伟大的哲学家领导，但青年求知的饥渴，不因此而稍衰，于是从日本传译过来的辩证法唯物论的书籍遂充斥坊间，占据着一般青年的思想了。这情形不但中国如此，即欧美先进国家亦如此。意大利有一个新黑格尔学派的大哲学家自述其年轻时代研读马克思而笃信其说，至于狂热，历许多年才把他自己的思想转变过来，而以当时的社会政治文化等环境来看，青年之沉溺于此理论中，自无足怪。因为当时青年情志上需要一个信仰，以为精神的归宿，行为的指针。辩证法唯物论便恰好提供了一个主义的信仰，不能从实验主义那里得到的。不但这样，这新思潮既有实际的方案，又有俄国革命成功为其模范，国内又有严密坚固的政治组织，凡此都是不能从实验主义那里得到的。在理论方面，辩证法唯物论也自成体系，有一整套的公式，以使人就范。同时辩证法唯物论又似乎有科学的基础，此即十九世纪最发达的经济学和社会学。足见辩证法唯物论之吸引青年决不是偶然的。关于辩证法唯物论的思想内容，可分下面几点来检讨：

第一，辩证法唯物论以物质在于意识之先，先有物质，后有心灵，人类文明的历史只有几千年，但宇宙的历史已有几百万年。所以先有物质后有心灵的说法，乃是科学常识，以个人来说，身体属于物质，思想属于意识。但思想起于神经系统，思想为神经系统所决定，亦即为物质所决定。物质决定意识，身体决定心灵，即存在决定意识。不过这种都是科学的事实，任何哲学家都不能反对的事实，并不能称是哲学。科学的事实和哲学的理论不同。哲学要问在理论上逻辑上什么东西最根本最重要，什么东西是核心，是命脉？……做人先要立乎其大者，什么是大，人格是大，所以人的根本，是人格，不是身体。就以思想而论，思想的丰啬不在乎脑髓之多少，而要问其是否合理，有无内容。所以"理"才是思想的根本。关于思想的根本，也是一个逻辑问题，不是一个生理问题。唯物论者所从事者，只是传播科学常识，对于逻辑毫未触及。反之不是唯物论的哲学家，也从来不否认物质的存在，不过所谓物质一定是经过思考的物质。所谓不可离心而言物，一块黑板是客观的黑板，因为大家公认它是一块黑板。易言之黑板之所以为客观的黑板，因其建筑在吾人共同的主观基础上。离开主观没有客观。凡是"客"的东西，一定要经过"观"，宇宙自然是客观的，因为我们大家对它有共同的了解，共同的认识，若大家不能认识，无有"观"，则世界即不成其为"客观"世界了。又有一些自命为新唯物论者的人，认为先是物质决定意识，迨意识发展到了相当阶段即反过来决定物质，是为意识对于物质的反作用。此说已流为心物交感论，离开了唯物论的立场了。

第二，辩证法唯物论者所倡言的辩证法原是哲学中的一个主要思想方法。为哲学家所共有，而非任何一派所能包办。易言之辩证法是一种方法。

……

同时辩证法是不能颠倒的，因为辩证法是整个的东西，其本身是一定的。马克思以之研究物质，黑格尔以之研究心灵，一个注重经济生活，一个注重精神生活，两人只是应用不同，而不是根本的不同，黑格尔对于辩证法本身有过很大的贡献，所以在哲学史上的地位很高，马克思只是应用现成的方法，没有创新发明，所以在哲学上的地位，便远逊于黑格尔了。若把辩证法看成一把刀，那么黑格尔用之剖解脏腑，马克思用之割治外症。所以马克思并没有把黑格尔的辩证法颠倒过来。我们要研究辩证法还当读黑格尔柏拉图的著作，读马克思的著作对于辩证法的学习，并无多大帮助。

……

辩证法唯物论的历史哲学就是唯物史观。在其全部理论中，发生的影响最大，也最易为人所接受，而其观点也较新，对于历史哲学也可算是一个新贡献。唯物史观的物不是指纯粹的自然物，如电子原子的运动。其所谓物乃是广义的物，泛指社会的经济事实、经济现象、生产制度，所以也有人称之谓经济史观。我们试加以同情的了解，唯物史观也可以说是一种外观法，外观法是研究一个问题所以发生的外表现象，如地方背景、时代背景等。唯物史观就是注重社会背景的一种历史观，它们以为一人的思想行为，受整个社会经济环境所支配，所以要研究某个思想之所以发生，不要从思想的本身里去找其原因，要从思想外面去找其原因。这是一种客观或外观的研究。所以有人说，要看一人的道德，只要看一人的帐簿，看其银钱出入之来路去路，便可知道此人的道德生活是高尚还是卑下。同样要知道一个人的思想，也要从各方面去观察。对于一个社会说，各种社会现象社会问题，社会思想之发生，也都有其外在的原因，此外在的原因也即经济的原因。这种看法本身并不能说错，但不能因为外观法不错，就说内观法错了。所谓内观法便是从思想本身去看思想。内观法是比较深刻的看法，而两个看法其实可以并行不悖。同时，不论内观外观都从全体观而来。所谓全体观即从全体来看部分，因为从部分来看部分，总有缺陷，不如从全体来看部分来得完全。在这意义下，已经不是物质决定意识，而是全体决定部分了。有了全体观之成就可知道外观内观均有所偏，只有从内外两方面来看，才能深刻而彻底，不过，内观注重本质，比较接近"全观"或"观全"罢了。

……

唯物史观的另一意思，以为一部人类史是阶级斗争史，初期社会为自由民与奴隶之争，封建社会为地主与农奴争，至近代工业社会则变为雇主与被雇者争，整部历史始终有着两个敌对阶级在斗争，这种看法本可以在历史哲学中聊备一说。这种看法只是政治斗争中一个口号。但是历史上的斗争并不限于阶级，我们也可说历史是观念的斗争，民族的斗争，譬如即以前后两次世界大战来说，就很难以阶级斗争四字来解释清楚。

辩证法唯物论的根本缺点是忽略个性，忽略人格，将人与人的差别完全抹煞，只知以外界的环境来解释人类的生活。在民族方面，也忽略了民族性和民族精神，只承认经济条件能支配一切，只要在游牧时代，一切民族便都是游牧民族，只要在封建时代，一切民族都是农业民族，可是民族的精神，民族个性的事实是绝对不容否认的，若把民族复兴问题单纯看成一个经济问题，不唯忽略了事实，也忽略了民族复兴的根本要义。在西洋近代，太注重个人主义，而其民族主义也流于帝国主义，提倡这种学说，或可收补偏救弊之效，可是在中国环境不同。中国在大一统的君主专制和异族侵凌下，处处均足使个性湮没，民族意识衰颓，现在正在清醒重振的时候，正需要发扬个性，恢复民族精神才对。唯物论者自诩是注重时代背景和客观环境的，但在中国问题上，他们却太没有认清中国问题的时代背景和客观环境，而只知抄袭外来的教条了。

从哲学方面讲，辩证法唯物论也是玄学化了的经济学（所谓自然辩证法便是玄学化的自然科学）作为阶级斗争的工具。辩证法唯物论在中国的贡献，并不在提倡科学，亦不在研究哲学，且亦未倡导正统的社会科学的研究，使人民的思想更开明。其力量所在，乃是满足青年情志的要求，给一部分喜于热烈行动精神的青年以政治的信仰、理论的简单公式和信条。所以它决不能代表真正的学术兴趣，满足青年真正的求知欲。在这种情形下，第三种现代思潮自会代之而起，此即正统哲学。

四 正统哲学与三民主义哲学的展望

正统哲学，至今尚成为时代潮流，但社会上的要求已很迫切，因为青年在理论方面要求贯彻，在精神方面要求满足。能达到此目的的，也只有纯正的正统哲学。这种纯正的哲学比以上两种更旧。因为在西洋，这代表希腊哲学的主潮，而近代的正统哲学也远在十九世纪以前。唯物论实验主义的哲学实在都是反对正统哲学而后起的一种哲学思潮。同时，这种正统哲学也可说比上面两种哲学更新，因为正统哲学的内容势必是扬弃前两者而加以新发挥的哲学。这种哲学也可以称为唯心论（参看拙著《近代唯心论简释》，独立出版社出版），因为其理论建筑在精神科学的基础上面，所谓精神科学指的道德史、宗教史、艺术史而言。以研究人类精神历史为主。在中国，要提倡这种哲学，必须很忠实地把握西洋文化，但又不是纯粹的抄袭，而是加以融会发挥。所以这种新哲学仍可以称为中国的哲学，本来中国的正统哲学与西洋的正统哲学是能融会贯通的，并进的合流的。过去我们不能接受西洋的正统哲学，也就不能发挥中国的正统哲学。在西洋，最伟大的正统哲学家是苏格拉底、柏拉图、康德、黑格尔等。在中国则有孔、孟、程、朱、陆、王即儒家。又譬如中国的政治哲学主张为政以德；西洋的柏拉图的理想也主张政治的基础为正义。西洋正统哲学家注重法律不违道德；中国儒家所讲的法治也与申韩之术不同，而以礼治、德治、人治为基础。儒家以人性为善，苏格拉底认无人居心作恶。亚里士多德以人为理性的动物，康德以人为目的，而非手段。所以从各方面来看，这两种思想是相合的，所以中国正统哲学的发挥和西洋正统哲学的融化，实是一而二二而一的事（请参看拙著《儒家思想的新开展》一文，思想与时代第一期）。

新的中国哲学，主张一切建筑在理性的基础上，精神的基础上。没有精神，什么都没有。也只有精神的基础才是最巩固的基础，革命先要革心，知人贵相知心，甚至战争也以攻心为上。……

在中国兴起的新哲学，可以说是中国的民族哲学，但也能为全世界所接受。譬如孔孟的哲学是中国哲学，但也能为西洋人接受，所以这种哲学是普遍的哲学、典型的哲学、模范的哲学。但是这种哲学又一定和三民主义的精神相符合的，在这个意义下，这种新的正统哲学也可以说是三民主义哲学。

三民主义哲学与三民主义科学的意义完全是类似的，所谓三民主义的科学者决不是在物理课本，或化学课本上加上一段总理遗教或一段总裁言论就成为三民主义科学了。三民主义的科学便是纯正的科学，为科学家正在研究的科学；同样三民主义的哲学亦非党八股，而是纯正的正统哲学。因为三民主义是中国近几十年来提倡纯正学术，容许学术自由的开明力量。三民主义是没有狭隘的御用的科学或哲学的。只要是货真价实的真科学、真哲学，都于三民主义有裨益，而为三民主义者所愿加培养，促其滋长的。中山先生说他的思想是承尧舜、文武、周公、孔孟而来的正统思想，而我们所说的新哲学，亦必承此历史的传统，所以其内容势必能与三民主义的内容相合流。

最后，凡是一个哲学与政治家总有着密切的关系，哲学思想与政治思想亦有着密切的关系。两者往往互相了解，互相呼应，终必殊途而同归。这情形正同诗人在诗中表达的思想，可与哲学家的思想暗合一样。因为一个政治家亦可以有他对宇宙人生的根本看法，如果与哲学家的思想默契，则用哲学思想发挥出来，亦就成为一种哲学系统。同样一个哲学家也可以有其政治见解，这种见解如果可行，则用政治方法实行出来，亦就成为实际政治。在这意义下，以哲学来讲任何哲学都有一个理想的政治人格为其哲学思想所欲培养的人格准绳。易言之，每个哲学家都创造了他理想的人格，如孔子的理想人格为周公，孟子的理想人格为孔子，南北朝玄学家的理想人格为谢安，朱子哲学的理想人格为道德学问兼备的宰相，如王安石司马光之流，黑格尔的理想人格为歌德和拿破仑。我们的新哲学当然亦有理想人格作为向往的目标，这无疑地便是百折不回创造民国的国父了，这便是我们所说的正统哲学。而在这个意义中，也只有在这个意义下，才有所谓真正的三民主义哲学。

选自《当代中国哲学》，一九四七，一

五伦观念的新检讨

贺　麟

……

五伦的观念是几千年来支配了我们中国人的道德生活的最有力量的传统观念之一。它是我们礼教的核心，它是维系中华民族的群体的纲纪。我们要从检讨这旧的传统观念里，去发现最新的近代精神。从旧的里面去发现新的，这就叫做推陈出新。必定要旧中之新，有历史有渊源的新，才是真正的新。那种表面上五花八门，欺世骇俗，竞奇斗异的新，只是一时的时髦，并不是真正的新。

……

我们批评五伦观念时，第一，乃是只根据其本质，加以批评，而不从表面或枝节处立论。我们不说五伦观念是吃人的礼教，因为吃人的东西多着呢！自由平等等观念何尝不吃人？许多宗教上的信仰，政治上的主义或学说，何尝不吃人？第二，我们不从实用的观点去批评五伦之说，不把中国之衰亡不进步归罪于五伦观念，因而反对之；亦不把民族之兴盛之发展，归功于五伦观念，因而赞成之。因为有用无用，为功为罪，在两千多年的历史上，乃是一笔糊涂账，算也算不清楚，纵然算得清楚，也无甚意义。第三，不能因实现五伦之观念之方针不好，而谓五伦观念本身不好；不能因实行五伦观念之许多礼节仪文须改变，而谓五伦观念本身须改变。这就是不能因噎废食，因末流之弊而废弃本源的意思。第四，不能以经济状况生产方式的变迁，作为推翻五伦说的根据。因为即在产业革命，近代工业化的社会里，臣更忠，子更孝，妻更贞，理论上、事实上都是很可能的。换言之，我并不是说，五伦观念不许批评，我乃是说，要批评须从本质着手。表面的枝节的批评，实在搔不着痒处，既不能推翻五伦观念，又无补于五伦观念之修正与发挥。

从本质上加以考察，五伦观念实包含有下列四层要义。综贯这四层意义来看，便可对于五伦观念有个明晰的根本的了解，缺少其中任何一义，对于五伦的了解都不能算得完全。

（一）五伦是五个人伦或五种人与人间的关系的意思。这就是说，中国的五伦观念特别注重人和人与人的关系，若用天人物三界来说，五伦说特别注重人，而不注重天（神）与物（自然），特别注重人与人的关系，而不十分注重人与神及人与自然的关系。注重神，产生宗教；注重物理的自然，产生科学；注重审美的自然，产生艺术；注重人和人与人的关系便产生道德。换言之，在种种价值中，五伦说特别注重道德价值，而不甚注重宗教、艺术、科学的价值。希腊精神注重自然，物理的与审美的自然皆注重，故希腊是科学艺术的发祥地；希伯来精神注重神，亦即注重宗教的价值；中国的儒家注重人伦，形成偏重道德生活的礼教，故与希腊精神和希伯来精神皆有不同之处。这样看来，如果我们要介绍西洋文化，要提倡科学精神和希伯来精神，就须得反对这注重人伦道德的五伦观念了，其实也不尽然。因为西洋自文艺复兴以后，才有人或新人的发现。十七世纪和十八世纪内，人本主义盛行，足见他们也还是注重人和人与人的关系，我们又何以放弃自己传统的重人伦的观念呢？不过西洋近代"人"的观念，乃是从大自然里去打个滚的"人"（人不过是自然的一部分），乃是经过几百年严格的宗教陶冶的"人"；而中国的人伦的观念，亦何尝未受过老庄思想的自然化，佛家思想的宗教化？所以依我们看来，我们仍不妨循着注重人伦和道德价值的方面迈进，但不要忽略了宗教价值、科学价值，而偏重狭义的道德价值；不要忽略了天（神）与物（自然）而偏重狭义的人。认真依照着"欲知人不可以不知天"（《中庸》）和"欲修身不可以不格物"（《大学》）的教训，便可以充实发挥五伦说中注重人伦的一层意思了。

（二）五伦又是五常的意思。五伦观念认为人伦乃是常道，人与人间这五种关系，乃是人生正常永久的关系（按五常有两个意义，一指仁义礼智信之五常德，一指君臣父子夫妇兄弟朋友之五常伦，此处系取二种意义）。换言之，以五伦观念为中心的礼教，认为这种人与人的关系，是人所不能逃避，不应逃避的关系，而且规定出种种道德信条教人积极去履践去调整这种关系，使人"彝伦攸叙"，而不许人消极的无故规避。这就是说人不应规避政治的责任，放弃君臣一伦；不应脱离社会，不尽对朋友的义务；不应抛弃家庭，不尽父子兄弟夫妇应尽之道（自然，儒家也有其理论基础，如性皆善，故与人发生关系，或保持正常永久的关系有益无害，人生的目的在于修养治平，脱离人与人的关系，即不能达到修齐治平的目的等说法）。总而言之，五伦说反对人脱离家庭、社会、国家的生活，反对人出世。……不过这种偏重五常伦的思想一经信条化、制度化，发生强制的作用，便损害个人的自由与独立，而且把这五常的关系看得太狭隘了、太僵死了、太机械了，不唯不能发挥道德政治方面的社会功能，而且大有损害于非人伦的超社会的种种文化价值。德哲锐嘉特（H. Rickert）认科学艺术泛神教为非个人的（Impersonal）反社会的（Asocial）文化价值。所以，我看不从减少五常伦说之权威性、褊狭性，而力求开明自由方面着手，而想根本推翻五常观念，不唯理论上有困难，而且事实上也会劳而无功。

（三）就实践五伦观念言，须以等差之爱为准，故五伦观念中实包含有等差之爱的意义在内。"泛爱众而亲仁"，"亲亲，仁民，爱物"，就是等差之爱的典型的解释。在德行方面，因为爱有等差，所以在礼仪方面就服有隆杀。从现在看来，爱有等差，乃是普通的心理事实，也就是很自然的正常情绪。其实，用不着用道德理论，礼教的权威加以提倡，说人应履行等差之爱，无非是说我们爱他人，要爱得近人情，让自己的爱的情绪顺着自然发泄罢了。……

就是新文化运动时期以打倒孔家店相号召的新思想家，似乎也没有人攻击等差之爱的说法。而且美国培黎（R. B. Perry）教授曾说了一句很有趣的话来批评"四海之内皆兄弟也"的说法，似乎也很可以为等差之爱说张目。他说："当你说一般人都是你的兄弟时，你大概不是先把一般人当作亲弟兄看待，而是先把你自己的亲弟兄当作一般人看待。"这话把空口谈兼爱之不近人情和自欺处，说得最明白没有了。

话虽如此说，我仍愿对等差之爱的观念，提出两条重要的补充。第一就等差之爱之为自然的心理情绪言，实有三种不同的决定爱之等差的标准：一是以亲属关系为准之等差爱，此即儒家所提出以维系五伦的说法；一是以物为准之等差爱。外物之引诱力有大小，外物之本身价值亦有高下，而吾人爱物之情绪亦随之有等差；一是以知识或以精神的契合为准之等差爱。大凡一个人对于有深切了解之对象其爱深，对于仅有浮泛了解之对象其爱浅。又大凡人与人间相知愈深，精神上愈相契合，则其相爱必愈深，反之，则愈浅，故后二种等差爱亦是须得注重，不可忽略的事实，且亦有可以补充并校正单重视亲属关系的等差之爱的地方，若忽略了以物之本身价值及以精神之契合为准的等差爱，而偏重以亲属关系的等差爱，则未免失之狭隘，为宗法的观念所束缚，而不能领会真正的精神的爱。第二条须得补充的地方，就是善爱说，或爱仇敌之说，若加以善意理解，确含深意，且有与合理的等差爱之说不相违背的地方。所谓善爱者，即视此仁爱之心如温煦之阳光。以仁心善爱一切，犹如日光之普照，春风之普被，春雨之普润，打破基于世间地位的小己的人我之别，亲疏之分。此种普爱，一方面可以扶助善人，鼓舞善人，一方面可以感化恶人于无形，普爱观念之最极端的表现，见于耶稣"无敌恶"、"爱仇敌"的教训，盖如果你既然抱感化恶人的襟怀，你又何必处于与恶相敌对的地位呢？你既与恶人站在你死我活的敌对地位，你如何能感化恶人呢？必定要超然处于小己的利害，世俗善恶计较之外，方可以感化恶人，能感化恶人方能转化恶人。盖有时有过恶之人，一经转化忏悔，反而成为甚善之善人。至于爱仇敌之教，完全不是从政治军事或狭义的道德立场说法。从军事政治道德立场言，须忠爱国家，须报国难家仇，须与敌人作殊死战，自不待言。凡彼持爱仇敌之教的人，大都是站在宗教的精神修养的观点来说。因为最伟大的征服是精神的征服，而真正的最后胜利（《易经》上叫做"贞胜"）必是精神的胜利，唯有具有爱仇敌的襟怀的人，方能取得精神的征服或贞胜。斯宾诺莎说："心灵非武力所能征服，唯有仁爱与德量可以征服之。"……真正的豪杰之士，他固然需要有价值的知己以共鸣，他同样地欢迎有价值的敌人以对垒。没有价值的敌人以作战胜攻取之资，有时较之没有知己的同情了解尤为痛苦，而且在近代之民治社会中，若不养成爱敌人，尊重敌对方面的宽容之怀，则政党间的公开斗争，商业上的公平竞争，学术上的公开辩难，均会为褊狭的卑劣的情绪和手段所支配，不能得互相攻错，相同益彰，相反相成之益。此点，穆勒·约翰在其《群己权界论》中，有透彻的发挥。我因为许多人有意无意的执着狭义的等差之爱，既有失孟子普推之旨，更不能了解宗教精神上爱仇敌的意义，复不能了解近代社会中宽容的态度，故于此点发挥特详。

（四）五伦观念之最基本意义为三纲说，五伦观念之最高最后的发展，也是三纲说。而且五伦观念在中国礼教中权威之大，影响之大，支配道德生活之普遍与深刻，亦以三纲说为最。三纲说实为五伦观念之核心，离开三纲而言五伦，则五伦说只是将人与人的关系，方便分为五种，比较注重人生、社会和等差之爱的伦理之说，并无传统或正统礼教之权威性与束缚性。儒家本来是与诸子争鸣的一个学派，其进而被崇奉为独专的中国人的传统礼教，我推想，应起源于三纲说正式成立的时候。三纲的明文，初见于汉人的《春秋繁露》及《白虎通义》等书，足见三纲说在西汉的时候才成立。儒教之正式成为中国的礼教也起源于西汉。而中国之正式成为真正大一统的国家，也自西汉开始，西汉既是有组织的伟大帝国，所以需要一个伟大的有组织的礼教、一个伟大的有组织的伦理系统以奠定基础，于是将五伦观念发挥为更严密更有力的三纲说，和以三纲说为核心的礼教、儒教，便应运而生（儒家之成为中国的礼教，实有其本身的理论上的优胜条件，汉武之崇儒术罢百家，只是儒教成为礼教的偶然机缘，而非根本原因）。三纲说在历史上的地位既然如此重要，无怪乎在新文化运动时期，那些想推翻儒教，打倒旧礼教的新思想家，都以三纲为攻击的主要对象。

据我们现在看来，站在自由解放的思想运动的立场去攻击三纲，说三纲如何束缚个性，阻碍进步，如何不合理，不合时代需要等等，都是很容易的事，但是要用哲学的观点，站在客观的文化史思想史的立场，去说明三纲说发生之必然性及其真意义所在，就比较困难了。兹试先分两层来说明五伦说进展为三纲说的逻辑的必然性。第一，由五伦的相对关系，进展为三纲的绝对的关系，由五伦的互相之爱，等差之爱，进展为三纲的绝对之爱，片面之爱。五伦的关系是自然的、社会的、相对的。君君，臣臣，父父，子子，夫夫，妇妇。假如君不君，则臣不臣；父不父，则子不子；夫不夫，则妇不妇。臣不臣，子不子之"不"字，包含"应不"与"是不"两层意思。假如，君不尽君道，则臣自然就会（是）不尽臣道，也应该不尽臣道（闻诛一夫纣矣，未闻弑君也），父子夫妇关系准此。这样一来，只要社会上常有不君之君，不父之父，不夫之夫，则臣杀君，子不孝父，妇不尽妇道之事，事实上理论上皆应可以发生。因为这些人伦关系，都是相对的，无常的，如此则人伦的关系，社会的基础，仍不稳定，变乱随时可以发生。故三纲说要补救相对关系的不安定，进而要求关系者一方绝对遵守其位分，实行片面的爱，履行片面的义务。所以三纲说的本质在于要求君不君，臣不可以不臣，父不父，子不可以不子，夫不夫，妇不可以不妇。换言之，三纲说要求臣、子、妇尽片面的忠、孝、贞的绝对义务，以免陷于相对的循环报复，给价还价的不稳定的关系之中。韩愈"臣罪当诛兮为天王圣明"一句诗，被程朱嘉赞推崇，就因为能道出这种片面的忠道。

第二，由五伦进展为三纲包含有由五常之伦进展为五常之德的过程，五常之伦之说，要想维持人与人间的长久的关系。但是人是有生灭有离合的，人的品位是很不齐的，事实上的长久关系是不易且不能维持的，故人与人间只能维持理想上的常久关系，而五常之德就是维持理想上的常久关系的规范。不论对方的生死离合，不管对方的智愚贤不肖，我总是应绝对守我自己的位分，履行我自己的常德，尽其我自己片面应尽的义务，不随环境而变节，不随对方为转移，以奠定维系人伦的基础，稳定社会的纲常，这就是三纲说所提出来的绝对要求。可以说历史上许多忠臣孝子，苦心孤诣，悲壮义烈的行径，都是以三纲说为指导信念而产生出来的。故自从三纲说兴起后，五常作为五常伦解之意义渐被取消，作为五常德解之意义渐次通行。所谓常德就是行为所止的极限，就是柏拉图式的理念或范型，也就是康德所谓人应不顾一切经验中的偶然情形，而加以绝对遵守奉行的道德律或无上命令，是种绝对的纯义务的片面的常德观，也到了汉儒董仲舒而达到极峰，所谓"正其谊不谋其利，明其道不计其功"。"谊"和"道"就是纯道德规范，柏拉图式的纯道德理念，换言之，先秦的五伦说注重人对人的关系，而西汉的三纲说则将人对人的关系，转变为人对理，人对位分，人对常德的片面的绝对的关系。故三纲说当然比五伦说来得深刻而有力量。举实例来说，三纲说认君为臣纲，是说君这个共相，君之理是为臣这个职位的纲纪。说君不仁臣不可以不忠，就是说为臣者或居于臣的职分的人，须尊重君之理，君之名，亦即是忠于事，忠于其自己的职分的意思。完全是对名分，对理念尽忠，不是作暴君个人的奴隶。唯有人人都能在地位分内，片面的尽他自己绝对的义务，才可以维持社会人群的纲常。试再以学校师生关系为例。假如为教师者都能绝对的片面的忠于学术，认真教学，不以学生之勤惰，效用之大小，而改变其态度。又假如为学生者能绝对的片面的尽其求学的职责，不以教师之好坏分数之多寡而改变其求学的态度，则学术的进步自然可以维持；反之，假如师生各不遵守其常道，教师因学生懒惰愚拙，不认真教学，学生因教师之不良，而亦不用功求学，如是则学术的纲常就堕地了。这就是三纲说的真义所在。因为三纲说具有如此深刻的意义，所以才能发挥如此大的效果和力量。所以就效果讲来，我们可以说由五伦到三纲，即是由自然的人世间的道德进展为神圣不可以侵犯的有宗教意味的礼教。由一学派的学说，进展为规范全国家全民族的共同信条。三纲精神的真义的纯理论基础，可以说只有极少数的儒家的思想家政治家才有所发挥表现，而三纲说在礼教方面的权威，三纲说的躯壳，曾桎梏人心，束缚个性，妨碍进步，有数千年之久。但这也怪不得三纲说的本身，因为三纲说是五伦观念的必然的发展，曾尽了它历史的使命。现在已不是消极的破坏攻击三纲说的死躯壳的时候，而是积极的把握住三纲说的真义，加以新的解释与发挥，以建设新的行为规范和准则的时期了。

最奇怪的，而且使我自己都感觉惊异的，就是我在这中国特有的最陈腐最为世所诟病的旧礼教核心三纲说中，发现了与西洋正宗的高深的伦理思想和与西洋向前进展向外扩充的近代精神相符合的地方。就三纲说之注重尽忠于永恒的理念或常德，而不是奴役于无常的个人言，包含有柏拉图的思想；就三纲说之注重实践个人的片面的纯道德义务，不顾经验中的偶然情境言，包含有康德的道德思想，我已约略提到过。康德的意思是说，事实上也许大多数人都很坏，都不值得爱，但我们应爱人以德待人为目的，以尽我们自己的道德责任。譬如，阿斗就是庸劣不值得爱的君，而诸葛武侯仍鞠躬尽瘁，死而后已，以尽他片面的纯义务的忠道，以履践三纲中之"君不仁臣不可以不忠"的训条。而康德的学说，却正好为诸葛式的德行写照。而耶稣伦理思想的特色，也是认爱为本身目的，尽片面的纯义务，而超出世俗一般相互报酬的交易式的道德，实与三纲说之超出相对的自然往复的伦常关系，而要求一方尽绝对的片面的义务，颇有相同的地方。三纲就是把"道德本身就是目的，不是手段"，"道德即是道德自身的报酬"等伦理识度，加以权威化制度化，而成为礼教的信条。至于三纲说的本质有与西洋近代精神相符合的地方，可任意拈取例证。譬如，如西洋近代浪漫主义者之爱女子，即是竭尽其片面的爱，纵为女子所弃，而爱亦不稍衰（不过在西洋是男子对女子尽片面之爱，而三纲之教，则要求女子对男子尽片面之爱）。又如西洋近代革命家之忠于主义，对于人民竭尽其片面的宣传启导之责，虽遭政府压迫，人民逼害，而不失其素守。又如西洋耶教徒近代之传教事业，所以能普及寰宇，亦复因为许多传教士能忠于其信仰，竭尽其片面的义务，以播扬教义，虽一再遭异教异族之人的杀害，而不渝其志，不改其度。总之，我认为要人尽片面之爱，尽片面的纯义务，是三纲说的本质。而西洋人之注意纯道德纯爱情的趋势，以及尽职守忠位分之坚毅的精神，举莫不包含有竭尽片面之爱和片面的义务的忠忱在内，所不同者，三纲的真精神，为礼教的桎梏、权威的强制所掩蔽，未曾受过开明运动的净化，非纯基于意志的自由，出于真情之不得已罢了。以学术的开明，真情的流露，意志的自主为准，自己竭尽其片面之爱和片面的义务，贞坚屹立，不随他人外物而转移，以促进民族文化，使愈益发扬，社会秩序，使愈益合理，恐怕就是此后儒家的人所须取的途径了。

以上所批评开明的四点：（一）注重人和人与人的关系，（二）维系人与人间的正常永久关系，（三）以等差之爱为本而善推之，（四）以常德为准而竭尽片面之爱或片面的义务，就是我用披沙拣金的方法所考察出来的构成五伦观念的基本质素。要想根本上推翻或校正五伦观念，须从推翻或校正此四要素着手，要想根本上发挥补充五伦观念，也须从发挥补充此四要素着手，此外都是些浮泛不相干的议论。为方便起见，综括起来，我们可试与五伦观念下一界说如下：五伦观念是儒家所倡导的以等差之爱，片面之爱去维系人与人间的长久关系的伦理思想，这个思想自汉以后，加以权威化制度化而成为中国的传统的礼教核心。这个传统礼教在权威制度方面的束缚性，自海通以来，已因时代的大变革，新思想新文化的介绍，一切事业近代化的推行，而逐渐减削其势力。现在的问题是如何从旧礼教的破瓦颓垣里，去寻找出不可毁坏的永恒的基石。在这基石上，重新建立起人生新社会的行为的规范和准则。

选自《文化与人生》，一九四七，十一

与友论新唯识论

熊十力

　　《新论》语体本比文言本精密得多，此书极重要。科学总是各部门的知识，今人言综合各科学之原理，以求得哲学上普遍之根本原理。此其说非无似处，而实不通哲学。哲学是智慧的学问，非仅在知识上用功，可悟一贯之理。佛家必得根本智，而后起后得智（后得智，即辨物析理的知识，乃依根本智而起者。此亦有资乎经验，故云后得。兹不暇详论）。吾前儒主张先得一本，而后可达万殊。此彻底语也。盖哲学之究极诣，在识一本。而此一本，不是在万殊方面，用支离破碎工夫，可以会通一本也。科学成功，却是要致力于支离破碎，此四字，吾先哲之所病，而科学正要如此，但哲学必不可只如此（下一只字者，哲学在知识方面，也须用过支离破碎工夫，但不可只是如此而已，必另有工夫在）。若只如此，必不可识万化根源（化源者，即所谓一本是也。此处不是各种知识贯穿得到的，正须反求自得。儒之体认，佛之内证，皆非今人所诮为神秘，而是确实证会之境）。所以于科学外，必有建本立极之形而上学，才是哲学之极诣。哲学若不足语于建本立极，纵能依据一种或几种科学知识出发，以组成一套理论，一个系统，要其所为，等于科学之附庸，不足当哲学也。哲学如依据一种科学，以解释宇宙，总不免以管窥天，如近人好据物理学中之相对论与量子论而言宇宙为如何如何。谓其无似处固不得，然谓作如是观者，果已得宇宙之蕴，毋乃太戏论乎。又如生物哲学，视宇宙为一生机体。谓其无似处亦不得，然格以东方哲人之义，则犹见其尚未识生命之源。其不免戏论，则与根据物理学而解析宇宙者又同也。大凡哲学家多是以一只眼去窥宇宙，无法避免戏论。

　　孔子于《易》，言天下之动，贞夫一者也。此言变动不居的宇宙，而有个至一的理，为万物所资始。故万变而莫非贞正也。老子言天得一以清（天者，无量星云或星球也。清者，言天之德，无垢曰清。一者，绝对义。天何由成，盖得至一的理，以成其清，而始名为天），地得一以宁云云（宁者，言地之德，地德安宁，故万物生其中。地何由成？亦得至一的理，以成其宁，而始名为地。故知天地，乃至万有，皆一理之所为），亦本易义。孟子言，夫道，一而已矣。记言通其一，万事毕（于万化而知其皆一理之流行，于万物而知其皆一理之散著。会之有宗统之有元，故通一，而万事毕也）。佛氏推万法之原，亦云一真法界（一义见上。真者，至实无妄义，法界，犹云万物本体）。从来圣哲，皆由修养工夫纯熟，常使神明昭彻，而不累于形气，即宇宙真体，默喻诸当反躬（不待外求），虑亡词丧，斯为证会（吾人真性，即是宇宙真体，本来无二。一真呈露，炯然自喻。非假思虑，故云虑亡。此际不可以言词表示，故云词丧。须知，思虑起时，便由能虑，现似所虑相，斯时便是虚妄分别，而真体几离失矣。几之为言，显非果离失，然一涉思虑，又不得不谓之离失也。言词所以表物，真体无相，故非言词可表）。真体无形无象。无内无外。此是证会所及，非知识所行境。学极于证，而后戏论息。

哲学不当反知，而毕竟当超知。超知者，证会也。知识推度事物，不能应真，虚妄别分故（知识对于宇宙万象，只是一种图摹，决不与实体相应，故云虚妄）。知识总是有封畛的，不能冥契大全。至于证，则与真理为一。易言之，证即真体呈露，炯然自识也。

《新论》建本立极，而谈本体。学不究体，自宇宙论言之，万化无源，万物无本，只认现前变动不居的物事为实有，而不究其原。是犹孩童临洋岸，只认众沤为实有，而不悟一一沤，皆以大海水为其本源。儿童无知不足怪，而成年人设如此，则可悲矣（《新论》浩博，学者或不易理会）。《语要》卷一，有答某君难《新论》篇后附识，谈体用不二义，举大海水与众沤喻，详为分疏。《语要》卷三后，有曹慕樊王准两记，其涉及体用义者，皆足发明新论，所宜详究。

学不究体，自人生论言之，无有归宿。区区有限之形，沧海一粟，迷离颠倒，成何意义。若能见体，即于有限，而自识无限。官天地，府万物，富有日新，自性元无亏欠，本来无待，如何不乐。

学不究体，道德无内在根源。将只在己与人，或与物的关系上，去讲道德规律。是由立法也，是外铄也。无本之学，如何站得住。悲夫，人失其性也久矣（性即本体，以其在人言之则曰性）。残酷自毁，何怪其然。

学不究体，治化无基。功利杀夺，何有止期。若真了天地万物本吾一体者，科学知能，皆可用之以自求多福。

学不究体，知识论上，无有知源（本体在人，亦云性智，纯净圆明，而备万理。是为一切知识之源。详《新论》明宗章）。且真极弗显（真极，犹云本体），证量不成（证量者，即本体或性智之自明自了）。一极如如，炯然自识，而无外驰。佛家所谓正智缘真如，名为证量，应如是解。非可以智为能缘，如为所缘，判之为二也。二之，便是有对，是妄相。非真体呈露，何成证量。故知证量，依本体建立。若本体不立，证量无由成。宋人词曰：众里寻他千百度，回头蓦见那人正在灯火阑珊处。学者无穷思辨，无限知见，皆灯火也，皆向众里寻他千百度也。回头蓦见云云，正是性智炯然自识，真理何待外求？知见熄时，此理已显也。此言理智思辨，终必归于证量，至为剀切。学不知所止（学必至于证，方是《大学》所谓知止），理不究其极，阳明所谓无头的学问，可胜慨哉。

《新论》明体用不二，此是千古正法眼藏。一真法界，是体之名。变动不居，是谓之用。哲学家谈本体与现象，多欠圆融（现象一词，即依用上而立名）。《新论》以大海水喻体，众沤喻用。即体而言，用在体。才说体，便知体必成用。譬如说大海水，即此现作众沤者是。不可离众沤而求大海水。体必成用，不可离用觅体，义亦犹是。即用而言，体在用。才说用，便知用由体现。譬如说众沤，即是一一沤，各各揽全大海水为其体。不可只认一一沤为实物，而否认一一沤各各元是大海水也。用由体现，不可执用，而昧其本体，等亦犹是。妙哉妙哉。

佛氏谈本体，只是空寂，不涉生化。只是无为，不许说无为而无不为。只是不生灭，不许言生。譬如，于大海水，只见为渊深渟蓄，而不悟其生动活跃，全现作无量沤，此未免滞寂之见。其于生灭法（佛氏所谓生灭法，即指变动不居的万有而目之也。相当《新论》所谓用），亦不许说由真如现为如此。譬如不许说众沤，由大海水现为之，理何可通？详核佛氏根本大义，却是体用条然各别。譬如将大海水与众沤，离而二之。极不应理。此盖出世法之根本错误。《新论》语体本，辨析严明。《功能》两章，最不容忽。

西洋哲学，《新论》可摄通处自不少。如数理派哲学，以事素说明宇宙，其说似妙，而实未见本源。《新论》明功能显用（功能，即本体之名。功能显用，譬如大海水，显为众沤。沤喻用，大海水喻功能），有翕辟二极，顿起顿灭，刹那不住（即此翕辟二极，名之为用。二极者，非如南北二极有分段之隔也。但言其有内在的矛盾，以相反相成而已。详上卷《转变》章）。自翕极而言，翕势，刹那顿现，而不暂住。以此明物质宇宙，本无实物，与事素说，略可和会（即在其无实物的意义上可和会）。而有根本殊趣者，与翕俱起，爰有辟极。转翕而不随翕转，即翕从辟，毕竟不二，而可说唯辟。辟势无在无不在，无二无别（绝待，故云无二。不可分割，故云无别），清净而非迷暗，所谓神之盛也。是名宇宙大生命，亦即物物各具之生命。譬如月印万川，万川各具之月，实是一月。所谓一为无量，无量为一是也。据此，则翕势顿现，可略摄事素说。而与翕俱起者则有辟，又翕终从辟，反而相成，故乃于翕辟毕竟不二，而见为本体之流行。克就流行言，则新新而不用其故。真真实实，活活跃跃，非断亦非常（刹刹不守其故，故非断。刹刹新新而生，故非常。以上参玩《新论》），神哉神哉！此非谈事素者所与知也。事素说者，不了体用，不识生命，但于翕之方面，刹那势速顿现，则与事素说，有少分相似（势速一词，借用佛典。有势猛起，曰势速。此势速刹那顿起，于事素亦稍似。即从其无实物的意义上，有稍似），然不了体用（于翕义稍似，非真了翕。且不知有辟，故未了用。又复不知本体之显为翕辟，是不悟万化真源。总而言之，不了体用），不识生命（若了翕辟即是本体之流行，若了翕辟反以相成，而毕竟不二，即于此识生命。谈事素者，未堪语此。斯义深微，焉得解人而与之言），则不足语于第一义（第一义一词，借用佛典。穷彻宇宙本源，方是第一义）。宇宙人生，不是虚浮无根柢。学不证体，终成戏论。

至于生命派之学者，大概体验夫所谓意志追求，或生之冲动处。此盖在与形骸俱始之习气上，有所理会，遂直以习气暴流，认为生命（佛家说众生以势如暴流之赖耶识为主公。赖耶即一团习气也。西哲如叔本华柏格森等，持说之根底，不能外此）。殊不知，必于空寂中，识得生生不息之健，方是生命本然。而哲学家罕能见及此也。总之，言事素者，明物质宇宙非实在。《新论》可摄彼义。至于不达宇宙实相，则非进而求之，《新论》不可也。生命论者，其所见，足与《新论》相发明者自不少，然未能超形与习，以窥生命之本然（习依形起，亦形之流类也。人生成为具有形气之物，则欲爱发而习气生。种种追求与冲动，其机甚隐，而力甚大。此缘形于习而潜伏之几，阴蓄之力，殆成为吾人之天性，吾人如不能超脱于此杂染物之外，而欲自识生命之真，殆为事实所不可能者）。无明所盲（借用佛典语。无明，谓迷暗习气。此能令人成盲），覆蔽自性，常陷颠倒，可哀孰甚（佛说众生无始时来，在颠倒中。由其不见自性，而心为形役，故颠倒也）。《新论》融会佛老，以归于儒。明本体空寂，而涵万理，备万善，具生生不息之健（空者，无形无象，无分畛，无限量，无作意，故名空，非空无之谓。寂者，无昏扰，无滞碍，无迷暗，清净炤明，故名寂。涵万理，备万善，本来如是，非妄臆其然也。万化，无非实理之流行。万物，无非真善之烁著。孟子道性善，非从形与习上着眼，乃造微之谈也。具生生不息之健，大

《易》扼重在此。二氏未免耽空溺寂，儒者盖预堤其弊。虽然，不见空寂，而谈生生，其能不囿于形与习，而悟清净焆明之性体乎！若只理会到生之冲动，与盲目追求云云，则已迷其本来生生之健，而无以宰乎形，转其习，因有物化之患矣。《新论》功能两章，学者宜玩）。生命论者，未能探源到此，则夫子呵子路以未知生，岂止为子路下当头棒耶？

牟生宗三俊才也，前来函，谈怀特海哲学，甚有理趣。吾置之案头，拟作答，因循未果，忽忽失去，极怅惘。忆彼有云，西洋哲学，总是一个知的系统（知读智）。自闻余谈儒，而后知儒家哲学，自尧舜迄孔孟，下逮宋明，由其说以究其义，始终是一个仁的系统。《系传》曰，智者见之谓之智，仁者见之谓之仁。由中西学术观之，岂不然欤。余以为儒家根本大典，首推《易》。《易》之为书，名数为经，质力为纬，非智之事欤（阳为力，而阴为质。质力非二元，但力有其凝之方面，即名为质。此中质力，只约科学上的说法。易本含摄多方面的道理。若依玄学言，则阳为辟，而阴为翕。其意义极深远。科学上质力的意义，只可总摄于翕的方面。当别为论）？汉人言《易》，曰乾为仁，坤元亦是乾元。然则遍六十四卦，皆乾为之主宰，即无往而非仁之流行也。据此，则《易》之为书，以仁为骨子，而智运于其间。后儒若宋明语录，则求仁道功殊切，而尚智之用未宏（《论语》记者，似只注重孔子言仁与实践的方面。非是孔子之道有偏，只记者有偏注耳。汉以来经师，仁智俱失。宋明儒却知求仁）。《新论》救后儒之弊，尊性智，而未尝遗量智（量智，即理智之异名。性智是体，量智是用。量智推度，其效能有限。以其不得有证量也。存养性智，是孟子所谓立大本之道。陆王有见乎此，然未免轻知识，则遗量知矣。孟子尊思为心官。心者，言乎性智也。思者，言乎量智也。遗量智，则废心之官。后儒思辨之用未宏，此《新论》所戒也）。归乎证量，而始终尚思辨（证量者，性智之自明自了。思辨，则量智也。学不至于证，则思辨可以习于支离，而迷其本。学唯求证，而不务思辨，则后儒高言体认，而终缺乏圣人智周万物，道济天下之大用，无可为后儒讳也。余拟于《新论》外，更作《量论》，与《新论》相辅而行。老当衰乱，竟未得执笔）。性智，即仁体也。证量，即由不违仁，而后得此也（仁体放失，便无自觉可言。此言自觉，即自明自了。其意义极深远，与常途习用者不同）。思辨，即性智之发用，周通乎万事万物。万理昭著，如人体无麻木枯废，血气不运之患。则仁智虽可分言，而毕竟一体也。《新论》准大《易》而作，形式不同，而义蕴自相和会。

《新论》立翕辟成变义。翕，即凝以成物，而诈现互相观待的宇宙万象。

辟，则遍运乎一切翕或一切物之中，而包含乎一一物，故辟乃无定在而无所不在，无二无别，夐然绝待。翕辟，皆恒转之所为（恒转，即本体之名，详《新论》。翕辟，喻如众沤。恒转，喻如大海水），但从翕之方面言，则似将物化，而失其本性（本性谓恒转）。从辟之方面言，则是不改易其本性（本性同上。常转翕从己，而终不可物化者。己者，设为辟之自谓），于此，而见翕辟毕竟不二（翕随辟转，只是一辟，故不二）。亦即于此，而识恒转（于翕辟不二，而知此即恒转。譬如，于众沤，而知其即是大海水也）。本来无实物，而诈现物相。毕竟非有相，非无相（恒转本无相。而不能不现为翕辟。翕，即现似物相，故知毕竟非无相。辟，亦无形也，终不失恒转本性。而翕终随辟，则翕虽诈现物相，要非实在，故知毕竟非有相）。神哉神哉（非有，非无。穷于称赞，而叹其神也）！

就辟之运乎一一翕或一一物之中以言，便是一为无量（辟是一，已如前说。其运乎一一物之中，即本至一，而分化成多。譬如月印万川，即本一月，而为无量月）。

就辟之至一而不可分，一一物各得其全以言，便是无量为一（辟是全整的一。故就其在甲物言，则甲物得其全。就其在乙物言，乙物亦得其全。乃至无量物，皆然。譬如万川之月，元是一月）。

就万物各具辟之全以言，则万物平等一味。大《易》群龙无首（龙者阳物，喻物之各具有辟，以成其为物也。无首者，物皆平等，性分各足故），庄生太山非大，秋毫非小，皆此义也。若推此义以言治化，则当不毁自由，任物各畅其性（各畅者，以并育不相害为原则。逾乎此，则是暴乱，非自由义）。此不暇详。

就一一物各具之辟，即是万物统体的辟以言，则自甲物言之，曰，天地万物皆吾一体，自乙物言之，亦曰，天地万物皆吾一体，乃至无量物，皆然，理实如是，非由意想谓之然。是故《论语》言仁者己欲立而立人，己欲达而达人，人己非异体故。《中庸》言成己成物，物我无二本。故同体之爱，发不容己。孔氏求仁，佛氏发大悲心，皆从本体滚发出来（用李延平语），虽在凡夫，私欲蔽其本明（本明，谓本体），然遇缘触发，毕竟不容全蔽，如孟子言今人乍见孺子入井，皆有怵惕恻隐，即其征也。本此以言治化，春秋太平，礼运大同，岂云空想，人患不见己性耳（己性，本与万物同体）。

《新论》，原心于泬漻（泬漻，无形貌，推原心之本体，本无形也），动而辟也（动者，流行义，本体流行，而有其显为辟之方面，即名为心）。辟则至无而有（至无，谓无形也。辟不失其本体之自性，故无形。然无形而已，要非空无之谓，故又云有），至无而有，故是浑一而无封畛也（无形，故无封畛）。原物于沕穆（推原物之本体，则非物别有本也。固与心同一本体，同一沕穆无形者也），动而翕也（动义同上。本体流行，而有其翕之方面，即名为物）。翕则不形而形（本体无作意，非欲自成为形物也。故云不形。然其显为翕之势，刹那势速顿现，虽无实质，而似有形焉。如当前桌子，只是刹那势速顿现，宛尔成形）。是其动以不得已，辟之流行，不可无资具故也。唯然，翕便现似各个，千差万别，宛然世界无量（世界约说以二。曰器世界，即自然界是。曰有情世界，即于自然界中，特举众生而目之）。然复须知，翕成形，则只如其现似之形而已。苦其周运，与包含，且主宰乎翕者，则所谓辟是也。心物问题，古今聚讼，学者各任知见构画，云何应理。《新论》以翕辟言之。初时，良由悦悟。后来随处体认，确信此理无疑。余年十八，读《易》《系传》，至辟户之谓乾，阖户之谓坤，神解脱然，顿悟虚灵开发者，谓之辟，亦谓之心；聚凝阖敛者，谓之翕，亦谓之物。心无内外（心是虚灵开发，无定在而无不在。本无形也，何内外可分）。物者，心之所运用，所了别，亦非离心外在。当时颇见大意，只条理未析，意义不深耳。

谈哲学，如不能融思辨以入体认，则其于宇宙人生，亦不得融成一片。此中义趣渊微，难为不知者道也。体认极于证量（体认一词，前儒或泛用之。然语其极，即是证量。《新论》下卷附录中，有答谢君书及此），非克己或断障至尽，则性智不显，不得有体认也。性智，即本体之名（见《新论》明宗章）。体认，即本体之炯然自识。故唯本体呈露，方得有体认也。儒者言克己，佛氏言断障，障之与己，名异而实同。但佛家于此，发挥详尽，儒者却不深析之。己不克尽，障不断尽，则本体受蔽而不显，如何得有体认？思辨，本性智之发用。然己私与障染未尽，体认未得，则思辨易失其贞明之本然（思辨，是性智的发用，则贞明是其本然也。元无迷乱。但人之生也，形气限之，而己私以起，障染以生，则蔽其本体，而贞明以失。如云雾起，而蔽太阳）而有相缚之患（相缚一词，本之大乘相宗，意义极深远。相者相状。为相所缚曰相缚）。人生不能离开实用，故理智常受实用方面的杂染，每取着境相，易言之，思辨之行，恒构画成相，此相既成，还以锢缚自心，而不得脱然默契实理。故云相缚。如哲学家解释宇宙，其实，只是分析概念，此等概念，在哲学家思辨的心中，无往不是相缚。故非克己断障尽净，性智显而体认得，则思辨之行，终不能遣相缚，而至于思泉纷涌，而不取思相，辨锋锐利，而不着辨相，真与实理亲冥为一（故非克己，至此为句）。所谓不能融思辨以入体认者此也（向欲于《量论》中详此意，惜未及作）。不能融思辨以入体认，则其于宇宙人生不得融一者，为其思辨心中所构画之宇宙，只是相缚，直将人生本来，与宇宙同体之真，无端隔截故也。既自系于相缚，便不能有孟子所谓万物皆备于我，及上下与天地同流之实际理也。譬如手足一旦受缚极重，便与全体血脉不相通贯，而成隔截之祸。又如蛛造网，蚕作茧，而自缚其中，遂与向所生焉息焉周通无碍之大自然隔截。此其可悲已甚，故谓宇宙人生不能融成一片也。

《新论》根本精神，在由思辨，趣入体认（亦云证量，或证会）。即从智入，而极于仁守（仁即本体。佛老于虚寂显体，《新论》则于虚寂，而有生生不息之健处，认识体。生生，仁也。故说仁即本体。此是儒家一脉相承。仁守，即体认之候。若私意私欲蔽其本体，即无体认可言。思辨，则智之事也）。此或为偏尚知的系统者所不得契。然理贞一是，学有正鹄，不可徇俗而丧吾所持也。自《新论》文言、语体两本问世以来，十余年间，辄欲以一得之愚，与当世明哲商所向。天下之大，岂无与我同怀者乎？然而所期适得其反。汪大绅自序曰：学既成而日孤也。余谓不孤，不足以为学，可无伤也。

原载《学原》一卷六期，一九四七，十

中国哲学与西洋哲学

——《近代唯心论简述》代序

贺 麟

今后中国哲学的新发展，有赖于对于西洋哲学的吸收与融会，同时中国哲学家也有复兴中国文化、发扬中国哲学，以贡献于全世界人类的责任自不待言。并且我们要认识哲学只有一个，无论中国哲学、西洋哲学都同是人性的最高表现。人类理性发挥其光辉以理解宇宙人生，提高人类精神生活的努力，无论中国哲学，甚或印度哲学，都是整个哲学的一支，代表整个哲学的一方面。我们都应该把它们视为人类的公共精神产业，我们都应该以同样虚心客观的态度去承受，去理会，去拮英咀华，去融汇贯通，去发扬光大。中西哲学诚然有分别，有异同，有其偏颇陈旧而不适于现代生活之处，我们可加以分辨，加以考察，加以批评，但如果对于两方均有深切了解的话，不能说中西哲学间有无法沟通的隔阂，有霄壤的差别。

谈到中国哲学，我们认为主要的应分儒家道家墨家三家。谈到西洋哲学，我们认为主要的可分为唯心论唯物论两派。我们以下打算对中国哲学上的三家和西洋哲学上的两派的特点要义和异同，作一提要式的简略叙述。

中国哲学上的派别主要的只有儒道墨三家，其他各家都可认作这三家的分支，附庸，或混合。这三家的壁垒森严，趋向各异，各有其不同的宗旨与面目。大体讲来，道家及墨家各偏于一面，而儒家较能持中。道家重自然，墨家重人为，儒家求自然与人为的调和。重人为的自强不息，但又不陷于矫揉造作，重施无言之教的自然，取法天行，但又不废弃人伦的道德义务。墨家重实用，道家求无用之用。而儒家反功利重道谊，但又不陷于空寂无用。就对于鬼神的态度说，墨家信天明鬼，持有意志人格的有神论。道家不信鬼神，接近于认自然即神的泛神论。儒家一方面歌颂鬼神之德，相信天意天命，相信上帝临汝，相信天能降祥降殃，似乎接近有神论，一方面重知生不重知死，重事人，不重事鬼，发挥天道天理或太极为宇宙最高原理，又似乎接近泛神论，总之儒家仍处于介于道家与墨家之间的持中地位。就三家对于生活的态度来说，则道家趋向于"到自然去"过超脱隐逸的诗人艺术家纯粹学者的生活。墨家趋向于"到民间去"救济人群，改革社会，过作兼爱交利的下层工作的生活。儒家则趋向于"到朝廷去"做官任职，发展礼乐刑政，恓恓惶惶，过治国平天下，仁民爱物的生活。这三家可以说各有其用，相反相成，足以适合许多不同性格不同兴趣的人的精神要求。可惜墨家一系在中国断绝了几千年，今后时代潮流的需要，西洋基督教宗教精神和富于社会理想的功利主义的介绍和输入，当可促进墨家一派的复兴。

西洋哲学上主要的派别只有唯心唯物论二派。这两派的基础远在希腊时期即已奠定。德谟克利特是希腊唯物论系统的完成者，柏拉图是希腊唯心论系统的建立者（此采德国哲学史家文德班之说）。以后西洋的哲学可以说是不归于唯心论即归于唯物论，其他许多纷纭的派别，都不外这两大学派的分支、附庸，或改头换面，或巧妙混合。这两派同为不断地推进西洋文化，保持理智活动的主要力量，于促进西洋的科学精神和民主精神均各有其重大的贡献，然而他们两派的宗旨、理论、路向确有显明的不同，形成尖锐的对立，两派均注重科学，均于促使科学进步有其贡献。不过唯物论接受科学结论，加以发挥推广，应用来解释生命和内心。唯心论则注重批评科学的前提，盘问科学定律之所以有效准的原因，并限制科学方法科学知识的范围和限度。唯物论以时间上在先的外物为本，唯心论以逻辑上在先的精神或理性为本。唯物论以工具为体，譬如，生产工具、物质条件等，唯物论者认为是决定一切，特别支配人类的上层文化、意识和精神之本体；唯心论以工具为用，外物为精神的显现，工具为精神的用具，"物"只是工具，而有造工具用工具的精神以为主体。唯物论者离心而言实在，离理而言实在，离价值而言实在。换言之，唯物论者以为真实之物，是离意识而独立存在，是不一定合理性合理想，有价值有意义的。唯心论者则合心而言实在，合理而言实在，合意义价值而言实在。换言之，唯心论者，认为心外无物，理外无物，不合理性，不合理想，未经过思考，未经过观念化的无意义无价值之物，均非真实可靠之物或实在。

大概讲来，唯物论又可分为两派，一为科学的唯物论，注意外界物质的自然，注重社会人生的实用，特别意欲的满足，快乐的获得，否认人的意志的自由。西洋以希腊之德谟克利特、近代之霍布士为代表；中国可以荀卿及王充为代表；一为艺术的唯物论，此派大体接受科学唯物论的理论，但于生活方面，求超脱潇洒，葆性全真，注重纯艺术纯理智的欣赏。可以西洋古代之伊壁鸠鲁、鲁克雷沙斯【今译卢克莱修】及现代之桑陀耶那【今译桑塔亚纳】为代表；在中国哲学史上，可以庄周扬朱，及南北朝时代趋向老庄的自然主义的玄学家或清谈家为代表。唯心论亦可分为两派，一为主观的唯心论，注重心灵之自由创造，及自我之刚健本性，西洋以柏拉图、康德、费希德为代表；中国则可以孟子、陆象山、王阳明为代表。一为客观唯心论，注重宇宙秩序（天理或天道）之神圣性及自然与人生之谐和性。宇宙与人生皆有其理想的精神意味和灵明的秩序法则，但又不偏于个人主观的愿望和私智。此派西洋哲学中比较缺乏，可以亚里士多德、斯宾诺莎及德国大诗人歌德及现代之怀惕黑【今译怀特海】为代表。黑格尔尝自称其哲学为客观唯心论，但亦不免稍偏主观。中国哲学中，则当以孔子及朱子为此最伟大高明的学派之代表。我这种看法是多少采取德国建立精神科学基础的哲学家狄尔泰的说法，而略加修正补充。

由此足见从文化上说，中国哲学分儒道墨三家，从学理上说，亦可分为唯心、唯物论二派。中国哲学家亦可分属于唯心论及唯物论，西洋哲学家亦有儒者气象（如亚里士多德、康德、黑格尔、格林、鲍桑凯等），有道家风味（如伊壁鸠鲁，如斯宾诺莎，如布拉德烈，如桑陀耶那），有墨家精神者（如孔德、马克思、边沁、穆勒等）。总之，我希望我这种说法，对于沟通中西文化，融会中西哲学，可提示一个大概的路径。（此篇曾作为星期论文，抗战期间，在昆明某日报上发表）

选自《资产阶级学术思想批判参考资料》第四集

两种人生观之交替与中和（节录）

钱　穆

　　人生观虽说千差万别，然似乎大体上可以只分成两类。在暂无恰当名称以前，我们不妨名之为甲种人生观及乙种人生观，或说第一类人生观与第二类人生观。若定要标以内容含义，我们不妨称呼第一种为现实的人生观，第二种理想的人生观。

　　宇宙之伟大与人生之渺小，双方极端映照，此为构成每一个人人生观之核心与焦点。大体说来，比较偏向渺小方面的是现实的；偏向伟大方面的是理想的。现实的常以自我为中心，为自我而奋斗。理想的常依宇宙为归宿，为宇宙而牺牲。这是两大派人生之分野所在。

　　换辞言之，现实的常有偏肉体的倾向，理想的常有偏心灵的倾向。从偏肉体的方面来认识宇宙，则常主张亲验与实证；从偏心灵的方面来认识宇宙，则常从事玄想与推理。主张亲验与实证常易走向物质自然环境，为科学与艺术之起源。从事玄想与推理，则走向精神文化环境，为宗教与历史之前导。第一派喜欢自我的智识与自由，第二派着重对宇宙之信仰与崇拜。

　　喜欢自我智识与自由，故主张小我独立；对宇宙发生信仰与崇拜，故偏于想望大群之团圆。前派可称为自依的，后派可称为依他的。因此两派人生对社群的态度亦自不同。第一派往往被目为俗的，即入世者。第二派则被目为道的，即出世者。其实前一派往往先入后出，而后一派则又往往先出后入。所以谓之先入后出者，他们因注重现实，先在世务上竞争，待其个人成功则由热而冷，便想从俗务中抽身享福。所以谓之先出后入者，他们因注重理想往往先有一段生活避世绝俗修道养性，待得有确然自信时，又重行回归入俗来宣导播扬，为大群服务。因此第一派的口号常见满足欲望。第二派的口号则为服从理性。

　　此两派人生因对宇宙对社群的看法各不同，故其对自身的态度亦判然有别。

大抵第一派是自傲的，以自我为中心，以自我之智识为权力，以自我之伸展为人生之真理。第二派是谦卑的，他们常分心境为天人圣凡道俗理欲的两界，他们把上部心境（天、圣、道、理）代表超我的高级我，把下部心境（人、凡、俗、欲）代表私我的低级的我。因此前一派所发展的是人世间的现实的权力财富地位名声等等，后一派所发展的是非俗世的理想的，天理良心人格道德等等。再分言之，前一派有时是先傲后卑的，他们主张个人全在同一点上出发，全可做宇宙人生的中心结，这是他们所自傲的，但是实际竞争的结果，有胜利有失败，失败者的权力财富地位名誉种种不如人，自然只有自觉卑下。后一派有时是以谦自尊的，他们在所崇拜信仰的最高对象下，各自平等，所以谁也不敢妄自尊大，然而谁也不必妄自菲薄。所以第一派较活泼，因他们在同一点上出动，觉得前途无量。第二派较严肃，因他们在同一点上归宿，觉得责任无限。因此第一派重充满欢乐的气分。因尘世现实较易满足。第二派，常用以悲悔的情态，因天界圣境终极难望。

他们的态度，影响于对人。第一派常注重辩论，第二派则注重感化。第一派奖励聪明，第二派提倡慈悲，第一派常积极企慕成功，第二派常消极提倡同情。第一派的社群，常趋于阶级与斗争，第二派的社群，则趋于平等与和协。

以上所举两派人生其显著的对比，可举西洋史上希腊文明与希伯来文明来作例证。希腊属第一派，希伯来属第二派。这两种显著的派分，也可从天然环境上说明其背景。希腊人在一个美丽舒服的环境成长，他们没有可怕的高山，没有单调的大平原或沙漠，他们没有暴风雨恶天气。他们在一环列秀丽的山和清婉的水的各自分裂下居住，前面常是恬静的海，上面常是蔚蓝的天。希腊人自始便不感觉大自然之威胁，亦不感觉大群社团之嘈杂与麻烦，他们开始其快乐的个人主义的小我自由之现实生活，他们开始为智识之探究，他们沉醉于肉的享受，他们种下了科学与艺术之嫩芽。在他们自身时已结有灿烂的繁花与甜美的果。至如柏拉图所为理念世界之哲学，带有超现实倾向之意味者，此已在希腊文明盛极将衰之际，写出来的一种人生交替与转响之征兆。

希伯来人与希腊绝然不同，沙漠地带之单调与沉闷，已使希伯来人的心地与海岛居民异致，使他们不得不感到自然之伟大与人生之渺小。又兼长期的民族流亡，西至埃及，东至巴比伦，转徙播迁含辛不吐，又使他们感到人类大群的复杂力量与夫自己祖先民族历史之深远的追溯。所以在希伯来人中间，便产生了他们创世纪一类的历史，与夫耶稣的新约。希伯来人自始即在忧深思远、悲天悯人的心境下生活，他们绝不想到所以用他们自己的智识，来宰御天然，使为人类享福的材料，更不想到他们应该各个人各自自由独立，脱离大群社团来向世界别处伸展。他们所想望的在使自己的社群如何融洽于宇宙，自己如何融洽于大群。他们平惜牺牲渺小自我来贡献于宇宙与大群，根本没有使宇宙与大群来迁就我供奉我的想望。希腊人如小孩在跳跃与歌唱，希伯来人如老人在忧愁与悲叹。一则如在清晨，一则如在薄暮。若再把别个民族来比拟，则印度比较近希腊，阿拉伯比较近希伯来。

……

现在让我们回转头来看一看我们的祖国，我们处境自始即没有希伯来人那般干燥与寂寞，我们民族的命运亦没有像他们遭遇的沉痛，然而我们亦没有希腊人那般秀丽的山海与景色。我们没有像希腊人那样歌唱高兴，但是亦没有像希伯来人那样悲叹失望，我们有希伯来人一般的历史回溯，但是没有发展成他们的宗教。我们有希腊人一般的艺术欣赏，但是没有发展成他们的科学。我们的人生似乎正在希腊希伯来之间。若把世界民族文化在上述论点上作一线排列，应该是希腊、印度、中华、阿拉伯、希伯来。希腊与希伯来在两极端，我中华适处他们两极端之中心。

我们是以崇拜历史崇拜古代圣贤代替了崇拜上帝的宗教。其实我们民族崇拜历史的心理，已经是心灵上之理想化，已经是超小我的一种宗教信仰。崇拜古代圣贤，可说是一种人文教。崇拜天国上帝，可说是一种神道教。神道教要求灵魂超升，要求天国福德，是纯理想的，是极端的，非现实的。而中国人崇拜历史，因此不求灵魂超升而求子孙绵延，这已在理想的超小我的精神里面放进了现实的小我中心的成分。中国人一面崇拜历史，超乎现实，带有极浓厚的严肃性，但一面又相当看重现实，歌咏人生，接受享乐。因此诗歌文学艺术建造在中国亦高度发展。中国人仍不失其一种活泼性。但中国人对宇宙到底不脱其虔诚的心理，虽说利用厚生，虽说尽人之性以尽物之性，而到底还是先要正德，还是最后要贯天地之化育，因此中国人没有像希腊人般想纯从人类智慧上去窥探宇宙之秘密，而毋宁说是像希伯来人般却纯从人类性情上去体认宇宙之伟大。因此中国虽有尽物性与利用厚生的主张，而却只走上艺术的路，没有走上科学的路。换言之，中国人只在无伤其理想上的宇宙尊严之下来利用厚生，来尽物之性。别一面则中国人又只在无伤其现实的人生情趣之下，来崇拜历史，信仰古人。因此，中国人生有其比较近于中和性的历史与艺术，而舍却比较优于极端性的宗教与科学。因此在中国历史上表现的中国人生，虽亦有偏理想与偏现实的两个境界，但是理想则兼顾到现实，现实亦兼顾到理想。绝没有像西洋史上那般向极端相互冲突与相互交替。中国史只似一部西洋史之中和，因此，中国史没有大起大落，没有激剧变化。儒家精神代表了中国文化之最高点，儒家精神之礼乐，便是希伯来式的礼拜与祈祷，掺和着希腊式的歌唱与跳跃。孔子曰：不如富而好礼贫而乐。孔子对于现实人生既没有像耶稣般痛斥富人，亦没有如希腊人般一意货殖。

让我们根据上面的分析，再回头来看一看近代的中国。近代中国人无疑的刻意要走现实享乐小我自由的一条路。他们说中国已往只是相当西洋的中古时期，我们得现代化。现代化的名词下包含着反宗教迷信，反历史崇拜，提倡科学精神与个人自由要求。但是这里面不免有几点窒碍难行处。第一，科学精神与个人自由要求本有他深邃的真源，非可貌袭而取。在希伯来民族流离转徙之中，在罗马帝国崩溃的前后，绝不会发生科学精神与个人自由要求。在满清部族政权长期压迫之下，乾嘉以后内乱外侮，相互迭乘，中国人从积威积弱之余，救死争存之不暇同样的说不上科学精神与个人自由要求。现代中国的处境，决不能像古希腊，亦不能像文艺复兴时代的意大利诸城市。近代中国人追慕现实享乐小我自由，并不能像一少壮青年在生力充沛酣睡初醒开眼起身时的情感，转而似于日暮途穷倒行逆施，否则是信陵君醇酒妇人，不啻一种间接的自杀。貌是神非，绝不见其为一种科学精神下之现实与自由。其二，历史本无重演，近代欧洲毕竟与希腊不同。尤其是十八世纪以后两百年来的欧洲。希腊艺术胜过科学，所以虽无宗教，尚不甚病，而近代欧洲，则科学胜过艺术，唯幸而中古时代的宗教已深入人心，尚所以补偏救弊。中国人却一意专从他们的科学方面着眼，又于不能注意与他们科学精神的源头处，而只看重他们科学方法上之应用与享受。结果贵宾（科学精神）尚远在门外，而先来了一个恶仆（赤裸裸的人欲横流）。其三，现实享乐小我自由的人生观，其本身本已附带一些毒素，需要有处发泄。近代中国的处境，较之十九世纪上半德意志、俄罗斯的地位还更落后的多，然而近代中国人却无德苏两族那一点忧深思远悲天悯人的气味，我们尽是憧憬着英法先进诸国的富厚与逸乐。我们既无力向外伸展，我们不得不反身自相鱼肉。这三点便规定了近代中国之病痛与命运。根据上述，我们若要全盘西化，我们应该在希腊现实人生外再体认一些耶稣教的严肃性。我们应该在英法海洋商业自由竞争的旁面，再顾及新兴德苏诸国的姿态。其四，我们固要科学，同时亦该要宗教。我们固要小我，同时亦该要大群。我们若要全盘西化，便该执其两端，不应偏走一极。这两端在他们便不断冲突、交替，从异时间看来，便有古希腊罗马与中古时代的不同，复有中古与近代的不同。从同时间看来，又有最近英法、德苏两种姿态的冲突。中国若说要全盘西化，又如何把这同时不相容融的两极端一气化成。然则执其两端，还须用其中，却不可空洞笼统的说全盘化。若要执两用中，则中国自身文化本是这两极端的中和。我们的历史崇拜，早已兼尽了宗教的职能。我们的艺术建造，早已预备了科学的先容。只要深造认识我们的固有文化，尽有吸收新质点扩大旧局面之可能。既不必轻肆破坏，更不必提高人欲。道咸以下人所说，中学为体西学为用的新格言，到此似还有让我们再一考虑的价值。

（一）此处易启误会，因印度似代表极端出世的人生，恰与希腊相反，而此处却谓其比较接近，亦有数故。一则就自然环境言，印度处境极为舒适，比较近于希腊，不近于希伯来。因此印度之宗教思想中，带有极丰富活泼的神话，此正与希腊相近，而与希伯来严肃的一神信仰不同。印度宗教思想并发展而成对宇宙外界极细密的分析与极深妙的辩证，此亦与古希腊哲学科学思想乃至近世欧洲人思路相近，并不如希伯来宗教之偏于对外之崇拜与信仰。其他，印度社会各阶级之凝固性，印度人对历史观念之模糊淡薄，印度人艺术方面之发展，皆可谓其比较与希腊近而与希伯来远，然则印度人之出世思想，只是对现实处境太舒适，使其有无可用力之感，而发生一种玄想与厌倦。至其偏向自然与小我之精神，实与希腊相近也。

（二）此处只指出目前的欧洲文化已有破坏而成两个暗垒之趋势，却非指德苏两国之现代即足以代表欧洲未来之新精神。德国哲学中如菲希德及尼采等极端发展自我之主张，如黑格尔历史哲学以德国民族置于世界全人类文化发展进步之最高点，而鼓吹过度的民族自傲；又如苏俄共产党所信仰偏狭的阶级斗争的理论，皆十足呈现近代欧洲文化之面目，与英法小我自由地上享乐主义，依然同根连枝也。

（三）此处如分人生为左右两翼，则左翼为科学与艺术，右翼为宗教与历史。所谓哲学，本与科学同源，亦复与科学同归。两者不啻成并行之两分派，印度人思想其实哲学气味极浓，唯尚未发展而至如近代之科学，即希腊人思想，自近代欧洲人视之，亦只可谓是哲学而非科学。而艺术则印度希腊均仍发达，故可同列左翼。若单就中国思想言，如老庄则近左翼，其抹掉历史信崇面对自然为一种宁静深透之观察与分析，其对人生亦主小我自由与地上享乐（此处所谓地上享乐之意味，近印度不近希腊）。中国道家思想颇近于古希腊之德谟克利特士及伊壁鸠鲁一派之自然论，亦复与印度思想接近。故魏晋南北朝时代，佛教教理即以老庄思想为阶梯而渡入中华。若墨子则近人生之右翼，虽亦主张历史信崇，而更超越古圣先贤之教训而高抬天鬼。其对人生，主严肃苦行，牺牲小我以贡献于大群，俨然迹近宗教。故近人每以墨翟拟耶稣，实自有其相似处。而儒家思想则居道墨之中点也。唯若再入细一层论之，则道家与佛说、墨家与耶教，仍各有不同，道墨两家仍各有其不失为中华思想之特权处。又上云科学与宗教各居左右两极端，若把横线改成圆圈，则科学与宗教正相接近。希伯来与希腊在此绾合而成西方文化之主要骨干以与东方文化相对照。如此又可说东方中华文化偏在历史与艺术的右半圈，而西方欧洲文化则偏在宗教与科学的左半圈。若为人类此后新文化着想，东方人似应从西方纯科学的精神上来学科学，却不必提倡个人的功利主义。西方人则似应从了解东方文化之人生意味中来解决其已往两种人生观的反复与冲突。如是庶可交融互益。而所谓东方文化之人生意味，则实自有其立场与观点，自有其高明博厚处，却并非本篇所述两种人生观之双方互打折扣的一种调和与折衷。此诸问题均已逸出本文范围，容待他简另论之。

（四）此外语义，与上文论及德苏两族者涵义相足，通读前后宗旨自显。唯在国人心习专主崇拜西化者视之，似乎作者亦在主张纳粹政治或共产思想，则实与鄙文立意大背，下文所云我们要科学同时亦该要宗教云云，亦请读者以同样眼光读之。

原载《思想与时代》月刊创刊号，一九四一，八，一

中国传统政治与儒家思想（节录）

钱 穆

……

西人论中国政制，每目之曰专制，国人崇信西土，亦以专制自鄙。寻其说不外两义。一则中国有王统，常数百年不绝。二则中国无代表民意之机关，如国会议员政党宪法皆缺如。然皇帝所以象征一国之有元首，数百年王室传统绵亘不辍，此乃政局稳定之兆，所谓长治久安，未必即专制。言宪政必推英国，英国王室统绪至今未斩，则政府有王室不为病。若论代表民意机关，则中国传统政制不与西方异趣。西国政府如一商铺，商铺经理特为店主经营业务，经理之黜陟及其设施营为，凡二铺之股东皆有权过问。中国政府如一学校，学校师傅对其子弟负教诲护导之责，而师傅之所以为教诲的护导者，则不能辄听命于子弟。故国君之最大责任在为天下得人，必使贤者在位，能者在职，而贤能之识拔，非必民意所能胜。故于两汉有察举，而察举之任委之地方之长吏。魏晋南北朝的有九品中正，而中正之选限于朝中之高位。隋唐以下迄于清季有科举考试，而考试之权亦操之在上。今者谓中国政体为专制，试问此巍然一王孤悬子寄于广土众民之上，将如何而专制之？若为与宗亲近戚专制之，则自上以下诸王室之宗亲近戚例不得预政事。若谓拥强兵悍卒而专制之，则自唐以前之军队，皆由国民义务充役，不私豢于王家。自宋以下，军队虽出招募，而政府别有管军之部，亦不由王室统领若为与官僚群吏专制之，则此官僚群吏之察举考试进退黜陟，在政府又自有主者，非帝王私意所能指挥。然则此孤悬子寄之皇帝，终以何道而得专制？盖中国帝王本以民众信托而踞高位，故曰天生民而立之君，又曰作之君，作之师。君师合一，为君者宜为贤圣杰出之人才，而天下之大非可独治，故物色群贤而相与共治之。若依卢梭《民约论》，谓西国政治权之理论来源为由于民众之契约，则中国传统政权之理论来源乃在民众之信托。若目西国政权谓契约政权，则中国政权乃一种信托政权也。西人亦自有其信托，其所信托者常在教会而不在政府。然则中国之政府岂即等于西国之教会乎？曰是又不然。西国教会之所率导向往者在出世，而中国政府之责任则即在世间。故曰，天视视我民视，天听视我民听。西国教会之归极曰上帝曰天国，而中国政府之归极则仍在此茫茫禹迹中之广大民众。故西国于宗教外不得不别有政治，而中国于政治外却可以不复需宗教也。

然若为之君者未必贤，又所谓物色群才以共治天下者，其群才之陶铸培养又如之何？曰此胥赖于教。无君无臣，无不有待于教。中国政治之终极责任在教，中国政治之基础条件亦在教。故学校与教育，其地位意义，常在政府行政之上。西土中世教育权，操诸教会，到近世民族国家崛起，中产新兴阶级，常欲夺贵族僧侣之特权，于是政府乃与教会争学校。自代表无产阶级之政党渐盛，于是乃向政府争教育之普及。教育既主持于政府，亦仍不免为民族斗争阶级斗争之利器。中国传统教育，常主于超民族超阶级而为人类全体大群文化进向劈康庄示坦途，而政府亦受其指导。任其职者，则为士，自孔子以来谓之儒家。故欲明中国传统政治之理论与精神，必先从事于儒家思想之探究。

近人既目中国传统政治为专制，因疑儒家思想导奖君权，此亦相引而起无据之说。儒家思想重臣不重君，与其谓之导奖君权，毋宁谓是提倡臣权，儒家思想之在政治，乃臣学非君学也。儒家政治重心在臣不在君，君属王室，臣属政府，臣之领袖为相。孔子曰，我久矣不复梦见周公，周公即相权之代表。孟子盛称伊尹子思，伊尹得君行道，子思则否，要皆其君之所不得。故儒家论君道，亦主无为。孔子曰，北辰居其所而众星拱之，群臣即众星。儒家极推尧舜，尧以不得舜为己忧，舜以不得禹为己忧，既得其臣，则无为而自治。故曰共己正南面面已矣。然大舜先为臣，后为君，尚非无为之极则。故论语尤推尧，曰大哉尧之为君，唯天为大，唯尧则之，荡荡乎民无能名焉。

古者称天而治，掌天道者在巫史，为君者即凭巫史以为治。儒家之学兴，明天道者归于大儒，为君者乃亦凭儒以为治。孔子曰，文王既没，道不在兹乎。天之将丧斯文也，后死者不得预于斯文也。天之未丧斯文也，舍我其谁哉。君权源于天，天道存乎臣，此臣也，即孟子之所谓师，亦荀子之所谓大儒。故儒家兴，古者巫史尊严不复在。宗教之权日替，学校之任日隆。自秦以下，百官之长为丞相，丞相乃副贰之义。以今语译之，则丞相即副天子也。天子世袭不尽贤，而丞相为百官选，以贤不贤为进退，可以救天子世袭之敝。天子为一国之元首，而丞相乃百官之表率，天子诏书非丞相副署不得行下。因天子之世袭而有王室，丞相百官不世袭而有政府。天子拥其尊位，政府掌其实权。政府百官之推选，则一本于学校，学校之教一本于道。人道之至中大极溯于天。宗教政治教育一以贯之，而世间出世之障隔亦不复存在。此儒家论政理想之大端也。

孔门论政常以仁礼相济。礼有秩序等衰，仁则民胞物与，人我一体。儒家论政，盖主以无人我之公心而创建大社会之秩序者。唯后儒各有偏倚，大率孟子论政偏于仁、荀子论政偏于礼。自秦以下，儒学昌明，首推汉末。而宋儒偏仁，汉儒偏礼，亦各有其特诣。汉儒恢伟，颇属阴阳家言，以孔子为教主，奉尧舜礼让为绳律，推演五德终始，发明无万世一统之帝王。既主禅国让贤，而一代之新王兴，又必变法易德，与民更始，以符大化之运，而归其极于天人之相应。其立说虽时杂谶讳迷信，要之儒学大义存焉。宋儒较谨严，不重天道而重性理，以天道玄虚而性理切近。又不言禅让，唯极推皇袭稷契。若臣道能隆则君位可以不问。师相合一，为之相者为之师，否则昌明治道于学校，以待王者之来法，为之师即为之相。故范文正为秀才时，则以天下为己任。先天下之忧而忧，后天下之乐而乐。仕学相表里，而莫不有一段宗教之精神焉，则又汉宋之所同也。

盖西土政治源于城邦，小国寡民，易与政事亲接，故主民治。中国以广土众民为大一统，国民预闻政事不易，不得不别开径途而造士治。政事由国民直接操握，故主平等自由，尚多数表决。政事间接委之贤才之士，则不得不重教育，重考选，务使贤者在位能者在职。此一说也。西洋政教分峙，政事率道乐利、崇权，亦仅为局部者谋之。中国融教于政，故政事目标常较远大，斥为局部人谋乐利权力者谓之霸术，而治道以王天下为归趋。此又一说也。中国四千年来政事，固常有晦明隆污之不齐，然吾先民固亦自有其理想，亦自有其途径，其未能达其所欲向往则有之，若谓中国千古长夜，其人民唯蜷伏于专制君王淫威之下，初未尝有政理光昌之一日，则其为诬说瞽见，可以不辩而自晓。

中国传统政治，其所悬目标既较高（以不为局部人营乐利权力，而以王天下为归趋故），其所当处理之环境又较难（以非小国寡民故）。故其见效亦较不易。然大体言之，中国传统政治，有与人共见之效果二：一曰可久，一曰可大。何以谓之可久？以西土言之，其先如希腊次如罗马，又次如中古封建，晚近世有诸民族国家，政权传递，新者未立，旧者已仆，各自为政，盖皆数百年而声销响歇，尚未有能持续至于千年之久者。中国四千年来有三代，有秦汉，一部二十四史，虽朝代更迭，要之由中国人操握中国政治而不失其传统，常此持续，与西土之彼仆此起先后为传递者不同。此可久之效一也。何以谓之可大？希腊城市，并殖民地算之，其最盛时数逾一千。罗马领土兼跨欧非亚三洲，尤称恢广。近世英法殖民地，散遍五大洲，视罗马疆境又扩。然其所展布推扩者，乃其权力之所及，乐利之所依，至其主宰所在放射所自之中心，则常自封自限而不能扩。否则如蜂之分房，脱绝而去，如美之于英是也。再不然，如两雄不并栖，必灭其一而存其一。如最近大战迭起，举国一志而赴者，凡以两雄不并栖故也，中国三代建国，大率在黄河中流之两岸耳。秦汉以下，国土日宏，历代建都，或在长安，或在洛阳，或在燕京，或在金陵。然建都长安，非陕西人创国之谓，建都洛阳，非河南人擅权之征。盖中国者，由中国人创立之，东北自龙江，西南达昆明，西北自天山之外，东南达粤海之滨，凡中国人之所生意安居于是者，其风俗教化皆从同，其在政治上权利义务之地位亦相等。盖中国乃由四方辐凑共成一整体，非自一中心伸展其势力以压服旁国而强之从我。其四邻之风俗教化不能尽同者，中国人亦常愿被以惠泽，感以德意，常务相安并处，以渐达锐化之境，如安南朝鲜之朝崇于我是也。此可大之效又一也。故中国传统政治在内不许有阶级之对峙，在外亦不乐有民族之相争。可大可久之效，盖由此而著。

然中国传统政治，亦非无流弊，既鄙斥霸术，不务于富强兼并，乃时为强邻蛮族所乘，一也。民众不获直接预政，士大夫学术不常昌，乃时有独夫篡窃，肆其贱志，二也。而近元明清三代所加于传统政治之病害为尤大。元代入主，中国传统政治几于烬绝。明祖光复，而不明其匹夫之私意，废宰相，设内阁，政府大权，辖于王室，遂开晚近六百年君主独裁之新局。满清盗憎主人，踵明祖私意而加厉，又增设军机处，于是中国乃有皇帝而无大臣，是一病也。考试制度为中国传统政治一柱石，至明之中叶而有八股。及清代道咸以来又偏重小楷。不唯无以拔人才，抑且锢其聪明，靡其精力，不啻于戕贼之，此二病也。明代既罢相权，因亦不乐士议，书院讲学，朝廷当加敌视。清代益厉禁，书院皆由官办，以膏火津贴买收来学。又大兴文字之狱，惨施焚戮，学者怵于淫威，相率埋首故纸堆中，以考据训诂为蠹虫，此三病也。

三病所阶，至今为厉。然因病发药亦贵勿伤本原，昧者不察，乃欲铲根削迹，并数千年传统政治理论及其精神全部毁弃，赤地新建，另造炉灶，一唯西土之是崇。此犹七巧拼图，一块移动，块块皆须改位。中西政理，各有渊源，此皆全民族整个文化之一部。文化更新，亦需自本自根，从内身活力发荣滋长。非如拆屋造屋，视国族传统为砖瓦死物，而以一二人之私智短见，自负为匠心之独运也。今之言政者，曰英美，曰德意，曰苏联，固已如数家珍，秘若王氏之青箱矣。问其传统政制之沿革利弊，则往往瞠目结舌，不知所对。一若此不祥之噩梦，不足复追忆于光天化日之下。则不知寿陵余子学步邯郸，不唯故步难忘，而邯郸之新步，亦有未可跛足即者。英伦宪政，姑勿达溯，言其本国之演进，亦已逾七百年以上之历史。俾斯麦乃谓英伦政党政治，非吾日耳曼人所能操。今纳粹党之独裁，亦已自俾斯麦威廉第二以来，远有承受。若苏俄布尔什维克之胜利，端在其国内工农阶级合并爆发，此乃西欧各国煽动无产阶级革命者所馨香祷祝而终难幸遇之一境。之三国者，文化渊源本出一族，而立政定制，尚犹因势利导，随地成形。岂有建国于大地之上，而可寄托其国家民族安危存亡所系之政治精神与政治理论于某一外国异族脚跟之后，随其趋向以为奔走之理。更岂有各挟一外国异族之政制政论为标帜为号召，自分明类，相争相笑而谓可以措其国家民族于磐石之安之理。然则欲完成建国大业，端在自本自根，汲出政治新理论，发挥政治新精神，使政局有安谧之象，而后凡百改进有所措手。而儒家思想之复活，中国传统教育精神之重光，尤当为新政导其先路。凡此所论，固不在彼我之较量，亦非为恋旧而恶新。爱国深识之士，当体斯旨。

……

原载《思想与时代》月刊三期，一九四一，十，一

中国人之法律观念

钱 穆

德儒黑格尔说法律乃文化之一现象，柯赖 Josef Kohler 亦谓法律乃民族文化之产物。冯译 Wundt 别调法律之进程，不外为民族心理之进程。东西文化既各有其特点，则此两民族对法律观念之不能尽同，抑且有其极相悬异者，是亦无足深怪，籀而论之，厥有数因。

一者由于双方对于道德观念之不同，儒者论性善，道德皆由内发，本于人类之内心要求，此为中国民族传统思想中最重要之一义，而希腊古哲之论，则全不见及于此。亚里士多德尝谓：

"幼时之养育教导皆得其正犹未足，必须养成其习惯，使其既为成人亦能行轨于正。又需种种法律规矩，宣示人生义务，命人以所当行。盖当人行事悉由逼迫，非缘理性，由畏刑罚，非乐道德也。"

统观亚氏论道德始终未及性善一义。……不认人性自能向上，则一切诸善皆由外律，故其于习惯外，所重则曰力行。亚氏极言道德生于行为，行为即成习惯，特措辞之微异耳。亚氏曰：

"人之成德在于力行，譬如艺术，欲成建设师在学建筑，欲为音乐家在习音乐。唯行为公道，乃成公道之人。自奉有节，方为节制之士，遇事勇敢，始称勇敢之徒。"

亚氏未尝推论建筑音乐其源皆本人性。人之行为一切由其性向。自此分歧，则人类一切诸德，乃不得不有赖于法律与立法之士之为之规定，故亚氏又曰：

"人生实行之德，无有得自天然者。天然物性非习惯所能改，石之下坠，火之上升是也。德行之集于人，非由天性。天性与人以能受德之能力，而因习惯之故始抵于完善。"

又曰：

"人非因多视听始有见闻之觉，乃先有见闻之觉，乃用之于视听也。其于德行反此。人之德行自躬行实践而致。人须先试为正直乃能正直，先为自制乃能自制，先为勇敢乃能勇敢，一国之立法者，欲因习惯熏染之故，使人尽为善士，理亦犹此。"

盖亚氏既认人类道德仅在于实行与习惯，则自不得不重视立法，以为实行与习惯之规范与依据。于是遂不得不以伦理学为政治学之一支。又遂谓果能研究政治学之全部，则人生哲学可以完成。此亚氏对于人生之看法则然也。故亚氏谓司法乃社会的道德，其他一切必附属其下。又深赞斯巴达诸邦之立法，谓能对于国民生活加以管理，唯斯巴达诸邦之法家曾一行之。又谓：

"法律所规定之行为，大都本于道德之大全 Complete Virtue。盖法律令人实行一切美德而禁止一切罪恶。法律令人勇，令人节制，令人和婉，举凡一切善恶，法律莫不及。"

亚氏此说，乃颇与中国人传统法律观念相异。盖中国人观念，法律唯以防过闲非，如亚氏所谓禁止罪恶者则有之，而并不能令人入于美德。人类一切美德，皆由其内心充沛自发，非遵行法律所足当。故就法律与道德之关系论之，中国人仅以法律补道德之不逮，西方则直以法律规定道德而又领导之，此其极大相异之点也。

唯其中国人主性善，故论道德多偏重人类之真情，而建以为诸德之本，如儒家之特提仁孝是也。西方人不认人类自性向善之一义，故其论道德亦每舍人之情感而就理性言之，理性者略当于孔门之所谓智，墨家之所谓义，而与仁孝不涉。故中国人言道德每就泯小己之私，而指其人与人相融之一境以为说。西国言道德，则每就人与人之各止于其分限而不越者当之，此亚氏言道德所以特重公平一义也。夫曰仁孝，其事非法律所能预，曰公平，则立法者自得而优为之矣。亚氏之言曰：

"公平为至德，公平为百德之总，公平为德行之全体。

凡事合法即为公平。

破坏法律者为不公，守法者为公平。

公平人者，即守法之人或为公平之人。正者，即合法与公平之谓。

不合法律，又不公正，是不正也。

法官之责在力使之平。

人当争论之际，每求直于裁判官，即所以求得公平也。裁判官则公平人之化身耳。

公平仅能决于法律，法官盖公平之保护者也。

公平与不公所恃乃为法律，而存在于应有法律之地。盖即存在于人民在统治之下而能平等者是也。"

本亚氏之意，公平既为道德之总，而法律则为公平之化身与保护者，是不啻谓法律即道德之化身与保护者也。法律自何生？则生于国家之立法。故就亚氏之意国家超乎个人之上，故为一公民乃与为一善人不同。亚氏之言曰：

"行为之大部为法律所规定者，多出自全（公）德，法律之责固在教人依履德行而禁为过失也。全（公）德之所以生，其原乃在法令之设，但以教人尽公民之责任为重。而个人教育则非使之为良好之公民而使之为一善人。"

循此推演，乃有公德私德之分。能尽公德者为公民，能尽私德者仅为善人。国家高出于一切，故公民亦高出于善人。就亚氏之思想而为演绎，人类道德之意义其地位实在国家意义之下。此非徒亚氏一人为然，古希腊思想自苏格拉底柏拉图以至亚氏，一脉相承，自有其大体之条贯。而古希腊诸邦以国家为至上，总揽一切，使个人失其自由，虽柏氏亚氏所谓理想之国家与法律者亦为此种国家至上法律至上之沿习观念所牢笼所束缚，而未能摆脱。罗马若稍愈，亦复循此传统。迄于近代，如德意志学者所倡国家观念依然此物此志。至于中国传统思想，则无宁谓人类道德意义尚远在国家意义之上。故孔子曰，道之以德，齐之以礼，有耻且格；道之以政，齐之以刑，民免而无耻，此东西两民族法律观念大不相同之第一点也。

古代西方对于道德与法律之观念，既皆以公平为之主，而公平之涵义，则显然为各个人之权利。故西方法律观念之展演，及于罗马时代，而法律所以为确定权利拥护权利之意义乃日趋昭著。罗马法为彼中近代法律之导源，而一部罗马法之进展，即一种权利争衡之进展，亦即所谓公平观念之进展也。罗马共和时代有市民法 Civil law 与万民法 Law of Nations 之别。此即罗马同国人民权利不平等之表征。罗马所谓市民与外国人（非市民）一视其取得法律上之市民权与否以为判。有市民权者为市民，无者为外国人。市民法之权利唯罗马市民能享之。至建国后五百年顷，乃始为外国人设特别法院，此则约当中国战国之末期。及耶稣纪元前八十九年社会战争起，始认意大利全体人民为市民，此则当汉武帝之晚节，直至中国建安时代，于是罗马帝国之人民，始得均享罗马市民之法益。然是时罗马内部已战争扰乱不息，罗马已始衰，不二百年而终分为东西两邦不可复合。故罗马人之国家观念与法律观念，直依然承袭古希腊狭义的市邦与狭义的公民观念，而逐渐解放以达者。及其晚世，帝国臣民皆受罗马市民同等之待遇，此毋宁谓是罗马之变态，而非罗马之本真。故罗马法中之权利观念即古希腊人之公平观念也。其法律中所谓人格者，亦指权利言之，不指道德言。就此点论，又与中国人传统法律观念大异。盖中国人所谓法律乃多偏指刑罚言之。中国刑法二字之语原，虽亦均有平等之涵义，然中国人对于刑法之观念，则毋宁谓其偏于罪恶之惩罚，而不在权利之保障。故西方之法律观念常为权利的，而中国之法律观念则为道德的。唯其常为权利的，故民权日张则法律亦日变。雅典梭伦之创法，彼自期所创得垂百年则已满望。盖梭伦当时用意在废除宗教传统下之旧等级而另以财富定新等级。梭伦法下之人民凡分四级，而各级权利皆不同。第一级即富人也。唯第一级始得任高等官吏。第二第三级方许入参议院及立法机关，是则社会势位权力有变动，即国家立法亦不得不随之为变动。罗马十二铜表之名言，谓人民最新议决者即为法律，通观西洋史上每一次立法，即社会各种权力之又一次从新认识与社会各种权利之又一次从新规定。此不仅雅典之梭伦法典与罗马十二铜表法为然，一切立法运动盖无不然。而中国人对于法律之观念则大异乎是。姑以罗马十二铜表法与李悝法经为例。十二铜表法之内容曰传唤，曰审判，曰求偿，曰父权，曰继承及监护，曰所有权及占有，曰房屋及土地，曰私犯法，曰公法，曰宗教法，曰前五表后五表之追补。其开宗明义即为诉讼，而次之则为人权物权等之规定。诉讼在西洋法上盖占甚高之地位，彼中法家谓后世以诉讼法为权利之附属物，罗马则以权利为诉讼法之附属物。要之诉讼由争权利地位而有，亦唯有权利地位乃得有诉讼。西洋法律观念既以权利为基础，自当以诉讼为最要。至李悝法经凡六篇，一曰盗法，二曰贼法，三曰囚徒，四曰捕法，五曰杂法，六曰具法。此其内容虽不可深考，然即观其律名，可知中西法律观念自其原始固已大异而不同矣。十二表法颁布于彼中耶教纪元前四百五十一年，较之李悝法经当稍早五十年左右。然李悝法经固为集诸国刑典而来，其源甚古。是东西两大文化法律系统之初步完成，先后略同时，此亦世界文化史中一有趣之对照也。然论其内容与其精神则显然分判。李悝法经之重要者乃曰盗贼囚捕，此后商鞅受之而创秦律，史称鞅之治秦，山无盗贼，此真法经之效矣。老子亦言法令滋彰，盗贼多有，此皆古人以法令主治盗贼之明证。及汉高入关，约法三章，曰杀人者死，伤人及盗抵罪，当时悦其宽大。今即就此三章之律，亦可以窥见古人对于法律观念之偏于御奸禁暴，固与罗马十二铜表法大异矣。及萧何作汉九章律，亦捃摭秦法，较之李悝法经特加户、兴、厩三篇，汉律遂为后世所祖。明李善长言，历代之律，皆以汉九章为宗，至唐始集其成是也。此中国法律性质之较然与西方异趣者其二也。

此等中西法律观念之异趣，溯其源则在其对于国家观念之不同。西方国家观念禅衍自希腊之城邦。彼以国家为无上，个人悉受国家之支配，法律者即国家支配个人之意志与权力之具体表现也。故其法律之地位特高。然所谓国家意志与国家权力者，分析而求其底里，则不过为一阶级一团体所操纵而凭借之一机构与名号而已。故于此等传统国家观念之下，则有人权之奋张。所谓人权，则曰生命保障权，结婚及生育子女权，发达知识权，接受教育权，信仰真理权，社会生活权，凡此等等，皆受国家意志权力支配下之群众揭橥以与国家相抗争，而求其胜利者。故民众之要求立法权，当为彼中政治史上一绝大项目。其在十八世纪，群认法律为个人用以对抗社会之工具，此实为美国人权宣言书之本旨。而司法独立亦为彼中所重视。孟德斯鸠之分权学说，亦因此而起。当时既认国家乃一种权力之表现，故孟氏在求所以防御滥用此权力之保障而盛赞此种三权分立制也。至中国则绝无此等意想。盖中国人之国家观念，自始即与西土违异。中国人生理想，其最高发展非国家而为世界。换辞言之，中国人对国家观念之重视，乃不如其社会观念之重视之甚。社会构成于个人，国家亦社会组织之一种，故曰身家国天下。中国人常曰修身齐家治国平天下，而归极于以修身为本。以个人为出发，以世界为归趋，而国家不过其中间之一界。故国家为人民而立，非人民为国家而生。人生之最高目标在其个人之道德与大群之文化，而不在于国家之权力与意志。国家既无超人之权力与意志，故亦永无害人民之自由，人民亦遂无向国家争自由之风习。故西方文化为国家的权力的，而中国文化则为社会的道德的。国家之职分在护导人民道德之长进，法律则如牧人然，所谓视其后者而鞭之，故曰，至治之本，道化在前刑罚在后（东汉延平元年皇太后诏）。又曰仁义者，养民之膏粱；刑罚者，惩恶之药石。舍仁义而专用刑罚，是以药石养人（明太祖语）。此皆足以代表中国传统政治观念下法律地位之低下。必明乎此而后可以论中国传统所谓礼与刑之相与。陈宠云：礼之所去，刑之所取，失礼则入刑，相为表里者也。宋史刑法志亦云，刑以弼教，礼以防之，有弗及则刑以转之。中国人之谓刑礼表里相辅者，益与彼土所定行为与权利之相随有其相似，而精神意志则绝不同。耶林谓法益之效用，始乎许人以行为，吾人乃得由此行为中而推求与观察所谓权利之一物焉。行为为行使权利之唯一途径，权利为享受法益之唯一手段。此耶林之所谓行为，略当于中国之所谓礼，而其不同者，西国从行为推到权利，其骨里仍为个人主义，中国伦理思想因主性善，道德以仁孝为中心，故礼虽属于行为，又曰礼尚往来，而从礼推衍，仍无西国所谓权利之观念。孔子曰，克己复礼为仁，又曰人而不仁如礼何，礼仍与仁相表里，故西国言行为，归之个人之权利，中国言礼，则归之个人之道德。此已不同。故西国以法律认许吾人行为之权利，中国则以法律禁防吾人行为之不道德。故熊远谓礼以崇善，法以闲非。唐太祖明礼以导民，定律以绳顽。汉书刑法志谓制礼以止刑，犹堤之防溢水。而辽书刑志则谓刑者始于兵而终于礼。明刑法志谓唐撰律令一准乎礼以为出入，皆可以识其用意之所在矣。此又中西法律系乎其政治意识与国家观念之不同而相与为异趣者三也。

然继此尚有辨者，则法律与宗教之关系是也。尚考其始，古代希腊罗马印度诸邦，法律本皆为宗教之一支。以当时彼中政治情形念，自宗教团体以外无政治，除举行公祭的教士以外无官吏，除宗教所宣神性祝语以外无法律，法权即宗教也，法律即灵文也，司法即礼节也。平民无宗教，因遂不得为公民，不得参加政权。此等现象，正若与中国古代相似。中国人所谓礼，太半亦来自宗教。又曰，礼不下庶人，刑不上大夫。宗教之阶级即法律之范围，似若中西颇相一致。而其间复有别者，中国自儒家思想之兴起，即代替宗教之功能而有之，而礼乐之制义，遂偏于人类自性道德方面者日多，偏于宗教仪节崇拜方面者日少。而西国则自罗马帝国之晚期，耶教传布，以宗教代宗教，则别无中国儒家思想之一流。故在彼邦占社会最高地位为人生权利保障与道德向导者有二，曰法官，曰教皇，曰律师，曰牧师，曰法庭，曰教堂，而政府威信常屈居其下，如是则谓之治。若法官教皇不当位，律师牧师不尽任，法庭教堂不称职，而政府巍然独居于社会之上，则必乱。法律以公平为帜旨，于是而有自由平等，此为俗世之大意，复有耶教博爱为天国之至训，宗教法律两者相扶互成，而自由平等博爱三语，遂为近代欧洲政治意识之最高标的。故彼中所谓法律者，大体不过调和于各个人之意思，使皆有极大范围之自由，此即平等也。自由平等皆本个人言，又加之以博爱，然博爱亦非发自人之内心，人类乃本上帝意旨以为博爱。故西国宗教之与法律足以相辅而相成，除法律外无正义，除宗教外无教训，至其学校与教师，则其地位远不得与法庭律师教堂牧师相比拟。中国则道德教训存于学校，而法律刑罚寄之政府。礼之意义，既全离于宗教，而彼邦所谓法者，其大部分乃为中国礼字范围之所包。而中国人之所谓法，则大体侧重于刑律，此乃双方整个文化系统之未能强同，此又中西法律观念之异趣者四也。

苟明于中国传统法律观念在整个文化系统中之意义，则中国历来论者所以常轻视法律而又常常主用重刑严法之说，可以不烦申辩而喻其意旨之所在矣。刘颂云，古者用刑以止刑，梁统则曰，刑罚不苟务轻，务其中，君人之道仁义为主，仁者爱人，义者理务，爱人故当为止害，理务亦当为去乱，故书曰，天秩有礼，天讨有罪，圣人因天秩而制五礼，因天讨而作五刑，荀悦谓礼教荣辱以加君子，化其性也，桎梏鞭扑以加小人，化其行也。刑法常与小人及罪恶同门，则宜其率主重刑而又常轻视之。然法律之在中国，虽曰为私议之所轻贱（卫颙语），而历古以来，法律专家则史不绝书，汉晋名儒如马融郑玄羊祜杜预皆律家也，六朝隋唐迄于赵宋，代有律博士，转相教授，此官至元而始废。故中国士人对于律学，盖夙所尽心，汉代马郑诸儒章句十有余家，家数十万言，其盛可想，而今传唐律疏义尤称明允详密，为治吾国律统者不祧之祖。又自他一端言之，虽古有礼不下庶人，刑不上大夫之说，若礼刑待遇，显分贵贱，实则中国传统观念固莫不主法律平等。商君书赏刑篇谓：刑无等级，自卿相将军以至大夫庶人有不从王令犯国禁乱上制者，罪死不赦。此不仅商君法家言然也，盖中国传统精神莫不然。当春秋时，楚申无字据仆区之法而折楚灵王，灵王为之谢罪；当战国时，孟子设谓皋陶为士，瞽瞍杀人，亦在必执，未闻以其为天子之父，而当末减。又如汉代张释之之对汉文帝，亦俨然西土所谓司法独立之精神也。明代主疆域者曰布政，掌刑名廉刻者曰按察，掌军政者曰都指挥使，司法行政异官，本中土旧典，盖法律平等，司法独立，在中土非无其意，抑且明见其制。中国人轻视法家，特以其徒尚法律，不务教化，即在西国亦未闻有谓教堂可独去，法庭当独存者，若遂谓中国不知法治，则又一谬说也。盖中国传统观念，国家与社会不严别，政治与教化不严别，法律与道德亦不严别，国家之与政治与法律，其与社会之与道德与教化，二者之间，其事任功能常通流而相济。故儒家之言礼即已包有所谓法。后儒之言法，亦多包有所谓礼，如唐杜佑通典，食货兵刑与礼乐并列，杜佑不谓之法而谓之典，典即法也。一代之兴，莫不有法，为上下所共遵而不敢逾。然而中国学者终不言法而言礼，盖礼可以包法。孟子曰，上无道揆，下无法守，道法兼举，即礼矣，若舍礼言法，则法将用于克制而启争端，故中国人不贵耳。中国亦有不言礼而言法者，如曰有治人无治法，又曰，有治法而后有治人，此法即括一切典礼，如杜氏通典之所举，不限刑法矣。后世既多束缚于文法，使人不获自尽其才智，乃有治人治法之辨，然则谓中国无法治，不谓之瞽说不可也。

故中国人言法治非以法律治，法律特以辅礼教道德之不足，斯法学渊源仍当本之于经术。韩愈谓使法吏一断于法，而经术之士得引经而议是也。此其意盖亦本之古谊。汉书高祖纪七年，令执见不同据经论决者听，夫礼者，先王未之有而可以义起，今之于法，又许其执见不同，据经论决，故中国法律乃富有矫正衍进之活动性，西土挽近法家所谓由法律而得公平，非依照法律为公平者，我国法律早有此精神，抑且中国人对法律所期求者，尚不止于公平如西土之所标举，盖中国既重礼教道德，故对法律观念亦轻其成文而深探其内心焉。盐铁论谓春秋之治狱，论心定罪，志善而违于法者免，志恶而合于法者诛。晋熊远亦言之，法盖粗术，非妙道也，矫割物情以成法耳，若每随物情，辄改法制，此为以情坏法。其实春秋所谓诛心之论，与熊氏之所谓以情坏法者，其事本出一源，而不过所从言之微异耳。夫法律本以辅道德之不逮，道德原于人之内心，则法律之不能不探本究极于人心，其义易睹，故张裴曰，刑者司理之官，理者求情之机，情者心神之使。论罪者务本其心，审其情，精其事。应劭亦曰，小大以情，原心定罪。中国人法律观念有重心和重情之二成分，此又与其重经术者同出一源，而复与西土法意显见其异趣者五也。故戴记大学载孔子之言曰，听讼吾犹人也，必也使无讼乎，无情者不得尽其辞，大畏民志，此谓知本。此等精神，显与罗马古代所谓诉讼程序迥殊，罗马古代诉讼，必须严守法律文句，稍有错误，即致败诉。如一葡萄园主对私伐其葡萄者起诉，若不依律曰采伐树木，而径曰采伐葡萄，即作无诉权论，其他手续怪诞，尚有甚者。东西相映，各一天地。盖中邦重内心，彼土重外律，此邦常有以情坏法之虞，而彼中则常有以法蔑情之敝。罗马法既与罗马帝国相得而益彰，而近来彼中学者又颇谓罗马之形式法学与彼方最近发展之资本主义有甚大之效助。是彼方法律固与帝国主义资本主义结不解之缘，而吾土老祖宗尚情法学则与此二者俱不协。今吾国人既以西方帝国主义资本主义诟病，而又不胜其富强之歆羡，则转而盛誉及其法治，不知其所称誉者即其所诟病，所诟病者即其所称誉，此又东西两方文化系统之相违，固不得轻执彼一以讥此一也。

明乎此，则董仲舒之春秋决狱，在中国传统观念下固无可怪。欧洲近世大学起源，其在十一十二世纪时，强半治法律与神学，其治法学也，大抵崇奉罗马法典而为之注释，稍后则复就注释家之成书而为研讨，此岂不如中土诸经之有注疏乎？罗马法大抵渊原于习惯，所谓申韩卑卑，故法律之学终不足以独尊，而犹待于有宗教与神学，求所以阐释神学者而又有哲学，此西方大学初期课程之大要。中国人治法律，既不以习惯为尚，又不严奉宗教，则治法律者溯源于经义，此亦事理之可解者。西土宗教与法律当相毗，今学者不之怪，独于中邦法律与经学相通，则目为怪，甚矣其不知类也。昔唐时卢承庆考内外官，一官督运遭风失米，卢考之曰，监运损粮考中下，其人容止自若，无一言而退，卢重其雅量，改注曰，非力所及，考中中，默无喜容，亦无愧词，又改注曰，宠辱不惊，考中上，卢氏之事播为千古之美谈。夫督运失粮，非徒无罪，而转得中上之考，抑且俄顷之间，考语三易，翻其反面，高下在心，此而为法，复何事为非法者？然中国人观念，重活法不重死法，重心法不重文法，审法尤贵于审心，守法尤贵于守心。如卢氏之事，其人非深通夫经术，深修乎心术，即不足以核此督运失粮之法矣。故中国传统观念遂有重人不重法之趋向，复有所谓法外之意者，论其敝则深文巧诋者有之，舞文弄法者有之，然天下无无敝之法，固当通览大体而深观之，非可掎摭一事以判利病。夫徒法不足以自行，终必仍有待于奉法守法知法明法之人。今法律既原本经术与心学，则求其人之奉法守法知法明法者，自非深通于经术深修于心术者不可，此又中国传统法律观念下一种相随而特有之精神也。

昔商君有言，不观时俗，不察国本，则其法立而民乱。法儒孟德斯鸠则谓中国常为人所胜，而其法典终不为胜者之所更，盖其国习俗仪文法典宗教混然同物，虽有胜家，不能取一切而悉变之也（严译《法意》）。然今日之中国，虽无胜家，方汲汲自毁其一切而谋悉变，于是法律亦不能逃于例外。今日论者方务离法律与道德教化而二之，一意模仿西俗，与旧典多有不知其用意，而轻斥轻废者，夫一国家一民族固不能专以法律治，然则中国他日而仍将有道德与教化，其势又非更端易辙，再彻底模仿西方之耶教不为功。法律既变质，学校亦换形，苟非有教堂以济其缺，则颓波所趋，将不知其所届。然若求中国法庭教堂学校政府一切尽变，以效西俗，其事固亦非一二百年之所能成。岂徒一二百年，相鼠有体，国亦宜然。体之既立，有不可以尽变者。彼自尸于辅国导民之位，而昧于国家民族文化之本统，固将无往而不见其龃龉耳。

论读经

郭沫若

我不反对读经，而且我也提倡读经。但我为尊重读经起见，却不希望年轻人读经，而希望成年的社会人或专家读经，更尤其希望提倡读经的人认真读经。

提倡读经自然是有种种目的，最普遍的提倡者的目的大约是注重在道德的涵养上吧。关于这一层我也特别希望成年的人读，尤其是提倡读经的人们读。因为青年人的道德性比成年人高，这是中外的古先哲人已经告诉过我们的，譬如孟子就说过："大人者不失其赤子之心。"人一成年，天性日日为社会所汩没，实在是时常须得涵养，反省，收收自己的放心，恢复已失的人性。这也是极端繁忙的社会人，如政治家、银行家、大小工商业资本家等；实实在在有读经的迫切的必要。

但仅为涵养道德的目的而读经，我觉得应该加以选择，只消选读《论语》、《大学》、《中庸》就够了，孟子都可不必全读。《论语》《大学》《中庸》对于个人的修养上，民族道德的维系上，确是必读的书。这三种经书（《大学》和《中庸》本是礼记中的两篇，已经由宋儒剔出而独立，故我也称之为经）的分量并不多，而内容确很精粹，读起来也比较容易懂，老年人中年人少年人读了我觉得都有好处。假使只把这三种经规定为人人必读，我也并不反对，不过我感觉得特别是极端繁忙的社会人尤其必读之必读。把一些荒废在无聊的应酬上乃至不正确的娱乐上的时间，用来读这些于修养有关的书，不仅可以使个人更正大得一些，而且可以使社会更光明得一些。

假使是为研究古代的目的而读经，那是不应该有什么选择的，无论哪一经都是必读的书。但是读者的范围却只应该限于怀抱着这种目的的人，而不能使任何人都必读，而且也不能读。

读经实在不是一件容易的事体，不要把它太看菲薄了。在教育未改革的旧时代，从蒙童时分起就开始读经，但那实际上只是为的识字，对于经义是完全不懂的。

要中学生读一切的经，真是谈何容易。像书经那一部书看起来好像没有什么困难，但如近代的大学者王国维，他就说过："古经多难读，而尚书为最。"又说："阅岁二千，名家数十，而书之难读也如故。"（尚书核诂序）连王国维都读不懂的书，你叫中学生能够读吗？

除掉四子书以外的诗、书、易、春秋、尔雅及仪礼、周礼、礼记等书，有好些实在是难读。不仅马融、许慎、郑玄等汉儒不曾读懂，王安石和程朱之徒的宋儒不曾读懂，经过盛清乾嘉学派和近时的考古学派与疑古学派的整理，依然还是不能尽懂。你想，这样难的东西，怎么好叫中小学生去读？靠读经来识字的时代已经过去了，识字已经有更方便的捷径。教育制度改革以来，读经几乎全废，而中国人并不因此全成了文盲，反而是识字的人更多，文笔清通的人也更多了，不就是铁证吗？

经书的难懂，也并不是它的思想内容是怎样的艰深，而是古代离我们太远，一切生活习惯，风俗制度，思想情感，以至文法语法，字音字义，都和我们的迥然不同，再加上流传既久，有不少的讹传伪托，淆乱其间，更加使人棘手，所以要想读懂经书就须得先克服这些困难，而这些困难并不是容易克服的。古人有"皓首穷经"之语，事实上也并不怎么夸张。方法得到了不见得便能通，方法没有得到的你就读到死，依然是"扁担吹火"。

要想真正能有资格读经，首先要研究文字音韵之学，你只要把古音古义弄得清楚，然后才能读古人的书。关于这项学问旧时称为"小学"，这是读经的门径，汉儒清儒的关于"小学"研究的工具书相当多，差不多都在所必读。和这关联着，还须得彻底研究殷代的甲骨文和殷周秦汉的金文（青铜器上的铭文）。要有这步彻底的研究才能真正认识古字，而鉴别得出汉人及古书上的讹传伪托。要把古书能够恢复到古代文字的原形原书原义，然后才能读得出一个大概——仅是一个大概，因为仅仅靠着文字学的修养，古书还是读不通的。要怎样才读得通呢？那是不仅要你能通古文，而且要你成为古人，就是说要你能懂得古代的生活习惯，风俗制度，思维情感。

要怎样才可以成为古人，或成为古代通，精通得古代的生活习惯，风俗制度，能以古人之心为心呢？这在古文字和古文书的研究中自可以求得一部分，然而还有比较研究的必经途径，便是须得参照各先进民族的古代研究和现存各落后民族的探讨，譬如希腊罗马的古代和傈傈社会的现况，对于中国的经书都是绝好的钥匙。

但要做到这些研究更还须得你懂科学方法和其它有关的科学智识。这事情真是谈何容易，而一般提倡读经的人却把事情看得太容易了。正因为这样，他们在提倡读经。正因为这样，我也认真地提倡他们读经。自己先认真地读读，再传到青年的分上来吧。

读书倒也并不是坏事体，任何书读了对于人无论在积极方面或消极方面总会有些贡献，但总要读得懂。读不懂的东西读了岂不是白费时间，而且白费心血！

同样是读经，在耶稣教徒们，便比较地懂得方法。他们要把希伯来文的原经典翻成各国的文字，而且还要翻成各国的方言。译成中文的"圣经"除掉文言文之外，便有好些种的方言版本。这是值得提倡读经的人们效法的。

我们在普遍地提倡读经之前，总得先走一步翻经或译经的工作吧，把古代的难懂的经文翻译成现代文，先要让人能够亲近。不仅易书诗等难懂的经有翻译的必要，就连比较容易懂的四子书都有翻译的必要。旧时对于圣经贤传视为国家禁忌，不准易一字，省一笔的科举时代已经老早过去了，我们现在所需要的是精神，谁个吃胡桃而不肯去掉青的果皮，硬的核壳，如可能时再设法去其仁衣的呢？不去皮不去壳的胡桃果，你就要青年吃，他怎么也是吃不下去的。你会就让他自己去剥吧，真正多谢你的亲切啦，不知道你自己曾经具有那种剥的本领没有？假使没有，你根本就违背恕道，假使是有，你可不更亲切，更负责一些，慷慨地担当起你宏道的大任？

中国的古代总是必须研究的，儒家的经典，正是研究古代的一部分重要的资料，这无论怎样是值得研究，值得谈。我自己也就是时常在读经的一个人，但我并不能全懂。因此我感觉着没有文字学的素养，没有原始社会的研究，不通科学的方法，没有丰富的各种科学的常识的青年，实在还没有读经的资格。

因此我为尊重读经起见，并不希望青年人读经，而希望成年人读，特别是希望那些提倡读经的先生们认真的读，所以我并不反对读经，而且我也提倡读经。

原载《学习生活》四卷五辑，一九四三，五，一

东西接触与中国文化之新趋向（节录）

钱　穆

　　中国文化进展，根据上述，可分为三阶级。第一是先秦时代，天下太平世界大同的基本理想，即在此期建立，而同时完成了民族融和与国家拓成的大规模，为后来文化衍进之根据。第二是汉唐时代，在此期内，民主精神的文治政府，经济平等的自由社会，次第实现了，这是安放理想文化共通的大间架，栽培理想文化共通的大园地。第三是宋元明清时代，在此期内，个性伸展在不背融和大全的条件下尽虽成熟了。文学美术工艺一切如春花怒放般光明畅茂。若照中国文化的自然趋势，继续向前，没有外力摧残阻抑，他的前程是很鲜明的，他将不会有崇尚权力的独裁与专制的政府，他将不会有资本主义的经济上之畸形发展，他将没有民族界线与国际斗争，他将没有宗教信仰上不相容忍之冲突与现世厌倦。他将是一个现实人生之继续扩大与终极融和。但在这最近一千年来，其文化自身亦有不少弱征暴露，这在前章里已述过。正当他弱征暴露的时候，却遇到了一个纯然新鲜的异文化，欧美文化挟持其精力弥满富强逼人的态势突然来临，这一个接触，从明代末年，十六世纪开始，到今已逾四个半世纪了。越到后来，中国越觉得相形见绌。最近一百年内，中国表现得处处不如人。中国实在太贫了，太弱了，在此资本主义帝国主义侵略狂潮正值高涨的时代，几乎无以自存。可是中国遇到了两个问题，第一如何赶快学到欧美西方文化的富强力量，好把自己国家和民族的地位支撑住。第二是如何学到了欧美西方文化的富强力量，而不把自己传统文化的精神研丧或戕伐了。换言之，即是如何再吸收融和西方文化而使中国传统文化更光大与更充实。第一问题若不解决，中国的国家民族将根本不存在，第二问题若不解决，则中国国家民族虽存在，而中国传统文化则仍然失其存在了。世界上关心中国文化的人，都将注意到这两问题。

　　……

满清入关以后中国学术，全在不正常状态下发展。那时一批第一流学者，他们都抱着亡国之痛，对清政权不肯屈服，他们的行动毕生都不自由，他们只闭户埋头，对中国传统文化，作一番彻底从头检讨的工作，他们自无心于旁骛。第二流以下的，因应变局已感不易，更说不上什么贡献。清代自削平中国各地的叛变之后，又继续兴着好几次文字大狱，把中国学者的内心自由精神，痛切膺惩，遇到乾隆时代，那时正当西方十八世纪三十年代之后，直至十八世纪之末梢，中国社会亦勉强地和平而繁荣了，一般学者，全都驱束到古经籍的校勘训诂方面去，死心塌地，不问世事。而那时的西方正是近代文化开始上路，突飞猛进的时候，只可惜中国人又如此地白白糟踏蹉跎过了。

嘉庆道光以下，正当西方十九世纪开始时期，中国社会终于要昂起头来，反抗满清人私心狭意的部族政权之统治，但那时东西双方国力，便显著的不相平衡了，中国人要开始尝到南洋诸民族所遭逢的恶劣命运了。那时的中国人，内部尚未能摆脱满清部族政权之轭，外面又招架西洋帝国主义与资本主义之侵略。中国人在此双重压迫下，开始觉悟到要从头调整他的全部文化机构来应付这一个几千年历史上从未遇到的大变，那真是一件十分吃力的事。自鸦片战争（一八四二）直到现在一百年内，中国人便在此情况下挣扎奋斗。我们若看清这一百年来中国人之处境与其心情绪之激扰与不安定，则在此时期内，中国人之不能好好接纳西方文化而加以消化是不足深怪的。

而且当利玛窦等初来中国时，他们的一腔热忱只在传教。但在中国传统文化机构上，宗教早不占重要的地位。耶稣教偏重在对外信仰，尚不如佛教偏重自我修悟，较近于中国人的脾胃。因此明代的中国人，不免要对西方传教士抱几分轻蔑的心理，这亦是很自然的。利玛窦等想把他们天文与地历法算数等智识炫耀于中国人之前。因此来推行他们的教义。但在中国人看来，他们天文与地历法算数等智识是值得欣羡的，他们的教义则值不得信从的。利玛窦等想把中国人从天算与地方面引上宗教去，但中国人则是因怀疑他们的宗教信仰牵连把他们天算与地之学也一并冷淡了。这是一件很可惜的事。

……

一到十八世纪终了，十九世纪开始，西方的情形大变了。西方东渐的急先锋，显然不是教士而是商人了。那时西方资本主义与帝国主义的力量，正如初生之虎，锋不可当，但在中国人眼光中，是一向看不起富强侵凌的。中国人经过几次挫折，也都知道自己力量不如人了，但还敌不过他内心中的一股义愤与鄙夷。因此中国人眼光里，又不免要误会到在西方只是些贪利与恃强的勾当，而忽略了在他后面策动的文化的真力量与真性质。在那时的日本，他虽说是中国文化的私生子，但到底熏陶不深，他可以翻然变计，一心一意的模效富强学步侵略，在不久的时期内，日本早已现代化了，他也就变成一个富强而能发动侵略的国家了，但在中国则不然。日本人之学西洋是举国一致的，在中国则是随伴着一种鄙夷之心，由于不得已而学之的。在中国人看来误为西方一切，全是为资本主义与帝国主义供作吞噬掠夺用的一种爪牙，以及欺骗引诱人的一种假面具而已。在日本人则只要这一副爪牙与假面具而已足，在中国人则内心实在讨厌这一些，而又不得不勉强学习他。中日两国效法西化之一成一败，是有他双方心理上甚微妙的一种因缘的，我们亦可以说西方东渐的第二期，他的商人先锋队在中国所留下的影响，并不比教士们好些，而且是更坏了。

话虽如此说，这三百年来的中国人，对此西方异文化的态度，到底还是热忱注意，虚心接纳的。

……

现在有一个新问题亟待提出，即是在中国传统文化机构里，为何没有科学的地位呢？中国传统文化机构里尚无科学的地位，中国要学习西方科学是否可能呢？中国学得科学而把新中国科学化了，那时是否将把中国固有文化机构损伤或拆毁呢？这些问题，是批评中国传统文化以及预期中国新文化前途的人所共同要遇到的，本书作者愿在下面约略申述一些个人的意见。

严格说来，在中国传统文化里，并非没有科学，天文历法算数医药水利工程工艺制造各方面，中国发达皆甚早，其所到达的境界亦甚高。……平心论之，在十八世纪以前，中国的物资文明，一般计算，还是在西方之上的。只在十九世纪之开始，西方近代科学突飞猛进，这一百五十年来西方社会之日异月新是至可惊异的，而中国在此时期里，反而步步落后。我们若专把这一段切线来衡量中国文化，是要陷于短视与偏见之消的。

但在中国传统文化里，虽说未尝没有科学，究竟其地位是并不甚高的。就中国全部文化机构言之，科学占的是不顶重要的部位，这亦是事实。到底科学在中国不好算得很发达，这又为的什么呢？现在试再举要论列。第一东西双方的思想习惯，确有不同。东方人好向内看，而西方人则好向外看。这一层上而已约略说过。因此太抽象的偏逻辑的思想与理论，在中国不甚发达。中国人常爱在活的直接的新经验里去领悟科学与宗教，在西方历史上虽像是绝相反对的两件事，但在东方人眼光看来，他们还是同根同源，他们一样是抽象的逻辑的向外推寻。在东方既没有西方人那种宗教理论的兴趣，因此西方人那样的科学兴趣也同时减少了。……在西方的名言说：智识即是权力，这在东方人是不如此想的。尤其是近代的科学智识，这真是人类最高最大的权力表现，只因东方人不重视权力，故而科学发明又少了许多鼓励与鞭策。

现在进一步言之，似乎每一种文化，只要他在进展，他自然要用力向他缺陷处努力克服与弥补。上面说过，中国文化是先在一个广大规模上逐步充实其内容。而西方文化时常由较小较狭的中心点向外伸扩。此亦由于双方自然环境所影响，因学西方的地势，本自分裂破碎，不易融凝合一，因此在西方世界里，常见冲突与不稳定。西方人的心里因此常爱寻求一个超现实的抽象的为一般共通的一种绝对的概念。这一概念，如古代希腊悲剧里的命运观，哲学上的理性观，罗马人之法律观，耶稣教之上帝观，近世科学界对于自然界之秩序观与机械观，皆可谓之同根共源，都根源于一种超现实的概括的即抽象的逻辑的即理性的和谐之要求。此种和谐，却全是外力的，西方人即以此种外力的和谐之想象来弥补克服他们内在世界之缺陷，但到底他们的文学艺术哲学宗教法律科学诸部门，依然还是相互分割，各有疆界，亦如西方的自然环境般不易调协。到底不免要各自独立，相互对抗。中国文化，则自始即在一个广大和协的环境下长，因此中国方面的缺陷，并不在一种共通与秩序，这一方面，早已为中国文化所具有了。中国方面的缺陷，则在此种共通与秩序之下的一种变通与解放，因此中国人的命运观，并不注重在自然界必然的秩序上，而转反注意到必然秩序里面一些偶然的例外。中国人的法律观，亦不注重在那种铁面无私的刻板固定的法律条文上，而转注意到斟情酌理的，在法律条文以外的变例。中国的上帝观念亦没有像西方人对于理性之固执。西方人的上帝是逻辑的，中国人的上帝则比较接近于经验的。中国人的兴趣，对于绝对的抽象的逻辑的一般的理性方面比较淡，而对于活的直接而具体的经验的个别情感方面则比较浓，这亦是中国文化系统上一种必然应有的弥缝。因为中国世界早已是一个共通的世界了，中国社会早已是一种和谐而有秩序的社会了，若再如西方般专走抽象的逻辑的路，将使中国文化更偏到一般与概括方面去，如此则将窒塞了个性伸展。中国哲学上有一句话，叫做理一分殊，中国人认为理一是不成问题了，应该侧重的转在分殊方面。如此则科学思想便不易发展。科学思想之精髓，正在抽象理性的深信与坚执正应侧重理一，不侧重分殊。科学家因寻求理一（应知此正西方文化之所缺），不惜隔绝事实，从任何事体中抽离，来完成他的经验与理论。中国人不爱如此做，中国人常是融和圆通的。实际上中国人正已在理性之中，因此却反要从理性外面寻求解放。但虽如此，在中国人观念里，宗教法律文学哲学科学艺术诸部门，依然是融和调协的，他们在实际上只是一体（此即是理一），他们相互间不需要亦不允许界限与分别。这是中国文化不求和谐而早已和谐处。若用西方眼光来看中国，不仅中国没有科学及哲学宗教等，亦像没有完全长成。中国思想好像一片模糊，尚未走上条理分明的境界。但我们若从中国方面回看西欧，则此等壁垒森严，彼此隔绝的情形，亦不过一种不近情理的冷硬而无生趣的强为分割而已，双方的学术思想界，正如双方自然环境般，一边只见破碎分离，一边只见完整凝一。

我们再从另一方面言之，我们尽管可以说中国科学不发达，却不能说中国人没有科学才能，倘使中国人真的没有科学才能，则他们历史上也不会有如许发现和发明。不过中国人科学才能之表现，也有和西方人不同处。中国人对物常不喜为外间之分析，而长于把捉物性直入其内里。这因中国人常爱把物界和人类同一看待，常把自然界看成一有生机的完整体，因此好谈物之性，而不喜欢谈物质构造。同时中国人观察的眼光是极灵敏的，他既透过物体外层之构造而向内深入，直接捆捉住物性，因此中国人一样能利用物界，只在西方人看来，好像是知其然而不知其所以然，还未到理性分析的境界。中国人常说，可以神遇而不可以自视，可以意会而不可以言传，便是这个道理。中国人在他神遇意会的一番灵感之后，他也有本领把来试验和证明。中国人对于试验和证明的手腕和心思，是非常精细又极活泼的，否则中国人的灵感将永远在神秘中，不能有许多实际的发明和制造。但因中国人观念中不重分析，因此也没有理论上的说明一切发现，只变成技术在社会传布，学理的解释与再探讨是缺乏了，如此则使后起的人不易继续前进，这亦造成了中国科学界一极大的缺憾。

以上所说，都是中国传统文化里科学不甚发展之原因。但中国文化最多亦只是不易在他自己手里发生出近代科学来，却不能说他连接受科学的可能亦没有。则何以近百年来，西方科学思想与科学方法大量输入，而中国方面还是迟迟不进，老见落后赶不上去呢？这里面亦有其他的原因，最主要的出于中国人只以功利眼光去看科学，而没有把纯真理的眼光看他。日本人也同样以功利的眼光看科学，但日本人中心欣羡功利，因此学成了。中国人心里实在菲薄功利，只逼于事势，不得不勉强学习，因此学不深入。又一原因在中国政治社会全部变动，非到国内相当得一安定的秩序，科学也无从生根滋长。此后的中国国内国外的和平秩序恢复了，对科学的观念也正确了，我想科学在中国，一定还有极高速的发展。

让我们再谈最后一问题，科学在中国如在西方般发展以后，是否将损坏或拆毁中国原来的文化机构呢？这一问题颇是重要，但据本书作者之意见，中国固有文化机构，将决不以科学发达而受损。

……

科学与宗教，在西方是显相敌对的。信了科学便不能再信宗教，因此双方水火，互相排斥。但在中国固有文化的机构下，是既可容受宗教，亦同样可以容受科学的。就思想系统而说，西方近代科学界之新理论，他们所针对的是他们的宗教教理，并非针对着中国思想。在中国思想里加以科学成分，只是有益无损。《中庸》上说，尽己之性而后可尽人之性，尽人之性而后可以尽物之性，尽物之性而后可以赞天地之化育。承认有天地之化育，是宗教精神，要求尽物之性是科学精神，而归本在尽己之性与尽人之性两项下面，则是儒家精神了。儒家承认有天地之化育，但必须用己和人去赞他。宋儒说，为天地立心，便是此旨，如此则便非纯宗教的了。儒家亦要尽物之性，但必着重在尽人性上下手，则便非偏科学的了。因此科学与宗教之相互敌对，一到儒家思想的范围里，便须失其壁垒。宗教与科学，在中国传统文化机构下，都可有他们的地位，只不是互相敌对，也不是各霸一方，他们将融和一气而以儒家思想为中心。

近代西方科学的趋势，已有些尽物性而损及人性的倾向了。中庸上所谓尽人之性而后可以尽物之性一句话，我们可从两方面分别讲述。先从浅一层向外方面言之，民主精神的文治政府，经济平衡的自由社会，是尽人性的共通大骨干，必先在这种政府和社会的控制下来发展科学，才是合于尽人性而后可以尽物性的意义。像西方科学界般这样为人无控制的利用，在中国人观念下是不甚同情的。近百年来的中国政治和中国社会，一切失却轨道，无怪中国人对于科学兴趣，要老是趋趄徬徨了。左传上曾说过，正德利用厚生。中国人向重现实人生的，利用厚生自然要讲究，但中国人观念里认为非先正德，则利用厚生到底不可能。西方科学似乎仅注意在利用上，倘使专从利用的目标走去，是走不到正德的境界的。不能正德亦将不能厚生。正德便是尽人生，利用是尽物性。

再从深一层向内方面言之，中国人向来是主张天人合一的，这在上面已说过，因此中国人的对物观念常和对人观念比，认为它们中间也算有融合一致的共通相似之点。常认为物性与人性一样是一种地天之性，应该是不相违背的。因此中国人的对物态度与其说它是科学的，毋宁说它是艺术的。其实在中国人观念下，根本不情愿把科学艺术宗教哲学一样的分开，使之各立门户，不想闻问。中国人是常将此种种差别同样的融合一气，不加区分的。因此中国人常说，技而近乎道，又说，形而上者谓之道，形而下者谓之器。技与器该属艺术还是该属科学，是分辨不清的。道应该属宗教还是该属哲学，一样分辨不清的。形上形下一气贯注，才是中国人的理想。我们若把两方通行语说之，他须是一个宗教家与哲学家（注意"与"字，义不同"或"字），他才可做一理想的艺术家与科学家。他既是一理想的科学家与艺术家，同时他便应该是一个宗教家与哲学家。易经里面把中国古代一切关于人事方面之制造发明（此即艺术与科学），统统归之圣人功绩（圣人略犹如西方之哲学家）。而圣人所以能制造发明这些东西，则全由于他能法则天象。所谓天垂象，圣人则之（此即宗教），正为天和人和物三者中间，有它一个共通一贯的道理。也可说是一种共同相似的倾向。天和人和物的三者间，因有这一种共通的道理和倾向，所以才能形成这一共同生息的宇宙。这一种道理或倾向，儒家称之为性。物之性太杂碎了，天之性太渺茫了，莫如先了解人之性。要了解人之性，自然莫切于从己之性推去。因为己亦是一人，人亦是一物。合却天地人物，才见造化神明之大全。这是中国思想整个的一套。在此一套思想里，尽可有科学家的地位。上面说过，中国人的科学天才是偏长于对有机完整的全体作一种直透内部的心物共鸣的体察的。这是宗教哲学艺术科学同根共源之点。若使科学在中国获得长足的进展，一定在这一方面有他惊人的异彩（按：本节所用宗教哲学等名词皆就西方术语用之。在西方文化系统上，宗教与科学为两中壁垒，而哲学依违两可于其间。在中国根本无多哲学，中国人之哲学，在西方人眼光下仅是一种伦理学而已。中国亦无严格上的宗教，由于中国宗教亦已伦理化也。故中国即以伦理学或称人生哲学，便可包括宗教与哲学。而西方哲学中之宇宙论形而上学知识论等，中国亦只在伦理学中。西方学术重区分，东方则重融通，故西方科学必另自区分为一大类。中国有科学则仍必融通于此一大全体之内。西方科学家观察外物，全从区分精神。中国有科学家，亦仍必以完整的全体的情味来体会外物，此虽非绝对如此，然双方倚轻倚重之间则必有如此的趋势无疑）。

现在我们不妨把中国文化演进分成几个阶段的观念在此重新提掇一遍。第一是先秦时代，那时中国人把人生的理想和信念确定下来了，这是中国文化演进的大方针，即中国文化之终极目标所在，在此时期明白提出，以下则遵循此路向而前进。第二是汉唐时期，那时的中国人把政府社会一切规模与制度，亦规划出一个大体的轮廓了，这是人生的共通境界。必先这一个共通境界安顿妥贴，始说得一各人的个别发展。第三是宋元明清时期，那时的中国人，更显著的发展是在文学与艺术方面，人生的共通境界安定了，个性的自由伸展也开始了。第四时期是我们此下的时期，人事上的共通方面与个别方面都已安排照顾到了，下面应该注意到四围的物质环境上来尽量的改善与利用。概括言之，第一时期，可称宗教与哲学时期（此处所用宗教与哲学两词之含义已释在前一节，即对人生之理想与信仰是也）；第二时期，可称政治与经济时期（政治采用民主精神的文治政府，经济主张财富平衡的自由社会）；第三时期可称文学艺术时期（文学与艺术偏于现实人生而又能代表一部分之宗教性能者）；第四时期可称为科学与工业时期（科学在理论方面必将发挥圆成第一时期之理想与信仰，科学在实用方面，必然受第二时期政治与经济理论之控制与督导）；但此种区分，并非说中国文化在变异与转换，只是在推扩与充实。中国文化依然是这一个大趋向，只逐次推扩到各方面，又充实了各部门。更此以往，乃始为中国人真到达他终极理想的天下太平与世界大同的时期。

原载《思想与时代》月刊三二期，一九四四，三，一

学统与治统（节录）

——政学私言五

钱 穆

中国传统政治，尚有一端，义当阐述，即政治与学术之紧密相融洽是也。中国古代政治之转捩点，乃在春秋战国之际，其时自由学者兴起，百家争鸣，并多得各国政治之实权，由此而贵族政治解体，士人政治代兴。孔子曰，学而优则仕，仕而优则学。秦汉以下，仕途几为学人所独占，此实中国传统政治一至要注意之大特点也。然本篇所欲论则不在此。本篇所谓政治学术紧密相融洽者，乃指于政治机构中，有不少专属学术文化专业之部门，不仅为学人占仕途，乃谓于政途干学业。政府中多设专官，不问政事，而主持一切学术文化专业之保存扩大与流传，此等垂在史册，国人认为固然，不复惊怪，然若与并世各国以往史迹相互对比，则必知此非偶然事，殊值大书特书，一表彰之召。

中国传统政治中之学术机关，历代演变极纷杂，大抵学人入仕途，多有不问政事，而仍以专修学业为官职者，此皆仕途清选，非才优学卓不得充任，自秦汉迄于清末，虽多变革，条贯可寻，略可陈之，在先盖有史官与博士官之两途。古者政教不分，学术掌于宗庙，天文历法音乐农事医药方技诸端，皆隶焉，总其任者则史官也，此为封建时代之学职。汉书艺文志所谓王官之学，大率属之。战国以下，百家风起，其势上撼政府，各国皆争养士，有授以大权责之重任者，亦有养以厚禄，奉以敬礼，而不烦以事，仅备顾问，不治而议论者，而齐之稷下先生为尤者。演变而为秦汉之博士，此乃代表社会下层平民学者新兴势力，与传统史官遥遥相对，汉时所谓诸子百家言率属之。故秦汉政府中学识流别，以史官与博士官为两大类，史官上承官学，而博士多属家言，然二者同属于太常，此乃古者学术统于宗教之遗意也。

......

今就中国传统政制与学术文化事业相联系相融洽之要义，再扼要言之，一者在有考试制度，专为拔取学人使之从政，故其政府僚吏乃全为学者，此种政制可名为学人政治，或简称学治，以示别于贵族政治或富人政治，平民政治者乃贵族政治之反面，无产阶级专政乃富人政治之对垒，学人政治则为一种中和性之政治，无贵族，无平民，亦无贫富之别，推择其有学与贤者。然既使从政，古人云，一行作吏此事便休，政府究非学校，官吏亦非学者，政治学术仍不免隔膜与脱节，故中国传统政制复于政府机构中多设专守学业不问政事之衙门，如此则可使政治学术密切相融洽相渗透，抑且社会文化事业之保护与推动，有非政府之力不克尽其圆满之功能者，言中国已往成绩，则历史记录（国史馆）与国书保存（秘书监）尤为其最若之两事。然此非政治干预学术或支配学术之谓，学治之精义，在能以学术指导政治，运用政治，以达学术之所向，为求跻此，故学术必先独立于政治之外，不受政治之干预与支配，学术有自由而后政治有向导。学术者乃政治之灵魂，而非其工具，唯其如此，乃有当于学治之精义。故中国传统政制，一面虽注重政学之密切相融洽，而另一面则尤注重于政学之各尽厥职，所谓作之君作之师，君主政，师主教，孔子以前其道统于君，所谓王官学是也，孔子以下，其道统于下，所谓百家言是也，孔子为其转折之枢纽。孔子贤于尧舜，此则师统尊于王统也。汉代设博士，其意唯欲复古者王官掌学之旧统，然六籍皆出孔门，又曰孔子素王，为汉制法，则两汉经师论学仍重下统，道统于师不统于君。盖自孔子以下，而其局已定矣，故政府当受学术之指导，帝王亦当有师传，治权上行，教权下行，宰相必用学者，此至西汉已然，天子必当尊师向学，其风自东汉而著。后代遂有经筵日讲之官。而东汉太学生之议政，其端兆亦远有由来矣。及于隋唐，政府遂专掌考试，不主教育，唐之国子七学仅成虚设，宋明而下，莫能革也。其有反此道而行者，必为泉众诽所萃啐，王荆公身居宰相而颁三经新义，大为时贤所议薄，盖不在其新义之是非，而在以相臣之位而兼揽师道之尊，混治权于教权，使政府操持教育，道统绌于政统，此非其君为尧舜其相为稷契，则其弊有不可胜言者。

张居正，当明之晚季，振衰起弊，功不可没，然其弹压书院讲学，尊相抑师，则更甚荆公，故其遭时人之轻毁，亦较荆公为烈。身后并权酷祸，师道之失其统，而上统于政府，此自清代部族专制乃始然耳，明代以前，不尔也。故中国传统政制，于学术文化事业，虽尽力保护而抚导之，然于教育则一任社会自由，抑且尊师崇道，王统自绌于道统，未当以政府而专擅教育之大权也。

然今日国人观点，则颇若教育乃政府之天职，若教权即统于治权，此亦有其来历，一则承袭清代三百年以治权逾越教权之积习而视为固然，一则模仿西方制度而不复详辨彼我之异同。西方自中世以来，宗教政治本属分行，教堂之尊严，虽王侯亦俯首屈膝如庶民，是彼教权亦在下不在上，抑且教权尊于治权，亦与我约略相仿佛也。唯彼方宗教既主出世而复多预俗事，流弊既盛，反动亦列。自北欧宗教革命，以及现代国家新政权兴起，教权逐步退让，治权逐步进逼。政府还代教堂操握教育之权，然此所谓教育权者，亦仅其一部分而已。学要言之，则国民教育与职业教育是也。欧洲近世大学兴起，若彻其渊源则亦一种职业教育也。自科学盛兴，近代教育益趋新型，然彼中大学教育，既多保有自由精神，抑且学校教育亦终未全夺宗教之权威，昔唐儒韩愈著师说，分师为传道授业解惑三者，言近代西方学校教育，特偏于授业解惑，而传道之师则仍在教堂。授业解惑之教施之青年，传道则不别老幼，人之有生莫不当受，此西方今日依然政教分行，不以教专属于政也。中国古代政教合一，自春秋战国之际而始变，百家兴起，自由讲学代握教权，儒墨开宗，皆趋向此，而儒家独传于后世，故中国儒家非宗教而实兼宗教之功能，其为教也，传道之师，犹崇于授业与解惑。东汉以下，儒学衰而佛教东流，先则沙门不拜王者，明教权之不能屈抑于治权也。其次则君相之尊皆顶礼膜拜于佛尊，此无论南北朝皆然，至隋唐亦无不然。时则遂奉僧人以国师之尊，直至宋明，儒学又与佛教为代兴，王荆公程伊川皆为经筵讲官，争坐讲而不立，此又一沙门不拜王者之意也。盖唯如此，乃使人知政府不为举世之至贵，犹有尊于从政者，人道之大端乃在师统非君统，故中国近世虽无宗教而犹得使政府不据独尊之位也。元清两代，皆不尊，元人不知尊，谓人不欲尊，然皆奉事喇嘛，或多立淫祠，其时则道统政统各趋一端，不相并属。今国人竞言西制，盛唱司法独立，又法治之不可势，不知人事固不以不犯法为极则，西方于法堂外尚有教堂，官吏犯法固当俯首与法官警吏前，然犯法者亦仅此耳，使无宗教尊哉！人生一出青年期，毕业大学校，投身社会，即已为一无所受教之人。苟其身踞高位，则诚举世莫所屈，非然者，则富贵两行，经商或益愈于从政，人竞于物质而滋不平，激而为无产阶级专政，亦其宜也。凡今西国所以不尽然者，宗教之为功，盖如庄周所谓无用之用，固未可轻漠视之。中国试模西制，或更超而出焉，考试监察司法诸权，盖得独立，使不兼受其基督上帝之教，则富贵而外，人生不复有尊显，学术智识仅为手段工具，凭借以跻富贵而永保之则已耳。无论其为群为私，要之将止于我之所谓霸，非所语于内圣外王之域也。抑且近代政治，率当操于政府之手，又济之以所谓宣传者，凭政府在上之力，将无微而不至。使政府与商人相狼狈，教育与宣传相配合，政治之力将莫与竞。虽曰言论出版集会自由，而三者皆本之教育，若教育无自由，则人之真得自由者几希耳。故其求民主精神之实现，必使人道大统，下行而不上凑，必使教权尊于治权，道统尊于政统，礼治尊于法治，此即中国儒家陈义，所由为传统文化主干，亦即中国传统政制精意所在。降一级而求之，若西方之政教分行，尚犹不失其不平之势，若仅以选举言民权，而教育大政默而听之于政府，则未见其不痛者。然则政府将不问学校教育事乎？曰，非此之谓。初级国民教育当议之地方自治，上篇已论之，若高中大学各级学校虽可由政府筹办，然政府当自居为护法，不当自居为主教，学校尊严当超然于政治之上。唯各级职业教育，可视政府需要而创革，其他则政府当尽量尊重学校之自由，又贵尽量提倡社会私立学校，自由讲学，不依政府意见为意见，不随政府转动而转动。教育之权应在家言不在官学，抑更有进者，在西方有宗教，在中国有儒礼，尊师崇道，虽昔之帝王不敢背。旁论于今日，必使从政者于躬身奉公，不犯法律之外，于人道犹知有所会，己体犹知有所屈。内心外貌有所敬礼，则不奉耶佛诸教，必推开儒礼，使教育精神与传统文化相得益彰，此则中国传统政制本已有此机向，抑已有其显然可考之成绩，此亦堪为今日新政制所取法之一端也。

今考五五宪草，特定教育一章，其为重视教育之意至显，其第一百三十六条注重全国各区域高等教育之平齐发展，一百三十七条规定教育经费之最低限度应占中央预算总额百分之十五，其贫瘠省区之教育经费应由国库补助，第一百三十八条，又规定国家对于列举之事业及人民应予以奖劝与补助，此皆与中国传统政制注重学术文化事业之精神，甚相符合，极可赞许。唯第一百三十三条谓全国公私立之教育机关，一律受国家之监督，并负推行国家所定教育政策之义务，则实有可议。窃谓此乃隶学统于政统，属教育于政治，既与中国传统文化传统政制相背，乃亦非西方政制所有。教育乃百年树人大计，国家政策则贵乎因势推移，二者不当并为一谈。且教育乃人生真理之切实践履与切实探究，根本无政策可言。若以政策办教育，未尝不可收目前一日之速效，然终将贻后来无穷之隐祸。近世德国厉行国民教育，一时谓其功效胜于毛奇将军之兵队，然推演之极，今日德国之两度败履，亦未始非此种以治权决定教权之为害有以使之然也。昔中国春秋战国之际，越王勾践之与范蠡深谋，十年生聚，十年教训，卒灭强吴，报宿仇，然越祚亦不长，越王勾践之与范蠡，正犹德王威廉之与俾斯麦也。然则以国家目前政策定全国教育方针，其为得失，断可见矣。又草案第一百三十一条，中华民国之教育宗旨，在发扬民族精神，培养国民道德，训练自治能力，增进生活智能，以造成健全国民，窃谓此种列举，亦有可商。

人类教育宗旨，犹有超于造成健全国民之上者，若专以造成健全国民目的，此亦专治权于教权，重政统于道统，流弊较浅，将为狭义之国家主义，此必有损于文化教育之大全；若流弊极深，自必随国家政策而定教育方针。然所谓国家政策者，究极底里，则国家不得不以政府为代表，政策不得不以当前之肆应为目标。教育乃全国人文元气所寄，当树百年不拔之基，岂能追随政府当前政策为转移乎？故本条所列举若以定为地方国民教育之条目，而使全国各地域得本此宗旨各自斟酌本地方实际情况以为变通，则犹之可也。若以全国职业学校，应视国家需要随政府政策而创建或改变，犹亦可也。若笼统包举全国各级教育如今宪草所云，则流弊不胜言。窃谓将来中国新宪法，必有两事首当注意，一者当明面规定立法、司法、监察、考试四院之独立性，使其超然于政党之外；一则教育必尽量自由，不随政府政策为措施。若能达此两的，则政局已可小康，民主精神自得逐步实现，唯此为全国上下所当力争，其他则相忍相议，要以统一和平无伤国本为主可也。

抑复有一小节当附论者。今国民党人尊推孙中山先生，称为国父，此由模效美国以华盛顿为国父也。尽美国十三州之独立，由华盛顿所率领，中华民国政府之创建，由孙中山先生所倡导，崇之以国父之称，宜无不当，然此亦仅言政统非言道统也。近代美国之共和政体，固为华氏所手创，然美国人之人道文化，则还有来历，故美人言教统，仍归耶稣，不属华氏。中华民国之政府，固为中山先生所手创，然中华民族之人道文化，则亦还有本源，非亦由中山先生创之，此在中山先生民族主义之演讲中，开发已至剀切，故言中华民国之政统，必推中山先生为不祧之祖，若言中华民族之道统与教统，则中山先生亦一孝子顺孙耳，岂得同样奉为不祧之祖乎？今全国大小各级学校，若逢孙中山先生诞辰与其逝世纪念日及国庆大节，尽崇仰追思之礼，此亦理之宜然，若今每七日有纪念周，每逢学校有典礼，必先对中山先生遗像行礼致敬，是以尊中山先生于政统者而一体尊之于道统，若细籀中山先生民族主义之遗教，此等崇拜，恐亦非中山先生所乐受，此亦今日学统绌于治统之一例也，故连带而论及之。

原载《东方杂志》四一卷五号，一九四五，八，十五

宪政与法治

国民大会问题

——中华民国未来民主宪法十讲之四

《再生》，总第 126 期，1946 年 8 月 16 日

张君劢

我们知道世界上民主政治有两种：一种是代议制度的民主政治，如英、美是；另一种是人民直接参与的民主政治，即人民以创制、复决等方式参加的民主政治，如瑞士是。中山先生不以代议政治为满足，想采用直接民主政治。所以他的民权主义演讲中有一段话：

> 关于民权一方面的方法。世界上有了一些什么最新式的发明呢？第一个是选举权。现在世界上所谓先进的民权国家，普遍的只实行这一个民权；专行这一个民权在政治之中是不是够用呢？专行这一个民权，好比是最初次的旧机器。只有把机器推到前进的力，没有拉回来的力。现在新式的方法，除了选举权之外，第二个就是罢免权。人民有了这个权，便有拉回来的力。这两个权，是管理官吏的。人民有了这两个权，对于政府中的一切官吏，一面可以放出去，一面又可以调回来。来去都可以从人民的自由，这好比是新式的机器，一推一拉，都可以由机器的自动。国家除了官吏之外，还有什么重要东西呢？其次的就是法律。所谓有了治人，还要有治法。人民要有什么权，才可以管理法律呢？如果大家看到了一种法律，以为是很有利于人民的，便要有一种权自己决定出来。交到政府去执行。关于这种权叫做创制权，这就是第三个民权。若是大家看到了从前的旧法律以为是很不利于人民的，便要有一种权自己去修改。修改好了之后便要政府执行修改的新法律。废止从前的旧法律。关于这种权叫做复决权，这就是第四个民权。人民有了这四个权，才算是充分的民权。能够实行这四个

权，才算是彻底的直接民权。从前没有充分民权的时候，人民选举了官吏、议员之后，便不能够再问，这种民权，是间接民权。间接民权就是代议政体。用代议士去管理政府，不能直接去管理政府。要人民能够直接管理政府，便要人民能够实行这四个民权。人民能够实行这四个民权，才叫做全民政治。

中山先生深知代议制的不够，想要拿直接民权的民主政治来补代议政治之不足。关于此种政制，或者亦可名曰"公民投票"的民主政治。再有一个名词，叫"直接立法"的民主政治。其意义均同。中山先生知道代议政治政府与人民之间有议会议员介于其间，所以民意不能直接表现出来，因为有党派操纵与资本家利用议员。中山先生为要免去这种毛病，所以极力提倡直接民权的民主政治，所以再三说明四种政权的重要，即在于此。但是此种直接民权的发祥地，为欧洲的瑞士。瑞士国家共分廿五州，其全国面积不过约一万六千平方里，其人口不过四百余万（此为一九二五年的统计），同中国来比，面积四百万方里，人口以四万万来计算，在地理上说，我们大过他们二百五十倍，从人口来说，多过一百倍。而且瑞士人口，其都城茱立许不过五十四万余，而勃尔恩不过六十九万余。拿上海一城来比茱城，大过十倍；拿上海比勃城，大过七倍。从人口比较之中，就可看出瑞士所采取的制度，我们能否适用，真是一个大问题。况且瑞士从十三世纪后，便是采用直接民主制的国家，所以他历史上的根据，已有六、七百年之久。我们除民国以外，历史上很少采取选举制度。可见直接民权制，在我国中实难适用。中山先生政治经验宏富，自明白此中道理。所以他在五权宪法一讲中，指出各县以下应行使直接民权，至于中央政治机构之中，在五院之上，设一国民大会，此国民大会由每县选举一人为代表组织而成。国民大会代表，既为各县人民所选出，国民大会便等于英国的国会。简单来说是代议政治而不是直接民权。后来立法院着手五五宪草之际，想拿四项权力运用于代议方式的国民大会中，所以规定国民大会的职权六种，其中四项是与直接民权有关的，所谓四项直接民权如下：

　　一、选举总统、副总统、立法院院长、监察院院长、立法委员、监察委员。
　　二、罢免总统、副总统、立法、司法、监察、考试各院院长、立法委员、监察委员。

三、创制法律。

四、复决法律。

此项代议式的国民大会，行使此项四权，与国民自身直接行使四权，是大不相同的。因为在直接方式行使之下，是真正直接民权，现在在代议政治的基础上运用四权，我为正名起见，名之曰间接方式的直接民权。

从五五宪草中国民大会的四项职权发生四个问题。

一、直接民权之所以为直接民权，在乎公民自身能行使此种权力，故直接民权之性质，在瑞士及美国各州中如何行使，应先明了。

二、直接民权由国民大会行使，是否仍能保持直接民权的优点。

三、五五宪草之中，既有立法院，如何能在总统与五院之上，另设一国民大会，以为总统与五院对之负责的机关。

四、中山先生既承认代议方式的立法院，同时又想采用直接民权，换词言之，直接民权与代议制度如何能在今后宪法之中双轨并进。

现在本讲演中要答复以上四点。

第一问题

直接民权的制度与代议政治相对立。就瑞士各州言之，可说先有直接民权，而后有代议制度。瑞士各州之中有所谓公民大会（Lauds gemeiube），即每一公民对于本地方的大事，自行参加集会。但瑞士各州人数除前文所列举，多不过七十万人，少则十余万，再少则一、两万人。所以州公民大会，或选举官员，或修改法律，极易举行。所谓直接立法之事，不外乎三种：（一）所谓创制权，即动议要求某种法律。（二）将已拟定的法案，交人民表决，此之谓复决。（三）所谓罢免，在瑞士不常见，惟美国各州则采用之。（四）所谓选举权，即在代议制度的国家，亦为人民必有的权利，原不能与直接民权相提并论。惟人民直接得选举官员，则与代议制下的选举议员，稍有不同之处而已。兹举瑞士宪法第八十九条如下："联邦法律如有三万投票人或八州提出要求投票之际，此项法律即须提交公民承认或否决。前项原则对联邦决议案之有一般适用性无紧急性者，亦适用之"。

此条所以规定三万投票人或八州要求投票复决之曰，则联邦政府应将此法律提交公民投票。此中表示代议制度的立法院，对法律无最后决定权，公民可以提出此项法律应交公民通过或否决的要求。

关于创制一项，于一九〇六年瑞士宪法中，亦有追加条文，姑从略。

美国各州采用直接立法之制，始于十九世纪的中叶，至廿世纪之初。各州关于创制、复决的规定，就其相同者言之，大致如下：

一、创制权：人民为自己保留一种权力，提出关于动议法律或宪法修正的请愿，并将此类法案或修正案于总选举之际付之表决，要求通过或否决。此项保留的权力名之曰创制权。创制请愿，应包括所提法案的全文，并为发生效力起见，须经本州若干万选民签字。创制动议须向立法院秘书长备案，此项问题应在备案后四个月内之第一次选举时投票表决。

二、复决权：人民保留权力，以请愿方法要求议会将所通过的法案交与选民投票表决。此项保留权力名曰复决。关于立法院通过法案的复决请愿，应在立法院闭会后九十日之内，向立法院祕书长备案，且为发生效力起见，须经本州选民若干万人签字。某种法案经人民请愿交付复决者，应在备案后卅日内首次本州选举时，交付选民投票表决。

三、罢免权：所谓罢免权为弹劾权的代用方法，州长、立法院或其他行政官吏，如其行为不满人意，则其选民中若干万人签名同意，可将行政当局予以罢免。此项罢免方法，自然有使行政人员对于所负责任知所警觉。但其手续繁重，美国人一般意见以为，不如经立法院三分之二通过免职时，则行政人员应即辞职之尤为直接痛快。

兹举直接民权制度之下人民投票的若干先例，以见此制的运用如何。一八九四年，瑞士人民提出关于劳动权的创制动议，原发起人签名者共五万二千三百八十七人，投票结果赞成者七万五千八百八十人，反对者三万〇八千二百八十九人，其他各州亦均在反对之列。一八九四年，瑞士联邦派要求中央政府将关税收入按每人两法郎的标准，将该项收入交还各州。此项关税问题的创制，签字人共六万七千八百廿八人，投票结果，赞成者四万五千四百六十二人，并八州有半，反对者三十五万〇六百卅九人，并十三州有半。一千九百年关于联邦参议员的比例选举问题。创制发起人六万五千三百人，投票结果，赞成者十六万九千人，反对者廿四万五千人。此项问题，隔十五年后，重复提交人民投票，但又被否决。关于疾病及灾害保险问题，已于一八九〇年经联邦的法院通过，及一九〇〇年交人民投票，反被否决。十二年之后，又提出第二次草案交人民投票。政府深知人民心理所在，因将若干条内容予以变通后，终获通过。

上文略举数例，以见人民直接立法的不易。良法美意，未必为人民所了解，故一种法案为人民所接受，极非易事。从美、瑞情形观之，直接民权为人民意思的直接表示，其较代议政治有其优点，自不待言。但立法问题，内容复杂。甲事、乙事、丙事及其他千百种事项，乃互相关系，仅提出一、二事交与人民投票，人民未必能了解其各方互相关联之处。因而多数民意的直接表示，未必即为最正当的处置。但人民直接立法，令国会议员知所警惕，议会的所为与所不为，另有人驾于其上以裁决之，此为直接民权的优点一。人民既直接参与立法，因此人民参加表决的结果，得享受一种政治教育，此其优点二。民意既直接参加立法之中，政府、人民自少隔阂，故人民直接立法可以减少人民对于政府的怨恨，或能防止革命，亦未可知，此为其优点三。

第二问题

如上文所言，直接民权的原意，应由人民直接行使。中山先生深知以中国人口之众多，直接民权行于中央政治的不易。瑞士四百余万人口的国家，略如上海一市人口之多，要求按户投票，表示赞否，其事非不可行。以云全国人口有四万万人之多，欲以瑞士之制，施之于向不知选举为何事的中国，决难办到，是为中山先生所深知，故对我国中央政治采用直接民权一层，绝口不提。但五五宪法起草者，每以为此种直接民权，虽不能行之于中央政治，但未尝不应略师其意，运用之于国民大会之中，故五五宪草中规定国民大会得行使创制、复决、罢免等权。即民国十九年中华民国约法草案中，关于国民大会职权，亦有规定如下：

> 一、对于立法院所制定之法律，认为不当时，得提出修正案于立法院。
> 二、得提出法律于立法院。

我人以为，代议政治与直接民权两制，各有其优点，如英国以代议制度见长，如瑞士则以直接民权见长。如以代议制度为不够，则应将创制、复决之权提出于全国一般人民，万一不能，亦应提出于全国的县、乡议会（即政治协商会议中所提出的无形国民大会），诚能如此，则但至将来人民程度提高之日，此项权力应自县、乡议会收回，仍由选民直接行使。如十九年临时约法及五五宪法草案所规定的，国民大会虽自人民普选而成，实在即等于代议制的英国国会。

惟其如此，国民大会之为议会政治，正如英国议会之为议会政治同。诚如中山先生恭维直接民权，惟有将此项民权，置之于直接基础之上，以符合于直接民权之原意。现在不然，将创制、复决等权之由人民直接行使者，交托于代议式的国民大会，自与直接民权的原意不符。况仅有此四权的国大，尚不能与英国国会相抗衡。此种国民大会所行使之权力，决不能与真正的直接民权相比，反而成为真正代议政治的妨碍而已。

第三问题

依五五宪草规定，国大行使四权，是为政权，立法院通过法案，议决预算，是为治权。所谓政权与治权是否划分得开，乃是政治哲学上一大问题。譬如国大有创制权，即公民若干万人的联署，得要求立法院提出某项法案，是为创制权；或公民若干万人的联署，要求政府将某项法案交人民公决，是为复决权。此两项权力，从立法权的性质言之，实在与代议政治下的立法权，虽有直接间接的不同，但其为对于法案赞否的权则一。现在一定要名甲为政权，名乙为治权，或者在哲学上可以成为问题，在实际政治上不应以此种微妙的区别，便认为可实行而不生流弊的一种标准学说。我们大家知道，各国宪法中仅有国家主权属于国民全体一语。此项主权或表现于代议政治的立法，或表现于选举，或表现于创制、复决，要不外乎同为公民对于政府所行使的监督权而已。我人以为，中山先生间接民权与直接民权的学说，是为政治上的两种制度，是为今后制定宪法的实际问题。至于政权、治权之分，可以作为中山先生政治哲学的见解，万不可与制宪问题混为一谈。

我们现在要说到五五宪草中国民大会与立法院的问题。

五五宪草第三十条：国民代表任期六年。第三十一条：国民大会每三年召集一次，为期一月，必要时得延长一月。依此规定，六年之内，国大开会两次，每次一月，即令延长，亦不得超过一月。如是，每三十六月之中，会期少则一月，多则二月，其余三十四月之中，国民大会无一事可为。况国民大会主要职权，原限于选举，其他创制、复决两权，依此项宪草规定，还在他日"以法律规定"的不可知之数中。国民大会的职权，可说与各国的议会绝不相同，对于平日政治，决难发生任何影响。虽原草案中有总统对国民大会负责的规定，其他五院亦有对国民大会负责的规定，但国民大会既无通过法律预算议决之权，如何能靠此规定便享有他国议会对政府所加的裁制？五五宪草中举出总统及五院对国民大会负责的规定。此项负责，究竟是何意义？如所负的责任，限于违法情形，国民大会所以责问其责任者，独有罢免之一途，则此项权力等于英、美宪法中的弹劾而已，与议会政治中的所谓牵制与信任，绝无关系。所谓对国民大会负责的规定，仅为违法时的弹劾，绝对不足语乎凭借预算与法案以行使其监督之权。我人以为，行政机关如大总统与行政院长应对人民或国大负责，自属事理之当然。但立法院委员、司法院机关亦有对国大负责的规定，我真不知此种负责如何负法？试问英国国会议员，除以当选、落选决定人民对他们的好恶外，决不容许另一机关来责问他们的责任。所以这种负责的方法，徒然予国民大会以捣乱立法院的机会，绝非使各机关各得其所的好办法。至于大总统对国民大会负责及其选举的规定，我人以为亦不足以保持总统的尊严。最理想的大总统选举，应由人民直接选举。既不然，亦应由全国若干万人充当选举人，万不应由一千五六百人组成的国民大会操总统选举之权。因为人数太少，容易贿选或威迫。必须将此项权力散之于全国人民，然后利诱与威迫之伎，两无所用，才是总统选举的妥当办法。至于总统对国民大会负责云云，以我们上文预测，将来独限于罢免或弹劾一项。此类事情，我们自然希望其不至于发生，万一有之，即令宪法上无此项负责的规定，立法院或国大自然起而质问大总统的责任。故五五宪草第四十六条的规定，在我们看来也不会发生政治上的大作用，因为国大的职权限于罢免、选举，虽有负责的规定，总统自然视此为不足畏惧的。由此说来，依宪草所规定，国大可以质问总统责任及立法司法机关的责任，好像权力颇广大，而实际是空虚的。

再则立法院与国大的关系。依六十七条的规定：“立法委员由各省、蒙古、西藏及侨居国外国民所选出之国民代表，举行预选，依左列名额，各提出候选人名单于国民大会选举之”。明白一点来说，立法院委员的选举，是间接的间接，或名曰二重间接。就是说国民选国大代表，国大代表按第六十七条之规定，分省选举各省应得的立法委员之人数。即令本条中规定立法委员人选不以国民代表为限，但我们可以断定此种委员背后既无选民，又无选举区，仅有分省之国大代表选出其心目中的朋友而已，试问此类立法委员有何资格代表民意？其次立法院的职权，既限于通过法律议决预算等权，名之曰治权，则立法院的地位，如政府的附属品，尚何监督机关之可言？

我人以为，国大代表的性质，应侧重直接民权。即令暂时不能以选民全体构成国民大会，至少应以此项直接民权，推广于全国的乡、县议会，所以政协会中决定无形国大之制，其用意即在于此。惟有如此，乃可将国大置之于直接民权的基础上，自成一个系统。至于立法委员直接由人民选出，其所行使的职权与各民主国的国会相等。然后立法院乃能代表民意，不致成为政府的附属机关。国大与立法院两机关系统分明，自能各尽其责。今乃不然，立法委员既不能代表民意，行使各国国会应有的职权，同时所谓国大者，三十六个月中，只有两个月开会，又绝无方法可干涉政府的行政，名义上两方面均为选举机关，且各有所事，实际上则此叠床架屋之两机关，叩其内容，则空空如焉。在此二、三十年之内，中国苟能将代议政治彻底施行，自足以纠正目前政治上的弊病，即令不提倡创制、复决两权，亦无不可。奈何代议政治尚未彻底施行之日，偏要提倡创制、复决等权。今天国大要求立法院将某项法案交复决，明天又提出立法原则，要求立法院制定法案，此种作风，徒然引起人民心中立法院能力不足的感觉，在此立法院初创之际，偏偏有人批评他，说他不对。试问立法院的地位，如何能有巩固之一日？所以立法院之上，再加一个如国民大会的太上国会，我人期期以为不可。

如政协会的规定，立法院代表由人民选出，则立法院与国大代表对于人民的关系，完全相同，即同为代议关系。国民品质而优良，也可完全信任立法院代表，不必以创制、复决两权赋予于同为代议机关的国民大会。假定人民品质不优良，既有立法院，又加上国民大会，虽付托以创制、复决两权，其为不能代表民意则一。此种叠床架屋之制，彻底言之，徒为赘疣而已。我国现状之下，关于中央政治既不能采取直接民权制度，则应以代议制度为满意，先充实立法院，使立法院得以完成其任务。依五五宪草的规定，好像既不信任立法院，同时又要另一个代议机关的国民大会来行使直接民权，无论在逻辑上，在事实上，都是说不过去的。我人以为，与其如五五宪草的所规定将立法院弄成一个间接又间接的代议机关，不如将立法院改为由人民选举产生，使他直接能代替民意。国民大会应该放弃创制、罢免、复决等权，换句话说，放弃直接民权，其任务应暂以选举总统为限，总之，直接民权与代议政治不可混两为一。古人所谓"离则两美，合则两伤"，对于这两问题，很可适用这句话。

第四问题

中国今后宪法中，是否应该同时采用代议制度与直接民权？以中山先生的伟大，早已见到代议政治之外，须以直接民权来补救。这个前提，我们是赞成的，惟其如此，我们以为直接民权，应该照直接民权的原意来进行。就是说，四权应由人民直接行使，不能交与国大代表来间接行使。所谓代议制度应照代议制度的原意来进行，不可由代议制度的国大来行使直接民权，更不可由间接又间接的立法院来行使代议制度的职权。所以依政协会关于修正宪草的决定，规定立法院代表依然普选方式，由人民直接选出，所行使者为各国国会的职权。直接民权的制度，我人之意应为国民留下来，为异日之用。等待选民册调查清楚明确之后，或人民知识水准提高之日，或各县中先行行使四权成效卓著之日，可逐渐将四权交于选民，以符合直接民权之实。此事应在宪法上留有余地，以便将来宪法上人民得有行使四权的机会。立法院，如前文所言，应由人民按普选制度选出，行使各国国会应有的职权。如是代议制度与直接民权可以并存而不相妨碍。

以上四题答复既终，我们可以进而讨论关于未来宪法中国大问题的结论。

五五宪草的规定，国民大会由各县所选举的代表组织而成，行使直接民权中的四种，而其代表名额不过二千余人。在瑞士创制权一项的提议，须经三万人签字，然后交付公民投票。其投票人数亦在二、三十万左右。奈何我国将此人民所享的直接民权交托于二千人之手中，岂不与直接民权的意义大相违反。故创制、罢免等权，万不可授之今日的国民大会，此其一。

国民大会如授之以创制、复决两权，如十九年约法所规定：

　　一、对于立法院所制定之法律，认为不当时，得提出修正案于立法院。

　　二、得提出法律于立法院。

那么国民大会的关系，要变为一种太上国会。对于立法院所作之事，可以批评其对与不对，对于立法院所不作的事，又可提出来要他补充。其结果，必致降低立法院的信用，引起人民心目中立法院是否应重新选举的观念。立法院的威信既不能确立，而国大所提出的法案，又须交立法院通过，试问如此智虑不周，威信不立的立法院，如何能完成任务，以满足国大的所期望，此其二。

政府中人颇虑所谓国大如协商会修正宪草所规定，成为无形的国大，即合全国的省议会、县议会代表在各县各地分地投票，选举总统。选举完毕之后，将选票一并送至南京开票。此为政协会所提出的所谓无形国大，但二中全会之后，政府要求改无形国大为有形国大。于是政协宪草小组中决定国民大会在总统选举之日召集，此为国大的职权一。修改宪法的权，亦为国大所当行使。此为国大的职权二。但除此选举总统、修改宪法之外，国大并无其他职权。换词言之，国大任期与总统同，总统满期之年，即为国大召集之年，除此以外国大并无其他会期。此其三。

我人以为，国大的地位如此，则国大等于一选举机关，与美国的两院相等人数合组而成的总统选举人会，略相类似。此仅为国大目前的地位，将来人民程度提高之日，总统选举或四权行使，由四万万人直接办理亦无不可。换词言之，合四万万人而成为国民大会，此为我人对于直接民权的理想。

政治分治与行政分治

《世纪评论》，第 1 卷第 5 期，1947 年 2 月 1 日

楼邦彦

在一个国家的范围以内，国家本身固然是一个地域的个体，它以下尚有其他相当数目的地域的个体，这些地域的个体，或基于政治分治（Political decentralisation）而存在，亦或基于行政分治（Administrative decentralisation）而存在。政治分治与行政分治是两种根本不相同的公法关系，若不加以严格的区别，则不但对于许多问题难以具有正确的认识，而且不少不能轻易放过的错误，亦将随时发生。

政治分治是联邦国家所独有的现象与制度。联邦国家的邦的划分，乃为政治分治的结果，而非基于行政的原因。联邦国家的各邦往往享有一部分固有权力，基于政治上的原因，要求联合而不希望一致，乃相约以共同参加制定的宪法法典来规定联邦与各邦的权限，任何普通的法律皆不得加以变更；联邦政府与各邦政府，依据宪法法典各享有权力，互不侵涉。所以联邦国家的各邦，是基于政治分治而存在的地域的个体，自不能与别种地域的个体相混。

行政分治是任何一个国家为便利公务执行的一个必要的行政技术，在这一点上，联邦国家与单一国家无何差别，所不同者，联邦国家乃以其各邦来建立各自的行政分治制度。由于行政分治，国家之下（或联邦国家的各邦之下）便有不同性质的地域的个体，这些地域的个体可以有三种不同的地位，与国家发生三种不同的关系：第一，它们可能是国家行政单位，其机关以在一定地域的范围内，受中央政府的指挥，办理国家行政事务为职责；第二，它们也可能是地方自治单位，其机关在一定地域的范围内，依法享有自治的权力；第三，它们又可能同时是国家行政单位和地方自治单位，其机关一方面办理国家行政事务，另一方面实行地方自治，兼而为之。严格地说，第一类应该不能称作地方政府，第二、第三两类才是真正的地方政府。虽然如此，它们也有一个共同点，

即它们都是基于行政分治而存在的地域的个体，任何一类与联邦国家的各邦自有天壤之别。

在原则上讲，政治分治下的联邦与各邦的权限划分，自须以宪法法典来加以规定，这个宪法法典的制定与修正，往往由联邦与各邦共同参加，在制定以后，不能单方加以修正。宪法法典关于两者权限的规定，可以有三种方式：

（一）列举的单独享有权力（Enumerated exclusive powers）。

（二）列举的共同享有权力（Enumerated concurrent powers）。

（三）未列举的剩余权力（Reserved or residuary powers）。

列举的单独享有权力或未列举的剩余权力，或属于联邦，或属于各邦，由于不同的规定与划分，决定不同性质的联邦制度。列举的共同享有权力为联邦与各邦共同所享有，往往在联邦未行使某项权力以前，各邦亦能加以行使，但在联邦行使以后，各邦原来所制定的法律与联邦法律相抵触者即为无效。但是有一点不能不加以注意者，凡宪法法典所规定属于各邦单独享有的权力，即联邦亦不能加以侵涉，这是宪法法典对于各邦权力的保障。所以在政治分治之下，国家的权力并不是集中在一个中心的，而是分散在各个中心的，其权力之应如何分散，为宪法法典所规定，其权力的分散情形是一个主要的因素，决定特殊于某一个联邦国家的政治分治的性质。

至于行政分治下的中央与地方的权限划分，原则上便无须以宪法法典来加以规定，至多由宪法法典规定几个关于地方自治的原则，或列举几种应划归地方自治单位的权力。宪法法典有了这种规定或权力的列举，不过是限制了国家立法的范围，而不足以证明地方自治单位的权力是由于宪法法典的授与。假如我们说政治分治的基础是宪法法典，那么行政分治的基础无疑应该是法律。我们无论在政策上如何主张地方自治，在法律的系统上，我们不能否认国家的立法机关享有在宪法法典所定的原则下规定地方自治制度的权力；我们也无论在政策上如何主张所谓"均权"，在法律的系统上，我们也不能否认地方只能依据中央的法律实行自治。至于用宪法法典来规定几个关于地方自治的原则，或列举几种应划归地方自治单位的权力，大概不外乎两种原因：消极方面由于防止国家的立法机关不建立某一种形式的地方自治制度，积极方面由于保障地方自治单位至低限度应享有的几种权力。除此以外，我们认为，在大体上说，法律是地方自治单位的主要的权力渊源。所以在行政分治之下，国家的权力并不是分散的，而是集中在一个中心的；一个国家之具有什么样程度与性质的行政分治，全看最高权力的中心如何在法律内加以规定。

此次国民大会所制定的"宪法"，于第十章规定中央与地方之权限，根据上面所提出的政治分治与行政分治的区别，我们觉得在制宪的技术上，似乎有可以商榷之处。

依据第十章的规定，有下列各种不同的事项：

（一）由中央立法并执行的事项；

（二）由中央立法并执行或交由省县执行的事项，关于这些事项，省于不抵触国家法律的范围内，亦得制定单行法规；

（三）由省立法并执行或交由县执行的事项；

（四）由县立法并执行的事项；

（五）未列举的事项，其事务之有全国一致性质，或全省一致性质，或仅及一县性质者，分别的属于中央，省，或县，遇有争议时，由立法院加以解决。

若仅就第十章的形式来看，实在很像一个联邦国家宪法法典的形式，譬如第一类的事项犹似联邦国家宪法法典的"列举的单独享有权力"，第二类的事项犹似联邦国家宪法法典的"列举的共同享有权力"。我们虽然不敢确定制宪者是受的那一国宪法法典的形式的影响，但是我们觉得第十章的形式与规模，有几处与一九二〇年的奥地利联邦宪法法典的规定确甚相似，例如后者第十条列举由联邦立法并执行的事项，在形式上与第十章第一类的事项相同，又如第十一条列举由联邦立法而由邦执行的事项，第十二条列举由联邦立法而由邦补充立法并执行的事项，在形式上与第十章第二类的事项亦甚相似。

我国并非联邦国家，自毋庸以法理来加以证实，而制宪者的国民大会无意把中华民国改为联邦国家，亦为不可否认的事实。但是由于一般人忽略了政治分治与行政分治的区别，我们的确也难保制宪者把中央与地方之权限的问题，看作联邦国家中联邦与各邦之权限的问题，于是便产生了第十章的不伦不类非驴非马的规定。

非联邦国家的中华民国，自不致发生政治分治的现象，是则，根据以上所说的，国家的权力是集中在一个中心的，宪法法典便毋须列举应由中央单独享有的权力，因为一切划归中央权力范围的列举方式都是多余的。在法理上说，一个单一国家的中央与地方之权限问题是最单纯不过的，除掉宪法法典明白规定加以限制，中央的权力是很完全的，是不用列举而就在它的范围以内的。在这一点上，单一国家的中央与联邦国家的联邦，其不相同之处，实在是太大了。

单一国家假定所有的权力都是属于中央的，除非宪法法典别有限制；联邦国家则无此假定，联邦所能享有的权力必须严格的依据宪法法典的规定，或享有列举权力，或享有剩余权力，或兼而有之。总之，联邦与各邦都是依据宪法法典享有权力，权力的性质大小自各相异，可是两者在法律上的地位是一样的。因此一九二〇年的奥地利联邦宪法法典第十条列举由联邦立法并执行的事项，当然有其必要，因为这一条是联邦所享有的各种重要权力的根据，可是我们的宪法第一百零七条列举中央立法并执行的事项，却是完全多余的，因为在法律的意义与效果上说，列举了是如此，不列举亦复如此。从某一个观点看，第一百零八条列举中央立法并执行或交由省县执行的事项，也是多余的。不过同条第二项规定关于列举各种事项，"省于不抵触国家法律内得制定单行法规"，这或者可以说赋予了省相当的权力，但可能至多仅为制定因执行中央法律所必须的补充法规（Power of supplementary legislation）而已。如果仅仅是这个意思，那么也毋庸列入宪法法典，只要在个别的法律内加以规定便可以达到目的了。

至于第一百零九条及第一百十条分别列举省立法并执行或交由县执行的事项，以及县立法并执行的事项，两者的内容是大同小异，其所能发生的作用恐怕只有一个，就是当立法院，省民代表大会，或省议会在制定省县自治通则，省自治法，或省单行法规的时候，应以这两条为参考，而并不是绝对受它们的限制。因为一方面省法规不能与国家法律相抵触，县规章也不能与国家法律或省法规相抵触，另一方面第一百零九条及第一百十条所列举的事项，又并非宪法法典明白划归专属于省县立法范围以内的事项，所以省县的权限并没有获得宪法法典绝对的保障。从各方面来看，宪法法典虽然列举了省县立法的事项，但并没有限制了中央的权限，观乎第一百十一条的规定，我们更得到了一个明证。该条根据所谓"均权"的原则，规定如有宪法法典未列举的事项发生时，"其事务有全国一致之性质者，属于中央，有全省一致之性质者属于省，有一县之性质者属于县，遇有争议时，由立法院解决之"。可见所谓"均权"的原则固然是标立出来了，在法律上说，中央的立法院还是处于最高的地位。

仅就制宪的技术来说，我们对于规定"中央与地方之权限"的第十章，有下面两点意见：

第一，中华民国为单一国家，国家的权力是集中在一个中心的，而无政治分治的现象，所以第一百零七条列举由中央立法并执行的事项，以及第一百零八条列举由中央立法并执行或交由省县执行的事项，在法律上实在是多余的，是没有意义的。

第二，以第一百零九条与第一百十条的方式列举由省县分别立法的事项，在法律上并没有增加省县的权限，如果制宪者的原意并非要增加省县的权限，那么这样的列举实在也是多余的，如果制宪者的原意的确要确定几种事项，由宪法法典保障划归专属于省县的立法范围，那么单是列举还是不够的，同时在文字上尚须有硬性的规定，始能发生预期的效果。

以上所指出的一个制宪的技术问题，我们认为是由于制宪者疏忽了政治分治与行政分治的区别而发生的。政治分治所产生的，是政治的地域个体；行政分治所产生的，是行政的地域个体。前者以宪法法典为基础，后者以法律为基础。以宪法法典为基础的政治分治，固然在理论上是把国家的权力分散在各个中心，而使得各邦可以与联邦相抗衡，可是由于宪法法典规定的结果，各邦也可能处于很不重要的地位，一九一九年威玛宪法法典的德意志联邦共和国，就是一个明显的例子。反之，以法律为基础的行政分治，固然在理论上是把国家的权力集中在一个中心，而使得地方很少有与中央相抗衡的可能，可是由于历史发展，自治传统，人民要求……种种因素，地方仍可以依据国家法律，取得高度自治的地位，英国便是一个现成的例子。

行政分治，与政治分治一样，原可以有很多种不同的典型的，不同的典型乃取决于某一个国家所采取的不同的行政政策，而政策的决定则有赖于特殊于该国的历史、传统与民意等因素，这些因素同时又是一种政策、一种制度得能持续的主要原因。

卅六年一月二日北平沙滩

宪法所定制度的测论

——宪法浅评之四

《世纪评论》，第 1 卷第 21 期，1947 年 5 月 24 日

萧公权

在检讨宪法之前，笔者要提出检讨的观点。任何事物总可以从不止一个角度去观察。观察的角度不同，观察者对于事物的认识也就随之而异。读者与笔者，尽可从不同的角度去看宪法；笔者不敢承认他自己的观点是唯一的正确的。但他希望读者能够平心静气，暂就笔者的观点来看他对于宪法的认识是否尚合情理。

笔者所取的观点，简言之，是超党派的"客观"观点。所谓客观者，就是依据一般政治学的原理和具体的事实，以推测宪法所规定的制度是否可行，在实行的时候，可能发生些什么结果。

从这个观点看，我们要提出关于一般宪法的几个基本认识。

第一，就各国先例说，民主宪法多成于妥协。美、法诸国的宪法都是这样的。甚至英国的演进宪法，也未尝不可说是成于长期的无形妥协。当代号称民主国家的宪法不是成于妥协者，苏联是一个最著名的例外。她是一党专政的国家。一九三六年第八次全国苏维埃非常代表大会通过的宪法，简捷明白地遵照列宁主义规定了苏联的政治制度。因为执政党外并无政党，所以制宪者无须对任何政党或思想妥协。

第二，凡由妥协而成的宪法，可能适用，但不能"完美"。人类美恶是非的评价，都是依据某一标准而定的。只有从某一固定标准来说，才能有完美的事物。例如方才所说的苏联宪法，从共产主义的标准来看，是完美的；而从自由主义或资本主义的标准看，就不是完美的了。妥协的宪法既兼采了若干不同的意见，它从任何一方面看起来，至多只能说是"差强人意"，而断难认为尽美尽善。然而它的短处，也许是它的长处。妥协的宪法正因为容纳了多方面的意见，

也就可能得到较多拥护的人和较大实行的机会。它不是完美的，但不一定是坏的。

第三，各国宪法在初行的时候，难免受一部分人士的反对。这是没有大害的。只是拥护宪法的人士能够努力实行，宪法就可生效，而成为国家百年大计的基础。宪法的成败系于条文是否完美者较少，而系于行宪精神是否忠实者较多。我们可以套一句古语来表明这个意思：制宪不求精，顾力行如何耳。

现在我们可以提出中国宪法当中几个要点来加以评论了。

首先触目的就是第一条的国体规定。这个规定是经过不少争论，然后得到的妥协结果。宪法公布以后，又引起了不少的批评。笔者以为这条的缺点，倒不是它出于妥协，而是它表示着不够量的妥协。自从孔子揭出正名的主张以后，我们中国人总喜欢在名号上用工夫。国民党人士觉得，不把三民主义的名号放在宪法条文里面是不甘心的。别党人士又觉得，称中华民国为三民主义的国家是不甘心的。于是两方面各让点步，在三民主义上面加上"基于"两个字，用民有、民治、民享替代了民族、民权、民生。其结果就是第一条文理欠通，噜苏可笑的规定。岂但噜苏，而且矛盾。第一条既对民生主义的名称似乎讳莫如深，为什么第一四二条又把它高高抬出，作为国民经济的"基本原则"呢？其实大家尽可多让一点步，把民族、民权、民生三个主义放入弁言里面，而第一条简明地规定中国为民主共和国，岂不较为妥当？

其次，人民权利的规定。第二章各条似乎折衷于"宪法保障主义"与"法律保障主义"之间。第七到二十二条列举人民若干权利，"均受宪法之保障"，第二十三条却规定在某些情形之下，政府得用法律限制人民的自由权利。这条的规定，引起了不少的指摘。按照中国的实际情形说，因为以往政府侵害人权的习气未除，人民对抗侵害的无力，宪法显然应当加重人权的保障。第二十三条的规定因此颇有腮腮过虑，过于为政府打算之嫌。第二十二条既已规定人民之权利不妨害公共利益者均受宪法之保障（反过来说就是：妨害公共利益者不受保障），第二十三条因此又有画蛇添足之嫌。二十三条中"避免紧急危难"一句话，尤其欠妥。较妥的办法是在二十二条"公共利益"下增"或妨碍他人自由及权利"十个字，而删去第二十三条。

除了第廿三条外，笔者相信第二章其他的规定都大致妥当。它们给与人权的保障，容或稍逊于法兰西第四共和国宪法（一九四六）的前进程度，但较之苏联宪法似乎有些地方还更加接近民主的平等原则。苏联宪法第二条明文规定"无产阶级专政"为苏联的政治基础。第一二六条规定劳动阶级及其他劳动阶层中"最活动的最觉悟的公民加入共产党",并且明定共产党为各种社会和国家组织的"领导核心"。第一四一条更规定选举代表时,共产党及其所领导的各种社会组织有提出候选人之权。这些诚然是一党专政苏维埃制度中应有的规定。但假设中国的宪法规定国民党是国家组织的领导核心,我们岂不会群起而攻之?好在事实上并不如此。不但第七条规定了男女、宗教、种族、阶级和党派平等,第一三〇及一三一条还把普遍选举、公开竞选的权利,平等地赋予人民。诚然,条文上的平等,不一定就是事实上的平等。那要看社会的情形和宪法实施的效果如何而定。但是我们可以确然断定:宪法规定了的不平等权利,在事实上决不会变为平等。

国民大会的组织与职权,也是制宪时期争议的一个焦点。宪法颁布以后,有些人嫌国大的职权太小。照修正宪草第廿六条的拟定,国大代表一部分应由民选的立法和监察委员兼任。宪法放弃了这个兼任办法,规定全数代表均由区域、职业及妇女团体分别民选。这个修改,无疑地减轻了立法、监察两院的影响,同时也减少了国大的力量。因为国大在法律上虽说代表人民行使政权,但以开会期遥,代表众多,他们平日不一定熟悉政事和法规,对于政府的监督不一定能够扼要。倘若立法及监察委员参加国大,他们平日接近中枢,洞明底蕴,就可以利用这些长处以充分行使四权。其结果不仅是这些代表成了操纵国大的重心,甚至立法、监察两院成了左右政府的力量。最后的结果,就是在形势上国民大会行使政权,在事实却是立法、监察两院行使。

宪法改变了这个两院遍重的形势。国大控制政府的力量也随之而削弱了。有人认为它的法定职权小到几乎等于一个"单纯之总统、副总统选举会,似不能负荷行使政权之使命"(国大皖区代表陈言的话,见《中央周刊》八卷五十一、二合期)。这话不为无见。但就政理和国情看,宪法的规定也未可厚非。理由有三:第一,国大只是代表人民行使对中央政府的政权机关,不是人民直接行使全部政权的机关(说见本文第一及第二节)。宪法规定国大对中央最高官长行使选举罢免,对中央最高法律行使创决权,因此并无大误。第二,照宪法的规定推测,今后国大代表的人数仍在二千以上。开常会的期间是六年一次。纵然可以召集临时集会,但以我国幅员广阔,亦非十分容易之事,在这样一个集会中,问题多了或过于繁复,便难于得到详明透彻的讨论。假如有手腕灵活的政客想加操纵,他们或者可以于无形中左右一部分的代表。因此国大讨论的事项宜简不宜繁,宜少不宜多。宪法把劳劳大端的几件事务交给国大,这是颇有见地的。第三,国大倘能充分并妥当地行使宪法赋予的四大职权,它已经足当最高政权机关的地位而无愧了。国家的政事还有比选罢元首，创决宪法更重大的吗？何况宪法还留了余地，以为将来国大创决中央法律的张本呢？

关于总统制度最引起争辩的一点是第四十三条的发布紧急命令权。平心而论，这虽是政协原则所承认的，而确是一个略带古罗马狄克推多意味的权力。罗马的狄克推多制度是指定一个人在有定期间行使超越法律范围的权力，以应付非常事变。中国和战前德国宪法也允许执政者在指定条件之下行使超越法律范围的权力，以应付紧急事变。在原则上，这种办法是合乎情理的。但因为德国的经验不良好，这个制度便颇为人所诟病。现代民主国家少有采用它的。美国总统没有这项权力。然而大战期间他未尝因此不能应付事变。中国是否必须采用，似乎是可以研究的一个问题。照宪法规定，总统得于立法院休会期间发布紧急命令。立法院的会期是从二月至五月底，从九月到十二月底。休会期间只有一、六、七、八四个月，并且只有六至八月是较长的休会期。波及全国的危难不一定会在三数日中发生。条文中所举天灾、疬疫、或财政经济变故，很少是突然发生的。在祸害弥漫全国之前，早已有可睹的预兆，或先在较小的区域发生。立法院既可延长会期（第六十八条），又可于总统咨请时开临时会（第六十九条），立法委员为数不过几百人，不像国大召集之艰难，为什么不在变故发生的前夕延长会期或召开临时会以议定应付的方法呢？纵然变故已经发生，召集立法院会议也不一定是不可能的事。第四十三条的规定，似乎并无事实上的必要。笔者相信将来贤明的总统不至于轻用此权，而且会在行为上证明这一个条文之不必要。

总统制与内阁制的混合是中国宪法一个新异之点。这是妥协的产物。拥护内阁制的人士认为这不是一个满意的制度。反对宪法的人士更认为这种既非内阁制又非总统制的组织是"不三不四"的制度。其实除了内阁制与总统制之外，尽可以有其他的制度，例如瑞士和苏联的制度就不属于这两制的范畴。真正问题所在是宪法所规定的混合制度是否果然可行。

内阁制诚然良好，但其运用之成败却"存乎其人"。英国人运用之而成功，法、意等国却全都失败了，意大利尤足资为殷鉴。第一次世界大战后的多权寡能内阁，不啻为墨索里尼造成了独裁的机会。可见内阁制的本身并不就是民主政治的保障。反之，美国总统的权力大于立宪国家的君主。在两次世界大战当中，美国总统行使过几乎近于独裁的权力，然而美国的民主政治并未因此颠覆。这些政治学上的普通事实是必须注意的。我们不应当无条件地信任内阁制或总统制。

那么混合制是否可行呢？批评者的意见多认为立法院控制行政院的力量不够。第五十七条规定立法院可以移请行政院变更其政策，但行政院得经总统核准后移请立法院覆议。如经出席委员三分之二维持原案，行政院长应即接受或辞职。有人批评这个办法说："行政院长大概是由多数党或比较多数党产生。在野党要监督执政党，求多数通过议案已不容易，更难达到三分之二的多数。只要行政院长在立法院中有三分之一强的人数支持他，立法院就无能为力了"（三十五年十二月三十一日《新华日报》专论）。这个批评，似乎不曾把握着政党政治和内阁政府的实际意义。内阁制的政府是几个政党轮流执政的政府。在获得议会多数拥护的期间，执政党负起全国政事的责任。在野党对于执政党的监督妙用，不是随时可以阻挠政策或推翻政府，而是随时监视批评政府，使执政党有所顾忌，不敢放恣。人民的权益因此就得着了一些保障。在野党当然是少数党。但在它取得人民信任而在议会得到多数席位的时候，它就可取代原任的内阁而自身变成执政党。在这样轮流执政的制度当中，国家的政事既不至停顿，政府的专横又可以防止。但内阁与议会之间须要有一个恰到好处的平衡。假如内阁的力量过大，议会就失其监督的效用，假如议会的力量过大，在野党可以随时阻挠政策，颠覆政府，其结果就是"责任内阁"只能对议会负受谴的责任，不能替人民负办事的责任。宪法规定立法院的职权是否过小，诚然是可以讨论的一个问题。但上述的批评是不能成立的。要确定立法院对行政院的监督力量是否过小，我们应当从两方面去观察：（一）行政院是否享有过大的权力，（二）立法院是否享有过小的权力。

行政院的权力，照宪法所定，不是无限制的。除开了立法院以外，行政院还受监察、考试两院的限制。前者对行政院行使监察、弹劾和审计权。后者用考铨的制度限制政府的任命权。因此我们不应只拿立法院的权力来衡量行政院受监督的程度。还有一个要点更不容忽视：总统和行政院长都没有解散立法院之权。这可以说是宪法所含总统制成分的一个表现。但推想实际运用的结果，他无形当中对行政权又加上了一层限制。立法院有迫使行政院长辞职的武器（纵然这武器有点笨重不顺手），行政院却没有对抗立法院的任何武器。假如立法院存心不合作，总统和行政院长最大的希望就是在立法委员三年任满改选的时候，能够换来一些比较同情的新委员。在宪法规定情形之下，行政院的力量比不上内阁制的内阁，总统的力量也不及总统制的总统。

立法院本身的监督权是否太小？这却难于作确定的答复。中国以往过于抬高行政权，我们似乎应当特别提高立法权以资矫正。中国现在又缺少议会政治的经验，似乎过度提高了立法权又怕发生流弊。不过就宪言宪，笔者认为我们可以作两点的修正。第一、宪法规定在立法院用三分之二多数维持行政院所交覆议之原案时，行政院长应即授受或辞职。这个规定似可增改为"行政院长辞职时，有关该案之部会长官应随同辞职"。理由是很明显的。行政院确定的重要政策，当然事先由各部会筹划拟具，事后由各部会分别执行。立法院通过的法律、预算、条约等案，事先得由行政院经该院会议决定后提出，事后也要交付各部会去分头执行。可见在事实上不但院长应对立法院负责，部长也应负一部分的责任。院长既然辞职，部长不该独留（注意：仅是有关的而不是全数的部会长官辞职）。这个办法一则可以免除部会长官与意见不同的继任院长合作或执行自己不愿执行的政策议案。二则可以略增立法院对行政院的监督力量。三则可使宪法条文的规定更加名实相副。条文规定"行政院"对立法院负责，而照原定办法只是"行政院长"负责。

第二、宪法规定的三分之二的多数似乎略嫌过高。那几乎等于把三分之一的否决权授与了行政院长。如果把这个多数减低为五分之三，或者比原来的办法略为妥当一些。但是请注意：五分之三和三分之二，并没有重大的差别。立法院对行政院的实际关系，必然是取决于两院中各党派人数的比例。要想行政院能办事，总统必须严格奉行第五十五条关于同意的规定。立法院的多数党代表人民，行政院长凭据立法院的多数党而产生。第五十七条第二、三两项，应当没有运用之必要。等到立法院运用这两项规定的时候，行政院想必已经失去了立法院的信任。这除非在行政院有十分严重错误措施的情形之下，是很难发生的。因为行政院长必是立法院中有力政党所同意的人物。在三年改选之前，立法院中的政党势力分野，不应当会有重大的变化。较小的过失，不致于酿成院长的下台。但是正因为有五十七条的威胁，行政院应当不至于放手专横。一个不理于人口的行政院纵然在本届立法院中能把握三分之一强或五分之二强的拥护，他能保证在三年改选之后的立法院中取得信任么？把五十五条的同意权和五十七条的监督权——事前的监督与事后的监督——合并观之，我们不能说立法院的力量太小。

关于地方制度的规定，笔者于此没有什么批评。中国是一个政治学者所谓"单一国"而不是"联治国"。因此省只能有自治法而不能有"省宪"，从这个观点看，省宪自治通则由中央政府用立法手续制定，也未尝不可。不过将来制定通则的时候，必须十分尊重均权原则，不要把地方自治的范围过于限制。

行宪需要反对党①

《独立时论集》，第 1 集，北平：独立时论社，1948 年

崔书琴

现在有一个最矛盾的现象摆在我们的眼前。那就是：在实行宪法的前夕，我们一方面进行着大规模的自相残杀，另一方面又酝酿着热烈的竞选运动；一方面要以军事的胜负决定未来政权的归属，而另一方面又想使人民投票产生实施宪政的政府。这种情形如何使我们不感觉迷离困惑呢！

如果国、共两党都希望将中国的政治纳入宪治正轨，都希望中国实行民主政治，它们必须立即终止这种最矛盾的现象。为什么呢？理由很简单："得其民者，得其心也"。无论那一个党要想成功，都必须得到人民的拥护，也就是必须得到人民的心。但是人民的心是不能征服的，而是要他们自愿献出来的。军事的力量可以控制人民的身体，但不一定就能征服了他们的意志。只有给人民完全无碍的投票机会，才能使他们表现自由的意志。国、共两党的领袖都应该知道"武力不足恃，唯德可以服人"、"攻心为上，攻城为下"的道理，要以选票代替子弹去争取民心。如果双方既使用武力解决政争，又要人民投票表现意志（注意：共区也有选举），则人民纵然投票，所表现的意志也不算是完全自由的。

要想使这种矛盾的现象终止，是很难的。盟邦一年多的努力调解是完全失败了。各界人士的一再呼吁，一点也不灵了。老百姓的和平呼声呢？也愈来愈微弱无力了。在这种情形之下，任何恢复和谈的提议，恐怕也难以使双方接受，纵然接受而和谈恢复，成功的希望也是很渺茫的。

我们虽然想不出一个具体的方案终止这矛盾的现象，但是希望国、共两党的人士能先有一个共同的认识。这个共同的认识是什么呢？就是：我们中国正和别国一样，要实行民主宪政，必须有两个以上的政党。获得多数选票而组成

---

① 本文发表时间为 1947 年 5 月 27 日，发表刊物不详。——编注。

政府的党，就是在朝党或多数党；其他的党便成了在野党，少数党或所谓"反对党"。反对党的存在，可以说是实行民主宪政的必要条件。在中国，只有国、共两党是历史悠久而实力雄厚的党。其余的小党不是人才过少，便是组织散漫，进不足以获取政权，退也难以形成反对政府的有效力量。将来实行民主宪政，还是由国、共两党负其主要责任的。目前的军事冲突纵然能分出一时的胜负，但是一党要想完全消灭另一党，是绝对不可能的。对于在野党有容忍的雅量，始能做一个好的政府党；对于政府党能善尽监督的职责，才算是一个好反对党。因此国、共如都想做政府党，便须有容忍反对党的雅量，而且都得准备自己能做一个忠实于人民的反对党。

要使国、共两党有这样一个共同的认识，是需要向双方分别解释的。让我们先对共产党的人士说几句话。

中国共产党是一个革命的政党。依马克思与列宁的理论，共产党是无产阶级的先锋。它的任务是领导无产阶级实行革命，推翻资产阶级的统治，实行无产阶级革命独裁，以达到共产主义的理想。中国共产党虽然否认它是实行马、列的理论，但事实上，我们并未发现它的政策和行动与马、列的理论有什么显著的矛盾。它的宣传家一再的说它的目的是实行民主，实施宪政。可是它始终没有放弃以武力为扩张势力与推翻国民党政权的手段。这种手段如果不放弃，实行民主宪政的话是难以令人相信的。

如果共产党的领袖真有实行民主宪政的诚意，就得放弃以武力夺取政权的手段。须知反对现政府是可以的，但是不要因此而成了国家的敌人与人民的祸害。武力放弃以后，如何获得政权呢？前年八月二十四日，胡适之先生致毛泽东氏的电文是值得在这里引用的。他劝中共领袖"审察世界形势，爱惜中国前途，努力忘却过去，瞻望将来，痛下决心，放弃武力，准备为中国建立一个不靠武装的第二政党"。他还举例说："美国开国之初，哲斐孙十余年和平奋斗，其所创之民主党遂于第四届大选获得政权。英国工党五十年前仅得四万四千票，而和平奋斗之结果，今年得一千二百万票，成为绝大多数党。此两事皆足供深思"。在今天我们更可以进一步说：如果中共想取得政府党的地位，也是应该靠选举票，而不要靠子弹的。若一味的使用武力，纵然成功，我们如何能相信你们不实行无产阶级的独裁呢？

反对党存在的必要，国民党的若干领袖已经体验到了，而且政府也要实行政党政治了。不过有些顽固守旧的党员似乎还不十分了解。国民党自实行训政以来，从来没有离开过政府党的宝座，一旦实施宪政，不但要正式容许反对党的存在，甚至可以退居在野党地位，在那些顽固守旧的党员看来，这简直是不可思议的事情。他们之中，有的误会了孙中山先生的遗教，以为以党治国就是国民党专政到底，有的则想借着国民党以往的功绩来延续自己的政权。这都是应该加以纠正的。

在中山先生的许多政治议论中，他对于政党政治发挥得算是最详尽了，举凡政党的起源，政党存在的必要，政党在实际政治上的地位，政党政治的含义，政党的功用与责任，政党应具的条件，政党竞争的方法，党争与私争的区别以及两党制与多党制何者适于中国的问题，他无一不曾相当周密的论及。他在这一方面的议论，真可视为中国实行政党政治的典范。在准备实施宪政的今天，不但各党的党员都应该研究，即全国热心政治的人士也都应该注意。

因为篇幅有限，我们不能多引用中山先生的言论，而只能重述有关本题的几句话。他说："一国之政治必须有党争，始能进步。""互相更迭，互相监督，而后政治始能进步……而政争为绝好之事也。须知所争者，非争势力，乃争公道，可知党争实不可少。"甲党执政，乙党监督，一旦乙党得到较多的选票，甲党便要退居于监督的地位。"轮流互易，国家之进步无穷，国民之幸福无穷"。这些话都是承认反对党的存在是必要的。他曾对党争二字下了一个界说："谋以国家进步国民幸福而生之主张。是为党见，因此而生之竞争是为党争"。从事党争者要具有"高尚之理由"，要使用"正当之方法"。他说："政党竞争，各国皆然，惟当以国家为前提。"他认为各政党不当互相倾轧，如"借政党之名，行倾轧之实，国家必随之而亡"。他不但反对倾轧，并且主张各党能够"互相砥砺，交换意见"。他甚至于主张在议会表决议案时，各党的党员可以凭着自己的良心去投票。

这些话是如何开明呀！中山先生真不愧为中国历史上稀有的大政治家。可惜有些人因为他后来说过"以党治国"，"将党放在国上"的话，便抹杀了他以前的至理名言。殊不知他说这两句话时并未放弃民权主义，而若欲实行真正的民主宪政，政党政治是绝不可少的。

另外有些人常说国民党在过去曾有过很多的功绩，最大的是推翻满清，取消不平等条约与领导抗战。反之，共产党只有祸国扰民的行为，而对国利民福毫无贡献。因此他们认为国民党应该继续担当治国的重任。这种态度是不对的。丘吉尔领导英国渡过难关而获得最后的胜利，可以说功绩极伟大了，可是人民投票表明意志以后，还是好好的下台。我们以为，国民党如果相信自己的政策高明，人才出众，是不必怕人反对的。未来政权的归属，是可以完全让人民去决定的。

　　如果国、共两党都能承认彼此谁也不能消灭谁，而实行民主宪政以后，无论谁在台上都得容许反对党存在，那么我们在本文开始时所指出的矛盾便有打破的希望了。

论《文汇》、《新民》、《联合》三报被封及《大公报》在这次学潮中所表示的态度

《观察》，第 2 卷第 14 期，1947 年 5 月 31 日

储安平

五月二十四日，淞沪警备司令部下令查封《文汇》、《新民》、《联合》三报。令文如下：

> 查该报连续登载妨害军事之消息，及意图颠覆政府，破坏公共秩序之言论与新闻，本市为戒严地区，应予取缔，依照《戒严法》规定，着令该报于明日（二十五日）起停刊，毋得违误，此令。

这被封的三家报纸，在一般人心目中，都是左翼报纸。所谓左翼报纸，大体上是指这家报纸在思想上比较前进一点，在言论上比较激烈一点。按照《出版法》规定，报纸的负责人是"发行人"。据我们的看法，这三家报纸的发行人，大都只能算是经营商业的人物，他们脑子里想的，第一件事还是如何能够多赚几个钱的问题——进一步，希望多赚几个钱；退一步，至少希望收支平衡，能够维持这一张报纸。若说他们有"颠覆政府"的意图，那真是捧了他们。至于这三家报纸的编辑人员，我们不能不承认，他们大都是些比较进步而有独立意志的民主分子。这是很正常而且很自然的事情。一个国家若想进步，便需要多几个这种分子。假如一个国家的人民，个个都是唯唯否否，请问这个国家还有什么生气？我们所以能够抵抗日本，苦战八年，不为暴力屈服，就靠我们国民有这一点独立意志。若说"左"，老实说，这三张报真不够"左"；若说激烈，这三张报亦不够激烈。要是比起南京那位泼妇骂街的反共专家某大炮，《文汇》、《新民》等两报上的文章简直是"温吞水"。我很坦白地说，我对于《文

汇》、《新民》两报的作风（我不常看《联合晚报》），有许多地方是不敢苟同的。不敢苟同的主要原因，就是因为这两家报纸的编辑态度不够庄重，言论态度不够严肃。我很少在《文汇报》上读到真有重量的文字。

我认为，这三家报纸被封的主要原因，不是由于他们的言论，而是由于他们的新闻。这被封的三家报纸都有一个共同的脾气，就是专门喜欢刊载那些为政府当局引为大忌的新闻。他们所登的大都是事实，无奈今日发生于社会各方面的事实，都是政府所不愿让大家知道的。政府所愿让大家知道的事情，统统已归中央社独家发表了；假如这三家报纸专门刊载中央社的消息，我敢拍拍胸脯担保，这三家报纸绝不致被封。无奈中央社的消息许多人不要看，而且不要看中央社消息的人愈来愈多，而这三家报纸的编辑部同人，又都不识时务，自以为负有神圣的新闻使命，拼着命要在中央社的新闻眼以外去找新闻。不幸他们所登的新闻，政府越顾忌，读者越要看。政府既无力在根本上防止那些"新闻"的发生，于是只好设法来制止那些"新闻"的发表。

这次学潮，当局弄得焦头烂额。查封报馆，而且一封三家，这本来是一种希特勒式的作风。报载中国现在正由我们劳苦功高的蒋主席领导我们步入民主之路，大概若非走投无路，绝不致走此一着。不过我们不承认这被封的三家报纸有任何"阴谋"要煽动学潮，甚至"意图颠覆政府"。当然，报纸在任何公共生活中都是要发生一种消息传播的功效的，但我们不承认，有了这几张报，就可以掀起学潮；没有这几张报，就可以消弭学潮。据我们所知，《文汇报》屡有查封之说，恐怕还是因为上海幸而有这位开明民主的吴国桢市长，所以《文汇报》至少还能出版至五月二十四日。这次大概正如 *The Evening Post* 主笔先生所感觉的："政府的重要领袖们多少有点孤注一掷的情绪"，而终致出此一着。三报被封的理由是："连续登载妨害军事之消息，及意图颠覆政府，破坏公共秩序之言论及新闻"。对于这个理由，各有各的看法，我们亦无意在此辩论。只是我们要公开宣称：我们在同业的立场上，不能不向被封的《文汇》、《新民》、《联合》三报同人，表示我们最大的同情。查封已经是一个事实，我们希望政府善为补救，设法使上述三报早日复刊，以恢复民主国家新闻事业的常轨。

关于《大公报》对于这次学潮所表现的态度，我们亦愿略加论列。在这次学潮中，《大公报》所表现的态度，实在不负众望。英大事件和交大事件都是局部问题，姑且不说；就是十五、十六两日南京中大、金大两次饿饥游行的新闻，不编在第二版要闻版中，亦还勉强可以说得过去。可是五月二十日南京发生了这样壮烈的惨案，这样震动全国而有强烈政治意义的新闻，《大公报》还不肯编在第二版要闻版中，这是什么编辑态度（按：二十一日该报第二版因参政会开幕，新闻确极拥挤，但假如《大公报》重视这次学潮的话，该日该版其他零星新闻，都是可以腾让出来的）？同时，像南京五二〇惨案这样一个严重的新闻，《大公报》竟用"首都一不幸事件"这样一个轻描淡写的标题，这是什么编辑技术？至于说到评论，该报五月二十一日的短评论南京的惨案说："不幸执行禁令者在方法上未能充分体会在上者爱护青年的本心，卒至演出惨剧。"全国青年听着：你们同意《大公报》的话，承认今日在上者还有一点爱护你们这批青年的意思吗？你们承认，当有人用木棍、铁棍在你们头上劈打下来，这就是爱护你们的表现吗？在五月十九日的社评中，《大公报》视学生请愿为"暴力的革命"，五月二十二日中的社评中，认为"学生近来的行动""太天真幼稚"了，认为"青年人太简单了"，认为学生在请愿中"充分表现其行动的儿戏性"，而且甚至认为今日之学潮，直为"小孩玩火"。我读《大公报》前后十几年，实在从来没有看到《大公报》有过这样违反民心的评论。当然，我不能不在这儿提出，这次《大公报》在学潮中所表现的言论，如此灰色，不能领导当前的潮流，亦许与王芸生先生的适有北行有关。假如王芸生先生在上海，在他的主持下，我相信《大公报》的言论决不致摇摆怯弱到如此程度。不过这次《大公报》在上海及南京两地的采访同人，都甚忠实、热忱、前进，此可于他们的报导中见之。他们的努力，多少替《大公报》挽回一部分读者的感情。

关于《大公报》对于这次《文汇》、《新民》、《联合》三报被封所表现的态度，我们亦不能不出而一言。在五月二十五日《大公报》第四版上，《大公报》只以三号字的标题，平平淡淡地刊出《文汇》等三报奉命停刊的消息。《大公报》的编辑先生大概对于电影明星及歌唱明星都是非常发生兴趣的，凡是外国什么一个电影明星有了一点什么新闻，《大公报》照例要加上"花边"登出来（请阅最近数月《大公报》第三版下半面，其事数见）。在《大公报》的编辑标准中，大概像在一个城市中同一天封了三家报纸这样一个消息，其重要性还不如一个电影明星的私人轶事。《大公报》对于《文汇》等三报被封，始终未发一言，以示同情。五月二十五日是星期【日】，该报例刊星期论文，但为什么不写一篇短评呢？二十五日不写短评，为什么二十六日不写一篇社评呢？今日为二十八日，《文汇》等三报已被封四日，《大公报》对于此事始终不置一辞。且不说别的，至少站在同业的立场上，《大公报》也应当写点文字，向当局抗议一下。《大公报》所以默无一言，还是认为《文汇》等三报应该被封？还是吓得不敢说话呢（《文汇报》被封后，《大公报》对于学潮的新闻，已有改变）？

还是幸灾乐祸，坐视不救呢？上述三因，必居其一。我觉得《大公报》这次的措置，显然失态，至可遗憾。

最后我不能不声明一二。我和《联合晚报》里的同人，一个都不认识，甚至连他们的姓名我都不知道。《新民晚报》的高级负责人中，有二、三位是我的朋友，可是彼此皆忙，虽然同在一地，我和他们已有整整八个月未见过面。《文汇报》里面，我仅和《文汇报》的总主笔徐铸成先生前后见过四次面，都是寒暄。我曾有事写过两封信给徐先生，但是徐先生为人傲慢，吝赐一覆。独独《大公报》里面，我的朋友最多。单说在《大公报》编辑部服务的，就有六位先生是本刊的选稿人。但是我们今日所检讨的问题，不是任何涉及私人恩怨的问题。我们今日从政也好，论政也好，必须把私人的感情丢开！这就是今日我们需要锻炼自己的地方。当此一日查封三报，警备车的怪声驰骋于这十里洋场之日，我们仍旧不避危险，挺身发言，实亦因为今日国家这仅有的一点正气，都寄托在我们的肩上，虽然刀枪环绕，亦不能不冒死为之。大义当前，我们实亦不暇顾及一己的吉凶安危了。

五月二十八日

我们对于政府压迫民盟的看法

《观察》，第 3 卷第 11 期，1947 年 11 月 8 日

周炳琳 等

最近政府突然宣布民主同盟为非法团体，负责当局甚至谓将适用"处置后方共党临时办法"加以处理。在民主时代的今天，尤其在政府宣称积极行宪的前夕，这不能不说是一件出人意外的事。此事业已引起社会注意，我们站在自由国民的立场诚有不能已于言者。

政府此举旨在消灭民盟，且不论其直接效果如何，实对民主宪政的前途留下极恶劣的影响。盖容忍反对的意见，尊重异己的政党，实为民主政治的基本要素。今政府压迫民盟之举，实难免于"顺我者生，逆我者死"之诟病。充此而言，势必至于惟依附政府之政党始能活动，唯顺从当局之人士始得自由。一不合作，遂谓之"叛"，稍有批评，遂谓之"乱"，又且从而"戡"之。试问人民的权利何在？人民的自由何在？我们即使不为民盟不平，也不能不为国家前途，为人民安全，感到深切的忧虑。政府如简捷了当明白宣告不复实行民主宪政，我们即无一句话可说。政府既尚宣称维护民权保障自由，则我们还愿意郑重进其忠言：对于一个持异见的在野政团如民盟者横施压迫，强加摧残，这是不民主，不合理，而且不智的举动。

从法理的观点言，我们更愿指出几点。团体固为各个人所组成，但个人行为却不一定即团体意志的表现。政府所列举民盟某些分子的若干行为，即使确有其事，也不当影响其所属团体的合法地位。例如抗战期内各党分子或不免有附敌者，我们不应就认该党为卖国的党。此其一。团体而被解散，其组成分子之个人绝不应因团体而株连。民盟盟员个人倘无违法行为，绝不应因其身为民盟盟员而有罪。例如目前南京民盟人士之被监视是不当的，所传强迫民盟分子依限登记是无理的。此其二。人民如有犯法之罪嫌，拘捕必须依法，审讯必须依法。至于政治罪嫌，尤应许其有公开申辩之机会。此乃法治国家之起码的条

件，无待申论。这是说，近来各地层出不穷的"失踪"事件，也都是破坏法治损害国家的现象。此其三。

据上所言，为民主宪政前途计，为人民基本权利保障计，我们愿以自由国民的立场，向政府严正陈言：

（一）对于宣布民主同盟为非法团体一事，应当重作决定；

（二）倘民盟竟被解散，其善后各事之处理必须照公平合理之原则，不得稍有蹂躏人权之举；

（三）恢宏气度，责己容人，才是贤明执政的作风，政府于此尚须多加留意。

义之所在，不容缄然，愿与全国人士共勉之。

周炳琳	金岳霖	赵紫宸	张　颐	朱光潜
朱自清	陈　达	赵承信	张雪岩	郑华炽
郑天挺	俞平伯	许德珩	吴之椿	邱　椿
王铁崖	楼邦彦	戴世光	孙云铸	邓以蛰
杨人楩	袁翰青	雷洁琼	钱伟长	余冠英
胡世华	樊　弘	容肇祖	严景耀	翁独健
冯　至	游国恩	费　青	任　华	黄　眉
郑　昕	李广田	孟庆基	张龙翔	陈振汉
孙楷第	许维遹	沈　元	曹本熹	屠守锷
		段学复	罗士苇	王遵明

人身自由的保障问题

《观察》，第 3 卷第 11 期，1947 年 11 月 8 日

韩德培

谈到自由问题，就会令人想起西洋十七、十八世纪以来个人主义的思想。因为在政治思想上，拥护个人自由的主张，是从近代个人主义的思想中孕育而出的。这种主张的最辉煌的结晶，便是法国的《人权宣言》和美国的《独立宣言》及其宪法。自十九世纪末叶以还，由于社会主义思想的逐渐抬头，个人主义的思想已受到很严重的打击，于是人们对于所谓个人自由，也便不像往日那样崇拜若狂，以为神圣不可侵犯了。今天我们虽无须完全恪守传统的拥护个人自由的主张，但是鉴于当前我国政治社会的阴霾重重，人民权利的横受摧残，我们对于凡与人民的身体安全及正当生活有密切关系的种种自由，究不容不予以重视。而在这种种自由中，首先值得予以注意的便是所谓人身自由或说身体自由。

人身自由可说是人民所应享受的"基本权利"中最基本的一种权利。人身自由如无保障，则其他种种自由如居住、迁徙、言论、出版、集会、结社、工作等等自由，便都无由行使，无从享受。所以人身自由也可说是上述种种自由中最可宝贵最应予以保障的一种自由。近年国人"保障人权"的呼吁，往往便是因要求保障人身自由而发，或甚至是专指保障人身自由而言。

人身自由之应予保障，近年在一般国民方面，固早已成为一个共同迫切的要求，就在政府方面，也曾三令五申地予以明白确定的承认。可是不幸在事实上，人身自由之被非法侵害，仍是层见叠出，屡见不鲜；从种种迹象上看，使人深感这种自由至今仍未能获得充分有效的保障。只要翻开报纸看，就可随时找到不少的例证。至于未经报纸刊载的非法侵害人身自由的事件，想来还更不知有多少。当今朝野人士，常在讨论"法治"、"宪政"问题。但是假如连这种人身自由——最基本也可说是最起码的一种自由，都还无保障可言，则所谓

"法治创"、"宪政"云云，恐怕都将不免成为空谈或废话。

人身自由之有无保障，首先须视法律上之规定为何如。人身自由之被非法侵害，最显明而常见的，便是非法的逮捕和拘禁。《中华民国训政时期约法》第八条第一项曾规定："人民非依法律不得逮捕拘禁……"。本年元旦公布，十二月廿五日即将实行的中华民国宪法第八条第一项也规定："人民身体之自由，应予保障。除现行犯之逮捕由法律另定外，非经司法或警察机关依法定程序不得逮捕拘禁……"。人民之逮捕、拘禁，本非绝对予以禁止，也没有理由应该绝对予以禁止。但如要逮捕、拘禁，就非"依法律"去做不可；否则，便是非法的逮捕、拘禁，是非法侵害人身自由。所谓"依法律"云者，分析起来，系含有以下三点的意义：第一须有法定的原因做根据；第二须由法定的机关去执行；第三须依法定的程序和方式去执行。关于这三点，在我国现行的《刑事诉讼法》上，都有很清楚而细密的规定。其中第二和第三两点，与人身自由的关系尤为密切，现在就让我引用一些法律条文的规定，略予说明，借使与法律条文不常接触的人知道一个大概。

关于法定的机关一点，照我国《刑诉法》的规定，无论逮捕或拘禁，通常都必须由法院（指广义的法院而言，包括检察官在内）签发拘票或押票，然后才可执行。详细一点说，就逮捕言：虽然现行犯人人得予以逮捕（《刑诉法》第八十八条第一项），但一般犯罪嫌疑人，如要予以逮捕（即《刑诉法》上之所谓拘提），在侦查中必须由检察官签发拘票，在审判中必须由审判长或受命推事签发拘票，然后如交由司法警察（指警察、宪兵等，见《刑诉法》第二百十条第一项）或司法警察官（指县长、市长、警察厅长、宪兵队长官等，见《刑诉法》第二百零八条第一项，第二百零九条第一项）去执行（《刑诉法》第七十七条第三项，第七十八条第一项）。就拘禁言，情形亦复相似，即对刑事被告经讯问后如认有拘禁（即《刑诉法》上之所谓羁押）之必要时，也必须在侦查中由检察官，在审判中由审判长或受命推事签发押票，然后始交由司法警察去执行（《刑诉法》第一百零二条，第一百零三条第一项）。可见就逮捕、拘禁而言，司法警察或司法警察官，仅有奉命执行或协助执行之权，而并无独自决定执行之权。前面所举的中华民国宪法第八条第一项，虽系将司法机关与警察机关相提并列，但二者之权限实非完全相同。我们不妨说只有法院或司法机关始有逮捕、拘禁的权限。

其次关于法定的程序和方式。就逮捕言：（一）对于现行犯，虽人人可予逮捕，但无侦查犯罪权限之人（即检察官、司法警察官及司法警察以外之人），逮捕现行犯时，于逮捕后，应即送交检察官、司法警察官或司法警察；而接受或逮捕现行犯的司法警察官或司法警察，于接受或逮捕后，也应即解送检察官（《刑诉法》第九十二条第一第二两项）。（二）司法警察官或司法警察拘提刑事被告，应用拘票；拘票之内，应记载案由、拘提之理由、应解送之处所等事项；执行拘提时，应以拘票示被告，并应注意被告之身体及名誉（《刑诉法》第七十七条，第七十九条，第八十九条）。（三）拘提之后，应即将被告解送指定之处所。被告因拘提或逮捕到场者，应即时讯问，至迟不得超过廿四小时。除认其有应羁押之情形外，于讯问毕后，应即释放（《刑诉法》第九十一条，第九十三条）。就拘禁言：（一）羁押刑事被告应用押票；押票之内应记载案由、羁押之理由、应羁押之处所等事项；执行羁押时，也应以押票示被告，并应注意被告之身体及名誉（《刑诉法》第一百零三条第二项，第一百零二条第一第二项）。（二）管束羁押之被告，应以维持羁押之目的及押所之秩序所必要者为限；被告得自备饮食及日用必需物品，并得与外人接见，通信、受授书籍及其他的物件，但押所得监视或检阅之；如有足致其脱逃或湮灭、伪造，变造凭据或勾串共犯或证人之处者，得禁止或扣押之。被告非有暴行或逃亡自杀之虞者，不得束缚其身体（《刑诉法》第一百零五条）。（三）羁押于其原因消灭时，应即撤销，将被告释放（《刑诉法》第一百零七条）。

以上所述逮捕、拘禁之法定的程序和方式，大都是为着防止司法机关于逮捕、拘禁时侵害人民的人身自由而设，可说是为着司法阶段下的人身自由所设的一些保障。在司法阶段下的人身自由，在事实上固不因有上述的种种规定便已获得绝对的保障，此点暂且不论。但近年人民的人身自由之被非法侵害，最使人感觉不满者，往往并非由于司法机关所为之逮捕、拘禁，未尽依上述法定的程序和方式，而是由于司法机关以外的一些无逮捕、拘禁的权限的机关，任意非法地逮捕人民，拘禁人民。关于此点，中华民国训政时期《约法》，中华民国宪法以及《提审法》中，也都设有种种保障的规定。这些规定，在用语上虽彼此尚略有出入，但其要点可综合述之如下：

（一）告知原因——逮捕、拘禁之机关，应将拘捕、拘禁之原因，以书面告知本人及其最近亲属，至迟不得逾廿四小时；本人或其亲属亦得请求为前述之告知（《提审法》第二条，宪法第八条第二项）。

（二）移送法院——执行逮捕、拘禁之机关，至迟应于廿四小时内，将被逮捕、拘禁人移送法院审问（《约法》第八条第二项，宪法第八条第二项）。

（三）声请提审——本人或他人得以书面向逮捕、拘禁地之地方法院或其所隶属之高等法院声请提审。法院对提审之声请认为有理由者，应于廿四小时内，向逮捕、拘禁之机关发提审票。逮捕、拘禁之机关，接到提审票后，应于廿四小时内，将被逮捕、拘禁人解送法院。法院讯问被逮捕、拘禁人后，认为不应逮捕、拘禁者，应即释放。认为有犯罪嫌疑者，应移付检察官侦查（《约法》第八条第二项，宪法第八条第二项，《提审法》第一条第一项，第三条，第六条第一项，第八条第一项，第九条）。

（四）惩罚及赔偿——逮捕、拘禁机关之公务人员，不于二十四小时内，将上述（一）项所述逮捕、拘禁之原因，以书面告知本人或其亲属，或于接到提审票后，不于二十四小时内，将被逮捕、拘禁人解送法院者，处二年以下有期徒刑，劳役或一千元以下罚金（《提审法》第十条），又依中华民国宪法之规定，违法侵害人民之自由之公务员，除依法律受惩戒外，应负刑事及民事责任。被害人就其所受损害，并得依法律向国家请求赔偿（宪法第廿四条）。

这些规定，虽然不能谓尽善尽美，但如能顺利严格地施行起来，其对人身自由所给予之保障，总不能不算差强人意了。诚然在特殊情形之下，例如政府依法施行戒严后，在戒严时期的戒严地域内，军事机关的权限可以侵入司法机关的权限范围之内。但是依《戒严法》的规定，也应视情形而分别论之。遇有战争时，戒严之宣告，如系经《戒严法》所定之立法程序，即经立法院之议决者（《戒严法》第一条），在戒严时期的所谓“接战地域”内，即“作战时攻守之地域”内，地方司法事务因须移归该地最高司令长官掌管（《戒严法》第八条），但在所谓“警戒地域”内，即“战争时受战事影响应警戒之地域”内，则司法官仅于处理“有关军事之事务”时，始应受该地最高司令官之指挥（《戒严法》第七条）。至于因国内遇有非常事变，政府不经立法院之议决而对于某一地域施行戒严时，该地域内司法机关之职权，却不得因之而受侵害。惟关于刑事案件，如认为与军事有关应施行侦查者，该地军事机关始得会同司法机关办理之；但侦查后仍应交由司法机关依法办理（《戒严法》第十四条第一项）。所以我们决不能说一旦宣告戒严，在戒严时期的戒严地域内，司法机关的职权，即全部当然由军事机关来行使。即以最近行政院于九月二日通过并经国府于九月十六日公布施行的《后方共产党处置办法》而论，虽规定共产党员或为共产党工作人员潜伏后方，如不为登记之申请，即应由“当地治安机关一律予以逮捕”，但仍规定“于法定时间内，移送有审判权机关”，依法惩处。此所谓“法定时间”，当不外上述之“二十四小时内”。可见就是对于共产党员，法律上也未允许治安机关可作无限期的拘禁。由此可知人身自由在法律上的保障，大体上总可算相当周密了。

不幸的是，这种法律上的保障，就近年发生的许多事件看来，在实施时却困难重重，不一而足。本来照法律上的规定，对于非法之逮捕、拘禁，本人或他人原可实行正当防卫，加以拒绝（《民法》第一百四十九条，《刑法》第廿三条，中华民国宪法第八条第一项）。但是那些非法执行逮捕、拘禁的人，若非"彪形大汉"，便系"有枪之人"；在这种场合之下，试问如何能希望无拳无勇手无寸铁的老百姓实行防卫，加以拒绝？而另一个最大的困难，便是近年那些非法逮捕、拘禁人民的事件，常常是以所谓"失踪"的神秘姿态而出现，当事人一经"失踪"，便往往杳如黄鹤，不知去向。究竟是哪一个机关将哪"失踪"之人逮捕、拘禁，根本就无从知道。纵然知道是哪一个机关所为，但它也可以矢口否认，诿称不知。报上载过上海某法院，有一次曾以提审票向某军事机关提审一被捕之人，该机关竟将提审票原璧奉还，"顶"回去了。下文如何，也就不得而知了。像这样遭逮捕、拘禁之机关究竟是哪一个机关，都无从而知，如何还谈得上以上所说的那些告知原因、移送法院、声请提审以及惩罚赔偿等呢？直截了当地说，今天人身自由的保障问题，并非一个单纯的法律问题，因为就法律的规定言，法律对于保障人身自由，可谓已尽其能事。今天的真正问题，是如何能使法律上那些保障人身自由的规定，被认真遵守，严格施行；是如何能使那些白纸上的黑字，在实际上发生充分保障人身自由的效果。简单说一句，就是如何能使法律上的保障，变成事实上的保障。

这个问题，涉及政治上、教育上以及社会风气上的种种问题，非此地所能详细讨论。不过有一点可以提出的，就是人身自由（以及其他的种种自由）如要获得充分有效的保障，除靠有法律上的规定而外，最低限度总须政府官吏能了解自己负有一个守法的责任。这个起码的了解，是非有不可的。本来谈到所谓"法治"问题，最须着眼者就是政府官吏守法与否的问题，而并非人民守法与否的问题。在任何一个政治社会里面，当然需要有大多数的人民愿意守法（无论是自愿的或是被迫的），然后才谈得上法治。但如大多数的人民对于统治者所公布的法律，虽间有违法行为，但并非不愿遵守，而于违法时一经政府"执法以绳"，便倚首听命，翕然就范，这种情形对于法治之实行，实在并无妨碍。不但无妨，还可说这正是实行法治之所企求的一大目的。假如要人民个个都不违法，都不做违法行为，这只能求诸理想的大同世界，而不能求诸法治的政治社会。法治这个名词，就隐隐含有人民可能违法的一个前提在内；唯其如此，统治者才有利用法律的强制力予以制裁以实行其统治的必要。所以法治云云，绝非含有希望所有的人民个个都不违法之意，而是至少从统治者的眼光来看，应指统治者于人民违法时便借法律的强制力予以制裁以实行其统治而言。但如仅仅这样课人民以守法之责任，而不课统治者以守法之责任，这种法治，从人民的眼光来看，仍是不平等的，非民主的法治。一个国家的统治者，本是掌握武力或权力（指军队、警察、监狱等等所代表者而言）的唯一合法者。但正如孟德斯鸠所云："凡是有权力的人便易于滥用权力"（Tout homme qui a du pouvoirest porte a en abuser）。因此，要讲求法治，就更须讲求对统治者的权力如何用法律加以限制，使其仅能在法律的范围内行使其权力。近代西洋人所讲的法治，当初无不从限制皇室或行政机关的权力一点着眼立论，也就是这个道理。上面所说的课统治者以守法之责任，也并非希望他们绝对不做违法行为，而是要他们于愿意守法之外，如有违法行为，一定也让自己接受法律的严格制裁，而不由自己任意把法律摔在一边。倘若我们的政府官吏能有这样的了解，了解他们并非超乎法律之上，而是和人民一样，也都负有一个守法的责任，那么我们谈人身自由的保障或"法治"、"宪政"等问题，庶几可不致完全落空，完全无望。

十月廿二日

评《出版法》修正草案（一）

《观察》，第 3 卷第 15 期，1947 年 12 月 6 日

韩德培

在国民政府的统治之下，正式颁行的《出版法》，先后有过两种：一是民国十九年十二月十六日国府公布的《出版法》，一是民国廿六年七月八日国府修正公布的《出版法》。前者姑名之曰旧《出版法》，后者即现行《出版法》。已往在国民党训政时期之内，为了要取缔一切不利于国民党以至国民党所组织的政府的言论与思想，上述两种《出版法》对出版品及出版事业的限制，都是异常严酷的。这次十月二十四日行政院通过的《出版法》修正草案，把"党"的气息摆脱了，诚然是一大进步；但是此外，除了在细微末节上做了一些修正工作而外，在若干重要关键上，却仍沿袭着过去的精神，并未作值得使人赞美的重大改动。甚至在有些地方，还可说这个草案所规定的限制，比现行《出版法》还来得更严厉，更苛刻，更琐细。从这些地方看去，外面传说修正草案"已将尺度放宽"云云，只可能认为将原有限制的范围扩大加宽了，而不是把原有的限制放松放宽了。

以上是我看过草案全文后的一个笼统的感觉。以下再分三点作一个分析：

（一）从出版的手续方面说：过去两种《出版法》，对于出版的手续都系采取一种特许制（旧《出版法》对新闻纸、杂志及书籍，皆然；现行《出版法》则限于新闻纸与杂志），就是出版品特许在出版以后如属违法，须受法律上的制裁，并且在出版以前，就须向行政官署"声请登记"，必须经行政官署"核准"以后，始得发行（如有关于党籍或党务事项之记载，在旧《出版法》且须另得中央宣传部之核准，在现行《出版法》则须另由内政部转得中央宣传部之同意）。这种特许制，颇易流为行政官署束缚出版自由的一种危险的武器。因为在这种制度之下，谁能保证行政官署不滥用其职权，而不予"核准"？虽然在法律上发行人尚可有提起诉愿甚至行政诉讼之权，但在中国的政治现状之下，这些

谈何容易？在西洋，当印刷技术刚始发明之时，一般人认为从事出版事业乃是一种特权（privilege），所以非得皇帝的特许，不得享受。但是这种制度，在今日号称民主自由的国家，都早已不复存在了。即在我国往日君主专制时代，虽间有因出版品中的文字问题而大兴所谓"文字之狱"者，但对于出版品仍只是实行事后的惩罚，而非实行事前的干涉，到了今日——尤其即将实行宪政的我国今日，如果真正尊重出版自由，这种事前干涉的特许制，就必须废除才是。然而修正草案中对于新闻纸及杂志的出版，却仍系采取这种特许制，实在令人惶惑不解（可参阅草案第二章第九条至第十四条）。鄙意，倘若政府今后仍不愿对出版事业在事前实行完全放任，而须预先知道有些什么刊物行将出现，以便随时加以注意，似不妨另采一种备案式的报告制。就是由发行人于出版品首次发行以前，负责报告主管行政官署一次，但不需得其特许，便可径行出版。这样，发行人虽有报告之义务，而行政官署却无拒绝准许出版之权力，对于人民的出版自由当可不致有多大的妨害。

（二）就记载事项的限制说：旧《出版法》与现行《出版法》，对于这一方面的限制，实在严厉得怕人。至于修正草案中的规定，对此虽略有删削，但其限制之严，仍未见减轻多少。而且草案中，还另行增加了一些新的限制，为已往所未有者。这些规定，可算是草案的精髓所在，值得特别予以注意。现在让我将这三种法律的规定分别一一列举出来，以资比较：

A. 旧《出版法》规定：

（一）出版品不得为左列之记载：

一、意图破坏中国国民党或三民主义者。

二、意图颠覆国民政府或损害中华民国利益者。

三、意图破坏公共秩序者。

四、妨害善良风俗者（第十九条）。

（二）出版品不得登载禁止公开诉讼事件之辩论（第廿条）。

（三）战时或遇有变乱及其他特殊必要时，得依国民政府命令之所定，禁止或限制出版品关于军事或外交事项之登载（第廿一条）。

（四）有关党义党务之出版品，不得违反中央关于出版品之各项决议（旧〈出版法〉施行细则第廿一条）。

B. 现行《出版法》规定：

（一）出版品不得为左列各款言论或宣传之记载：

一、意图破坏中国国民党或违反三民主义者。

二、意图颠覆国民政府或损害中华民国利益者。

三、意图破坏公共秩序者（第廿一条）。

（二）出版品不得为妨害善良风俗之记载（第廿二条）。

（三）出版品不得登载禁止公开诉讼事件之辩论（第三十三条）。

（四）战时或遇有变乱及其他特殊必要时，得依国民政府命令之所定，禁止或限制出版品关于政治、军事、外交或地方治安事项之登载（第廿四条）。

（五）以广告、启事等方式登载于出版品者，应受前四条所规定之限制（第廿五条）。

（六）出版品审核标准，除依《出版法》第四章各条（即以上五条）规定者外，并适用中央关于出版品之各项决议（现行《出版法》施行细则第三条）。

C.《出版法》修正草案规定：

（一）出版品不得为左列各款言论或宣传之记载：

一、意图颠覆政府或危害中华民国者。

二、妨害邦交者。

三、意图损害公共利益或破坏社会秩序者（第廿一条）。

（二）出版品不得为妨害本国或友邦元首名誉之记载（第廿二条）。

（三）出版品不得妨害善良风俗之记载（第廿三条）。

（四）出版品不得为妨害他人名誉及信用之记载（第廿四条）。

（五）出版品不得登载禁止公开诉讼事件之辩论，出版品对正在诉讼秩序中之事件，不得加以批评（第廿五条）。

（六）战时或遇有变乱及其他特殊必要时，得依中央政府命令之所定，禁止或限制出版品关于政治、军事、外交或地方治安事项之记载（第廿六条）。

（七）以广告、启事等方式登载于出版品者，应受第廿一条至二十六条所规定之限制（第廿七条）。

综观这些规定，有三点最值得注意：第一，旧《出版法》与现行《出版法》都承认有所谓"意见罪"（Délits d'opinion），而修正草案亦复如此。按思想和意见之自由表达，乃促进人类文明提高人类文化的必备条件之一。假如思想和意见无自由表达充分交换之机会，则不但今日世界上的种种科学文明将无从产生，即今日国人所热烈企求的民主政治，亦必无由实现。所以在一个民主政权的国家或想要实行民主政治的国家，对于意见和思想的表达自由，都必须切实尊重，乃属当然之事，无待烦言。我国新宪法中规定"人民有言论、讲学、著作及出版之自由"（第十一条），其着眼点当不外此。而且从法律的观点讲，单单表达了一种思想或意见，通常并不认为就构成一种犯罪行为。照我们现行《刑法》的规定，假如有人"意图以非法之方法变更国宪，颠覆政府"，必须还要"着手实行"，或至少要达到"预备"或"阴谋"着手实行的程度，始足以构成所谓"内乱罪"，否则便不成为"内乱罪"（参阅《刑法》第一百条）。一种思想或意见的表达，至少至少，总要像美国已故的联邦最高法院推事贺摩士（O. W. Holmes，Jr.）所云："如果足以使国会有权防止的实在祸患，有显然即将发生之虞"（"such……as to create a clear and present danger that they（the words）will bring about the substantial evils that Congress has a right to prevent，见 Schenck V. United States，249 U. S. 47〔1919〕一案），然后始应该认为非法而予以取缔。修正草案中虽不复有"意图破坏中国国民党或违反三民主义"一类字样，但是第廿一条第一款与第三款，却仍系承认有所谓"意见罪"，仍是对于出版自由的一大钳制。

第二，旧《出版法》与现行《出版法》所用的若干字眼，都是非常广泛而笼统。例如所谓"颠覆国民政府"、"损害中华民国利益"、"破坏公共秩序"等等，便都极宽阔而无边际，极易入人于罪。加以如后所述，这些名词还可由行政官署的行政人员去自作解释，于是人民不用文字发表言论则已，一用文字发表言论，便难免不"动辄得咎"了，尚何言论自由之足云？我们将来实行民主宪政，当然是要实行多党政治的。哪有一个在野党对执政党不常常以文字作严峻的批评，甚至率直表示希望它早些下野，好让自己上台？这类表示，算不算是意图颠覆政府，或损害民国利益？一个国民对于本国的社会、政治问题，不批评则已，一批评，自难免不对现存的社会、政治秩序有多少的不利。这类批评，算不算是"破坏公共秩序"？修正草案对于这些广泛而笼统的名词，都继续采用，未予删除（除字面略有变动外，如改"损害"为"危害"，改"公共秩序"为"公共利益与社会秩序"）。它不但继续采用了这些名词，并且还增添了一些簇新的名目，其中最刺眼的，一个是所谓"妨害邦交"，另一个是所谓"妨害本国或友邦元首之名誉"。究竟这些用语应如何解释才对？假设现任美国总统杜鲁门实行了某种于中国不利的外交政策，中国国民站在维护本国利益的立场而加以批评，这算不算是"妨害邦交"，算不算是"妨害友邦元首之名誉"？假如答案是肯定的，那么今后国人对于一切有关外交的问题，恐旧最好就只有一言不发了。照新宪法的规定，我们将来的元首，既不像战前日本的天皇那种神圣不可侵犯，又不像英国国王那样统而不治，仅和国旗一样代表一个国家，而是掌握国家政治大权的一个首领，他在政治上的一切措施，在民主宪政的大原则之下，就不能禁止人民指摘批评。这种指摘批评，算不算是"妨害本国元首之名誉"？假如答案是肯定的，那么他就不成其为一个民主国家的元首，而已成为中国昔日专制时代的一个皇帝了。而且在我们的《刑法》上对于妨害国交罪，妨害名誉罪，都已有非常合理而明确的规定，对于维护邦交及本国与友邦元首的名誉，都已充分顾到（参阅《刑法》第三章与第廿七章各条），我不懂何以又要在《出版法》中迭床架屋地重加规定，反显得画蛇添足。

第三，旧《出版法》与现行《出版法》中，最值得注意的，是有这样一条："战时或遇有变乱及其他特殊必要时，得依国民政府命令之所定，禁止或限制出版品关于政治、军事、外交或地方治安事项之登载"。本来旧《出版法》中规定只限于"禁止或限制关于军事或外交事项之登载"，而现行《出版法》中则扩大为"禁止或限制关于政治、军事、外交或地方治安事项之登载"。修正草案对于这一点，是完全采取了现行《出版法》的规定，只把"得依国民政府命令之所定"，改为"得依中央政府命令之所定"而已。这一条规定，关系极大。有了这条规定，宪法中所承认的言论、著作、出版诸种自由，都可随时用命令一笔勾销；连《出版法》中其他关于记载事项的限制的规定，都大可说是装潢的门面，成为不必需了。所谓"特殊必要"，所谓依"命令之所定"，所谓"禁止或限制"，所谓"关于政治、军事、外交、或地方治安事项之登载"等等，这些简直就是说在任何时候，只要政府认为有特殊必要，就可立时以一纸命令禁止任何出版品关于任何事项的记载。这也就是说，政府如要使某种刊物停止发行，就可随时下令予以停止。这种规定，在过去国家对外作战时期，尚可说是出于事实上不得已，但如在实行宪政以后，还要保存这样一条规定，用意何在，殊难索解。我们知道依《戒严法》的规定，国家遇有"战争"或"非常事变"时，政府本可对全国或某一地域，依法宣告戒严，而在戒严地域以内，最高司令长官就有权随时取缔报纸、杂志、图画、告白、标语等等认为与军事有妨害者（参阅《戒严法》第十二条）。可见在这种紧急时机，政府并非无临时应急的办法可以采取。上述《出版法》的规定，不但在理论上是讲不通，即在事实上亦属不必要。这一条规定，一天不取消，出版自由便一天无保障。

修正草案中，还有一点是新增加的，是特别为保护个人的利益打算的。依其规定，出版虽不得为妨害他人名誉及信用之记载。个人的名誉和信用，法律自当予以保护。但《出版法》中的这种规定，却是不必要，不合理，而且有危险的。第一说不必要。照我国《民》、《刑法》的规定，如有人以文字、图画妨害他人之名誉或信用，他不但应负刑事责任（参阅《刑法》第三百十条第二项、第三百十三条），还应负民事上的赔偿及恢复名誉之责任（参阅《民法》第一百九十五条第一项）。而且据《出版法》修正草案的规定，新闻纸或杂志所登载关于个人之事项，本人或直接关系人如认为不确，尚有请求更正之权利（第十九条）。这种种规定，对个人的名誉及信用的保护，不能不说已非常周到了，何必在《出版法》中再作规定？第二说不合理。照《刑法》的规定，如有人诽谤他人，而对于所诽谤之事，能证明其为真实，且非涉于私德而与公共利益无关者，不罚。又以善意发表言论，而有下列情形之一者，亦不罚：一、因自卫、自辩或保护合法之利益者；二、公务员因职务而报告者；三、对于可受公评之事而为适当之评论者；四、对于中央及地方之会议或法院或公众集会之记事，而为适当之载述者（参阅《刑法》第三百十条第三项，第三百十一条）。这些规定，对于发表言论的人，也有适当的保护，实极合理。而修正草案却把这些完全抹杀不顾，所以不能认为合理。第三说有危险。出版品中关于个人之记载，是否确系妨害他人之名誉或信用，应由法官去作公平适当的解释。而修正草案却将此种解释之权，授与行政官署的行政人员，而这些行政人员根据他们自己的解释，便可有权对出版品禁止其出售、散布、并得于必要时加以扣押，甚至对于新闻纸及杂志，且得定期停止其发行，或永久停止其发行（第三十六条）。这样使行政人员兼有解释法律与执行法律之权，是多么一件危险的事！

从以上这些地方看来，谁能不认修正草案对出版自由所加的限制，较诸现行《出版法》还来得更严厉，更苛刻，更琐细？

（三）从违法出版品的处分说：在旧《出版法》与现行《出版法》中，对于违反《出版法》规定的发行人、编辑人、印刷人，尚有处以罚锾及罚金的种种规定。这些规定，在修正草案中，大部分都已删除，不能不说是一种改进。不过，就违法出版品的处分问题说，仍有一点值得注意的，就是处分的机关问题。修正草案对于此点，仍像沿袭过去的办法，即任由行政官署来实施停止发行，禁止出售或散布，扣押出版品或扣押其底版，等等处分。这个问题，与前面所讲的特许制及关于记载事项之限制两个问题，本有非常密切的联带关系。如该两问题有比较妥善的修正办法，则此一问题，便可随之而减轻其重要性。不过，无论如何，停止发行与扣押出版品或其底版，对出版事业影响极大，如任由行政官署随意实施，终属不妥。这种比较严重的处分，应属诸司法机关的职权范围，以由司法机关去执行为较当。

我现在作一简单结论如下：

一、出版的手续方面，应取消特许制，改采备案式的报告制。

二、记载事项的限制方面：

a. "意见罪"应取消，至少应有更确定而具体的规定。

b. 妨害邦交，妨害本国或邦交元首之名誉，妨害他人名誉及信用等规定，皆应删除。

c. 第廿六条应完全删除。

三、违法出版品之处分方面，停止发行（无论定期或永久），扣押出版品或扣押其底版，不得任行政官署随意实施，而应归司法机关执行。

四、此外政府如真正想予出版自由以保障，应针对当前摧残出版事业之种种不法行为，作严厉制止之规定。例如规定凡聚众捣毁出版机关或殴伤从事出版事业之人员者，应比照《刑法》之规定加重处罚。

五、为奖励出版事业，亦即文化事业计，应规定每年年终由教育部、新闻局或其他着有声誉之民间学术团体，聘请学术文化界学识品德俱负重望之人士，组织一评议会，选出一年内最有成绩之新闻纸、杂志或其他出版品，最有成绩之编辑人、社评撰稿人、著作人、新闻报导员（分国内的及国际的）等等，分别予以奖金或奖状以资奖励。

十一月八日

论这次的大选

《观察》，第 3 卷第 17 期，1947 年 12 月 20 日

楼邦彦

几个月前，我曾在《动员，戡乱，行宪》一文内（《观察》三卷一期），强调政府要是有行宪的决心，在今天的局势下，应该明白表示暂不作行宪的打算；我曾说过这么一段话：

> 就目前的事实来讲，漫天的内战烽火愈烧愈旺，其影响所及的地区也一天比一天广阔，在这样混乱的局面下，谈选举，谈行宪，除非是别有用心，或是想趁火打劫，我们实在看不出有多少理由，得能辩护何以非要挑选这个在任何方面都绝对不合适的时期来实施宪政不可……宪政的大厦绝不能凭空建筑起来的，目前政府当局竟不顾一切客观情形而要行起宪来，我们实在百思而不能了解它究竟要行的是什么"宪"。

至今我的看法依旧如此，并且更为加强，因为近来又有更多的事实，证实我这种看法并无错误。

很多人一致认为行宪总比不行宪强，有选举总比没有选举好，因为他们觉得民主虽是我们的理想，我们得一步一步地学习，那么今年的大选年正是我们学习民主的开始。他们的出发点显示他们是怯懦的，他们的立论显示他们是错误的。

何以他们是怯懦的呢？因为他们逃避对于现实作一番认识，他们不敢想我们当前尚有一个根本问题有待解决，或者从不认为这是一个先决的根本问题。我们在对日作战的时候，曾经在八年中不断高喊过"一面抗战，一面建国"的传奇式的口号，这在一个原来在各方面都已经很上轨道的国家将会成为一种奇

迹，而在我们这一个破烂的国家，不敢作何妄想的老实人必曾默默相对，作过会心的微笑，因为事实摆在我们面前。胜利之神冷不防地降临得那样突然，我们在惨胜之余，恍然发觉我们不但没有开始建国的工作，连一个像样的计划都拿不出来，却又要紧跟着去接管敌人在作战期间所做了的伟大建设，而尤其惨的，这样伟大建设的大部分，两年来一直在听其荒废腐蚀，或毁于内战的炮火。"一面抗战，一面建国"，现在已毋须再喊了，取而代之的是一个新的口号："一面戡乱，一面行宪"。由于过去的抗战惨胜和建国无成的教训，我们对于戡乱和行宪的前途，也不能不有幻灭之感。我们不禁要问：鉴于目前的局势，乱能戡得了么？乱戡不了的话，宪能行得成么？即使乱能戡得了的话，宪又能行得成么？行成的宪将是什么样的一种宪呢？这是今天所有的问题中之必须先决者，但是那些人却避而不顾；如此逃避现实而说要学习民主，我只能称他们是懦夫。

何以又说他们的立论是错误的呢？那些人似乎有一个基本的假定，这个假定就是在目前的中国，民主的条件多已具备，所缺少的只是"东风"，"东风"就是能行使政治权利的人民；因此他们主张行宪，赞成选举，因为在举办选举和行宪的过程中，人民可以逐渐懂得他们是主人翁和怎样当主人翁，一俟主人翁能站得起来的时候，民主的理想园地也就到达了。这与国民党训政的主张是基于同一的理论基础，国民党第二次全国代表大会所通过的"确定训政时期党政府人民行使政权治权之分际及方略案"中有一段话最能表达训政的精神：

> 由国民革命所产生之中华民国人民，在政治的知识与经验之幼稚上，实等于初生之婴儿，中国国民党者，即产生此婴儿之母；既产生之矣，则保养之教育之，方尽革命之责，而训政之目的，即以保养教育此主人成年而还之政，为其全部之根本精神。

就重心放在人民身上这一点来说，训政也好，学习民主也好，实在是异曲而同工。其实政治权利的行使是最简单不过的一件事情，与其说重要的在如何行使权利，毋宁说关键是在行使政治权利的环境和情绪，环境是民主的客观条件，情绪是民主的主观条件。当今天大规模的战乱正在扩展的时候，我们绝对谈不到太平时期的政府与人民的关系，内战的事实一天存在，民主的客观条件便一天不能具备，这是太显然的事了。至于讲到人民行使政治权利的情绪，这又是一个铁一般的事实，今天除掉官僚和资本家以外，社会的各阶层都在趋向没落中，吃饱穿暖已感不易，哪里再有情绪去对投票发生兴趣。更何况在这一二十年中，一般人民所感受到的尽是些贪污、迫害、暴力……一类的恶行，他们早已一个个进入了麻木状态，除非他们能够自发地去争取他们应得的社会地位，他们对于自上而下的"民主"运动绝不会感到是一种刺激。这种自上而下的"民主"运动业已普遍地产生了两种不同的感觉：对于大部分麻木了的老百姓，民主也好，选举也好，一概视为似同抽丁征粮等一样的不可抗拒的遭遇；对于另一部分头脑尚清醒的人民，则民主和选举便汇成了一种极其可笑的骗局。如果我们承认民主的客观条件和主观条件目前都不存在，而那些好心肠的人还在以学习民主来替正在进行中的民主骗局辩护，我只能说他们是过于天真了。

说到此次大选本身，我们从报纸上已经可以知道层出无穷的畸形现象，我觉得在普遍腐败贪污的气氛里，选举的利诱、操纵、威胁等情事的发生原为意料中事，无可足道。我只想在这里提出那些活跃的政客们在光天白日下公开地所干的几件事情，愿意我们大家在那些把戏中警觉这不是选举，乃是分赃，这不是学习民主，乃是被驱使利用。

选举的先决条件有二：一是不同集团的竞争，一是不同主张的辩护。先说第一个先决条件。国民党为要履行还政于民的诺言，一方面加紧戡平共产党的叛乱，并解散否认"宪法"的民主同盟，另方面又捧出了诚意合作准备粉墨登场的青年党和民社党，于是表面上我们便至少有了三个政党了。然而这三个政党实际上并不是三个独立的个体。假如此次大选称得上有竞选，那是三党的联合竞选，换言之，除掉个别的无党无派分子以及个别活动的国民党党员外，再也没有与政府相对立的政治集团了。在选举以前，我们便已听说青年、民社两党由要求保证候选而进一步要求保证当选，在选区的分配以及名额的确定方面曾争得耳红面赤，一则说大选提名如不获协议，即将退出政府，再则说国民党专政已二十年，我们何必一定参加政府。这怎不令人啼笑皆非？能保证当选是说明了国民党在选举时的神通广大，要求保证候选是证实了青年、民社两党甘作国民党的尾巴，犹似一九三一年以后英国的国民工党（National Labour）和国民自由党（National Liberal）是保守党的尾巴一般。青年党总部于大选前夕发出下列一个通告，它是此次大选的重要文献之一：

> 本党参加此次大选，应与国民党、民社党切实合作。国民党中央党部已通知各地协助本党同志竞选，本党各级党部负责人，应即与该地国民党负责人切取联络共策竞选互助事宜。其在国民党提有候选人之地方，本党同志应竭力支持国民党候选人，其在本党与国民党并提

候选人之地方，本党同志应充分发挥民主作风，作和平合法之竞选，凡此原则，并完全适用于对民社党。

从这里我们可以确定三党的竞选联合阵线。但是由于非政党提名的候选人的活跃情形，投票结果并不如预期那样满意，民社党候选人金侯城在上海的落选，尤使张君劢大发牢骚，说是青年党陈启天当选，而金侯城落选，显为厚于此党薄于彼党，那是窃盗民主，违反民意。其实这哪里又是民主或民意的问题，乃是分赃不均的气话；国民党既能如意地厚此而薄彼，选举不就是多此一举么？所以我说张君劢这一气，把三党协议的马脚全都露出来了。此其一。

再说第二个先决条件。国民党的还政于民的诺言，原为一个了不起的理想，现在证明这个理想原来是幻想，我们因此更相信了凡是获得权力者是绝不会轻易放弃其权力的。国民党二十年的执政，自然有功也有过，现在要还政于民了，在大选时却听不到任何有关失败的国民党统治的言论。大选而无反对意见，大选而无充分言论自由，这不能不说是对于民主宪政的极大讽刺，我们有选举，但是没有对于不同主张的辩护；老百姓投票了，但是不知道选出的人去干什么。在正常的情形之下，国民大会的仅有职权既然是选举、罢免总统、副总统并修改"宪法"，而首届国民大会最重要的任务，当然是选举总统、副总统，则候选人似乎应该在竞选时提出他们对总统、副总统人选的主张，要不然，光是拉拢、宴客、汽车接送……选举还有什么意义呢？投票岂非连赶庙会都不如呢？近代的选举，尤其在政党政治相当确立以后，其对象应该是政党和政策，而非候选人个人；是则即使要有学习民主那么一回事，也应该是让人民学习怎样选择政党和怎样了解政策，绝非让人民学习怎样为有钱有势阶级所驱使利用。此其二。

多少年来，不断的战乱灾殃，已使一般人厌弃政治，恶恨政治，他们所要求的只是吃饱穿暖，安居乐业。我们的这个时代这个国家，十足显示了政治自由的限度和经济安全的可贵。北平市此次大选便有一个值得深思的插曲，某郊区在投票那一天有很多乡民成群结队到投票所来，拿着国民身份证，说是保甲长叫他们来领取面粉，这是多么逼真的一幅社会的缩影！老百姓要的是生命生活，他们终日在饥饿疾病线上挣扎，哪里再能顾得到以国民身份证去换取选举票？我们希望我们的政治家应该多多去体验这现实的人生，他们如果尚有天良的话，应该立刻有所觉悟，重新选择他们的路线，不然，社会上终有一天会产生一种力量把他们拉下来的。

今天谈学习民主，除非是那些好心肠的人的梦想；否则，若引用张君劢的话来说，那简直是窃盗民主！窃盗民主者或能欺骗得了人民，也或能蒙蔽得了某些外国，但是他们怎能欺骗蒙蔽得了他们的良心？

卅六年十二月五日北平

国大评论

《观察》，第 4 卷第 9 期，1948 年 4 月 24 日

储安平

一、训政问题

这次国大开会的情形很糟，糟到连国民党的党报都不得不出而指责。据我们所看到的京、沪、津各地报纸所载有关国大会场情形的记载，字里行间，大都含讽带讥，印象不好。有人认为国大有二千多人在一起开会，会场秩序不易控制，一切情形难望理想，这是第一次的民主学习，大家应将期望的尺度放宽一点。不过我们应当指出，天下的事情，不像样也有一个不像样的限度，在限度以内，大家可以原谅，超过了某种限度，便使人难于默缄。像这样一个二千多人的会议，要希望每一议事，每一发言，都按规就矩，有条有理，自然未免求之过高。但是动辄起哄，随便喊打，亦未免失之过分。国大代表来自各地，所受教育，程度不一，我们亦不能希望每个代表的发言礼貌，都能符合水准，但报载居然有人高喊"他妈的民主"，则未免相去更远。本人目睹会场情形，一言不合，四座喊打，意气之徒，直奔讲坛，若无职员劝解，定必扭成一团；偌大一个会场，东一簇，西一簇，乱哄哄，气冲冲，尽管主席嘶哑喉咙，要求维持秩序，可是无人理会，一片喧嚣，一团乱糟，使我们这些旁听之士，除了微微一笑之外，简直无感可想。我们细加分析，造成这种不体面的情形，一部分是知识问题，一部分是修养问题；而两者实际上仍然是一个教育问题。就知识言，本人亲耳听到一个代表发言，谓"国大有修改宪法之权，如其我们这次不修改宪法，就是我们没有尽我们的责任"。此种逻辑，不知何来。修宪之案，均须三读通过，举行二读会时，有一位代表大嚷，说上次业已通过（所谓"上次"，实际上是一读会），为什么还要讨论？有人告诉他议案须经三读，始能通

过，这位代表还是不服。国大代表，不远千里进京开会，而不肯在事前稍为补充补充自己的知识，严格言之，可谓有亏职守。就修养言，民主政治的原则是讲理，喜欢打的朋友，何必竞选国大代表？要讲理就得听反对的意见，不愿意听反对的意见的人何必竞选国大代表？民主国家的会议代表，都应具有某种水准以上的教育素质。我们应维持这种水准，我们应提高代表的素质以符合这种水准，我们不应降低这种水准来迁就代表的素质！

这次国大开会之糟，业已众口一词。但是大家都在议论国大代表的品质，而很少有人追究这一个失败的国大的责任应由谁负。本人认为这次国大开会情形如此之糟，从历史的眼光来看，国大代表所负的责任小，二十年实行训政的国民党应负的责任大。议会的成就如何，就得看议员的素质如何；议员的素质如何，又得看选民的素质如何以及国家政治上的风气如何。选民的素质高，产生出来的代表的素质自然也跟着高；国家在政治上的风气好，选举的成绩自然也跟着好。国民党训政前后二十年。经过这二十年，本来是三十岁的人，现在已经五十岁了；本来二十岁的人，现在四十岁了；本来是十岁的孩子，现在也变成为三十岁的人了；至于三十岁以下的青年，差不多完全是在国民党的训政阶段中长大的。在这次的大选活动中，无论选民或竞选人，大多数都是在二十岁至五十岁之间的公民，这些选民与竞选人的素质的高下，不能不说与二十年来国民党训政的成绩无关。当初中山先生遗教认为"由国民革命所产生之中华民国人民在政治的知识与经验之幼稚上，实等于初生之婴儿。中国国民党即产生此婴儿之母。既产生矣，则保养之，教育之，方尽革命之责"。所以训政的目的，即在训练人民如何行使选举、罢免、创制、复决四种政权。然而我们现在从国大的选举以及这次国大开会的情形来看，国民党训政二十年的成绩究竟在什么地方？众所周知，这次国代和立委的选举，弊端百出，弄到发生命案、选官被控、绝食抬棺，笑话之多，开中外古今纪录。选举的成绩如此，国民党对于这二十年来"训政"的这段历史，何以交代？再说代表素质，今日国大代表的素质，难道都是理想的吗？难道都够得上国家的水准吗？假如国内还有素质更好的公民，何以那些素质更好的公民无法产生，因之使国家的政治水准得以随之提高？国民党对于此点，有何自解？我们很坦白地说，从这次国大选举和国大开会情形来论，国民党二十年的训政，是彻头彻尾的失败了！国民党要是有勇气，对于这点应当坦白承认。也许他们看到这二十几天来国大的情形，内心里也在惭愧。但惭愧是消极的。过去的虽然过去了，假如国民党能够从过去的失败中得到一种教训，则过去的失败，犹不失为一种有意义的失败。行宪以后，实际上掌握权力的党还是国民党，我们希望他们能够拿出良心来，拿出勇气来，全盘改变作风，真正替国家做点事情。只有以国家为第一，才能大公无私；只有大公无私，才能在政治上有所成就；只有有成就的人、团体、党派，才能在这时代的洪流中立脚！

二、总统问题

关于总统问题，我们要分几点来议论。

第一，在现实政治里，第一任总统是蒋主席，几乎成为一个不移之局。四月四日蒋主席正式表示不愿出任总统，一笔惊人，于是各方揣测丛生，有的认为这是一种姿态，有的认为这是一种消极的表示。据我们所知，蒋主席这一着绝对不是一种"姿态"，这也不但不是一种消极的表示，而且相反，正是一种最最积极的做法。这是一着棋，一种政策，绝不是"姿态"，而是一种"决定"。何以言之？原来在政协时代，大家制宪，都以蒋主席为对象，想用各种方法来限制他的权力，因为当初大家假定，将来的总统一定是蒋主席。蒋主席宣布不出任总统，这是一种战略，使企图围扑他的人扑了一个空。据说这是蒋主席在牯岭静思以后的决定。蒋主席是喜欢负责任的人，宪法给总统的权力加上种种限制，这一点，就蒋主席的性格来说，是他受不了的。同时，至少在蒋主席看来，在目前的政治局面下，仍须由他来主持，总统既无权，他只好改任有权的职位，这就是早在一个月以前，本刊四卷四期所载蒋主席可能不做总统，改长行政院这一报告的根据。所以，不做总统做行政院长，绝不是消极的表示，而是十分积极的决定。无奈国民党的党人不了解他这一政策，这一谋略，还是哭哭啼啼的认为要是他们蒋总裁不出任总统，他们的党就完了。听说蒋主席这次非常生气，认为他的党人不仅不能帮他的忙，甚至还不能了解他。但是结果呢？各种实际形势，仍然要求非由蒋主席出任总统不可，而其救济的办法是通过动员戡乱时期临时条款，授总统以非常的大权。蒋主席不愿出任总统，本来是为了总统的权力太小，现在"权力"的问题既然有了补救办法，蒋主席自然可以"俯顺舆情"，出任总统了。这就是这次总统之选所生的曲折的一个最客观最正确的分析。而在这个分析之中，我们应可得到一个结论：蒋主席不拟出任总统，改长行政院，这多少还近于"人迁就制度"的精神；现在，为了要蒋主席出任总统，通过动员戡乱时期临时条款，授以大权，则就又走着"制度迁就人"的老路了。

第二，大家都说，现在中国，除了蒋主席，还有什么人可以出任总统呢？这个问题实际上包括着两个问题：一、在现实的国民政府政局里，还有那一个人能有像蒋主席所有的那种统筹全局的权力呢？二、竞选就是一种比赛，也可以说是一种挑战（Challenge）。现在有那一个人敢起而与蒋主席挑战（竞选）呢（陪选另作别论）？由这两个问题，引起了一个更重要更基本的问题，这一个更重要更基本的问题也就是我们要进而研究的，即为什么在这样一个人口众多的国家里，在国民政府的统治下，除了蒋主席之外，竟然没有一个人，在声望和权力方面，可以勉强和蒋主席侪与并列的地位呢？十几年来，社会上对于中国的政局有一种笼统的印象，认为当局御人，常采"分而治之"（divide and rule）的办法。我们看，在党务和教育方面，这一面有一个陈立夫，那一面就有一个朱家骅；财政经济方面，这一面有一个孔祥熙，那一面就有一个宋子文；军事方面，这面有一个何应钦，那一面就有一个陈诚；派系方面，这面有一个CC，那一面就有一个政学系。使各方面都造成一种均势的局面，大家都环绕着一个人，任何方面都再也跳不出第二个全国性的领袖人物。这种情形，据我们所能了解的，对于要真正实行民主政治，实在是一种基本的、十分严重的缺陷。因为在一个民主国家中，全国性的领袖必不能仅限于一人。所以我们看，在英国，保守党有保守党的党魁，工党有工党的党魁，两个党魁在个人的才能上容有高下之分，而在国家的活动中，都能保持独立的地位，所以一旦丘吉尔内阁垮台，艾德礼也一样能起而组阁，掌握国家的大舵。在美国，现在正忙大选，我们看，共和党、民主党、第三党，都各拥有全国性的领袖，一旦时势需要，均可起而执政。假如一个国家，只有一个领袖，或者只容许产生一个领袖，这种国家绝对不够条件推行真正的民主政治。现在蒋主席业已当选为总统，我们希望以后政府当局，能多替国家培养几个政治领袖，特别是反对派的领袖。

第三，纯粹从政治制度着眼，这次我们选举总统，是很滑稽的。我用"滑稽"两字是因为我想不出其他任何更适当的字眼。总统选举法里虽然规定可以自由签署提名，实际上那是给无党派的独立人士一种机会，以便没有党籍的独立人士亦可竞选总统。至于政党方面，按照各国通例，其候选人仍应由政党提出。这次国民党没有提总统候选人，由签署提名的总统候选人也没有发表竞选演说，这些已是出乎常例，而最妙的，国民党里竟然有两个人出来竞选总统。这算怎么一回事呢？我们学政治学的人，简直没有法子解释。而尤其妙的，居正最初表示竞选总统，其后又说不竞选了。不竞选，且罢了，还发表了一个声明说：

余不揣庸朽，偶听朋友劝告，出而竞选总统。嗣经记者围绕，率作片面谈话，虽曰吹笙引凤，识者已窃笑矣。兹幸经本党全会深切研究，郑重决议，一致恳请总裁出而应选为第一届总统候选人。舆论既有所归，谠论衷于一是，余身为党员，应即服从党议，再不作竞选言说，以淆观听。

读了这个声明，简直使丈二和尚摸不着头脑。居氏身为司法院院长多年，总统之选，何等郑重，而忽竞忽不竞，真是使人迷惑；而结果呢，读者也许不免要捧腹大笑，因为居氏仍旧是竞选了！从这件事情，我们可以说一句话：即今日政治上的人物，是如何的随便！政治如此，安得不使今日一般青年对于政府失望！

第四，这次参加国大的政党，除国民党以外，还有青年党和民社党。这两个党这次都没有人参加竞选总统，这也是奇怪的事情。组织政党的目的何在？曰：希望掌握政权，俾可实现本党的政策耳。竞选总统，本党不提候选人，而却去支持他党的领袖，政党史上，事不多见。去年四月，国、民、青三党共同执政，共同拥戴蒋主席，是犹可说；现在行宪，三党各自独立，法理上的立场已变，那还能承袭三党共同执政时代的作风？曾琦还要发表声明，说什么总统要具五个基本标准，五个附带条件，真可谓"其臭不可闻也"。假如这批臭虫都赶不出中国的政治舞台，请问中国的政治那有清明进步的一天？

三、副总统问题

第一，关于副总统，国民党一党有四位候选人，其不合理，正如国民党一党有二人竞选总统一样，已详前论，此处不赘。严格言之，国民党应当只提一个人出来竞选副总统，现在搁起不管，听他们去自由竞争，无非顾全事实。由此可见，今日中国的政治，一切还是以顾全事实为主，以顾全制度为次。在这种政治作风之下，还谈得上什么实行"宪政"！

第二，关于选举副总统，在国大代表之间，我们最容易听到的一种论调是："糟糕，这几位候选人都是朋友，叫我到底选了哪一个好呢？"我们愿意告诉代表诸君：

你们错了！人民选举你们，是委托你们，要你们替他们挑选一个最好的副总统，你们不应当从"朋友交情"的观点来作投票取舍的标准。你们这种话，初听好像没有什么，细加研究，就十分严重，因为这牵涉到你们对于"代表"职责有无基本的认识了。

四、宪法问题

第一，国大一开，就有许多代表要求修改宪法。宪法应不应修改，此处不谈，而会场上所以闹得如此一团糟，归根结底，还是吃了宪法一百七十四条的漏洞的亏，宪法一百七十四条文云：

> 宪法之修改，应依下列程序之一为之：
> 一、由国民大会代表总额五分之一之提议，三分之二之出席，及出席四分之三之决议，得修改之。
> 二、由立法委员四分之一之提议，四分之三之出席，及出席委员四分之三之决议，得拟定宪法修正案，提请国民大会复决。此项宪法修正案，应于国民大会开会前半年公告之。

右文第二款，立法院依法议决之修宪案，应于国民大会召开之前半年公告之，这是十分合理的，其目的在使国人注意，有充分讨论之时间，并使国大代表及政府当局都能明白一般舆论的背向。但是同条第一款为什么不作同样的规定呢？这是一个漏洞。宪法是国家大法，绝大多数的公民没有机会表示意见，由二、三千个代表一下子便可随便修宪，这是很危险的。假如一百七十四条第一款，也规定由国民大会代表总额五分之一所提议的修宪案，应于国大召开前半年公布，至少这次国大召开后，便不致因修宪问题弄得"满屋皆嘘"了！

第二，政协时代，按照张君劢的主张，将四权散布于人民，人民直接行使四权，是谓国民大会，即所谓化有形之国大为无形之国大。其后国民党召开六届二中全会，坚决反对，国民党与非国民党终于妥协，保持国民大会之形式，而减削其权力，使其职权仅限于：（一）选举总统、副总统，（二）罢免总统、副总统，（三）修改宪法，（四）复决立法院所提之宪法修正案。这次国大召开，总统、副总统尚未选出，第二款"罢免"一项自然谈不到；新的立法院尚未成立，第四款复决立法院的修宪案也谈不到；宪法尚未实行，利弊得失尚不可知，一般意见都不主修改，所以真正的任务，乃在选举总统、副总统；除了选举总统、副总统外，并无其他权力。但国大代表不甘寂寞，一开会就要求讨论国事，听取施政报告。从法理的立场言之，凡此皆与宪法规定不合；在宪法的条文中，国大代表并无此种权力。政府当局宣称，此次召开国大，即为行宪之始，而不料国大一开，国大代表本身即做了破坏宪法的行为，同时政府居然接受国大代表的要求，各部会首长一一到会报告施政，亦即不啻政府也跟在国大代表的后面，从事破坏宪法。所以这次的国民大会，在政府的原意也许视之为行宪之始，而事实上这次的国民大会，却变成为毁宪之始，国大代表和政府步伐一致，领导毁宪，这一点是使一切爱护宪法的公民，都引为遗憾的。

第三，国大代表要求修改宪法，主要的动机是认为国大的职权太小，要设法增加国大的权力。就人情言，他们这种心理，我们是极能了解的。可惜国大代表忘了一件事，即他们只站在"国大代表"的角度上看国大，而没有从整个国家制度的角度上看国大。为欧、美民主国家上、下议院所有的种种职务和权力，在现行宪法上，已分由监察、立法两院行使，无需再半空中杀出一个国民大会来分权。这个国民大会在现行宪法中，本来是一个很特殊的组织。为什么有这个组织呢？最初因为中山先生的遗教中，有"国民大会"这一名目。张君劢主张人民直接行使四权，即称之为"国民大会"，其实，人民行使四权，就是人民行使四权，直截了当，还叫什么国民大会不国民大会呢？这无非是为了顾到国民党的面子，保存了中山先生"国民大会"这一个名称。后来因为国民党六届二中全会反对，故仍使国民大会变为有形，而改变了它的职权。这就是现在"国民大会"的来历。现在许多人，包括国民党和政府里的开明分子，想来想去，还是张君劢的办法高明，即化有形之国大为无形，认为国民大会是不需要的。这次国大代表的选举，已在宪法颁布之后，既然竞选国大代表，理应对于国大代表的权力，有一了解。假如认为国大代表的权力太小，太空，希望得到更多的权力，则当初为什么不去竞选立委，而却竞选国大代表？在国家的整个制度中，国民大会本来就是这样一个东西，不站在国家整个制度的角度来看，却仅仅站在自身权力的角度来看，闹着要增加国大职权，我们认为这种态度是不合理的。

第四，国大通过了一个动员戡乱时期临时条款，理由是现在是一个"戡乱"时期，应当给予总统以非常的权力。我们对于这种理论，不敢苟同，理由如下：（一）这个动员戡乱时期临时条款算不算是宪法的一部分呢？假如认为这个动员戡乱时期临时条款是宪法的一部分（四月十九日王世杰在国民大会上解释，谓这个动员戡乱时期临时条款是一种宪法的补充条文，既称为宪法的补充条文，当然也就构成为宪法的一部分），则我们认为：宪法是一个国家的根本大法，这个根本大法理应笼罩到一个国家无论在战时、或在平时的一切统治的原则，决不能说，这部宪法，平时可行，战时不可行。美国在最近三十年中，两次参加世界大战，我们也没有看到一到战时美国宪法便要增加补充条文，授总统以特殊的权力。假如认为这个动员戡乱时期临时条款不是宪法的一部分，则为什么要由国民大会来通过这个动员戡乱时期临时条款？欧、美各国在非常时期虽亦有授权行政首领以若干特权，但此种权力，均由立法机关所赋了，国民大会非立法机关，由国民大会来授权行政首领，于制不合。（二）目前政府已把共产党称为"共匪"，动员戡乱。我们现在即从政府的立场来说，则我们认为，政府出兵清剿"共匪"，和政府派一团兵到太湖去剿匪，在性质（nature）上并没有什么不同；不同的只是"匪"的数目的多或少，"匪"的组织的松或严，至于政府出兵剿"匪"这一行为，其本质上并没有什么不同。假如今日政府打"共匪"，要增加什么临时条款，授总统以非常之权，则岂不是将来政府要派兵到太湖、洞庭湖、鄱阳湖去围剿湖匪时，也须增加什么临时条款，授总统以大权吗？要是这样，则我们的国家也就永远没有回复到平时的可能，我们的宪政也永远不能走上正轨了。所以就纯粹的法理立场，增加动员戡乱时期临时条例【款】，其理不通。（三）中国今日需要努力者，即是要大家来推动，使这个国家进入于法治境界。要讲法治，即须尽量使制度法律化，人迁就制度，不要制度迁就人，不要因人立制，不要因人授权。假如我们随随便便，今天一个特殊条款，明天一个特种法律，这样下去，我们永远不能达到法治的境界。所以在任何理由之下，我们认为国民大会通过这个动员戡乱时期临时条款，都和宪政的精神不符。

四月二十一日

论"动员戡乱时期临时条款"

《观察》，第 4 卷第 10 期，1948 年 5 月 1 日

楼邦彦

我一直认为动员戡乱与实施宪法绝对不能同时并行，因为动员戡乱是超乎理性的行动，实施宪政乃基于理性的制度，动员戡乱一天尚在进行着，也就是说内战尚一天未能获得合理的解决，实施宪政便终究是政府虚悬的招牌，或竟是政府玩花样的手法。今观乎"动员戡乱时期临时条款"的制定，更加强了我的看法的正确性。

"动员戡乱时期临时条款"系依照新"宪法"第一七四条第一款的程序制定的，第一七四条规定新"宪法"的修正程序，第一款是两种程序中之一，即"由国民大会代表总额五分之一之提议，三分之二之出席及出席代表四分之三之决议"，修正新"宪法"，修正当然包括补充。"动员戡乱时期临时条款"显然并非严格的宪典修正，而是专为适用于所谓动员戡乱时期的临时补充条款。

"临时条款"制定前，有一个值得大家注意的背景。四月四日蒋主席于国民党中执委临全会致训，其大要是：

> 外界批评国民党无组织，无力量，无纪律，但如每一党员忠于纪律，即可发挥力量。我为国民党领袖，党员或不忠组织，我不能如此。党员或不守纪律，我不能如此。故有人希望我表示竞选总统态度，我认为应由党内决定。反之，自己表示即不忠组织，不守纪律。我们应该接受历史教训，民国元、二年间，党的失败即因为党员不遵守总理之指示……个人认为当前局势严重之时，总统可由非国民党人竞选，个人虽不为总统、副总统，仍可与共产党奋斗。（载天津《益世报》）

后经临全会根据常务委员的研究报告，经全场无异议通过拥护蒋主席竞选总统，

蒋主席大概为了忠组织，守纪律，也就接受了。此一插曲的真相或许永远不会弄得清楚，但是跟着便发生了修宪提案，不免令人联想到种种相关的问题。蒋主席一再向党员致训，不主张修宪，于是其他修宪提案都被搁在一旁，最后仅仅通过了"动员戡乱时期临时条款"。紧接着便是四月十九日的总统选举投票，结果蒋主席以获得二千四百三十票当选为总统，他即得以总统的地位，在动员戡乱时期享有"临时条款"所赋予的紧急处分权。

兹就"动员戡乱时期临时条款"本身，逐项来加以讨论：

第一，紧急处分权的范围。"临时条款"第一项规定："总统在动员戡乱时期，为避免国家或人民遭遇紧急危难，或应付财政经济上重大变故，得经行政院会议之决议，为紧急处分，不受宪法第三十九条或第四十三条所规定程度之限制"。用无论任何观点看，像这样的紧急处分权的范围，可谓为庞大无比。根据新"宪法"第三十九条与第四十三条的规定，总统在非常时期得能行使的权力原已很大，第三十九条的规定如下：

> 总统依法宣布戒严，但须经立法院之通过或追认，立法院认为必要时，得决议移请总统解严。

所谓"依法"，在现法制下，当然是指依"戒严法"。总统宣布戒严是由于战争或叛乱的发生，视情势的紧急与否由立法院事后追认或事前通过，但立法院认为有必要时，得请求总统解严。今"临时条款"既经制定，总统的宣布戒严权更进一步地可以随时便宜行使，第三十九条以及"戒严法"当然就成为具文了，而立法院在制度上可能发生的限制总统权力之行使的作用也就变成虚无了。第四十三条的规定如下：

> 国家遇有天然灾害疠疫，或国家财政经济上有重大变故，须为急速处分时，总统于立法院休会期间，得经行政院会议之决议，依紧急命令法发布紧急命令，为必要之处置，但须于发布命令后一个月内，提交立法院追认，如立法院不同意时，该紧急命令立即失效。

这是新"宪法"赋予总统的紧急命令权，行使此种权力的场合是发生天然灾害疠疫或财政经济上有重大变故而必须以急速处分来应付时，行使此种权力的条件是为必要处置而发布紧急命令，必须于命令发布后一个月内提交立法院追认，只要立法院表示不同意时，紧急命令便不能继续发生效力；一切紧急命令的发布应依"紧急命令法"的规定。类似这种紧急命令权的规定，诚然不无相当危险，犹似德国威玛宪典第四十八条被运用的一段历史，但是在原则上，任何国家既不能避免危机的发生，而应付危机首须争取时间，不然将会造成难以收拾的局面，那么发布紧急命令的办法自然是有其可辩护之处的。这不过是说明了紧急命令权的必要，它之能否被运用得成功，尚须视守法的精神与宪政的传统而为定，要没有这种精神与传统存在，任何权力，固不仅是紧急命令权而已，都是可畏的。今"临时条款"既经制定，总统的紧急处分权已远超过紧急命令权的范围，因为紧急命令在程序上尚需于发布后提交立法院追认，立法院并可对之表示不同意，反之，在"临时条款"之下，立法院所能发生的作用，几乎是丧失殆尽了。

所以根据"临时条款"，只要发生了紧急危难或财政经济上重大变故，而在动员戡乱时期，随时随地都是紧急危难，随时随地都有财政经济上重大变故，总统皆得不受"戒严法"与"紧急命令法"的约束，而为紧急处分，其仅有的程序上的限制是"经行政院会议之决议"，这在实际上恐怕并不过分重要，乃是显而易见的。

第二，紧急处分权的限制。"临时条款"第二项规定："前项紧急处分，立法院得依宪法第五十七条第二款规定之程序，变更或废止之"。此项规定授权立法院可以变更或废止总统的紧急处分，其应采取的程序依新"宪法"第五十七条第二款之规定。根据该款规定的程序，立法院得以决议移请行政院变更（包括废止）它所不赞同的行政院的重要政策（适用于"临时条款"时便是指紧急处分），行政院并无非遵行不可的义务，经总统的核可，它得移请立法院加以复议，"复议时如经出席立法委员三分之二维持原决议，行政院院长应即接受该决议或辞职"。这里可得注意者有两点，第一点是制度上的枝节问题，第二点是所以表明立法院予紧急处分权的有限的限制。（一）在制度上说，紧急处分仍由行政院对立法院负责，因为表面上，紧急处分权的行使都是经行政院之决议的，但将来的行政院恐仍是总统的御用机关。（二）立法院的变更或废止紧急处分的权力并不是绝对的，因为行政院可以移请复议立法院关于变更或废止紧急处分的决议，复议时若未经三分之二出席立法委员维持原决议，紧急处分仍不失其效力，这就是说，只有绝大多数的立法委员不赞同紧急处分时，该紧急处分始有失其效力的可能，即使在理论上这也是相当困难的，而假令把现实的中国政治考虑在内，那是更不必说了。所以在实际的效用上，"临时条款"第二项规定几乎全是具文。

第三，动员戡乱时期的终止。"临时条款"第三项规定两种终止动员戡乱时期的方式，一是"由总统宣告"，一是"由立法院咨请总统宣告"。此项规定，事实比法律尤为重要，因为仅是法律上的宣告不足以终止必须出诸动员戡乱的客观现象，换言之，内战的延长也就是紧急处分权的延长，内战一天不结束，动员勘乱时期便不会被宣告终止，宪政也只是借以骗骗人罢了。

第四，国大临时会的召集。"临时条款"第四项规定："第一届国民大会，应由总统至迟于民国三十九年十二月二十五日以前召集临时会，讨论修改有关宪法各案，如届时动员勘乱时期尚未依前项规定宣告终止，国民大会临时会应决定临时条款应否延长或废止"。此项规定予人以不同的印象，一方面它似乎表示政府的乐观处，戡乱将在一年半以内可以完成，另一方面它又好像显露政府的悲观处，至迟于三十九年十二月二十五日召集的国大临时会，将因届时动员戡乱时期尚未宣告终止而决定"临时条款"的延长问题。果真是后一种情形的话，我们实不敢想象到那时局势已演变到如何地步。关于召集国大临时会"讨论有关宪法各案"一点，也有两种可能的解释，一是单纯的在平抑此次国大中主张修宪者的情绪，一是目前以"临时条款"来应付动员戡乱时期，日后再以修宪为手段来使既成事实合法化。后一打算，或许正是政府的本意。别的不说，我们在这里更看到了政府用心的真实面。

"动员戡乱时期临时条款"的分析，已如上述，我的结论非常简单明了。为了趋尚时髦并迎合某几方面，政府以颁布一部宪典来打出一面民主宪政的漂亮旗子，并之遮盖内战的严重性。但是宪典的条文对于权力的运用究竟是一大障碍，尤其是在这生死关键的动员戡乱时期，这就是"临时条款"的由来。"临时条款"的制定，是十足表现了政府一只手颁布了宪典，另一只手又把它撕毁了。让我再重复地说，既抛弃了和平方法来解决国内的政治问题，政府的行宪诚意，是永远无以令人置信的。像目前这样的局面，尤其在"动员戡乱时期临时条款"制定以后，快要为人遗忘了的一九三三年以后的德国人民的遭遇与经历，又泛上了我们每个人的心头。

三十七年四月廿三日北平

论"公然反对政府"

《观察》，第 4 卷第 22 期，1948 年 7 月 31 日

楼邦彦

我始终不能理解，在明明是人民世纪的时代里，还竟然有人常常以"公然反对政府"的罪名去加在别人的头上。假如干脆明白地否认这是人民的世纪，那也罢了，我们却偏偏不幸生而为中国人，在冠冕堂皇的民主宪政的旗帜下，天天在过着非人的生活，做着统治者的政治奴隶，动不动就会犯上"公然反对政府"的罪名。政府而不能公然反对，试问我们还要政府干什么？这是一个很浅显的道理，我在这个表面上似乎含有刺戟性的题目下，所要讨论的也就是这一个极其寻常的民主政治的基本原则。

站在唯实的立场说，国家与政府原是无可区别的。某一个国家除掉是地理上的名称外，至多不过是一个抽象的概念而已。在每一个人的日常生活中，当他提到国家的时候，他所指的却是政府，当国家要他做什么的时候，实际上却是政府在命令他；当国家的行为影响他的权益的时候，其实影响他的权益的却是政府的行为。所以拉斯基教授时常说："在实际行政上，国家就是政府"。换言之，政府乃是以国家名义执行公务的一部分人所组成，因此所谓国家的行为，实际上就是政府的行为。我认为，对于国家与政府的这一种关系的认识，是正确健全地判断任何政治事物的先决条件。

统治者往往以神圣化的国家来蒙蔽国民，他要国民服从他，因为他严正地说国民必须以尽忠报国为天职，而统治者所树立的正是一块"国家"的招牌。历史上多少悲剧的产生，是由于统治者不断利用了这块招牌来统治人民，为所其欲为！我们根据经验和理性，不主张人民轻信统治者所宣示的神圣化的国家，来决定他们与政府之间的关系。神圣化的国家，根本是并不存在的，每一个人都可以有一个理想中的国家，政府尽管以国家的名义在执行公务，人民则尽可以完全忽视政府所宣示的国家的性质，而以政府的实际行为所发生的效果，来

判断它的存在价值，来决定他们对于政府的态度。因此对于一个唯实的公民，抽象的国家性质与国家所负的使命是不值得研究的问题，他所要估量的是一些切身较实际的与政府有关的问题，例如政府应如何组织，它的活动范围，它的职权行使时所应受到的各种限制等。再具体地说，在民主政治的基本假定之下，政府是人民的政府，人民对于政府必然有所要求，政府则以实现满足人民的要求来换取权力并获得其存在的价值，政府没有任何理由可以借国家的名义，用国家的理由（raison d'état）来强迫人民对它的服从，人民对于政府随时在加以评价，他们所根据的就是政府是否已尽了它的功能，是否确具其存在的理由。换言之，人民随时在评价政府是否真正是人民的政府。

政府的意义既明，我们再来讲"反对"政府。讲到反对政府这一层，我们当然还是假定上面已经解释过的民主政治。人民为什么能够反对政府？反对政府为什么不能构成罪名？我们试就下面数点来加申说：

第一，在民主政治的基本假定之下，政府既是人民的政府，那么人民即使反对政府，他们所反对的是他们自己的政府。假如一个国家所实行的是以人民为主体的政治，政府与人民并不站在对立的地位，人民乐意忍受政府的统治权的行使，因为统治权的内容以及行使统治权的方式，根本就取决于人民的意思，人民若竟然反对政府，乃是显然的因为他们不尽同意于统治权的内容或行使统治权的方式。简言之，政治就是统治关系，那么所谓民主政治也就是由人民做主的统治关系，既然是由人民做主，则理所当然地，人民一方面可以决定统治关系，另方面又可以对于既经决定的统治关系表示异议，主张重加决定。政府是统治关系中的一种个体，对于统治关系得能做主的人民为求取统治关系的调整，当然可以反对政府。政府若非高高在上地与人民相对立，它应该欣然期待发自人民的反对，因为反对即是批评，能接受改过的则留，不能接受改过的则去，而让人民重新来产生他们自己的政府，重新来调整统治关系。

第二，民主政治乃基于理性，以理性为基础的政治必能容忍异见，反对政府是容忍异见的必然结果。政治事物原无绝对的是非，政府称是者未必是，政府说非者未必非。为了避免政治上纠纷的尖锐化，乃不能不有一个标准，这个标准纵然不是绝对的，却是权宜地解决政治上的纠纷所不可少，它就是衡量政治上是非的测验器——人民的意思。这可以说是民主政治下意见自由（liberté d'opinon）的理论根据。有的国家，如英国，竟然用法律规定由国库拨款作为"陛下的反对党"（即最大的反对党，在目前就是保守党）的领袖的岁费。我们尽管对于英国的经济制度和社会基础，保留批评的余地，但对于它的这一种政治上的做法，即用法律明白承认有组织地反对政府对于国家的贡献，不能不虚心地加以赞许。反对政府是尊重理性的一种表现，理性的殒落，正是十足地证明民主政治被送入了坟墓。

第三，允许人民反对政府不但不足以致乱，相反的，压制反对意见正是种下了革命和叛乱的根源。当人民觉得政府还可以被反对的时候，他们尚未存完全绝望的心思，他们认为政府的舵尚有转变方向的可能，而他们的作主调整统治关系也尚有把握。反之，如果政府不允许人民反对它，那就是说，凡政府称是者必是，说非者必非，而不容人民有插嘴的余地，结果是政府不得不用反理性的恐怖手段来维持其政治的命运，到头来，它就成为人民革命的对象了。所以禁绝人民以正轨的途径作反对政府的言行，其结果必定是专制和迫害，统治者可以借专制和迫害的手段苟延残喘地作短时的挣扎，他终归会遭遇到抵挡不住的革命巨潮的吞灭。

最后说到"公然"反对政府。政府是人民的政府，人民可以反对他们自己的政府，已如上述，那么人民之能公然地那样做，也就不言自喻了。"公然"的反面是"阴谋"，一个政府要是不允许人民公然地反对它的话，即唯有期待人民阴谋对它的造反，逐渐地演变成全面的革命。从来专制独裁的政府总是抹煞理性，而不要好的政府，它否认个人，奴役人民，它不把自己视作人民的政府，而成为一部分特权阶级用以鱼肉人民剥削人民的工具。人民不能反对它，当然更不能公然地反对它，藏在心里的不满，自然无法加以制裁。如果有公然反对的举动，就一律视为格杀不论的叛乱行为了。在这样的国家中，处于这样的统治关系下，只允许有无条件的服从，而不准发生片言的公开异见。一致既不可能，忍受又是有限度的，那么公然不能，唯有阴谋，社会不得安定，骚扰就成为必然的悲惨结局了。这些似乎都是历史，但是不幸的，今天像这样的一出一出的戏，仍不断地在重新排演中。

以上我认为都只是很浅显的道理。在这明明是人民世纪的时代里，政府当然应该是人民的政府，人民也当然不但可以反对政府，并且可以采取公然的方式，在合乎理性的条件下，作种种反对政府的举动。老实说，人民所愿公然反对政府，至少还是一个他们认为有前途的政府；到了有一天，公然反对政府竟然成了一种罪名时，人民或许不愿再从事争取有权公然反对政府的努力，他们所抉择的苟非甘受奴役，就恐怕只有造反的一途。

三十七年七月廿四日北平

宪法第一条之意义

——中华民国新宪本义十讲之一

《再生》，总第 245 期，1948 年 12 月 27 日

张君劢

大家知道我们新宪法第一条之条文是："中华民国基于三民主义，为民有民治民享之民主共和国"。这条文成立为当时政协会议之中，国民党、共产党以及其他少数党代表所一致赞同的。这实在是政治上及宪法史上的一件大事，大家不要以普通条文视之，加以忽略。我们知道五五宪草的第一条规定为："中华民国为三民主义共和国"，这条文十余年来，向为其他党派所反对，其反对之原因，在不赞成于共和国之上冠以"三民主义"四字的形容词，加上这四个字的形容词，一定可以有不妥当的情形，现在我就将不妥当之理由分段加以说明。

第一，一个国家的历史短则数百年，长则数千年，国家在这永久的岁月中，要为全国国民一体所爱戴，加上形容词，对全国国民一定没有好印象。在甲时期适用之形容词，乙时期未必适用，到了乙时期，岂不需要修改吗？譬如说英国宪政从一二一五年大宪章开始，那时期，英国明明是封建制度时期，如果那时英国之上有"封建"两字，则到了一八三二年选举法修改时"封建"就不适用了。假定一八三二年，在选举法上加上"民权"或"资本主义"等字，则到了一九四六年劳工社会主义实行时，那"民权"与"资本主义"之形容词岂又不适用了，同样举美国来说，假定美国宪法上规定了合众国为"资本主义"的形容词，恐怕这种规定与罗斯福的新政也不相合，与美国的劳工党也有冲突。再推而及于俄国，现在俄国实行的社会主义，为各尽所能时代，再隔五年、十年能够到达各取所需时代，"社会主义"岂不又有不适用之处。我们知道，这类主义的形容词，只能代表一时代或一阶级，所以凡有时代性阶级性之形容词，终要随时代迁变的，故以不用为妙。如其一定要有形容词，冠于国体之上，倒不如用一种全国人所共同爱戴的形容词为妥，如美国宪法上之所谓"更完美的

联合"，与我国宪法上之"民有民治民享"等，因为此类字句，没有时代性、阶级性、党派性，假定有人认为中山先生的民族、民权、民生，也没有时代性、阶级性，关于此点，我下文要另有说明，暂且不论。

第二，原来中山先生的三民主义为造成中国的主动力，所以我们宪法第一条的上半段说明"中华民国基于三民主义"，这段规定承认中山先生和国民党对于缔结中国的功绩。但是今后的中华，是不是以中山先生一部三民主义，就可以范围其他各党各派呢？也就是说，不论国民党、民主社会党，其政纲都必须一律以三民主义为标准呢？这是不是又可能呢？与其宪政以后，还要以三民主义做区别各党各派思想的标准，这是万万不能够的事。各党各派的主义、政策、思想能不能够用一种主义，衡量其异同上下，问题已够复杂麻烦，我在此地不能详说。单就三民主义本身言，如将民族、民权、民生三民分开，独立地置于同一方面上看，问一问谁赞成民族，谁赞成民权，谁又赞成民生，从赞成三个单独的部分言，问题显明没有解决，但如果将三个部分联合组织一个系统，则配合的方法也很多，例如：

以民族主义为重心，以其二者为附庸，此即以民族之统一为荣为重，以民权、民生列为次要，则其流弊，以变成法西斯主义，与希特勒、墨索里尼一样。

以民权主义为重心，以民族、民生为附庸，此即以民权之发展为第一目标，尤注重各个人财产之保护，其结果即变成十九世纪以来英、美式的民权主义与资本主义。

以民生主义为重心，以民族、民权为附庸，则可以变成俄国式的人民经济生活之平等，至于民权与人民自由，搁置一边。民族于对外作战时，主张爱国第一，俟战争结束，又主张国际主义了。

从以上五种配合方式中之易左易右，易重易轻来说，就是要从三民主义忠实信徒中，获得中山先生三民主义一致的见解亦非易事，如再要以三民主义来衡量其他党派的主义、思想当然更不容易了。况且各个人、各个党派的主义、思想随着时代发展，唯有在国家民族自己范围以内，听任自由发展，然后可见其真实性，并能自己约束限制。反言之，如不任各个之人、各个党派自由发展，而以另一种尺度去衡量，这尺度自身尚不确，又如何能求衡量之真确呢？在国民党自己范围内，尚且有所谓一民、二民、三民的各种派别，如何能再以三民主义字句加于国体之上，以为立国之主义呢？

第三，宪法中所规定之条文一字一句都有法律之意义，非随便可以写下去的。假定以三民主义四字当形容词写下去，则如将来发生有关各人思想，各党主义的诉讼问题时，岂不可以根据宪法判罪吗？而合于三民主义与不合于三民主义，又成为思想上顺逆之标准，一定得从《三民主义》一书上，追查其解释。如美国宪法起草人汉弥登氏时，他于完成起草工作后，著书曰《联邦论》。后来发生困难问题，追溯宪法条文之原意，就时常引用汉氏《联邦论)书中的话。如果三民主义可以范围各党各派之主义及政策，则党派间武力斗争未停，思想斗争又接踵而至了。所以宪法有以三民主义作为国体的形容词，不但不能息争，而且引起纷争，至于永无穷尽之境。换而言之，立国之道，不以法律作标准，而以检查思想作标准，试问此种细密问题，其间之流弊，岂一条文及三民主义四字所能解决的吗？

第四，政治上一种主张或思想上一种主义，在一时代可以生大效力，时变境迁以后，就不应当再视为一种经典，固守不变。拿孔老夫子的学说来说，到了战国时代，已有所谓孟子派、荀子派，后来儒家分成八派，可见一种主张，到后来一定要分裂为若干派别，到了宋朝，又有所谓二程派、朱子派乃至象山派。这种派别之发生，往往失之毫厘，而差异达于千里。在西方，主义和思想尤其不易范围，所以各派思想，得有自由发展之机会。只要在民族利益范围内，可以任其自由发展，极端不应该加以条分缕析的衡量。在民族大范围中，在朝或在野党，为实现其主义政策，可以在法案中，施行政策中，随时有所表现。假定不然，永远但知主义本身之辩论，求主义的条文化，那么这种党派，永远为了主义，大家在国内打架，政治、法律永无上轨道的一天。试看在英国党派中，有所谓保守党、自由党、劳工党，从主义上说，三派各不相同，但在不违背英国民族利益上，三派都是一样，这是英国建立了那样的传统和基础，大家可以循轨道行事，不必求主义上的衡量与分别。换言之，遵守宪法，注重法治，自然能奠立良好的基础，要不然，硬在三民主义四个字上争执，不注重主义之法律化、制度化，好像目前的共产党，开口闭口终说为实现三民主义而奋斗，大家真能相信它确实在走三民主义的路吗？我可再以哲学思想的发展作比喻：中国儒家，无论在战国时代，唐、宋时代，明、清时代，其思想的本质已经变了，但如唐、宋的哲学，明明为一种新哲学，受佛教的影响，但是他们口口声声离不了"师法孔孟"的字句，如果有人主张偏于寂静，便被他们骂为"狂禅"，可见以一定的主义，为学说，作为一种经典，其流弊必甚来。欧、亚到了晚近一二百年，有了不少大思想家，有不少门生子弟追随其后，附和老师的学说，但康德的学生就敢说要超过康德的话，所以欧洲近二百年的思想，有日新月异的气象。总之，只要不违背民族之利益范围内，允许各党各派的自由发展，造成一个良好的基础，使甲派贡献甲派之长，乙派贡献乙派之长，在一共同基础之上，各显所长，自然基础可以牢固不拔，越轨的举动也没有了。

末了，我再说一声，假定现在还有人存着训政时期思想的旧观，要以主义来范围其他各党各派，那是自己引起内政上的争执，政党与政党间永无休战之日，可以明白声明的：这第一条的上半段是承认中山先生与国民党创造中华民国的功绩，下半段之民有、民治、民享，是今后各党各派政治思想做大方向和基础的。我很高兴告诉诸位，"民有民治民享共和国"字样，从前年正月定下后，到了十月，看到法国新宪法上亦有同样的字句。由此可见东方、西方心同理同。这个立国大方向既已确立，能够不引起纠纷，继续发展，这就等于是国民党的成功；反过来说，如果国民党不以目前一致同意的条文为满意，仍旧依照着五五宪草的第一条，那就等于自寻纠纷，不愿各党各派有息争的一天。我想国民党中，明达的人很多，必有同样的见解。尤其在国民大会之中，从蒋总统以下，大家既经一致通过，自然应该遵守不渝，如果有人责备"基于三民主义"六字，不应列入宪法之中，我可答复说：中国是以中山先生的三民主义为原动力，这是历史上的事实，非可轻易抹杀。在各党肯承认三民主义对国家过去的功绩，在国民党也应承认民有、民治、民享为今后思想发展的共同基础，我们顾到过去，同时又顾到将来，这条条文的措词实在是从国家长治久安的心理上打算出来的，希望大家不要视为普通条文，随意修改，或任意点窜它。

中国需要忠实有力的在野党

《世纪评论》，第 1 卷第 1 期，1947 年 1 月 4 日

《世纪评论》社论

"联合政府"是年来国内最响亮的一个呼声。就是拒绝参加国民大会，拒绝加入改组政府的中国共产党主席毛泽东先生，也曾提出联合政府的主张。现在国民大会已经闭幕，政府改组不久即可实现。至于什么党，什么派要参加政府，我们不敢妄事推测。中共也许不会参加的。但"联合政府"，至少在表面上，是可能成立的。昨日的呼声，转眼就会成为当前的事实，虽然这次的联合，系出于在朝党的"德意"，而不是像欧、美的联合政府，各党在国会里都有相当的力量，不相上下，不得不出联合之一途。

欧、美各国之所以有联合政府（苏联无产阶级一党专政，自然不能容许联合政府的出现）的原因，不外两个：一个是国家遭逢了重大之危机或紧急局势，例如英国的战时内阁，全国各党必须通力合作，一心一德，才能应付非常。二是在政党众多的国家里，一党执政，势所不能，不得不由若干政党联合起来，你作总理，我长外交，他长内政，如此将内阁的席位，按各党实力而分配之。法国的政党集团内阁就是个很显著的例子。所谓"联合政府"实质上就是多党政府。

国内行将出现的改组政府也是一种联合政府。但它所应付局势与英、法前列迥然不同。中国是由一党专政而转入联合。这是还政于民的一个过渡的阶段。一方面国民党固然不能不把"训政"结束，而执行实行宪政的诺言，一方面也是国际和国内的局势，使其不得不如此做。有些人对于国民党的诚意还有疑问。我们在此可以不必去问局内人的用心是怎么样。只要全国人民是一致要求民主的，就是在朝党心里有什么不愿意，也是不中用的。实际上，世界各国那一个执政的政党会自动的放弃政权？这是人之常情，我们无可厚非。

我们的问题是如何能使中国政治走上宪政之路？

真正的宪政需要一个忠实有力的在野党，反对党。

用政治学的眼光来看，我们希望联合政府只是过渡的办法，而不是永久的制度。一则我们愿意不折不扣的宪政早日实现；二则我们不愿中国将来的政治形态踏上战前德、法诸国多党分歧的故辙。"一个由多党联合而成的政府向例是软弱的。不但因为多党的连结不能稳固，并且因为主义不同的人士容易陷入于互相龃龉或苟且迁就。"这是英人蒲莱士的一句名言。这虽然是联合政府易有而不是必然的缺点，但是欧洲各国的经验已经足资我们警惕。联合政府的最大的优点在各党合作。但民主宪政的基本原则是政府对人民负责。人民是散漫的，民意必须透过政党方能有力而生效。因此，朝党执政，野党监督的制度，便成了保障民权的重要利器。在联合政府的局面下，各党的分布只有两个可能：全数参加政府，或部分参加政府。如果部分参加，各党不能尽合作的能事，如果全数参加，万一政府有了重大错误，谁能够作有效的纠正呢？这也不是无稽的过虑。英国一九一四年到一九一九年间联合内阁的情形，足资参证。

因此，我们认为中国现在不需要更多的政党，不需要更多的政党参加联合政府，而需要一个有力量，有见识，有风骨的在野党，站在全民的立场上，不断的向政府作建设性的忠告。它们既然在野，就可以不受一切拘束，不存任何顾虑，而"反对"政府的错误措施。反对不是"打倒"，不是谩骂，而是在引政治于正轨。反对的方法是见公道于批评，不作意气之争，不为他人所用。反对党的人士虽然反对了政府，他们对于管理众人之事的工作，却可以有重要的帮助。

决意不参加联合政府各党人士，愿意做这样一个忠实的反对党吗？

此时行宪应有的根本认识和重点所在（节录）

贺 麟

当政府没有实行宪政的时候，许多民主的人士，天天在那里督促政府早日结束训政，实施宪政，还政于民。因为不如此，政府便陷于独裁，一党专政，不民主。近年来，政府以最大的决心，坚毅的努力，由制宪的国民大会的成功，进而到行宪的国民大会的开幕，和依据宪法产生的新政府之行将成立。然而又有一些民主人士在那里高唱反对宪政的议论。从前以赞成宪政为民主，近来以反对宪政为民主，"民主"的意义，民主人士的态度，随时间而有了转变，这是我们特别提请注意的一点。

根据地反对中国实行宪政，或者特定地反对政府这次的行宪，其理由大约不外下列几点：（一）鉴于选灾的严重。（二）鉴于橘逾淮而为枳，西洋的选政，模仿不当，移植到中国来，便为特殊势力所利用，变了质，不能代表人民的利益与需要。（三）从文化的观点，说中国的历史文化背景根本不同于西洋。西洋人注重竞争斗争，有其历史演变的背景，中国乃注重礼让之邦。如要中国人自己出面竞选，未免腼然逞欲而无耻，太悖于传统优美的谦德。（四）从经济观点说，中国尚停滞在农业的阶段，而自由民主的宪政，是工业化社会或保护资本家利益的产物，不切合中国人民的需要。（五）从政治观点说，在和平统一的时候，实行宪政是可以的。但此次举行的国民大会，办理选举，乃是以战争为前提的行动，是有火药气味的。只是战争的工具，而不是企求和平统一的措施。

以上所列举的时下一般反对中国当前宪政的种种说法，如当作提出实施宪政的困难和警惕，使人勿掉以轻心，鲁莽粗疏，妄以国民大会开成，选举办妥，便自诩为宪政完成，民主实现，实有其值得注意和反省的价值。譬如，预先警告选举可能酿成灾祸，则政府办理选举时，于技术上执行方面，务须特别留心，预防灾祸。但却又不可因噎废食，畏选举办理不良可招致灾祸，因而根本反对宪政。至于选举为特殊势力所利用，为特权阶级所包办，不能代表人民的利益，此亦中外选举所常有的现象，这不是特别诟病中国选举。这只是指示我们应重视选政，提高人民的警觉，使能逐渐自由自主的执行投票的权利，勿为特殊势力所利用。且进而以普选的成功，为打倒特权阶级的利器，至于从中国文化的异同来谈竞选之是否契合传统中国文化，似稍嫌迂远。盖中国文化日在变迁演化之中，自历行西化以来，西洋的民主思想，选举风习，早已普遍传播于国人。实行民主宪政，已由政家者的理想议论，而成为不得不行的国是。去年颁布的宪法真可以说是国人血泪凝成的结晶，我国宪政的实施实有其可歌可泣不容中止的奋斗史。况且竞选并不违悖礼让，公开竞选正符合"揖让而争，退而饮，其争也君子"的古道。公开竞选，乃君子之争，乃寓揖让于竞争的美举，乃"争让合一"的美德或礼仪。不思于竞选中去复兴中国"揖让而争"，"君子之争"的旧美德、旧礼教，而误认为悖于谦德的无耻行径，足见持此说者见者褊狭，不唯不知西洋竞选的意义，且亦忘记了中国"君子之争"的良好传统，明知自己竞争无成功之望，因而放弃竞选，或自己不竞选，因亦不愿投他人一票。这并非清高，亦非谦让，乃基于个人得失心太重的卑鄙心理。依儒家"知其不可而为之"，"成败利钝非所逆睹"的大政家风度，理合竞选，便当仁不让，毅然出面竞选，成败得失不介于怀。这种民主时代的新儒家风度，恐非沉溺于宋明儒消极态度者所可想象了。至于说到无耻的私而逞欲为行为，道德水准低下的中国人，随处都可十足表现，不专表现于竞选方面。第一，竞选须公开为之，其无耻自私逞欲之行为，或稍可敛迹。第二，亦多有公而合理为公众利益而竞选之人，不可一概抹煞。提倡新道德，导选政入正轨，较之反对选举，向潮流开倒车，似更为重要。

从经济观点来讨论宪政，我们承认宪政之实施，有其经济背景。但我们不承认宪政是资产阶级的特产。我们相信在农业社会中可能有符合农业社会的民主或宪政。在过渡时代中，亦可能有符合过渡时代需要的民主或宪政。无论在资本主义或社会主义的国家中，均可能有适合资本主义或社会主义需要的民主与宪政。中国以三民主义共和国为国体，亦有其符合三民主义精神的民主与宪政。最后，谈到宪政的实施和战争的进行问题。我们认为最好于和平统一之后，再来行宪不迟。我们亦认为假如以护宪为战争的借口，以开国民大会为加强内战的工具，当然是不对的。而且从政府自身说，于动员戡乱期中，以宪法来束缚军事行动，以宪政来牵制军事措施，也是于政府不利的。不过，在战争期中，以宪法来提示和平建国的理想，来表达实现自由民主的决心，以国民大会的方式来表示民意的归趋，来奠定法治的基础，亦何尝没有重要的意义。大西洋宪章，联合国宪章，不是在第二次大战期中创拟的吗？其贡献于世界和平与民主，效果真不可估量。安知道中国宪法的颁布，宪政的实施，其一人心，正趋向，勘和平，不会像大西洋宪章，联合国宪章在大战期中发挥的力量呢？

……

政府到现阶段，已不能离开宪政的常轨，而蹈武力统一的覆辙。但政府又不得不"一面用兵力以扫除国内之障碍，一面宣传主义以开化全国之人心，而促进国家之统一"（中山先生论军政时期应有的工作所说的话）。宪政时期所用的武力，应该是民众化的武力，国家化的武力。也只有民众化国家化的武力，而非个人的武力，派系的武力，才能达成获致和平统一的目的，须知目前戡乱的战争，与扫除军阀之战争性质不同，包含有三民主义对共产主义之战争。唯有在认真实行主义，在三分军事七分政治，在行宪为主，戡乱为附的前提下，才可以减少战争的惨烈性和持久性，而完成统一的实效。

至于寓训政于宪政决不是指加强一党专政，或用诸葛辅阿斗的方式以训练人民而言。而是尽量让人民自由自主自动，尽量多给予人民以学习民主发挥潜力的机会。在春风春雨似的自由民主的宪政陶冶之下，人民的意见得充分宣泄，愿望得充分满足。使得民间的组织，人民的事业，得蓬勃生长，自由发展。尤其对于知识分子的言论思想，政府应恢宏度量，虚心接受，随舆论民意之趋向，而随时改革变通。说寓训政于宪政，就是说不忙唱"还政于民"的不免自欺欺人的高调，而先做到"还政于国家的人才"，扩大政府基础，先切实开放政权给各党各派各界的真实人才。国民党二十年来的训政，没有严密组训民众，也没有多培植民主人才以推进宪政，只是完全了党内的小组织小派系，主义未见发扬光大，反而培植成与民主主义相反的官僚资本豪门资本。希望在宪政时期中政府能切实补救二十年虚度训政时期的过失，重寻训政的正途，再温训政的旧课，以为宪政奠基础。寓训政于宪政的目的，在于使政府真正建筑在人民的基础上，使人民真正能享受主义的实惠，使政府不要与人民脱节，使政府不要与青年学生知识分子脱节，使政府不要与农工大众及下层小公务员脱节。

总之，表面上中国似已达到宪政时期，而实际上我们还须补习军政时期训政时期的旧课，这才是宪政时期的真正困难，或内在困难之所在，只消我们认清了这一点，反对宪政可以，赞成宪政也可以，部分赞成部分反对亦未尝不可以。这是我们对行宪的根本认识。此外，全部宪法，一百七十五条。究竟重心何在？从何处实行起？假如我们找不到行宪的重点，那就发挥不出行宪的诚意和决心。

……

最使我们感得欣快的，就是蒋主席在首届国大开幕的致辞中，有几句把握着行宪的重心，揭示了行宪的动向的名言，使我们可以相信他有实行民生主义的决心，一如在庐山会议时他之有对日抗战的决心一样，他说："世界各国的宪政发展史，证明了政治的民主离不开国家的独立，也离不开人民的幸福。就我们中国来说，民权主义的基础在于民族，民权主义的目的在于民主。"见到了民权主义的目的在于民主，见到了政治的民主离不开人民的幸福，也就是见到了政治的民主离不开经济的民主，也就是真切见到了行宪的重点在于实现民生主义。离开了民生主义，则今后的宪政或行宪的政府就缺少了灵魂和命脉。

民生主义我们可以说，在现阶段是三民主义中最富于革命性的一个主义。政府之是否一有革命性的政府，即以其是否能实行民生主义为断。中山先生所恳切叮咛的民生主义乃是预防性的，目的在防止资本主义之复演于中国。而今日中国的财政经济已濒于崩溃，物价高涨，民生困苦已达极点。官僚资本、地主资本、发国难财复员财的贪官污吏、奸商买办，吮吸人民的膏血，已腐蚀政府的基本。中国今日的罪恶和险象已远胜过西洋任何资本主义所可造成的罪恶和险象。故现时来谈民生主义不是预防流毒的问题，而是救亡图存的问题，国民党之是否能继续存在，国民政府之是否能屹立不拔，宪政之是否能真正实施，端系民生主义的革命之是否能真正实现。辛亥之役，革命的对象为满清政府。北伐之役，革命的对象为北洋军阀。八年抗战，革命的对象为日本帝国主义的侵略。今后行宪的政府，所须实行的民生主义的革命，其革命的对象为官僚资本、富裕阶级。从前几次革命，其所革除的对象，如满清、如军阀、如日本，都是外在的，是向外流血斗争的，似乎比较容易。而现阶段的民生主义的革命，其所欲打倒推翻的对象，如官僚资本家、贪官污吏、买办地主等，往往即在政府之内，即是政府中有权有势的分子，乃是向内自行消除的工作，有似除去自身的痈疽和毒菌，其工作自属远为困难。然而这乃是行宪的重点所在，今后宪政的生死存亡的关键所在。

原载《周论》一卷十二期，一九四八，四，二

论所谓"中国式的代议制度"

《观察》，第 4 卷第 14 期，1948 年 5 月 29 日

吴 晗

最近，何永佶先生在《观察》四卷十一期上发表《论中国式的代议制度》一文，指出从隋代以来的考试制度便是中国式的代议制度，考试制度除了考试官吏以外，还有更重要的作用，"殆即政治上的代议（Representation）作用"。因为科举出身的人，不一定做官，做地方的绅士领袖与代言人，地方的疾苦由绅士去见县知事，由县知事上达给"吏部大员"学台，再由学台达给皇帝，这是民情上达的一条路。为什么绅士可以把民情达给县知事呢？因为说不定县知事就是他的同年的缘故。

另一个作用是朝廷的臣子都是从科举出身的，皇帝有什么大事，即下"廷议"。朝廷马上变成一个议会，朝臣既然由科举制度来自各方，则各方的意见和愿望都可在这"中国式的议会"内得个发泄。

结论是这个制度"不但制出来行政的官吏，且选出来议政的官吏，不但选出行政院的人，且拣出立法院的人，其为一代议制度盖在此"。考试制度是一部不花公家多少钱而能多多少少达到代议目的之一部机器。

何先生说这制度不但是中国人不懂，连欧美人也不懂我们固有的法子。我有幸为中国人，不幸对何先生所谈的问题也稍为懂一点，过去也曾有机会研究和讲授这个问题。可惜我的看法和何先生的看法，完全不一样，我的结论是科举制度是封建专制独裁君主用以选拔官僚，奴役运用士大夫的一种制度，和代议制度绝不相干。民情也绝不能由经由何先生的方式上达给皇帝，各方的意见和愿望也绝不能在这"中国式的议会"内得个发泄。

为了避免引经据典式的考证，在这篇短文里也应用何先生的文体，只作概括式的叙述，以就教于何先生和读者。

五月十七日于清华园

一、"皇粮"并不"少"

历史上皇家政权的维持费用，最主要的是地租，一类是依据土地的面积交纳实物的，谷类布类丝织物类等等，是为实物地租，一类是依据人口的数量和服役年龄来征发劳力的，如服义务劳役和兵役，是为劳力地租。这两类负担主要出自农民身上，概括一点说，说全部是农民的负担也不为过。

以外是商税，一类无税之名而有税之实，如盐、铁、茶、香料之类民生必用物质，往往由政府直接管制或经营，获有极大的利润，寓征税于"国"营。一类是对普通商品所课的通过税和营业税。这两类的皇家收入，也间接由农民负担。

再有的是数不尽的苛捐杂税，如有名的间架税、除陌税、以至嫁装有税，过河有税，买鸡有税，甚至有一位军阀调了差，老百姓说一句私下话："如今拔去眼中钉了"！差没调成，这军阀一回来就征"拔钉税"。另一军阀情形差不多，当离任时，地方父老不敢说话，老年人摸摸胡子，会心微笑。不料这也得了罪，回任后征收"撚须钱"。

皇家征收的实物地租和劳力地租、商税、以至无奇不有的苛税，何先生统名之为皇粮。就算是皇粮吧，据我看来，并不那么少，古代的老百姓也并不那么爽快，"给了就算"！有板子，有监狱在威胁着，他敢不给吗？

随便举例子吧！以实物地租而论，明太祖洪武二十四年（公元一三九一年）的岁入是：

　　官民田地　三百八十七万四千七百四十六顷七十三亩
　　米麦豆粟　三千二百二十七万八千九百八十三石
　　紬绢布　六十四万六千八百七十匹
　　丝绵水银诸物　三百六十六万五千三百九十斤
　　钞　四百〇五万二千七百六十四锭（锭五十贯）
　　白金　二万四千七百四十两
　　盐　一百十五万五千六百引

这一年的人口数字，计户一千六十八万四千四百三十五，口五千六百七十七万四千五百六十一。这数字要减去一部分卫所官军和家属约一千万人。余下的官户和儒户数量虽不大，负担能力却最大，这类人占有全国最多数最好的土地，可是享有免役免赋以至逃避交纳地租的特权，把负担分架在平民身上。有钱有力的人自成一帮，不交租，不服役，无钱无力的平民除了自己这一份担子以外，还得替地主乡绅们挑上另一份。假定依上面的数字作一估计，四千六百万人口除了半数女的，余下半数再除开老病和孩子，正在生产年龄的成年人，不过只有总数四分之一，大约是一千二百万人。再假定这一千二百万人中官僚和贵族地主占十分之五，占有全国土地百分之七十，那么，余下的平民只占有全国土地百分之三十，全部负担了上面的实物地租，而且，依据当时情形，还得加上官吏的勒索和运输费用，通常情形，至少是原额的一倍。照此估计，明初的人民负担，平均每一家长每年得出粮六石至十石，其他的负担还不在内，这数目恐怕并不那么少吧？而且，得注意，这还是明初全盛时代，最最正常的情形呢！

至于劳力地租，更是要人民的命，北宋时代的衙前，被征的一两年就非破产不可。人民要逃避这苦役，有父亲自缢让儿子活命的，有祖母改嫁让孙子得救的。明朝的里役也是一样，中农之家假如没有一个孩子进学，一轮到值年，不搞成讨饭的也保证破产。

假如这些人地下有知，我相信他们会说，假如有选举，从自己人中间拣出一些靠得住的人来决定政府从抽税得来的钱应该怎样用，用时应该怎样监督，用后应该怎样算账，他们一定赞成。假定这种选举背面没有枪杆，不是圈定，不是分配，不止死人，我想，今天活着的人也愿意，绝不会嫌麻烦，费事。

那么，为什么古代的人民不说话，不抗议呢？一句话，不许说话，不许抗议。皇家养着几百万军队，就为的对付这些人，史例太多，不必说了。

二、既不"代"也不"议"

首先，要指出何先生引的明初对付学政的故事，所加的解释是和史实不符合的。这故事的经过情形如此："洪武三十年（公元一三九七年）刘三吾白信蹈等主考会试，榜发泰和宋琮第一，北士无预者。于是诸生言三吾等南人，私其乡。帝怒，命侍讲张信等覆阅，不称旨。或言信等故以陋卷呈，三吾等实属之。帝益怒，信蹈等论死，三吾以老戍边，琮亦遭戍。帝亲赐策问，更擢六十一人，皆北士，时谓之南北榜，又曰春夏榜云。"（《明史》卷一三七《刘三吾传》）据《明史·选举志》："初制，礼闱取士，不分南北。自洪武丁丑，考官刘三吾、白信蹈所取宋琮等五十二人，皆南士。三月，廷试，擢陈邓为第一。帝怒所取之偏，命侍读张信等十二人覆阅，邓亦与焉。帝犹怒不已，悉诛信蹈及信、邓等，戍三吾于边。亲阅试卷，取任伯安等六十一人，六月复廷试，以韩克忠为第一，皆北士也。然迄永乐间，未尝分地而取。"一直到洪熙元年，才规定会试名额的地方比例，南人取十分之六，北人取十分之四。宣德、正统间分为南、北、中卷，南百分之五十五，北百分之三十五，中百分之十。照史实来说，何先生说这次考试结果，考上的江苏、浙江人太多，远过于其所应得的定额，是不大对的。因为在洪熙元年（公元一四二五年）以前，会试根本没有地方的定额。其次，这次考试所取全部是南人，南人的意义是广义的，刘三吾是湖南人，也是南人，这次考试并不是如何先生所说的"偏重江浙"。第三，何先生说："可是考试制度，不能偏重某省，偏重就要杀头的"。如《明史》所记洪武三十年的考试并不是偏重某省，白信蹈之所以杀头，也不是因为偏重某省的缘故。第四，洪熙以后，也只大概分出南、北、中三个区域的取士比例，并没有严格规定某省应取多少名额。

依我的了解，明太祖是南人，可是他做的不单是南人的皇帝。刘、白等主考根据考卷来定取录的标准，南人长于文墨，结果，一榜全是南人。在弥封誊录的制度下，考官是无法知道考取人的籍贯的。榜发后北人全部落第，自然感觉"偏枯"，认为是有意排斥，闹起来了。明太祖站在纯政治的立场，把上次的考试作废，重新出题考试，不按成绩，全取北方人。他的目的"偏重"北方这一次，是用来收买北方的士大夫人心的，表示他大公无私，不分南北。至于杀考官和考生的头，倒不是因为"偏重"，而是因为"偏轻"，得罪了北方人的缘故。

至于何先生说考试制度是中国的"代议制度"这一点，据我看来，进士们做了官就心满意足了，既不"代"，也不"议"。万一有时候真要说话，也不过代表他自己和自己这一集团而已。廷议当然也有机会参加，不过在官僚制度下，官阶最高权力最大的人，有最多的甚至是独占的发言权，中下级官去参加廷议，不过旁听而已，签名而已，别的一概谈不上。明、清两代的官僚纪录参加廷议情形的，从来也找不出一个例子，中下级官敢在这场合说话，更找不出有什么官曾在这场合中替老百姓说过一句话（反之，在科举制度成立以前，官僚制度建立的初期，倒有小官僚侃侃发言，不一定迎合权要旨的集议，例如盐铁议的儒生议郎，弃朱崖议的贾山）。

何先生只有一句话是对的，他说："最后的廷议本以皇帝为最后决定者，而在西洋的议会中则以议会的多数为最后决定者"。奇怪的是，既然皇帝是最后决定者，那么，明明是独裁，又怎么会是议会政治？而且，西洋议会的议员是人民选出来的，至少，在形式上是如此。中国历史上参加廷议的官员，不管是两汉的丞相、御史大夫、议郎、博士，抑或是宋代的侍从两制以上，明代的大小九卿，清代的王大臣部院官，总之都是官僚，人民从来没有选过他们，要他们代而议之，他们也从来没有说我是代表某区的人民说话的，不但没有说，连想也没有想到过。参加集议的官僚不但不是民选，不但不是官选党选，而且全是由皇帝任命的，指派的，不必经过任何人的同意。参加会议的官僚，也不一定全是由科举出身的人。举例说，有由父祖的荫袭得官的，有的是亲王勋贵，和科举根本不相干。

其次，科举制度和廷议是两件事，没有必然的联系。事实上，如秦始皇之命儒生议皇帝名号，汉代之议盐铁，议弃朱崖，以至魏晋南北朝的廷臣集议，都在科举制度成立之前。一定把两件事强黏在一起，似乎也不符合史实。

我们最多只能说，科举制度制出行政的官吏，为皇权服务，但绝不能说"选出议政的官吏"。要说是选，我们得问是谁选的？至于立法，皇帝并非法学专家，除了手谕手令以外，要创制法律条文，当然得拣出一批立法的官吏。这拣字也可以用指派两字代替。官僚们既不代表人民，也不议民间疾苦（皇家的事情倒是议的），代议制在哪里？

三、"上达"

什么？科举出身的人，不一定做官，是对的。问题是做不到官呢？还是不肯做官。

科举出身而做不到官的人，做地方的绅士，领袖与代言人。这话也是有语病的。绅士也包括现任官的父兄子弟和退休的官僚。至于代言人，问题是代谁发言。假如只是代表他自己，和地方的绅士、地主、他的门生故旧、他的同一利害的集团发言，维护皇权发言，这是正确的，合于事实的。假如说是代表那"村子的痛苦、愿望、意见、需要、及其他"，这话就是有问题了。代表村子里的哪一些人呢？地主呢？还是贫农？因为村子本身不会说话，也不会有痛苦……等的。

"绅士的工作"，不知是些什么？至于绅士在农村的生活，用死的和活的史料，都可以证明，"并不简单"。他们的生活当然是"独立"的，不过，"独立"的基础是对村人乡人的剥削敲诈和勒索。"决狱"是武断乡曲，其实，岂止决狱而已，有的还杀人放火，有的还私立公堂，私设牢狱呢！至于公益，那更是一种私人收益的手段，吃地方饭吃慈善饭的绅士滔滔皆是，肯掏腰包或白尽义务的不能说绝对没有，恐怕也不很多吧？

绅和官是一体的，我已在〈论绅权〉和〈再论绅权〉两篇文章里谈得很多。既然是一体，绅士的痛苦、愿望、意见、需要及其他当然可以上达。

至于从县知事把绅士的意见上达给学台，这倒不一定如此。第一、学台——提督学政官和地方的民政官根本是两个系统。第二、学台也并非"吏部大员"。县官要上达"舆情"，不必经过学台，而学台也未必一定替县官作传达员。

诚然，学台是可以在陛见时面陈地方情形，或用书面作报告给皇帝的。因为学台是钦差，是使臣，在历史上凡是皇帝的使臣，如两汉的刺史，唐代的观察使，宋代的转运使和提点刑狱公事，明代的巡按御史巡抚等官，都有权把地方官吏贤否民生利病报告给皇帝。这些人都是高高在上，根本和人民脱离甚至对立，他们从不到民间去，所听到的是绅士的陈述，下级官僚的报告所谓"舆情"，也不过如此而已。使臣奏事是维持皇权的一种方法，和科举制度似乎不大有关系，和代议制度也似乎说不到一起。

最后，我要说明的，是这篇文字的目的，在说明"中国式的代议制度"根本不存在。"科举制度"诚然是"中国式"的，但是，绝不是"代议制度"。连"中国式"的"廷议"也完全不是"代议制度"。选举固然不一定非花很多钱不可，而花了很多钱办的选举，到头还是"中国式"的，也和"代议制度"完全不相干。

自由主义

法国人权协会之《人权宣言》

《民宪》，第 1 卷第 12 期，1945 年 3 月 10 日

张君劢

吾人既读威尔斯氏《人权宣言》之文，而在威氏原书之中，附有一九三六年法国人权协会之《人权宣言》一篇，盖已先威氏而从事于二十世纪之新人权运动矣。吾人所深怪者，自法国革命迄于今日，为时已逾一世纪半以上矣，何以在此百五十年之中，久已视人权问题为过去者，今则开会也，起稿也，解释也，一若蓬蓬勃勃又为世人注意之集中点者，其故安在？曰人权之为人蹂躏而已。

人权之蹂躏，起于三方，一曰起于政治，二曰起于经济，三曰起于国际。

所谓起于政治者，自一九一七年共产党之专政开其端，法西斯派与纳粹派继之，而变本加厉焉。此两种专政之兴，皆以一党独主国家大政，其不为在朝党之党员或与之意见相左者，则不得有言论、结社之自由与夫预闻政治之权利，甚且投之图圄之中。是专政之制，毁坏人民自由权利者一。自美国独立、法国革命以来，其最重要之立国原则，曰主权属于人民全体，曰法律为人民总意之表示，今采专政之制者，皆明标以一党治国之旨，虽人民尚能投票选举，不过徒有虚名而已。此专政之制推翻主权在民之原则者二。专政制度之下，其最大之罪名为政见不同，最恨反对党或主张不同之人，若此人者逮捕之，拘禁之，或置之于死地，彼等本此见地以定人之有罪无罪，则不待法庭之审判，而罪案已定矣。此专政之制违反司法独立者三。此三事始见于一九一七年之苏俄革命，共产党以打倒资本主义为号召，不能不驱除异己以为径行己意之地；及夫法西斯主义与纳粹主义之兴，既不取消地主与大资本家，又不为无产者抬高其地位，徒凭少数人之私意，但图巩固其地位与逞其侵略野心，而意、德两国大多数之人民，乃在水深火热之境，岂惟意、德，全世界人民之受害不浅矣。

所谓起于经济者，美国独立与法国革命之起也，所以反抗帝王之专制与贵

族之特权而已；以云社会财富之公平分配，则未尝梦见也。十九世纪之所争者，曰人民财产之保障，曰营业自由，曰放任政策，彼等以为人民有从事于农、工、商业之自由，与其所积蓄之财产之保护，则全社会人民自臻于幸福与欣欣向荣之境。孰知工业革命以来，资源开发矣，富力增进矣，新发明之事物日出不穷矣，然其真能享受科学与技术上所产生之成果者，独少数人而已。以云多数劳工，恃工资度日如故焉，不能有所蓄积如故焉，居室之破败如故焉，生无以养，死无以葬如故焉。一八四八年以降，有工人组合与第一、第二国际之发生，其因待遇不公而以大罢工相要挟者，时有所闻矣。苏俄革命与德国瑰玛共和政府成立之日，世人引领以望社会主义之施行，孰知苏俄处西欧资本主义国家包围之中，仅仅勉图自保，德国社会民主之政象，竟成昙花一现之局，盖社会公道之实现，以达于多数劳工之各得其所者，犹甚辽远也。

所谓起于国际者，近代大工业之兴也，起于科学之发明，其出现于市场也，则为国际资本主义之垄断。各国之重要物品如汽油，如钢铁，如颜料，如药品，如肥田粉，如电灯泡，始也各自为谋，日处于相互竞争之中者，继则以利害之共同，乃结合而为国际间之托辣斯，或曰卡汰尔。货物之产额也，市价也，市场也，皆由各大生产者经相互妥协之下，自操纵自支配之。产额既有限制，货物不患无销售之地，而市价不至暴落，则各大公司永远不至有亏折之虞。在一方面为少数制造家之利益，在他方面即为千百万消费者之损失。出品之原可以无限制成者，今则以定额限之，依求多供少之原则而享用之者，不能不隐受其害矣。且此种政策施之于落后之国，所以妨害其初萌蘗之工业，使之无以自存，亦即以削弱其国家之经济地位也。抑经济虽超越国界而另有结合，至于国家政治方面之冲突，受领土、主权之限制，绝无调和之法，于是出之以武力斗争，或并吞他国领土，或化之为市场，或夷为殖民地，或造成势力范围，皆所以使之化为一国之私产也。此种经济与武力之争，行之于国际间，或隐或显，有为土地之割让如苏台区，有为争城略地如苏、德之于波兰，有为牵入强邻势力圈之内如巴尔干半岛。要其国家、民族之受人压迫，亦即人权之受人践踏也。

方今世界上既有此三种现象，其所以抵制之者亦有三策：一曰民主政治之强化，二曰社会主义之实现，三曰国际和平组织之确立。此三种运动之出发点，或为国家本身，或为社会，或为国际组织，换词言之，皆为个人所属之集体而已。

虽然，此三种运动，何尝不可以人权为出发点，而定其下手之方乎。方今世界风气，将各种权力集中于国家，而国家之滥用其权力几于不知所底止，如驱除犹太人也，禁止人民之言论、结社自由也，取缔学术自由也，将十九世纪以来所认为不可移让之权利者而剥夺之，一若国家之任务乃不在乎保护人民之自由，而在乎剥削人民之自由矣。本《宣言》第一条之规定曰：人权之享有，不因种族、宗教、意见而生差别；其第二条曰：此不可移让之权利，无论何时何地应予以尊重，以对抗一切政治的、社会的压迫。诚如是行之，庶几政府不得以一党意志，以民族光荣为借口，而置人权于不顾。此以各个人人权之保障，谋民主政治之确保也。

社会主义者，每曰生产工具公有。易词言之，生产工具不为私人所有，而属于公共团体，意在使全国人民不分贫富，各享有生人之乐之谓也。此社会主义者之目的，既在于财产之公平分配于各个人，其就个人言之，亦可曰各人应有生存权利，工作权利，老病残废，应有抚恤权利，乃至工作人员对于生产与分配之计划，应有参加与监督之权利。庶几使此管理生产工具与经济生活之人，不至以公家之委托，徒为一党或少数人之私利计矣。此以人权之充实，限制政府握有经济权力者之滥用其权，亦即所以保证财产公有之真能为民造福也。

地球上一日有分土而治之国家，即一日不免于战争，战争一日不免，即各人之生存一日不能自保。本《宣言》第十一条规定曰：生存权中含有战争之废止。第十二条曰：不论任何情形之下，一国不向他国挑衅。第十三条曰：被侵略之国，得向人类集体请求保护。此自国际方面谋人权之扩大，亦即在国际和平确保之条件下，而后人权乃能长久享受也。

抑不仅此三方面问题，可自人权观点以谋解决已焉。即其为集体之社会，或国家本身所负之义务，亦不外乎本国家或社会之权力，以谋各个人之发展而已。第十四条之规定曰：以上各种权利，汇合而为社会之义务：第一、反对各种类之专制。第二、训练人民尽力于智德之进步，与个人及社会之幸福。第三、灌输人民以平和与容忍之精神。第四、扩充理性主宰力之发展。如是言之，虽谓社会与个人二者相依为用，相为表里可也。

民主政治也，社会主义也，国际和平也，不论自人权方面与集体主义方面，皆有其可以下手与进行之法。今日为集体主义盛行之日，在民族光荣之名义下，人权剥夺矣；在社会主义之名义下，人权又剥夺矣；在革命名义之下，人权更剥夺矣。吾人读法国人权协会之《人权宣言》，乃知个人与社会之本无冲突，即有冲突，而自有调和之法，虽谓此项《宣言》，示人以二者折衷至当之新途径可也。该会于希忒拉登台后之三年，继承大革命旧《宣言》之传统，参照以百五十年来之新局面，而谋所以补其缺失者，乃有《〈人权宣言〉之补充》一文，此吾人所认为应译述以广其传者也。附录译文如下。

一九三六年法国人权协会所拟《人权宣言》之补充

人权为自然的，不可移让的，神圣的，于一七八九年之《宣言》中首先确认之。此项原则，经罗白斯比氏之手，加以扩充，一七九三年为山岳党所同意，又经一七九三年五月廿九日国民会议所通过，是为第二次《权利宣言》。但百余年社会的进化更引起新问题，即特权之废止与科学进步后新解决方法之开辟，因是昔日政治解放之后，当继之以生计的民主，是为自理、势两方言之应有之补充。

第一条：人权之享有，不因男女、种族、国籍、宗教、意见，而生差别。

此不可移让与非来自他处之权利，附属于各人人格之上，无论何时何地应予以尊重与维持，以对抗一切政治的、社会的压迫。此至小权利应有全世界之保障，不应准许任何一国拒绝其领土内人民之享受。

第二条：人权中之第一种为生存权。

第三条：生存权所包括者：第一，为母者应受之体恤。第二，小孩身心两方发展之需要。第三，妇女不受男性凌辱。第四，年老疾病残废者之抚养。第五，一切人应分润现代科学所给予之援助与保护。

第四条：生存权中又包含工作权，各人应有定时工作，同时应享受闲暇之时间，各人所得酬报，应为现代科学技术所造成之幸福中之一公平部分，此项幸福之公平分配：（第一）应令男女两性同能充分发展其德智、美术技术方面之天才。（第二）其不能工作者，亦应享有生人之乐。

第五条：凡工作人员对于生产与分配之计划，有参加之权利，或自身出席或另选代表，对于此项计划之运用，有监督之权利，所以阻制人对人之剥削，所以保障劳工之正当酬报，所以使科学所发展之天然资源，得以充分利用并加惠于一切人民。

第六条：私有财产之成为权利，限于不侵犯公共利害范围之内。各民族、各公民之独立性，已受侵略性之财产权（如卡特尔、托辣斯及银行管理制等）之严重威胁，故目前第一要事在将此被剥夺权利还诸公共幸福之中。

第七条：意见之自由需要报纸及其意思表示之工具，应自金钱势力支配中解放出来。

第八条：社会全体之权利之受侵犯，其严重等于个人权利之受侵犯，凡人民代表与政府官吏之管辖经济生活者，不得在其所主管之利益中，借此营利，争取地位或受任何酬报。

第九条：各国家对于其他同列之国家，均有其权利与义务，因地球上之国家共同组织而成人类也。全宇宙的民主，组织于自由之中，应为各国之最高目的。

第十条：依人权理论，各国从事于殖民，其中含有暴力侮辱与政治的、经济的压迫者，应在谴责之列。人权论但承认为人类幸福计之同胞的协助，此项协助应尊重人类尊严与遵守行为之文明标准。

第十一条：生存权中含有战争之废止。

第十二条：不论在任何情形之下，一国不应向他国挑衅。国际间一切争执，应由调停，公断或终审之国际法庭，以法解决。任何一国不遵守此项法律者，所以自绝于国际团体之外。

第十三条：地球上之各国，共构成一社会。受侵略之国，可向人类集体请求保护，而各国各有其援助此被侵略国之义务。

第十四条：以上各种权利，汇合而为全社会之义务：第一，反对各种类之专制。第二，训练人民尽力于智德之进步，与个人及社会之幸福。第三、灌输人民以平和与容忍之精神。第四、依据法国革命以来传统，推广理性公道与同胞之主宰精神于全世界之上。

罗斯福与新自由主义

《大公报》（重庆），1945 年 4 月 29 日

傅斯年

　　罗斯福总统突然谢世，引起全世上爱自由的人民的悲痛，不分种族，不分阶级，不分政见，不分主义，普遍的衷心痛悼。这固然由于世界缩小了，可以发生国际仰瞻的人物，也正因为罗斯福之伟大风格，有超越于不同的种族、阶级、政见、主义者。我们痛定思念，他这一生对美国，对远东，对世界，对人类前途的贡献，皆曾划一时代。他就任美国大总统时，正值空前的商业不景气，他推行"新政"——其中实在含有温和而有效的社会主义成分——安定了民生，更继续不断的创造些有利大众的制法，同时先天下人看到世界大祸之将临，搏斗孤立派，推行"大海军"，终于领导世界走到今天进步的战胜逆行的形势。假如这个世界上没有他这样一个伟大人物，理智与情感调和，现实政治与崇高理想兼备，我很难想象今天的世界是怎样？他虽然在世界运行的最紧要关键中忽然谢世，他已经成就了人类有史以来最伟大的人格之一，他这一生必是后来史家一个大题目。现在若问，在他的伟大贡献中最伟大的是什么？各人的重点不同，答案必不一致，我的答案是，他给自由主义一个新动向，新生命，并且以事实指证明白，这个改造的、积极的新自由主义有领导世界和平与人类进步的资格。

　　这话待我从远处说起。自由主义是美国独立，法兰西革命的产品、领导这两大事件的思想，在十八世纪中不止一家，前此的宗教革命也是一个远源，但最有效力的激动者还要算卢梭的政治哲学、教育哲学。诚然，我们现在检讨卢梭的思想，可以证明他的政治哲学并无历史的根据，他的教育哲学并无心理的根据，但，哲学的时代正确性，是要看他能不能与时代的现实配合发生作用，不像几何物理一样，超于时间的。卢梭的哲学恰恰激动了新兴第三阶级，即所谓市民阶级的心坎，于是对封建宗教的势力之统治者发生革命，以自由为号召，

以解放为归宿。法兰西革命虽震荡了全欧洲，却并未曾安定下去，终被个人主义者之拿破仑挟着走了岔路，在革命中也并未曾演化出一个切实具体的教条和方案来，虽有"平等，自由，友爱"的原则，这仍是空洞洞的。再看美国，政治虽然安定，自由虽然确立，若以现在的眼光看去，他那宝贵的"人权宣言"十条，仍多偏于政治的消极方面。十九世纪自由人道主义在英国之演进虽无赫赫的段落，却有不少零星而合于实际的进步。整个看来，在美国独立，法国革命之后的十九世纪，自由主义却因与资本主义配合而变质了！自由主义因反抗封建而产生，资本主义因工业革命而发展，这两件事原来毫不相干，前者是不愿受役于人，后者是因机器而役人，心情上更全是相反的。一八四八年的欧洲革命，确是法兰西革命的尾声，这中间何尝有资本主义？那些初在英国及他地推广工业革命，夺民田，役幼童，乃至跑到海外冒险去的"工业诸侯"，虽然建设了他的"财产自由"以外，又何尝有人道性的自由主义在念？历史上常常有两件事原不相干，因同时发生而纠缠不清的，这就是一个例。诚然，这中间也不无联系之处，因为这两件事都是凭借十七八世纪第三阶级之渐渐生长而出来的，但是在心术上，在政治意义上，终于是两件不相干的事。从十九世纪之初，纯正的自由主义，尤其是偏于人道主义者，几乎全被赶入好事者的沙龙，作家的论撰，学校的课堂里去了，在一般的社会上，力量实在不大，白瞪着眼看着资本主义挟走的自由主义在社会上大发达，一切为着资本主义的利益！资本主义这样的利用自由主义，诚然得了很大的便宜，击破封建势力，建设"财产自由"。可惜的是，法兰西革命的人道主义色彩，完全遮盖了。不过，沙龙、课堂与著作，也还不是不生产的田园，于是纯正自由主义也还有在理论上发达的趋势。不特激进的自由主义者演化出各种不同的社会主义，即纯正的自由主义者，如边沁，穆勒父子等，也认明机会均等在自由主义中之重要，所以忽略经济方面之自由主义者，我们可以说，不是真有见解的自由主义者，不是人道传统的自由主义者。

自从"第四阶级"出头，资本阶级及其挟带的变态自由主义，成了目下受击之对象，于是很有转而结合旧势力恶势力者。又自上次世界大战以后，不公正的和平，及其经济影响，引起欧洲的各种反动力量，对于亚洲之不变的殖民地概念，培养了日本的实力，于是两大战之间成了民主政治自由主义之没落期，其结果便是这次的世界大战。在此次世界大战之前夕，许多人怀疑自由主义之实用性，加以一切的攻击——"无能"、"虚伪"、"作恶"、"坏事"等等。

不过，在这四面受敌状况中的自由主义者，也有一部分人不甘居败北，而检讨现实，回想百余年的进展，以为自由主义确有若干修正之必要，而不应该根本加以推翻。这一类的修正派大约限于文人及教授，他们的原则大致可分为两项：

一、继续法兰西革命的传统，即人道的自由主义，而解脱自由主义与资本主义及其相衍的帝国主义之不解缘，乃至反对资本主义。

二、取用社会主义的目的——这本不与法兰西革命时代的自由主义违反的——而不取一派的社会主义者之阶级斗争哲学。

自由主义本是一种人道主义，只缘与资本主义结合而失其灵魂，今若恢复灵魂，只有反对发达的资本主义，然若一面恢复原来的人道主义，一方面又接受阶级斗争之理论，仍是把政治动力放在人之相恨上，仍是与人道主义相反的。人类的文明，总应该有继续性，有继续性然后便于发扬光大。试看欧洲的文明，在古代本以地中海为中心，北岸之欧洲，南岸之非洲，有同等重要，只缘非洲经过多次的彻底推翻，成了今天的落伍，北岸的欧洲文化，层层的建设上去，遂有近代文明的光辉。今天求人类的进步，总不该先推翻一切，从"青铜时代"重新做起，希特勒便是一个这样打算自原人从新做起者。所以新自由主义者应该不违反人道主义之传统，而考核现实，修正道路的错误。

这样的新自由主义者，在这次战前虽不乏其人，终无多大政治力量，总被右派呼为幻想者，被左翼呼为"乌托邦"！总为世人所忽略！

谁知罗斯福总统，不凭借学究的理论，不从事教条的排演，以世事洞明，人情练达之故，竟把一种的新自由主义，在新大陆表证其成功，并指示此一主义可以领导世界和平，人类进步。

何以称他为一种新自由主义呢？美国的政治传统，本是自由主义，不待说，但传统的自由主义到今天太多保守性，例如"财产自由"，竟是其他一切自由的障碍。罗斯福总统在第一第二两任总统时推行的一切社会立法，即所谓"新政"者，虽不揭社会主义之名，也并不是强烈性的社会主义，却是一个运用常识适合国情的对资本主义现状之严重修正案，其中实在包含着不少温和的社会主义成分。这无怪乎保守的最高法院宣布他的最大制法为"不合宪法"，此中所谓"不合宪法"，即不合"财产自由"之意。更无怪乎"大买卖人"始终反对他。不过民众是支持他的，时代是支持他的，所以他四任当选。一九三二年，他第一次竞选总统，发表了一个"新民约"演说，他说：

人人皆有生存之权利，同时也应有安居乐业之权利。他也许因为懒惰和罪恶，放弃这天赋之权，可是他有自新的机会去行使他的。……老，弱，孩童，当受人爱护，不得加以摧残。我们一定要限制投机家，操纵者，甚至于金融家的活动。……总之，我们必须保障个人的自由和权利（原译）。

这个名号，这个立点，完全说明他是一位新自由主义者。而他在第一第二任之立法与建设（如 TVA，田纳西建设工程），完全证明他这主义是成功者。

到他第三任时，他看到世界大战之不可免，进步分子必与退步分子搏斗，于是把备战作为他的最大新政，有这最大新政，其他社会立法转可缓办了（战时是最易于推行社会政策的时候，在英美的老牌资本主义国家尚如此，只有我们反其道而行之）。他看到世界上不能一国独自繁荣，又看到新自由主义之不能孤立，所以自第二任起，使运用国际的形势，反抗恶势力，发挥新力量。在一九四一年一月六日，他向国会宣布其未来世界观念，即是那个驰名的"四大自由"论，他说：

> ……在我们祈求的未来日子，我们望见一个建设在四种基本人类自由的世界。
> 第一是，言论及表示的自由——世界的一切地方。
> 第二是，每人各如其式崇拜其上帝之自由——世界的一切地方。
> 第三是，免于匮乏（的自由）——把这话说到世界上，就等于说，每个民族间，为他的人民获得一个健康的太平生活，需要相互的经济了解——世界的一切地方。
> 第四是，免于恐惧（的自由）——把这话说到世界上，就等于说，全世界的解除武装，到一种程度，使每一国均无力对其邻人施行侵略——世界的任何地方。这不是一个千年的远景，这是可以在我们这一世造成的世界之基础。这个世界，恰是与独裁者所欲造成的暴力的新秩序完全相反的（新译）。

后两项之称作自由，本是英文里舞弄字面，在中文里原是多事，即此可知他自由论含有一半是新成分，以此新成分补充旧有者，而自由主义之整个立场为之改变，消极的变为积极的，面子的变为充实的，散漫的变为计划的，国际竞争的变为国际合作的。原来的自由主义与资本主义结合，实有助长帝国主义之咎，他的第三原则——免于匮乏——不特净化原来者，且正反其道而行之。他这两项新原则，实在得自上次大战后之教训，也正是他的"新政"之扩大，因为用心取术全是一贯的，我们不妨称他这四原则为"世界的新政！"只可惜这"世界的新政"方开始奋斗时，即旧金山将开会时，他便去世了。

人类的要求是自由与平等，而促成这两事者是物质的和精神的进步。百多年来，自由主义虽为人们造成了法律的平等，却帮助资本主义更形成了经济的不平等，这是极可恨的。没有经济的平等，其他的平等是假的，自由也每不是真的。但是，如果只问平等，不管自由，那种平等久而久之也要演出新型的不平等来，而且没有自由的生活是值不得生活的，因为没有自由便没有进步了，所以自由与平等不可偏废，不可偏重，不可以一时的方便取一舍一。利用物质的进步（即科学与经济）和精神的进步（即人之相爱心而非相恨心），以促成人类之自由平等，这是新自由主义的使命。

中国民主同盟临时全国代表大会政治报告①

民宪出版社（编印），《和平民主统一建国之路：中国民主同盟重要文献（一）》，香港：民宪出版社，1946 年

中国民主同盟

诸位到会代表：

中国民主同盟，在这个时候召集临时全国代表会议是有很大的意义的。八年长期抗战，已经得到了最后的胜利。大家都知道，抗战是手段，不是目的，中国抗战的目的，是国家的独立自由；中国抗战的目的，是要把中国造成一个十足道地自由独立的民主国家。中国过去不能成为一个民主国家，因为国家有外来的压迫与内在的阻碍。外来的压迫不推翻，内在的阻碍亦就无从铲除。这八年来中国的老百姓牺牲了无量数的生命财产，今天把日寇的帝国侵略主义打倒了，把外来的压迫推翻了，这是中国建立民主国家千载一时的机会。倘我们把这个时机错过了，我们对不起抗战时期牺牲生命的先烈，同时亦就对不起我们的子孙。这次中国民主同盟召集临时全国大会的目的，就在研讨怎样把握住这个千载一时的机会，实现中国的民主。把中国造成一个十足道地的民主国家，是中国民主同盟的责任。今天时机到了，我们中国民主同盟的全体盟员，特别今天到会的全体代表，应鼓起勇气，来担负这个责任！

要研讨怎样把握这个千载一时的机会，实现中国的民主，我们先要分析并且认识目前国际及国内的环境。

先谈国际的环境。三十年来，世界经过两次大战。第一次世界大战，美国威尔逊总统的口号亦是民主，亦是奠定世界民主的安全基础。第一次世界大战，同盟国（当时称为协约国）胜利了，但世界民主失败了。这里有两个原因：第一，在第一次世界大战的时候，民主与反民主的阵线，并不分明。例如后来变

---

① 本文发表时间为 1945 年 10 月 11 日。——编注。

成法西斯国家的意大利、日本就站在同盟国的阵线里，所以第一次世界大战，国家利害冲突的成分多，民主与反民主冲突的成分少。第二，第一次世界大战结束以后，胜利的方面并没有采取有效步骤，控制战败国家，以消灭反民主的潜势力。这次世界大战却与第一次世界大战不同：在这次世界大战中，民主与反民主的阵线分明。在这次世界大战发动以前，世界是个民主与法西斯对峙的世界。这次世界大战，的的确确是个民主主义与法西斯主义的战争；这次世界大战的结果，的的确确是民主主义的胜利。并且在这次战争期中，同盟国已着手积极研讨建立民主世界的计划。在战争结束以后，胜利的一方，又采取有效的方法，力求彻底铲除法西斯思想并采取有效的方案，使一切战败的法西斯国家都能成为民主国家。经过这次世界大战，国际间民主组织的完成，虽然尚待全世界人士的继续努力；然而世界上的一切国家，必一律成为民主国家。今后的世界，不容许非民主国家存在，更不容许反民主国家存在，这是不容怀疑的事实。其实国际间民主组织的成败，世界能否成为民主世界，亦在依靠这个条件。换句话说，倘世界上有一个非民主或反民主国家存在，国际间的民主组织就绝对不能成功，而世界亦不能成为民主的世界。明白些说，今后的中国，非成立一个民主国家不可。因为非民主的国家，在今日的世界上，已没有存在的机会。

当前世界的潮流迫使中国必定成为一个民主国家。同时经过这次世界大战，中国取得了与美、苏、英并列的领袖地位，成了世界上领导国之一。旧金山会议决定的世界和平宪章及将要成立的世界和平机构，中国与美、苏、英、法并列，中国是今后世界五个领袖国之一。今后所要建立的新世界，是一个和平的民主的世界。中国今后必要国家自身有了和平，而后才有参加领导世界和平的资格；中国今后必要国家自身有了民主，而后才有参加领导世界民主的资格。从这个观点上来说，中国今后除了自身成为十足道地的民主国家以外，就没有第二条出路了。

现在我们来看看中国国内自身的环境。在抗战以前中国是个被帝国主义压迫的国家。这次八年抗战，因为盟友美、苏、英的协助，得到了抗战上最后的胜利，把外来的重大压迫推翻了打倒了。中华民族对外已是个自由独立的民族。这的确是中国近百年来历史上的一个新局面。然而今日中国政治上、经济上以及社会上还没有民主，那是绝对不容否认的事实。这八年的抗战，对这个事实，不但没有消除，在某些方面，因为战争的缘故，还加深了不民主或者反民主的程度。抗战以前中国是一党独裁的政治，今日依然是一党独裁的政治。抗战以前中国是一个没有统一的国家，今日依然是一个没有彻底统一的国家。在抗战以前中国是个农业、工业落伍的国家，今日的农业、工业不只是依然落伍，还加重了崩溃的危机。在抗战以前中国在经济上是极端贫穷匮乏的国家，今日还加深了贫穷匮乏的程度。在抗战以前，中国老百姓普遍的贫穷匮乏，经过这次抗战，因为政府缺乏适当的财政金融政策，于是给予少数官商发国难财的机会，造成财富集中的现象，在大后方产生了一个"既得利益"阶级，社会上贫富有无悬殊的差别，战后胜过战前。因此今日中国社会、经济上的不民主，远胜过战前的不民主。

抗战以前，中国是个继续不断的内战的国家。在这八年抗战期中，国内的内战，除了抗战初期一个短时间外就没有彻底停息过。今日国、共谈判的初步成就，就其所发表的公报来看，依然没有解决军队与解放区政权及划区受降等具体而严重的问题。虽然国、共两党负责人都声明不致再发生内战，但由于日本投降与我国受降之种种事实，更造成双方实力犬牙交错的对峙局面。内战的危机现未彻底消除。国内没有统一，就没有和平。在一个没有统一与和平的国家，就根本谈不到民主。其实这三件事，统一，和平，民主是互为因果。政治上有了民主，国家自然有统一与和平。民主的统一与和平，才是真正的统一，永久的和平。

从国际的及国内的形势来说，中国目前迫切的需要是民主。我们了解了当前国际的及国内的形势，因此我们中国民主同盟就认定我们当前唯一的责任是：实现中国的民主，是把中国造成一个十足道地的民主国家。

什么是民主？中国当前需要的是什么的民主？对这几个问题，我们亦有研讨的必要。因为对这几个问题，有了答案，我们在解决当前国家政治上、经济上及社会上一切的现实问题才有确定的方针。

民主这个名词原来是"民众统治"的意义。他是一种政治制度。不过这个字的定义演变到了今天，却比一种政治制度广泛多了。民主是人类生活的一种方式，是人类做人的一种道理。这种道理认定人是目的，社会上一切政治、经济的组织，只是人类达到做人目的的工具，人是一切组织一切制度的主人。根据这个道理，所以美国的林肯就说政府应该是"民有、民治、民享"。人是目的，于是许多做人的必要的条件，成了不可侵犯的东西。这些必要的条件就是就是通常所说的人身保障思想信仰言论出版集会结社等等自由。民主承认人是自己的主人，所以承认人的尊严与价值是平等的。根据这个道理，人人做人的机会应该平等。人人有了自由平等这些权利，人人做了自己的主人，人人能够达到做人的目的，使人人得到最大的发展，这就是民主。在一个社会里，人人做人，人人做自己的主人，一切政治、经济的组织都成了这个目标的工具，这就是民主。根据这个道理，所以人民是国家的主人，人民组织国家唯一的目的，只在谋全体人民的福利，根据这个道理，所以在一个国家，倘政治是一人或一部分人的专制独裁，经济是一人或一部分人的独享独占，这就失去了民主的意义。民主的政治、经济，必定是全体人民的政治，全体人民的经济。

这里我们又要谈到当前中国需要什么的民主制度。民主的意义是跟着时代在演变进步，民主的制度亦是跟着时代在演变进步。拿民主制度上的经验来比较，英国从议会革命算起，有了三百年的历史；美国从独立革命算起，有了一百七十年的历史；苏联从十月革命算起，有了将近三十年的历史。别的国家这些经验，都是中国今后建立民主制度的好的参考材料。同时在一个国家建立一种政治、经济制度，绝不能抹煞自己国家过去的历史，更不能忽视自己国家当前的情况。中国民主同盟在中国所要建立的民主制度，绝对不是并且绝对不能把英、美或苏联式的民主全盘抄袭。我们要依据英、美、苏的经验，树立适合中国国情的民主制度，在我们所需要为中国树立的民主制度上，我们没有所谓偏左偏右的成见，我们亦没有资本主义民主、社会主义民主这些成见，我们对别人已经试验过的制度，都愿平心静气的取其所长，弃其所短，以创造一种中国的民主。在这种中国的民主上，我们却要严格的考验他是假的民主或是真的民主。考验的唯一尺度是：人民是否有机会做人，人人是否自己的主人，人民是否国家的主人。

拿些具体的实例来说罢。民主政治既然是人人做主人的政治，那么英、美两国在民意政治上一切的经验，就值得我们学习。民意领导政治，民意指挥政治，民意支配政治，英、美这些奋斗有了相当良好的成绩。言论出版集会结社等等自由，就是这些奋斗的产物。英、美民主制度上人民享受的这些自由权利，在我们看来，就成了树立中国民主的必要条件，亦可以说成了中国民主起码的条件，任何政治制度，倘不具备这些起码的条件，那么所标榜的民主就是假的民主，而不是真的民主。

在民主制度的运用上，我们又坦白地承认英、美的议会制度亦有了相当良好的成绩，是我们建立中国民主制度的宝贵的参考材料。有了这种议会机构，人民就能决定政府的政策，管理政府的财政，监督政府的动向。换句话说：有了这种机构，人民才能行使主人的权力，真正做国家、政府的主人。假使有一种制度，拥有一个民权的空名，实际上人民决不了政府的政策，管理不了政府的财政，监督不了政府的行动，这就成了假的民主，却不是真的民主。具体的来说罢，像五权宪法中把立法这一部门也划成政府的能而不是人民的权，再设立一个庞大不着边际的国民大会以行使所谓直接民权，这种制度，从民主运用的观点来说，就远不如英、美现行的议会制度。

民主试验史上最大一个发明是选举。从前罗马民主政治所以失败，就因为不晓得怎样运用现代的选举制度。谈到选举制度，我们就一定联想到英、美民主生活上言论出版集会结社这一切自由权利，同时联想到在政治上、法律上及社会上人民一律平等这些权利。没有了这些权利，选举必定成为儿戏，失却了他的真实意义。谈到选举，我们更会想到英、美的政党政治。政党是代表民意兼组织民意的一种机构。在任何国家，民意是不能完全一致的。民意唯其不能一致，所以要有许多政党来代表它，要有许多政党来组织它，把民意发挥成舆论，倘各种民意只是自由发挥，却没有了政党这类机构来代表它组织它，在选举的运用上，必发生许多缺点。纵然我们并不能说，没有政党，国家就不能有选举。

我们亦不忽视，更不否认，英、美的议会政治与政党政治也有他们的缺点。但那些缺点，却不是从那制度本身发出来的，而在其社会、经济制度缺乏调整。社会上贫富阶级存在，人民间贫富有无的悬殊差别太大，因此，人民那些自由平等权利在许多方面就落了空，就成了有名无实。调整社会、经济制度，从政治上的自由平等，扩展到经济上的自由平等，这就是所谓经济的民主。在这方面苏联一九一七年的革命和苏联将近三十年在这方面的努力，成绩特别多。苏联三十年来的试验，又是中国建立民主制度的极好的参考材料。拿苏联的经济民主来充实英、美的政治民主，拿各种民主生活中最优良的传统及其可能发展的趋势，来创造一种中国型的民主，这就是中国目前需要的一种民主制度。但这不是调和的民主，也不是折中的民主，更不是抄袭模仿的民主。这是从民主发展历史上演变而来的一种进化的进步的民主。这就是中国民主同盟要为当前中国树立的民主制度。

在一个国家，建立一种制度，一定要首先造成与这种制度适合的环境。譬如建立一座高楼大厦一定要首先填平地基，使这座大厦有坚强稳固的基础。把中国造成一个十足道地的民主国家，一定要首先扫除民主的障碍。上面我们说过，过去中国没有民主，过去中国不能成为一个民主国家，就因为中国有外来的压迫和内在的阻碍。今天抗战胜利了，日本帝国侵略主义打倒了，这已经消除了中国民主一方面的障碍。不过中国民主内在的阻碍还依然存在。这里我们所指的是中国国内那些阻碍民主发展的事实。举几个明显的例子来说罢。怎样结束十八年来一党专政的党治？怎样彻底清除内战的危机？怎样改进这个普遍贫穷匮乏并且已经陷于破产崩溃的社会、经济？这些不是极端严重极端困难的问题吗？这些严重困难问题不解决，这不是中国民主的障碍吗？对这些严重困难的问题，例如党派怎样团结，国家怎样统一，内战怎样根绝，经济怎样改革等等，中国民主同盟在最近四五年来有了许许多多具体并且切合实际的建议。这些建议在我们以往一切宣言中已经一再公诸社会。病症已然没有重大的变动，我们医治病症的方案，自然也用不着重大的变更。这里我们先把摆在目前的三个问题加以论究：（一）政治会议；（二）联合政府；（三）国民大会。

第一，政治会议。召集全国各党派以及无党派的代表人士，共同举行圆桌会议，用和平协商的方式，对当前国家的一切问题逐步地积渐地求得全盘彻底的解决。这是中国民主同盟最近一年来始终不变的主张。日寇投降以后，蒋主席速电邀约中国共产党领袖毛泽东先生亲来重庆，当面协商和平建国问题。毛泽东先生在八月二十八日应蒋主席的邀约到了重庆。从那个时候起，国、共两党的代表有了多次的商谈。国、共两党代表商谈的结果已经决定了在最近期间举行政治会议。全国人民盼望的政治会议，在最近期间一定举行，已经没有了疑问。我们先来谈谈中国民主同盟对政治会议的态度。政治会议不能产生联合政府，结束党治，这与中国民主同盟主张的原意已经有了很大的距离。这是一件憾事。但中国民主同盟并不因此就对政治会议绝望。如今中国民主同盟依然希望政治会议能够奠定中国和平团结统一的基础。目前中国内战的危机并没有彻底消除，老百姓最大的忧虑是内战。假使因为有了这个会议，国、共两党真能用桌面上的谈判，代替战场上的胜负，那么，这个会议还有他的价值。其次，政治会议要能够真正解决国家当前一些具体的问题。假使政治会议只是国内在朝与在野党派间彼此敷衍面子的应酬交际，重要的问题不能拿出来谈，谈了的结果不能拿出去做，那么这个会议就失却了他的意义。还记得抗战初起的时候，政府曾经邀约过各党派的领袖组织了一个国防参议会。那正是政府要做的并不拿出来谈，会里谈过的政府并不拿出去做。其结果那个参议会，只是一个交换情报的座谈会。其结果，参加那种会议的人士，都乘兴而来，败兴而返。我们希望政治会议不是国防参议会的历史的循环，戏剧的重演。其次，中国民主同盟希望政治会议能够有条有理地全盘商讨问题，按部就班地彻底地解决问题。我们始终认定党争的一切问题，与国家人民的利害是密切相关的。党争的问题，与人民的问题是整个的，是不能勉强划分的。因此政治会议的谈判与解决问题，应以国家人民的利害为目标，不能以党派的利害为目标。对一切问题，应逐步地积渐地求得全盘彻底的解决，不能做"只顾眼前"的打算，为人民留隐忧，为国家留后患。又其次，中国民主同盟希望政治会议的内容尽量公开。这样才能得到民意的批评，接受民意的监视。政治会议虽有若干"社会贤达"参加，但少数的贤达未必能代表一切人民的公意。必定要让人民对政治会议的内容明白真相，并且有自由讨论评判的机会，这样，政治会议才能有比较更多的成就。这是中国民主同盟对政治会议的意见。无论如何，我们不希望政治会议只是掩饰人民耳目，粉饰国际观听的一种装饰品。最低限度，政治会议，应该真能解决几个问题，永久消弭中国的内战。

第二，联合政府。直到目前为止，中国民主同盟依然坚决相信，联合政府是中国和平，团结，统一的唯一的途径。就拿军队国家化这一点来谈罢。只有公平的合理的全盘编遣计划，才是最妥善的解决办法。只有举国一致的联合政府，来执行这种计划，才能取得全国人民的信赖。党争有了相当长期的历史，党军亦有了相当长期的历史，这问题就不是一朝一夕可以彻底解决。因此相当长期的联合政府是实现军队国家化，彻底消弭内战，平息党争的唯一枢轴。在我们看来，联合政府并不与目前党治法统相冲突。谈到实际政治，"法统"这个名词就应该广泛的解释，灵活的运用，使政府能够达到真正政令、军令的统一。并且这个党治的法统，国民大会一旦举行，就要结束。这时间已经为期不远。政府对法统这个名词更不必拘守空名，使国家失却了和平，团结，统一的机会。因此中国民主同盟对联合政府的实现，其态度是始终坚持的。

第三，国民大会。国民大会既然是结束党治，制定宪法的机关，那么第一个，同时最重要的一个原则是国民大会必须名副其实。换句话说，国民大会必需是代表真正民意的机关，而不是任何党派包办操纵的机关。中国民主同盟始终坚持，必须用人民普选产生的代表以组织国民大会。因此中国民主同盟依然主张，国民大会的组织法选举法及宪草必须经过审慎周详的修改。倘若保全十年前一党专政时期选举的代表以举行国民大会，倘若用这样的国民大会以制定宪法产生政府，其结果必定影响到宪法与政府的尊严，阻碍国家的和平，团结，统一。国民大会已列为政治会议中协商问题之一，中国民主同盟就希望在一个中国民主同盟自身能够参加的政治会议中，对这个重大问题，做得到公平合理，而且符合民意的解决方案。打开天窗说亮话，对国民大会，中国人民遇到了一个矛盾冲突的难题。召开国民大会是制定宪法，结束党治的必经手续，因为这个缘故，国民大会的缓开就成了党治时间的延长。国民大会开得愈迟，党治时间延得愈久。这不是人民的希望。国民大会开得愈快，党治时间结束愈早。倘若国民大会组织法选举法不加修改，就召开十年前已经选举的国民大会，那么国民大会的举行，表面上是结束党治，骨子里是继续党治。这更不是人民的希望。政治会议对国民大会的问题，应力求解除这种矛盾冲突。必做到国民大会是个真正代表人民意见，人民真有权力的机关，同时更不要延误了结束党治的时间。解决这个难题的责任，目前落在政治会议身上。我们就希望政治会议在这个问题上有合情合理而且能够满足人民希望的解决。

上面论究的是政治会议、联合政府、国民大会这三个问题。其实中国民主同盟最近数年来对国内政治、经济、外交、教育各方面，都有鲜明的主张，具体的方案，确定的政策。这些都备载于中国民主同盟前后发表的宣言中。目前是抗战结束建国开始的关头，旧的问题、新的问题，更急待解决。倘解决不得其道，中国的民主前途又要遭遇许多打击，增加许多障碍。现在我们要把中国民主同盟对这些新旧问题的态度也说明一下。

（一）外交。上面已经提到过，经过这一次世界大战，世界整个局势又已演变成了一个新的局面。这里有几点值得我们注意。第一，战前民主主义与法西斯主义对峙的局面已经转变成了全世界民主国家互助合作的局面，从乐观的方面来说，这是人类永久和平，世界永久民主的发端。从另一个立场来说，各民主国家中并不是根本没有了冲突矛盾，有人或认为今后的世界，是民主主义与社会主义对峙的世界。倘不幸有第三世界大战发生，这就是未来世界大战的新壁垒。我们不愿肯定今后世界的趋势必定如此，然而我们却不否认这种看法亦有相当理由。第二，今后国际问题的重心已经从东欧移到了远东，从地中海移到了太平洋。经过这次世界大战，美国在太平洋、在远东的势力大为扩展，这是不可否认的事实。日本战败以后，苏联在远东的势力亦大为增加，这亦是既成的事实。假使有人认美、苏两大国之间，今后没有了利害冲突，这未免忽视了现实政治。但最重要的一点是美、苏两个冲突的焦点就在中国。中国介在这两个大盟友之间，外交上的联络应付必较从前更为艰苦，更要审慎。这又是一点。第三，中国经过这次世界大战，则已经从八年前的一个半殖民地的国家，一跃而为世界五大领袖国之一。我们应坦白的承认，这种突然升高的国际地位，与其说是国家实力换取的，毋宁说是时势造成的。不过较高的国际地位同时就是较重的国际责任。国家今后怎样来负担这个领导国的责任，保持这个领袖国的盛誉，这又是一点。根据上面这些国际形势的特点，中国民主同盟认为目前中国的外交政策，必须是这样：（一）中国应竭诚努力与全世界的民主国家，特别与美、苏、英三个强国互助合作，以实现世界和平宪章，完成世界和平机构。（二）中国应坚持与各民主国家共同努力彻底肃清法西斯残余势力，奠定世界民主的稳固基础。（三）在远东方面，中国更应特殊努力维持独立自主的外交政策，解除美、苏间的矛盾，促进美、苏间的亲善，中国应彻底认清楚，中国的建国依赖美、苏等国的友谊协助。美、苏亲善合作，是今后远东和平的基础，更是世界和平的基础。纵横捭阖的外交政策已经不合时宜，依赖投靠的外交政策，更失却了中国独立自主的国格。资本主义与社会主义的对峙，不过是少数人神经过敏的主观愿望，且有存心挑拨之嫌，决不能成为今日外交上决定政策的条件，因而中国的外交绝对不能在这些上面来推波助澜，增加国际的纠纷，随之加强国内的政争、党争。（四）经过这次八年的抗战，中国自身已经成了独立自主的国家。推己及人，中国的外交政策今后更应援助远东一切的弱小民族。例如朝鲜、越南及远东其他被压迫的民族，求得解放，成为独立自主的国家，这样才是远东的和平与民主。

（二）经济。从民主的立场来说，二十世纪的民主，经济的自由平等较政治的自由平等更为重要。对职业与生活没有保障的人民，政治上的自由平等只是一句空话。在今日的中国，经过这八年的抗战，经济已陷于破产崩溃的境地，所以经济建设较政治建设更为迫切，更为重要。在经济方面，中国民主同盟认为中国当前的第一个问题，是救济的问题。政府要切实负责救济流离失所的难民，救济残废退伍的士兵，先使他们有业可就，有家可归，而后才有安定和平的社会秩序。现在盟邦已共同成立救济总署，并且已经设置远东救济总署，用大量金钱物资，以救济战地灾民。对这种救济工作，政府一定要担负责任，使物质得到合理的分配，行政有高度的效率。第二，政府更应采取有效方法，救济已陷崩溃破产的商工业。抗战发生以后大部分国土被敌寇侵占，国家原有一点小规模的工商业，大部分已受摧残破坏。抗战期中因政府缺乏适当财政金融政策，剩余内迁的工商业，又只能在苟延残喘中挣扎。这次日寇投降，因物价的突然降落，金融的纷扰变动，后方仅存的工商业如今受到严重的打击，几已陷于全部停顿崩溃的状态，政府若不能立即设法救济扶持，那么民族资本仅存的一点元气亦必彻底毁灭。所以在今日中国谈经济，必先在消极方面做到救济，而后才能谈得到积极方面的建设。第三，政府在谈到经济建设以前，合理的现代化的财政金融政策是首要的。中国要成为一个现代国家，一定要建立预算制度，一定要做到财政公开。在金融方面，一定要在极短期间，整理国家的币制，以平定物价，以安定民生。第四，为增加社会生产力起见，国家应立即设法吸收外资及国外专门人才，以促进国家的工业化。这次战争以后，倘中国再停留在一种原始的落伍的手工业时代，这不只不能改善人民的生活，并且不能保障国家的生存。今后的中国是美、英、苏共同竞争的商业市场，倘中国能够在短期内达到工业化的目的，那么国际市场上互助互利，是彼此之福，否则一个工业落伍的国家，处在几个高度工业化国家的公共市场中，自身必成为他人的附庸，坐受他人经济的压迫与剥削。第五，在发展工业上，中国的经济政策必力求计划经济与自由经济相配合。很坦白地说，今后的中国，正处在资本主义已陷入垂死状态与社会主义的建设已有成就的国际环境中，是处在个人主义趋于没落与集团主义日趋昂扬的国际环境中。因此它今后的经济政策必须两者兼顾，取其长而去其短。这就是说，它应该做到在计划经济下的有系统的发展，但同时又需鼓励奖助私营企业，使一切私人企业家得到自由竞争的平等机会。第六，中国今后应力求经济制度与政治制度相配合。中国的工业化迟延到了今天还不能实现，以往的政治应负很大的责任。中国过去的腐败政治，不但不能保护奖助新的工业，还阻碍破坏工业的发展。今后中国，应该以民主的政治建设民主的经济，以经济的民主充实政治的民主。所以国家在起手工业化的时期，即应制定法律，以政治的力量取缔经济上的垄断，保护工业大众的权益。对这次接收敌人的一切工业，更应做到公诸国家社会分配平等，绝不能让少数官吏乘机霸占，借故窃取，增加官僚资本，助长贪污风气。第七，战后的农业政策，应先做到退伍复员的士兵，有田可耕有家可归。其次，力求实施农村救济，农业贷款，及减租减息等，以安定农民生活，保障农村秩序。总结起来说，战后中国的经济，应卑之无甚高论。中国民主同盟在经济上不标榜什么主义，用民主的政治建设民主的经济，就是唯一的目标。

（三）内政。在内政方面，中国民主同盟一贯抱持着简单明了的政策。这政策只有两句话：消极方面，肃清贪污；积极方面，提高效率。关于肃清贪污，我们反对空谈政治道德。我们主张提高公务员待遇，保障公务员生活，遵守中国的古训，做到俸以养廉。提高效率，我们认定革新行政技术，与选贤举能，应双方并重。今后既要走上民主的正轨，那么"做官必须入党，入党才能做官"的传统必须打破。其次，今后政府更应该成立各级民意机关，就要严格整顿选举，政府应制定缜密周详的选举违法舞弊法，使选举真正能出于民意。选举是民主制度的基础，党部操纵官吏包办的选举，只能产生伪装的民意机关。伪装的民意机关〔关〕长此存在，中国就永远没有真正的民主。其次，地方自治必须名副其实。要达到这个目的，目前弊端百出的保甲制度，必须废止，自治代表必须实行人民普选。

（四）教育。中国十几年来的教育是统制的党化教育。中国要实现民主，必首先树立民主的教育政策。目前教育上的改革应首先做到这几点：第一，政府应切实保障学术研究的自由。凡因思想见解问题被强迫失业之教育人员，政府应恢复其职业，并保障其讲学自由的权利。第二，教育普及仍为当前急务，政府应使教育真正做到大众化普遍化。第三，政府应限于一定期间内彻底消灭文盲，以提高社会的文化水准。第四，政府应改善从事教育人员的待遇，使教育工作人员得安心致意于教育事业。第五，政府应扩大全国青年求学的机会，保障青年读书的自由，并切实提倡践履笃实的学风。

（五）妇女。中国妇女虽在法律上已取得平等地位，但中国妇女有了几千年的束缚，于是法律上的平等成了具文。中国果要实现民主，就应该特殊保障妇女的权利，使中国社会实际上真成为男女平等的社会。要达到这个目的，政府应有这几种措施：第一，任何政治机构中，特别各级民意机关中，法律应规定妇女参加的名额，以保证妇女的权利。第二，妇女职业保障及平等的待遇，国家尤应切实执行。第三，法律不止保障男女教育之平等权利，并应扩展女子受教育的特殊机会以提高妇女文化水准，充实妇女的经济能力。

上面所说，当然不能包括本同盟全部政纲，且都不免于卑之无甚高论，然而我们彻始彻终把定一个根本原则和最后目的，这就是政治的民主到经济的民主，把中国造成为一个十足道地民主的国家。

最后我们还要简单回顾一下中国民主同盟的历史，它成立于民国廿九年，它是在抗战最艰苦最困难的阶段中产生的。而一切艰苦与困苦的事实之造成，就因为中国没有民主。例如当时国家虽在对外战争期中，内部还不能团结统一。老实说，还有党派和中央与地方及其他不同实力的对峙。为在各种实力对峙中，尤其是在两大党派对峙中，树立一个独立的中立的集团，便为那种客观环境所要求，于是产生了这个民主党派联合体的同盟。民国三十三年经过一度改组，把民主党派的联盟改为广大民主人士的联盟，即改为有党派与无党派的广大民主人士的联盟。改组后的中国民主同盟，仍不失为一个具有独立性与中立性的民主大集团。所谓独立性，是说它有它独立的政纲，有它独立的政策，更有它独立自主的行动。所谓中立性，是说它介在中国两大政党对峙的局面中，是两大对峙力量组织中间的一种，要求它保持不偏不倚的谨严态度，不苟同亦不立异，以期达到国家的和平，统一，团结，民主。但是所谓独立与中立，并不是不辨是非曲直的乡愿，它是一个民主的大集团，因而它评判是非曲直的标准，亦就是民主与反民主。凡是民主的都是朋友，凡是反民主的都是敌人。过去如此，今后必须仍坚持它不偏不倚以民主与反民主来作为它评判是非曲直的标准，很英勇的担负它重大的责任，完成它神圣的使命。一句话：就是把中国造成一个十足道地的民主国家。

我们的志趣和态度

《观察》，第1卷第1期，1946年9月1日

储安平

一

本刊筹备多月，历经艰苦，终于今日问世。创刊伊始，兹谨一述我们出版这一个刊物的志趣、风度和立场。

抗战虽然胜利，大局愈见混乱。政治激荡，经济凋敝，整个社会，已步近崩溃的边缘；全国人民，无不陷入苦闷忧惧之境。在这种局面下，工商百业，俱感窒息，而文化出版事业所遇的困难，尤其一言难尽。言路狭窄，放言论事，处处顾忌；交通阻塞，发行推销，备受限制；物价腾涨，印刷成本，难于负担；而由于多年并多种原因所造成的弥漫于全国的那种麻痹、消沉、不求长进的风气，常常使一个有尊严有内容的刊物，有时竟不能获得广多的读者。在这样一个出版不景气的情况下，我们甘受艰苦，安于寂寞，不畏避可能的挫折、恐惧、甚至失败，仍欲出而创办这个刊物，此不仅因为我们具有理想，具有热忱，亦因我们深感在今日这样一个国事殆危，士气败坏的时代，实在急切需要有公正、沉毅、严肃的言论，以挽救国运，振奋人心。

我们感到现在大多数人只知道追逐权势，追逐利欲；人人以一己为先，国家的祸福竟成为末要而少人过问。是非不明，正气不张。许多人常在一种冲动下，流露他们爱国的情绪；很少能在生活、工作、良知及人格上，表现他们对于国家的忠诚，尽他们对于国家的责任。但要抗御外敌，自强图存，显非单凭感情所能济事；而建设国家，改革社会，尤需有众多的能够咬得紧牙关、站得住脚跟、挺得起胸膛的人民。环顾海内，种种现状，固足使人疾首痛心，而瞻望来日，尤使人不胜疑惧忧虑。在这样一个混沌悲痛的历史中，有志之士，实应挺身而出，不顾一己的得失毁誉，尽其天良，以造福于他所属的国家。这诚

然是一个充满着祸乱灾难的痛苦时代，但这也是一个大足以锻炼我们的意志和情操的时代。

我们这个刊物第一个企图，要对国事发表意见。意见在性质上无论是消极的批评或积极的建议，其动机则无不出于至诚。这个刊物确是一个发表政论的刊物，然而绝不是一个政治斗争的刊物。我们除大体上代表着一般自由思想分子，并替善良的广大人民说话以外，我们背后另无任何组织。我们对于政府、执政党、反对党，都将作毫无偏袒的评论；我们对于他们有所评论，仅仅因为他们在国家的公共生活中占有重要的地位。毋须讳言，我们这批朋友对于政治都是感觉兴趣的。但是我们所感觉兴趣的"政治"，只是众人之事——国家的进步和民生的改善，而非一己的权势。同时，我们对于政治感觉兴趣的方式，只是公开的陈述和公开的批评，而非权谋或煽动。政治上的看法，见仁见智，容各不同，但我们的态度是诚恳的、公平的。我们希望各方面都能在民主的原则和宽容的精神下，力求彼此的了解。

但是这个刊物也不仅仅是一个论评时事的刊物。我们还有另一个在程度上占着同样重要的目标，就是我们希望对于一般青年思想的进步和品性的修养，能够有所贡献。多年以来，青年实在烦闷，在多年的烦闷中，意志软弱的，渐渐趋入麻痹、消沉、及自我享乐的道路；刚强的则流于偏激。今日大多数青年，不是褊狭冲动，厉气凌人，就是混混沌沌，莫知其前程何在！我们瞻念国家，中心忧惧，莫此为甚！我们都是爱好自由思想的人，所以就政治上的信仰而言，我们对于青年，一无成见，他们信右信左，尽可信其所信；而且他们能够信其所信，无宁且为我们所鼓励并器重者。我们所欲一言者，即思想的出发较之思想的归宿，远为重要，所以信从一种政治上的思想，必须基于理性而非出于感情；而于重视自己的思想自由时，亦须同时尊重他人的思想自由。此外，在做人的根本条件上，我们期望每个青年都有健康的人生态度——人生的目的非仅图一己的饱暖而实另有所寄；都有现代化的头脑——思想的方法现代化，做事的方法现代化。我们国家一线前途，全系于今日一般青年肩上。冲动、褊狭、强横，都足以造乱而不是治乱；自私、麻木、消沉、带给国家的是死气而非生气。我们极望这一个刊物所发表的文字，它所包含的看法、态度、气息，能给一般青年读者以有益的影响。

二

其次，请一述我们放言论事的基本立场，亦即本刊同人共守的信约：

一、民主　民主是今世主流，人心所归，无可抗阻。我们不能同意任何代表少数人利益的集团独断国是，漠视民意。我们不能同意政府的一切设施措置都只是为了一部分少数人的权力和利益。国家政策必须容许人民讨论，政府进退必须由人民决定，而一切施政必须对人民负责。民主的政府必须以人民的最大福利为目的：保障人民的自由，增进人民的幸福。同时，民主不仅限政治生活，并应扩及经济生活；不但政治民主，并须经济民主。

二、自由　我们要求自由，要求各种基本人权。自由不是放纵，自由仍须守法。但法律须先保障人民的自由，并使人人在法律之前一律平等；法律若能保障人民的自由与权利，则人民必守法护法之不暇。政府应该尊重人民的人格，而自由即为维护人格完整所必要。政府应该使人民的身体的、智慧的、及道德的能力，作充分优性的发展，以增加国家社会的福利，而自由即为达到此种优性发展所不可缺少的条件。没有自由的人民是没有人格的人民，没有自由的社会必是一个奴役的社会。我们要求人人获有各种基本的人权，以维护每个人的人格，并促进国家社会的优性发展。

三、进步　我们要求国家进步，我们绝对反对国家停滞不前。不跟着世界大势前进的国家必将遭受自然的淘汰。我们要求民主政治，要求工业化；但要民主政治成功，工业化成功，先须大家有科学精神，现代头脑。我们要求在政治、经济、社会、教育、军事各方面的全盘现代化。我们希望人人都有现代化的头脑。唯有现代化了，才能求得更大更迅速的进步，才能与并世各国并驾齐驱，共同生存。我们反对一切的停滞不前，故步自封，甚至大开倒车。停顿、落后、退步，都是自杀。我们要求中国在各方面都日新又新，齐著世界主流，迈步前进。

四、理性　人类最可宝贵的素质是理性，教育的最大目的亦即在发挥人类的理性。没有理性，社会不能安定，文化不能进步。现在中国到处都是凭借冲动及强力来解决纠纷，甚至正在受着教育的青年也是动辄用武。我们完全反对这种行为。近几十年来中国的教育在这方面完全失败。我们要求政府及社会各方面能全力注意这点。只有发挥理性，社会始有是非，始有和平，始有公道。我们要求一个有是非有公道的社会，我们要求各种纠纷冲突都能运用理性来解决。唯有这样，才能使一切得到合理的发展，才能加速一切建设的成功。

我们谨以右陈四义，作为我们追求努力的鹄的，并本此以发言论事。我们的态度是公平的、独立的、建设的、客观的。只要无背于前面的四个基本原则，在这一个刊物上面，我们将容纳各种不同的意见。我们尊重独立发言的精神，每篇文章各由其作者负责；而在本刊发表的文字，其观点论见，并不表示即为编者所同意者。发刊之始，谨述其志趣与立场如上。尚祈全国贤达，不吝指教，惠予匡助，本刊幸甚，国家幸甚。

中国时局前途的三个去向

《观察》，第1卷第1期，1946年9月1日

王芸生

我天天关心中国的时局，尤其时时在追究中国的前途。尽目前所有的资料，以参证当前的大局，我以为中国的时局前途有三个去向。

（一）南北朝。这是中共所要做到的。在去年秋胜利到来之时，毛泽东先生应邀到重庆，国、共谈判了四十多天，未曾谈得拢。其中距离最远的有两个问题：一个是重划军区问题，另一个是关于解放区地方政府问题。到最近马歇尔与司徒雷登的联合声明，使调人痛感棘手的，还是这两个问题。这其中的第一个问题，据国、共双方于去年双十节签字的"会谈纪录要点"所载的第九项云：

> 中共方面提出，政府应公平合理整编全国军队，确定初期实施计划，并重划军区，确定征补制度，以谋军令之统一。在此计划下，中共愿将其所领导的抗日军队，由现有数目缩编为二十四个师，至少二十个师的数目，表示可迅速将其所领导而散布在广东、浙江、苏南、皖南、皖中、湖南、湖北、河南（豫北不在内）八个地区的抗日军队，着手复员，并从上述地区，逐步撤退应整编的部队至陇海路以北及苏北皖北的解放区集中。

这里边重划军区的计划，实际可以说是一个江淮为界的南北朝。双十纪录发表之后，毛泽东由重庆飞返延安，中共的军事行动就转趋积极了。在江南的共军，迅速撤至江北。在广大的北方，打山西的上党区，打绥包，打同蒲东段，积极向山东扩张，大量向东北渗入。那时共军的高潮，大有不能取之于樽俎的，而必得之于疆场，以实力做到其所要的。绥包之败，山海关之挫，使这计划受到了一些阻挠。到今年一月停战令下，政治协商会议举行，衣裳之会，隐蔽着戎

车行动，无论停战令下，或者政协协议，军事实未曾停。北方一直在打，而东北更是阴云重重，这情形一直发展到夺长春，占滨江、龙江，而到了一个新的高潮。及至四平街决了战，共军连弃四平街、公主岭、长春三大据点，复趋低潮，于是停战运动大起。南京的谈判，宣布了东北停战十五天，又延长停战八天。这二十三天的停战都过去了，更是大打起来。半个中国，烽火连天，无论高潮低潮，紧打慢打，一个南北朝的运动，是在有力的进行着。这是中国时局前途的一个去向。

（二）十月革命。中共现在还没有这么大的野心，因为他们的主观力量还没有这么大；但是客观的条件却在驷驷进展着。一、政治搁浅到解体。今天国民政府治下的政治，一片搁浅现象，恹恹无生气。循良的公务员待遇，低薄到无以维持肚皮；相对的就是贪污公行，滔滔天下，廉洁成了难能之事。再不振作，再不有为，则弄到政治解体，实非不可能。二、经济恐慌到崩溃。这问题更深刻了。今日中国的经济，一面倒的靠洋货输入；国家的财政，又一面倒的靠通货膨胀。物价狂涨，工资奇昂，人民憔悴，工业窒息，独独发了官僚资本与买办阶级。政府天天在饮鸩吸毒，人民天天在挣扎呻吟，如此下去，则洪水到来，经济崩溃，已经不是太意外的事了。三、最后是军事。现在国民政府的声光，实际是靠着中上级军官对中共还有一股敌忾之气。但，这是不很可靠的。因为抗战既经胜利，中国人打中国人，实在不能持久维持士气，尤其士兵生活之苦，拖久了，难免要生变化。士兵一声撂枪，中国的十月革命马上出现，就是国家大乱。所以无论为政府计，或为国家计，都不能再打，都不能再拖了。再打再拖，必将更加重政治、经济与军事三方面的危机，最后搞成国家大乱。这可能是中国时局前途的又一个去向。

（三）政协协议之路。政治协商会议的五项协议，原是当前中国极理想而又很艺术的前进之路。一幅国是前进路线图，设计得原不甚差。不知怎的，刚刚签字的协议，墨迹未干，便你吵我闹，弄成一文不值，一条也不曾实行。第一步的改组政府未曾实行，至于开国民大会，议订宪法，更加谈不到了。政协的五项协议：一、改组政府；二、和平建国纲领；三、军事问题；四、国民大会问题；五、宪草修正原则。其中改组政府一项是要领。政治协议的政府改组，因为各党派都参加，是联合性的；用这个政府筹开国大，以制订宪法，然后实施宪政，举行民主大选，所以这个政府也是过渡性的。由政治协议的路线过渡到民主宪政的大路，这是中国时局前途最好的一个去向。

以上三个去向，毫不踌躇的，我们希望能够走上政治协议的路线。

现在内战正打得如火如荼，加速度的向"国家大乱"疾趋。怎样避免大崩溃，大糜烂，而走上和平统一民主进步之路？我以为其中还有几个症结应该注意：

第一，国民政府先要力事清洁有效。一个政府如果不能做到清洁有效，一切施政无例外的变质，富了官僚买办，苦了民生，则纵使有足够的武力，能否永久维护其政权，是有疑问的。

第二，国民党应该深刻了解民主宪政的路，是需要高度的宽容与高度的智慧的。国民党肯不肯接纳一部中央政府受立法节制及地方均权的民主宪法，是一个很重要的心理关键。

第三，美、苏对立的形势，对中国现局最为不利，最好是解消这形势。我们所能为力的，是在外交政策上力维均衡，而莫一面倒。

第四，最后，需要中共将来甘心做一个民主政制下的宪政的党。

（八、二四、上海）

家庭关系·政治关系·民主政治

《观察》，第 1 卷第 4 期，1946 年 9 月 15 日

吴恩裕

一

本文讨论三个问题：一何以不能把政治关系与家庭关系相比拟？二什么是"政治"关系？三何以只有民主政治下治者与被治者之间的关系，才是"政治"关系？前两项本来是政治思想史中很古的论题；在柏拉图和亚里士多德的著作中，就已经讨论过这两个问题了。但是我们认为近来仍有把这两个问题，探讨一下的必要：因为在今日的中国，似乎还有许多人误认国家犹如家庭，而政治关系就是家庭关系。这是一种很危险的见解，我们不能不加以辩正。后一项我是要说明：只有民主政治中之治者与被治者之间的关系，才是政治的关系。这一项的看法，却是我自己的主张。

首先说明：何以不能以家庭关系来比拟政治关系。我们知道：在家庭中，家长固然可以对其子女爱护，他们的措施也尽可以是为了子女们的利益；但须知家庭中之父母与子女的结合，乃是一种自然的、伦理的结合。在此种结合中，父母权威的行使，可以是无条件的；而子女的服从，也是无条件的。"你为什么要服从你的父母"？我们平常很少发生这类问题。这就是因为：他们乃是一种自然的血统关系或伦理的关系，故子女自然而然地就要服从父母。这种命令与服从的关系，只用自然的血统关系或伦理关系来说明即可，不必再谈什么父母行使权威子女服从命令的条件。而且，大体上说，父母绝对不会违反子女的利益而行使权威。

但是政治社会中的治者与被治者的结合，则是人为的。治者行使权威是有条件的，他必须是为了被治者的利益而行使此种权威，被治者的服从命令，也是有条件的，其条件即为：治者必须依照人民公意所同意了的法律来治理。为

什么必须有条件呢？因为结合既是人为的，则自然要有结合的目的。倘使不能达到那个目的，自然就违反当初结合的本意了。由政治学的观点讲，政治的起源虽然不是由于契约，但未来的良好政治则必须出于契约的方式。因为不如此，就不是同意的治理与服从了。

明白了上述的不同，我们便可以知道：父母与子女之间的关系，并不是治者与被治者之间的政治关系，而家庭也就不是国家。所以我们倘以父母与子女之间的关系来和政府与人民的关系相比拟，便是比拟不伦。而不伦的比拟（Illogical analogy）在政治学中乃是一种最容易得危险推论的方法。因为如果这样比拟下去，则政府可以借口以家长的资格而为所欲为了。而人民呢，也就应该无条件地一切服从了。这结果会是不堪设想的。因此，我们无论就结合的性质或命令与服从的条件而言，家庭中父母与子女之间的关系，绝对不是政治社会中治者与被治者之间"政治"关系。

其实读过亚里士多德的《政治论》的，都会记得：他早已在二千年前认为父母与子女的关系不是"政治的"关系了。他甚至于把父母与子女的关系，和主人与奴隶的关系，同列为不是政治的关系一类。他认为：在主人和奴隶的结合中，奴隶完全是工具，是所谓"活的工具"。一切利益都是为了主人的，主人不但以奴隶为达到自己目的的工具，而且对于奴隶操生杀予夺的权柄。这种关系，当然不是"政治的"关系。因为在政治社会中，人民是主人，不是奴隶。一切都是为了人民的利益，治者不过是人民求良善生活的工具，他是人民的公仆。他不应以自己的目的为目的，而应以人民的目的为目的。由以上的讨论，我们可知：主人与奴隶的关系，和父母与子女的关系，都同样地不是"政治的"关系。

二

其次再讨论：什么是政治关系。就中国今日国事之纷纭情况言，我觉得我们对于政治应该有一个基本而正确的观念。换言之，我们必须认清政治关系的性质。我们根据这个基本而正确的对于政治的观念，来决定政治行为，倡导政治理论。这样才算是可佩的政治家，政治学者的态度。我们绝不可因为牵就政治现实而曲解政治的性质，如果那样，就变成了政客的态度了。我们试把对于政治应有的基本而正确的观念，说明如下。

照我的看法，政治就是："众人用公共的强制力来治理众人之事"。在此界说中，何谓"众人之事"？何谓"治理"？何谓"公共的强制力"？又何以必须由"众人"运用这公共的强制力来治理众人之事？以下一一解释。

"众人之事"可以有不同的解释。我的意思则以为：一社会所有分子间，必有其"众人"之事；而每一分子自己，也自有其"个人"之事。众人之事就是在人群生活中，彼此必须关联或应该关联的事项。"必须"云者，意谓只要人有群生活，便不能不发生关联。"应该"云者，意即本未曾关联，但能联系则最好。这些事项，在政治社会中，必须或应该受治理。照我的看法：人类最基本的众人之事就是保持及改进他们的物质生存。所谓物质的生存，亦即用衣，食，住来维持的生存（所谓天堂及地狱的生存，当然不是这里所讲的物质的生存）。这件基本的事实，应该被治理。因为有了治理，人们保持其物质生存的措施，才会安全；改进其物质生存的方法，才会更有效率。

"治理"有两种意义。消极方面，治理有约束限制之意。在一政治社会中，对于有害于人群的事项，必须加以禁止。积极方面，治理有倡导或增进之意。在一政治社会中，对于提高人类物质生活水准，充实人群精神生活内容的事项，必须举办。总之，治理的意义，不但要"除弊"，而且要"兴利"。必须兼具"兴利除弊"两种工作，才能够得上完善的治理。仅仅有除弊功能的国家，只能算是"警察国家"，或"司法国家"，而不是完善的政治组织。

"公共的强制力"也是必要的。因为没有它，不但不能有效地做"兴利"工作，即"除弊"的工作，也不能有效地做到。但公共的强制力却和赤裸的暴力不同。以赤裸的暴力加诸他人，是非法无理的迫害；但公共强制力的行使，则是人群生活兴利除弊的必要力量。没有它，就不能维持有秩序的生活。强制力而冠以"公共的"，是因为：这强制力的产生、运用、目的，都必须以"公共的意志"为依归。

最后，必须由"众人"使用这公共的强制力来治理众人主事一点，尤为重要。此处所谓"众人"乃指全民。因为政治是大家的事，是人民全体的事，而非某一个人或某些少数人的事。既如此则当然"应该"（读者可以由此"应该"二字来推测整个政治学的性质）由大家，即所谓众人，来治理；而不应该由一个人或少数人来治理了。

以上是我们对于政治应有的看法。只有在此种意义下的政治中之治者被治者的关系，才是真正的政治关系。治者与被治者原无基本的不同，并不是治者有天赋的权利来"统治"，被治者天生便有义务"服从"。治者只是执行公务，执行得圆满与否是要有责任的，同时被治者的服从也是有条件的，并不是无条件的无目的的盲从。他们之间的关系，显然和家长与子女之间的关系不同。我们绝对没有理由把政治的关系误解为家人父子的关系。

三

最后我们说明：何以只有民主政治下的治者与被治者之间的关系，才是真正的"政治"关系。根据以上对于政治的基本观念，我认为：只有民主制才是真正的"政治"制度，所以也只有在民主政治下之治者与被治者之间的关系，才是真正的"政治"关系。

我认为君主制不但不是"好的"政治制度，而且也不是"政治的"制度。在君主制中，假如遭遇到一个暴君，那么，他的统治，他与其臣民的关系只是主人与奴隶的关系。他的统治是绝对的，而人民也只有绝对的服从。这种制度下的人民，犹如猪仔任凭屠者宰割。假如幸而遭遇到了贤君，但贤君最好也不过做到"爱民如子"的地步。这至多也不过是父母与子女之家庭关系而已，这仍然不是"政治的"关系。所以，我认为：严格地说，君主制不能算是政治制度，他们的统治，也非政治。

少数人，无论是封建贵族，是财阀，是军阀，所把持的政治，也不是政治社会中的政治关系，因此贵族制也不是真正的"政治"制度。其理由即：一方面这也是少数人以特殊的地位、条件取得统治权，实质也等于少数专制；另方面因为这种制度也违反了上述由"众人"来治理众人之事的原则。

真正的"政治"制度，我认为只有民主制度。因为民主政治下的政治，乃真正是由"众人"运用公共的强制力，来治理众人之事。

最理想的，当然是直接民主制。因为只有在直接民主制下，才可能有全体人民，即所谓"众人"，都参加治理众人之事的事实。但是由人民大会来主持国家立法，行政，司法各方面的事务，就是在希腊的城市国家，也不能完全施行。在现代国家，因为国家的人口众多，国土广大，事务的繁杂，更不能实行直接民主制度了。

因此，就只好由全民选举代表，来参加治理，这就是所谓间接民主制。因为代表都是由真正民意选举出来的，故我们应该把他们的治理，视为和全民的治理，或"众人"的治理一样。所以，我们认为：间接民主制乃是真正的"政治"制度；在这种制度中的治者与被治者之间的关系，才是真正的"政治的"关系。治者原为人民选出的代表，他们的治理乃是相对的。换言之，即他们的治理必须不违悖民意，并且他们还要负责任的。这种治理完全是处理一种公务，假如公务执行得不圆满，自然即须下台，他们绝对没有理由永远留在台上。而且在这种制度下，治者与被治者之间也绝对没有不可填充的鸿沟：也许今年你做代表，明年我又做代表了。像这样的制度，才能算是"政治的"制度，像这样制度下之治者与被治者之间的关系，才能算是"政治的"关系。

从前及现在有许多政治学者，只把间接民主制视为一种"良好的"政治制度。照我的看法，它乃是"唯一的"政治制度。它和君主制及贵族制，乃是根本性质上的不同。它们的不同，正如亚理士多德所说的一样，乃是"主人和奴隶"，"家长和家人"，之与政治关系的不同。

在人类历史中，有许多民族的所谓政治生活，实际上都不是"政治的"生活。其历史，也不是"政治的"历史。有许多民族的生活，只是由一个或多个牧人驱策的牛马生活；是主人统治奴隶的生活；至多是家长之于子女关系的生活。明白了这一点之后，我们才可以知道：在民主运动中，争取民主不只是争取一种"良好的"政治制度，乃是争取"唯一的政治的"制度。所以，摆在我们面前的，只有两个选择：一个是要"政治"制度；另一个是不要"政治"制度。

九月十五日上海黄浦滩

民主政治与自由

《观察》，第 1 卷第 13 期，1946 年 11 月 23 日

邹文海

民主政治产生于自由主义之后，这是不能否认的事实。假使现在的欧洲人还是除《圣经》外不能读其他的书籍，还是除天主教外不能有其他的信仰，还是除帝王外不能有其他的威权，我们很难想象如何会有民主国产生。闭塞的社会，迷信的传统，专制的威权，完全是不能生长民主种子的石田。如果这许多束缚不能层层解除，断难发生民权的哲学，自然也会不能产生民主的政治。而这层层束缚的解除，端赖自由主义的伟力来冲破这重重的堤防。自从宗教革命以来，西方人在自由主义领导之下，先后把宗教政治以至经济的牢门打开了。也因为这个缘故，所以十六世纪以来的政治潮流，是一贯的向民主更民主的方向前进。在西洋的政治史中，我们不难看出后浪推前浪的运动，都是使人民在国家中的地位日见重要和尊严。人民从无知无识的奴隶，变成有选举权的公民，这是要经过无数的奋斗和努力的。但是没有自由主义做动力，一切的运动都会归于失败。没有自由主义，洛克没有勇气写他的《人民政府论》，卢骚也没有勇气写他的《社约论》，至于一般的革命团体，也不会做出种种革新的事业。民主政治是自由主义所产生的，大概不会有什么人否认这个论点。

回想宗教革命之前，欧洲人的生活思想以至社会组织，都同我们大同小异，可是宗教束缚一解除，居然使自由的种子发芽生长，以后就逐渐进步到了今天，生活舒适了，思想开明了，组织民主了，前后比较，相去何止天壤。而这种变迁之所以造成，自由主义的贡献最大。宗教革命就是一种自由主义。宗教革命铲除教皇的束缚，使信教者人人可以通达上帝。这个革命对于做人的态度发生剧烈的改革，此后造成哲学上的怀疑主义，思想上的宽容精神。当然，十六世纪以来的进步也不是风平浪静的，中间还有许多反动的插曲；不过，大体的说，自从自由主义发生了它的力量，趋向于合理以及接近于民主的运动始终没有间

断过。这种历史上的教训，爱好民主的人实在不应该忽略过去的。

我们若分析近代民主政治的内容，实不外自由主义、功利主义、社会主义以及科学的结合物。民主即是合理化的要求。思想合理化的要求，产生了自由主义；法律合理化的要求，产生了功利主义；经济合理化的要求，产生了社会主义；生活合理化的要求，产生了科学。凡此种种，又莫不以自由主义为其为端，所以十六世纪以来，每一世纪都有对于自由的呼吁。没有自由，功利主义、社会主义以及科学，都不会成功的。

现在自由主义很受到一点批评。许多人认为自由主义是思想上不负责的态度。一切放纵的行为，都可以美其名曰自由，所以自由主义盛行以后，社会中就变成漫无标准了。这是对于自由主义完全缺乏理解的人的说法。自由不是一个人的自由，而应容许所有的人自由。一个人自由是专制；而允许大家自由，则我的行为，无往不受他人自由的限制，如何能尽量放纵自己而变成漫无标准？自由的社会，才可以产生公是公非，一切人当以此公是公非为规范，决不能假自由之名以胡作胡为。欧洲是比较有自由的社会，可是欧洲社会的秩序与纪律，实远胜于没有自由的社会。没有自由的社会亦许也有法律制度，但这种法律制度无非一人或少数人的私意，约束人的力量非常薄弱。又因制定法律制度的一人或少数人，往很因不方便而自己不遵守这种法律制度，所以法律制度的尊严更受了打击。这在自由的社会中，绝对不可能。在自由的社会中，法律制度是公是公非的结晶，任何人很难以私意去破坏它而不受制裁。因此之故，自由的社会中，人人须为他的行为负责；而没有自由的社会，才是不负责的社会。要说漫无标准，也只有专制的社会才发生这种现象。

对于自由主义的第二种批评，说自由主义的产生发达，均与资本主义并行，因此它是和资本主义一鼻孔出气的。赖斯基教授的《欧洲自由主义的产生》，就在说明这一个观点。自由主义和资本主义有同一的发展过程，我们不能否认这种历史的事实。而且因为它们有同一的发展过程，所以精神的内涵也是确有其互相交织的地方。比如说，自由竞争为资本主义的理论基础，而自由竞争显然就是种自由主义。但是作这种评判的人，最多可以说自由主义应该脱离资本主义而独立，决不能即因此而唾弃自由主义。自由主义的发生普遍影响，必须在有产阶级加以爱护之后，那是必然的。教皇、专制国王以及贵族，都是些痛恨自由主义的人，在这个时期，可以与他们对抗的，唯有将要抬头而还没有抬头的商人。商人对于自由主义自亦有其爱好的理由，因为自由增加了他们积聚财富的路径。所以在这个时期，自由主义和资本主义很自然的结合起来。不过，这一种结合是很富有时间性的。自由主义的的本质，不一定与资本主义相调合。资本主义发展成熟，多少会走上独占和独霸的道路，而独占和独霸是与自由的精神相违背的。我们不必谈资本主义对于历史的功过，而只要看资本主义最后所采取的方法——经济集团包办的方法，就可以知道自由主义总有和资本主义分离的一天。到那个时期，自由主义就可以更显出它原来的本质了。

在王国初产生的时期，自由思想者往往托庇于有威权的帝王之门。就是宗教革命的发动者——路德，他也要靠德国诸侯来保护的，在那个时期，自由主义者的主要目标就在孵育王国的诞生。而民族王国的出现，显然也受过自由主义的恩惠。曾几何时，王国又变成自由思想的摧残者，而自由主义也到底变成倾覆王国的进步力量。当自由主义与君主专制相结合的时候，一定也有人说自由主义就是民族王国主义的。不过，最后证明这种看法是错误的了。民族王国的方式，本质与自由主义不同，所以初期虽曾合作，最后总是要变成两种矛盾的思想。资本主义与自由主义，其合与分的过程大抵也是如此。我们如何能说自由主义就是资本主义，更何能因为厌恶资本主义之故也唾弃自由主义？

自由主义是什么？自由主义是近代社会中唯一的进步力量。近代社会之所以能日渐合理，自由主义的贡献最多。将来的社会中，它所以能进步，所以能合理，一定还要靠自由主义的辅助。民主政治是种进步的制度，也是种合理的制度，它的发育与健康，自然也要靠自由主义的辅助。民主政治不是种死的理想，它的内涵是活动而富有伸缩性的。从十八世纪以来，人类一直追求着民主的理想。而近三百年中，进步国家所标榜的也是它们的民主政府业经完成。可是无论那个民主国家，它的精神的确是常常在变动的。即以英国来说，乔治一世统治之下的民主，不同于维多利亚女王的民主；维多利亚女王的民主，又不同于乔治六世陛下的民主。选举权利自限制而至于普及，国家政策自利少数人而至于利众人，人民地位自无足轻重而至于逐渐握国柄，这都是英国民主逐渐变迁的事实，也是英国民主逐渐进步的事实。而每一次变迁，每一次进步，都是以自由主义为发酵剂的。扩大选举权的运动中，休谟和小穆勒再度阐明自由的重要。小穆勒的名著《自由篇》，也就是在这个时期问世的。其余两种进步的造成，也都经过自由言论的领导。

自由主义为什么会发挥这样伟大的功效力？理由极为简单。唯有自由的爱好者能认清真利真害，所以也唯有自由主义能促进进步。自由是发展人类潜藏智能的工具，因此自由主义之下，人类乃能充分利用其才能。自由是反抗武断的利器，因此自由主义之下，人类乃能不受专横的毒害。自由是权利的基础，因此自由主义之下，人类的利益乃能有充分的保障。总之，自由能使人类有更美满的生活。

从我们以上所说的，我们可以知道，自由主义并不就是民主主义，但自由主义确可以辅助民主主义的发展与进步。自由主义只是达到民主的工具，而不能作为民主政治的目的。没有自由，一定不能得到民主政治；可是有了自由，又不一定能说就是民主政治。民主政治是比自由主义更高的一种境界。民主政治中不但需要自由，而且需要人人参加政治，更需要满足人人的利益。我们当然要宝贵自由主义，却又不能认为得到自由就是完成了民主政治的理想。

因为自由主义能辅助民主政治的发展与进步，爱好民主政治的人，自然不应该非薄自由主义。不但不应该非薄自由主义，而且还要欢迎自由主义。反对自由主义的人，不是因为厌恶逆耳的良言，就因为生性专断。自由，不问思想的自由、言论的自由或是信仰的自由，对于合理的威权，决不会是种妨碍。自由思想者所指摘的对象，应该就是必须改进的几种事实。而且自由主义者在批评的态度之外，也有其积极的精神，它产生了公是公非。公是公非是政府政策所追求的鹄的，故威权亦殊无厌恶自由主义的理由。就说自由主义者采了批评的态度，那也是威权求之不得的箴言，也万无加以歧视的道理。民主之有异于专制，其最基本的一点，就在于民主活动而专制死板。民主的所以活动，因为每人可贡献其意见；专制的所以死板，因为完全由少数人包办和把持。每个人可以贡献其意志，自然这个制度可以吸收各种优点而活泼有生气了。少数人包办与把持，未免就要停滞于少数人私利的观点之上。

我们充分的相信：任少数人自由，是绝端危险的。父母溺爱之下的子女，那股但知有己不知有人的样子，任情使性是他们的习惯，颐指气使是他们的常态，这是所谓娇纵。这种娇纵的色彩一传染到政治，又就是专制造成的原因。但是为什么会造成政治中少数人的娇纵呢？因为只有少数的统治者有自由之故。只有路易有自由，只有尼古拉有自由，而其他人没有自由，这是专制。因此之故，自由主义的真精神，一定得把享受自由的人，天天加以扩大。大家都有自由，民主的理想也就到了诞生的时期了。凡是反对自由而想建立民主的，那种都是以民主为装饰品的人。封锁人家的嘴，而说他已经自甘服从，那完全是自欺人之谈。许多人称民主政治为意见的政治。没有不同的意见，为政者尽可任意指挥，还有什么政策的选择，还有什么民意的依归？但是意见并不能制造的。享受到自由的，才有资格表示意见，不然，希特勒和墨索里尼统治下的国会为什么只能做传声筒呢？

自由的真义，雷佛斯已曾说过：完全是相对的。换句话说，现实的社会中，自由均有其限度。他提出政治的自由和经济的自由作为对照。在二十世纪的初叶，政治自由，大家承认其有限度；经济自由，大家不承认其有限度，以至政治自由就有发生流弊而经济自由造成资本主义了。绝对的自由，只有少数的幸运者可以享受；而相对的自由，才是大家可以分尝的美味。我们既不愿意自由成为少数人的禁果，自然应当大家尊重这个客观的限度。不过，这个客观的限度，必须十分客观，换句话说，必须得大家的同意，而决不能是少数人武断地规定下来的原则。

　　我们十分了解，所谓自由的限度是种实际问题。通常的情形，这个限度规定于法律之中，但亦有许多时候是引起纠纷的问题。合理的社会，法律为共同愿意遵守的原则；但亦有许多时候，法律落于时代之后，大家就怀疑到这种法律是否合于理性。法律而成为共同愿意遵守的原则，这证明法律是各人愿意遵守的客观标准，而这个法律所限制的自由，各人也认为是享受权利应尽的义务，决不致引起怀疑与批评。可是社会的进步，使旧的法律不合时宜，而法律中规定自由的限度，一般人乃认为是种束缚，到这种时期，法律成为问题，而自由也成为问题。法律之所以成为问题，因为多数人不愿意再遵守这项法律了。自由之所以成为问题。因为一般人自由的观念，与政府当局的自由观念相抵触了。骚动与混乱亦许要在这种时期产生，而自由问题的解决，往往就非和平的手段所可以求得。辛亥革命以及北伐，恐怕就是代表这种时期。满清政府以及北洋军阀，都有它们所颁布的法律。可是这种法律，过于落伍，尤其对思想自由以及言论自由的态度，决不能为一般革新运动者所容忍。至于拥护旧制度的人，又把批评旧制度的人看做洪水猛兽。由是新旧之间，发生了不易解开的僵局。革新运动者最后的目的，并不只要说几句话，发表几篇言论，而是想建立一种新的、合理的政府制度，对于自由的要求，不过是一种手段而已。拥护旧制的人也知道这一点，他们压制言论，禁止自由，无非想从根铲除革运动的要求。表面上，虽然是自由与不自由之争；骨子里，实在是旧制与新制的生死竞争。因此之故，拥护旧制的人态度会愈来愈可怕，而革新运动者的态度也会愈来愈激烈。

　　从社会进化的观点来看，建立新的、合理的政府的要求，往往就是种民主的要求。过去二千年的历史，专制占据了很长的时间，但每一次改革，证明总是向更民主的方向前进。所以在自由发生问题的时候，守旧者实在更应该抱容忍的态度。自由主义之发生意义，并不在于安定和有秩序的时代，自由主义的伟大的功用，正是要在社会扰攘不安之际，能减少不必要的进步的障碍。

　　许多革新运动者，他们的政权一经建立以后，往往也变成自由的摧残者，那种态度一样是不智的。为革新运动者辩的人，总是说新的制度基础还没有巩固，为避免中道崩殂的危机，压制守旧者的乘机反动，是种必要的手段。这种理由显然是不充分的。革新运动之成功，证明新理想已为多数人所接受，守旧者并不能颠倒是非，为革新运动之患。革新运动者而反过来采取压制的政策，无非自己断送了进步的前途，不要多少时候，自己也要变成守旧的力量了。为避免革命势力的腐化，不断采取自由的政策，实在是必要的。

　　二十世纪的中叶，世界中先后发生了两次规模宏大的战争。每一次战争，胜利国家所标榜的，都是为自由与民主的安全而战。但是战争之后，胜利的国家是否真向自由与民主的途径迈进，实际上都是问题。美国大理院院长韩奇博士曾于第一次大战之后很沉痛地说：美国这个国家的民主政治，是否经得起第二次大战的试验，实在很成疑问。战争之中与战争之后，为政者的态度往往厌烦自由主义的论调。所以每经一次战争，自由多少要受一点打击，而民主政治的前途，也要加上一重黑影。为自由而战的人总是要失掉一点自由，这是很可悲的。

　　这一战后是否能避免这种不圆满的结果，完全要看世界人类的努力。按理说：过去的经验即是今日行为的指导，这一种失败是不会再有的了。尤其对于新闻的自由，胜利的国家曾视为重要的努力目标。对于自由的爱护，似乎又有了新的信心了。但愿人类能永远抱着宽容的态度，使历史更顺利的走向合理之途，而民主的政治也可以在康庄大道中进步。

论"神话政治"（节录）

——评国共两党的政治领导

周绶章

    人类知识发展的历程，可以从横切的观点，去分为若干阶段，朱若葛（Turgot）与孔德（Comte）分为神学、玄学、实证科学三级。而黎烈（Woodrideg Riley）则分为神话、幻术、发现、机械论、演化论五级。虽然人类知识的发展，不纯是一个直线式的进程，近代思想里面有神话成分，古代思想里面也有科学观念，然而，比较原始的人类知识，总是偏于神学的、神话的。自十六世纪以后，便很明显的进展到实证科学，或黎烈所谓的发见与机械论的阶段，生物科学发达以后，演化论的原则支配了一切而离神话时代愈远。就现代政治来说，无论是资本主义的民主国家，或社会主义的民主国家，都至少是在实证科学的阶段，政治知识成为一种政治科学（Political science），政治领导充满了科学精神，很少有神话意味。但如我们回顾中国现在的政治情形，特别是就国共两党的政治领导来说，即可判定还没有脱离神话时代，仍然是行的"神话政治"。

    神话政治的第一个特征是"偶像政治"，这是就统治者与被统治者间的关系而言。统治者对于被统治者，主要的是在树立偶像，或以自己信仰的对象为偶像，或干脆把自己"神化"（Deification）起来作为偶像，以控制被统治者。被统治者则照统治者的意旨，盲目的崇拜偶像，要受一种所谓"神力"，或相当于"神力"的人力所支配。无分中外，古代的政治关系都是这样建立起来的。即至后代，人类知识里面，其错误的来源，仍多由于偶像崇拜，因此，培根（Bacon）在他的《新工具》（Novum organum）一书中，把偶像的性质综合起来，分为四种：一、部族偶像（Idols of the tribe），二、岩穴偶像（Idols of the cave），三、市场偶像（Idols of the market），四、戏场偶像（Idols of theatre），而一一予以破斥，以求清明合理的观念，建立一种新的知识论，奠定了近代实证科学的基础。

我说中国目前还在行"神话政治"，就是因为国共两党的政治领导，都是以偶像崇拜为中心。先看国民党，其创始人孙中山先生，本为一真正的民主巨人，最富于平民意味，襟度宏大，平易可亲，为中国近百年来唯一具有时代风格的大政治家，生前领导国民党，全赖其远大的理想，恢宏的器度，以感召群伦，致力革命，党内很少独裁的气味，绝不想树立偶像，控制党员的思想与精神；而党员对于他，也是出于至诚的钦佩爱戴，不因感受任何压力而加以崇拜。在他逝世以后，若干国民党人士，未能善体其志，发扬光大他的平易伟大的民主精神，首先就把孙先生本身神化起来，作为一个崇拜的偶像，对于他的称呼规定非称总理不可，非国民党员亦必如此，后来索性明令全国一概要称"国父"，通令全国人民在一切仪式里面，一定要悬挂他的遗像，并且非行三鞠躬不可。党旗与国旗一样，同时悬挂，党歌改成国歌，并且规定每星期一，大小机关都一定要做纪念周，充分发挥了"以党治国"的精神。一切尊崇孙先生的礼仪，都是"通令办理"，都是"强制执行"，老百姓们对于孙先生由衷的感念，反而不易自动的，亲切的表现。孙先生如果有知，也未必赞许这种做法，而只有认为贬损了他的伟大。目前，对于劳苦功高的蒋主席，一般国民党员，政府官吏，又以同一方式，加在他身上，将来恐怕还会有过之无不及。甚至在国民党内部，若干派系的领袖，对其自己控制的干部，亦多半是树立偶像，以威服人，而下对上也就只有盲目的被迫崇拜而已，不敢作任何理智的批判。这样一来，孙先生已经成了偶像，又要把蒋主席变成偶像。等而下之，凡上下阶层之间，差不多都只有偶像崇拜的关系，造成一座"偶像的金字塔"。现在若干国民党人士，再三喊出党内民主的口号，未尝不是偶像政治控制下的一种反动。

……

或者有人要问我："一个政党不树立一个共同的精神信仰，怎样能够作向心力的结合，以发挥革命力量？"我认为无论是一个国家，或是一个政党，固然都非有一共同的精神信仰不可，然而，这个精神信仰应该只限于一种政治理想，一种立国建党的政治主义，而且还必须是可以随时代需要而不断改进的政治主义，不能如现在国民党人士之迷信三民主义，共产党人士之迷信共产主义一样。更何况是以一个特殊的个人，作为全党，或全国崇拜的偶像？我始终认为以个人为中心的偶像政治是反自由主义的，反民主主义的。近代的独裁政治与民主政治之精神上的分别，即在前者是行个人中心的偶像政治，是神话式的政治。

而后者则是建筑在自由主义上的全民政治，其精神是实证科学的。德国的希特勒，意大利的墨索里尼，日本的天皇，都是以偶像崇拜的政治领导，维持他们的独裁政权。而民主政治的英美两国均大异其趣。以邱吉尔在第二次大战中的丰功伟绩，因为时代思潮的激荡，还是被英国人民弃之如遗，悄然而退。以罗斯福总统的伟大，逝世不过两年，这一次美国的共和党国会，就明白表现了反罗斯福的情绪，且将见诸实行。不管对不对，其精神总是反偶像的。再退一步来说，即使是对于一个伟大人物的信仰崇敬，也还与单纯的偶像崇拜不同，前者是理智的，自发的，后者则是盲目的，被动的（原始人因恐惧而崇拜神灵，现代人的崇拜政治偶像，则多受政治力量的压迫）。所以，我认为偶像政治是反科学的，反民主的。

神话政治的第二个特征，则是"万能政治"，这是就统治者推行政治的能力来说。统治者自己既已成为偶像崇拜的对象，则必自信具有不可思议的"神力"，自认为"君权神授"或是"天纵英明"，以为自己的一言一动，都代表"神意"，都是至高无上的，绝对合理的。无论行政立法，最后总要主宰于自己一身，真正是所谓："天下恶乎定，定于一。"因此，形成"万能政治"统治者发号施令，一手独裁，而一切大小臣工，都不过是奉行"圣旨"的仆役、奴才而已。这种"万能政治"，统治者自以为无所不能，结果一无所能，"万能政治"即是"无能政治"。神话时代的政治情形多半如此。

……以国民党来说，自民国十六年，宁汉分家，北伐完成以后，党内的情势逐渐安定，领袖人物遂易于过分操纵政治。其支配的范围，政治、军事、甚至文化教育都无所不包，方式则是行"条子政治"、"手谕政治"，以决定一切，改变一切，成为推动政治唯一的、根本的力量。等而下之，省主席、县长等亦多以"万能"姿态来推行政务。

……

近代的独裁政治即是继承了神话时代的精神，独裁者是一个万能统治者，控制了全部政治。而具有实证科学精神的民主政治，因为不崇拜偶像，是全民政治，所以不是万能政治，而是分工政治，人尽其才，物尽其用，而一切决定于由全国人民自由意志制定的根本大法——宪法。因为近代以来，文明进步，社会关系复杂，非以科学方式，实行分工合作，本平等结合的原则，不足以有效的改进政治。所以万能政治是神话式的，落伍了的政治，分工政治才是实证科学的，现代化的政治。

……

现在是一个实证科学的时代，不是神话时代，应该实行合于科学精神的全民政治，分工政治，彻底改革富于神话意味的偶像政治，万能政治。在思想与行动上，能有这样的觉悟与改造，都是正在追求民主的中国人民所必需的。

原载《观察》第二卷第二十一期，一九四七年一月八日

说民主

《观察》，第 1 卷第 7 期，1946 年 10 月

萧公权

什么是民主？在今天这不是一个空洞的学理问题而是一个有关人类利害的实际问题。英国外相贝文曾说："缔造和平之途径异常艰苦。尤其当各国不同之政治观念使其益趋复杂之时，此种困难之解决常因欲采纳特种意识形态之愿望而受阻碍。（中略）不幸我苏联友人之一切演说及文字中均只有一项理论，即仅有渠等代表工人，仅有渠等系属民主。渠等对若干其他政府之观念为：彼等系属法西斯或类似性质之政府。因此引起一项观念，即苏联之安全仅当举世每一国家已采纳苏维埃制度时始克保持。是为获致和平最大障碍之一"（中央社伦教六月四日路透电）。贝文这一段批评苏联的话虽未完全正确，但他指出各国因所持的政治观念不同，所取"民主"的解释不同而发生误会的事实，却充分地说明了民主问题的严重性。人类为了民主与独裁政治观念的冲突发动了一次世界性的大战。不料在民主战胜独裁以后竟为了民主观念的歧异而不能恢复圆满的和谐。

细考今日民主争执的要点，实在乎"政治民主"观念与"经济民主"观念之未能调协。政治民主的观念可以用英美的传统自由主义来代表。自由主义的基本信条是：人人同样具有生存所必需的若干权利，而个人本身具有实现这些权利的能力。政治社会的目标就在以人民公共的力量保障权利使其不遭侵害。人民固然不许暴君苛政侵害权利。他们也不欢迎仁君仁政"越俎代庖"替他们满足生活的需要或决定生活的方向。因此自由主义者认定全民自治是政治组织的极诣。为了办事的便利起见，人民不必自己操持行政之权，但决定何事须办的权力必须操于人民之手。为了适应近世广土众民的环境起见，人民不必行使古希腊式的直接民权，但人民必须有选举代表和改组政府的权利。自由主义者相信：只要有了政治的自由（政治的民主）人民的一切权利都有了保障。在十

八世纪的时候民权思想家因为想对君主专制加上致命的打击，所以往往偏向于放任主义。照他们看来，管事最少的政府就是最好的政府。但是十九世纪以来的政治家和政论家逐渐感觉放任的缺点而加以修正。政府职权范围逐渐扩大。人民生活的许多方面，经济、工作、财产、教育逐渐受政府的干涉。然而拥护民主政治的人士并不承认政府做事增多便是人民权利减少。只要政府多做些事的这个政策是由人民自己或其代表所决定的，而不是别人替他们决定的，它便符合民主的条件。假如人民不满意现在的政策或政府，他们在法律上和事实上都有改定或改选的权利。两党以上的政党制度就由此产生了。我们要注意：自由主义所注重的是政治民主。欧洲中世以来民主政治的发展始于人民选举权的承认，终于人民选举权的普及。换言之，政治民主的中心，就是人民的政治平等。人民的社会及经济平等诚然随着政治平等而有改进。中世纪的阶级界限到了近世已经大体消泯。然而社会经济平等不是自由主义的主要目标。他们只主张个人应当决定他自己生活的方向及形态，正如民族应当决定它自己的制度政策一样。社会不应当划分贵贱贫富的阶级，强迫人民受不平等的待遇。但也不应当干涉管制人民，强迫着人人受同样的待遇。政府可用适当的办法，使才智能力优越的人得着帮助，自甘暴弃或智能薄弱者也不致无归，而强梁横暴者不能为害。但不可强不同者使之同，不齐者使之齐。英国有贵爵，美法有富翁。照自由主义者看来，只要富贵得自个人的诚实努力，那是无背于民主精神的个人报酬。

经济民主的观念可以拿社会主义，尤其是共产主义来做代表。社会主义者也有一个基本假定：经济生活是全部社会生活的基础。除非人民在经济上能够平等，他们不能在任何方面得着平等。单靠政治平等是不行的。希腊市府国家当中有奴隶的存在。史家认为假使没有奴隶阶级便不能有雅典的民主，但事实上正因为有了这个阶级便不能有民主的雅典。雅典公民虽然有参政权，但就国家全体说，他们只是一个互相平等而压迫其余人民的统治阶级。这不是完全民主而是片面民主。近代国家如英美等固然没有奴隶，然而资本家与劳工者贫富悬殊，政治的权利与势力实际上随着金钱的势力为转移。无产阶级在本质上无异于上古的奴隶。这不是真民主而是伪民主。要想得着完全的、真正的民主，我们必须实现经济的民主。但这不是经过“自由”的途径可以达到的。资产阶级决不肯轻易放弃既得的权利和势力。因此武力革命是难于避免的手段。即使革命成功了，经济建设也不能由“自由竞争”而推进。生产工具必须公有，生产事业必须统制，反动的思想和势力必须清除。因此“无产阶级独裁”是无可否认的政治制度。"独裁"当然不是民主。但是为了实现经济平等，这是必要的工具。因为最后目的是民主，所以貌似不民主的无产阶级独裁却是真实的民主——至少比貌似民主的资本主义民权政治更加民主。人民虽然受了政府的统制（甚至压迫），但在统制的过程当中他们踏上了经济民主之途，向着真正民主迈进。我们可以套用卢梭一句著名的话：在共产主义的国家里面，人民被强迫而为民主。

简括地说：政治民主注重个人自由，经济民主注重人类平等。后者偏重物质的满足，前者偏重意志的解放。两者之间确有极显著重大的差异。信奉自由主义者与信奉社会主义者互相猜忌攻诘是很自然的一个现象。但是平心静气来看，双方虽时常以"不民主"互骂，而实各有合乎民主原则的成分。

我们难以一个简单的定义来包括民主政治的全部意义。但我们可以承认，林肯所说"民有、民治、民享"的三大点是民主的主要内容。用这个标准来看，自由主义和社会主义都是"民主"的。第一，自由主义坚持主权在民。只要是国民，不管他们的性别，宗教信仰，社会地位是什么，都是国家的主人。社会主义者及共产主义者并不否认主权在民（国为民有）的观念。他们所不满意的，是自由主义的民有理想与"资本主义国家"的事实不符。在无产阶级被剥削的社会当中高唱全民政治，照他们看来，是一种诳语。真正民有的政治组织只能在"无阶级"的共产社会里面出现。换言之，共产主义者否认"资产阶级"是民。他们把这个国家主人翁的高贵地位保留给工农阶级。工农以外的非民消灭以后，全社会的人都成了民，都成了主。这就是共产主义者的民主。春秋时代鲁国大夫季康子想"杀无道以就有道"，孔子却说："子为政焉用杀，子欲善而民善矣"。共产主义的民主政治是杀无道以就有道的政治。我们可以说他们太忍心，却不能说他们不民主。诚实的自由主义者也主张"为政焉用杀"的办法。他们虽缺乏孔子的那样贵族风格，相信统治者可以善化人民，但他们相信让人民自求多福，共作主人，天下事便大有可为。我们可以说他们太乐观，也不能说他们不民主。自由主义者与共产主义者都接受民有的观念，两者间的主要区别只在乎对于"民"的看法不同而已。

其次，自由主义者与社会主义者相同的接受民治民享的观念。两者间的差异也在乎"民"的看法。这可由上文所说推想而知，不必于此赘论。但除此以外，双方显然还有一个重要的歧点。自由主义者虽然以民享政治为其出发点（如洛克以保障生命自由财产为政府之鹄的）其立论的重心多偏于民治。他们深信：只有让人民管理自己的事才能保证政治的清明。换言之，民治是民享的必要条件。至于人民如何管理自己的事，那也唯有让人民自己去决定。全体一致既然事实上不可能，人民的决定便只好以多数为准，或以代表多数的政党为准。这一次甲党得着多数赞成，执掌决定大政之权，下一次乙党得着拥护，便代替甲党而执政。放任政策，统治政策，社会政策都可以由这种方式而付诸实施。纵然人民自由因而受到严重的限制，那个限制也是人民自己加上的。

共产主义者虽然不否认民治的原则，但他们比较上着重于民享。为了达到分配的平均和生活的充裕，共产主义者不反对用流血的革命手段打倒"资产阶级"，用严刑监谤的政治手段维持政权，用独断统筹的经济政策推进建设。人民赞成，政府是这样做。人民反对，政府也是这样做。执政者自信这样做法是为了人民真正的利益，便不妨放手做去。这种作风颇像从前所谓仁惠专制。纵然人民的自由，受了限制，但是他们将来可以得着无穷的受用。假如我们说共产主义者想用独裁的方法达到民享的目标，似乎不算错误。

我们可以承认自由主义和共产主义都是民主，但它们显然是两种不同的民主。我们是否可以把它们折衷调和起来？假使不能调和，我们应当何去何从？

就两者的目标说，调和似有可能。关键在于民治民享两重点的平衡。自由主义过于忽略民享，共产主义过于蔑视民治。调和的途径就在民治与民享的兼顾并重。在现代的政治运动中至少有两派向着这个方向前进。一是英国工党的社会主义，二是我国孙先生的三民主义。工党要用自由平等的政治方法实现社会改造，要在民治民享同途并进的过程当中实现均平康乐的理想社会。孙先生要并行民权与民生主义，在全体人民自主自决条件之下实现"天下为公"的理想社会。这都是治享兼顾的民主观念，既与共产主义有别，也与传统的自由主义不同。

然而"人心之不同如其面"。最完善的观念也不一定为一切人所接受。以英国为例，工党的社会主义是否完善姑且不论，在事实上英国还有许多自由主义者和共产主义者不能接受工党的主张。美国大哲学家詹姆士曾说人类当中有硬心肠和软心肠的两型。人生观或哲学思想随着心肠的软硬而人人不同。我们可以进一步说，政治思想也不免受个人性格的影响。自古以来任何伟大的教主，孔仲尼（如果孔子是教主）、释迦牟尼、耶稣基督、穆罕默德，总不能把全世界的人都收为自己的信徒。任何有力的政治主张也不能够得着全世界一致的接受。在这个情形之下，只有两条可走之路：一是排除异己，把信奉"邪说"杀尽灭绝。二是各其心，各行其是，各遂其说，各求自胜而各不相害。前者是思想上的武力征服，后者是思想上的和平竞争。何去何从？恐怕也要由个人的性格来决定。不过有一点我们可以肯定地说：有动必有反动，是物理学的定律。"以暴易暴"，是社会学的定律。用武力来征服思想，在得着胜利以前必然要遭受武力的反动。在得着胜利以后是否能够使戾气化为祥和也没有把握。何况人类一时一地的知识有限，宇宙的真理难穷。现有最完善的真理未必是最后的真理。一人一国所持的真理未必是全部的真理。硬心肠的办法虽然有效，但有断绝人类进步的危险。秦始皇汉武帝相信君主独尊，英王詹姆士一世和查理一世相信君权神授，希特拉相信阿利安人的优越，这些在当时认为绝对正确的真理，事后都证明是错误。人类为半真理、伪真理而流血已经太多了。文明的一个显征便是减少不需要的流血，加速可能的进步。用文明生活的标准来看，与其心肠过硬，无宁心肠稍软。我们可以接共产主义的民享理想，但我们也愿意采用自由主义的民治方法：以和平的竞争来发展自信的真理。谁是谁非，谁成谁败？一切都要取决于人民的最后裁判。

这是自由主义的要点，实在也是民主政治的真谛：除了让人民自己作主以外，一切"民主"都有点近乎虚伪的借口。无论任何主义，任何政策，无论这些政策是好是坏，是"资本主义"的或是"无产阶级"的，只要其采用取绝不是出于人民自主而是出于他人代主，都是变相的独裁而不是民主。

什么是民主？我们的简单答复是：人民有说话的机会，有听到一切言论和消息的机会，有用和平方式自由选择生活途径的机会，有用和平方式选择政府和政策的机会——而且这些机会，不待将来，此时此地，便可得着，便可利用——这就是脚踏实地的起码民主。假使这种起码的民主尚且办不到，却明唱玄虚的高调，暗用武断的方法，那绝不是民主，而是民主的蟊贼。

这个原则也可以应用于国际政治。国内的民主承认个人的自决，人民的自主。国际的民主政治承认民族的自决，人民的自主。一切改变他国政治制度的企图都是变相的"帝国主义"。所以要想维持世界和平，必须实行国际民主，用贝文先生的话说，必须就自己的途径，发展政治机构，使人民绝对自由，应用其理智与判断，并且不企图将一制度强迫加诸其他国家。否则一国要强迫推广它所采的制度，他国必然起来抗拒，有主义的帝国主义，和传统的帝国主义在内容动机上虽大不相同，而其引起战争的危险性是相似的。用不民主的手段来推行民主。其结果终是有害于民主的。各国以民主的态度相待，不但可以维持和平并且有利于民主。在十八世纪的晚年美法两国先后完成了民权革命。当时君主专制的国家环立于世界各地，但美法的民主政府（拿破仑当然除外）并不曾企图推翻他国的政府，鼓动他国人民革命，强迫他国人民仿效民主。然而这些民主精神终于感召了人类，到了二十世纪，民主高潮弥漫世界。只要让人民能够自由选择，他们必然会选择民主，不会选择专制。我们无须决定那一种民主是好的：人民自己会聪明而且正确地选择他们所满意的一种。凡自命民主的政治家必须有这一点信心。

但是有人要问：假如人民根本没有选择的能力，那又怎么办呢？雅典人民往往不愿意出席国民大会。法律上虽然有缺席罚金的规定，终久不能提高民主政治的素质。德国人民在一九三二年七月的选举当中，有百分之三十七的选民拥护纳粹党。在一九三二年十月有百分之三十三，在一九三三年三月有百分之四十四作同样的选择。德国的国会下院在一九三三年三月间除社会党的议员外一致赞成给与希特勒内阁以独裁的权力。在一九三三年五月更全体一致赞成希特勒内阁的外交政策。德国的独裁政治可以说是人民自己选择的。由此可见人民的自择不一定是民主政治的保障。

这是民主政治一个古老的也是基本的疑难。用另外一个方法来说，这个问题就是：在人民政治程度不够情形之下，如何实现民主政治？

以往的思想家和政治家当中，认为这个问题不能解决者颇有其人。中国的孔子曾说，"民可使由之，不可使知之。"韩非子说，"民智之不可用，犹婴儿也。"希腊哲人苏格拉底说，"一个缺乏军事或医药知识的人，纵然被全世界的人民所选举，也不是一个真正的军官或医生。"柏拉图鉴于雅典平民政治的缺点在于民众的无知，所以他相信，除非治人者都成为哲人，或哲人取得了大权而成为治人者，人类的痛苦是不能解免的。近代赞成独裁，反对民主的人，虽然有种种不同的议论，他们也都怀疑于人民的政治能力。

近代拥护民主政治的人士虽然放弃了十八世纪民权论者的乐观，承认民众知识的缺乏，但他们相信这个缺点是可以用教育方法补救的。约翰·穆勒"普及教育必须先于普及选权"一句话正可代表这个看法。然而提高民智的途径，因各国历史环境不同而有异。近代民主政治的形成，从一方面看，可以说有演进与突变的两式。英国的民主政治源于十三世纪初年诸侯抗拒主权。经十七世纪两度革命以后二百余年中继续演进，达到今日的地步。这是前一式的典型代表。在演进情形之下，人民的政治经验逐渐养成，人民的政治权利逐渐扩张，所以因民智低下而引起的困难比较上不会严重。只要普通的教育能够普及，人民便可做国家的主人翁而胜任愉快；中国的民主政治创于辛亥革命，可以说是突变的一个好例。革命以前的中国人民不但丝毫不曾得着民主政治的经验，甚至普通教育所给与的知识也只少数人能够得着。民智的问题因此比较严重。德国在第一次世界战后建立的民主政治也是由突变而成的。德国的普通教育虽较中国普及，但德人习惯于普鲁士的君主的统治，封建阶级，和军国主义，对于魏玛宪法所赋与的民权大多数并不衷心接受。德国的统治阶级、军人、地主、更不训练平民使他们果然能够运用政权。希特勒的成功足以证明民智的问题在德国的历史环境下，也有特殊的严重性。由此我们可以知道，在缺少民主政治传统的国家里面，培养人民民主习惯的教育工作是十分需要的。

孙中山先生的"训政"办法，便是针对这种需要而设计的。民国二十年六月一日，国民政府公布施行《中华民国训政时期约法》，便是这个办法的实施。但从二十年以来，内战外忧，连绵不断。在这十余年中，国民党虽然照《约法》行使中央统治权，而"领导国民行使政权"，但训练国民，筹备自治的工作，未能照指定的步骤前进。在抗日期间，加紧了推动自治及立宪的工作。但照实际的成绩看来，人民政治程度的问题，还不曾充分解决。

苏联革命后的"无产阶级独裁"也可以说是一种训政的办法。它的实际成绩我们虽然难于评定，但其目的在培养共产主义者所认为民主的习惯是显然无疑的。

用训政方法来提高民智，在训政期间，必然是上而下的民治。这是不得已的办法。凡不得已的办法定然有无可免的困难。民治是人民自治。领导人民去自治，似乎有点近乎矛盾。反对训政办法的人，自然而然地会把它看成独裁的变相，但平心静气看来，训政不一定是独裁，尽可以做民主的先驱。关键在于主持者是否出之以诚，行之得当。具体地说，训政是否民主，要看推行的用意是否在培养人民自动的能力。培养自动能力就是让人民取得主人翁的资格。这样的训政就是民主的准备。假如训政的作用在灌输某一种主义，消除异己的思想，纵然所灌输的是好主义，消除的是坏思想，总不能由此养成人民的自动能力。这只是纳民于政的企图，不是还政于民的准备。人民很难从这样的训政取得主人翁的资格。拿几个例来说，孙先生的训政主张意在还政于民。苏联无产阶级独裁的训政似乎偏向于纳民于政。人民久惯受某一种排他主义熏陶之后便难于自主。德国人民所以入了纳粹的圈套，正是因为他们受了普鲁士主义过深的训练。只有民主的训政才能促进民主。这像似可笑的同语反复（tautology）而实在是浅显的真理。

国民党推行训政十几年，不曾收到应得的效果，原因固多，而培养自动的努力不及灌输主义努力，恐怕是重要原因之一。这多少有点不合于孙先生的原意。近来政府准备在本年实行宪政，这是一个划时代的决定。虽然人民的程度不够，他们可以在宪政的新空气中自行训政：从自己想，自己说，自己行的实践生活中养成自主的资格。在互相容忍，互相尊重，互相商讨的政治关系中踏上民主的正轨。政治民主和经济民主——民权民生的理想——也可以循着这个正轨而实现。

我们不能再延误了。只要我们要民主，选定了这种生活方式，踏实做去，我们便会有民主。民主的内容好坏，民主的性质如何，不是空谈主义，高呼口号所能决定，而是要由多数人民的风格、言论、行为来决定。与其谴责他人，不如健全自己。与其攻击不民主的十个人，不如自己做一件合乎民主的事。真民主的人不需要骂，真不民主的人却不怕挨骂。我们何必说许多动肝火、乏理性、无效用的废话呢？

读者也许要问：假民主的人（这与真不民主的人有别）应当怎样对付呢？笔者个人的建议是：用真民主的言行去使得他弄假成真。能投票，就投票。能主张，就主张。凡宪法所赋与的权利都认真合法运用而不轻于放弃。假装民主者的罪恶毕竟比阻挠民主者要小一些。因为假装民主者还给人民以弄假成真的机会，阻挠民主者甚至把这个机会都要加以剥夺，这才是民主最大的敌人。

中国的政局（节录）

储安平

……

四

共产党是一个组织严密的党。多年以来，我们一直住在国民党统治区域内，对于共产党的内情，我们自承所知不多，我们暂时只能根据常识来说。近几年来，外间对于中共在延安边区一带的作风，颇有好评。共产党在这样一种艰困的环境内，能站得住，亦自有他们所以能站得住的道理。一个政党当他在艰困奋斗的时候，总有他一股朝气和生命的力量的。不过上年他们在苏北一带的作风，却大失人望。苏北的作风，究竟是中共的政策改变了呢？还是中共在延安一带是一种做法，在苏北这一类地带又是一种做法呢？还是苏北一带的作风非出自延安的命令而是下级干部干出来的呢？我们未能了解。但是中共必须认识，中国共产党是中国的共产党。他的党员是中国人，他所企图起而统治的一个国家是中国。中国有中国的民性，中国有中国的传统。完全不顾他们所属于的这一个国家的民性传统，必将减少他们成功的希望而拉长他们离开成功的距离。社会主义是一个极其广泛笼统的名词，就经济生活方面言之，共产主义只是社会主义的一种，其间只是一个程度上的问题而已。就实行社会主义而言，今日中国一般人民，特别是一般知识分子，并不反对，毋宁说是很期望的。今日一般知识分子，在共产党心目下，他们都是"小资产阶级"，但是实际上，今日中国的知识阶级，除了极少数一些人外，大都已沦为"无产阶级"了。这是国民党的恩赐！知识阶级的领导重心仍然在一般教育界文化界中，然而今日中国的教育界文化界中人物，哪一个不是已经到了虽然尚未饿死而早已不能吃饱的局面！而且知识阶级，大都有理想，有理性的。除了少数自私分子外，哪一个不承认贫富的悬殊是一种不合理的社会现象？所以共产党在经济生活方面的原则，并不可怕。一般人怕的是他在政治生活方面的做法。……要知提倡民主政治有一个根本的前提，而且这个前提一点折扣都打不得，就是必须承认人民的意志自由（即通常所称的思想自由）；唯有人人能得到了意志上的自由，才能自由表达其意志，才能真正贯彻民主的精神。假如只有相信共产主义的人才有言论自由，那还谈什么思想自由言论自由？同时，要实行民主政治，必得有一种公道的精神。所谓公道的精神，一是好的说他好，不好的说他不好，二是我固然可以相信我所相信的，但我也尊重你可以相信你所相信的。就前一点论，譬如说我们这批自由分子，不讳言，都是受英美传统的自由思想影响的，但我们一样批评英美，抨击英美。同时，苏联或延安有好的地方，我们一样称颂他们的好处。但是我们从来没有听见共产党批评斯大林或苏联，从来没有看到左派的报纸批评毛泽东或延安，难道斯大林和毛泽东都是圣中之圣，竟无可以批评之处？难道莫斯科和延安都是天堂上的天堂，一切都圆满得一无可以评论的地方？就后一点说，我们虽非共产党党员，但一样尊重共产党的党员，只要他确是信奉他所相信的主义，忠于他的党，忠于他的理想，忠于他的工作，忠于他的事业，我们都在心底里对他尊敬。……前年英国工党竞选胜利以后，我替《东方杂志》写过一篇文章，结论说：假如英国工党执政成功，则使世人明白，实行社会主义不一定要走莫斯科的路线。英国工党一方面推行社会主义的政策，但同时仍承认人民的意志自由。假如共产党能在政治生活方面，修正其政策，放宽其尺度，则将更能增加他们获得成功的希望。我们对于共产党，私人方面无恩无怨，我这一番意见，我并不认为仅仅是一种消极性的批评，毋宁说是一种积极性的建议。

五

现在再来观察国共以外的一般自由思想分子。"自由思想分子"这个名词，本来是很笼统的。若从"思想"的角度来说，则中国绝大部分的知识分子都可以说是自由思想分子。……本文是一篇论述政治形势的文字，所以我们在此讨论"自由思想分子"，大体上系指国共两党以外的自由分子而言。在中国，散布于国共以外的自由思想分子，为数极多，不过他们较为散漫，甚少严密的组织。其中组织较大的就是民盟。我们现在先就民盟作一个大概的论述。我们可以拿两句话来批评民盟，即"先天不足，后天失调"。民盟是一个很勉强集合而成的政团，民盟里的人物，各有各的教育背景，各有各的政治看法，各有各的历史环境，他们只是在一个相同的情绪下集合起来的，就是"反对国民党"，这是他们唯一联系的心理中心。民盟到底是一种政党的做法，还是一种运动的做法呢？就过去情形观之，似属于后者，而非属于前者。民盟的历史已有数年，而其出头则为前年的政协时期。不过在过去，一般人似乎有一种印象，即政府来借重他们时，有了"民盟"，不来借重他们时，就没有"民盟"了，所以有"和谈"，民盟就大大热闹，没有"和谈"，民盟就冷清清的无事可做，这情形至少在过去是如此。照近来的趋势看，他们似已企图改向政党的做法一途发展。中国社会上的封建味道本来还很重，民盟的领导人物还大都是前一代的老辈。我们若将民盟的领导人物分析一下，就可以知道这个政团是非常脆弱的。我们不能不承认：像张表方（澜）、沈衡山（钧儒）等几位老先生，实在都是过去的人物了。民盟领导人物中实际政治经验最丰富的当推黄任之（炎培）先生，但是我们也不能不说，黄先生也是过去的人物了。张君劢先生（现已脱离民盟）在政治生活方面，他是一个宪政学者，一个最好的政论家，然而他只是一个论政的人物，而不是一个从政的人物，他至多只宜于任国会议员，而不宜于掌行政责任。张东荪先生也不适宜从事实际的政治生活，他是一个哲学家，一个思想家，他在政治方面最能贡献的还是在思想及言论方面。若以现代的标准言之，严格说来，在今日民盟的领导人物中，适宜于实际政治生活者，恐怕只有罗努生（隆基）先生一人。罗氏中文英文都好，口才文笔都来，有煽动力，有活动力，而且对于政治生活真正有兴趣。可惜罗氏的最大弱点是德不济才。从各方面分析，民盟实是一个貌合神离的团体，而所以能勉强集合起来，完全是由于实际的政治环境逼成的。但单靠对国民党的一种不满情绪来维系一个政团，这显然是一种极其脆弱的结合。照我个人的观察，民盟诸君子，可以共患难，不一定能共富贵。这句话或许说得太率直，我们将来再看吧。

至于现在一般人都说民盟太左，成为了共产党的尾巴，关于这种批评，我认为无甚价值。凡是进步的政治集团，当然是比较左的；世界大势如此。成为了共产党尾巴一点，纯然是恶意的侮蔑。要知实际政治不能完全摆脱权术，从战略上说，民盟和共产党互为呼应，实为必然，两者的目的都要削弱国民党，在这个前提下，两者当然要并行联系的。假如一定要说如此就是民盟被共产党利用，则我们也未尝不可说，民盟也利用了共产党。故此事不足奇，亦不足为民盟之病。只要国民党一日保持其政权上的优势，民盟与中共可能继续维持其联系的步调。但是一旦国民党在政权上已不占优势时，在那个时候，中共与民盟恐将分途而未必再能互相呼应了。

六

在今日中国的自由分子一方面，除了民盟、民社党这些组织外，就是散布在各大学及文化界的自由思想分子了。这批自由思想分子，数量很大，质亦不弱，但是很散漫，从无足以重视的组织。这批人所拥有的力量，只是一种潜在的力量，而非表面的力量；只是一种道德权威的力量，而非政治权力的力量；只是一种限于思想影响和言论影响的力量，而非一种政治行动的力量。马歇尔在中国时，曾竭力鼓励这一批真正自由思想分子组织起来。无论马歇尔如何了解中国的政治情形，马歇尔到头还是一个美国人，一个美国头脑，所以他还是隔一层的。自由思想分子不易形成一个坚强的组织有各种原因：（一）过去自由思想分子的彼此相通是道义的而非利害的。自由思想份子的长处是背脊骨硬，交情可以拉得长，其短处则为胸度狭窄，个人主义。中国有句话："文人相轻，自古已然；"自由思想分子的重心人物大都是文人，即使今日这一批自由思想分子都受过现代文化的洗礼，但那个"相轻"的老根性，尚未完全洗脱。譬如这次民社党和民盟的脱辐，政治上的看法固为主要的原因，人事上的摩擦恐怕也是一个重要的原因。从事政治，必须有政治家的修养。第一要看得远，认得清；大的要争，小的就不该争。第二要有气量，唯气量大，才能放弃自己的成见，抑平自己的感情，牺牲自己的利益，如此才能顾全大局，争取目的，团结合作，开创前途。政治活动不能没有领导人物，但是因为"相轻"及"自傲"从中作祟，所以在自由思想分子中很难产生领导人物；政治活动是必须有组织和纪律的，但是因为自由分子的相通大都是道义的，不是权力的，所以很不容易发挥组织的力量。这些是自由分子根本上的弱点。（二）今日中国极其需要自由分子的抬头，但事实上自由分子的抬头非常困难，这与国民党二十年来的统制有关。国民党二十年的统制对于自由思想分子的抬头的限制，是三方面的。1. 政治方面的限制。这点大家都明白，不必再解释。人身自由是一切自由的基本保障，人身自由没有保障，其他自由自然都谈不到。2. 经济方面的限制。政治活动必须有充裕的时间和财力，八年抗战，把教育界文化界人士弄得个个生活不安，精神和智慧完全消耗在柴米油盐这些琐事上，以致大大削弱他们在政治方面所能发挥的积极力量。3. 在思想散布方面的限制。二十年来党化教育的结果，使青年都未能得到合理的教育。党化教育的目的原是要大家信奉三民主义，做国民党的孝子顺孙，不料国民党自己不争气，越搞越不像样，弄到青年大都厌恶国民党。厌恶国民党不要紧，党化教育给青年的并不是一种理性教育，青年在理性方面未能得到应有的教化，于是感情的部分因不满现实而日益泛滥。自由思想是重理性的，必须在理性上有修养，始能接受自由主义的熏陶。情感泛滥的结果是趋于极点，不是极点的右就是极点的左。但现实环境逼得青年左，于是青年越来越不易保持其冷静的头脑而对各事作沉着的思想。在国民党，可谓自食其果，而在自由主义的传播上，也同受其害。同时，党化教育的做法是收罗奴才，放任浪才，杀害人才。我称那些只知享乐百事不管的青年为浪才。浪才越多，对于自由主义的传播也是一种限制。自由主义是最讲是非的，那些浪才什么都不管，哪还管什么是非呢？

　　自由思想分子虽然受着上述种种限制，而客观的说，这批力量日前正在日益滋长之中。但我们还不能将这种力量的滋长归之于他们的努力，而实系由于时代的使然。……国民党的腐化已是众目昭彰，有口皆碑，无论三民主义这块招牌如何，总之人民对于国民党已难维持希望的信心。在这种两趋极端之下，只有自由分子出来领导，可以获得一个中庸的稳定，获得广大人民的衷心附和。我们说过，今日中国这批自由分子是很散漫的，他们的力量都是源于道德的。凡是道德的力量，常常是无形的，看不见，抓不着，但其所发生的力量，则深入而能垂久。这股力量在社会上有根，在人心里有根。不过若从目前中国的政治局面看，这种仅仅限于道德方面的力量显然失之消极。今日绝大多数的人，既不满意国，也未必欢迎共。绝大数的人都希望国共之外能产生一种新的力量，以稳定今日中国的政局。这个要求是时代逼出来的，我们认为中国在最近的几年之内，一般情景还是很黯淡的；说得远一点，则我们这一代，大概也已注定了是一个"牺牲自己，为后代造福"的时代。然而我们可以牺牲自己，而不可以不为后代造福。今日中国这批自由思想分子，大都在苦闷地忧虑着国家的前途，但他们实不该止于消极的焦愁忧虑，自由思想分子可以起来，应该起来；这不是他们高兴不高兴，愿意不愿意的问题，而是他们的一个历史上的责任问题。

　　　　原载《观察》第二卷第二期一九四七年三月八日，页六—八

追述我们努力建立"联合政府"的用意

《观察》，第 2 卷第 6 期，1947 年 4 月 5 日

张东荪

施复亮先生在《时与文》创刊号上的《中间派的政治路线》一文，引起了我不少的感想。施先生此作，是目下最能代表大多数人心理的一篇文字。我愿追说一说我们所以建立这样中间性路线的用意。今天来说，虽已有一些明日黄花之感，然而自信仍不失为一个有价值的工作。

中国的出路本来最理想的是：

一、以整个儿的中国作为美、苏的桥梁。在亚东方面，把美、苏的冲突调和下来，借以谋世界的安定。

二、以广大与强盛并富有独立性的第三者人们作为国、共的桥梁。将国、共两党各迫使其趋于正轨，同时把他们拉拢起来，得到大合作。

这两点本是一件事。由国、共合作乃得统一。这样统一的中国，方对于美、苏有中和作用。所以我们努力于调停国、共并不是想作"和事老"，或仅仅"劝架"而已。盖我们有见于要使中国成为中和性的国家，以介乎美、苏之间，则必定先把中国的政府变为联合政府。换言之，即用联合政府以表现中国在国际上的中间性。否则如果不幸竟演为一党政府，我们可料定国民党全胜时，苏联必感不安；而共产党执政了，美国亦决不放心。可见联合政府的反面无不引起国际间纠纷与烦闷。

我们这种主张却是根据我们对于"民主"的解释。民主当然可有种种的解释。但国民党对于民主的解释是错误的。他们以为有了宪法，去办选举，这就是民主。我们则以为有宪法只是一纸空文，办选举而由党部垄断，这不但非民主，且更是反民主。所以宪法与选举不是民主的核心。我们因此遂主张各党共

存，都能发展，这就是民主。除了各党并存合作以外，另求民主，这不是曲解民主，便是有意造成假民主。总之，各党协商，由共同而得一致，由不同而互相钳制，这乃真是民主。民主亦就只是这个，并无其他。国民党的人往往以为各党派不即等于人民。在表面好像言之成理，其实按诸原理，并无是处。何以言之？我们不能说党派不是人民。人民对于国事有意见，亦不能每个不同，所有主张，大体可归若干类。例如，主张维持豪门资本的利益，虽不必尽为国民党员，但国民党足以代表之。又如，主张土地再分配，虽不必都是共产党员，然共产党足以代表之。又如，有些人们主张无条件的亲美，虽不隶籍于国民党，然不必在国民党以外另成一派。更如主张调和美、苏与使国、共妥协，这样的主张实在有极大多数人，这些人不在民主同盟，但却可说他们都站在民盟的背后。每个党不是仅靠其党员，当然还有些人民与其主张相类似。倘使能把各党的主张都纳在一起，恐怕所有人民的意见在大体上亦尽于斯矣。

这还说意见，至于社会的利益更为显明。人民之社会的利益是依其社会的地位而定的。农民的利益，即在于农民这个阶级；工人亦然。如果有个政治集团来代表他们的社会利益，便无异于他们各个人自己出来主张。所以国民党是代表豪门资本与官僚资本的；共产党是代表农工无产阶级的利益的；民主同盟是代表所有中间阶层，例如大学教授、中学教员、律师、会计师、医生、新闻记者，民营厂家与中产商人等等。社会利益亦只能这样的区分，用不着细分为数百数千的种类。如果把这些党派都能调和在一起，便亦可说所有的人民的社会利益都包括在内了。所以各党协商在表面上好像只是党派的事，而实际上却正是实现民主。用这样的方式来实现民主，固然是一种不得已的办法，然而却对于民意并无什么歪曲。反之，像国民党所要求的那样主张拨开党派，直接还政于民，好像是很漂亮，而其实乃真是想强奸民意。总而言之，我们以为民主的精神就在于容纳"异"，而折衷于"同"。第一是 Compromise；第二是 Check and balance 。没有这两点，则决没有民主。

根据这个意义，我们要讨论到国民党与共产党的性质。其实中国今天一切的困难，无不是归根于有这样的两个党。论党团的本身性质，我们可以大胆说，中国如果要真正变为民主国家，则决不能容许有这样的不适于国家的政治集团在国内为所欲为。当前最切要的一个问题，就是必须把国民党由特别政党变为普通政党。换言之，即由民主国家所不能容许的组织，变为民主国家所能容许的组织。变更的方法可有两种：一是由国民党自动；一是由环境来逼迫。国民党的恶化、腐化、失民心、无能力，已为国内、国外所共知的事实。唯对于

"何以易之"，则我只见有些人在那里痛骂，有些人在那里祈祷。除此以外，却未见有什么好法子。其实国民党并不怕骂，同时亦绝不接受祈祷。它未尝不想改，不过只是在表面上想改头换面，而实质上仍要维持其特殊地位。因此我们主张，要想使国民党改变其性质，必须先创造一个环境，在这个境况中四面有监督与压力，乃逼迫其不得不自己改行向善。这就是上文所说的"平衡与钳制"。而这个平衡与钳制，亦唯由联合政府方能实现。可见我们对于国民党与其说是反对它，毋宁说是想救它。从反面来说，这种为外国人认作坏人集团的坏政府，倘若去之，当无可惜。无如据我们观察，要革它的命，亦并不是一件容易的事。硬要做去，只有演成长期混乱与全国糜烂而已。革命的对象尚未推倒，而民族的生命却先濒于死亡。老实说，今天还没有人能革国民党的命。万一它要覆亡，那是它自己革自己的命。我们对于国民党本无所用感情，既无憎，亦无爱。上述主张完全出于理性。施复亮先生说，速停战是于国民党有利，恐怕亦是出于同一的观点。

至于共产党，我们亦并不以为这样的党性太强的组织，是适宜于民主国家的。不过共产党确有一点较国民党为优，就是：它对于它的主张尚有诚心。它既宣布改取新民主主义，则它在民主国家便不复仍为一个障碍了。我们不必疑心它的新民主主义它是说说即算数的。反之，国民党却因为言行始终不一致，不能唤起人的信任。例如，国民党口口声声主张以政治方式解决共产党问题，而其实在心理与行为上，始终没有抛弃武力解决的办法。所以共产党的问题不在目前，因为现在是实行新民主主义的阶段。这和我们所主张的民主，可说几乎完全相同。于是要问：共产党在将来是否有问题？共产党的人常不讳言他们是信奉马克思主义者。马歇尔的离华声明书尤强调这一点，以为共产党最后终必拿出它的共产革命来。我个人亦曾和他们谈过：他们中有些人都是三四十岁的，但总是说只好期之于其子孙，他们这一生是看不见了。可见即在他们亦只认为这是五六十年以后的事。但是我们的看法，却不这样呆板。五六十年以后的中国是什么样子，谁亦不能预测。亦许到那时候，中国的人民个个都有饭吃，生活水准完全提高。在一个家给户足的社会，加以中国人有爱好平和与笃守中庸的天性，而谓那时仍必掀起社会革命，恐怕太忽略了客观条件。共产主义者如果忠实于马克思，必是一个客观主义者。客观条件不具备而想革命，这是主观主义。何以必知五六十年以后这些客观条件即能具备，恐怕共产党并没有把握。因此我主张我们对于这种未来革命论实在不必认真，尤其不应该害怕。马歇尔未能看透这一层，殊使人遗憾。这完全系于今后数十年的努力。努力的成绩如何，即可发生变化。姑以苏联为比喻。请问现在的苏联究竟是向左呢还是向右？在前二十年以先，谁能猜得出苏联今天的状态？总之，五、六十年以后的社会革命，是决于从今天起的经济措施。倘使在土地与工商业上都能用含有社会主义精神的政策，则大概可以说将来革命的避免是极有可能性的。所以我认为共产党丝毫没有可怕的地方。这些不是杞人忧天，就是想对共产党施以打击。而须知我们倘想避免将来的革命，亦只有从现在起努力；绝不是现在把共产党打倒了消灭了，就可以了事的。可见我们主张把共产党拉入联合政府，亦正是为了消弭这个未来的隐患。因为它加入了政府，便不能不自改变其性质，即把革命的政党变为普通的政党。

我们的用意虽有这样许多，而其方法却只是联合政府一点。所以联合政府是解决一切困难的总匙。联合政府之败于垂成，实由于美国人对于这个观念和我们的用意不同。国民党对于联合政府另有一套特别的观念，这且不去说它。所可惜者，乃在于美国人未能了解我们这一番意义，所以美国虽想帮助中国以造成联合政府，但其目的却只在意图加强国民党，消纳共产党，而形成一个统一的中国以亲美。这便与上文所述的作美、苏桥梁一层，完全相反了。今后美国如不彻底觉悟，中国将永为牺牲者，而美国的目的亦未必能达到。此之谓损人不利己。老实说，中国人很愿意向美国明白表示：只要美国不想以中国为反苏基地，中国当然愿意亲美甚于亲苏。因为中国今后需要建设，苏联在经济与物资上，都无能力以援助我们，则只有仍求助于美国。所以美国只要把其恐苏心理不在东亚作何打算，中国与美国特别拉近一些乃是天然的。

以上所说虽有一些明日黄花之感，然而联合政府这一个药，还不失为一剂永久有价值的起死回生汤。倘使不幸不走这条路，则今后的变局只有一个惨不忍言的了。

三月廿日

中国政党政治往哪里走？

——一党制乎？两党制乎？多党制乎？

《世纪评论》，第 1 卷第 16 期，1947 年 4 月 19 日

孙斯鸣

一

现代的国家，不能没有政党；现代民主的国家，更不能没有政党。

现代的国家而无政党，则其政府统治的方式，必致承袭古代君主专制政体的那一套，那便不成其为现代的国家。

现代民主国家而无政党，则其借以建立的民意，即永远无从组织与运用。民意不能组织并促成有效的运用，则欲经常达到民主的目的，也是很难想象的一回事。

我们试环顾现代世界上几个比较强大的国家，虽有实行一党专政的，若苏联；有实行两党制的，若英、美；有实行多党制的，若法国；但无论如何，这几个国家，总不能说没有政党。

中国现在也正向着政党政治的路上走，但是我们今后究竟走向一党制呢？抑两党制呢？甚或多党制呢？这是关心中国政党政治的远景的人们很值得注意的问题。

二

依据我国目前的情形，自从去年政治协商会议以来，组织政党好像已得有几分鼓励，于是新党纷起，蔚成一时的风尚。不久以前，有人曾把中国现有大大小小的政党，作了一番估计，据说竟有七十二种之多。严格地说来，七十二

党当然未免估计过多，除非将现在各地流行的所谓黄牛党、十股党之类的组织，也都计算在内，那真有点开玩笑。但据我们所知，至少十来个党是一定有的。一个国家有十来个政党，已不能算少。所以表面上中国目前似乎可以说已走向多党制了。

不过，我们若把这十来个党派细加分析，其中最大的可能发生互相制衡（check and balance）作用的政党，实在只有两个——就是国民党与共产党。其他几个小党派，虽也各在自立门户，各有各的组织与立场，但自国、共和谈决裂，民、青两党参加国大后，中国党派的分野，确已愈来愈明显。各小党派一时似乎仍还只能依违于国、共两大党之旁，大有不近于朱即近于墨的趋势。我们至今尚未看到一个真正强大的第三党，能够出来撬拉于国、共两大党之间，而对当前政局发生重大的作用。过去民盟原有此希望，但自其内部数度分裂后，此种希望已归幻灭。故照目前这种形势看来，中国分明又有点近于两党制。

可是，我们若进一步把国、共两党再加分析，两党在表面上的组织立场尽管不同，壁垒界限尽管各别，但在实质上却有一个共同点，就是二者都是一个主张"党外无党"的政党，二者都有的是排他性，不容有异党存在。一个要一党专政，一个要一党独裁，在这一点上，二者倒确有异曲同工之妙。而且在事实上，近二十年来，两党在其各自统治的地区里面，确都在如此做去。故照此看来，这两个大党无论那一党执政，中国又只有成为一个一党制的国家。

三

根据上述的分析，中国政党政治的前途，究将趋于一党制乎？两党制乎？抑多党制乎？目前正处在十字歧途。条条路子都有可能走，一切都尚在未定之天，一切仍还有待于事实的演变。

照我们的推断，无论从理论上或事实上讲，共产党总是要实行一党独裁的。正如天下乌鸦一般黑，世界各国的共产党都是如此，中共又何能例外？因为作为共产党的唯一理论上的经典，就是马克思主义。马克思是鼓吹阶级斗争的，共产党所以要实行一党专政，即导源于马克思的阶级斗争的学说。马克思为要保障无产阶级的利益，以为只有建立无产阶级的政权。共产党自命是代表无产阶级的，所以也只有当仁不让，实行共党的一党独裁了。故从理论上讲，共产党之实行一党独裁，实有其逻辑上的必然性。换句话说，不主张实行一党独裁的，那才不是真正的共产党。尽管中共目前正走向与其他政党提携的路线，但这只不过是其大敌当前，已力有所不逮前的一种策略的运用，并非其政党的本质使然。这有苏联的事实可以为证，用不着我们多事喋喋。所以假使共产党一旦得有政权，中国必实行一党制，这点我想是可以无疑的。

至于中国国民党，我们先从其创始人孙中山先生的学说看，中山先生的民权主义是很民主的，他最艳称"天下为公"，当然不主张一党专政。其民生主义一讲中，虽有"民生主义即共产主义"的说法，但民生主义可并没有主张阶级斗争。反之，他甚而反对阶级斗争的，他所倡导的，毋宁是阶级的协调。故从理论上言，国民党本并没有实行若共党那样的一党独裁的必要。它的政党的性质，至多等于世界各国的一个普通民主社会党。以一个讲求民主的普通社会党，而竟实行一党独裁，在理论上是矛盾，实行起来更是不通。我们细考国民党唯一作为一党专政的理论上的依据，为中山先生所独创的训政学说。但中山先生所谓训政，本只是一个过渡办法，其主要目的，还是要实行宪政，并不要国民党一直训下去。故训政一直训下去，殊非中山先生遗志，乃为后人借以为延长政权之具，宜其结果，便只有造成马歇尔将军所谴责的"封建统治"了。若真为中山先生的忠实信徒，训政是决不如此训法的。所以这次国民党举行三中全会，蒋总裁出席致词，也很痛切地指出"一党专政之政府已不合时代要求"，并谓现在还政于民，为"实践中山先生遗志之最好机会"，这确是很正确的见解。可惜国民党中真正能够了解这话真谛的开明自由分子实在太少了，故蒋总裁这种剀切的告语，不一定会为全党由衷所接受。果尔，则以一个本无实行一党专政必要的政党，终于也只有长此一党专政下去了。

四

在国、共两党都在坚持专政独裁的夹缝中，中国政党政治唯一的出路，当然只有希望有一强大的、民主的、自由的第三方面的产生。何况当此国、共纠纷未已，民心瓦解已久的今日，中国也确实需要有这么一个第三党出来撮拉其间，从而转圜危局，收拾人心。过去我们确曾寄此一线希望于民盟，即民盟自身，也未尝无这个抱负。故当其组织的初期，即不惜集合国、共以外的所有自由党派于一个组织，后来在政治协商会议中，果然也曾起了相当的作用，其原意诚不能谓不善。假使民盟果能长此保持这么一个举足轻重的地位，果能永远维持着一种党派的均势，则对中国政党政治的前途，未始不可发生一种良好的效果。无如民盟这个地位的确太重要了，才引起国、共两方的共同争取。民盟内部的组成分子也实在太复杂了，经不起你拉我扯。同时民盟的组织又实在太脆弱了，受不了雨打风吹，于是不久在国、共两党的一阵你争我夺之下，终于把民盟本身撕成四分五裂。中国好好一幅强大的、自由的、民主的第三方面的远景，也就此归于烟消云散。何怪民盟中人及今思之，犹有"未尝不痛恨太息于桓灵"之慨。中国现在若单靠几个小党派来点缀门面，各别再想造成当年那种第三方面的地位，真是谈何容易？因为合则强，分则弱，原是很自然的道理。所以假使有人说：共产党病在"恶化"，国民党病在"腐化"，那么，我们至少也可以说：第三方面即病在"分化"。在"恶化"与"腐化"二重势力的夹缝中间，一个"分化"了的第三方面，分明是无能为力的。这确是第三方面的悲剧，同时也是中国政党政治的悲剧。我们好像除了只有拥有武力，主张独裁的政党，可以永远保持强大外，其余的政党，命中注定只配做人家的附庸似的。所以今后这些附庸怎样才能蔚成大国，重新造成政党的均势，大脚步走上民主国家政党政治的常轨？确是很值得第三方面的人士深长思的。

五

一个有意的聪明的抉择是很必要的，我们不能听任自然的演变。听其自然，安于故常，只有懒惰的、不长进的落伍民族才会如此，才肯如此，我们可不能这样。我们要政治进步，国家安定，对此治乱安危所系的政党政治，却不能不有一挽救之道，尽速使之恢复正常。

犹忆在三个月以前，当美国特使马歇尔将军因调解国、共纠纷宣告失败，不得不束装归去之际，不是曾发表了一篇轰动全球的离华声明？在那篇声明中，他以十三月在华躬与调解的痛苦经验，也曾深切感到中国的政局，如一任国、共双方长此坚持下去，必绝无挽救之望。所以，他最后建议："据余观察所及，此项情势挽救之道，惟有使政府中的自由分子与少数党派担任领袖。"

这当然是在无可奈何之中，一个缓和折中的办法。而且这个办法，表面上似已为政府当局所接受，最近酝酿多时的改组政府，分明即欲朝着这个方向走去。唯其结果究竟能否达到理想中的圆满，目前固不能预卜，但至少有几点是很显而易见的。

第一，此项改组，分明尚未脱掉请客式的意味。这里国民党真是十足的主人。主人的代表，固或许会以所谓自由分子的姿态出现，但他究竟能否吃得消其背后一大批马歇尔所谓的死硬顽固分子，实是一个很大的疑问。

第二，这回请客，客人并没有到齐，主客先拒绝出席，陪客倒到了两批。主人固只有表示欢迎之不暇，以为总算已有了面子，从此可以向不知底细的外人夸耀；但在明眼的旁观者看来，却认为这样的请客，只好算摆摆场面而已，其真正意义几已全失。

第三，即以这批陪客而论，我们试把名单拿来一看，实在看不出有什么杰出的人才。这样的客人，只好请来伴食，但决不足以担当当世之务。

第四，再就席次分配而论，这回请客，主人确居压倒多数，客人反居绝对少数。加以踞坐高位者尽是主人，只腾出一些无关紧要的位置分给客人。于是主人发言盈庭，客人只好洗耳恭听。客人即欲嗫嚅有言，也早已为主人高声所掩住，当然更休想有别的作为了。

第五，再说那位未到的主客，他既不愿出席，也不得列席，主人当然禁止不了他在外面捣乱，于然闹得举室骚然，鸡犬不宁，主人又只好出来动武，客人势孤力弱，自然劝阻不住，终于一桌满汉大席，只好不欢而散。

以上当然是笑话，但也是实情。今日政府天天大吹大播说要改组，其实说穿了，还不就是这么回事？这是我们实不忍为当前的政局讳的。

六

那么，这样说来，中国政党政治的前途，不是早已到了推车撞壁的地步？目前倒确实有此种情势。不过我们始终相信，中国要立国于二十世纪的世界，政党政治仍还有其保全的价值的。

真正保全之道，第一当然要各党派首先放弃武力的斗争。大家应该痛切悔悟，武力终究解决不了问题，与其使大局长此糜烂，毋宁早日恢复协商。过去政协所走的道路固未免迂缓难行，但其方向是绝对正确的。协商虽没有武力来得痛快，但一个是民族求生之路，一个是民族自杀之路，我们不能因求生艰难即群起自杀，反之，我们正唯其任重道远，故更不能不加倍努力。世界上最慢的路子，或许就是最快捷的路子。要么除非我们根本放弃政党政治，否则，和平协商的道路终得要走。因为政党政治本身就是和平竞争的政治，而非武力斗争的政治。我们只能用和平竞争来代替武力斗争，却不能以武力斗争来扼杀政党政治。

正唯和平协商的道路终得要走，所以，我们与其拐着许多危险的弯子而将来仍不得不走，不如现在马上就走。我们何必如此冥顽不灵，过去国、共双方死拼了十多年，而迄今仍打不出丝毫结果的痛苦经验，难道还不够发我们深省？必也双方再拼个你死我活，糟蹋宝贵时光，浪掷有限国力，耽误建国机会，然后再走回头路，方才可以心平气和；则那时即使党争可息，而人民早无噍类矣！我们奉劝双方当局，如果真能以国家生民为念，还是多造福，少作孽吧！

其次，在不久以前，我们不是已制定了一部宪法？在那部宪法中，不是又规定了要行内阁制？我们姑不管这部宪法是否合于政协的精神，但内阁制在原则上总是大家所已经同意了的。大家既说要行内阁制，便必须先准备好实行的条件。这里，我们相信一党独裁是不能实行责任内阁制的，因为它根本不对人民负责。多党制也不能使内阁制推行尽利的，因为党派太多了，不免流于支离破碎，大家都组不成一个稳定的内阁，于是法国过去那种今日倒一阁明日组一阁的情形，所造成的一种不安定的局势，必致重演于中国，我们着实有点受不了。一个最合理想的政党政治，当然只有实行两党制。此以英、美两国的情形，最足供我们参考。大家都放弃武力斗争，大家都退居普通政党的地位，大家都依据"公平竞争"（Fair play）的原则，把问题公开诉诸人民。民意认为那一方是，他人不能认为非；民意认为那一方非，他人不能认为是。唯民意的抉择是最好的抉择，亦唯民意的判断是最后的判断。国民党如愿这么办，则凭其以往的光荣历史以及对国家的伟大贡献而论，当然不失为第一大党，国民党这个地位一时是没有人能争的。共产党如愿这么办，则凭其组成分子的一股朝气以及为主义奋斗的精神而论，在最近的将来，至少也不失为第二大党。至于其他几个小党派，原本可以代表国内自由主义的势力的一股主流，果能永远团结，共同努力，其前程也是无可限量的。中国政党政治的前途，就取决于它们能否如此做去。现在摆在我们面前的只有两条路：一条是政治协商的路，一条是武力斗争的路；一条是各党合作的路，一条是一党独裁的路；一条是民族自救的路，一条是民族自杀的路。何去何从？唯在各党派善自抉择吧！至于其他种种零星的变革，粉饰门面的改组，都是不大相干的。这些虽都近于老生常谈，但我们相信，只要中国的病状始终不变，则这张曾经多方实验证明有效的旧方子，仍不失为对症的良药。

两种根本不同的政党

胡 适

我们在今日谈宪政，谈民主，谈国共问题，谈结束训政，谈美苏对峙的两个世界，似乎都应该先认清世界上有两种根本不同的政党。

在三十年前，谈政治的人只知道一种政党，那就是英国、美国和西欧的政党。但在这最近三十年之中，出现了另一种政治组织，虽然也用"政党"的名称，性质和英、美、西欧所谓政党完全不相同。俄国的共产党、意大利的法西斯党、德国的纳粹党，主张虽有左右的大不同，但在党的组织纪律上是很相同的，都属于后一类。

为便利起见，我们可以把英、美、西欧式的政党叫做甲式政党，把这三十年来苏俄、意、德诸国后起的政党叫做乙式政党。

甲式政党的性质有这几点特色：

（一）甲式政党的党员没有确定的人数，没有党籍可以查考。人人可以自由登记为某党党员，人人可以自由脱离本党。如英国邱吉尔从前是自由党，后来是保守党。如美国威尔逊本是民主党，后来竟做共和党的总统候选人。

（二）党员投票是无记名的、秘密的。党员言论是自由的，没有党的纪律可以约束党员的投票，也没有特务侦探可以干涉党员的言论行动。最近美国民主党的华莱士在国内国外批评本党的政策，是最明显的例子。英国工党的议员也有严重批评本党的政策的。这种行动，本党固然无法制裁，社会也往往允许，称为"独立"，称为"不党不偏"。

（三）甲式政党的原则是在两个或多个政党之中争取多数党的地位。每个政党总希望成为多数党，但每个政党总得容忍并且尊重少数党的权利，因为今年的少数党也许明年要成多数党，今年在朝的多数党也许明年下野成为少数党。最后的决定是人民的选举票。在选举之前，没有一个政党可以确知全国人民的最后决定，也没有一个政党可以操纵把持全国人民的投票。例如美国一九二八年的大选举，共和党胡佛得二千一百多万票而当选总统；四年之后，民主党罗斯福得二千一百多万票而当选总统。这都是人民自由选择的结果。

（四）选举结果确定之后，在法定的日期，胜利的党从失败的党手里依法接收政权。失败的党决不敢用警察军队的力量来霸占政权，或毁灭得胜的反对党。因为他们知道几年之后他们又可以有竞选的机会，所以他们都努力培养"胜固可喜，败亦欣然"的雅量。试看英国邱吉尔在一九四五年负着何等威望，然而那年选举的结果，保守党惨败了，邱吉尔只能坦然交出政权，退居反对党领袖的地位。

以上所说的是甲式政党的组织与作风。至于乙式的政党，便完全不同了。乙式政党的性质也可以分作几点来说：

（一）乙式政党是一种严密的组织，有确定的人数，有详细精密的党籍，党员入党必须经过审慎的调查察看。入党之后，党员可以受惩戒，被开除，但不能自由脱党。

（二）乙式政党的党员必须服从党的纪律。党员没有自由，也没有秘密。乙式政党必须有严密的特务侦查机关，他们的作用不但是侦查防范党外的人，还须监视党员的言论、思想、行动。党员必须服从党的命令，思想言论必须依照党的路线。

（三）乙式政党的目的是一党专政。未取政权之时，他们不恤用任何方法取得政权；既得政权之后，他们不恤用任何方法巩固政权，霸住政权。乙式政党本身是少数党，但因为组织的严密坚强，往往能利用政治的特殊权威，压服大多数人民，以少数党统治全国。

（四）乙式政党绝对不承认，也不容许反对党的存在。一切反对力量，都是反动，都必须彻底肃清铲除，才可以巩固一党永久专政的权力。

以上列举甲乙两式的政党的性质，都是很浅近的政治常识，不值得政治学者的一笑。可是这些区别，正因为很浅近，所以往往为一般人所忽略，甚至于高明的学者所忽略。例如前些日子有人讨论美国与苏俄对峙的两个世界的区别，曾说："美国给人民一张选举票，苏俄给人民一块面包。"这似乎不是公允的比较论。美国人民未尝没有面包，苏俄人民也未尝没有一张选举票，但这两个世界的根本不同，正在那两张选举票的使用方式的根本不同。苏俄因为没有反对党，故一九三六年新宪法之下的选举结果认为百分之一百，或是百分之九十九。美国因为容许反对党自由竞争，所以罗斯福最大的胜利总不过人民投票总数之百分之六十（此指一九三六年大选的结果。一九三二年他只得百分之五十七，一九四〇年他只得百分之五十四）。这百分之六十的大胜利，代表自由的政治，代表独立的思想与行动，代表容忍异党的雅量。所谓"两个世界"的划分正在这自由与不自由，独立与不独立，容忍与不容忍的划分。

中国国民党的创立者孙中山先生本是爱自由讲容忍的政治家。他在革命事业最困难的时期，感觉到一个"有组织、有力量的革命党"的需要，所以他改组国民党，从甲式的政党变成乙式的政党。但中山先生究竟是爱自由讲容忍的人，所以在他的政治理想系统里，一党专政不是最后的境界，只是过渡到宪政的暂时训政阶段。他的最后理想还是那甲式的宪政政治。

近年国民党准备结束训政，进行宪政，这个转变可以说是应付现实局势的需要，也可以说是孙中山先生的政治纲领的必然趋势。一个握有政权的政党自动的让出一部分政权，请别的政党来参加，这是近世政治史上希有的事。所以无论党内或党外的人，似乎都应该仔细想想这种转变的意义。依我个人的看法，这个转变应该是从乙式的政党政治变到甲式的政党政治，这里面似乎应该包括党的内容与作风的根本改革，而不仅仅是几个政党分配各种选举名额或分派中央与地方的官职地位。如果训政的结束能够引起一个爱自由的、提倡独立思想的、容忍异己的政治新作风，那才可算是中国政治大革新的开始。

一九四七年七月

论"民主国际"

吴世昌

上期本刊发表杨光时先生等十位的"我们对于大局的看法与对策",是针对美国当前的世界政策而作的一种大胆的建议。它批评华莱士的"对苏和平"与杜鲁门的"对苏强硬"都是危险的,只能助长共产主义的蔓延。它指出第三次世界大战的特点,将不是国际战争,而是各国"内战"的蔓延成一片,使原子弹无法应用。因此杨先生等十人建议,设立"民主国际",美国以经济力量援助全世界自由主义分子及其政党,以对抗"共产国际"。他们认为"没有'民主国际'的设立,中国不会奋起一个国共以外的强大政党"。并指出没有越飞、鲍罗廷等来华,中国不会有强大的共党,国民革命的成功有赖于海外华侨的经济支持。

本刊的编者储安平先生使我在此文未发表前有读到的机会。我们都认为这一篇文字中所提出的若干见解,不论在国内或国外,都是从未经人说过,且极有建设性的价值。关于第三次大战的特点和设立"民主国际"二事,大体上可以令人同意。事实上,"内战的国际化",或"国际战的内战化",在战前有过西班牙,在战后有过波兰、南斯拉夫、伊朗,现在正在进行中的有中国和希腊,将来可能爆发的有朝鲜。当然,我们并不以为一切国家的内战均为苏联所策动或支持,但利用国际性的内战以扩张共产国际,苏联已有若干成就。至于设立"民主国际",诚然需要从事实际政治者的发动,决非像伦敦的"自由国际"那样,几个书生的空喊所能成事。但杨先生等主张美国以经济力量援助中国自由主义分子,我们却不敢苟同。

我们承认,近代史上许多国家的革命,曾恃外援而成功。我们也承认中国共产党的崛起与鲍罗廷等来华有关,实则鲍罗廷等之来华,主要为推进中国的国民革命,以打击英美日支持的北洋军阀,故一国的革命有时不免外力的影响与援助。中国共产党的产生,今日虽势力庞大,在二十多年前仅为国民革命的副产品。我们也承认中山先生的民族革命有赖华侨之经济支持。但共产党之不能得大多数自由分子的支持，岂不是正因为她和苏联的关系？而华侨的资助，毕竟是中国人自己的钱，不至于有损革命者的自尊心。倒是十五年以前国民革命的队伍中有了与苏联有关的共产党在内，一旦国共分家以后，反而使中苏关系转成尴尬，这正是我们应该引以为戒的。"民主国际"的建立，既然是国际性的，中国的自由分子自然可以并且应该得到美国有力的支持。但这"力"不必属于经济方面的，至少当自由主义分子尚未获得政权，足以代表国家的时期是如此。

旧世界的统治方式是政治的，维持政权的力量是军队。十九世纪以前世界各国都是如此。二十世纪以来，现代国家的统治力量与方式，都转变到经济方面去了，主要目标是提高人民的生活水准。不论资本主义的国家，共产主义的国家，或温和的社会主义国家，莫不如此。也只有如此，才能使政权稳定，避免革命或内战的惨果。而中国则停滞在十九世纪以前的阶段，仍以政治和军事为统治方式，而不注意人们的经济生活。民生凋敝实为社会动乱及共产主义勃起的主因，而内战则是其结果。中国介乎两个不同政治体系的大国之间，而欲避免成为第三次大战中各国普遍内战的一部分，避免共产国际的蔓延，只有提高人民生活水准。而足以胜任这项使命的，只有国共之外的自由主义者的兴起。"民主国际"的建立，不失为培养新兴力量的一种方式。

我在本刊曾两次（二卷六期，十六期）提到：马克思虽然说，资本主义发展到极度，会产生共产革命；而本世纪的历史却证明：资本主义发达的国家如英美，反而不能产生共产政府，只有在战乱破坏，民生凋敝之后，才最适宜于共产政权的树立。苏联自己有了这经验，所以她如果要赤化某一国家，必找战乱破坏、民生凋敝的国家为对象。这也可以解释，为什么第三次大战的特点，将为各国内战的蔓延。虽然如有这种蔓延，美国的政策也要平分一半责任。这也可以使若干幻想中国可以从第三次大战中翻身的人士，爽然若失而有所警悟。

"民主国际"的建立当然不仅仅是有关中国的一个问题，但中国既处在美苏之间的重要地位，而瞩望中的自由主义者新兴力量之培植，则有待于"民主国际"的支持；要使中国免于赤化，除了先使中国的自由主义者抬头外，别无他法。美国应该正确地了解中国问题，勇敢地正视中国的现实，严肃地考虑这现实必然的发展。要做到这些，美国必先认清一点：即今日中国民间的真正舆论，不在报纸上而在期刊上。

原载《观察》二卷—二二，一九四七年七月十九日

从民主到帝国

谷春帆

自从十九世纪以来，民主运动，可说是风靡全球。第一次大战是为了民主打的。威尔逊总统说要使这个世纪安稳地民主（Make the world safe for democracy）。当时的德国首相 Herr Bethmanu-Hollwog 也说德国为了正义与自由作战。第二次大战更是为了民主打的。从大西洋宪章以至四大自由以及联合国全是民主。但是希特勒也说他要"为大众建设和平"。这样说来，不独英美是老牌民主，苏联是新牌民主，连独裁透顶的德国，也未尝不可曲解自附于民主。

民主民主，世界多少诳话，打着你的幌子。

拙著《中国工业化通论》（商务版）中，曾有一篇，详细分析民主政治之发生与工业化的关系。从这里可得到一个结论，历史上的民主政治仅是推行工业化的一种手段，一种工具，并且是临时借用的工具。在推行工业化的初期，因为要推翻当时教会行会贵族特权的束缚，所以发生了民主政治的哲学与民主政治的运动。这些哲学，这些运动，在十七八世纪时就是要帮助当时新兴的资本家充分无顾忌无廉耻去生产、去贸易、去掠夺、去发财所以才发明的。他的唯一功用，就是要扫除一切障碍发财的特权组织。当时所说民主运动的"民"，是专指有资产的人的，普通人民并不算是人民。随着这些障碍的消除，民主运动原来的目标也就消失而转向。

资本家无廉耻无顾忌的发财运动，引起了社会上普通人民及劳动群众的痛苦与不满。所以即在资本家以民主招牌来打倒贵族特权不久以后，甚至即在同时，群众就起来要求以种种社会立法，要求以国家的力量来干涉资本家。这种干涉，也以民主的招牌，也在民主的政制下发生。这样前后两种是性质很不相同的民主。前一种是放任的民主。后一种是干涉的民主。

即在放任的民主风靡的时代，在国与国间，国家亦往往出面干涉。到了现在，七八十个国家，睁眼对立。美苏两方更是穷形极相。国家干涉的程度一天一天加强。非但放任的民主早已碰壁，干涉的设施可以成为大帝国产生的前奏。人类文明五六千年，只有短短一个时期，小小一个区域，曾经以放任为政治，现在又是从放任到干涉，从民主到帝国的老路了！

在拙著《中国工业化通论》里，主要系根据英国的历史来叙述民主运动。因为英国是民主运动的发祥地。现在一般认为美国是民主国家的中坚，我们不妨把美国的历史略略一叙。从英国逃离到美洲的美国祖宗，是洛克放任哲学的信徒。独立宣言，人人平等，人人自由，是洛克至杰斐孙以至大多数美国人的信仰。美国有无限的天赋，无穷的机会，只待人去开发。拾富拾贵，随地而是。所以自由放任的哲学，在欧洲早已修正，而在美国依旧支配着大多数人民思想。但从独立战争以来，一向也还有一股集权干涉的思想，逐渐发展起来。依杰斐孙这辈放任主义的主张，独立战胜以后，各州自由自在，根本不要组织联邦。后来联邦派到底成功。林肯时代的南北战争，更确定了联邦的最高权。在国际向经济的发展，产生了门罗主义，产生了高度的保护关税，将整个美洲关闭起来，作为美国人自由开发的园地。联邦的疆土从十三州扩张到四十九州。经济力量，金融力量，政治军事力量，全成为世界第一。尽管美国有许多孤立派，尽管国内如何主张放任主义的民治，而在国际政治上，美国向来是干涉的。现在美国的经济力量，在国际间已经可以不怕别国竞争，所以在关税贸易方面，反而主张彻底放任。在国内大生产事业的发展，除了政府以外，亦是所向无敌。所以洛克杰斐逊的放任政治，成为大生产事业的护符，主张减削政府权力，而为共和党的政纲。向来主张放任的民主党，从罗斯福新政以来，反而主张干涉。以为放任妨碍全体利益，不独要以国家的力量来干涉，如罗斯福初期新政，并且要在国家力量来谋全体福利之增进，如 TVA 之类。但国内政治主张，虽有此区别，而两党对国际政治的主张，却一致要干涉的。

不独美国在民主政治的方式下，国家积极干涉，老牌民主的英国更是在民主政治的外套里，左倾到社会主义。由此说来，从美英的民主到苏联的民主，实在也只是程度上的不同。各国的政治趋向，几可说一致从放任走向积极干涉一条路上去。从民主走向帝国路上去。要使全国人民服从一个统一的意志，如卢梭所说 general will。至于这个统一的意志，如何来表达，是否用一个人来代表，用一个党来代表，用议会的方式来代表，或用其他的方式来表示，倒是另一问题。民主的内容是非常宽泛而富于伸缩性的。每个国家各自根据其本国的历史、民族性、经济状况等种种条件，而发展成功一种特殊的风格与制度。正因民主是如此笼统的名词，所以世界上没有人反对民主，任何独裁任何英雄也可以不必反对民主。正因如此，所以赞成民主，提倡民主，也成为无意义。必须得说明是如何如何的民主。犹之提倡生活主张生活为无意义，必须说明是如何如何生活。

实在说来，民主政治中最严重的问题，无过于如何有效地表达民意一问题。我们常听说"民意""民意"，这个名词之无意义，也与民主一名词之无意义同样可笑。夫妇两口子尚且可以有两种意见，至于无可调和而要离婚，一个国家有数千万以至数万万人民，各人有各人的意见，谁是民意，谁不是民意。若以多数为民意，事实上不能每次点数。若以抽样代表全体，无论用选择来抽样，或用一党专政作为抽样，所抽之样，均不一定代表全体。若以议会代表民意，议会很可以受到操纵。若以舆论代表民意，不独舆论可受统制，而且舆论从极左到极右，谁能代表民意？若全国人民真正只有一个意见，自然最好不发生意志统一问题。假使全国而有两个三个乃至无数个意见，民意根本不一致，如何求得统一的意志，实在很困难。放任政治的解答是，既然各人有各人的意志，让他们自己做去就是了。这个答案是合理的但是不够。假使各人可以凭自己意志做去，则意见不同的夫妇尚可离婚，意见不同的人民必致打得乱七八糟。人可以坚持自己的意见，作为"民意"，而使其他人群亦接受这个意见。其他人亦自以为是民意，不愿放弃自己的民意，接受别人的非民意。照费希特尼采这辈德国政治哲学的说法，唯有超人的英雄才能代表统一意志。假使有人不服，打倒他，消灭他，这是一种方式。管制他，强迫他，这又是一种方式。总之统一是要绝对的。照英美派理性哲学的政治主张，便不是如此。你不赞成我，我把双方意见，诉之人民信任。若人民信任我，你便不许再吵。若人民不信任我，我便让你；这是英国的方式。我也接受你一些意见，你也接受我一些意见，大家容忍四年。等到下次选举，看是你来，还是我来；这是美国的方式。英美的方式是容让的，政见不必统一，但求折中调和。绝对的统一意志，必须绝对的服从，否则便不免要打起来。譬如两夫妇中太太绝对好说话的可以不会闹离婚。协调而不统一的民主，非但要双方互让，并且要彼此同意用民主的方式来转移政权。否则人民纵使投了不信任票，我偏不下台或明明选举失败了，我偏要硬争上台，结果又非打不行。我觉得互让容忍，尚不是件难事。政治家大多是富于妥协性的。但要大家尊重用民主方式来转移政权，而不动武，却是件难事。

必须有长期的习惯，方能养成。政治是最现在的东西，极受历史支配。英国自克伦威尔称兵以后，美国自南北战争以后，久已惯于以选举禅让政权，不是偶然的。一个制度之生根立脚，非有三五十年历史不行。威玛宪法是最民主的法典，而结果产生希特勒。日本民主维新了数十年，而天皇仍是明圣。这次大战以后，西欧诸国本有民主根基者，大多仍恢复了民主政治。虽在苏联势力范围之内的捷克，一样也保持着民主制度，但同时的保匈诸国就恢复了独裁。所以伦敦的 Economist 慨叹说，不问外力如何，内部政制型态，究竟为本国国情决定。热心中国民主的人士，不能不特别注意这一点。无论如何缺陷，第一步先要努力建立一个以选举舆情和平转移政权的机构与习惯。我曾想假使自民元以来，大家能遵守民主的大道，使议会选举的方式，能保留至今，而只在此制度内求改良。则今日扭结不解的政争，也许可以经由选举来解决，不至于闹到如此地步了。

一个民主制度建立之初，尤其特别当心。因为此时新习惯尚未养成，而旧时以武力掠夺政权的习惯尚未消除，所以特别危险。民初以来的民主，不坏在贿选猪仔等等弊端上，而坏在称帝复辟军阀出入上，使民主的制度无法生根。头上一遇破坏，即永久建立不起来。南美洲的许多共和国，西班牙，威玛德国，均属此例。所以开头特别留心。尽管有许多不满意的缺陷，只应当针对此种缺陷去挽救，不可根本怀疑破坏此制度。例如近来很有人批评选灾，实在乌烟瘴气闹得太不成话。但试想美国选举的包办情形，以及乱七八糟的弊端，甚至去年尚有退役军人武装暴动打倒贿选的事情。可知一个制度要完美无缺，绝不是短期内之事。西谚所云进步的代价是永久不断的努力。若能先立一个民主政治的形式，在此形式以内，努力求其改良，而不加以破坏，则三五十年之后，如危崖上转石，不患不能至地。

上面说过，民主的内容极为宽泛。在不同的人手里，可以做出不同的民主。罗斯福手中的民主，与杜鲁门的民主，便完全不同。民主制度即使建立，随时可以破坏。即使根深蒂固不至于有破坏危险，也随时可以变质。所以永久要努力，永久要在民主的范围内努力。近来有人以为中国文盲太多，不能实行民主。有人以为中国有特权势力，任何好的东西来到中国即变质。有人以为中国上下两橛不通，所以民主做不好。这些话指示的多很对。正可以说明在今日中国而企图创立民主，不能期望过高。也正可以说明中国民主的前途，特别有大困难，特别要努力。也正可以说明假使今日中国而能将就搭成功一个民主形式的架子，已经不容易，特别要留心在此架子内去求进步，而不要拆毁此架子。固然我们至今还不敢肯定，这个充满"缺陷"，七穿八洞的架子，是否真能搭得起来。搭起来亦是否还有民主意义。但这正是爱好民主的人应当努力的地方。

我说互让容忍，尚不是件难事。从一般政治家性格上说来，我觉得是如此。但自然不是每个人如此。黑格尔马克思所教的人生并不如此。军队训练的人生也并不如此。所以洛克以来放任宽容互让理性的民主老风度还得要提倡。尤其关于统一与协调的分别，应当说得明白。真如罗素所说"容让与常识是心理的习惯，不能写在宪法中去的"（History of Western Philosophy. 1945，P638）。

我不能在一篇短文内太多说。我觉得政府要统一而政见要协调。政府统一与政见统一是两件事。政见不必统一。而统一的政府也无妨分权。一个国家而有两个并行的政府必闹。所以政府必须统一，一国只能有一个政府，处理属于全国之事，但不应干涉各级地方政府之事。各层政府有各层政府之权。一省有一省之事，一县有一县之事，一乡有一乡之事。各有其事，各有其权。所以分权无妨于统一。并且民主政治必须从地方自治培养起来，所以分权尤为必需。至于各种政见，彼此不同，煤矿有煤矿利益，纱厂有纱厂利益，若彼此不冲突，尽可各管各做。若彼此冲突，则不能不调和一下，彼此相让。只要不破坏民主政治的制度，则各种利益既无统一之可能，亦无统一之必要。既不能硬性统一，则唯有出于协调之一法（也许有以为政见之不同，并非利益不同，而系主义不同，但我不相信如此看法）。各人有各人的利益，有各人的政见。唯有各种政见的协调，方能代表全体的利益。也许每个人不能全满意，却也不致每个人全失望。这才是真正民主。否则若定要贯彻绝对的主张，纵使这种主张确实利国利民，而实行出于强制，民主的风度一失，这个政制就可能从民主逐渐变为帝国。在这经济干涉社会主义日渐抬头的时候，我看连英美也未能免此危险。他们民主政治的形态是不至于变更的，但其内容则是可变的。

从民主到帝国的最大危机在于国际间。照目前对峙的局面看，已无待细说。上面说过，政府必须统一。并行的政府必闹。国际间有如许政府对立，怎能不闹？闹则怎能不从民主走到帝国路上去？唯一解决办法是世界联邦。必须全世界人民能明白，世界与国家一样，只能有一个统一政府，处理一世界之事，但不应干涉各国之事。各国有各国政府处理一国之事，而不干涉地方之事。如此权责分清，则各国之与世界联邦如各邦各省之与一国。如此而一个国内可以实行的民主制度，方有推行于世界的可能。但是太梦想了。目前世界是正在向帝国路上走了，而且走得很紧。一个帝国的世界能与民主政治并存吗？我们只好再等着。

原载《观察》三卷十号，一九四七年十一月一日

论尊孔与民主的矛盾

朱本源

今年元旦，国民政府公布了国民大会制定的宪法，昭告天下，颁行全国，以期实现"民有民治民享的民主共和国"。也就是在今年八月二十七日，国府主席率领百官，在国府举行孔子诞辰纪念，各地方的行政长官都到文庙主持祀孔大典，并由民议机关的领袖陪祀；祀典进行时，俎豆杂陈，雅乐齐奏，焚香燃烛，长袍拱手，朗诵祝文，发表演说，集古今祀礼之大成，好一番穆肃的"尊孔"气象。这两桩事，骤看起来，似乎风马牛不相及，没有相提并论的必要。可是熟悉民国掌故的人，总觉得这两桩事由同一政府来倡导时，多少有点不相称。因为在他们的记忆中，三十年前"宪法与孔教"曾经成为问题。读过了《新青年》杂志的人，总还记得陈仲甫（独秀）所说的："孔教本失灵之偶像……应于民主国宪法，不生问题。只以袁世凯干涉宪法之恶果，天坛草案遂于第十九条附以尊孔之文，敷衍民贼，致遗今日无谓之纷争。既有纷争矣，则必演为吾国极重大之问题。"（二卷三号《宪法与孔教》）

当二千多年的君主专制政体刚被推翻时，孔教虽随之成为失灵的偶像，可是袁世凯做总统后，始而干涉天坛制宪会议，使宪草中列入尊孔的条文；继而（于民国三年）下令恢复春秋祀孔。袁世凯称帝失败后，康有为于民国五年又致书总统总理，提倡尊孔，并请议院"以孔子为大教，编于宪法，要求政府"。孔子的偶像重被抬出。陈仲甫遂纠合《新青年》的同志，群起而攻之，于是演为五四运动最精彩的一幕——"打倒孔家店"。当时反对尊孔的人士多以嬉笑怒骂的态度出之，后人常引为诟病。其实，二千多年的偶像，如果不用那种"抓破脸"的手段，是无法推倒的。就是在那些一时的议论中，仍不乏精锐而正确的批判。其中，以陈仲甫认识出尊孔与民主之不能相容，最有历史的价值，值得吾人今日重读的。下面是他的重要结论：

"孔子生长封建时代，所提倡之道德，封建时代之道德也；……所主张之政治，封建时代之政治也。封建时代之道德……政治所心营目注者，其范围不越少数君主贵族之权利与名誉，于多数国民之幸福无与焉。"（见《孔子之道德与现代生活》）"分明挂了共和招牌，而……定要尊孔教。按孔教的教义，乃是教人忠君，孝父，从夫。无论政治伦理，都不外这种重阶级尊卑的三纲主义。"（见《旧思想与国体问题》）

"以议员而尊孔子之道，则其所处之地位殊欠斟酌；盖律以'庶人不议'，则代议政体民选议院，岂孔子之所许？"（见《宪法与孔教》）

"孔教与共和乃绝对两不相容之物，存其一必废其一。此义愚屡言之，张（勋）康亦知之。故其提倡孔教必掊共和，亦犹愚之信仰共和必排孔子。"（见《复辟与尊孔》）

这次纷争的结果，不但尊孔未能成功，反而使孔子在历史上的尊严与神圣完全被剥落。因为五四时代是中国大多数人民以新鲜而狂热的感情"拥护德谟克拉西"，要求解放个性的时候。所以"康先生电请政府拜孔尊教，南北报纸无一赞同者；国会主张删除宪法中尊孔条文，内务取消跪拜礼节，南北报纸无一反对者"。"孔家店"不得不暂时歇业了，到了国民革命时代，孔子更是遭遇厄运，各地大成殿几全改为国民小学的课室，全国的学生都奉令向总理遗像鞠躬以代替向孔子牌位叩头，孔子的香火完全断了。

岂知在袁世凯恢复祀孔的二十年后，国民政府以武力统一了中国的时候，又明令恢复纪念孔子诞辰的典礼。这是多么突然的事。五四时代打倒孔家店的老英雄，胡适之先生出马应战了。胡先生做了一篇"写在孔子诞辰纪念之后"的文章，驳斥当时尊孔的理论。但是大多数人却沉默着，胡先生的大文并没有掀起《新青年》时代那样波澜壮阔的反响。虽然，这时候去五四时代未远，而国内国外的情势已经改变了：德谟克拉西在西方遭受到白眼，攻击，以至于排斥；德意的法西斯主义正在披猖扬厉，复古主义和狭隘的民族精神成为人们醉心的目标；中国正标出"一党训政"的时期，精神上走着德意的路线。墨索里尼抬出了古罗马的"斧钺"（Fascio），我们岂可不抬出"万世师表"的孔子？当时尊孔者即以"倡导国民培养精神之人格"和"恢复民族的自信"为理由，民主已被人抛到九霄云外去了，所以胡适之先生也就没有从民主的立场去反对尊孔。他仅用事实证明"最近二十年中不曾借重孔子"而能做到"智识上，道德上，国民精神上，国民人格上，社会风气上政治组织上，民族自信力上……凌驾百王的大进步"。于是胡先生大声疾呼道：

"可怜的没有信心的老革命党啊！你们要革命，现在革命做到了这二十年的空前大进步，你们反不认得它了。这二十年的一点进步不是孔夫子之赐，是大家努力革命的结果。"你们"反倒……梦想从那'荆棘丛生，檐角倾斜'的大成殿里抬出孔圣人来'卫我宗邦，保我族类'，这岂不是天下古今最可怪笑的愚笨吗？"

胡先生认为尊孔决不能达到"国民的精神"和"民族的信心"之复兴。这是绝对正确的。

民国以来第二度的恢复祀孔，又过了十多年了，在这些年头，孔子的香火一年比一年旺盛。这十多年是一党训政的时期。尊孔者借口以孔子灵魂"奋起国民之精神"，来抵抗日本的侵略。反对尊孔者唯有沉默，而且不得不沉默。今年情形却不同了：政府在形式上结束了一党训政，事实上公布了一本中华民国宪法；在世界上法西斯主义已因德意日之战败沦为罪恶的渊薮；民主成为全世界人士判断政治上是非的标准。然而在这样的前提下，我们的政府却以公法人的身份代表国家"独尊祀孔氏"。我们能不感到惊奇么？

我们不能再像五四时代反孔教的战士，以想象中的西方"德谟克拉西"为标准，把孔子骂得不值一文钱；也不能像训政时期反孔教的战士，只注意社会表面的进步，而忽视了当时政治的反动性。我们应当从尊孔的政府行为中揭发出现实政治的本质。

我们知道，当人类的理性发达到相当程度以后，任何一种政治或社会的制度必需有一套理论的基础，作为统治权之精神的工具，以赢得被统治者良心上的服从。例如，欧洲的封建制度以基督教的信条为精神的维护者，十六世纪的君主专制政治尊奉君权神授说，十八世纪以来的民主政治有它的人权论和功利主义，苏联的无产阶级专政更是强烈地以历史唯物论为根据。中国二千多年的君主专制与孔教所以有不可离散之因缘者，以此。

不用说，每一种政治制度所利用的理论，必定是与它的利害关系相一致的；这种理论决不是纯粹的思想的游戏，而是现实的一部分。因此，如果有人对此理论表示异议，不啻攻击制度本身，所以历史上的统治者不惜利用一切政治上的方便去维护或"表彰"与它的利益相表里的学说，而迫害或"罢黜"表示异议者。对所表彰的，奉之为"正统"，对所罢黜的目之为"异端"。罗马的君士坦丁大帝是最初下令保护基督教徒的人，他在尼西亚会议（the Council of Nicaea）中认定亚哲拉细阿斯（Athanasius）的教义为"基督教正统"（Christian orthodoxy），而以亚里阿斯（Arins）之说为"异端"（Heresy）。其所以如此者，因为正统的教徒们承认罗马社会应该建立在奴隶和私有财产制度上面，并宣扬

"人们都应当听从世界上的不平等作为死后取得平等的条件"之"得救的神话"。在另一方面，欧洲中世纪"异端裁判所"迫害异端的史实，是大家所熟悉的。苏联一九三四年以后的"莫斯科审判"（Moscow Trials）是现代著名的迫害异端的例子。萧伯纳说得好："我们不要愚蠢地以为只有纳粹党徒，法西斯党徒，和布尔什维克党徒做这样的事，而英国人绝对不会这样干的；其实我们的法律是建筑在正统之上，而且长须如此，正如苏联，意大利，德意志的法律一样，不得不如此。""在资本主义的社会中，民主教育是不能宽容的，因为民主教育不可避免地走向共产主义，资本主义为了对抗起见，不得不有系统地宣传资本主义的学说而毁谤共产主义的教师，俾使我们所有的人都皈依曼彻斯特学派（Manchester School）"见（Beruard Shaw: Every body's Political What's What? pp. 171，160.）维护正统几乎成为每一种制度共同的现象，我们无须因为历代君主之罢黜百家而感到"礼教吃人"，便归罪孔子个人。一种"正统"之所以具有"不能宽容性"（intolerance），并非它自己要这样，而是它的政治上的功用要它不得不如此。不过它之所以获得一种制度对它的表彰，却由于它有意或无意地给该种制度以"理论的根据"。

我们可以粗略地检讨一下，中国二千多年的君主制度所以尊孔的原因。显然地，君主所以尊孔，最大理由乃孔子主张尊君。关于孔子思想中正名主义以及三纲五常说等等怎样与封建社会的统治形式相吻合，近人已经作过很精确的阐发，勿待我们赘述。不过我们应当特别注意，孔子是主张维持既得的利益的人，任何一种打破现状的企图皆遭受孔子的痛斥。季氏以八佾舞于庭，孔子认为"是可忍，孰不可忍"。陈成子弑简公，孔子沐浴而朝，向哀公说："陈恒弑其君，请讨之。"孔子作《春秋》，并非客观地写历史，而是使"乱臣贼子惧"。因此，在中国二千多年的封建社会中，并不是每一个时候都在尊孔。特别是在易代之际，野心家夺取政权时，孔子即被人奚落，犹之国民革命时代一样。历史上第一个用太牢祀孔子的是汉代的高皇帝刘邦，然而他在想效法秦始皇而尚未做到的时候，见了儒生，便摘下他们的儒冠来盛他的小便，或者开口闭口称人"竖儒"。一直到他统一了中国后，从陆贾的奏议中，才懂得"行仁义，法先圣"对于巩固他的统治权之精神效力。叔孙通向他坦白地说："夫儒者难与进取，可与守成。"儒生替他定朝仪，别尊卑，他才"知皇帝之贵"，才懂得尊孔的必要。汉武帝之所以创造了表彰六经罢黜百家的玩艺，乃因为董仲舒告诉他，这样做才使"统纪可一，法度可明，民知所从"。当异族入主中国时，他们对这一点看得最清楚。蒙古军侵入中原时，将儒生抓来，分配于征服者将士做奴隶。

到了太宗九年，天下初定，耶律楚材上奏说："制器必用良工，守成必用儒臣"，皇帝便开始任用儒生。仁宗更明了儒学的用途，他"尝与群臣语，握拳示之曰：所重乎儒者，为其握持纲常，如此其固也"。像这一类的故事历史上多得很。民国以前，虽有朝代的更易，并没有社会性质之改变，也就不曾有统治方式之根本的改变，所谓"禅让"与"征诛"只是统治者的易姓而已。因此，自汉以后尊孔成为原则，而且随着君主集权的发展，孔子也就由师进而为王，由王进而为神。至清末，孔子升有大祀，大成殿改为九槛，无怪到了康有为，孔子要成为"教主"了。

现在，我们可以得出如下的论证。

一种不同的制度有一种不同的理论基础，后者是前者的"辩护"（justification），前者奉后者为正统。

民主与君主是两种极端不同的或矛盾的制度。

因此，在君主制度下，统治者不但绝对不会去表彰民主的理论，而且迫害之唯恐不及。反之在民主制度下，如果统治者去表彰君主制度的理论，便是对民主的不忠实。

当袁世凯做总统而下令恢复祀孔时，识者即以为那是袁氏称帝的先声。果然，袁氏在翌年即黄袍加身。拿破仑的专制威权已经得到了国民的代表按照民主政体的种种仪式加以承认，他们然觉得不够，还要请出教皇来替他加冕，因为加冕是君权获得人民精神上之服从之历史的根据。这样看来，一个一再向人民表示实行宪政的政府，而年复一年地尊孔，决非是"天下可怪笑的愚笨"，而实在是泄露着在美丽的谎言的背后，有一个虽无专制之名而有专制之实的统治。尤其是以一个在革命时代曾经打倒过孔子的政权，而在革命胜利后已与过去取得妥协与和平，同时因豪强兼并而遭受到新的革命之威胁时，来铺张扬厉地尊孔，我们不能不怀疑这是在运用中国历史上少数统治着多数而企图稳固他"握持其纲常"时所运用的政治上之方便法门。

最后，也许有人说，尊孔是民主国家"信仰自由"的原则所允许的。反对尊孔便是干涉人家信仰的自由，便是不民主。这可以分两方面来答复。第一，我们所说的是政府的尊孔，而不是私人的尊孔。这在五四时代的人士已经看出了，如云："使孔教仅以私人团体立教于社会，国家应予以与各教同等之自由。乃专横跋扈，竟欲以四万万各教徒共有之国家，独尊祀孔氏。"以国家的地位来表彰一种正统，即是寓禁于尊，是不民主。在另一方面，民主制度虽以"宽容"为原则，但是它却不能宽容反对它自己的理论和行动。我们已经说过，在民主社会也有它的"正统"。但是民主制度之所以异于其他非民主的制度者，最显著之点为：民主的正统不是政府所表彰的，而是传统和舆论所维护的。这也许是民主制度之所以不稳固的原因。当舆论不维护其正统时，它就束手无策；希特勒的统治所以能从威玛共和国产生者，以此之故。反之，当舆论制裁反民主的理论或行为时，正是维护民主的表现。

今年七月十八日伦敦《论坛》杂志上有一篇名叫格兰特（Jorathan Grant）者所写的文章，其中有几句话很有见地。格氏云："西方文明已经再也不能像过去那样引起人们尊敬，甚至于对于它所喜爱的民主的观念都不能给以异口同声的定义，而且因为科学发明了新的屠杀群众的武器，已威胁着人类的生存。所以许多中国知识分子倾向于儒家学说所理想的过去，这是不是为奇的。但是这种倾向对于目前中国政治的关系，却具有重大的意义。静止的家长制度的儒家道德，对于个人主义的自由主义和阶级斗争的共产主义都是反对的；对于中国最近数十年中所建立起来的社会秩序是非常适合的。"可是目前中国所面临着的危机，迫使我们不得不作社会秩序之重建。开明而伟大的政治家不应当以"光荣的过去"来反对个人主义的自由主义和阶级斗争的共产主义，而应当以"将来"来反对它们，因为历史潮流像长江的水，只前进而不后退；人类曾经无数次以落后的观念阻挠前途的历史潮头而激起革命的浪花。我们应当以民主为原则在自由主义与共产主义的综合中，开拓出新的天地。我们切不可"回到孔子"，那是后退，而且与民主矛盾。

如果政府真是一本正经尊孔呢，民主便徒有其名；如果真是决意实行民主呢，请从废止国家祀孔始！

原载《观察》三卷十期，一九四七年十一月一日

自由乎？平等乎？

吴恩裕

　　英国著名的历史家阿克顿（Lord Aoton）曾说过这样一句话："追求平等的热情，使令我们对于自由的希望，成为泡影。"这句话一向被认为是主张平等与自由冲突的名言。中国现在正迈向民主政治的路途，而民主的极致，就是达到自由及平等的境界；那么，自由和平等究竟是不是冲突的呢？如果不冲突，有什么理论的论据？如果冲突，则不但要有论据，并且还有一个实际的问题跟在后面，即：我们究竟要自由呢？还是要平等呢？

　　为了解答这些问题，本文下面首先讨论：自由的抽象意义是什么？它为什么值得我们争取？其次，再从实际的社会经济背景中来看自由的争取，便发现历史上争取自由的总是限于某一个阶级，从来没有普遍地争取过；当然更没有普遍的获得过。因此，经济上、教育上以及其他特权上的不平等，乃是自由的阻碍。再次，我们说明：自由应该是全人类所趋赴的目标，它的普遍实现是必须有平等为基础的。所以，只有少数阶级的特权与全民的自由是冲突的；而全民的平等，不但不与全民的自由冲突，反而是它实现的主要条件。

　　让我们首先说明自由的抽象意义。自由有消极和积极两种意义。消极方面，所谓自由有：取消约束或限制之意。例如信仰自由，便含有旁的人或政府不干涉个人信仰宗教之意。又如言论自由，也同样有反对任何人干涉的意思。积极方面，自由有：任意选择办法或观点意思。例如上述两种自由，在积极方面，便含有任意选择宗教信仰，任意选择立论的观点的意义。

　　只就抽象的意义讲，自由也是值得争取的。特别是从自由的积极意义说，它乃是任何社会进步的基本条件。一个社会的进步乃是大量的创造活动及思想所造成的。而创造性的活动及思想，都包括着"选择"的作用。那就是说，假如有最好、好、不好三个可能，那么创造性质的活动及思想，就选择那"最好"的一个可能。旁人，政治权力，都不能限制或阻碍这种选择。如果"钦定"一种办法或观点，迫令人民遵照活动及思考，这个社会是绝不会有进步希望的。所以，我们可以说：阻碍正当自由的政府，不但于法无据：因为正当的自由是宪法上明文规定了的人民的权利；而且是阻碍社会进步的，全社会的罪人。对这一点，我们在争取自由的过程中，应有正确的认识。

其次，我们再由社会经济背景来看自由的问题。抛开了上述对自由的抽象说明，在事实上，我们便不能不发生下列的问题：是谁在争取自由？是些什么人有得到自由的希望并且真正得到了自由？

是谁在争取自由？这问题显然和压迫的程度有关。在习以为常的奴隶制度的社会中，奴隶恐怕连争自由的企图都不易发生。因为压迫得太久太重了，被压迫者纵然不会改变天性而具有奴"性"，却可以造成因循懒惰的习惯服从。又如中国今日的无知农民，他们会起来争自由么？不会的，一则因为他们被压迫得深而久了；再则因为他们没有知识，特别是没有政治的意识。而另外，我们今日热心民主的人士，几乎全是"都市民治家"，知识分子是不会把民治带到乡村，交给农夫的。

是些什么人有得到自由的希望，谁得到了自由？这问题是具有历史意义的。而它的正确解答，也足以发人深思猛醒，可以为了解中国当前民治问题的帮助。就近代的社会经济背景而言，争取自由的：是反对特权贵族的地主；是反对政府干涉的资本家。并且他们在他们各个的历史阶段中，也都得到了自由。何以他们能得到所争取的自由呢？因为争取自由，和自由的实现，都是有其经济条件的，而他们就正是具备此种条件的人。近代历史的发展，直到目前为止，自由的实现始终没有扩展普及于全民；其原因就是：在全民中之贫困的农工阶级在现代国家中，虽然表面上享受自由的法律权利，但是他们自身的经济情况，却阻碍了他们实际上享受这种权利。所以，法律上的规定是"应该"享受自由；而事实上的问题是"能""不能"享受自由。这种"能"与"不能"的背后，实在隐藏着阶级的分野，财富分配的不均。这种情形就正是所谓"不平等"。有钱的，能享受自由的，在现代国家中，都成了特权阶级：他们的自由之获得，是建筑在这个社会的经济不平等上面的。因此，少数人经济上不平等的存在，恰好是全民不能普遍获得自由的基本原因。

再次，我们要一反上面所引阿克顿那句话，而认为全民普遍地获得自由，必须建筑在经济平等之上。我们必须取消经济上的不平等，然后才能实现全民的自由。在经济不平等的社会中，占优势的阶级是少数人，取消他们的经济优势是取消一种社会的特权。人类历史所以被认为是进步的原因，就在于：它是一个不断地取消种种特权的过程！

取消少数人经济的特权，自然包括着重行分配财产，或至少是限制财产之获得的问题，这岂不是剥夺现代国家中法律上保障财产及累积财产的自由权利了么？是的，是要剥夺少数富人的这种"权利"；但须知这种权利在现代国家中已经变成了"特权"了，并且当我们已知这种特权妨害"全民"的幸福时，剥夺它不是应该的么？所以，就此观点说，已经变成了特权的自由权利，应该被剥夺，被取消。但这并不表示："自由"与"平等"是冲突的。这只表示"特权"或少数人所能独享的自由和"平等"是冲突的。

关于这一点，有好多现在的学者，没有弄清楚。其原因就是因为他们未能把自由的问题，放在具体的社会经济背景中来研究，因此他们也不问："是哪一种自由？""是谁能享受此种自由？"等问题。殊不知这种态度是不对的。如以政治自由为例，在希腊社会中，便只有公民阶级能享受，而奴隶则绝对不能。又以财产自由为例，在近代社会中，工资劳动者，终日疲劳精神，求一人一家温饱之不暇，你说他应该享受大量堆积财产的自由，岂不是绝大的讽刺么？所以，我觉得我们的政治经济学者：不要再认为平等与自由是冲突的：因为全民的自由，必须以平等为基础。不要认为如要平等即必须损失一些自由，因为那"些"自由既已成为少数人的特权，则取消它便是应该，而非不应该的了。

最后，以我们中国目前的民主运动而论，我们必须了解：要自由是当然的，因为照上面所说，自由乃是社会进步的动力。但是平等也是重要的，因为西方民主政治的经验已经昭示给我们：没有平等的基础，真正全民的自由是不会实现的。平等和自由是不冲突的，因此我们一方面固然要争取自由，另方面也要促成平等，以为自由的基础。但这争自由的运动必须是普及各阶层的，否则就不免流为某一种人的特权之争夺了。如果民治的运动是以都市为出发点，而谋逐渐普及于乡村，那自然是可以了。如果是始于都市，又止于都市，那就不免是特殊的民治而非普及的民治了。

中国人口里农民占那么大的百分比，在此次民主运动中，很少人想到他们，提到他们。这不能不说是怪事。有两个远见的外国人，曾经做过提醒我们的企图。一个是华莱士来中国时，曾促我们注意设法提高农民的生活及知识水准。另一个是拉斯基某年为重庆《大公报》所撰的一篇社论，题目似为"中国革命之展望"，其中也有提醒我们提高农民生活及知识水准的意见。然而，我们却没有人注意这些问题。照我的看法，平等既为自由的基础，而自由又为民主之鹄的，则在我们的民主运动中，绝不可忘记了农民：因为在全中国人民中，倘使把农民抽出去，剩下的便显然是少数的特权阶级了。抛开"应该"与否不管，须知历史的进程是无情的：建筑在不平等基础上面的少数人的特权自由，终于是要被扬弃的，被剥夺的。而全民的普遍自由，却永远需要平等为基础。

一九四七年十月廿六夜

原载《观察》六卷七期，一九四七年十一月十日

"左派"是罪名吗？

——敬以请教浙江高等法院的三位法官先生

《世纪评论》，第 2 卷第 24 期，1947 年 12 月 13 日

钱实甫

读三十六年十一月二十四日上海《申报》所载中央社杭州通讯，有一段值得相当注意的报道，我个人读后不很了然，特说明所不明白的地方，谨就教于浙江高院的三位法官先生。其中有关的部分，特先照原文摘录于下：

> 浙大于子三案同时被捕之陈建新、黄世民、郦伯瑾三人，业经浙江高院于二十日上午十时宣判，各处有期徒刑七年，兹志其判决理由原文如下："查被告……思想左倾，……且有当场搜获之反动及左派书报（《政治常识》、《怎样研究辩证法唯物论》、《哲学之贫困》、《雇佣劳动与资本》、《时代》杂志、《展望》杂志、《世界知识》、《时与文》杂志等）。……综上观察，被告等……参加中共领导之全国学联会，复有鼓动学潮，吸收社员，传阅左派书报，制作读书报告，种种秘密活动。是被告等均系参加共产党，担任后方策动工作，已堪认定。……据上结论，应依《刑事诉讼法》第二百九十一条前段，第二百九十二条；《刑法》第二十八条，第一百零一条第一项前段，第一百条第一项，第五十七条，第三十七条第二项，第三十八条第一项第一款，第二款，判决如主文。……"

在政府动员勘乱之后，中共分子已被列为叛逆的奸匪，任何人如被证实确属中共党员，而又有所行动，要依法予以制裁；这纯从政治的眼光来看，并不感到惊奇。但从法律的眼光来看，细读判决理由，却不禁疑问丛生。假如这三个青年确有"目的固不仅在夺取政权，实欲摧毁一切国家组织，显系以暴动意

图破坏国体，窃据国土，及以非法之方法变更国宪，颠覆政府"等的证据，则引用《刑法》上有关内乱罪的条文来制裁他们，自然也很平常。所不懂的，是理由内几次提到"左倾"或"左派"的问题，并引为犯罪依证之一，则令人大费思索。我的疑问，约有四个端：第一、"左派"是否可以构成罪名？第二、中共与左派有何关系？第三、所列左倾书报是否违禁物品？第四、所依据而定罪的理由，在法律上的根据何在？

第一，"左派"是否可以构成罪名？

假如"左派"是相对"右派"而言，是代表一种进步的、积极的、革命的作风，和代表保守的、稳健的、温情的右派作风处于相对的地位，则正是一种最光荣的称谓，根本谈不上会有构成罪名的任何成分。任何人，尤其是青年，总不会自满自封于保守、稳健、温情的作风，而不求可能的与无害的进步、积极、革命的方式，这乃是很自然的趋势。同时，在任何一本辞典上，我们也未见过把左派所象征的解释成为狂妄的、暴乱的、残酷的意思，而恭维右派才是正确的、完美的、真理的标准。可见右派并无功，而左派亦无过。习惯上，一般国家都在沿用这两个名词，以其分别表示某些人士的不同风度，并未用以说明它们谁善谁恶，更从未用以判定谁该嘉奖或惩罚。

拿具体的例证来说，中山先生伟大人格的表现，则正是左派的楷模。他的思想与行动，随时随处，无不彻底显示出进步、积极、革命的精神。因此，他非常不满意那般保守、稳健、温情的改良主义者的立宪党徒，并曾在一个不短的期间，和他们作过尖锐的理论斗争。至于那般代表封建、顽固、残虐势力的满清政府，以及后来代表腐败、投机、阴险势力的北洋军阀，在他的眼光中，决不会把他们视为"右派"，根本会否认其可以成为比较的对象。

原来左派与右派只是指的两种互异的作风，不过较有缓激之别，到底并无是非之分。如果认为左派所代表的是狂妄、暴乱、残酷等，则右派所代表者应是腐败、投机、阴险。这样，则无论哪一派都不对，同属应该纠正或消灭的。这样的用法，我们不愿同意，因为太侮辱了那两个庄严的名词。拿中山先生的风度来说，他决不会自处于这样的两派之间，我们也不愿作这样的比较。我们何以不把土匪称为左派，不把军阀称为右派，即在他们的作风，根本便是绝对错误的，谈不上什么缓进与激进，消极与积极。

如果某些违法乱纪的分子，不断的肆其凶焰，其所构成罪名的因素乃在其狂妄、暴乱、残酷等行为，直可称之为奸、为匪、为贼、为逆好了，实在用不着假借左派一词来作为考语。比如目前所习用的"自由主义"一词，乃是对于一般在思想上不为任何党派成见所拘束的称谓，其见解自然可能与政府的意思不尽相同；就其"超然"性与"批评"性一点来说，绝无罪过可言。事实上，这个名词有时也被解为对一切政治上反对派的总称，有时更不惜用以包括攻击政府的人士在内。假如有人恶意的发表诬蔑政府，或诽谤当局的言论，其罪过乃是在其"侮辱"，实在不必罚及"超然"。这种越轨的言论，并非自由主义一词所指的本意，其构成罪名的成分，也就大可不必提到"你是个自由主义者"。

第二，中共与"左派"有何关系？

"左派"既非罪名，而构成罪名的依证又非直接，全盘起于左倾的缘故，则在剿共的勘乱行动之中，就大可以不必把两者联为一事。如果认为左派是代表进步、积极、革命的，中共承受这顶帽子，自然极其欢迎，那又置政府的颜面于何地？如果认为中共乃是罪大恶极的，则无妨直截了当，便用现在惯称的"奸匪"一词称之，在《刑法》上又可以找出适当的条文来作为根据，那不是很自然的事吗？况且左派这一庄严的名词，绝非中共的专利品，又何必把这一光辉的头衔送给自己所最不高兴的人。如果左派是中共自夸的，则也应该正面指出其不对，证明其非真正的，而只是假冒的左派，实际只是奸匪。中共常自称为革命的党，岂可即因此而把政府或国民党看成是与革命无缘的，或把"革命"也当成是中共分子的罪名之一。有人提倡"言论自由"而超过了法定的限度，其犯罪的根据是其对人的恶意伤害，而不能构成自由罪。中共不断的在喊自由、喊民主、喊社会主义，那么，这些好的名词只有一律奉送给它，而视为可因可杀的罪名了。中共更曾宣称奉信三民主义，出了不少有关研讨三民主义的书刊，又誓言过"本党愿为其彻底实现而努力"，这也能认定三民主义便是中共一党之私的产业，而据以定罪吗？

左派本属一个光辉的名词，如革命一般，中共才会欣然承受，许多人士也才愿意受之不辞；站在政府的立场，实在没有理由便自弃于光辉的称谓之外，而无条件的把它送给别人。若说左派代表危险的，则革命又何尝不然。满清政府、北洋军阀、顽固分子等，又何尝不视革命一词为洪水猛兽，又何尝不把革命看成是狂妄、暴乱、残酷的别名，何以国民党仍然居之不疑。北伐之前的几十年间，国民党的人士更常在"革命罪"的理由之下，惨被牺牲者不计其数，今天何以仍在尊视？革命主义与改良主义对称的别名，即左派与右派，我们实在找不出左派一词的罪恶性，更找不出它和中共之间的独占性。

第三，左派的书报是否违禁品？

说到这一问题，则更令人费解；岂但费解，而且更感到无限的战栗！

别的刊物暂且不说，先说《世界知识》和《时与文》两个刊物。这两个刊物是否与左派或中共有关，我们实无法代为证明或辨明；至其对读者用做构成罪名的条件之一，则很明白，却不无可疑。这两个刊物现在仍然继续出版，销路很好，几乎遍地皆是；何以编者、著者可以逍遥法外，而读者便须有罪？假如它们真是中共的或准中共的，又何不呈报政府早早禁绝，以免贻害青年？政府也不是痴聋的，何以也不把这些有毒的东西，及早明令封闭？它们之能存在，我想大致是还找不出某种"通匪"的证据来，不便查封，然则又何以读不得？编者与著者无罪，卖者与贩者无罪，独于买者与读者犯法，这是什么逻辑？这情形正似禁酒，酿者自酿，运者自运，售者自售，沽者自沽，饮者自饮，独于菜馆里面卖不得，便谓之节约。

谈到书籍，则问题更大了，比如《哲学之贫困》等书的成为罪名，大致因为它是马克思的著作，马克思的著作便是犯法的吗？中山先生说过："研究社会问题的人，不下千百家，其中研究最透彻而最有心得的，就是大家所知道的马克思。……现在研究社会问题的人，也没有那一个不崇拜马克思做社会主义史中的圣人"。又说"至于马克斯【思】所著的书，和所发明的学说，可说是集几千年来人类思想的大成"。这话是他晚年演讲民生主义的时候所说的，虽然他指出马克思学说中仍有不少的弱点，却并未说明整个理论的不能成立，更未说明其不宜存在。所以他又说："民生主义就是共产主义，就是社会主义：所以我们对于共产主义不但不能说是和民生主义相冲突，并且是一个好朋友，主张民生主义的人应该要细心去研究的"。这是他怕别人受了他批评意见的影响，便误会到马克思的共产主义全无价值，而再来点醒一句。再则，他看到当时许多人在反对共产党，连带也便反对共产主义，最后更其严正的指出："为什么国民党要去反对共产党呢？这个原因，或者是由于共产党员也有不明白共产主义为何物，而会有反对三民主义之言论，所以激成国民党之反感。但是这种无知妄作的党员，不得归咎于本党及其党中之主义，只可说是他们个人的行为。……不能以个人的行为，便反对全体主义……"。可见国民党员应该去"细心研究"马克思主义；而任何人对之加以研究，也是正当的，绝不可能成为罪名？马克思和他的主义，绝非中共的专利品，谁都可以研究，而且应该研究，何以这些书就在左倾的考语下而成为罪案了呢？中国过去的帝王是拿五经来做统治手段的，难道我们今日便连读五经也都算是"复辟派"或"保皇党"的证据，而可以据此定为罪案吗？

许多人似乎都患着严重的过敏性，只要一看到马克思、唯物论、辩证法、社会主义、共产主义、剩余价值……之类的名词，便立刻联想到"反动"，而认为是罪大恶极的。及其末流，更查禁到《马氏文通》、《红楼梦》，这岂非天下的笑话？其实有许多尽属纯学术性的东西，根本并无危险的成分在内，实在用不着大惊小怪。尤其是辩证法，可能是黑格尔唯心论的，也便予以歧视，更可骇怪。何况政府又并未明颁"禁书总目"，读者即不可能构成违禁的罪名，这道理尤其明白。

再说到学术研究的立场上来，则我们更其要引为憾事；岂独憾事，说不定还可能成为天大的祸事。比如我们学习社会科学的人，尤其是研究政治和经济的，每天都要接触到这些危险的东西，而且是研究工作中所不可缺少的要件，那又如何办法。我们研究三民主义，照中山先生的指示，非多多参考其他有关的重要学说不可，更须"细心去研究"马克思的理论；即使反对共产主义的人，也要先看明它的真相，然后才可以据理驳斥。如果这些书籍都是违法的，那我们只好一律不看，不独无从批评共产主义，也就无法探讨三民主义了！退一万步说，这些东西暂且不管，试问那些与政治、经济理论有关的各样学问，又可以完全不牵涉到马克思的理论？为求安全计，便只好取消社会主义史以及政治思想史之类的科目，最痛快的办法更不如取消社会、经济各系。

不独如此，我们除了自己要购买和阅读这些所谓反动的书籍以外，并有责任向学生们介绍，那岂不更可以构成煽惑的罪名，罚上加惩吗？这情景，等于是睡在原子弹的旁边一样，能不为之战栗！

第四，法律上的根据何在？

遍查判决理由内所引用的条文，并未发现"左派罪"一词，更未发现"读书罪"一项；即全部的《六法全书》里面也找不出；而在《出版法》内也同样没有明文。然则，罪名从何而来？如果说，所引用的是内战罪，那又何必牵涉到"左派"和《世界知识》之类的问题？若说这些只是闲话，并非判罪的直接理由，则"已堪认定"一语所指的"传阅左派书报"，又作何解？果如此，则叛罪的理由中也可以加以一句"你时常靠左边走路"，用为引证了。

法律且不谈，就说命令吧，似乎也讲不通。国民政府从未明令"中共"即"左派"，更未确定左派的界说，与其成为犯罪的理由。依〈出版法〉，马克思的著作既未规定是印不得与读不得的，所以也就不可能发布一个禁查的命令；命令亦无，又何以据以判罪？

总结以上所说，至少我个人认为这一判决理由是不公平的，没有法律的根据。但于此尚须说明几点，以免误会。第一，中共分子的行动可否构成内乱罪，本文并未谈到，更未打算代为辩护，所说者只是提出"左派罪"与"传阅罪"的不能成立。第二，学校里该讲的书，街头上可卖的书，在没有明令废除与禁止之前。不能视做违法。第三，个人并非中共分子，也非中共外围，根本与其毫无关系；和这三个青年不认识，和《世界知识》的编者、著者大多数未尝谋面或通讯，绝对没有"为反动分子张目"的用心，而且他们也无须我这样毫无力量的人来仗胆撑腰。第四，只是为着解除我个人所受的战栗，而求精神上的解放，否则，随时都可犯罪。第五，我的真正用意在于下面三点：（一）维护学术的尊严，希望使其不受其他而且不必要的干涉、影响、扰乱、威胁。（二）维护司法的尊严，希望司法真正做到独立的，超然的、公平的标准。（三）维护政府的尊严。一则希望政府乃是革命的，不愿有人把象征革命的左派一词，轻易送给反对政府的力量；再则希望不给政府丢面子，把它所容许存在的书报当成罪证。最后我再声明一句，我是一个完全不懂法律的人，更属毫无司法的经验，此文只是本于学术研究的立场，心有所疑，书以求教！

历史的教训

吴恩裕

本文所讲到的"历史的教训"，简单地说，就是：经济如不平等政治必难安定。哲学家尽可以雄辩地否证历史能给我们"教训"，但历史时时在教训着我们，却是人人可以经验得到的事实。我们试先举例证明上述这个原则，然后再进一步探求：既有此种历史的教训，我们应该怎样接受这种教训，而对实际政治有所改革。

我们先就古代希腊城市国家的社会说。城市国家的社会，便是一个经济不平等的社会。希腊的公民阶级，不事生产，而享受一切特权，并有充实的时间从事文化、美术、哲学、音乐种种高尚的活动。另外有一种奴隶阶级，则专以血汗劳力来从事生产工作，供应公民阶级，因而公民阶级才能有余暇从事政治文化活动。我们甚至于可以说，奴隶阶级支持了整个希腊社会的存在。然而在希腊社会中，他们却被剥夺了一切权利，甚至连做"人"的权利，都被剥夺了。

这该是多么大的一个不平！这不平能维持多久吗？不能！希腊城市国家当时党争之烈，可为明证。希腊社会中的党派之争，骨子里是贫富两阶级的斗争。这种贫富之间极度不平的情况，是不会长久维持。柏拉图对于这种贫富不均的现象，曾有慨叹，认为每个城市国家都分裂为一"贫人之国"与一"富人之国"了！然而，他并没有切合实际的补救方案。亚里士多德曾经替这贫富之争，开了一个混合宪法的药方；并且希望用中产阶级来平衡贫富两阶级的势力。但是，即使真的实现了亚里士多德的混合宪法，也不会获得他所想象的平衡；因为中产阶级根本就是动荡不定的，可进可退的。而在事实上，希腊的社会终于崩溃了。可见这乃是历史的教训：若不根除人们间经济上的不平等，政治是不会安定的。

再以近代资本主义的社会为例。近代资本主义的社会也存在着一个绝大的经济上的不平等。按着近代经济理论，工资劳动者，是资本主义造成的，它们产生了以后，便逐步加紧地在这种制度之下，被剥削着，被压迫着。他们那种工资菲薄不能自治，工时加长不能胜任；失业无告，痛苦呻吟的生活情况，可以说是由资本主义中的主角资本家负历史责任的。劳动者对于社会的服役大，而报酬少；至于资本家，我们即使不能说他们没有服役，至少也是服役小，而报酬多。这种对比，实在是资本主义的一个内在的矛盾，而这矛盾就正是一个绝大的不平。

固然近代社会中的劳动者，并没有像希腊社会的奴隶一样，被剥夺了一切政治、法律的权利；但是由社会经济情况的压迫，使他们不能实际享受这那种权利，却是明显的事实。例如在资本主义的社会中，法律上规定着人人都有权利。但在没有充分能力来享受这种权利的劳动者看来，这种权利只是一个讽刺。

然而从另一个角度看，近代工资劳动者，却是用劳力、血汗来支持现代社会的人。任何社会都得用生产品来维持它的物质存在；制造那些生产品的人们，就正是那些工资劳动者。没有他们，这社会就不能维持其物质的存在；失掉了物质的存在，也就是不能生存。由此可见：工资劳动者，实在是支撑资本主义社会的要角。"劳动"乃是社会的支撑者。然而，这种服役最大的人大多数人在近代资本主义的社会中，正是收入最少、生活无着、像达尔文形容动物界的情形一样，从事"生存竞争"的人们。可是这种不平等能长久延续下去吗？不会的！虽然表现的方式不同，但各国都有这个问题，而且这问题在每个国家都急切地逼迫着现实解答。否认它，固然是愚蠢；忽视它，也唯有自误。我们希望各国的远见政治家，都正视这个问题，并求良法，以谋解决。方法倒并不一定。苏联的方法，固然是一种办法；英国工党的方法，也是一种办法。我的意思是：必须有一种办法。

以上两个例证，一个是过去希腊的史事，一个是近代当代的经验。事实虽然是不同的，但是它们给我们的教训却是一样的。这教训便是：经济如不平等政治必难安定！我们在中国的民主运动中，也必须接受这种教训。

我们决不能再走上欧美资本主义的老路，因为在资本主义社会经济的基地上，真正的民主政治是不会生长出来的。资本主义的目的，是少数人获得利润；而民主政治的目的，是大众享受物质的福利。因此两者根本是冲突的。唯其如此，所以，在资本主义背景中的民主政治下的目标如"自由"和"平等"等，都不是真正的自由和平等。在这种社会中，平等是根本找不到的事实，我们只有在法律条文上，能看到"平等"的名词而已。同时，在这种社会中的自由，也只是少数阶级的特权，大多数人并不能享受。在中国社会中，已经有了地主与农民，官僚资本家与平民等等的不平等，若再走上资本主义的老路，则必将又增加工业劳动者与资本家间的不平等。前鉴不远，我们当然不能再走这条路。

可是，反对走上资本主义，并不是反对工业化、现代化。因为资本主义是一种生产方法，凡是生产方法都是有两种性质：一是生产的技术问题；二是生产的分配问题。反对资本主义只是反对其私有制度，而并非反对其生产的技术。因此，只若有更公道的分配方法，我们当然可以用最进步的技术从事于生产工作。这样，我们也会走上工业化、现代化的路途。这是唯一既能达到工业化或现代化而又没有经济上不平等的办法。

就中国人的理论言，国民党孙中山先生的"平均地权""节制资本"，是趋向于这条路的。中国现在国民党是唯一掌握实际政权的政党。如果他们忠于谋国，他们应该考虑到这个历史的教训；经济如不平等政治必难安定！如果他们忠于党的信条，他们应该赶快实施中山先生上述两种政策。

原载《观察》三卷十七期，一九四七年十二月二十日

从中国的历史看民主政治

吴世昌

今日中国政治之不能立刻纳入民主轨道，并且在望得见的将来也望不见中国政治会民主起来，我想除了当前的许多现实原因，已为时贤所经常讨论者外，尚包括着几个积重难返的因素。第一，最明显的，从中国政治的历史看来，不论在思想上或史实上，我们毫无民主政治的凭借。其次，如果要探索这个现象的原因，又包括许多问题。其中一个主要问题是，在交通不便的时代要统治一个幅员广大的中国，而且必须维持统一的局面，非用极专制的中央集权方式不可。还有一个原因是中国最大多数的纳税人，政治费用的真正负担者，几乎永远没有参与政治的机会。这几点，虽然不是今日中国不能实行民主政治全部的原因，却是主要的原因。

近来有的学者爱说中国古代也有民主思想，甚至于民主政治。如果是为了谈民主是时髦，变为"当世之显学"，所以也来谈谈，或者因为爱国心切，不甘示弱于洋人，那就不必深论。如果因为对于民主的涵义根本不曾了解，不懂得西洋所谓民主是什么一回事，人云亦云，强为比附，则虽有辞而辟之的必要，也还不足深责。但如果心知其非而想用"狸猫换太子"的手法，以阻碍中国的进步，隐然为不民主的政治辩护，那就其心可诛了。我曾经在别的论及中国文化问题的篇什中说过，尚书中的"厥作民主"是为民之主而非尊民为主，"'民'为邦'本'"，"天听视我民听"，孟子的政治思想，以及其他类此的思想，直至最近傅作义将军那一套办法，都只能说是"民本思想"，而不是民主思想。这一字之差，是不可以道里计的。冯驩为孟尝君擅自烧了老百姓的债券，他的动机和目的都不在为老百姓谋幸福，而是为孟尝君"市义"，这个"市"字是"政治资本"的确诂。我所以说："民本"之"本"，亦即近人所谓"政治资本"之"本"，"主"动者仍为统治者，而不是被当作资本的"民"，这是明白得无须多说的。在思想和文字上既然如此，在历史事实上中国人民更从未梦见可以作主。杰出的政治家如子产之流，因知尊重"舆论"，但不是他不能禁止，而是不愿禁止。人民不因骂政府而遭殃，是运气，不是权利。何况一个郑乔敌不过十分之一个嬴政，何况郑乔不世出而嬴政以百计？人民有时以所谓民谣来暗示一种愿望，正在兴起的野心家利用之以为顺天应人的谶语，统治者则自古到今，一律认为妖言惑众者应杀无赦。过去所为郅治之世，不过如周豫才先生所谓，大战乱大屠杀之后，给人民以仅够活下去的生活条件而已（手头无书，大意如此）。在这里我还想加一句：让人民可以活下去的目的是培养税源，而未必真有所爱于人民。这也可以说是民本思想的一部分。

我曾经想过中国要实行民主政治为什么如此其困难。它的历史的原因，似乎不在中国之不易统一，而在统一的代价太大。司马迁在记述了嬴秦帝国崩溃以后的长期内战以后，不禁太息道："以德若彼，用力如此，盖一统若斯之难也。"其实说刘邦"以德"也是天晓得，唯有这一个"难"字是司马迁真正的讽刺，这其中不知包蕴着老百姓多少的血泪，国家多少的损失。自战国以后，每一次的一统都要经过长期的内战，付出无算的代价。一统以后的政府，为要防止分裂，都必须有一套中央集权的专制办法；这一套办法的本质又必然要逐渐腐化中央政府及其人物，弄得民不聊生，于是又有野心家起来取而代之，或者形成分裂割据的局面。但不论是中央集权或地方割据，其残民自肥是一样的——如果是被外族征服，情形当然更惨。无论怎样，在中国政治史上丝毫找不出民主的迹象是确定的。

西洋的民主政治起源于古希腊的城市文明。造成这种民主政治的最大可能性是城市小，人民容易参政。近代史上的民主政治都是容许各个地方单位有自治的权利，有自己的法律和自选的官吏，中央政府不过主持若干有全国性的大事，不可能也不敢想有专制性的统一。所以演变到现代的许多民主国家，实行民主政治最民主的国家，也都是联邦或邦联（Federation or Confederation）的形式。瑞士是一个最好的例子，也可说是最幸福的国家，因为她躲开了最可怕的两次世界大战。美国各州有自己的法律和州长，英国现在称为联合王国，即在三岛范围之内，爱尔兰和苏格兰也是在半独立状态中，然亦无妨英国之统一。苏俄合十六个国家而成苏联，十六个国家各有宪法，互派使节，但统一得比谁都坚固。即使不谈民主而单就统一而论，则在中国史上，裂土分户的封建制度，也比废封建改郡县以厉行中央集权的嬴秦帝国国祚来得长久。

每一个统一时期的中国政府都爱采取中央集权，固然因为权力本身是一种诱惑，但也由于在交通不便时代地方太大，不好控制的事实需要。但如果再追问为什么中央政府老想控制全国各地，则唯一的解释是它既用暴力取得政权，别人自然会"彼可取而代也"的思想，也用暴力来打倒它。"管理众人的事"者既然如此的威风而舒服，别人自然会有"大丈夫当如是也"的慨叹。据说是栉风沐雨，过家门而不入的大禹，一沐三握发，一饭三吐哺的周公，自然不容易使人想代替他。统治者如果是有才能的，他还可以用权威来奴役人民，但是两传三传之后，又往往是些"既不能命，又不受令"的"绝物"，野心家就想起来代替他，历来的儒家最怕战乱，没有想到从根本上提高人民的政权，则在一方面用天道观念来压天子，在另一方面提倡忠君爱国思想来维持现政权，以免战祸。这里面当然也还牵涉到许多复杂的文化问题。中国民主思想之素无凭借，上面的话可以说明一些原因。

世人往往把古希腊的黄金时代比中国的春秋战国时代，以说明彼时中国学术思想的发达，也有人歌颂秦始皇的统一中国是中国史上的光荣，到现在中小学的教科书中还在灌输这类英雄崇拜的歆羡心理。是否想教我们的子弟也有当年项籍刘邦的抱负，我不知道。但是秦始皇的统一不是用齐桓公会盟的方式，而是用暴力来消灭六国，却替后世立下一个最坏的榜样。楚人固然可以说："秦灭六国，楚最无罪。"其实其余的五国又何尝是真有罪而被灭的？秦用法家，本来很好，但是用血写的法律，人民也会用血来洗去。在战国的长期战乱之后，统一的趋势原已无可避免，然而中国历史上第一次的大统一局面是用无情的暴力造成，造成以后又用极度专制的中央集权，把以后中国统治者的胃口弄坏了。结果是消灭了战国时代的一切优点：诸子争鸣的思想自由，成一家言的学术自由，处士横议的言论自由，立谈拜相的参政自由！仅仅保留下来战国时代唯一的罪恶——内战。自东汉至唐最讲门第阀阅，"贵胄蹑高位，英俊沉下僚"，平民只有纳税的义务，更无干政的机会。唐以后用科举，虽有人称道这个制度，以为平民可以经考试而为公卿，颇为民主，殊不知第一，无论出将入相，依然是天子之臣。"臣，牵也"，许慎说得好，其原意是牵来的俘虏。这个"牵"字和"有牵牛而过堂下者"的"牵"字并无区别。第二，这些将相公卿们，从田舍郎登了天子堂以后，立刻从一个阶级转入另一阶级，不但可以无须纳税，而且可以向平民抽税，如果有时候他们也纳税，依然有方法转嫁到平民身上。英国是老牌的民主国家，他们的政治民主是由纳税人争得来的，中国的纳税人则自古至今，尚没有发言权。越是在乡村中受征实、征借、摊派、征工、征役等剥削最重的老百姓，越没有发言权。在战乱中，则连活下去的生存权也没有。假使生物学上"用进废退"的原则可以用在政治上，则要使中国最大多数的纳税人有干政的兴趣，在短期内是不可能的。由此以窥今日所谓选举的消息，明眼人当可以思过半矣。

要培养人民关心"管理众人的事"，从关心而进于参与，自然只有从地方做起，逐渐扩大区域，以至参与中央的政权。现在嚷嚷的所谓地方自治，其本意殆亦如此。但若由中央规定一切步骤办法，是被动而不是主动，则依然是在替中央办公事，"上面交下来的，没有法儿"，而不是替地方办事情。中国的地方，譬如说"省"，本来就不是地域单位的名称，而是中央的分支机构名称。唐之"中书省"相当于行政院，而"行省"是"行中书省"的简称，相当于"行政院（驻某地）办事处"。假使省是人民自动集合的单位，如美国各州，由人民先已自动设立机构，则中国的民主政治一定较易推进。因此我曾设想，假使秦之统一，不灭诸侯而但为盟主，则中国史上专制集权之腥秽淫毒，必不至如是其甚，祸延到今日的中国，还无法推进西洋在百余年前早已有了的民主政治。秦政大一统这一事实，以今日的标准看来，为功为罪，大有问题。

中国今日还有一个隐忧，即政府爱用中央统一的虚名，而不顾国土在实际上的削小。例如蒙古、新疆、西藏等地，政府总是有力则想控制，或羁縻，无力则任其自然，也听凭邻邦之觊觎而不问。我以为这样下去，内蒙、新疆、西藏都可能为外蒙之续。要避免这种危险，只有实行中华联邦的制度，而这种制度则与中央集权的体制背道而驰，最为朝野人士所厌闻。如果在中华幅员之内，各种民族能采取平等的民主方式，结成一个联邦，则外蒙可不至这样不明不白的独立，甚至将来可能加入到别的联邦中去。局势演变到今天，如再没有勇气正视现实，而欲以虚骄文其颠顶，以拖宕代替决策，则这个隐忧是永远存在的。而推究问题的症结，还是二千年来集权制度的观念太深，不能推进民主政治有以致之。

原载《观察》三卷十八期，一九四七年十二月二十七日

读《关于中共往何去?》兼论自由主义者的道路

李孝友

读了"观察"三卷十期杨人楩先生的《关于中共往何处去?》一文,一方面感到杨先生的若干论点我们不能完全同意,一方面又觉得杨先生所提出的问题须要加以阐发与引申。本来杨先生那封信的目的只是在说明文章不能交卷的原因,但附带的谈到了自由主义者在目前对于中共应取的态度问题。杨先生说"自由主义者和共产主义者原是有距离的,自由主义者彼此见解既不相同,此距离之长度亦因之而不同,其中有同情中共者,有反对中共者……"。综观全文,杨先生似乎以倾向后者自居;目前他之所以保留批评者,乃恐被人曲解作为"帮闲"的工具。本文的目的即在度量自由主义者与共产主义者中间的一般距离,并讨论在中国此距离是否可以缩短至最小可能。

自由主义是一种人生观,是对于社会的一种态度,因其所处之社会背景与时代背景之不同,其态度与特性因之而异。但是万变不离其宗,无论任何时代的自由主义者都是基于个性的自觉和价值和企求个性能得到完美的自由发展为出发的。所以对于任何抑压个性的社会制度,自由主义者必挺身反对。自由主义者的这种敢于反抗权威的叛逆精神,在整个人类进化史上有着极其辉煌的伟绩。古希腊雅典的自由主义者曾两度反抗贵族与财阀的专制,促成梭伦(Solen)与克利西尼(Clisshenes)先后的改革。中世纪的自由主义者更揭起了"文艺复兴"、"宗教改革"两面光辉的大旗。研究过近世史的人,更可以从洛克、卢梭、伏尔泰、潘恩……这一串响亮的名字里,看出其对人类文明的卓越贡献。

自由主义之渊源甚长,我们不必从希腊诡辩学派(Sophist)主张"人是万物尺度"的毕达哥拉斯(Protagoras)一一算起,因为对于后世,尤其是对于中国的知识分子有深厚广博的影响的是十九世纪的自由主义。十九世纪的自由主义思潮,大体分为两派:一是以法国卢梭为创始者的天赋人权论者,一是以英国亚当·斯密为代表的个人主义或功利主义的自由主义。前者激起了波澜壮阔的近世民主洪流，后者促进了资本主义的进展和成熟。亚当斯密的学说，因资本主义的春蚕丝尽与弊端百出而受到了扬弃。但卢梭的天赋人权论至今仍光芒四射，深入人心。

本来整个自由主义的精神，是为了个人人格完美的发展进而追求每个人人格都能完美的发展的打抱不平精神，所以每当一个社会制度僵化，妨碍了多数人生存的时候，自由主义者辄吹起了改革的号角。十九世纪以前的历史可以说是人类追求自由的历史。每一个时代的自由主义者恒身为先驱，与新兴的改革势力站在一起。但到十九世纪的末期及二十世纪以来，共产主义的思潮奔腾澎湃。人们除了要求选票以外，又有要求足够的面包的呼声，使自由主义者开始处于最尴尬的局面。

什么是共产主义呢？我们不妨用恩格斯在一八八三年马克思葬埋时所发表的演说作为最简短的注释："马克思发现了一个简单的事实，那就是人类有了衣食住行以后，才能对政治发生兴趣；这就是说：那种直接维持人类生活的物质生产，是政治制度及法律关系的基础。"恩格斯在其《反杜林论》中描写出共产主义的理想："社会攫取生产工具之后，商品的生产就宣告结束。生产品就不受生产者的操纵，社会生产的无政府状态，就被有意识的计划组织所代替。个人竞争生存时代的阶段从此即告结束。在某种意义上讲人类才得最后脱离了禽兽生存的世界，而进入真正的人类世界……"但是如何达到这种各尽所能各取所需的理想呢？共产主义宣言上说得明白：残酷的阶级斗争与流血革命之后，再继以无产阶级专政。共产主义的最终理想虽说毫无悖于自由主义者的公道正义精神，但对于其手段的粗暴，自由主义者似乎是不能容忍的。出身中产阶级有着温饱生活的自由主义者，不能了解无产阶级，正如一个温文尔雅的绅士不能了解一群饥寒交迫的囚徒为什么要用暴力冲出牢狱的铁门一样。

自由主义者对于一切事物态度，固然是出于个性的自觉，但这种个性的自觉却具有双重的特性。一方面具有个人性功利性，一方面又具有社会性与正义性。基于前者，所以自由主义者对于极权主义富于干涉性的共产主义所造成的整个社会的改观与对个人自由的限制不能同意；基于后者，每一个有良知的自由主义者，目睹资本主义所造成的罪恶又不能不对这被污辱与被损害的一群，寄以深湛的同情。这时造成一部分自由主义者在"自由"与"平等"的歧途上选择的彷徨，而另一部分的自由主义者在开始殚精竭虑的探讨二者是否有协调的可能。这些自由主义者以"不虞匮乏的自由"，更具体的丰富了自由主义的内容，同时努力进行一种抑强扶弱的渐进的阶级水平运动。这是世界上整个自由主义者的趋势；英国工党的执政便是这种趋势的最显明的象征。同时西欧国家中如法比等的共产党接受了议会政体，取决于选票的多寡。法共领袖多列士更坦白的说："通向社会主义的道路并不只莫斯科一条。"这似乎是证明了自由主义与共产主义间的矛盾，有协调之可能。

什么是中国自由主义者的道路与使命呢？正如以上所述，自由主义是对社会的一种态度，自然随社会的变迁而易其形态。如果脱离中国空间与时间的背景，未能深刻了解中国的社会，而欲论列中国自由主义者的道路与使命，是件不可思议的事情。中国的社会是个半封建半殖民地的社会形态（去年贺昌群教授于《大公报》上《中国政治社会的大矛盾》一文中阐述甚详），此已为不争之论，中国自由主义者的使命就是摧毁这个封建的社会，完成一世纪以前法兰西自由主义者所完成的相同的工作。中国的自由主义者确也尽了他最大的努力。中国的自由主义者多属于小市民阶层与智识分子，但其中坚力量组织比较严密的，表现比较凸出的仍然是青年学生。所以我们不妨将从提出科学与民主的"五四"运动起，到"五二〇"的反内战反饥饿的学生运动止这一段的学运，视为自由主义的要求改革现状反帝反封建的呼声。三十多年过去了，固然这种运动对社会对文化发生了极大的影响，但是对于整个社会的本质，以及根深底固的封建势力却未能动其毫末。这不能说不是中国自由主义者的悲剧。自由主义者温和的甘草二花失效之余，中国共产党遂乘机投之以猛烈的虎狼之剂。而这剂"革命"之药，却已使整个的封建势力战栗不已。

在这里我们不免要检讨以往自由主义者所以失败的原因，就是自由主义者未能伸根于广大的人民、尤其是广大的农民中去；仅仅是斤斤于注意个人的自由，而忽略了多数人的福利。更未能根本了解中国问题的症结，在于农民的觉醒与土地的改革。唯有农民觉醒与土地改革后，封建势力始能无所附丽。土地改革虽然不是摧毁封建社会的充分条件，但是它是必要条件。

目前中国的自由主义者遭遇双重的苦恼。一方面受全世界的两大潮流"自由"、"平等"的激荡，一方面中国又有着特殊的国情。历史所交与中国自由主义者的课题有二，一是摧毁封建社会，二是使每个人的个性得到完美上的发展。就自由主义者与共产党的政治路线来看，这两个课题中的前一个工作自由主义者与共产党并非格格不入，但后一个工作则二者见解悬殊，互异其趣。这便是自由主义者苦恼的渊源。杨先生所谓自由主义始终不能接受共产主义是事实，但谓二者无法妥协则似乎未免言之过早。

我所谓之"妥协"是指促使中共造成承认异己尊重异己的民主风度，与发扬个性冲淡党性的温和气氛。但这种"促使"工作的进行是须要真正的和平到来以后。大半出身于中产阶级的中共，我相信他们会接受自由主义者善意的批评。每一个自由主义者应当有这种希望，同时也应当有这种信心。如果说仅仅是为了中共对个人自由有"威胁"的可能，而像杨先生所说，"某些自由分子嚷着要消灭中共"，准备与腐朽的封建势力同流合污，最多也不过使历史倒退几十年罢了，但是历史决不可能倒退的。在目前与其说自由主义与共产主义的对立，始能显自由主义者的面目，不如说自由主义与封建社会对立更能显露其特性与使命。虽然自由主义与共产主义须要对立，但须要在二者共同的"敌人"封建社会摧毁或却步以后，这种对立始有可能。

但是事实上，正像杨先生所说，每一个自由主义者无法赞同内战。因为内战的本身所造成全民破产的后果，及炮火所刻划出来的那幅凄惨绝伦的图画，使每一个有良知的自由主义者不能忍受。虽然一方面为了少数特权阶级的利益；由"动员"而"戡乱"，但整个的政治却已病入膏肓，已到非变不可的阶段。然而国脉民命，悬于一丝。如果"中共具有终止或缩短内战的权力"，我们不能不诚恳的期望中共的领袖念人民痛苦之日增，及本身干部因革命而牺牲的惨重，善于运用此一权力，在适当时期，重新回到政协的轨道里来！当前中国自由主义者所期望于中共的，就是在摧毁中国封建社会的共同工作上，不到最后绝望关头，不必诉诸武力。

论自由主义者的道路（节录）

施复亮

　　最近香港方面的一些左倾朋友对于我所主张的"中间派的政治路线"又加以任意的曲解和"不停地抨击"，但我还是保持缄默的态度。原因正如杨人楩先生所说："在这力量强弱之争代表了理论是非之争之时，就是不信赖强力而只看重理论的言论，也宜暂时保留为好；否则，理论一经曲解，便容易被利用为助长内战的工具。"（《观察》三卷十期杨人楩：《关于中共往何处去？》）

　　然而正如杨先生所说："我们要活，同时也想到一切的人要活，我们不能缄默，我们要在两面不讨好的情况之下来争取和平。"（同上文）人人"要活"是不成问题的，成问题的是怎样才能活得成？这是我们每个人都要严正考虑和答复的问题。

　　国民党当局对于这一问题的答复是"戡乱"，中共对于它的答复是"革命"；因此，它们双方的道路都很明显，而且形成强烈的对照，绝无被人误认的危险。假定说道路只有这两条，那我们每个人都要被迫选择一条。

　　可是自由主义者对于这一问题的答案，似乎并不那么简单，似乎还不想作一决定性的选择。最近杨人楩先生的《对于中共往何处去？》李孝友先生的《读'关于中共往何处去'兼论自由主义者的道路》（《观察》三卷十九期），《大公报》一月八日的社论《自由主义者的信念》，以及其他许多同性质的论文（例如最近樊弘先生与张东荪、梁漱溟两先生在《观察》上所讨论的中国文化与中国政治的关系等问题，也牵涉到这一点），都是这种心理的表现。为什么会有这种现象？那是因为"自由主义者是无法赞同内战的，假使他无法阻止内战，至少不应助长内战"（杨先生语）。

　　在这内战已经全面化和持久化的局势之下，自由主义者还应不应该有自己的道路？能不能走自己的道路？我个人认为应该有自己的道路，而且能够走这条道路。

说到这里，首先我们要了解何谓"自由主义"和"自由主义者"。关于这一问题，杨人楩先生在他的"自由主义者往何处去？"（《观察》二卷十一期）一文里有过很好的说明。他说："自由主义是个创造的力量，因创造而求进步，要进步必须反静态，反静态即反现状，反现状必须反干涉，反干涉必有待于斗争，斗争的持续有待于教育，斗争可能暂时失败而教育不会失败，唯不妥协的精神始可发挥斗争之教育意义，而达到所当追求的进步。……根据现状，他们至少要提出下列的标准：停止内战以安定人民生活，重人权崇法治以奠定民主政治，反复古尚宽容以提高文化水准。""唯有不满于现状而欲追求进步的知识分子才是今日中国的自由主义者。"换句话说，今日中国的"现状"是违反上述的三个进步标准的，今日中国的自由主义者，必须以"不妥协的精神"跟这种反"进步"的"现状""斗争"。这就是今天中国自由主义者的道路。这种道路，不但需要，而且可能；因为它是"根据现状"的，而"现状是综合已往历史的结果，根据现状就是根据历史"（杨先生语）。

从表上看，今天在国际上有"美苏对立"，在国内有"国共对立"，好像"非此即彼"，再没有别的道路。自由主义者倘若要在这两条道路以外，走一条自己所愿意走的道路，那就难免要被人斥为"空想"、"梦呓"或"逃避现实"。这在某一定的具体条件之下自然是对立的，但不能说在任何时间和空间都可以通用。在复杂的阶级社会，即使同属被压迫的阶级，其政治要求和斗争方式也不一定完全相同；两个目标相同的政治集团，其采取的政治路线也不一定完全相同。这是政治史上和革命史上的常识，是谁也无法否认的事实。假使中国当前政治斗争的结果，只有两个可能的前途：不是殖民地化的法西斯蒂的前途，便是社会主义革命胜利的前途，那么自由主义者自然只能选择后一个前途而不能有所迟疑。可是从当前国际和国内的情势看来，上述的第一个前途固然绝无实现的机会，而第二个前途也还很少有实现的可能；在最近的将来所能实现的前途，恐怕还只是新民主主义的政治和新资本主义的经济。这正是"今日中国自由主义者"所要走的道路；而且这条道路的实现，自由主义者要负极大的责任。只要自由主义者坚决地向着这条道路走去，我相信今天讥评或抨击自由主义的人，明天必然会改变他的态度。

不错，内战是残酷的现实，自由主义者必须正视并应付这种现实。无论如何，自由主义者决不应支持这种内战，必须用尽自己的一切力量去设法结束或缩短这种内战。在这一点，必须"坐在沙发上与挺立在断头台上，信念得一般坚定"（《大公报》语）。一个人是否配称为自由主义者，这是一个最好的考验。

然而事实上，内战并不因自由主义者的反对而终止，甚至还有些自由主义者被迫去参加内战的一方。这也是自由主义者被人讥评的一个原因。可是我们要知道：假使大多数人民恶厌内战，反对内战，则自由主义者所号召的反战主张，迟早会获得多数人民的支持，会变成一种终止战争的伟大力量。自由主义者要有这种信念，也要有这种勇气。

自由主义者自己所走的道路，不但不排斥别人同路，而且极端欢迎别人同路。自由主义者必须认识自己所走的道路，只有获得广大人民的同意和支持，才能完全实现。因此，自由主义者必须跟广大人民站在一起，承认自己是广大人民中间的一部分或一分子，以广大人民的利害为自己的利害，以广大人民的要求为自己的要求。这样，自由主义者的目光才会看到多数人的自由，不止看到少数人的自由。自由主义者必须以自由的性质、种类、范围，以及获得自由的人数的多寡，来衡量一个社会或国家的自由程度。在国共两党统治之下，哪一个区域自由比较多些或者更不自由些，也要拿这种标准来衡量。自由主义者不但不能满意国民党统治区域的"现状"，也一样不能满意共产党统治区域的"现状"。自由主义者在国民党统治之下应当努力争取"自由"，在共产党统治之下也要有勇气争取"自由"；但他所争取的应当是多数人的自由，不应当是少数人的自由。只有这样，"自由主义者的道路"才是正确的道路。

在中国的具体条件之下，自由主义者也许永远不能掌握政权，甚至不一定能参加政权。"自由主义者的道路"不一定是夺取政权的道路，在中国尤其如此。自由主义者要有"成功不必在我"的气度，只须努力耕耘，不必希望收获一定属于自己。自由主义者应当努力促成自己的政治主张的实现，但不一定要在自己手里实现，自由主义者所应争的是实际的工作，不是表面的功绩。因此，不能以夺取政权或参加政权与否来判定自由主义者的成败。

自由主义者往往过分高估知识或理性的作用，重视"理论是非之争"，轻视"力量强弱之争"。这也许就是自由主义者在政治上屡屡失败的主要原因。原来政治在本质上就是一种"力量强弱之争"，谁有力量，谁在政治上就有发言权。所谓"成则为王，败则为寇"这两句话，的确道破了政治上的秘密。昨天的"王"，可能变成今天的"寇"；今天的"寇"，也可能变成明天的"王"。古今中外的全部政治史，都证明这一点。今天被人尊称为"国父"的孙中山先生，就是过去被满清政府诬称为"寇"或"匪"的一人。政治就是这么一回事；自由主义者不是不知道，不过总不愿意这样作，又不大愿意跟别人去作"力量强弱之争"。这在政治上虽然是自由主义者的弱点，但在教育上未始不是自由主者的优点。现在是人民逐渐觉醒而且逐渐获得解放的时代，"力量强弱之争"必然要与"理论是非之争"连结在一起，而且"理论"本身就是一种"力量"，"是"的"理论"迟早会变成一种"强"的"力量"。假使现在"力量""强"的一方站在"非"的方面，终有一天会被那"是"而"弱"的一方所打倒。假使斗争双方都站在"非"的方面，纵令今天它们都异常强大，也会有一天被一个新的"是"的方面所战胜，近代历史的发展，早已证明这一个真理。所以认识或理性，在近代政治斗争中，依然有它不可轻视的作用。自由主义者应当善尽这一个作用，帮助"是"的一方，打击"非"的一方。站在自由主义者的立场看来，获得自由的人数的多寡和自由的实际内容（从人身自由起到免于匮乏和恐惧的自由止）是判断"是非"的最好标准。标准应当客观，不可由个人任意规定。

统治者剥夺或侵害人民的自由，自由主义者便要毅然决然地站起来反对统治者，为人民争取自由，所以在人民的政权不曾建立起来或人民的自由不曾获得切实保障以前，自由主义者必然要跟广大人民站在一条阵线上去反对统治者。自由主义者多半希望采用渐进的改良的方法去求得政治、经济和社会各方面的进步，但当他发见了统治者顽固反动，绝无改良希望的时候，他也会毅然决然走上革命的道路。法国革命和辛亥革命的历史，都是最好的证明。孙中山先生在上书李鸿章不见反应以后才决心投身革命，也是一个最好的证明。这样的事实，不仅在历史上数不胜数，即在眼前也到处可以遇见。自由主义者固然希望避免流血的革命，但他更痛恨顽固的反动。革命是反动的结果，不是反动的原因，假使要反对结果，首先要消灭原因。因此，真正的自由主义者，即使不去参加或同情革命，至少也不应当站在反动方面去反对革命——即反对以暴力对抗暴力的争取自由的人民。

自由主义者始终要求进步，不断从变革现状中求取进步。进步是自由主义的基本精神；没有进步，就没有自由主义。因为自由主义者所要求的"自由"，只有在进步的环境中才能实现。所谓"进步"，就是更多的人民获得更多的"自由"。反动派侵害人民的自由，也即阻碍社会或国家的进步。所以自由主义者要反对反动派。革命虽然要流血，为自由主义者所不欢迎；但它可能产生进步，也就不应为自由主义者所反对。真正的自由主义者，决不可因为害怕明天可能遇到的个人的某些不自由而就容忍或助长今天多数人民所身受的种种不自由。假使明天得到自由的人多于今天，也就是一种进步。追求这种自由的力量，也就是一种进步的力量。这种进步的力量，也许比自由主义者更进步，其斗争的方法也许非自由主义者所能赞同，但也不可加以敌视。杨人楩先生说："进步的力量不应彼此抵消。……假使进步的力量彼此抵消，便只有使在困难中的中国，永远停留在现阶段而无法逃出困难。"（《观察》三卷十期）我很同意他这种看法和态度。团结进步的力量，联合进步的力量，推动中国走上进步的道路，这应该是今天中国自由主义者责无旁贷的责任。

我们常常听见人说：在国民党统治之下，人民固然没有自由；在共产党统治之下，人民也不见得有自由，甚至更不自由。或者有人说：国民党固然不肯给我们自由，共产党也不见得肯给我们自由。二十多年来，我所居的都是国民党统治的区域，其实际的情形我是知道的。至于中共统治区域的实际情形，因为一则我没有到过，二则反共的宣传我不敢相信，三则共方的报导似乎又说得太好，而且我所能看到的也不多，所以无从完全了解，也就无从作一客观的评判。不过在这里，我只想说明两点：第一，中国国民党不等于欧美各国的资产阶级政党，中国共产党也不等于苏联或其他国家的共产党，我们不可用完全欧美政党的眼光和标准来衡量这两个政党；无论好坏，都应当根据当前的事实。第二，在内战时期，尤其在战争区域，为了军事的目的，是不会有真正的自由的，也不会真正的实现民主。在这时期，希望国民党统治区域实现真正的民主固然是一种空想，要在中共统治区域实现广泛的民主恐怕也是一种奢望。要实现真正的广泛的民主，切实保障人民的各种自由，只有在内战彻底停止，和平真正恢复以后。

自由和民主，是要人民自己用力量去争取的，不是任何人所能恩赐的。老实说，不仅国民党不能赐给人民以自由和民主，就是共产党也不能赐给人民以自由和民主。只有到了一国的政权真正被掌握在多数人民的手里，由多数人民的意志来决定一国的政策，才算真正实现了民主，才能切实保障人民的自由。一个进步的政治集团，永远跟人民站在一道，也就能够跟人民一同争取并保障自由和民主。自由主义者倘若能够跟广大的人民共同争取自由和民主，能够在民主运动中表现自己的力量和作用，也就必然能够保障自己和广大人民的自由。我以为保障人民的自由要靠人民自己，保障自由主义者的自由也要靠自由主义者自己。而且自由主义者的自由，主要是用来保障广大人民的自由的，不仅是用来保障自己的自由的。倘使自由主义者能够这样来利用自己的自由，那就一定能够获得广大人民的支持。我认为这是今天中国自由主义者争取自由的正确道路。

决定中国前途的力量，不仅是国共两党，还有自由主义者和国共两党以外的广大人民。这是第三种力量，也是一种民主力量。这一力量的动向，对于中国前途的决定，具有举足轻重的作用。新民主主义的政治和新资本主义的经济，正是这一力量所要求的前途，也是自由主义者所应走的道路。自由主义者必须首先认清自己的道路，然后才能根据这个来衡量国共两党的道路，知道谁跟自己接近，谁跟自己相背。我之一再说明中间派应有自己的政治路线，也就是这种意思。这样的一种政治路线，当然是一种民主路线，决不能被曲解为站在民主与反民主之间或以外的一种政治路线。

自由主义者，可能不是革命主义者，但必然是民主主义者。中国民主政治的实现，必然有待于自由主义者的努力。只有自由主义者，才能自由批评"异见"，同时充分尊重"异见"。只有自由主义者，才能始终坚持民主的原则和民主的精神来从事民主运动，解决政治问题。自由主义者的这种努力，在个人方面也许要归于失败，但在民主政治的促进上决不会失败，尤其在民主政治的教育上更不会失败。

自由主义者不相信"路只有一条"，他相信有他自己的道路。一个自由主义者，只要他肯始终站在广大人民的中间，始终"反静态"，"反现状"，"反干涉"，"求进步"，"求创造"，跟特权者（即压迫者）"斗争"，我相信必然会有他光明的前途；即使因此而被牺牲了生命，也会获得他应得的代价。

只要自己道路是正确的，便不妨坚定地勇敢地走向自己的道路！

卅七、一、十一

原载《观察》第三卷第二十二期，一九四八年一月二十四日

英国人看中国共产党

Times

（一）

一个中国政府的发言人曾经说过，在去年年初即可望将中共军队完全消灭。这个希望并未满足，只是占领了延安和山东的几个海口，政府并未得到什么。而共产党，却在另一方面，加强了他们在东北与华北的地位。大部分的"南满铁路"是被破坏了，有很长的几段连铁轨都被完全运走。北平到沈阳的铁路曾被切断好几个星期，很长的部分几被彻底破坏，现在锦州的政府军队处境极为危岌，最近辽阳和盘山——两个西南角上极重要的据点——失守，使沈阳的地位更为孤立了。

在华北之南部，重要铁路交叉点石家庄被占以后，中共布满了河北更广大的区域。在这区域内，政府唯一的成功是保住了保定，但在几个星期以前这城是极端危险的。现在，感谢孙连仲之被撤与傅作义的新战，国民党不但保住了，并且还占了些地方。在山西，除了几个孤立的抵抗据点外，全省都在共产党手里。他们攻占了主要盐业中心运城，但渡河政府军宣称已克复该城（译者按：伦敦新华社二月三日电讯，承认共军于一月十一日自运城撤退，国军五旅自河南渡河入运城）。

共产党的力量曾经深入到扬子江边，津浦路时常中断。河南几乎被共产党布满了，除了以郑州为中心的这一片之外。在这个省份。曾有许多传染病似的蔓延战争，政府军曾克复许多城市，也随得随失。山东半岛据说曾有剧烈战争，而其西部则至今仍被占着。在江苏，散漫的战争曾经跨越长江，并且企图切断京沪之间的铁路交通。

共产党想从热河进窥察哈尔和绥远的努力是被决定的击退了。但是湖北省的整个东北部是在一个最有才能的叛逆首领刘伯承手里，他的军队已经切断河北到武汉的铁道线，现正向西推进中。在陕西的极北端共产党渡过黄河，目下榆林周围仍有大部共党。

共产党的力量，使它能够抗拒优势兵力，优势装备的军队，而且甚至还可以占领更多的土地。这有三个主要的原因：它的领导人物狂热而起劲，通过训练，服从最严格的党纪。军队受良好训练，受才能的领导。他们有些将军曾在俄国获有透彻的军事知识，他们的作战，特别在游击战方面，是卓著的。有时候他们的军队表现英勇和最高的纪律。军队中有普遍的同志精神，将校和士兵在服装、给养和薪给方面，至少在理论上，是并无区别的。最后，人民对于国民党的不满和不安在有力的增长，经济情形是混乱的。

（二）

"解放区"政府……在不定期中，有时所谓人民参议会举行会议，有地方领袖参与，讨论政策，在目前，主要的是讨论战略。"解放区"的行政和训令是由政委和宣传家推行的，他们自己就是法律。一般的说，他们都是受过教育的男女，在莫斯科的东方人民大学（University for Oriental Peoples）受过特别训练的。

共产党政策中主要项目是土地平均分配的改革。中国土地改革法基本要点，包括大约十二条，主张"耕者有其田"，勾销土地改革前的一切欠债，废止现有的地产所有权，有利于无产阶级的土地重新分配制。领得配田者授与所有权状，有权经营，并且在某种条件之下，有权租给别人耕种。换句话说，土地并未共营，也并未收归国有。这是共产党最有威力的理论，希望因此而争取全中国人口中的贫苦分子。……这个政策的主要目标是把它当作一个合法的武器，用以破坏农民中的富有阶级，他们是被共产党认为最危险的反动分子。除了分田和取消欠债以外，另一个清算富农的方法是"增加工资"和"减租"。增加工资是要追究到以前的工资的，常常加成一个极大的数目，使雇主及其家属尽可能付出最大的现款或实物，因而变穷。全部人民，要付出很重的各种赋税。壮丁被征为士兵，老弱则强迫劳工。

总之，在共产党看来，他们政策之中较重要的部分是要实施马克思的主义的。他们的目标是要建立统治人民全部生活的政党。……有些外国人，大都是联总工作人员，常常称赞共产党官员廉洁诚实而生活刻苦，比国民党好。这种品格能否持久，只有待他统制了富庶的工业区如上海之类一两年以后，才能证明。

（三）

他们对于宗教是在原则上仇视的，他们不能容忍加于人民的任何精神影响，除了他们自己的以外。佛寺和道观被劫掠；庙产被充公，年轻的和尚被迫加入军队。他们对于天主教特别痛恨，因为天主教的严格训练和广泛组织成为他们的劲敌，也因为天主教的分布区域都是比较繁荣的，对共产党顽强抵抗。基督教会则几乎不可能继续工作（译者按：上星期四在英国某地举行的东亚区传教师非正式会议，其中有来自中国共区人员，据报告：该地教会工作照常推行，未受阻碍）。

"解放区"人民的反应很明显地分为三个时期。共产党初到一地时，因为他们的为人民利益的宣传，军队的良好训练，没有土匪作风以及分田政策等，人民对于这些战胜者是欢迎的，假使不是热烈的欢迎，至少认为比国民党时代愉快多了。……

中国共产党和苏联的关系是一个被盖着的神秘。苏联政府直到现在为止，始终表现着严格中立的态度。共产军中并无苏联军事顾问之类。在内战区中，也从未出现苏联飞机。关于苏联教官在满洲训练军队的报告，也许可能是真的。但有一点很清楚的——虽然苏联否认——在苏军退出满洲以前，他们或者把大量日本军火送给共军，或者把那些军火留在那里，使它不可避免的落在共军手中。从共军区域回来的外国人，又报告说那里的中国人仍能得到一批批日本的或德国的军火，是那些运小麦和大豆往苏联的货船装回来的。可以肯定地说的是：照苏联政府的一般政策而论，眼看这个亲美的国民党政府的种种困难，她是很满足的。

毛泽东及其信徒是剧烈反美的，因为美国给南京政府种种道德上、物资上的援助，但这也并不是说，他们将永远继续一种亲俄的政策，如果他们能获得统治全中国的权力的话。他们是共产党，但同时也是中国人。所以在判断远东的政策时，如果采用对欧的类推律，那是很危险的。在一九二五到一九二六年，国民党本身就在苏联训政之下，但在一年之后，当它自己觉得够强壮了，它就对苏联朋友翻了脸。

目前这个斗争的目的，毛泽东和别的领袖们自己宣称，在用游击战打击政府的武力，在破坏交通和工业计划，在切断城市的补给线，而总之是在创造国内的混乱来打垮现政权。这些策略已获若干成就，但前途仍有很长的路要走。中国是一个很大的国家。西部和南部的辽远区域，现在还在冲突圈外。即使国民党被迫放弃已失地域，撤离满洲与华北，它仍有很大的资源可恃（观察特约记者译）。

原载《观察》第四卷第二期，一九四八年三月六日

论民主与民本

《世纪评论》，第 3 卷第 14 期，1948 年 4 月 3 日

李栋材

　　"二十世纪是人民的世纪"，所以民主几成了今天的"显学"。近来有些学者，为趋骛时髦起见，说中国古代也有民主思想，甚至某大学教授开"孔子的民主思想"一课，真令人啼笑皆非，莫明所以。他们所根据的是《尚书》上有"厥作民主"的话，孟子有"民贵"、"君轻"之说，孔子的政治主张以"仁"为中心（他们如此说），"博爱之谓仁"（韩愈的解释）"博爱"是民主的精神。我认为在中国过去是否有民主思想，应分两方面来看：首先须明了西洋人之所谓民主政治到底是什么一回事，其次须明了中国过去是一种什么样的政治组织，然后才能对于这个问题求得一个真正的解答。

　　西洋的民主政治，道源于古代希腊的城市文明，因为城市小，人民容易参政，所以他们行的民主政治很成功。现在的民主政治（Democracy）一词，就是希腊字 Demo 和 Cracy 拼合拢来的，"德谟"是人民的意思，"克拉西"是统治的意思，合拢来为"人民统治"的意思，也就是说民主政治者，"人民掌握政权，管理众人之事"的意思，其所谓人民，当然是指构成国家人民的全体，绝不是指一阶级（如资产阶级、无产阶级、知识阶级之类），一部分（如国内某一地方、某一种族、某一职业之类）的人。同时主权在民，一切政治的决定与施行，一依人民的公意。所以在民主政治的社会里，社会全体的公民，平等地共同参加共同事业，互助互利地推进社会生活，没有特殊的分子可以专断社会事业，也没有某部分子被排除于共同利益之外。《大美百科全书》上说："民主主义是社会组织的一种形式，使每一个人参加团体的各方面，不受那种为团体的最高效能所不必要的人为的限制，而团体的政策，是到底为全体社会的意志所决定"。又汉尼（Home）教授说："只当每一个人只能算是一个人，没有一个人算作多于一个人，同时一个人为人人，人人为着一个人的时候，我们才有民主主义。简单的说，民主主义是个性和社会性的衔接"。杜威博士说："民主社会，

根本是一种联合生活和交换经验的方式，在里面各个人参加各种的活动，接受各种的刺激，交换各种的经验，解放各种的能力，在这种社会里，有许多共同的利益，大家共同参加，交相助益，没有阶级人种的界限"。由此可知西方的"民主政治"一词，实包涵着"自由"、"平等"、"博爱"三种的精神。

再看中国过去的政治组织，我们大致可以将它分为两个阶段，一是殷、周的贵族政治，二是秦、汉至清末的专制政治。就殷、周的贵族政治，我们可以指出三个显著的特点：第一是以"神权"为中心的"宗法"政治：由于原始时代人类的智识幼稚，迷信地崇拜自然力的伟大，统治者便利用这个观念，说"天"是自然力的操纵者，在宇宙中上帝（天）至尊无上，而天子是上帝的儿子，在人间则天子至尊无上。所以殷、周的帝王，总喜欢和上帝攀关系。《诗经·商颂》上面说："天命玄鸟，降而生商，宅殷土芒芒"，《长发大禘》说："有娀方将，帝生子于商。"这是说殷人是上帝的子孙。《诗经．大雅生民》篇说："厥初生民，时维姜嫄……载生载育，时维后稷。"这是说周人是上帝的子孙。因此他们有资格"君临下民"，"替天行道"，也就是说"人生来就是不平等的"，所以用"家法"制度将天子、诸侯、卿、大夫、士、庶人的关系规定得清清楚楚，如有逾越分际者，便是"犯上作乱"、"违天不祥"、"罪不容诛"。第二是以封土为基础的阶级政治：天子除王畿千里之外，将其他的土地分封于诸侯、卿、大夫、士，使各守其封疆，以藩屏王室。因此阶级森严，层层负责，级级服从。《左传》昭公七年记载楚无宇的一段话："天有十日，人有十等，下所以事上，上所以供神也。故王臣公，公臣大夫，大夫臣士，士臣皂，皂臣舆，舆臣隶，隶臣僚，僚臣仆……"，在这种阶级服从的封建社会里，庶人和农奴的职分是出"粟米麻丝"以供给统治者的衣食，服"力役"以代统治者劳动，不得过问政治，也没有自由可言。第三是以兵刑为统治手段的威吓政治：即凡有土地的人，都有兵权，《左传》襄公十四年有段记载："周为六军，诸侯之大者，三军可也。"又《孟子》上面的记载，诸侯因地盘的大小各异，领军也有三军、二军、一军的差别，政权既与兵权配合，如同现在的"枪杆政治"，没有枪杆的人，"生杀予夺"，任统治者的意思来决定，在此种人吃人不讲公理的社会里，有什么"博爱"可言。总括起来说，殷、周的政治制度是建筑在"不平等"、"不自由山"、"有强权无公理"的基础上。

至于秦、汉以后的专制政治，其时封建制度虽已崩溃，但是君主统一天下后，"普天之下，莫非王土，率土之滨，莫非王臣"，"贵为天子，富有四海"，不能直接去统治，乃借助于一般"皇亲"、"国戚"和"官僚"来治理，结果这般人得宠龙升，又成了新的贵族。所不同的是封建制度下的贵族，可以父死子继，世代承袭；而这般新贵族，因为他们没受过册封，他们只能视为皇帝委托的统治执行者，并不是一个政权阶级。至于当时的被统治者，因为土地可以自由买卖的结果，农奴得到了解放，所谓庶民则是士、农、工、商四种自由人，可是其受榨取、受压迫、不平等、不自由的情形，与殷、周的庶人和农奴则毫无区别。

中国过去的政治组织既如上述，在此种情形之下，无论其为贵族政治或专制政治，天子和贵族官僚是社会上的特殊分子，他们"四体不勤，五谷不分"，其所依以为生者，是社会最低层的庶人和奴隶。例如统治阶级要祭祀天地祖先，其粢盛牺牲，于庶人供给的；他们的衣食是公田的生产品或租税；"禁乱除暴"，则要农奴去当兵；其他一切的"劳役"，都是由庶人和奴隶来担任。所以庶人和奴隶在社会上地位最低，而对于社会的贡献最大。因此古代的"圣主"、"贤君"、"大政治家"都懂得这个道理，无不"爱民如子"，"亲民如伤"，形成一套"民本主义"的政治思想。而近来有些人便把驴子当做马，说这是中国的"民主思想"，其实这"民本主义"与西方的"民主主义"完全是两回事，兹比较说明于后：

第一，在"民主主义"的社会里，没有特殊的分子可以独揽政权，包办政治，主权在民，一切政治的决定与实施，悉依人民的公意。至于"民本主义"则不然，是以君主与贵族为中心的爱民政治，即孔孟之所谓"仁政"，统治阶级的爱民不爱民，他们有绝对的自由。政治清明，是"圣上"的恩惠；政治黑暗，是上帝的责罚，臣民的厄运。人民不得"越俎代庖"，过问政治。这是二者主体不同的关系。

第二，"民主主义"认为"人是生而平等的"，人类为求社会的进步，应该本互助合作的精神，彼此处于平等地位，共同努力，聪明才力大的人为千万服务，是义务不是特权。但是在"民本主义"的社会则不同，君主、贵族、官僚认为他们的富贵荣华，是上帝所给予的，他们有权利，并无义务；小民的贫贱劳辱，是命定的、是应该的。所以他们的所以爱民，完全是一种慈悲行为。这是因为二者立足于"平等"与"不平等"的关系。

第三，"民主"的社会里，有许多共同的利益，大众共同参加，交相助益，没有阶级人种的"界限"。因为民主政治是众人来管众人的事，大众当然为自己的利益打算，遇到执政者不为大众的利益打算的时候，就可用罢免的方法请他滚蛋。至于"民本主义"是在维持君主贵族的既得利益，因为天子、贵族、官僚是"治人者"的食租衣税阶级，庶人和农奴是"治于人"的生产群众，前者是金字塔的尖顶，后者是金字塔的基础，想要金字塔不垮，非把基石安稳不行，所以《尚书》上面说："民为邦本，本固邦宁"。孟子说："民为贵，社稷次之，君为轻"。贾谊说："闻之于政也，民无不本也，国以为本，君以为本，吏以为本。故国以民为安危，君以民为威侮，吏以民为贵贱"。这一串的民本理论，完全是为统治阶级的利益打算，因为他们之所以对人民施以小惠者，是在豢养人民，使人民给统治阶级以更多的利益，与喂得鸡婆来生蛋，养大牛来耕田马来拉车毫无分别。

第四，在"民主主义"之下，除了保护众人的自由得予以若干的限制外，一切个人有权作为并发展其物质上与道德上的活动，立法者不能对于个人的自由任意加以限制。而在中国过去的臣民，则毫无自由可言，因为"臣者是牵也"，臣民是君主牵来的俘虏，生杀予夺，可以随意所欲，皇帝老子开御口就是法律，管你"自由""不自由"。

第五，"民本主义"所谈的"仁政"，似与"博爱"的精神并不违背，可是因为政治制度的关系，"民本主义"下所谈的博爱是假的，因为在君主贵族的政府制度之下，君主贵族认为国家是他们的产物，所谓"普天之下，莫非王土，率土之滨，莫非王臣"。他们谈"仁民"，等于现代人爱惜牲口一样，非"民主主义"下"一个人为人人"的服务精神。至于孔子所称的"仁"，更与现代"博爱"的意义完全不同，因为在孔子之所谓"仁"，是有阶级性、等级性或差别性的。如《中庸》上面说："仁者人也，亲亲为大，义者宜也，尊贤为大。亲亲之杀，尊贤之等，礼所生也"，这是说爱有差等。又说："未有小人而仁者"，这是说仁有阶级性。并且孔子是一个极力主张恢复周礼封建制度的人物，一切行动言论都是想如何挽救根本已经动摇了封建制度，他怎样会有民主思想呢？

第六，孟子之所谓"民贵"，是贵其能"当兵"、"纳税"、"服力役"，丝毫没有含着民主的意义。因为周末的天子、诸侯、卿、大夫、士都是"视民如草芥"，"横征暴敛，不顾人民死活"，以致农奴"乐岁终身苦，凶年不免于死亡"，假如长此下去，金字塔的基层会马上瓦解，所以他提出"民贵"、"君轻"之说，旨在唤醒当时的统治阶级不要杀鸡婆，还是留它来生蛋吃。他如《尚书》上面的"厥作民主"，一望可知是"作之君，作之师"的意思，非今之所谓民主政治。

总之，中国古老的民本思想是一回事，近代的民主思想是另一回事，二者截然不同，不能混为一谈。强以民本为民主，只是野心家偷天换日的苟当，其目的只在文过饰非。

梦魇的觉醒？

潘光旦

在今年大年初一的伦敦《泰晤士报》上我们读到一篇例不具名的特约记者的文稿，叫做"距今一百年前"。今年是一九四八，一百年前就是一八四八。大家都记得一八四八是十九世纪中欧洲最大与最普遍的革命年。当时欧洲各国，特别是大陆上，都有一些革命的行动发生。这篇文稿便把这一年的纷扰的情形描写了一个缩影，也兼论到了百年来演变的大势。同时，作者在篇首提出了一个问题，在篇末提出了一些评论。

问题是：今天可以知道明天么？发出这个问题的人一向很多，但作者特别提到了当时法国的政治家与政论家托克维尔（de Tocqueville），因为在一百年前一月二十七日的法国议会席上，他恰好问过："你们在这当儿能料到明天么？你们对于未来的一年、一月、以至于一天，会带来些什么，能预先有最细微的一些理会么？"答复是，不能，百年前不能，现在也不能。

篇末评论的话是这样的："一八四八年各国的革命都揭示了自由、平等、博爱三大原则，不过当时已经发生一种裂痕，就是，一部分人特别关心到自由，而另一部分人则以平等为第一。一样是自由主义的一些前提，终因此种关注的不同，而引进到了相反的结论。其在法国，一面则有拉马丹（Lamartine）与其它个人主义者想把政府的权力减削到最低的限度，而让国民得以自由的各行其是而互相竞胜。一面勃朗克（Louis Blanc）与其它社会主义者，则主张利用政府权力来实现社会的公道。这两个趋势一直维持到一百年后的今日。"在法国如此，而我们在此不妨添一笔，整个的世界也未尝不如此。

评论的末尾又说："对于十九世纪中叶的种种革命运动的意义，如果我们可以作一个初步的估量，我们不妨说，它们代表着一番湍激的努力，想把两个同样分量的真理伸张出来，就是人性的共通与人格的重要。要找到一个哲学与一番政治的措施，足以把它们兼容并包，兼筹并顾，而各如其分，便是二十世纪的任务了；自由主义的教条对此业已证明其为不能胜任。"

把问题与评论合并了看，作者无异作了一个结论：百年岁月梦中过；并且这梦是属于沙压一路，是魔。

一七八九年法国革命所开始揭示的自由、平等、博爱三个原则之中，第一个被遗忘的是博爱。一百六七十年来的历史在这方面是再清楚没有的。讲自由竞争的个人主义者自是无所用之，可不待言，社会主义者，至少就一八四八年以来其中最努力的一部分而言，所运用的爱是看人打发的，即只限于志同道合的工农人口，对其它人口所用的，不但不是爱，而是憎；工农分子虽占人口中最大的成分，但只爱此而不爱其它，当然也不适用一个博字。所以对此一原则，我们姑且搁过。

不过自由与平等并没有被遗忘。唯其没有被遗忘，问题反而比博爱来得严重。博爱可以被遗忘，被运用得不够广博，却不容易被误解。自由与平等虽没有被遗忘，却被误解与误用了。百年的历史恍如一场梦魇，而此梦魇至今还没有觉醒的希望；百年的经验与创痛并没有增加我们的智慧，我们并没有能鉴往知来，我们依然的此日不知明日，今年不识来年，原因就在此一误之上。一失足成千古恨，再回头已百年身，两句俚诗好像是端为我们这一段历史而唱出的。

自由之误有两种。一种是根本不承认任何限制，其结果是不顾一切的自肆。"自由，自由，世间凡百罪恶皆假汝以行"的自由，就是这个。这一种错误到今日是谁都承认了的，连同自由主义者自己在内。第二种则至今还几乎没有人认识，承认更不消说了。第二种是虽承认应有限制，却只知道此种限制是外铄的，而不是内发的。以平等博爱相责成，便是外铄的，是外铄的最早的一个方式。这等于说，你虽自由，你必须同时顾到别人，别人是和你一样的是个人呀。至于说，自由应以不妨碍别人的自由为原则，显然又是外铄的；好比蜗牛放触角，触到别的蜗牛时，便只好缩回去一般。此其最好的结果也无非是在群居生活中造成一种彼此牵制而平衡的局面而已。说到"自由是法律范围以内的自由"，则外铄的意味的浓厚，更无待解释。一年前"自由国际"的自由主义宣言里又有一个新的说法："自由与服务必须相辅而行；有权利，便有相对的责任。如要自由的社会组织成功，每一个公民对他的同侪都要有一种道德的责任感，并要积极参加公众事业。"说法虽新，外铄的精神则完全仍旧；而所谓新，也只是博爱一原则的较新的一个注脚而已。

我们应知外铄的限制是不发生效力的。爱的外缘的责成越严，其表示便越浅薄，以至于越虚假。别人的自由范围未尝不可以强制的予以缩小，而使一己的自由范围扩大。法律可以阳奉阴违，而使成为具文，至少立法执法以及其它有势位而比较狡黠的人都可以绕过法律，是一大事实。无论外铄的途径如何，结果还是一个完全不受约束的自由。百余年来噬人而肥的资本主义的发展就是好的例证，而百年来社会主义对资本家的深恶痛绝的上好的理由，也就在此上无限制的自由等于独断，等于专制，百年来多番革命的结果只是把君王的"自由"转入了资本家的掌握罢了。上文所谓百年如梦魇，这便是梦魇的主要题材了。

我最近在《读自由主义宣言》一文（《观察》四卷三期）里曾经讨论，自由的限制必须从每一个人的内心出发，方才有效。必须与自由相对或相辅而行的决不是博爱的责成、别人自由的尊重、法律的遵守和服务精神的提倡等等，而是由健全的教育所养成的一番自我裁节与自我控制的工夫。一个对一己的欲望、情感、兴趣、思虑、理想、信仰随在能拿得起而亦能放得下、能抒展而亦能收敛的人，才是一个真正自由的人。真正的自由第一步是对内与对己而言的；自由的人是一己欲望、情感、兴趣、思虑、理想、信仰的主人，而不是它们的奴隶；有了这第一步，第二步对外对人的自由不求而自至。美国革命所标榜的幸福，以及社会主义所称的最大多数的最大幸福，至少一半也必须从这种自由里产生，否则徒然是攘夺，是苦恼，不是幸福。

平等的误解也有两种，一是真把所有的人当做属于同一个流品，其间没有天然的强弱、智愚、能不能、才不才之分。这一种错误如今很多人是认识了。孙中山先生是认识了的，并且曾经在民权主义一讲里加以说明。苏俄自一九三一年斯大林某一次发表演说以后，这错误也可以说是不存在了。但成问题的是第二种错误，即在比较强有力的人，一面明知他人不如我，而一面依然借平等之名，而行侵凌他人之实，亦即等于假自由之名，而行自肆之实。这种人好像在对别人说，我们是一样的，我们的本领相等，我凭我的本领这样做了，你也来好了，你既无须埋怨妒忌我，我正也无须对你让步。此其结果，强者必然占便宜，而弱者必然吃亏，而所谓强弱，浸假必至包括一切由政治地位、经济势力、社会身分而来的强弱，而不限于身心能力的自然的强弱，民主政治总说民有、民治、民享；民有本来是一句空话，民治则至今是各种程度的寡头政治，而民享则完全落空，原因也就在此。百年来的社会主义所攻击的主题，从另一方面看，也就是这个。中庸讲到"矜不能"，孟子讲到中也养不中，才也养不才，否则贤不肖之相去不能以寸，指的就是这民享的一重精义。在事实上不容易平等而名义上定须利用平等的形势下，此精义自不免完全消灭。自由与平等主义的民主政治，自己不理会民享的极端重要，转而批评社会主义的"爸爸主义"或"保姆主义"如何如何的要不得，我认为是最不知羞耻的一种行为！

我说明知不同不平，而定欲假用或不得不用同等或平等的名义行事，则弱者必大吃其亏，初不论弱者之弱是先天的或后天的，我是有根据而不是凭空想象的。试举一个极简单的例子。在一九三一年以前，在平等的教条犹然通行的几年里，苏俄的女子，据说喜欢嫁给外国男子，而不喜欢嫁给本国男子，为的是本国男子不识温存，不知体贴（详见哈勒女士：《苏俄的妇女》）。苏俄的男子何尝真不知温存体贴？但当时在一切平等的"意识形态"的感召之下，自不得不把女子看作与自己完全相同，既完全相同，自无所用其温存体贴了。温存体贴总像强者对弱者的一种表示，在男子固不应出此，在女子恐亦不肯接受。结果是苏俄的女子以平等之名换取了男子的不经心以至于粗犷的态度之实。我相信百余年来美国的一般劳苦平民的地位便相当于极言男女平等时期里的苏俄女子的地位。而其原因亦正复相同。

人误解了自由平等，自由平等从而贻误了人。这百年来的大误特误，误尽苍生之误，是必须纠正的。《泰晤士报》记者说到二十世纪哲学与政治应有的任务如何如何，我认为任务就是这个，至少是全部任务的第一步。说到平等与自由，说到人性的共通与人格的个别，自来作说的人总像假定两者是对立的，以至于冲突的。这假定也未始不是一个很根本的错误。自由与平等都是一种"人文设教"之词，属于近代所称"如在哲学"的范围，其目的无非是要于全体公道之中求得每一个个体的适当的位置与发展。自由与平等本身不是目的，而是工具，一种思想上的工具，所以帮同达成上述的目的的，根据善事利器的寻常原则，一种工具必须制作得合式，运用得恰当，目的才有着落。平等与自由之所以为工具者也不能外是。了解清楚而运用恰当的结果，用荀子的话来说，就是以群则和，以独则足，足是适如其分的发展，和是相须相成的协调，唯有适如其分的发达才公道，唯有公道的协调才能持久，对立与冲突因何与如何发生，我实在看不出来。

我也看不出来，尽管已往的百年是一场梦，何以我们必须长久停留在此种梦境而不能自拔？以平凡的实境换取恐怖的梦境，该是人力所能及的一种行为。往者不可谏，来者自可追，自由与平等一类思想工具上的改正，便是追求的第一步了。百年梦魇，终须觉醒。是自动的觉醒呢？还是再等待一次外缘的棒喝而觉醒呢？也终须我们自己来抉择。

原载《观察》四卷七期，一九四八年八月二十四日

论反动（节录）

贺　麟

……

本文的目的不在于批评政府是否反动，而在于想弄明白反动一词的确切意义。以上这番讨论只不过是初步的引言，引起我们下列几点看法：第一，我总觉得反动与守旧或左倾有别。譬如西洋民主国家的国会里，永远有保守派，右倾分子，这些保守派有时得势，有时失势，但不能谓为反动。不如英国人习于保守，但英国人一般讲来却并不反动，英国保守党为一大政党，人数众多，但没人说英国的保守党为反动党，保守党员为反动分子。尤其在文化方面，有"怀古之幽情"，赞赏古典文明，保持优良传统的人很多，这种人也不能说是反动分子。在国会里，右倾分子、左倾分子、自由分子，互为消长，互有得失。绝不能专指右倾分子为反动。第二，反动虽多少含有趋于极端的意思，但反动分子，绝不同于极端分子，我们虽可以说右倾不反动，但极端右倾便是反动。同样极端左倾，也可说是反动。不过，极端抱自由主义者，极端爱好和平，极端爱国爱民的人，我们也无法说他们是反动分子。甚至那些始终一贯数十年如一日的保守分子或革命分子，我们也不能说他们是反动分子。第三，为对于"反动"一词的意义求得正确了解，我还想进一步把政治意义的反动，归还为心理学意义的反动。由讨论政治上所谓反动分子或反动的人，进一步讨论心理上所谓反动的行为，或反动的态度。同时也就把含有贬斥的坏义的反动，而从心理事实去客观分析其中立的自然的无所谓好坏的性质。

就心理事实来说，凡一刺激之来必引起反应或反感。如对外来刺激不起反应或反感，那就是麻木无知，失其有机体正常的情态。但同一刺激，在不同的个人，可引起多种不同的反应或反感。大约可分为三种，第一为自然的反应，如恶恶臭，如好好色，一般对外物所起的喜怒哀乐的反应，只要不矫揉造作，出于自然，或人情之常，都可叫做自然的反应。第二为合理的顺应，即出于个人理性自主自动自由，予以适当的处理。宋儒所谓"物来而顺应，裁诸吾心而安，揆诸天理而顺"，即是合理顺应的行为。第三为意气的反动。反动既非麻木，亦非自然的反应，又不合于理性，而乃是基于主观偏激的意气或悲情的冲动，自然的反应，每每当下直接，不知有我，亦不自觉其自私。理性的顺应，当然无私心而合义理。唯有意气的反动具有高度的自我意识和个人私利的感觉。所以反动的行为有主观的，自私的偏激的，意气用事或感情冲动的，不自然的，不合理性的诸种特性。因此，就字面说，反动含有凭感情而冲动倒行逆施的意思，倒是反，行是动，逆是反，施是动。

反动的行为有两方面，一是对内的反动，二是对外来刺激而起的反动。对内的反动或对内在刺激而起的反动，指自己对自己反动，或自己对自己过去的言论行为取反动态度。反动，顾名思义，是指向与刺激相反对的方向行动。譬如，自己过去在极端旧式礼教严肃的道德教训之下陶熔出来，而现在自己情意方面反而极端厌恶礼教厌恶道德，对于情欲采极端放任自由的态度。又如一个年青时极端喜欢哲学的人，而到了某一阶段，他忽变成极端反对哲学，厌恶抽象思想。又如有人由极端右倾因受刺激而变成极端左倾，或由极端左倾因受某种刺激而变成极端右倾。都是我这里所谓对内的反动。自己前后的行为向着极端相反的方向走，自己向着与自己的过去相反的方向行动，就是我这里所谓内在反动，或自我反动。举实际例子来说，康有为早年变法维新，极端激烈，而他晚年复辟复古，又极端顽固守旧，则他晚年的行为便可叫做反动，又假如一个人由极右的法西斯主义信徒转变成极左的共产主义信徒，亦可叫做反动。反之亦然。凡是一个人由此一极端转向另一极端的行为，就叫做反动的行为。但那始终如一，信仰一根本主义坚持于一极端，而没有中途凭感情意气向另一极端转变，便不能叫做反动。

以上略述我所了解的内在刺激的反动，现请进而讨论外来刺激的反动。亦即自己对他人或对方的行为采取反动的态度。这是指加强的向着与刺激极端相反的方向的发展行为而言。譬如，就朋友的关系说，由极端的友好变成极端的仇恨，就是反动。而在由友好变仇恨的过程中，起初由于甲作了一件事对不住乙，而乙则怀加强的愤怒以报复之，这是乙的反动。而甲复以倍加的愤恨去报复乙，彼此如此不断的激荡，由极端友好而渐变成极端仇恨，于是两人的行为，都陷于反动。类似这种反动的行为，尤为夫妇反目的主因。譬如，夫在外有了新欢，妻子心怀嫉妒不安的情绪，可说是自然的反应，妻对夫提抗议，或对夫加以劝说，总之用和平合理的方法，使夫放弃新欢，便可说是合理的顺应。假如为妻子者对夫之有新欢不采合理的反应，而感情冲动，大哭大闹，引起反感，便是反动。同时为夫者见妻大哭，大闹，乃温言劝慰，表示歉悔，以求恢复和好，便是合理的顺应。假如夫因妻之哭闹而激怒，对妻加以无理的打骂，这便是反动。假如妻因夫之打骂，或因朋友邻居之劝解而调解，或依法律途径办理离婚手续这便是合理的顺应。反之，假如妻因夫之打骂而服毒自杀，或杀夫泄愤，亦可说是反动。总之，根据此种事实分析起来，凡由恩到仇，由新到旧，由自由到专制，凡由此一极端过渡到相反的另一极端，大概都是由于一连串相激相荡的反动行为所构成。反动行为乃双方相激相荡而成，决非片面所引起，因此每每双方都有不是之处。

再如政府由爱护青年演变为摧残逼害青年，青年由拥护政府转变为反对或反叛政府，亦即我所谓反动。譬如，政府措施有不当处，青年学生用语言文字表示赤忱的反对，是很自然亦很合理的反应。政府不因青年之反对，而自我反省，加以晓喻，力求改革，乃反而派特务逮捕学生殴打学生，施以逼害，这是政府的反动，而青年学生以极少数学生被逮捕被殴打，不采取合理合法的步骤去营救去保释去控诉，而乃纠合群众，罢课游行，甚至有打倒政府推翻政府的秘密企图和轨外行动，这便是由此一方面的反动，激荡起另一方面的反动，学潮之起因，政府之逼害青年，青年之反对政府，大概都是这种反动的行为形成的。

再就国民党与共产党之结成不解的仇恨而演成战乱，其相激相荡，彼此反动的过程，亦不难察出。本来孙中山先生早就说过，"民生主义就是共产主义，又名社会主义"。意在调解国共的斗争，以民生主义去吸收共产主义和社会主义的长处。可以说是顺应经济平等的世界潮流最好的指针，但国民党实行民族主义及民权主义都有相当的贡献，而对民生主义却殊无表现。国民党愈不实行民生主义，共产党愈偏激地要实行共产主义。国民党对于十目所视十手所指的大地主、官僚资本、豪门资本，始终无意清算，不唯不清算，且力加培养保护。而共产党则趋于另一极端，对于农村中的地主、小商人也毫不容情地加以彻底斗争清算。国共关系如此，我们相信，美苏关系之愈趋恶化，亦是此种相激相荡的反动措施政策所促成。

根据上面对于反动的意义的分析，我们似乎最好不必概括地说，某人反动或某政府反动，我们最好采客观而较有分析的态度说，某人某一行动近于反动，某政府某一措施有些反动。如是或较能促人反省自觉，迁善改过。

唯反省可以制止反动。唯理性的顺应可以代替意义的反动或情感的冲动。

反动乃受刺激而起，乃被激被荡而起，因此仍只能认作被动。当人有反动行动时，一方面固是反对对方，一方面复在模仿对方。唯基于理性的自由自主自动的行为可以代替被动的反动行为，假如双方互相刺激互相反动下去，必至于同归于尽而后已。假如有一方能先自反省而不反动，自动而不被动。依理性而顺应，而不意气用事感情冲动而反动，则那一方便是最后的成功。

关于"中共往何处去?"

《观察》，第 3 卷第 10 期，1947 年 11 月

杨人楩

安平兄：

原拟为《观察》写的"中共往何处去?"一文，经过长期思索以后，觉得无法下笔，只好不写。第一，一个不大容易接受宣传的人，不易得到他所要的材料：中共宣传所绘出的色彩似嫌过于美丽，反中共的宣传也使我们具有"桀纣并不如是其恶"的感想。第二，假使写出这样一篇文章，虽然不一定能起什么大作用，至少希望中共能听得进去。现在内战变成了"内乱"，中共恢复为"共匪"，由"戡乱"而"总动员"以至于"剿匪"，兵连祸结。第三者挡住了锋镝，只有望风而逃，还有说话的余地吗? 第三，中共的理论与策略诚然有若干是我们所不能接受的，但在杀红了眼而头脑不能冷静的时候，一经争论起来，被中共骂作"帮闲"无关紧要，果使真被利用来做了帮闲的理论，便属罪过。

由于上述第三点，使我想起了自由主义者在目前于中共应取如何态度的问题。自由主义和共产主义原是有距离的；自由主义者彼此见解既不同，此一距离之长度亦不因而不同。其中有同情中共者，有反对中共者；反共原不是国民党的专利权。被中共讯为小市民的自由主义者之所以反共，并不一定基于个人的恩怨与好恶，而是由于一种独立的认识。任何政治上的主张与理论，无法使每一个人都接受，必然会有与之对立或相反的主张与理论发生。反之，任何反共产主义的政治主张与理论，亦无法使共产主义者接受而放弃其原所信仰的共产主义。我们尽管去批评或攻击共产主义；共产主义却不会因此批评与攻击而被消灭，除非它已丧失其存在之理由。我们要消灭共产党，必须同时能消灭共产主义；反之，如果不能消灭共产主义，便无法消灭共产党。自由主义者与共产党是对立的；自由主义需要此一对立始能显出其本来面目。自由主义决不因此一对立而消失其力量，正如其不曾因有其他对立而消失其力量一般。自由主

义与共产主义无法妥协，然而自由主义并不要消灭共产主义。不妥协便是斗争，在必须斗争的情况之下，自由主义者应当斗争。在目前却如何呢？自由主义者是无法赞同内战的，假使他无法阻止内战，至少不应助长内战。在这要以炮火与人民血汗来争是非之时，理论上的争论，其影响往往会不限于理论而已。在这力量强弱之争代替了理论是非之争之时，就是不信赖强力而只看重理论的言论，也宜暂时保留为好；否则，理论一经曲解，便容易被利用为助长内战的工具。保留不是怯懦；其目的既在于减少助长内战的因素，此种态度绝不是懦夫敢于坚持的，至少在目前是如此。

"保留"争论并非"终止"争论，因为自由主义者始终是不能接受共产主义的。这种态度可能引起"帮闲者"、"第三种人"及"中间路线"等讥评；此类讥评可能来自中共，然而往往是来自同情中共的前进人士。在政治主张上，我们实在不敢赞同"非甲即乙"的说法；在甲与乙之外，可能还有其他。自由主义并不是介于三民主义与共产主义之间的，它是与二者对立的；故此，自由主义并非中间路线，自由主义者也不是居间取巧的第三种人。假使中共认为自由主义者是些"帮闲"的"小市民"，正如若干国民党骂自由主义者是中共的尾巴一般，同样不合事实。我深深地觉得：进步的力量不应彼此抵消。今日的中国正如老牛拖破车，寸步难移；假使进步的力量彼此抵消，便只有使在困难中的中国，永远停留在现阶级而无法逃出困难。自由主义不怕讽刺，但是自由主义者不希望有此类不合事实的讽刺，因为此类讽刺可能削弱进步的力量，以至于真的帮闲而不自知。客观原是不容易的事，凭着公式主义来衡量一切，却是我们所不敢苟同的，人类的思想不是泥团而可配合在任何模型的。

如上所述的态度，原是两面不讨好的；故有人认为如果不能非甲即乙，就该干脆缄默。缄默亦有其微妙的作用；无声的抗议，其效力有时胜过攘臂疾呼。然而我们不能逃出实际：我们要活，同时也想到一切的人要活，我们不能缄默，我们要在两面不讨好的情况之下来争取和平。多数人认为今日的世界是美苏对立，今日的中国是国共对立，此外不能有第三个力量；有则必属于"暧昧"一类。这种看法，和"美国如不拿钱，我就找苏联"的敲诈态度是一样可笑。美苏之对立是事实，但是我们不能因有美苏之对立而要延长中国的内战。国际间变化莫测，美联是否始终对立，绝不是我们所把握得住的；何况美苏之对立未必一定是战争。国共对立以至于内战不息也是事实，我们如无消灭内战的勇气而认定只有"非甲即乙"，我们就应加入内战之一方，否则只有坐以待毙。利用美苏对立来助长中国内战是一种罪行，认定国共对立而不去终止中国内战，同样是一种罪行。要消灭此等罪行，必须扩弃"非甲即乙"的定命论，而形成一个第三势力来缓和此类对立的尖锐程度。我们既不愿以任何形势来为内战之任内一方张目，自当不避"暧昧"之讽，而要在任何可能条件之下，为民众求一条生路。我们也愿以提醒国民党的话来提醒中共：请重视中国民众的福利。关于内战的责任问题，不熟悉实际政治内幕的人，诚不宜轻下断语；但就表面事实来看，中共亦有其相当责任。共产主义之目的也是要为民众谋福利，尽管中共的政纲不悖于此一目的，可是避实就虚的作战策略却是违反了此一目的。拖垮国民党固然不失为作战策略之一，不幸先国民党而被拖垮的却是人民。中共的辩护是"不得已而出此"；此一辩护在军事上或者站得住，在政治上是可能失败的；因为此一策略须使人民忍受他们所不能忍受的痛苦，任何宣传技术也难洗去人民关于此种痛苦的回忆。内战终究要有一个结束。中共是否愿意考虑一个可能最快结束内战的方法呢？中共的口号是"打击好战者"，不幸遭受打击的是些并非好战的民众。魏德迈要中共放下武器，这当然是一句不期待回答的修辞发问；我们不敢有此天真的奢望，然而我们不能不希望中共能考虑如何终止内战的问题。

这封信的目的原只在说明文章不能交卷的原因。可是近来常听见有自由分子嚷着要消灭中共，也常听见有前进分子在讽刺自由主义者，故附带申述我们对于这两种态度的看法，希望能在消极方面减少延长内战的因素。中共具有终止或缩短内战的权力，我不能不希望他考虑如何运用此一权力。我不明白我这些意见是否值得发表，请你决定；至于内战问题的本身，打算过些时写篇《内战论》来讨论。

杨人楩　九月二十八日

自由主义是否没落

《东方杂志》，第 44 卷第 4 号，1948 年 4 月

黄炳坤

自由主义是否没落？要解答这个问题，我们首要明白什么是自由主义，它的起因、内容、作用和目前所遭遇的困难。

自由主义的含义，可说是无一定的界说，主要的原因是由于它是因时因地因人而异的一种理论，既无确定性，又无明确的倡导者。所以我们总觉得它很空泛，很难于捉摸和难于界说的。虽然，依照研究自由主义有素的卢哲罗（De Ruggiero）说，自由主义始于人之自由的承认；人的行为完全是自发，不受强制的。不过这种自由不是与生俱来，必须经过道德之训练和修养，由自觉自得的人格里慢慢产生出来的。故自由主义之目的，是在促进个人向上以至于成仁达德为急务（见氏著 *"The History of European Liberalism"*）。原来自由主义不过是酷爱自由的人们的一种心理态度（mentalattitude），是表示人们对于社会问题的一种看法。关涉整个人生各方面，举凡政治、经济、宗教、文化的生活，如有违反自由原则者，都在自由主义者反对和批评之列。他们所以反对之者，无非在求个人身心之解放。因个人身心能解放，才能够自由发展，才能够发挥个人的本能，才能够实现人生的价值。自由主义者的思想，也可说是个人主义的思想，但也希望由小我扩至大我，希望整个人类得到自由、进步和幸福。不过他们的着重点，还是心理或心灵的，还是个人的。尊重个性，以达于自觉自得（self – realization）的境地，是为自由主义者的最终目的。

西洋社会自从文艺复兴以来，对于人的心灵，可说已解放不少了，远非古代奴隶社会时和中世纪宗教一统时代可比。可惜随文艺复兴之后，只换来一种帝王专政，在本质上，同样的是对人之身心的一种压迫，同样非酷爱自由尊重个性的人所能忍受。故不久先在十六、十七世纪的英国，就有培根、呼克尔（Hooker），平等主义者（Levellers）、密尔顿（Milton）、洛克等辈出，都根据自

由解放的精神，来反抗专制。从那时起，自由思想即染有政治色彩。在法国，人民原有尊重理性崇尚自然的传统，且还受罗马制度的影响，所有自由和平等的观念，都富于政治色彩，一观孟德斯鸠、艾尔未西厄斯（Heivetius）、福禄特尔（Voltaire）、卢梭等的学说，便可知其梗概。又自英国光荣革命之后，不但自由主义日益发达，即代议制度也开始抬头，尤其在美、法二国革命之后，政治本于宪法，人权得到法律保障，代议制度逐渐具体化，而成为自由主义者所必争之体制。至此阶段，自由主义无形中与代议制度合流。自由主义原是无形的，到了与代议制度合流以后，才有固定的形式。

自由主义随民主政治而兴，是无疑的，但它的成为一种政治经济理论，却自十八世纪始。工业革命成功以后，工商业和资本主家渐渐摆脱封建专政的羁绊，工商业组织，也有如雨后春笋的蓬勃发展。而英国的亚丹斯密和法国的丢哥（Turgot）等的学说，使中产阶级的自由和活动，更得到理论上的根据。近代的自由主义，主要斗士就是因工业革命而声势日渐扩大的中产阶级，所以自由主义在本质上，又富于中产阶级的个人主义的色彩，亦可说是经济的色彩。其在实施上，是为中产阶级争取法律的保障，即保障他们能够自由活动和取得个人财产之所有权。这也就是资本主义的目的之所在。故自由主义自从有了这种使命以来，其本质与目的，是和资本主义的相配合。后来两者发生关联，相依为命，并非偶然，实属必然的。

自由主义发展到十九世纪，是它到了鼎盛时期。这时期，恰也是代议思想和资本主义最流行的时期。到了这时期，三者间不但水乳交融，而且无形中打成一片，融和一起，构成近人所谓"民主主义"的主要内容。所以自由主义演进到这阶段，可谓有声有色，显赫一时，成为所谓时代思想之主流。各国有识之士，相率起来组织自由党，而无党无派的进步分子，亦以自由主义者或自由分子自称。卢哲罗也曾说，自由主义者在那时，成为议会的"看门狗"（Watch - dogs）。他们的专责，是在看守或监督政府的活动。这种活动，在人类自由史上的确发生了很大的作用。因为现代宪法上自由平等权之釐定，与乎国民主权说之能在法律上见诸实现，都是英、法等国代议员和一般自由主义者不断努力的结果。譬之英国的边沁功利派思想家和法国的罗泽科拉（Constant Roger - Collard）和托克维尔（Alexis De Tocquiville）等，都替人类争取了不少法律权益。英、法自由主义者分道扬镳，同收相得益彰之成果，促使自由主义的内容，日益充实。据荷布豪斯（L. T. Hobhouse）说，自由主义，到了十九世纪，已取得下列之内容：一、人身自由；二、财政权之自由；三、言论自由；四、社会生活之自由；五、工作与营业之自由；六、家庭中男女间之自由与平等；七、种族自由；八、国家自由等等，以及参政权和国民主权说之确立（见氏著"Liberalism"）。这些自由权和参政权，就是现代各国宪法之基本人权。美国政治思想家马基凡尔（C. H. McIlwain）也说过："自由主义乃大众利益之宪法保障。"

可是这种功能，只在某种程度内，是真确的，越此程度，自由主义就不能尽量发挥它的作用了。何以故？这是因为到了十九世纪末叶以来，西洋文化已经起了大变化。这些大变化的象征，一是资本主义之畸形发展，二是极权主义之勃兴，三是自由主义弱点之暴露。如果自由主义不能解决这几个新问题，这些很可能成为自由主义没落之原因。今略为阐述之如下：

资本主义本来是自由思想之产物，它的理想，是在让给每一个人有从事其私人事业之自由，以及给他取得并保存其货财之权利。它以为在这种自由生产和自由消费的制度下，生产可以无穷尽的增加，因而物美价廉，社会全体得到最高消费之满足，所以它的理想，最初并无偏利人群某一部分的成见。无如资本家的势力，一天一天的扩大，其资本渐次成为独占经济的资本。他们借操纵了社会大多数人的饭碗，进一步操纵大多数人的选举权。他们又不但逐渐操纵国家财富，而且更逐渐操纵国家的政治结构；所谓代议士者，例多一变而为资本家之喉舌，或为资本家财产权之保护者，因而自由民主之理想落空。在对外方面，资本主义因无计划生产，生产过剩，不得不向外找市场，求发展，结果造成强盗式的帝国主义。帝国主义背弃民主，违反人道，剥削弱小民族，早已将自由主义大同世界之理想，蹂躏殆尽，而帝国主义者间，复互相斗争，每每掀起国际风云，致使整个世界的生灵，无辜受战斗破坏之恶果。在每一次战争过程中，参战国的自由主义者，只有效忠国家，服从国家，绝无反抗国家之可能。他们即使不离开岗位，去拥护战争，但对于战争之弭止，却无能为力，而对于帝国主义之发展，也无能力使之敛迹，这是所谓自由主义之困难一。

同时，正因资本主义走上畸形发展的道途上，大多数人的经济生活不如意，以及国家立法对于工人不利，乃促成社会主义和共产主义之勃兴。复因共产主义之勃兴，和资本主义之失败，相反的，激发法西斯主义之崛起。这两种极权思想之来势，有如洪水猛兽，几乎迫得自由主义者无路可走。因为一者是出发于阶级斗争，根本否认容忍和妥协的精神，对于中产阶级所维护的国家结构，也取了敌视的态度，以为"国家"这个东西，是资本家的工具，非将之消灭，不能消灭资本家。这样说来，若果共产主义得势，当非自由主义者之福。同样的，若果法西斯主义得势，国家至上，民族至上，只有国格，并无人格，个人的人格，根本不存在，在这情形之下，那基于个人主义的自由主义，自也无法生长发芽。这是说明自由主义在极权主义流行时所遭遇的困难二。

然而自由主义何以一遇强权或强权理论，就不能立定脚跟，作有力之奋斗？这不能不归咎于自由主义本身在理论上之不足。自由主义实有先天不足的弱点，构成它发展上的第三种困难。这又可分两点说明之：

第一，自由主义并非一种积极的政治经济理论。它根本上是温和派人士的一种观感，尚合作，主中和；在行动上，着重言论自由，富于批评性能，却不愿作激烈性的措施。是故自由主义者每每是被动的，而且每因各人反应不同，常是散漫不统一的。凡是被动的不统一的力量，都不能算做力量，更不能抵敌任何方式的强权，或强权的理论。历史上自由主义者一遇强权，便销声匿迹，可谓屡见不鲜。其中以德国的自由主义者为最明显。我们不妨从十八世纪的德国说起：在那时德国虽有斐希特、康德、歌德、希莱、赫得、莱星等辈出，竭力将自由福音宣扬于世界，而在他们生存期间，帝王专制接踵而来，其数不下三十个。但这些自由福音倡导者，却噤若寒蝉，并未以勇气精神，起而为自由民主辩护，且德国右派哲学的形上学，反而随时可以为帝王们作逻辑上辩护。十九世纪期间，在黑格尔的国家至上主义和俾斯麦的铁血主义之下，更不容许自由主义生育发荣。迨二十世纪，在第一次世界大战后，德国社会民主思想虽盛极一时，亦终不能保持魏玛宪法之神圣，结果希特勒上台，一举把国内数百年来西洋文化之结晶，扫荡无遗，这是德国社会民主党之过？抑或德国自由分子之过？

第二，自由主义所揭橥之理想——自觉自得之理想，在本质上是过于笼统，而在实施上又过于含糊，不能把握一定（见 J. H. Hollowell：*The Decline of Liberalism*）。因为不能把握一定，所以一般人对于自由主义不是轻率接受，便感觉难于接纳和追随它的理想。这种弱点，不必取譬于古代和中古的自由思想者，即就近代的自由分子，也言人人殊。试从历史上看，十六、十七世纪的自由分子，原来是自然法学派，主张消极的天赋人权，到了十八、十九世纪功利派思想盛行之时，他们便放弃自然法学派的立场，改向社会立法和实际方面努力。到了一八八〇年格林（T. H. Green）手上，他想从理论上改进它，一方放弃漫无限制的个人主义之自由，一方主张积极性的自由，认为个人自由须置在社会集体福利之下，始能实现。这种理论，虽然比以前的自由主义进步，可是资本主义已百弊丛生，即本世纪一时之彦的韦布、萧伯纳、韦尔斯、科尔、拉斯基等，也因受社会现实的影响，不能继承传统，为自由主义努力，反而创立一种离开自由主义而与社会主义接近的费边主义。自由主义发展到这阶段，可说已与英国自由主义的传统脱节了。英国自由党，在十九世纪，盛极一时，但到了二十世纪，却销声匿迹，一蹶不振，可知并非无因。

然则凡此种种就象征自由主义之没落么？但根据上述那两位研究自由主义有素之卢哲罗和荷布豪斯的意见来说，自由主义的前途，未必黯淡若此。卢氏认为自由主义富于持续性能，西洋各国的选举权日益扩大，社会福利亦日益增加，便是自由主义持续性的发挥。荷氏又相信自由主义将会维持它原来的作用，继续反对专制，将始终成为一种自由解放运动，在其历程中，将仍然吸收新的见解和新的内容，有如它在既往演进上一样。这即是说，在今后的世界，社会思想虽日趋极端化的时候，自由主义还很可能从消极批评的立场，改取积极建设的立场，又可能由个人利益观点吸收有利社会的政策。两氏之言，未尝不言之成理，不过其中显然希望的成分比见诸事实的成分多。

何以？因为西洋社会发展至于今日，一方资本主义和帝国主义之遗毒已深，可说积重难返，资本主义的帝国主义者，是不会尊重自由主义者所提倡的国际合作与和平的。另一方，极权主义方兴未艾，咄咄迫人，有主张阶级斗争的，有提倡国家至上的，两者根本否认容忍和妥协的精神，致使尚和平，主容忍的自由主义，处处感到威胁。自由主义的策略，是主张势力均衡，用以维护社会秩序的，所以特重讨论方式的代议制，并且容忍多党存在，共存共荣的。但强权主义的共产党和法西斯党是要一党专政的，所以根本也否认异党、异派的异见和批评的。假如异见和批评而不容认存在时，那么旧日流行的个人思想，即自由主义所基的个人主义精神，唯有逐渐退缩而已。代之而兴的，是社会化的政治力量（political energy）。政治力量社会化之后，只有效忠与服从是国民的道德，所谓个人自由，根本不在重视之列。其结果，就是自由主义精神之退缩。何况极权主义，或资本主义的帝国主义一日存在，世界局面即一日无法安宁。今后的国际局势，看似凶多吉少，纵使不复有帝国主义的旧式战争，但虽有资本主义与共产主义间的新冲突，那也足以威胁自由主义的生长，因为不论属何性质的战斗，又不论国内的，抑或国际的，凡是战争，都可以窒息自由主义的生气，而成为自由主义的致命伤。

言至此，我们难免感觉自由主义的前途，是不大乐观的。不过我们还可退一步来估计自由主义的前途和它的持续性。我们也许这样想：自由主义可以否认一切非自由主义者的敌视态度是自由主义的困难之所在，因为世界上无论那种主义，总不免抱敝帚自珍入主出奴的成见的。同样的，我们可以否认自由主义理论上的弱点是它的困难之所在，因为世界上没有一种主义是万全万美，无懈可击的。但除此不计外，其真能成为自由主义的危机或困难者，莫过于自由主义者对于自己所信仰的主义的态度。这即是说，自由主义能否克服一切困难，要看自由主义者在今日利诱威迫的情境之下，能否洁身自爱，坚守本位，不变节，不屈服，以为转移。历史告诉我们，自由主义者每逢强权压迫，或强权间互相倾轧的时候，一部分除了自取销声匿迹的消极态度外，大部分不是被迫离开岗位，走向极左，便是被迫走到极右的壁垒。他们这样，不论走向那一方，同样的背弃自由主义和民主的理想。诚然，在资本主义和自由主义水乳相融，交割不清的关系上，自由主义者能否自拔，不为资本主义弊病所牵累，的确是一大问题。历史又告诉我们，每当左右派断然决绝，至中间派难为两好的时候，自由主义者又以走向右派方面为多数。这等于说，他们离开岗位了，向贵族和资本家投降了。这是什么缘故？他们何以出此？无他，由于他们过于尊重传统使然。因为过于尊重传统，在有意无意中，就摆脱不了传统的个人主义和私有财产制度的观念，所以在左右派到了火并的时候，宁可右倾不左倾。战前法西斯主义国家虽咄咄迫人，有进行打击世界"现状"之势，而自由主义之发源地的英、法、美人士，因为囿于传统个人主义和私有财产观念的关系，宁可迁就法西斯主义的德、意，而不愿见共产主义的苏联得势，西班牙的几年内战，也是另外一个很好的明证。

所以归根到底，还是这样一个问题：自由主义是否没落，主要的还是要视拥护自由主义的人们能否摆脱传统的个人主义和私有财产的旧观念而定。我们可以简略说一句：时至今日，这两种二位一体的旧观念，一日不改变，则自由主义一日无阔步迈进之可能。而且旧式的财产自由权一日存在，富有者成为社会之少数，并成为社会之贵族阶级，而贫穷者成为社会之多数，并成为社会之无产阶级。两阶级之利益无法调协时，便促成极右极左两力量之斗争。那么，温和性的自由主义也无法生长。尤其私有财产制度演变至于今日，已成为社会百病之源，一则少数人的穷奢极欲，对于个人之生产和修养，毫无裨益，财产私有制实随资本主义之畸形发展，早已失却亚里士多德和洛克之有恒产而后有恒心的原意；二则社会财富落在少数人之手上，多数人终岁为这少数人操劳，生活犹恐难保，宁暇于礼乐和知识之追求？此而不可能，则自觉自得的理想，又何从实现起。人民因衣食无着，宁愿出卖身心自由者，历史上虽无详明之统计，但时至今日，仅是普通常识而已。

依上所述，看来处处都说明自由主义已日暮途穷，趋向没落似的。这正像较晚近的学者，如萨平、威尔逊、荷罗韦尔等等所观察者同。不过这一切都从政治经济的角度来看的，如果我们从另一角度看，把自由主义当作人类求自由的心理或心灵态度看待，它未始不仍为一种力量，而且相信这种力量是不可磨灭的。人类为自由而奋斗，自古至今，不断如缕，其将继续成为一种解放运动，非全无可能。然而它此时危机四伏，是不容否认的。故为自拔自救，并使本身重新发生作用起见，它必须从洗涤个人主义的资本主义的观点和弊病做起，从而在倡导方面，必须配合时代需要和随时能够吸收新的思潮和政策，以充实它的内容才可。当然的，这样一来，自由主义又踏上一个新阶段，可能成为一种新的自由主义了。

自由主义

胡 适

孙中山先生曾引一句外国成语："社会主义有五十七种，不知哪一种是真的。"其实"自由主义"也可以有种种说法，人人都可以说他的说法是真的，今天我说的"自由主义"，当然只是我的看法，请大家指教。

自由主义最浅显的意思是强调的尊重自由，现在有些人否认自由的价值，同时又自称是自由主义者。自由主义里没有自由，就好像长坂坡里没有赵子龙，空城计里没有诸葛亮，总有点叫不顺口罢！据我的拙见，自由主义就是人类历史上那个提倡自由，崇拜自由，争取自由，充实并推广自由的大运动。"自由"在中国古文里的意思是："由于自己"，就是不由于外力，是"自己作主"。在欧洲文字里，"自由"含有"解放"之意，是从外力裁制之下解放出来，才能"自己作主"。在中国古代思想里，"自由"就等于自然，"自然"是"自己如此"，"自由"是"由于自己"，都有不由于外力拘束的意思。陶渊明的诗："久在樊笼里，复得返自然"，这里"自然"二字可以说是完全同"自由"一样。王安石的诗："风吹瓦堕屋，正打破我头……我终不嗔渠，此瓦不自由。"这就是说，这片瓦的行动是被风吹动的，不是由于自己的力量。中国古人太看重"自由"、"自然"的"自"字，所以往往看轻外面的拘束力量，也许是故意看不起外面的压迫，故意回向自己内心去求安慰，求自由。这种回向自己求内心的自由，有几种方式，一种是隐遁的生活——逃避外力的压迫，一种是梦想神仙的生活——行动自由，变化自由——正如庄子说，列子御风而行，还是"有待"，"有待"还不是真自由，最高的生活是事人无待于外，道教的神仙，佛教的西天净土，都含有由自己内心去寻求最高的自由的意义。我们现在讲的"自由"，不是那种内心境界，我们现在说的"自由"，是不受外力拘束压迫的权利，是在某一方面的生活不受外力限制束缚的权利。

在宗教信仰方面不受外力限制，就是宗教信仰自由。在思想方面就是思想自由，在著作出版方面，就是言论自由、出版自由。这些自由都不是天生的，不是上帝赐给我们的，是一些先进民族用长期的奋斗努力争出来的。

人类历史上那个自由主义大运动实在是一大串解放的努力。宗教信仰自由只是解除某个某个宗教威权的束缚，思想自由只是解除某派某派主流思想威权的束缚。在这些方面……在信仰与思想的方面，东方历史上也有很大胆的批评者与反抗者。从墨翟、杨朱，到桓谭、王充，从范缜、傅奕、韩愈，到李贽、颜元、李恭，都可以说是为信仰思想自由奋斗的东方豪杰之士，很可以同他们的许多西方同志齐名比美，我们中国历史上虽然没有抬出"争自由"的大旗子来做宗教运动、思想运动，或政治运动，但中国思想史与社会政治史的每一个时代都可以说含有争取某种解放的意义。

我们的思想史的第一个开山时代，就是春秋战国时代——就有争取思想自由的意义。

古代思想的第一位大师老子，就是一位大胆批评政府的人。他说："天下多忌讳，而民弥贫。""法令滋彰，盗贼多有。""民之饥，以其上食税之多，是以饥。""民之难治，以其上之有为，是以难治。""民之轻死，以其求生之厚，是以轻死。""天之道损有余，而补不足。""人之道则不然，损不足以奉有余。"老子同时的邓析是批评政府而被杀的。另一位更伟大的人就是孔子，他也是一位偏向左的"中间派"，他对于当时的宗教与政治，都有大胆的批评，他的最大胆的思想是在教育方面：

有教无类，"类"是门类，是阶级民族，"有教无类"，是说："有了教育，就没有阶级民族了。"

从老子孔子打开了自由思想的风气，二千多年的中国思想史、宗教史，时时有争自由的急先锋，有时还有牺牲生命的殉道者。孟子的政治思想可以说是全世界的自由主义的最早一个倡导者。孟子提出的"大丈夫"是"贫贱不能移，富贵不能淫，威武不能屈"。这是中国经典里自由主义的理想人物。在二千多年历史上，每到了宗教与思想走进了太黑暗的时代，总有大思想家起来奋斗，批评，改革。

汉朝的儒教太黑暗了，就有桓谭、王充、张衡起来，作大胆的批评。后来佛教势力太大了，就有齐梁之间的范缜、唐朝初年的傅奕、唐朝后期的韩愈出来，大胆的批评佛教，攻击那在当时气焰熏天的佛教。大家都还记得韩愈攻击佛教的结果是："一封朝奏九重天，夕贬潮阳路八千。"佛教衰落之后，在理学极盛时代，也曾有多少次批评正统思想或反抗正统思想的运动。王阳明的运动就是反抗朱子的正统思想的。李卓吾是为了反抗一切正宗而被拘捕下狱，他是在监狱里自杀的，他死在北京，葬在通州，这个七十六岁的殉道者的坟墓，至今存在，他的书经过多少次禁止，但至今还是很流行的。北方的颜李学派，也是反对正统的程朱思想的，当时，这个了不得的学派很受正统思想的压迫，甚至于不能公开的传授。这三百年的汉学运动，也是一种争取宗教自由思想自由的运动。汉学是抬出汉朝的书做招牌，来掩护一个批评宋学的大运动。这就等于欧洲人抬出《圣经》来反对教会的权威。

但是东方自由主义运动始终没有抓住政治自由的特殊重要性，所以始终没有走上建设民主政治的路子。西方的自由主义绝大贡献正在这一点，他们觉悟到只有民主的政治方才能够保障人民的基本自由，所以自由主义的政治意义是强调的拥护民主，一个国家的统治权必须放在多数人民手里，近代民主政治制度是盎格罗撒克逊民族的贡献居多，代议制度是英国人的贡献，成文而可以修改的宪法是英美人的创制，无记名投票是澳洲人的发明，这就是政治的自由主义应该包含的意义。我们古代也曾有"天视自我民视，天听自我民听"，"民为邦本"，"民为贵，社稷次之，君为轻"的民主思想。我们也曾在二千年前就废除了封建制度，做到了大一统的国家，在这个大一统的帝国里，我们也曾建立一种全世界最久的文官考试制度，使全国才智之士有参加政府的平等制度。但，我们始终没有法可以解决君主专制的问题，始终没有建立一个制度来限制君主的专制大权，世界只有盎格罗撒克逊民族在七百年中逐渐发展出好几种民主政治的方式与制度，这些制度可以用在小国，也可以用在大国。（1）代议政治，起源很早，但史家指一二九五年为正式起始。（2）成文宪法，最早的一二一五年的大宪章，近代的是美国宪法（一七八七年）。（3）无记名投票（政府预备选举票，票上印各党候选人的姓名，选民秘密填记）是一八五六年 South Australia 最早采用的。自由主义在这两百年的演进史上，还有一个特殊的，空前的政治意义，就是容忍反对党，保障少数人的自由权利。向来政治斗争不是东风压了西风，就是西风压了东风，被压的人是没有好日子过的，但近代西方的民主政治却渐渐养成了一种容忍异己的度量与风气。因为政权是多数人民授予的，在朝执政权的党一旦失去了多数人民的支持，就成了在野党了，所以执政权的人都得准备下台时坐冷板凳的生活，而个个少数党都有逐渐变成多数党的可能，甚至于极少数人的信仰与主张，"好像一粒芥子，在各种种子里是顶小的，等到他生长起来，却比各种菜蔬都大，竟成了小树，空中的飞鸟可以来停在他的枝上。"（《新约·马太福音》十四章，圣地的芥菜可以高到十英尺）人们能这样想，就不能不存容忍别人的态度了，就不能不尊重少数人的基本自由了。在近代民主国家里，容忍反对党，保障少数人的权利，久已成了当然的政治作风，这是近代自由主义里最可爱慕而又最基本的一个方面。我做驻美大使的时期，有一天我到费城去看我的一个史学老师白尔教授，他平生最注意人类争自由的历史，这时候他已八十岁了。他对我说："我年纪越大，越觉得容忍比自由还更重要。"这句话我至今不忘记。为什么容忍比自由还更要紧呢？因为容忍就是自由的根源，没有容忍，就没有自由可说了。至少在现代，自由的保障全靠一种互相容忍的精神，无论是东风压了西风，是西风压了东风，都是不容忍，都是摧残自由。多数人若不能容忍少数人的思想信仰，少数人当然不会有思想信仰的自由，反过来说，少数人也得容忍多数人的思想信仰，因为少数人要时常怀着"有朝一日权在手，杀尽异教方罢休"的心理，多数人也就不能不行"斩草除根"的算计了。最后我要指出，现代的自由主义，还含有"和平改革"的意思。

和平改革有两个意义，第一就是和平的转移政权，第二就是用立法的方法，一步一步的做具体改革，一点一滴的求进步。容忍反对党，尊重少数人权利，正是和平的政治社会改革的唯一基础。反对党的对立，第一是为政府树立最严格的批评监督机关，第二是使人民可以有选择的机会，使国家可以用法定的和平方式来转移政权，严格的批评监督，和平的改换政权，都是现代民主国家做到和平革新的大路。近代最重大的政治变迁，莫过于英国工党的执掌政权。英国工党在五十多年前，只能选择出十几个议员，三十年后，工党两次执政，但还站不长久，到了战争胜利之年（一九四五年），工党得到了绝对多数的选举票，故这次工党的政权，是巩固的，在五年之内，谁都不能推翻他们，他们可以放手改革英国的工商业，可以放手改革英国的经济制度，这样重大的变化——从资本主义的英国变到社会主义的英国——不用流一滴血，不用武装革命，只靠一张无记名的选举票，这种和平的革命基础，只是那容忍反对党的雅量，只是那保障少数人自由权利的政治制度，顶顶小的芥子不曾受摧残，在五十年后居然变成大树了。自由主义在历史上有解除束缚的作用，故有时不能避免流血的革命，但自由主义的运动，在最近百年中最大成绩，例如英国自从一八三二年以来的政治革新，直到今日的工党政府，都是不流血的和平革新，所以在许多人的心目中自由主义竟成了"和平改革主义"的别名，有些人反对自由主义说它是"不革命主义"，也正是如此，我们承认现代的自由主义正应该有"和平改革"的含义，因为在民主政治已上了轨道的国家里，自由与容忍铺下了和平改革的大路，自由主义者也就不觉得有暴力革命的必要了。这最后一点，有许多没有忍耐心的年青人也许听了不满意，他们要"彻底改革"，不要那一点一滴的立法，他们要暴力革命，不要和平演进。我要很诚恳的指出，近代一百六七十年的历史，很清楚的指示我们，凡主张彻底改革的人，在政治上没有一个不走上绝对专制的路，这是很自然的，只有绝对的专制政权可以铲除一切反对党，消灭一切阻力，也只有绝对的专制政治可以不择手段，不惜代价，用最残酷的方法做到他们认为根本改革的目的。他们不承认他们的见解会有错误，他们也不能承认反对的人会有值得考虑的理由，所以他们绝对不能容忍异己，也绝对不能容许自由的思想与言论。所以我很坦白地说，自由主义为了尊重自由与容忍，当然反对暴力革命，与暴力革命必然引起来的暴力专制政治。

总结起来，自由主义的第一个意义是自由，第二个意义是民主，第三个意义是容忍——容忍反对党，第四个意义是和平的渐进改革。

一九四八，九，四

陈独秀最后对于民主政治的见解序

《陈独秀的最后见解》，台北：自由中国社，1949 年

胡 适

陈独秀是一九三七年八月出狱的，他死在一九四二年五月廿七日。最近我才得读他的朋友们印行的《陈独秀的最后论文和书信》一小册，我觉得他的最后思想——特别是他对于民主自由的见解，是他"深思熟虑了六七年"的结论，很值得我们大家仔细想想。

独秀在一九三七年十一月写信给他的朋友们，说：

> "我只注重我自己独立的思想，不迁就任何人的意见。我在此所发表的言论，已向人广泛的声明过，只是我一个人的意见，不代表任何人。我已不隶属任何党派，不受任何人的命令指使，自作主张，自负责任。将来谁是朋友，现在完全不知道。我绝对不怕孤立。"（给陈其昌等的信）

在那时候，人们往往还把他看作一个托洛斯基派的共产党，但他自己在这信里已明白宣告他"已不隶属任何党派，不受任何人的命令指使"了。

一九三九年九月欧洲战事爆发之后，中国共产党在重庆出版的《新华日报》特别译登列宁反对一九一四大战的论文，天天宣传此次战争是上次大战的重演，同是帝国主义者的战争。中国托派的《动向》月刊也响应这种看法。独秀很反对这样抄袭老文章的论调，他坚决的主张：

> "赞助希特勒，或反对希特勒，事实上，理论上，都不能含糊两可。反对希特勒，便不应同时打倒希特勒的敌人。否则所谓反对希特勒和阻止法西斯胜利，都是一句空话。"（一九四〇年三月二日给西流

等的信）

他更明白地说：

> "现在德俄两国的国社主义（纳粹主义）及格别乌（G. P. U.，按
> 即秘密政治警察）政治，是现代的宗教法庭。此时人类若要前进，必
> 须首先打倒这个比中世纪的宗教法庭还要黑暗的国社主义与格别乌政
> 治。——"（同年四月廿四日给西流等的信）

这时候美国还没有卷入大战争，但罗斯福对于英法两国的同情与援助已很
明显了。独秀在这时候毫不迟疑的宣布他盼望世界大战的胜利属于英法美。他
说：

> "此次若是德俄胜利了，人类将更加黑暗至少半个世纪。若胜利属
> 于英法美，保持了资产阶级民主，然后才有道路走向大众的民主。"
> （同年给西流等的信，约在五六月之间）

他在这里提出了一个理论："保持了资产阶级民主，才有道路走向大众的民
主"，——这个理论在一切共产党的眼里真是大逆不道的谬论。因为自从一九一
七年俄国十月革命以来，共产党为了拥护"无产阶级独裁"的事实，造成了一
套理论，说英美西欧的民主政治是"资产阶级的民主"，是资本主义的副产品，
不是大众无产阶级需要的民主。他们要打倒"资产阶级的民主"，要重新建立
"无产阶级的民主"。这是一切共产党在那二十多年中记得烂熟的口头禅。托洛
斯基失败之后虽然高喊着党要民主，工会要民主，各级苏维埃要民主，但他实
在没有彻底想过整个政治民主自由的问题，所以"托派"的共产党也都承袭了
二十年来共产党攻击"资产阶级民主"的烂调。在这一个重要问题上，列宁与
托洛斯基与斯大林，希特勒与墨索里尼，是完全一致的，因为法西斯党徒与纳
粹党徒都抄袭了国际共产主义攻击"资产阶级民主"的老文章。

因此，独秀要从资产阶级民主"走向大众的民主"的一句话，当时引起了
他的朋友们"一致"的怀疑与抗议。这时候（一九四〇年七月）独秀在病中，
只能简单的答复他们。他说：

"你们错误的根由，第一是不懂得资产阶级民主政治之真实价值，（自列宁，托洛斯基以下均如此。）把民主政治当着这是资产阶级的统治方式，是伪善，欺骗，而不懂得民主政治的真实内容是：

法院以外机关无捕人权；

无参政权不纳税；

非议会通过，政府无征税权；

政府之反对党有组织，言论，出版之自由；

工人有罢工权；

农民有耕种土地权；

思想，宗教自由，等等；

这都是大众所需要，也是十三世纪以来大众以鲜血斗争七百余年，才得到今天的所谓"资产阶级的民主政治"。这正是俄，意，德所要推翻的。

所谓'无产阶级的民主政治'，和资产阶级的民主只是实施的范围广狭不同，并不是在内容上另有一套无产阶级的民主。

十月（革命）以来，拿'无产阶级的民主'这一个空洞的抽象名词做武器，来打毁资产阶级的实际民主，才至有今天的斯大林统治的苏联。意，德还是跟着学话。现在你们又拿这一个空洞的名词做武器，来为希特勒攻打资产阶级民主的英美。——"（一九四〇年七月卅一日给连根的信。分段分行是我分的，为的是要醒目。）

这个简单的答复，是独秀自己独立思想的结论，实在是他大觉大悟的见解。只有他能大胆的指摘"自列宁，托洛斯基以下"均不曾懂得"资产阶级民主政治之真实价值"。只有他敢指出二十年（现在三十年了）来共产党用来打击民主政治的武器——"无产阶级的民主"原来只是一个空洞的抽象名词！

独秀的最大觉悟是他承认"民主政治的真实内容"有一套最基本的条款—— 一套最基本的自由权利，——都是大众所需要，并不是资产阶级所独霸而大众所不需要的。这个"民主政治的真实内容"，独秀在这信里列举了七项。在同年九月给西流的长信里，他两次讨论到这个问题：在第一处他列举"民主之基本内容，无级和资级是一样"的：

法院以外机关无捕人杀人权，

政府反对党派公开存在，

思想，出版，罢工，选举之自由权利等。

在同一信的后文，他做了一张对照表，如下：

（甲）英美及战败前法国的民主制

（一）议会选举由各党（政府反对党也在内）……发布竞选的政纲及演说以迎合选民的要求，因选民毕竟最后还有投票权。开会时有相当的讨论争辩。

（二）无法院命令不得捕人杀人。

（三）政府的反对党甚至共产党公开存在。

（四）思想，言论，出版，相当自由。

（五）罢工本身非犯罪行为。

（乙）俄德意的法西斯制（原注：苏俄的政制是德意的老师，故可为一类。）

（一）苏维埃或国会选举均由政府党指定。开会时只有举手，没有争辩。

（二）秘密政治警察可以任意捕人杀人。

（三）一国一党，不容许别党存在。

（四）思想，言论，出版，绝对不自由。

（五）绝对不许罢工，罢工即是犯罪。

在这张表之后，独秀说：

> "每个康民尼斯特（摘按：独秀似不愿用'共产党'的名词，故此处用译音）看了这张表，还有脸咒骂资产阶级的民主吗？宗教式的迷信时代，应当早点过去，大家醒醒罢！今后的革命若仍旧认为'民主已经过时，无级政权只有独裁，没有民主'，那只有听格别乌蹂躏全人类！……"

这封给西流的长信是独秀在病中"陆续写了廿余日才写好"的，全文有五千字，其中有三千多字是讨论"民主政治"的。我觉得这封信是中国现代政治思想史上稀有的重要文献，所以我要多介绍几段。

独秀说：

"关于第二个问题（即民主政治制度问题），我根据苏俄二十年来的经验，深思熟虑了六七年，始决定了今天的意见。"

这是他自己的引论，下文他的意见共分六段，我现在摘引我认为最精彩的几段。他在这几段里，反复陈说民主政治的重要，往往用俄国革命以来的政制历史做例子。他说：

"如果不实现大众民主，则所谓'大众政权'或'无产阶级独裁'必然流为斯大林式的极少数人的格别乌制。这是事势所必然，并非史大林个人的心术特别坏些。"

这是很忠厚的评论。向来"托派"共产党总要把苏俄的一切罪恶都归咎于斯大林一个人。独秀这时候"已不隶属任何党派"了，所以他能透过党派的成见，指出苏俄独裁政制是一切黑暗与罪恶的原因。独秀说：

"斯大林的一切罪恶，乃是无产阶级独裁制之逻辑的发达。试问斯大林一切的罪恶，那一样不是凭借着苏联自〔一九一七年〕十月以来秘密的政治警察大权，党外无党，党内无派，不容许思想出版罢工选举之自由，这一大串反民主的独裁制而发生的呢？"

独秀自己加注释道：

"这些违反民主的制度，都非创自斯大林。"

他又说：

"若不恢复这些民主制，继斯大林而起的，谁也不免还是一个'专制魔王'。所以把苏联的一切坏事都归罪于斯大林，而不推源于苏联独裁制之不良，仿佛只要去掉斯大林，苏联样样都是好的，——这种迷信个人轻视制度的偏见，公平的政治家是不应该有的。苏联二十年的经验，尤其是后十年的苦经验，应该使我们反省；我们若不从制度上寻出缺点，得到教训，只是闭起眼睛反对斯大林，将永远没有觉悟。一个斯大林倒了，会有无数斯大林在俄国及别国产生出来。在十月〔革命〕后的苏俄，明明是独裁制产生了斯大林，而不是有了斯大林才产生独裁制。"

独秀所主张应该恢复的民主制度，即是他屡次列举的——民主政治之基本内容——。他在一九四〇年十一月写成《我的根本意见》一篇论文，又给这个基本内容作一个更简括的叙述：

"民主主义是自从人类发生政治组织，以至政治消灭之间，各时代（希腊，罗马，近代以至将来）多数阶级的人民反抗少数特权之旗帜。'无产阶级民主'，不是一个空洞名词，其具体内容也和资产阶级民主同样要求一切公民都有集会，结社，言论，出版，罢工之自由。特别重要的是反对党派之自由。没有这些，议会与苏维埃同样一文不值。"（根本意见第八条）

独秀在这一年之内，前后四次列举"民主政治的真实内容"，这是最后一次，他看的更透彻了，所以能用一句话综括起来；民主政治只是一切公民（有产的与无产的，政府党与反对党）都有集会，结社，言论，出版，罢工之自由。他更申说一句：

特别重要的是反对党派之自由。

在这十三个字的短短一句话里，独秀抓住了近代民主政治制度的生死关头。近代民主政治与独裁政制的基本区别就在这里。承认反对党派之自由，才有近代民主政治。独裁制度就是不容许反对党派的自由。

因为独秀"深思熟虑了六七年"，认识了近代民主政治的基本内容，所以他能抛弃二十多年来共产党诋毁民主政治的烂调，大胆地指出：

"民主主义并非和资本主义及资产阶级是不可分离的。"（根本意见第九条）

他又指出：

> "近代民主制的内容，比希腊、罗马要丰富得多，实施的范围也广
> 大得多。因为近代是资产阶级当权时代，我们便称之为资产阶级的民
> 主制，其实此制不尽为资产阶级所欢迎，而是几千万民众流血斗争了
> 五六百年才实现的。"（一九四〇年九月给西流的信）

他很感慨地指出，俄国十月革命以后"轻率地把民主制和资产阶级统治一
同推翻，以独裁代替了民主"，是历史上最可惋惜的一件大不幸。他说：

> "科学，近代民主制，社会主义，乃是近代人类社会三大发明，至
> 可宝贵。不幸十月'革命'以来，轻率的把民主制和资产阶级统治一
> 同推翻，以独裁代替了民主，民主的基本内容被推翻了，所谓'无产
> 阶级民主''大众民主'只是一些无实际内容的空洞名词，一种门面
> 语而已。无产阶级取得政权后，有国有大工业，军队，警察，法院，
> 苏维埃选举法，这些利器在手，足够镇压资产阶级的反革命，用不着
> 拿独裁来代替民主。独裁制如一把利刀，今天用之杀别人，明天便会
> 用之杀自己。列宁当时也曾警觉到'民主是对于官僚制的抗毒素'，而
> 亦未曾认真采用民主制，如取消秘密警察，容许反对党派公开存在，
> 思想出版罢工选举自由等。托洛斯基直至独裁这把利刀伤害到他自己，
> 才想到党与工会和各级苏维埃要民主，要选举自由，然而太晚了！其
> 余一班无知的布尔什维克党人，更加把独裁制抬到天上，把民主骂得
> 比狗屎不如。这种荒谬的观点，随着十月革命的权威，征服了全世界。
> 第一个采用这个观点的便是墨索里尼，第二个便是希特勒，首倡独裁
> 制的本土——苏联，更是变本加厉，无恶不为。从此崇拜独裁的徒子
> 徒孙普遍了全世界。……"（同上）

所以独秀"根据苏俄二十年来的经验，深思熟虑了六七年"的主要结论是：

> "应该毫无成见的领悟苏俄二十年来的教训，科学的而非宗教的重
> 新估计布尔什维克的理论及其领袖之价值，不能一切归罪于斯大林，
> 例如无产阶级政权之下民主制的问题。……'无产阶级民主'的具体

内容也和资产阶级民主同样要求一切公民都有集会，结社，言论，出版，罢工之自由。特别重要的是反对党派之自由。……无产政党若因反对资产阶级及资本主义，遂并民主主义而亦反对之，即令各国所谓'无产阶级独裁'出现了，而没有民主制做官僚制之消毒素，也只是世界上出现了一些斯大林式的官僚政权。……所谓'无产阶级革命'，根本没有这样东西。即党的独裁，结果也只能是领袖独裁。任何独裁都和残暴，蒙蔽，欺骗，贪污，腐化的官僚政治是不能分离的。"（我的根本意见第七，八，九条）

以上是我摘抄的我的死友陈独秀最后对于民主政制的见解。他在一九四一年一月十九日有给 S 和 H 的一封信，我引几句作这篇介绍文字的结束：

"弟自来立论，喜根据历史及现时之事变发展，而不喜空谈主义，更不喜引用前人之言为立论之前提。近作'根本意见'，亦未涉及何种主义。第七条主张从新估计布尔什维克的理论及其领袖（列宁，托洛斯基都包括在内）之价值，乃根据苏俄二十余年之教训，非拟以马克思主义为尺度也。倘苏俄立国的道理不差。（成败不必计）即不合乎马克思主义，又谁得而非之？'圈子'即是教派，'正统'等于中国宋儒所谓'道统'，此等素与弟口胃不合，故而见得孔教道理有不对处，便反对孔教；见得第三国际有不对处，便反对他；对第四国际，第五国际，第……国际，亦然。适之兄说弟是一个'终身反对派'，实是如此。然非弟故意如此，乃事实迫我不得不如此也。……"

因为他是一个"终身反对派"，所以他不能不反对独裁政治，所以他从苦痛的经验中悟得近代民主政治的基本内容，"特别重要的是反对党派之自由。"

一九四九，四，十四夜，在太平洋船上

自由与平等

《自由中国》，第 1 卷第 1 期，1949 年 11 月 20 日

傅斯年

　　"自由"与"平等"是法兰西革命喊出来的口号，一直沿用到现在。在十九世纪中间，对于"自由"二字起了很多争论，因而以后也就起了许多历史的变化，但对于"平等"二字则争论甚少，似乎含义像很明白的。经过一百几十年的考验，"自由"固然有很多不同的形态，也有很多假的，但"平等"二字到现在更觉得他比"自由"还费解释。我以为看看现在的事实，"自由"固然有假的，"平等"还有更假的。法国革命后的"自由"口号。固然有许多经不起考验，而"平等"二字到今天更像一种幻想，尤其是苏联的制度，表面说是经济平等，事实上恢复了中古的阶级政权形态的不平等。

　　在十九世纪中叶，以及下半，一切社会主义者，除去马克思一派以外，都是用"自由"这个呼声的，包括无政府主义在内。自有马克思主义这一派提出了无产阶级专政的口号，才把"自由"抹煞。到现在，苏联之对外号召，就是说对外国人的欺骗，自然并不在"自由"而在"平等"，因为他的决无自由，是瞒不了任何人的，而"平等"还可作一个假形态，也就是用"平等"这个假形态，才可以用"民族平等"来欺骗亚洲民族，用"经济平等"欺骗美国人。但队马克思派共产主义者，从马克思到斯大林，包括他的别派墨索里尼在内（墨索里尼本是列宁的同志，他背叛共产党的时候，列宁是极端惋惜的，想尽各种方法使他回来），真的相信"平等"吗？真的实现若干"平等"吗？马克斯派提倡以无产阶级专政，先是一个根本不平等。个人专政，是一个人有特殊的权能，寡头专政，是少数几个人有特殊权能。一个阶级的专政更不得了，乃是这一个整个阶级有特殊权能。一个人专政已竟吃不消，但一个人同他所用的人，终究力量有限，人民还保有若干"自由"，等到一个阶级专政，那么，到处都是专政者，人民的"自由"固然绝对没有了，而"平等"又何在？当然马克斯的

说法，是比这个巧妙的，他说经过无产阶级专政，然后达到造成了没有阶级的社会！这真是胡说！一个专政的朝代或阶级，不受压力，是不会改变的，在无产阶级建论他的专政程序中，一定用尽各种的方法（包括一切极坏的方法），达到他的专政，那么，这些方法已竟培养成施政的习惯了，已竟成为政治作风的训典了，如何会到了专政完成，忽然一下变成无阶级社会？这真荒诞不经之至了。马克斯向来批评别派的社会主义是乌托邦主义者，其实他这个说法乃真是乌托邦之至。

再说，在共产主义者这样虚伪的号召"平等"之下，他是只相信组织力的，他那种组织，组织到极度，一切组织都成了特务组织，一切作风都成了特务作风，过分的组织固然妨碍"自由"，过分的组织又何尝不妨碍"平等"？在俄国，一个共产党员，同一个非共产党党员，"平等"在哪里？一个政治局的委员，同一个普通共产党员，平等又在哪里？他要你的命，你只有把命送给他，你请他纠正一个错误，他就可能要你的命，这样"平等"还在那里？诚然，资本主义国家的法律是形式平等，或者可说假平等，但在共产主义的社会里，连这个形式的平等都没有。请看苏联的宪法，前面说得天花乱坠，这个自由，那个自由，但后面忽然来了一条，大义是说：因为工农是无产阶级的醒觉者，而苏维埃共产主义的共产党又是这个意识的有组织表现，所以苏维埃联邦人民共和国由共产党领导（原文不在手中，仅述大义。原文比这个更复杂，更曲折，而其结果是更概括）。这不是干脆把人民的全部主权交给共产党一个阶级吗？这本宪法里有这么一条，那么别的都是废话了。苏联法律观念上平等是如此。

再说，近来一般赞成共产党因而看轻"自由"者，他们的说法是"自由"是假的，没有经济平等，便没有真的"自由"，这个说法初看像有道理。仔细看看，事实并不然，为什么经济不平等便没有真的"自由"呢？因为在经济不平等的状态中，有钱的人可以用钱的力量影响没有钱的人，这诚然不是完全的"自由"，但钱本身并不是一件买人的东西，其所以有力量，是因为钱代表一种权力，这种权力能买卖人。在资产社会中，钱固然相当的代表这种权力，但也还不是绝对的，而且这权力还能够不经过钱而发生作用。照俄国的那套办法，政治上有特权者，可以支配人民大众的生命，完全漠视人民的利益和意志。在资产社会中，钱是代表权力的，而他并不能代表无限的权力；在俄国制度中，有特殊政治地位的，不需经过钱便可发挥他的权力，而且这权力是无限的。举实例来说，美国的资本家，可以运动可以宣传不要选杜鲁门，却并不能用国家的力量非要选杜鲁门不可，人民选了杜鲁门，资本家也把人民无可奈何。在俄国这一个"前进"的制度下，便不同了，假如说，他要你选华莱士，你就得选华莱士，你如不选华莱士，他便把你全家送到北冰洋上做苦工。财富之分配不平均，固然影响"平等"，影响"自由"，政权之如此集中，决不给私人留点"自由"的余地，岂不更是影响"自由"？影响"平等"？在资产社会中，深切感觉到财富不平均之不能"平等"，因而不能真的充分"自由"，然而若果一看苏维埃社会中这个极权的政治阶级制度，应该看出政权的集中之为害，比钱集中为害更大，更影响"平等"（这一节文中含义甚多，将另作一篇专文）。

再看苏联现在的"平等"在那儿？少数民族几十万人口可以整个搬走（例如在波罗的海上的，在黑海东北岸的土耳其人），犹太人得到仅次于希特勒待遇的待遇，科学家经多少代的发明，例如"遗传定律"，政治局员可用一篇演说把他一笔勾销。须知平等本是一个法律的观念，没有平等的法律，哪里来的平等？

苏联在列宁时代，还有多少有人道主义，尽管残酷的祸根已经种在那个时候。到了斯大林手里，同墨索里尼、希特勒互相学习，弄成现在这个奇形怪状的人类公敌，然而他还有骗人的能力者，就是因为斯大林党，国内和国外的，总是以一个"平等"观念来打动人，而且他们所谓"平等"者，就是经济平等，这个话语，诚然可以打动别人的心坎，但他们自己却绝不是那么一回事。我们所以恨经济不平等，因为从浅处说，有钱的人享受太阔绰，无钱的人太苦，但俄国怎么样呢？有政权的人享受太阔绰，无政权的人太苦，这是铁幕所不能掩，有许多专书叙述的。再从深处上说，钱财可以换取权力，俄国的统治阶级，不需钱财便有这个权力，而且有的更多更大。美国资本家要买人死是不容易办到的，俄国的统治者要叫人死，那跟我们杀一只鸡一样，那又何须乎钱财这一个过程？

俄国到现在，已经完全不是社会主义了，乃是一个三种形态的国家：（一）独占式的国家资本主义。没有资本家而国家是个资本家，国家控制一切资本，一切人民的生命都成了国家的资本。国家是谁？是斯大林，和他的政治局。（二）选拔式的封建主义。封建主义，是遗传制度，俄国共产党现在虽然不是遗传的（将来却不敢保），却是一个特殊阶级在广大民众上统治，其无限制的统治，跟中古的封建制度一样，其必使广大民众服从他的统治，并且向他们的同道叫好呐喊，也和中世纪的封建制度一样。（三）唯物论的东正教会。东正教会虽然不是唯物论，尤其不是马克斯的唯物论，但他在政治的作用上，就是实行愚民政策上，却和现在的共产主义的玄学一样。综合三项来说，苏联实在是自有史以来最反动的一个政治组织，因为他包含中世到近代一切政治制度中一切最反动的部分，而混为一体。

这篇文章的结论是：没有经济平等，固然不能达到真面的政治自由，但是没有政治自由，也决不能达到社会平等。现在世界上一派人批评"自由"，说他是假的，其中也不无道理之处，当然也不是全有道理，然而他们犯了一个最大的错误，就是他们忘了，或者有心不说，"平等"二字，其难解，其在近代史上之失败，其在俄国当代宣传中之虚伪，比起"自由"二字来，有过之而无不及。在"自由"、"平等"不能理想的达到之前，与其要求绝对的"平等"而受了骗，毋宁保持着相当大量的"自由"，而暂时放弃一部分的经济平等。这样，将来还有奋斗的余地。

民主与极权的冲突

《自由中国》，第 1 卷第 1 期，1949 年 11 月 20 日

胡 适

民主主义醒觉了

在第二次世界大战的后几年，有几位民主国家的伟大领袖，就开始对极权主义国家的有组织的进攻，加以抵御。而这些领袖们之所以能够明了反民主运动的严重性，可以说是这次空前的大战与十几个自由民主国家的迅速被征服所赐予。在欧洲所上演的大悲剧，和英美各国所遭受的大威胁，已开始使一般民主国家感觉到，民主与极权的冲突的真正严重性——这种冲突，是一种计划周密指导有方的极权主义，向民主制度和民主文化的基础进攻。

在这几位彻底明了反民主运动危险的领袖中，最显著的要算是罗斯福总统了。一九四零年十月十二日他在德吞（Dayton）演讲时说：

> 我们决心要用我们的人力和财力，去抵抗并击退这种外国的阴谋和宣传，以及地下战争的诡计，这种阴谋诡计和宣传，发端于欧洲，而现在却明显的企图进攻太平洋这边的各民主国家。
>
> 那种宣传，反复宣称民主主义乃是没落政治制度。他们告诉我们，说我们的民主理想，和我们民主自由的传统，都是过去的事物了。
>
> 我们绝不承认这种说法。我们认为我们是有前途的，而他们所走的方向，却是退向古埃及王国的束缚的方向，是退向中古黑暗时代的奴役的方向。

在罗斯福总统一九四一年一月二十日所发表的就职宣言他曾喊过同样的口号：

有许多人认为民主主义的政府，和民主主义的生活方式，已遭受到一种命运的限制。同时，由于种种原因，专制和奴役已成为未来的澎湃波涛，而自由则仅是渐退的潮水而已。但是我们美国人知道这绝非事实……。我们最近八年来实行民主主义的经验，对于我们的现在和将来，其关系至大且钜，我们的民主主义在国内克服了多少危机；消灭了多少祸害；建设了崭新而持久的机构。并且由于这种经验，得以维持民主主义的一切。因为我们已按照美国宪法上的三条途径，采取行动。政府各机构，继续运用自如，执行职务。基本人权依旧保持如故，毫无损伤。选举自由依然完整无恙。宣称美国民主主义即将瓦解的预言家们，已承认他们的预言全为捕风捉影之谈了。

不，民主主义决非濒于死亡。

对此，我们确有把握，因为我们眼见它依然存在，眼见它继续生长。

我们知道它决不会死亡，因为它的基础是，人民为了共同事业的努力，能享受到自由的直接立法权；所谓事业，就是指大多数自由人民所发表的自由意见，所完成的事业而言。

我们对此有信心，因为在一切政治制度中，只有民主政治能得到人民的开明意志的共同力量。

我们对此有信心，因为只有民主政治建设了一种无限制的文化——这种文化在改善人类生活上，具有无止境的进步能力。

在这几段话里，冲突二字，有了定义；极权主义的挑战，碰到反击；参加战斗，已是义不容辞了。这是民主政治与极权政治的冲突，是自由与奴役的冲突，是由宪法组成的政府与专制独裁的淫威的冲突，是人民自由开明的意志的表达，与对政党及"领袖"无条件盲目服从的冲突。

在一九四一年五月十一日的《纽约时报》上刊出伊司曼（Max Eastman）写的一篇引人注意的通讯（伊司曼因过份激烈反对美国参加第一次大战，曾两度受审，幸免徒刑处分），他说，仅用经济力量支援英国，让英国人独立去作战，那是一种"替身作战"，是根本不够的。他主张美国应当及早准备，必要时，和英国并肩作战。这次战争，不仅是为了国家的权力，而是民主与极权的斗争。这次的战争是有史以来两种生活方式之间的战争。古代的战争，如巴比仑和犹太，埃及和亚述，雅典和斯巴达，希腊和波斯的战争，没有一个可以和这近代的民主主义与极权专制的战争相比拟，因为前此的战争，根本谈不到文化上的冲突。

极权主义的特征

伊司曼为了证实他对这巨大斗争所下的判语确极重要，他列举极权主义的二十个重要特点，"其中每一点在共产主义的苏俄和法西斯主义的德义都可找到，而在英美则找不到"。他所开列的二十点。具体说出这两种相反的生活方式，而这相反的生活方式之所以发生，都是由于主义的冲突。我在这里把他的二十点，加以缩短，抄录在下面。极权主义的二十个重要的特征是：

一、狭义的家国主义情绪，提高至宗教狂的程度。

二、由一个军队般严格约束的政党，来执掌国家的政权。

三、严厉取缔一切反对政府的意见。

四、把超然的宗教信仰，降低到国家主义的宗教之下。

五、"领袖"是一般信仰的中心，实际上，他也是等于一个神。

六、提倡反理智反知识，谄媚无知的民众。严惩诚实的思想。

七、毁灭书籍，曲解历史及科学上的真理。

八、废除纯粹寻求真理的科学与学问。

九、以武断代替辩论，由政党控制新闻。

十、使人民陷于文化的孤立，对外界真实情况，无从知晓。

十一、由政党统制一切艺术。

十二、破坏政治上的信义，使用虚妄伪善的手段。

十三、政府计划的罪恶。

十四、鼓励人民陷害及虐待所谓"公共敌人"。

十五、恢复野蛮的家族连坐办法，对待这种"公共敌人"。

十六、准备永久的战争，把人民军事化。

十七、不择手段的鼓励人口增加。

十八、把"劳工阶级对资本主义革命"的口号，到处滥用。

十九、禁止工人罢工及抗议，摧毁一切劳工运动。

二十、工业，农业，商业，皆受执政党及领袖的统制。

罗斯福总统指明，民主政治具有生存及滋长的力量，驳斥那种认为民主政治已没落的毁谤。伊司曼列举极权主义所有而民主主义所无的各种野蛮特点。显示出这种基本斗争的尖锐化。这样清楚的列举出这些特点，是一种可贵的方法，以应付反民主主义的挑战和攻击。

在本文的后半部，我将把民主主义和反民主主义的冲突，归纳为几种更深刻更基本的哲学上的冲突。

使民主政治的生活方式，与反民主政治的生活方式互不相容的基本观念，究竟是什么？

我们暂且把已成滥调的口号和理想（如"自由、平等、博爱"及"天赋的权利"等）撇开不谈，我认为民主政治与反民主政治的生活方式之间真正的冲突，基于两种基本的矛盾：（一）急进和过激的革命方式，不同于进步和逐渐改革的方式，（二）控制划一的原则，不同于互异的个人发展的原则。

急进的革命与渐进的改革

极权政治的第一个基本特征，是全体拥护急进而骤变的革命，他们嘲笑渐进的改革，认为这种办法是肤浅而无效的。由于强暴的革命，他们不但获得了绝对的政治力量，而且还要拼命推行这种残暴的革命，想要使这种革命普遍化，使整个世界发生同样激变的革命。他们自称为"集体革命"的信徒，同时他们也是"世界革命"、"永久革命"、"永久战争"的信徒。

一八四八年的《共产党宣言》就呼吁全世界共产党革命，它说："共产党员并不隐藏他们的见解和目标。他们公开宣布，他们达到目的的唯一方法，就是用武力摧毁整个现存的社会制度"。

自一九一七年以来，所有新兴的极权政治制度，都采取急进而过激的革命方式；他们一切行为，似乎都本着一句话："把现存世界摧毁，另建一个新的世界"。他们的领袖都中了一种观念的毒，就是认为如果想要推翻一个国家整个现存的社会制度，就非同时把所有与该国毗连的各国的社会制度一齐推翻不可。所以才有世界革命的必要，才有"全体"革命的必要。并且革命的手段更须残暴而激烈，为的是摧毁旧制度下一切的一切。绕士宁（H. Raushning）在他的《虚无主义革命》一本书里说："破坏应当十分彻底，要使任何事物，无一幸免。旧制度下的任何东西，不论是军队或教堂，不论是资产的制度或文化的传统，一律不准拿到新的制度下，使之生存或残留"。

为了特别着重急进的革命，不管在内政或外交上，都认为它是绝对必需的手段。这个基本观念是极权政治与近代民主政治根本的不同点。我们说"近代"二字，因为我们知道在一百五十年前，有许多主张共和主义者，像罗帕斯比尔、圣鞠斯特、巴伯甫等也都曾相信并实行急进革命的方法。甚至倍因也认为，欧洲各国政治制度终久会遭遇一次普遍的革命，并曾以此自慰，他在一七九二年二月致拉法夷脱的信里说："等到法国四周围都起了革命，法国就得到和平与安宁了"。

民主政治对进步的看法

但是，代的民主主义已抛弃了急进革命的念头，面对社会，经济及政治上的逐渐改革，感到满意。近代民主政治程序的基本哲学，是认为残暴的破坏行为绝不会产生进步，进步是许多具体的改革积聚起来的结果。美国的哲学家们曾设法想使这种不知不觉的趋势，成为明白清楚的哲学。威廉·詹母斯使用"社会改善论"一名词，标明一种伦理的哲学，劝告世人谓目前的世界，虽不是完美的世界，但人类却可以使之改善。杜威曾发表过一个关于进步的理论说："进步并不是一种批发的买卖，而是零售的生意，应当一部一部的定约，一批一批的成交"。这种进步观念，既不致引起急进的革命，也不发生宿命论的放任主义，但是它需要个人的努力和专心，智慧和忍耐。罗斯福说："民主主义已独自创立一种无限制的文明，它在改善人类生活方面，具有无限进步的能力"。由近几世纪的历史看来，这种改善人类生活的进步，大半是按照杜威所谓"零售的生意"方式成功的。

我认为急进革命与逐渐改革二者的区别，正是民主的生活方式与极权的生活方式最基本的不同。这种根本的差别，几乎可以解释这两个互相冲突的制度中的任何问题。我们举一个例子，它可以解释反民主的国家为何一定要采取独裁的手段。一切急进主义必然走上极权政治的道路，因为只有绝对的力量能够完成急进革命的工作，只有用凶暴的手段，与令人极端恐怖的专制政治，才能把现存的社会制度整个推翻，阻止它恢复或再生。列宁说：

> 无疑的，革命是世界上最有权威的东西。革命就是一部分人民，利用步枪剌刀以及其他有威力的工具，迫使另一部分人民，依照他们的意志去行动。

对于这类的革命，独裁是绝对不可少的，因为列宁给"独裁"二字下的定义是："一种直接使用武力，不受法律约束的权威"。马克思曾说过，在由资本主义社会过渡到共产主义社会的期间内，无产阶级的革命独裁是必要的。但是这急进的革命永远也没有完成的一天，那些被打倒被放逐的敌党，永远会【再】卷土重来的危险。这种世界革命的到来，似乎是非常的缓慢。甚至在已革命的国家中，仍时常发生反革命的运动。因此独裁政治必须无尽无休一直继续下去！

独裁的力量并非必需的

从另一方面看，习惯于逐渐改革的民主主义国家，并不感觉需要绝对的独裁力量。在战争期间或在国家内部发生严重危机时，他们时常可以将某种特权，交付与行政首脑。但在和平时期，他们愿意逐渐的改革，也就是说，国家有某种需要，便予以某种措施。也许需要二十年的工夫，才能使美国联邦所得税通行无阻。也许需要十年的工夫，才能取消全国的酒禁。以一个国家的寿命之悠远长久，如果把几天的光阴，用在辩论上，甚至把几年的时间，用在讨论上，根本也算不了什么浪费，至少比较处于极权统治之下，失去了基本自由强得多。

这同样的基本差别，也把反民主的制度为什么那样羡慕理想主义的精神一个问题，解释清楚。民主主义的逐渐改革，时常是迟缓的，甚至是不得体不适当的，以致没有耐性的人们，自然会受到所谓"革命的"制度的吸引，因为在革命的制度下，独裁者的力量，似乎能使他们的理想主义的迷梦，更彻底更迅速的实现。但是经过了长时期的艰苦经验，和一再的幻想消灭之后，这些理想主义的迷梦者，才会明白：走向进步，并无捷径，而逐步改革的程序，毕竟还是真正民主的生活的方式。

划一与互异

极权主义的第二个特征，是根本不容许差异的存在或个人的自由发展。它永远在设法使全体人民，适合于一个划一的规范之内。对于政治信仰，宗教信仰，学术生活，以及经济组织等无一不是如此。政治活动一律受一小组人员的统制指导，这小组的编制，类似军事机构，对于领袖绝对的服从和信仰。一切反对的行为与反对的论调，都遭受查禁和清除。在宗教方面，极权主义国家的领袖们，声称已由传统的超自然的宗教束缚下，解放出来了。同时更尽量对全体人民宣传反宗教的学说，并竭力压制一切自由独立的宗教团体。在学术方面，不准许有思想言论自由存在。科学和教育只占次等地位，党国的权利高于一切，而且思想不得离"党的路线"。在经济方面，政府将一个划一的制度，强加在整个社会上，以期适应其所规定的经济政策。不论是共产主义，或国家社会主义，或农业集体主义，都是政府不容分说，不择手段，强迫推行一个划一的制度。在极权国家内，劳工运动已经不存在了，因为实业与生产都是由政府通盘筹划的。在这种国家里，不许罢工，不许劳工抗议，虽可能消极抗议，只有怠工，但怠工是被认为罪大恶极的。

在上述三方面的生活中，规定人民应行接受的"路线"，永远是由党，国或领袖来决定。而这三方面又制定为三位一体，名异实同。任何人不准违反党纲或政策。极权主义者说："个人是没有自由的，只有国家，民族才谈得到自由"，极权主义者说："个人是没有自由的，只有国家，民族才谈得到自由"。极权主义者为党的绝对正确性而辩护，不允许一切与党义不合的事物存在。他们说："因为我们深信，我们的一切行为都是正当的，我们绝不能坐视我们的邻人也宣称，他们的行为也是正当的"。正因为这种在生活方面过分企图划一与排除异己，才把反民主的政治与民主政治的生活方式标出根本的差别来。

民主主义的生活方式，根本上是个人主义的。由历史观点看来，它肇始于"不从国教"，这初步的宗教个人主义，引起了最初的自由观点。保卫宗教自由的人们，宁愿牺牲自己的生命财产，而反抗压迫干涉的斗争。个人按照自己的意思敬奉上帝，乃是近代民主精神与制度在历史上的发端。这种不从国教的精神，也和其他各种自由，有密切的关系，如思想，言论，出版，集会等自由。根本的问题是，我人企图获得机会，自由发展与表达其自己的感觉，思想，与思仰。于是成了一种为争取我行我素的权利的争斗。所谓我行我素的权利，是指一种不必墨守成规，不必遵守命令式的规范而行动的权利。

民主制度，乃是在宗教信仰，知识醒觉，政治言论，以及等等一切生活方面，这种"不从国教"精神的产物。民主文明，也就是由一般爱好自由的个人主义者所手创的。这些人重视自由，胜过他们的日用饮食，酷爱真理，宁愿牺牲他们的性命。我们称之为"民主"的政治制度，也不过就是这般具有"不从国教"的自由精神的人们，为了保卫自由，所建立的一种政治的防御物而已。

就是连民主文明的经济情况，也并不是像一般人心目中所想象的一律都是资本主义的。私人的产权与自由的企业之所以能够长久维持，由历史看来，都是因为这两种制度，具有充分的力量，帮助个人的发展；都是因为这两种制度已使一种极高的经济福利标准，有实现的可能。

经济发展的千头万绪

在经济发展的千头万绪中，我们可以明显的看出近代民主文明中经济情势的特点。一位现代的经济学家认为近代美国的经济情形，至少可以分成五种互相悬殊的组织，而这五种组织，是并驾齐驱，不分轩轾的。第一，是传统的资本主义组织，如个人所有的商店，农场，洗衣店，茶店等。第二，是大公司的经济组织。第三，是公共事业的经济组织。第四，如邮政局以"田纳西开发区域管理局"等公共团体的经济组织。第五，是各种的"私人的集体组织"如大学，教会，以及消费生产合作社等。这一切组织，以及其他可能的各种不同的"组织"，同时都在发生作用，以满足人民经济的需要。至于其他民主国家的情形，多半也是如此。最值得注意的一点是，在这些不同的组织中，并没有人企图按照一个格式，把它们一律划一。

因此，我们可以说，这区分民主制度与极权制度的第二个基本观念，就是前者采取生硬的划一，而后者主张变化及个别发展。这种差异，在任何生活方面，都很显著。企图划一，则必须走上压制个人发展的路道，则必将阻碍人格与创造力，必将发生偏私、压迫、与奴役等情事，甚至于构成知识上的欺骗，与道德上的伪善。由另一方面看，对于自由发展的重视与鼓励，可以增进人格修养，加强团体生活，可使公正而富于创造性的艺术思想，自由的开花结果，可以养成容忍与爱好自由真理的良好精神。

结　论

最后，我认为真正的民主与极权的冲突，可以归纳为两种基本观念的冲突：第一，这是急进革命的方法，与渐进改善的方法之冲突，第二，这是企图强迫划一，与重视自由发展的冲突。为民主的生活方式和民主的制度而辩护，须对于健全的个人主义的价值，具有清楚的了解，必须对于民主主义的迟缓渐进的改善的重要性，具有深刻的认识。进步总是日积月累的，如果个人不能自由发展，便谈不到文明。

关于自由经济

统制经济问题

——为上海银行学会讲

《国闻周报》，第 10 卷第 39 期，1933 年 10 月 2 日

前　溪

　　统制经济四字，是最近四五年中经济学上新名词，完全是事实要求出来的，所以在学理上，并无确定明了之意义。鄙人综合各种学说及各国事实，为一般人易于了解起见，可陈述一最明了之解释如下。

　　"统制经济者，各个国家，各在其国某种经济主义之下，平时或临时，为某种目的，作成一种整个有系统之经济计划，在某种经济组织中，而以其国家统治之权力施行之"是也。我们本此，须注意者四点：

　　一、某种主义，是一个 X，不是一定的。资本主义也好，共产主义也好，社会主义也好，国家主义也好，其他各国固有或新发明任何主义也好，只要这个国家认为适宜，是可自由选择的，并且将来可以改变的。不过至少在一个作计划施行时期中，是非定一种主义不可的，不然，这计划是难为有系统之规定的。世人往往认为非共产国家，不能实行统制经济，这是错误的，须知苏俄实行共产主义时，这统制经济学说尚未发生，此学说完全是非共产主义之国家提倡出来的。

　　二、某种目的，也是一个 X，不是一定的。譬如这个国家，注重国防，这时期经济目的，当然趋重在利于国防；这个国家，已在战时，这时期经济目的当然趋重在利于应战；又如这个国家，生产过剩，这时期经济目的，应趋重在推广消费以谋调和；这个国家，生产落后，这时期经济目的，又应趋重在扩充生产以资救济。完全各视其国家政治经济之环境，而各抱种种不同之目的，各按此目的规定计划的。世人往往认为统制经济，系发生于欧、美各国生产过剩之时期中，以为其目的，专在推广消费，或节制生产，不知生产落后之国家，其目的适应相反，况一个国家，经济上目的，绝不如此单纯，是复杂的，是多

种的，是变化的，我们倘若予以研究，是应先以一个现代的某一国家为标准，而论其适宜与否，不是完全跟着世界走的，更不是完全跟着哪一个国家走的。

三、以其国家统治之权力施行之一语，更是一个 X。例如法西斯的统治权，苏维埃的统治权，希特拉的统治权，英、法、美、日的统治权，是各个不同的，施行时当然是有事业上区别的，程度上差异的。又譬如我们中国，虽然现在号称党治，统治权未必彻底的及于人民，号称党治的中央，统治权未必彻底的及于地方，号称独立国家，统治权未必彻底的及于外人与租界，号称廉洁政治，运用统治权之人物，未必彻底的能抗衡欧、美，尤其与经济有关之官营事业，未必彻底的比民营事业高明了许多，也许有若干还较为腐败。所以这个统治权的 X 问题，是要认清楚的。有许多人认为非苏维埃或法西斯这种政治，不能实行统制经济的，这固然是错误，然认为中国现在这样统治权，便可仿照苏维埃或法西斯的统制经济，抑或仿照美、法、英、日之任何一国，这也是很大的错误。假使中国人能够明白我们的统治权弱点，在统制事业上有区别，程度上有斟酌，拟定整个计划，以可怜的统治权，逐步的谨慎施行，鄙人是以为然的。不过中国统治者，不是整个中国脑筋，便是整个外国脑筋，食古固不化，食今也不化，也许统制经济起来，比自由经济还坏，所以鄙人在学理上，是附条件赞成的，在事实上便不敢多发言了。

四、在某种经济组织中一语，又是一个 X。譬如苏俄，完全是共产经济之组织，故统制经济，可以只在几个政府设立之委员会中，来设计的，来执行的。如义大利统制经济之运用上，就不能不以劳、资双方及其他阶级职业构成之各个新底克托，为设计及执行之基础。譬如英国基尔特制度未破坏前，要实行经济统制，是不能不以之作基础的。譬如美国，是不能不在议会授权范围内，在现在资本主义经济组织中，来实施统制的。譬如日本，事实上是非在军权容许范围内，在现在帝国的资本主义经济组织中，来实施经济统制不可的。鄙人并非谓经济统制，不应打破固有经济之组织，但固有之经济组织，是只有经济主义打破的。例如资本主义之组织，用共产主义来可以打坏的，若专用国家统治力来统制经济，也许固有组织发生若干变化，但是绝对不能根本取消其固有组织的。所以一个国家，讲到经济统制，当时之经济组织，是不能不认清楚的。譬如我们中国，历史上只是个人经济组织，并非团体的经济组织，现在经济的团体组织，虽然名称甚多，但事实上一个团体，能统制其团体内之意志行动者，尚属少见。假使我们用共产主义来统制经济，那另是一说，假使用非共产主义来统制经济，在中国是比较各国更感困难的。所以何种事业可以统制，统制到若何程度，更与各国不同了。

鄙人举出这浅薄的四点来，说了许多话，只解释了经济统制四个字，我想诸位经济专门先生，必然感觉倦听。但是我为普通一般人明了起见，也许听了鄙人的话，不至认为最时髦的经济统制四字，便是现在救济任何国经济困难之一种万应散，照方买来一剂，一服便可起死回生的；一方不至认为是绝对的毒药，一入口便要命的。鄙人再将这"经济统制完全是事实要求来的"一语，次第述明，一般人便知道这经济统制四字，实在是平淡无奇，不过凡是现在国家，都需要定一种经济政策及经济计划而已。

统制经济名词，虽然是近年才有的，统制经济之事实，在历史上却是早经看见过的。我们中国一般人最容易记忆的，莫过于管仲之治齐，商鞅之治秦，王安石之治宋，那时许多经济设施，不能说不是一种统制经济。外国的事，中国一般人最容易记得的，莫过于欧战，东自俄国起，西至美国止，若干种类之事业，若干程度之范围，也实行了一种战时之经济统制。这皆是经济统制学说未曾发现以前之事实，至于一般人难于记忆或者毫不经意者，更是无时不有，无国不有。所谓禁止金出口也，所谓禁止某种粮食或货物出口或进口也，所谓禁止某种事业人民经营也，诸如此类，不胜举例。凡国家对于一切自由经济颁布一种限制之法律或命令，不能不谓之含有统制经济之意义。故若就广义言之，历史上恐绝对无自由经济之国家，盖无论何国，均有一种统治力，加以若干限制也。不过就狭义言，这统制经济学说，与历史上事实有若干不同之点，（1）是有系统计划的，不是片段处分的；（2）不仅临时的，且要平时的；（3）不是消极的，且要积极的。这三种意义同时并具之统制计划，在今日方得谓之统制经济。所以历史上虽有统制经济之事实，然不得便谓之是今日统制经济。惟如苏维埃之经济状态，法西斯之经济状态，虽成长在统制学说发生以前，而按其实际，则实为今日之统制经济无疑。至于英、美、法、德、日等国，现在只在往此方面进行中，不得便谓之已完全实行统制经济也。至于中国今日，我们始终并未看见政府的经济计划，更谈不到统制。近年中耳目所闻见者，不过忽然来一个限于武汉区域不彻底的集中现金令，忽然来一个不准人民贩金出口而公家机关却尽量外运不彻底的禁金出口令，这个地方，禁止运现，那个地方，禁止运粮，那个地方，禁止运粮，这样事要官办而官不办，那样事中央与地方或地方与地方均争办，而结果皆不办，有许多中央及地方事业已经官办者，而又归民办，甚或从前主张事业国营极力之人，现在反觉得民营为好，开倒车已经开到铁路事业准许人民经营了，但是我们良心上又不能说民营不好，因为

"办"究竟比"不办"的好，况且民营成绩，也许胜过国营，更有许多事实可证明的，但是一方面统制经济之呼声，却高唱入云，我们真不知如何主张才好。

总之，近年来所谓统制经济者，应具备之条件，已如上述，所以历史上若干事实，不能认为是今日之统制经济。近年来中国政府对于经济上若干行动，亦不能认为是统制经济，这种情形，我们明白了，我们便知道统制经济现在世界各国事实上需要的道理了。我的看法，需要的原因，不一定如现在学者所说，是由于欧战后之经济状况，因产业合理化运动之失败，进一步需要统制经济的。我认为物质文明发达之结果，当然是需要统制经济的，因为自由经济，实不足应付物质文明构成之环境也。盖大量生产之事业发生，如何使消费与之适宜，如何使分配对之公允，如何使价值能够安定，如何使金融可以呼应，且至少限度，更如何使一民族一国家能够自谋经济生存，在国际上站得住，且因之国防、外交及一切政治与经济，均发生更密切变化之关系，不能不兼顾并筹。故在这种物质文明发达后之经济状况中，岂是旧日之自由经济制度所能应付的，势必须由国家因时制定一种整个有系统的经济计划，而以国家统治权力控制施行之。所以鄙人以为统制经济，是物质文明发达后事实上所当然需要者，欧战后之经济状况，不过促其成耳；产业合理化运动之失败，不过更予以确实之证明耳。且苏维埃与法西斯式政治，早已在统制经济名词未发生前，具有这样感觉，尤其苏俄之新经济政策，五年计划，逐步成功，更予英、美各国刺激不少，均认为现代式国家，非有一种经济政策及计划，用统治力控制不可。这样感觉，我认为凡研究经济学者，在物质文明发达后之经济、社会，是当然应皆发生的。即如鄙人，亦在统制经济学说未发生前，早已认为国家非定一种经济政策及计划以国力推行之不可者，于民国十六年间，曾著《中国新经济政策》一文发表，虽未用统制经济之名，而其意初无二致也。且鄙人尤盼望一般人注意者，这个经济学上新名词，在英、美大都用计划经济四字（Planned Economy），日本专在经济统制一点注意（Economic Control），竟呼为统制经济，且复强为分辨。就实际说，没有计划，那里说得到统制，没有计划之统制，那能成立一种论理的学说？一个是体，一个是用，用统制经济四字，是不通的，且流弊甚多，在中国尤甚。所以有许多人认为要实行经济统制，非专政不可了。用名词之不慎，发生了误会不少。无如中国人专喜欢用日本名词，故许多人只知道有统制经济四字，颇少知道有计划经济四字者，故鄙人今日演题，仍只得用统制经济四字，但是颇希望经济学会予以研究，负责纠正，定一正确名词，以免沿用过久，积重难返也。

以上所述，皆关于统制经济吾人所必须知道之要点，至于一国内各种经济事业，应如何分别统制，完全视其国之情形，类别研究，统定计划，固不可强而同之，非短时间所能一一详述矣。

最后，想诸君也许还要问鄙人，在今日之中国，究竟统制经济，是否可行？我也不妨再简单答复诸君，我已经在前面声明了，在学理上是附条件赞成的，不过在事实上，我并没有看见计划，我是不愿多发言的。但是假使我们统治者，自己知道我们统治力之弱点，又知道我们现在经济、社会组织之散漫，在这种环境下，分别事业，斟酌程度，拟定一种可能的具体计划，逐步进行，我是愿附在赞成之列的。再具体一点说，譬如以水利、交通、农产为先，而以工商及金融等事业次之，只要统制程度，斟酌得宜，我想绝不致有大害。假使我们统治者，忘记了今日国家地位，与夫今日人才能力，以为一实行经济统制，件件事可办，个个都可以做斯大林，做墨索里尼，做希特勒，定出一种不可实行的计划，而滥用官权来尝试尝试，这样统制经济，就恐怕有百害而无一益了。更可怕者，连计划都没有，公然挂起统制经济招牌来，零零碎碎的统制法令，忽然的今天公布若干，明天又公布若干，甚或今天公布，明天便取消，抑或公布而不实行，实行而不彻底，养了无算统制官吏，费了无算统制经费，只得一个扰乱经济之结果，造成一种摧残经济之事实而已。所以我们于统制经济是否可行于今日之中国这个答案，是有一个前提的，这前提便是请求将具体计划先与我们看看。

我再举一个例来说，现在棉麦借款用途之研究，议论纷纷，莫衷一是，这就是国家预先没有经济计划的原因。假使有了计划，则缓急先后，层次井然，何必再费无聊之争论。现在颇闻有若干用诸盐垦，若干用诸纱业之说。所谓棉麦来的款，仍用之棉麦，买酱油的钱不买醋，买醋的钱不买酱油，主持者可谓忠实极了，但是假使我们要定一种整个具体的经济计划，依照我们各个心里所想的计划来说，这用途是否合轻重缓急之宜，恐怕不能不有多少怀疑的。例如我个人的私案，假使要定一个计划，我认为现在经济事业最重而急者，莫如农业，莫如交通，而农业尤以维持旧农业为先，开垦次之，交通又以维持旧交通事业为先，新办者次之。所以假使我的计划成立的话，我一定先尽量用之于设立全国的农业银行，以农田或农产物或农具为抵押，低利借诸农民，以恢复农村之经济，若尚有余，又必尽量用诸买车辆，买枕木，以扩充固有之车运，新筑路，新辟荒，又其次焉。我主张之理由甚多，非此刻所能详言，我所以附带及此者，并非来与诸君讨论棉麦借款用途问题，不过用以证明国家没有一确定之经济计划，则见仁见智，各有不同，每一问题，议论百出，更如何谈得到统制经济耳。鄙人于上星期六日，承银行学会嘱托，指定演讲统制经济问题，旅居中未带书籍，仅三日间，百忙中匆匆构思，敷衍交卷，希望诸君原谅，并有以指正之。

"平均地权"和"节制资本"可以实行吗?

《独立评论》,第81~82号,1933年12月17日、24日

梁子范

中山先生讲三民主义的时候,他的开宗明义的话是:"三民主义就是救国主义"。民族和民权两主义所包括的问题是诸种政治问题,我们姑且不谈,我们在这篇文章所要讨论的是关于经济问题的民生主义。"足民食"、"裕民衣","乐民居"及"利民行"是民生主义的目的,"平均地权"和"节制资本"是民生主义的方法。目的和方法既然拟定以后,自然应一方小心翼翼地,随时去检点那用的方法是否可以达到目的,他方复应虚心下气地,随时要去考察是否有新而效力较大的方法可以采取。高尚的目的是不当移转的,成事的方法是可以,并且应当随着环境的需要而变更的。中山先生一生救国的态度如此,我们对中山先生留下的救国方法所持的态度,又谁能说不应如此,作者本着这个批评的态度,兼抱着爱国甚于爱伟人的动机,特不揣简陋,用经济的理论,来讨论"平均地权"和"节制资本"是否可以解决中国国民的衣食住行诸大问题。换句话说,我们要讨论:

(1)"平均地权"和"节制资本"所根据的理论究竟对不对?
(2)"平均地权"和"节制资本"是否可以并且应当实行?

(一)平均地权

关于民生主义的文章,除掉周佛海先生着的《三民主义之理论的体系》以外,据我所知道的只有马寅初先生曾演讲过一回"平均地权"。周氏的"民生主义",大概因为是在"流浪漂泊的生活之中着成的"(原书〈序〉),不但有好多拉杂及武断的地方,而且他好像要借题发挥,处处去过他自己理想的社会主义

的瘾，对于"平均地权"和"节制资本"本身的问题，他多未曾论及。马氏那篇讲演，除掉申述利加图（Ricardo）的地租论以外，也只是东扯西拉说了一些隔靴搔痒的话。我们是不拜任何偶像的人，只想用真实的理论，凭着现实的情况，来讨论民生主义的方法。

我们先用中山先生自己的话，简述一番平均地权的理论和方法：

> 中国到今日，虽然没有大地主，还有小地主。在这种小地主时代，大多数地方，还是相安无事，没有人和地主为难。不过近来欧、美的经济潮流一天一天的侵进来，各种制度都是在变动，所受的头一个最大的影响，就是土地问题。……好像上海黄浦滩的土地，现在每亩要值几十万，广州长堤的土地，现在每亩要值十几万。所以中国土地先受欧、美经济的影响，地主便变成了富翁，和欧、美的资本家一样了。

中山先生为防患于未然起见，因拟定一解决土地问题的办法，那就是"平均地权"。

> 这种办法是什么呢？就是政府照地价收税和照地价收买。究竟地价是照什么样定法呢？依我的主张，地价应该由地主自己去定。……政府照他所报的地价来抽税（值百抽壹），……地主如果以多报少，他一定怕政府要照价收买，吃地价的亏。如果以少报多，他又怕政府要照价抽税，吃重税的亏。在利害两方面互相比较，他一定不情愿多报，也不情愿少报，要定一个折中的价值，把实在的市价报告到政府。……地价定了之后，我们更有一种法律的规定。这种规定是什么呢？就是从定价那年以后，那块地皮的价格，再行涨高，各国都是要另外加税；但是我们的办法，就要以后所加之价，完全归为公有。因为地价涨高，是由于社会改良，和工商业进步。……照我们的办法，都收归众人公有，以酬众改良那块地皮周围的社会，和发达那块地皮周围的工商业之功劳。这种把以后将归众人公有的办法，才是国民党所主张的平均地权，才是民生主义（参看《国民党改组宣言》之"对内政策"第十四条及《建国大纲》之第十条）。

"平均地权"所包含的经济问题非常之多。我以为要讨论它是否可以实行及它根据的理论对不对，非从四方面下手不可：

（一）地主是否能报"折中的市价"？这既报的所谓"折中市价"将来会有什么影响？

（二）地价的涨高，是否真正由于"社会改良和工商业进步"？涨高的地价，准备可以"完全归为公有"吗？

（三）平均地权和货币胀缩及经济恐慌。

（四）怎样处置收买的田地？

（I）地主是否能报折中的市价？这既报的所谓"折中市价"将来会有什么影响？

供求律支配市价的成立，这是学过经济入门的人都知道的。然而只说供求律支配市价，这话不但太笼统，而且对于我们所要讨论的地价，也没有什么显著的补助。想要了了亮亮地明白地主自己无估量"折中市价"的可能，非先知道下面三个市价分析不可：

（甲）支配供给和需求的各种条件。

（乙）市价对供给和需求彼此的关系。

（丙）各种市价经纬相系的关系。

（甲）支配供给和需求的各种条件。

（1）支配需求方面的条件。

第一，就本题所讨论的地价说，支配需求方面的第一条件，要看需求地亩的多寡。在一个人烟少地亩多的地方，地价是不会太高的，因为需求随时都可以满足。反之，假若某村的农人大半都感觉耕种的田地不够的话，那四围的地价大约总比旁处高。

第二，要看需求者需要地的程度如何。大凡需要的程度愈高，地价愈高，反之愈低。譬如某阔佬要想起一所宽大的住邸（如起家庙，起官宅），已有的地基不甚够用，另外还要买一块毗连的地方，那这块小小的地方一定可以得价很高。

第三，要看需求者出价力量的大小。需求者需要的程度虽高，却没有出高价的力量，那或者买卖不成，或者卖主将就买主，将地价减低。反之假若某方兴未艾的大银行要买地皮的话，那所成的地价总容易高一些。

第四，邻近的地价，也会有直接或间接的影响。邻近的地价低的话，需求地的人一定会试验在邻近而不在本处买地。

第五，要看需求地的目的，是否可以间接达到。假若需求的地是为种麦子，而恰巧从美国运来的麦子比自己收获的还要便宜，那当然宁肯买舶来的麦子，不肯买地自己去耕种。

（2）支配供给方面的条件。

第一，要看买主对那出卖的地亩曾费过多少本钱。假若某人要出卖三年前费四百大洋买的，而中间复费了一百大洋改良过的一块地皮，那他当然要试验使卖价不在五百大洋以下。

第二，要看出卖地皮的大小。一个倾家败产的人同时要出卖几千亩，平均起来当然价钱较低。反之，若某人只出卖一亩地的话，他自然可以利用所有的机会，把卖价抬高。

第三，要看邻近卖价的高低。邻近卖价高的话，此处也不能太低，反之，也不会太高。因为买主总是趋向卖价低的地方，这趋向不久会使卖价较低的地方的地价慢慢抬高，也会使卖价较高的地方的地价慢慢减落。

总之供给和需求的许多条件，一面彼此结合，一面彼此冲突，才会渐渐促成市价的成立。供给和需求的条件天天变更，所以市价也跟着天天不同，一成不变的市价是不会有的一桩事情。供给和需求对市价的关系既然弄清楚以后，我们再进而看看市价对供给和需求彼此的关系，以及各种市价经纬相系的关系。

（乙）市价对供给和需求彼此的关系。

要考究市价，对供给和需求自然应当注意，对已成的市价也不应忽略，因为已成的市价对供求是有密切关系的。市价高的话，供给多需求少；市价低的话，需求多供给少。所以市价和供求是互为因果，互相监束的；没有连续不断的过去的市价（即所谓 Historischer Preis），供给和需求不能凭空成立；没有已往的供求的基础，真正的市价也不会凭空成立。

（丙）各种市价经纬相系的关系。

上面那市价和供求的分析，只不过是指着地亩一项说的，实则市上千百万的市价和他们的供求是彼此有连锁相系的关系的。牛肉贵了的话，所用的饲料也会慢慢贵起来的，因而种植饲料所得的利益就高，因而需求适于种植饲料的地亩也格外多，这种地亩的市价当然也会渐渐地抬高。这种例子，可以随便添。

市价的成立，市价和供求及其他市价彼此的复杂关系，既然剖析清楚以后，我们当进而应用这个分析，去研究"平均地权"论所说的"折中市价"是否可以成立。照《建国大纲》第十条说，"每县开创自治之时，必须先规定全县私有土地之价，其法由地主自报之"。可见所谓"折中的市价"，是要一县或一城的地主同时去估量来的。这种估量，表面看去，就像不违背常情，就像没有什么困难和妨碍似的，实则不然。叫一个地方的地主同时估量全地方的地皮，是不会有"折中的市价"成立的；因为地主除掉拿过去的市价作个参考外，自己没有出卖的必要，他方也没有买主的对象。那就是说，地主并没有供给和需求诸条件作个根据，只怕纳税或国家收买，才杜撰个价钱报告官厅。这种被迫而成的"报价"，既然不是由自然经济趋势促成的，它的弊病以至于它的不能存在，也必不久由自然经济趋势的变动而证明。因为一则供给和需求诸条件的变迁，会在数月之内叫地主觉得有改那"报价"的必要，二则因为其他与地价的有关的诸种市价的变动，不久总会波及地价的，地价受了波及之后，地主自然也觉得有改那"报价"的必要。既然人民感觉有改的必要，自然会有酝酿，有酝酿以后自然会有民众的反动，这反动在政府方面当然是不能漠视的，结果只有推翻已定的"报价"。旁的弊端，在后边再谈。

（Ⅱ）地价的涨高，是否真正由于"社会改良和工商进步"？ 涨高的地价，准备可以"完全归为公有"吗？

地价涨高，当从两方面观察，一方从随时变动的市情出发，一方从长期经济趋势的变迁出发。从市情出发，当然要先研究供求和市价的关系，以上面讨论的结果，我们知道，地价受供求和其他市价的支配，随时有降落或涨高的情事。那就是说，社会虽已改良，工商业虽已进步，地价会受供求及其他市价的影响因而低落。反之，社会并不改良，工商业并不进步，地价也会涨高的。所以按着市情说话，地价的涨高与否，与社会改良不改良和工商业进步不进步，不一定有直接关系的。

从长期经济变迁的趋势方面观察，地价涨高是由于地租的产生。地租可分为三种，即乡地的地租（Ricardo 及 Thunen），城地的地租（Wieser 及 Hermann）以及工商业标准地（Standart）的地租（Roscher、Schumacher、Alfred Weber 及 Predohl 等人）。我们先简略分析三种地租（另外还有矿山地租，比较起来关系小，所以不提）成立的条件，然后再说他们和地价涨高的关系。

乡地的地租又可分为三种，一种是由于种田本身的饶瘠而产生的。假若第一等的肥田可以满足需求的话，地租不会产生的，赶到需求的田亩渐渐增加，那生产费用得多的二等地也要耕种的时候，耕种一等地的人才能得到地租，例如：

一等田收获一百升麦子用一百元的生产费。二等田收获一百升麦子用一百三十元的生产费。三等田收获一百井麦子用一百八十元的生产费。

耕种三等田的人收获麦子的代价是当该只能低偿生产费的，他得不了什么地租。耕种二等田的人，虽然少用了三十元的生产费，而得的代价却和耕种二等田的人相同，所以他结果得到三十元的地租。因为相仿的情形，耕种一等田的人可以得八十元的地租。所以地租是需求田亩增加（人口增加）及已成市价的结果。

第二种乡地的地租，是由于种田担当肥料及劳力等的多少而产生的。为的满足较多的需求，垦种较次的地固然是个方法，在已耕种的地上加肥料和人工也是个方法。但由于收获递减律的影响，用第二个方法得到的产物并不能和加增的肥料及人工成正比例。用人工或资力较少，而收获却较大的地，因而产生地租。例如某甲在一方地收获一百升麦子，用肥料和人工等两百元，假若他想在这地方收获两百升麦子他非用五百元的肥料和人工不可，因而他用第一回资力比用第二回资力的效力较大一百元，也就是他从第一回所用的资力得到一百元的地租。

第三种乡地的地租，是由于田地距城市的远近而产生的，Thunen 在他的 *Der isolierte Staat in Beziehung auf Landwirtschaftund Nationalokönomie* 一书里，分析得最清楚。假若有肥瘠相同的地两块，所收获麦子的升数相同，所用的生产费也相同，而且两个地主一定要把收获的麦子在一个市上出卖，所不同的只是甲田较乙田远一百里，甲田的麦子运到市上去的时候，多费十元。在这种情形之下乙田因为离城近的关系，产生出来十元的地租。

城地地租的支配的条件约略如下：（1）住宅区的空气清爽与否，（2）住宅的日光够不够，（3）临旁的街道吵闹与否，（4）离城市中心的远近，（5）离公共设施（如电车）的远近，（6）住楼的高低，（7）作广告容易不容易，（8）运转灵便不灵便，等等。

工业标准地的分析，到了韦贝尔（A. weber）才详尽而有系统。选标准地的目标有三个：（1）原料标准，要看所用的原料便宜不便宜，（2）劳力标准，要看附近的劳力便宜不便宜，（3）消货标准，要看出厂货容易不容易消卖。总之，凡选作工厂基地的地皮，必因着本厂营业的情形，生出来一种较周围的地皮多的价值，这较多的价值，即是标准地之地租的源泉，那地租的高低完全看乎营业的好坏。

述完了地租成立的条件以后，我们进而看看地租和地价涨高的关系。凡生产地租的地，在出卖的时候，地主必索价较高，究竟高多少要看所产地租的大小，以及当时及当地的利率的高低（所以平均地权也涉及资本问题，但本文的范围不容谈）。假若有一亩地每年产地租十元，而那周围的利率是年利一分，地主出卖这亩地的时候，当该多要一百元，这就是所谓地租资本化。所以由长期经济变迁的趋势方面观察，地价涨高是地租资本化的结果。我们由上面的讨论，知道成立地租的条件非常之复杂，而且这些地租绝不是一成不变的。农业化学及农业技术的进步，往往可以改瘠为肥，并且加增担当资力的量，因而可以有新的地租产生。交通发展可改远为近，新的地租虽可以产生，而旧的地租也可以因此消灭。余如某工厂营业大盛的时候，那工厂基地的地租即抬高，反之必降落。总之，地租的成立和消灭是继续不断的（在共产社会里，也要利用成立地租的条件，以保经济的发展）。试验找新地租的源泉，是使着经济发展的吸引石，亨利·乔治（Henry George, *Progress and Poverty*，孙中山受他的影响很大）、达马什凯（Damaschke），以及奥彭亥穆（F. Oppenheime, *Bodensperrele-hre*），未能认清地租，所以才有不劳而获等离奇的言论。孙中山只谈"地价涨高"及"社会进步和工业发展"，不曾剖析地租及成立地租的条件，所以才有没收地价涨高的主张。实则地价涨高的原因，是不能以"社会改良和工商业进行"一类笼统的话可以解释的（孙中山从上海、广东等城市作出发点，也是使着他结论错误的一端。解决中国的土地问题，当然要先研究农庄的土地）。而且由地租所促成的地价涨高，并不是千古不变的，它也会在三年五载之内跌落的。涨高了的时候归公，跌落的时候找谁呢？

假设按着法律，涨高的地价必须归公，实际上国家或地方政府能得到不能得到这个涨价还是问题。由上面的讨论，我们知道地价涨高在买卖地皮的时候才变成明显的事实。无论什么买卖，买主想买价减低，卖主想卖价提高，在买卖地皮也是一样。现在张三要出卖他三年前曾估价（即报给官厅的"报价"）两百元的一亩田，李四有心想买。假若张三该卖三百元的话，那他必须给公家一百元。张三和李四是与众相同的人，公益和私益分得很清楚，张三不愿意把多卖一百元充公,李四也不愿意多出一百元去买这亩地。在这种情形之下,张三和李四自然可以背地作弊,虽然实际的卖价是两百五十元,张三却只报说两百元,李四亦公然和之,公家分文得不着,他们每个人却分了五十元。法律是当该顺着人情和自然趋势走直路的,不当取巧,也不能取巧,取巧必弊端横出。

(Ⅲ) 平均地权和货币胀缩及经济恐慌。

由上面市价,地租及地价涨高的剖析,我们已经可以看出平均地权所根据的理论不健全,实行起来难以成功。但最足证明平均地权之错误及无实行之可能,尚在货币胀缩及经济恐慌时期。我们在这里用不着去仔细分析那繁赜的货币及币制论以及那千丝万缕的经济起落,我们只要把货币胀缩及经济恐慌对物价映射出来的影响指出,即足够证明平均地权之毫无稳定的根基。在货币膨胀时期,最显著的现象是物价涨高,涨高的倍数要看货币膨胀的程度,这在德国战后乱发马克票为然,在中国乱发铜钱或银元票亦然。假若货币膨胀了十倍,则地价或其他物价也必随之涨高五六倍或十二三倍不等。这类地价涨高,是由于货币膨胀产生的,与"社会改良和工商业进步"是丝毫没有关系,此其一。地价涨高的数目归公,其他物价涨高的数目不理,这在情理上说不过去,此其二。假若政府袖手旁观,这涨高的数目仍归地主,那政府的税收不是从百分之一减到千分之一了么?在旁的方面,货币消缩及经济恐慌虽然是迥乎不同的经济现象,然而他们最普遍的影响或结果,却都是物价跌落。现在假设地价因为货币消缩或经济恐慌陡然跌落下来,从前报五十元的地,现在出卖只值十元,这四十元的差额,政府是置之不理哪?还是给增添上去?假若不理的话,那政府只知道没收涨高的价格而不管跌落的价格,这种渔利不负责任的态度,可使人民悦服么?复次,地价缩到四五倍,税也当照样缩才对,那就是说报价五十元之地,现在只应当纳一角,不应当纳五角的税,假若政府不容许修改报价,也不减低税额,那人民遭负担的痛苦,能不抱怨政府吗?至于官方和人民应付地价起落的手续,我们完全不提。我们所不能不提的是不只中国现在的官民受不了这手续的麻烦,连最有训练的德国官民也受不了那麻烦。

(Ⅳ) 怎样处置收买的田地?

收买土地,需要财力。以中国现在的财政说,中国政府一半时是不会有这种财力的。现在假设政府有这种财力买了好多田亩,处置这田亩也不是一件容易的事。大总说起来,政府可以有三种处置的方法。第一,国营,就是国家用资力去耕种田地，这不但是孙中山所不曾拟定的，也是和平均地权的原意大相径庭的；至于国营的弊端我们可从略不提。第二，租给农民种。不说租金的高低难定，只说农民懈怠，不尽心去耕种田亩，已经使我们知道这方法不妥。第三，国家仍然可以将收买的土地仍然出卖，但是国家卖价低的话，国家亏本，这是国家不能常做的事；他方卖价高的话，又有什么人去买？而且这内中的手续又岂是中国目前的官吏和士绅所可以胜任的事情？

（V）土地问题不是整个的农业问题！

中国的农业问非常之多，土地问题不过是内中的一个，把土地问题完全解决了，农业问题仍然还有与土地问题估【占】同样重要的诸种问题等待解决。我的意思，要讨论中国的土地问题最好在整个的农业问题和农业政策里讨论，这不是在一篇短文里所可做的事，所以我在这里暂抱缄默。我在这里不能抱缄默的，除掉说"平均地权"不当而且不能实行外，还有两点：第一，新的继承法要真正在乡下实行以后，中国的土地问题恐怕更糟而且更难解决；第二，土地问题虽然用政治方法可以解决，然而这种解决以后的结果，不能不提前按着经济的理论计算计算，所以对社会科学毫无研究的人（阅《独立评论》〈西安通信之一〉），不当该转动一回脑海，就冒然拟出一些解决土地问题的包治方法来淆惑观听。

（二）节制资本

我们先用民生主义的字句，大体看看"节制资本"的意义。民生主义第二讲说：

> 我们在中国要解决民生问题，想一劳永逸，单靠节制资本的办法，是不足的。……中国不能和外国比，单行节制资本是不足的，因为外国富，中国贫，外国生产过剩，中国生产不足。所以中国不单是节制私人资本，还是要发达国家资本。

何以要节制私人资本呢？

> 是要用一种思患预防的办法，来阻止私人的大资本，防备将来社

会贫富不均的大毛病。

何谓制造国家资本呢？就是：

> 发展国家实业是也，其计画已详于《建国方略》第二卷之物质建
> 设。

怎样去发达国家实业呢？

> 这三种大实业（铁路、工业及矿产）照我们中国的资本学问和经
> 验都是做不来的，便不能不靠外国已成的资本，……又不能不借用外
> 国有学问经验的人才，来经营这些实业。……这三种收用（铁路、工
> 业及矿产），每年都是很大的。假若是由国家经营，所得的利益归大家
> 共享，那么全国人民便得享资本的利，不致受资本的害。

我以为节制资本的理想在中国是否可以实现，完全系于两个问题：

> （Ⅰ）外国的资本是否可以借得来？
> （Ⅱ）公私经济究竟孰优孰劣？

我们先仔细讨论这两个问题

（Ⅰ）外国的资本是否可以借得来?

投资事业的第一个条件，在乎投资者有信心，在乎他觉得他的投资安全，
这是在国内和国际投资都可以时常观察的现象。中国几个资本家，把他们的资
本偏偏喜欢投在租界里的事业，虽一方由于他们的爱国心不强，而他方实在由
于他们觉得投资中国他地的事业不大安全。德国在一九二四到一九三零吸引了
不少的外资，因为外国的资本家那时对德国的政治和实业有信心。一九三一以
后，那些资本家相继把他们的投资抽去，因为德国的政治和经济情形使他们感
觉不安。中国现在的情形怎样？政治未上轨道，社会不安顿，经济事业都站在
风雨飘摇的当中，这种情形能够吸引外资吗？眼未离开现实的人，谁也不能说
有那种可能。

在投资者有信心以外，还要看投资事业有没有利润的希望。那要兴办的实业的利润希望愈高，吸引外资的力量愈大。反之，谁也不肯把他积得的资本送到赔本的事业里去。中山先生之《实业计划》里所要兴办的实业怎样？他要辟三个大商港，他要修十万英里铁道，他要开运河，他要兴办钢业和矿业等。这种举办对中国的工商业当然有益处，然而对投资的外国人却未免太苦，因为这类举办或根本就没有大的利润可图，或在十年、三十年以后才许有点利润。伶俐多智的外国资本家是不会进我们的圈套的。

经济投资，没有希望，只有政治借款有时可以引动外国人。属于政治的事，我们暂时不谈。

（Ⅱ）公私经济究竟孰优孰劣？

这里所谓公经济，是指着国家或地方政府所经营的经济事业；所谓私经济，是指个人或个人集和起来办的工业、企业。

私人经济的原则，在迎合消费者的欲望和需要，去制造或运转物品，从中谋利的。营业有没有利润，是各个企业或商店的生死问题，所以企业家和商人都兢兢业业的去整理他们的营业以加增利润。他们一方面要力求出品好而且贱，以满足消费者的需要；他方复利用新的发明、新的技术等去减低成本，以超出同业的竞争。合理化（Rationalisierung）是私人经济的秘诀。这种息息不休的推进力，是过去一百年经济进步的源泉。至于求利润的邪路以及弊端，在有力量的政治之下是可以制止的。政治上了轨道，经济是随着政治走的。*laissez – faire*、laisser aller 以及 Manchester 派的错处，大概就在没认清这一点。

公经济是当以社会大众的利益为原则的，冷眼看起来，似乎很讨欢心，实行起来，却有好多难免的弊端：

第一，在官吏式的营业里，不说营业者没有企业家的胆识和经验，他们也处处掣肘于政治，没有全力以应付营业的可能。

第二，公经济是以公众利益为原则的，但是公众利益有好多时候不容许你量。一条长而且广，对转运很利便的马路，谁说对社会没有利益？但这种利益谁能去直接量？谁能说这条马路赐的利益比去年高？而且高多少？

第三，对公共有利的营业或兴办，往往不是在短时间可以收效的。辟海港，修运河，在十年、二十年之后对公众也许是很有利益的事，但目前是决乎看不到的，计算错了，白费了开辟费，也是常见的了。

第四，因为公经济的利益往往不容许量，而且多在好久以后才可以实现，加上管理的不得法，所以营业的时候没有一个实际的把柄，所以就生出第四个大毛病，那就是公经济多流于不经济。

因为公经济有这许多病端，所以公共事业近来多趋于取长补短的公私合营制。

总之，中山先生的《实业计划》是不会实行的，试比较最近的"四年计划"和从前的"十年计划"，就可以看出了。整个的中国实业问题，当然不是本文所能涉及的。

中山先生对中国民族的功绩，是千古照着，永不磨泯的事实，假若他还生在今日的话，中国的诸种问题也许都可迎刀而解。但是他讲三民主义是为救国的，假若他知道，平均地权和节制资本不足以解决民生，不足以救国的话，那他一定会说：高尚的目的是不当移转的，成事的方法是可以，并且应当随着环境的需要而变更的。希望国人和国民党今后能体贴中山先生的真正目的，去努力作救国的大事，不要再拘泥纸上的文字，而贻误国家的百年大计。最后我用希腊哲人一句话，结束这篇文章："吾爱吾师，吾更爱真理"。

社会安全问题

《国闻周报》，第 12 卷第 36 期，1935 年 9 月 16 日

马季廉

一、个人安全与社会安全

近百年来，欧、美民权政治所争的问题，厥为个人安全（individual security）问题。在君权神圣时代，人民痛感生命财产随时有因君主的喜怒遭受蹂躏摧残之虞，所以要求人民的权利，要有一种根本大法来保障，人民对于国家政治要有代表及参与的权利。英国的宪政运动，法国几次的革命流血，所争的都是民权，都是中山先生所谓人民有权管理大家的事情，也就是人民要自己来保障自己的安全。

我国二十年公布的《训政时期约法》，虽然不能算是尽善尽美的立法，但关于保障个人的安全，却可以说近代各国宪法保障个人安全的条款，大致都被采纳了。据《训政时期约法》第八条云："人民非依法律不得逮捕拘禁审问处罚，人民因犯罪嫌疑被逮捕拘禁者，其执行逮捕或拘禁之机关，至迟应于二十四小时内移送审判机关审问，本人或他人并得依法请求于二十四小时内提审"。第九条："人民除现役军人外，非依法律不受军事审判"。第十条云："人民之住所非依法律不得侵入搜索或封锢"。第十六条云："人民财产非依法律不得查封或没收"。英国的法律，人民对非法的逮捕及拘禁，并且可以向法庭要求赔偿。在英、美诸国，民主政治有了长足的进步，个人安全早有了切实的保障。

但是近年自由的资本主义极度发展的结果，生产技术一天一天的进步，一般人民的购买力却一天一天的减少，生产与消费，发生极度不平衡的现象。失业问题，遂一天一天的严重起来。在这种情势之下，尽管个人安全法律上有种

种规定，国家如何来具体实行这种保障，但是安全既不能充饥，又不能御寒。所以英、美诸国，个人安全虽然有了切实保障，但失业工人仍日有增加，社会不安仍一天一天的严重。英、美诸民主国家的实际政治家这才认识国家仅作到个人安全，不能说是已尽了国家的职责，比较切实的是要做到社会安全（Social Security）。

二、社会安全的意义

社会安全的意义，英、美学者还没有一种科学的解释。依作者浅见，社会安全应该含有下列几种意思。第一，国家对于有能力而愿意工作的公民，应该尽量给他们预备工作。第二，国家对于鳏寡孤独老弱残疾的人，应该使他们都能有所养，都能维持生活。这种理论的根据，是很容易解释的。美国劳工部长潘金斯女士（Frances Perkins）说得明白：

> 在不幸的情形显得更加普遍之前，我们就知道一个人实在会成为他力不能及的环境下的牺牲者，而且在近代生活的密切关系中，一个团体的不幸，对于整个社会的福利，会有很确实的直接的影响。

又说：

> 为促进整个国家的繁荣保持他的主要力量起见，个人所遇的不幸应由全体来轻微的分担，较之个人要被他的不幸的担负所毁是更好的①。

这就是社会安全以及社会立法的理论基础。

关于第一点，一九一九年八月十一日德国威玛尔宪法即有一种规定，一般宪法学者极端赞美威玛尔宪法者，也就在这一点。其第一百五十一条云：

> 经济生活之秩序，其正义之原则，在使各人得为人类必需之生活，各人经济上之自由，于此界限内，应受保障。

---

① Frances Perkins, "Social Security Here and Abroad"，见：*Foreign Affairs*，本年四月号。

其第一百六十三条云：

> 德意志人民，以使其精神的肉体的能力，适用于公共福利，为德义上所负之义务，但不得妨害人身之自由。所有德意志人民，依其经济的劳动，皆应予以求得生活资料之机会。凡未与以适当劳动机会者，当给以必要之生活费，其详以国家之特别法律定之。

依据这种规定，凡是有劳动能力的公民，政府必须给他们劳动的机会，若是没有工作给他们，"当给以必要之生活费"。必须如此，政府方才算尽了保育国民的职责，必须如此，社会方才不致发生不安。这种立法，实是实现社会安全的基本条件。现在德国威玛尔宪法虽然被希忒拉宣布死刑，但这种进步的立法，却是可以垂为典范的。

关于第二点，就是近代英、法诸国实行的社会保险制度。这种制度的目的在使老年的工人或疾病残废的人，生活能得到保障。实行这种制度最早的是法国，一六七三年时便成立了水兵老年保险的强迫制度，一直到现在还实行着；一九三〇年方正式实行社会保险法案。英国在一九一一年开始实行失业保险制度，着重老年津贴及人寿保险，采取雇主与劳工双方强迫纳费的方法，受惠的工人，约有三百万人。德国于一八八九年开始设立工人健康及老年保险制度，在一九二七年以前，又通过了强迫失业保险，计有一千八百万人属于这个老年及残废保险的连合制度。

在近年世界经济萧条的恶浪之中，失业增加，社会不安，成了各国当前的严重问题。没有实行这种制度的国家，深深感到，在欧洲各国，由于社会保险方法的维护，尽管有长期的萧条，他们的人民所受的痛苦，在数量上及程度上，都不如未实行社会保险制度诸国工人们所受的严重。

美国虽然素来以工人生活程度较高自夸，但据潘金斯女士说："罗斯福总统在不久之前曾经论到大众安全设备的问题，说美国要比欧洲大部分的国家落后二十五年"，又说："过去的萧条，使我们明白了工资高与经济安全不是一件事"。美国这才积极进行大规模的社会立法，施行老年保险制度。但是美国不称这种立法为社会保险法，而称为社会安全法案，这是很富有意义的。

三、美国的社会安全立法

在美国，首先认识社会安全观念的，为威斯康新州（Wisconsin），该州实行社会保险，已有二十年。罗斯福一向赞成推行社会安全政策。去年夏天，任命了一个经济安全委员会（Committee On Economic Security），令他们对于这整个的问题作通盘研究，并贡献意见作为社会安全立法的参考。据该委员会意见，中央政府对于安全的主要贡献，就是给现在失业者工作。

本年一月美国参院议员瓦格纳（Wagner）及众院议员刘易士（Lewis）提出失业救济法案，经众院岁入委员会讨论结果，更由众院岁入委员长道顿（Doughton）以众院岁入委员会讨论结果为基础，另提新社会保险法案，也就是社会安全法案。此案四月十九日以三百七十二票对三十三票通过众院，六月十九日以七十六票对六票通过参院，后经参众两院联席会议略有修正，八月九日又经参院通过，八月十四日乃由罗斯福批准。其要点如下：

甲、强迫老年保险，凡年在六十五岁以上而必须救济方能生活的人，政府每月至多给与十五美元的救济费，该项救济费的支出，由联邦政府与州政府分担之。

乙、支付工资之达一定率者，课以捐税，充作基金，另一部分由工厂主人平均负担之。迨劳动者年达六十五岁时，由政府每月给与五十二元五角乃至八十五美元的补助。至补助费支付开始时间为一九四二年。

丙、各州应仰体联邦政府之意，制定失业保险制度，至失业保险费来源，由雇佣十人以上的工厂主人于支付工资时，依据一定课税率，课税所得充之。

丁、各州应制定少年救济制度，其救济款项的三分之一，由联邦政府负担之。

戊、各州应制定一般公共卫生，母性及少年保健制度，及少年残废者救济制度。其款项的二分之一，由联邦政府支付之。

己、设立社会保险局，以委员三人组织之，统制以上各种制度之施行。

该法案中提出的总经费一九三六年会计年度为九千八百五十万元，一九三七年会计年度为二万一千八百五十万元，抵补这些经费的，是失业补助年金及老年年金中的税收。据经济安全委员会估计，这种老年保险及失业保险基金，在一九四九年可以增至一百万万美元，在一九七〇年可以增至三千二百万万美元。

潘金斯女士说：

> 美国经济安全计划不是模仿任何形式的。他的范围比任何社会保
> 险更广，……按照美国情形，我们计算此举可以保护美国的公民不至
> 于在危险中流为贫困的依赖者。

若照社会进化的程序说，由实现个人安全进而到保障社会安全，实是最合
逻辑的自然趋势。实现社会安全的基本前提，就是由政治的民主过渡到经济的
民主。这在今日恐怕只有苏联正向经济民主的坦途前进，他们不但没有失业，
反而有时缺少劳工，社会安全比较得到广泛的确实保障。美国社会安全法案虽
然不能与苏联的办法媲美，但较之欧洲诸国，在立法上确有了进步。

四、社会安全与中国政治

中国今日的政治，自实质上说，依然未上轨道，法治的精神，依然未有树
立。英、美的民权，集会结社、言论出版种种自由，生命财产安全保障，个人
安全等，在中国国民眼中仍然是海上仙山，可望而不可即。所谓〈训政时期约
法〉第八条"人民非依法律不得逮捕拘禁审问处罚……"的规定，不过只是粉
饰"训政"的幌子而已。自由，人权，至今仍为中国自由主义的人士所谌歌憧
憬者，不是没有原因。

至于社会保险的立法，我们生产丰富的立法院，迄今尚未讨论过。至于社
会安全的观念，在不知尊重个人安全的中国政治家的脑海中，恐旧连模糊的印
象都还没有。广大的中国农民生活有什么保障，在贪官污吏兵匪蹂躏下望天吃
饭的大众，遇着天旱水灾，只有束手待毙。政府对于人民生计问题，平时没有
妥善准备，一旦灾难降临，照例作点杯水车薪的赈济，草草塞责。什么近代式
的社会安全，经济安全设备，我就很怀疑现在执政者是否有这种知识。罗斯福
说大众安全设备美国要比欧洲落后二十五年，我们中国比较欧、美在个人安全、
社会安全以及经济安全上，恐怕要落后二百五十年。

我写这篇文字，主要目的在介绍近年政治上一种新的理论，一种重要趋势，
给研究政治及与政治有关的人们，使他们知道他国的进步，同时希望当政诸公，
首先实现国民个人安全的确实保障。个人安全是社会进步的必要因素，必须先
作到全国国民个个能安居乐业，方能谈得到什么建设，什么复兴。至于社会安
全只好悬为今后政治一种目标，待作到个人安全之后，再向这种新的理想迈进。

《新经济》的使命

《新经济》，第 1 期，1938 年 11 月 16 日

　　这个半月刊，是我们讨论经济问题的刊物，并诚意的欢迎大家利用这个刊物，来考虑与促进经济政策，以及一切建国的方案。我们所谓经济是广义的，不但是实业、交通、金融都在其内，而且许多其他与建国有关的原则与方法，都应当共相商榷，以期发挥真理，供国人的参考。

　　古语说得好："周虽旧邦，其命维新"。凡百国家必须赶快进步，与时代俱新。中国有数千年传沿到今的文字，四万万数千万人共同一致的风俗与人心，无疑的是世界中生存最久极有价值的一个古国。但自从十八九世纪近代文化发展以来，机械制造，事业组织，社会精神，许多崭新的力量，都使我们从前先人一著者到现在反相形见绌。譬如经营纺织业，同在我国境内，本国纱厂年年亏折，辛苦支持；而日本所办纱厂，则突飞猛进，机新本低，使本国纱厂的困难，愈为增大。又如开煤矿，中国有新设备的大矿，平均每一工人每日得煤半吨，外国煤矿则可得三吨乃至四吨。比较相当发达的事业，尚且如此，其他许多事业，非格外奋勉改进，更可想而知。所以自古相传的好习惯固当保存，但与日俱进的新组织、新精神与新力量，更须急起直追，认真培基与发展。

　　我们必须深切认明一个民族必须有事实上足以自立的基础。有此基础，虽不幸而遇世界上危险潮流，努力奋斗，仍能自立。无此基础，势必依靠他民族的提携与保障。但他民族自有他民族自身之利害，彼此利害相同的时候，自可引为同志，但到另一时候，彼此利害并不相同，则此项保障即不可靠。所以此种事实上自立基础的重要，实远过于其他一切。近代欧洲有两个新发展的国家，皆足为我们借镜。一是苏联，帝俄时代，工业基础，极为薄弱，共产党革命成功后，力行经济政策，在十年内建设成规模极大的工业，成为几乎可以自给自足的国家。一是德国，欧战之后，德国领土被割，并不得制造军械，受了种种困难，但近数年来，德国突然复兴，取消不平等条约，团结日耳曼民族，成绩

斐然。他们尝说：欧战时德国失败，并非败于军事，而实败于经济。故目前增加实力亦重在增加制造能力，取得原料供给，以造成不败的基础。以上两国政治方式，绝不相同，但其以经济为立国根本尽先努力，则完全如出一辙，其所得良好的结果，亦无二致。从此可见造成经济基础，实为建设国家必由的途径，也就是我们目前唯一重大的责任。

中国采取新式方法发展经济，从前也曾有相当工作。但皆因缺乏真切的考虑与通盘的筹划，故不易得我们所希望的成功。考从前史实，略可分为几个时期。在第一个时期内，少数才具较优的当权者如曾国藩、李鸿章、左宗棠等，震于西洋的枪炮军舰之利，故只重设立兵工厂与船厂。第二期内，对于重要厂矿之关系认识较深，犹如张之洞在湖北省，首先提倡设立钢铁、纱布、麻、纸等根本事业，其见解之能得要领，实可敬佩。惜当时缺少适宜的组织与人才，故事业仍不易成功。第三期私人事业，较为发达，犹如纺织，面粉，水泥，酸碱等事，亦曾刻苦经营，得有成绩。但事业方面，虽有人相当尽力，而政府方面，却缺少整个方略。虽然其间亦偶有比较有见解的官吏，例如张謇，曾提倡棉铁政策，棉业方面，颇有成功，铁业方面，亦颇减弊害。总括的说，中国经济建设虽已经若干时期的努力，但迄至今日，犹是败残幼稚，还不足以为中国立国的基础。我们对于此种情形，务宜因病求药，切不可讳病忌医。此后进行，必须用我国最大的力量来策动推进，以继续不断的工夫，来奠定长久坚实的基业。中国要能自立于近代世界，须有立国的根本方略，我们以为革新经济便应作为中国极重要的方略。用这个方略，我们要使中国产业发达，生计优裕，也要使社会组织，工作精神，生产能力，都因而充分改善与提高。我们应尽最大的力量来筹划与执行，使文化悠久的古国，同时更成为气象焕然的新邦。

我们循经济的途径，以达到建国的目的，并不是想凭借国力以侵略他国。相反的，我们深信世界最大的问题是各民族间的资源分配。解决此问题，不外两种方法。一种方法是武力争夺，以战争来抢取他国的领土与经济开发的垄断权力，这种方法，不幸现在有少数国家认为正当，认真进行，成为破坏和平的根源。日本侵入中国，即出于同一意义。其实战事决不能解决经济问题，无故残杀是很可惜的。另一种方法，是各国各自努力，开发本国的富源，有必要时，在不侵犯主权，不一方独断的范围内，各国各尽所长，互相协助，以增加开发的功效与速度，所有的出产就实际需要，不筑关税壁垒，懋迁贸易，以合作的精神为互助的交易。如此方能使国际关系建立于合理的基础，生命财产不至受非理的残破。中国当然是取后一种方法。中国地大物博人众，天然可以自存，并可以助人。且中国人向来崇尚信义，爱好和平，只愿拼命保守主权，但决不无故对外侵略，这种合作方法，也是与中国国情最相适合。我们做人的教训是修身齐家治国平天下，这种观念犹深入人心，我们深信平天下的方法，尤在由经济的途径以达到各国的供求均衡，中国自当尽极大的努力，以贡献于这种方针的实施。

我们深望以上所述的大要能得许多朋友的同情，但我们并无成见，对于各种合理的意见，都愿开诚接受，同时我们也觉在此时，值得我们讨论的问题一定甚多。所以经济建设固是重要，其他有关大计的内政、外交、文化等事的检讨，亦一律欢迎。实行各种方针的方法，都需要详细商讨，许多新意见新材料都应该绍介质证。因此我们想借此半月刊的地位作为同志们交换意见的媒介，甚盼热心建国的朋友，忠言谠论，随时见赐，共策进行。

政治民主与经济民主

吴世昌

自由主义

民主国家这个名词，近来喊得十分响亮，中国人民要求民主的呼声，也随大战结束而更加迫切。现在的所谓民主国家，一般指英、美、苏、法几个联合国中的大国。中国也算五强之一，也被人指为民主国家，实则中国人民从来没有尝过民主的味道，现在尚在梦想颠倒、涕泣以求的过程之中。至于中国要求现代化的民主，远在五四时代。五四运动的目标有二：一为学术的，要求科学化，一为政治的，要求民主化。当然，科学化与民主化这二个名词，在五四以后很久才被提出来的。当时的学者，只提出科学与民主两大目标，梁任公所谓赛先生（Science）与德先生（Democtscy）。说来惭愧，五四运动是二十七年前发生的，那时中国早已是中华"民"国。"民"国是中山先生手创的，而创造了八年，中国人中才有少数智识分子发现这个国家并不民主，才要提倡德谟克拉西。而提倡是提倡，事实是事实，直到民国十七年，中国一直是中华"党"国。一军一党，平分了三十年的天下。中山先生革命了四十年，发觉他所手创的国家，完全不合他本来的理想。十三年改组国民党，重行北伐，分订军政、训政、宪政三时期。训政时期应该有多久，他并没有明文规定。但他遗嘱中要求国民会议尤须于最短期间内召集，而国民会议以后应该开始宪政，则训政时期在中山先生的理想中，决不会太长。但是今日之国民党，一经训政，便欲罢不能。英国历史家威尔斯（H. G. Wells）批评英国政治说，"英国人本来没有别人想象那样坏，但吞下了印度，便弄坏了胃口"。一般中国人对国民党也有此感，只要把"吞下了印度"改成"尝到了训政的味道"。

但是，国民党的"训政"，名词虽然与慈禧太后所用的垂帘"训政"的

"训政"相同，却不是国粹，而是舶来品，俄国的大革命，虽比中国推翻满清要迟几年，但因为从马列主义之中发明了一党专政这件法宝，冲破古往今来一切专制或民主政体的樊笼，才能肃清帝俄政治上的余毒，建立一个崭新的国家。国民党推翻满清之后，因为未能肃清旧时代留下来的余毒，革命势力逐渐被压迫到南方一隅，复辟、帝制等余孽，反能兴风作浪，北洋军阀依然割据混战，弄成民初中华"军"国的局面。北伐以后的一党专政，以及其他许多政制，都是模仿苏联的。这是谁都知道的事实，不必讳言，也不必举现在的政制作为证例。所不同者，苏联的农工专政，并未规定期限，说专到何时或某阶段以后为止。国民党则规定训政以后即为宪政，训政是过程而非终极目的。虽然训政太久，甜头太多，也会忘其所以的变成目的。由此，可知国民党本意并不如共产党之想永久专政。至于国民党理想中的宪政，虽不一定如英美之宪政，也并不如苏联的农工专政。国民党理想中的宪政，本来是民主的。

苏维埃社会主义联邦共和国，现在大家都认为她是民主国家之一。其实这个观念是最近才有的，而且在一般英美派民主人士——即共产主义者所谓布尔乔亚——心目中，也依然有问题，在争论。不过以前为了对德作战，现在为了联合国的前途，大家姑且承认她是民主国家。在苏联初建国时，全世界各国都目之为洪水猛兽，有的甚至不惜派军队去包围她，阻碍她，倒是中国的中山先生却老早就承认列宁理想的伟大，政策之正确，寄以深厚的同情与祝望；而苏联之所以报中国者亦不薄，首先自动废止不平等条约、退还庚子赔款等等。直到苏德宣战以前，英美系统的国家无不对苏联深怀疑惧。而且，第一次世界大战以后，英美之敷衍意大利，扶植德国，都有暗中拒抗苏联的作用。但彼时苏联埋头建设，决无侵略他国之野心。只有共产主义的传播是很快的。英美对苏联的疑惧拒抗，无它，只不过因为苏联是农工专政国家，不是民主政治的国家。

但在纳粹德国与法西斯意大利的侵略面目完全暴露以后，英法开始觉得苏联友谊之可贵了，而疑惧的心理则仍未尽除。直到一九四〇年德国向苏宣战，邱吉尔立即宣布英国将与苏并肩作战，英美两国均以军火供给苏联。世人公认这一战是民主国家与轴心国家作战。由于德意之太不民主，大家才承认苏联虽然也是一党专政，毕竟是与民主国家站在一条阵线上的，这样，在全部作战过程中，苏联一直被世人公认为民主国家。

在去年旧金山联合国会议时，德国刚投降，换句话说，在欧洲英、美、苏、法共同战胜的战争刚结束。在旧金山会议中有许多问题，例如波兰政府问题，牵涉到民主化的观念，英、美与苏联的代表就争执起来，有人感觉到国际间缺少一本解释正确的字典，因为民主这一个名词，在各国代表之间歧义太多了。这当然是笑话。因为各国代表各依其本国的政治观念来解释，没有一国代表会自己承认其本国政治是不民主的。因此，也可见得战后民主的趋势，各国代表均以不民主为可耻。只有中国的官僚，可以厚着脸皮说："什么民主不民主！根本不理那一套！"

但是，苏联究竟民主不民主呢？我没有去过苏联，不能举实例作证。许多到过苏联的人，纷纷举实例来证明苏联人民如何丰衣足食，物价低廉，政治修明，科学发达，文艺优美，看来这些都是事实。但是政治是否民主，却似乎很少人提到，仿佛有意回避这个问题，或者虽到苏联而摸不到这个问题的核心，也许在了解这个问题之先，我们还得先把什么叫作民主这个定义弄弄楚清。

民主的定义，在英美国家，已经很清楚。英美民主政治的方式，中国人也大都耳熟能详。但是不幸得很，也许是由于我的寡陋，竟没有见到苏联所谓民主的清楚的定义，或苏联所谓民主异于英美。所谓民主者何在？若照英美的定义，则人民可以自由批评政府的政策及施政情形。人民可以用暴力以外的方法改换政府；凡是公民，都可以用自由结合的方式组织政党，用竞争选举的方式参加政府。这几点，即使是中国的共产党员，大概也不能不承认是民主的条件。但是苏联是不是这样的呢？

模仿苏联的国家，更正确点说，模仿一党专政的国家，本来还有以前的纳粹德国与法西斯意大利和日本，这些国家，都发展成为独裁国家，终于因侵略而招致灭亡。苏联当然和轴心国家不同，其不同之点，照同情苏联的英国政治理论家拉斯基的说法，"共产主义如果没有了理想，就会变成法西斯主义"。这个理想，据我看，大概即所谓经济民主。

在许多到过苏联的中国人，回来很少谈到苏联的政治民主等问题。只有郭沫若在访苏以后，曾经说过这样的话：许多人认为苏联人民没英美式的政治民主，这也许是对的。但是苏联人民有经济民主，人人丰衣足食，绝没有英美资本家拥资百万而失业者得不到面包的现象（大意如此，见去年《新华日报》副刊）。好了，现在问题似乎有了着落：英美有政治民主而无或缺少经济民主。苏联有经济民主而无或缺少政治民主。这个说法，大致不会偏袒一方。再说得粗浅一点，英美人民有充分的权，而利则不足；苏联人民有充分的利，而权则不足。

政治是管理众人的事，这个"众人"，当然也包括自己在内。人民要求政治民主，即要求管自己乃至众人之事。要求管自己，或同意别人（不是别人以暴力挟制）管自己的事，是不愿意做奴隶。要求管众人或同意别人管众人的事，是相信自己或别人有能力管得好。这也不是强迫众人做奴隶。所以政治本身，自有其必然的民主性。自己丰衣足食而无权管自己的事，却大有问题了。丰衣足食是好的，但也有阔人的奴隶，照样丰衣足食，还能享受科学设备，听戏看画等等。但问题就在听人指挥，不能管自己乃至众人的事。孔子论孝，曾有一个很妙的譬喻，他说：

"今之孝者，是为能养。至于犬马，皆有能养。不敬，何以别乎？"

他说，当时的人以为只要能使父母丰衣足食，便尽了孝道。阔人家的犬马不是也能吃得饱饱，身被文绣吗？问题就在敬不敬。庄子论自由，他用一个乌龟来作譬喻，认为做梁国的宰臣，犹如被文绣以入太庙的龟，一个自由人却是曳尾涂中之龟。人之异于禽兽者几希，似乎不只是被人得养胖胖的就可以满足，自由意志，不受暴力压制而能自由发展的意志似乎比丰衣足食更可贵些。"一箪食，一瓢饮，得之则生，不得则死；呼尔而与之，路人弗受，蹴尔而与之，乞人弗受。"人总是人，除了动物性的机能与要求以外，毕竟还多了一些自由之类的东西。当然，我们也承认，自由之类是可以用教育方式来改变的。正如同动物都有眼睛，而无光的水底也有盲目之鱼。反过来说，如果根本不能得到衣食，濒于饿死的境地，像目前中国的灾民一般，当然也谈不到民主自由之类。但从政治的观点而论，也许正唯衣食不足，所以更有民主自由的必要。但如果说，只要衣食丰足，即使政治民主不充分也不在乎，人类的脑筋似乎并不如此简单。

中国人民目前正渴求民主。大体说来，中年或中年以上的人所要求的是英美式的民主，青年人则多希望苏联式的民主。当然这也不是绝对的界线，也许应该说，偏于保守者希望英美式的民主，思想前进者希望苏联式的民主，但如果说，青年或前进者只要丰衣足食，中年或保守者只要自由参政，则二者恐皆不肯承认。足见不论青年或中年，前进或保守，都有他们的理想。而今日中国的政治，所谓民主也者，还在各阶层人民争取之中，设计之中。中国不幸，枉有三十五年"民"国之号，而到今日，人民对于民主的消息，还在晨占鹊喜，夕卜灯花，民主的图样，还在画虎类犬，刻鹄似鹜。但世界是在进步，不民主的局面，终于要被消灭的，政治民主与经济民主，也并非是鱼与熊掌，不可得兼。别人家的短处，我们并没有必须抄袭的义务。中国人需要丰衣足食是天经地义，而自由则更可贵。我们现在只有根深蒂固的不民主，却还没有根深蒂固的政治民主或经济民主。二者可以得兼，必须为兼。

原载《观察》第一卷第五期，一九四六年九月一日

中国经济往何处去？

《观察》，第1卷第10期，1946年11月2日

戴世光

今日距日本请降以来已经超过一年；上距北伐军兴以来计十八年；上距推翻清室以来计三十五年；这几次重大的变动都是源于争取民族的生存，或者要求社会的改革。在每次大变动之后，我们总以为一切会不同了，希望能借变动的机会，将中国建设成一个现代的国家。可是结果：希望自希望，事实自事实。三十五年过去了！中国依然是中国。看看人家日本，她还有明治维新后的励精图治；我们则始终没走上正轨。退一步说，过去的种种无成就，还可以推在别人身上。但今后就不然了。完全须看自己的做法和努力的程度。以这次大变动后的情形而言，现在的机会是非常之好的。但是我们最多只能够作二十年的打算。计划中，须于二十年内将建国工作做到一个稍具规模的地步。事实上，由去年胜利日算起，到现在业已超过一年，消极的还在继续破坏；建国更毫无成就。以二十年的计划为准，则业已荒废了二十分之一的时间。时光如逝，今后有多少时间容我们这样荒废？在建国工作中，我们全理解经济建设是一切建设的基础。可是在经济制度方面，连最根本的原则还不明朗，如同在抗战末期，政府所颁布的第一期经济建设原则，其中就曾规定着："……有计划的自由发展，……尽量鼓励民营企业，……总期以企业自由刺激经济事业的发展"，等等。在原则后面所附的甲项中，又规定："应由政府独营之经济事业，其种类不宜过多"。凡此种种，若以之与民生主义及几次变革的目标来参照研究，实在令人如坠五里雾中。这种原则，几乎不能指明我国经济应走的途径。究竟是放任呢？还是干涉呢？政府所声明的原则既如此，而在已有的设施方面，更看不出一点步骤来。只是对经济问题在治标的用"头痛医头，脚痛医脚"的办法。这二十年一转眼就要过去。长此以往，中国经济不是走冤枉路，就是一事无成。所以，我们要讨论一下"我国经济究竟应该往何处去"？

这次大战以后，世界政治趋向民主；经济则逐渐走向社会改革及有计划的干涉主义。在经济方面，可以英国在战后的动向为例。英国政府由工党当政，这并不是偶然的现象，实代表大多数人民的意志。自工党上台以来，举凡重要工业、矿业之宣布国有，社会保险政策之积极推动等，莫不循干涉的经济政策迈进。英国民族老谋深算。表面看去，好像非常保守，但在实质上，他们的眼光却是非常远大的。他们深深的理解到过去资本制度的弱点。经此次大战，这许多弱点更逐渐加深。举凡生产过剩、资本集中、贫富不均、经济恐慌等，都是资本制度的产物。它与全民的福利常常不是一致的。对这种病状，唯有以社会改革的精神去修正资本主义，以求财富分配逐渐平均；生产计划比较合理，庶使全民的福利增加，大众的生活获有保障。仅以英国为例，这种改革即非常值得注意的，何况在目下世界经济发展的巨流中，这种要求或极明显，或为暗流。我们苟能高瞻远瞩，我们会发现世界经济改善的动向，全是一致的。如果严格地说，当然，计划经济常须将所有的生产工具国有，并制定依劳力与能力而异的分配制度。同时私有财产制度是不能存在的。不过，目下变动的性质是：割弃放任的经济，而从自由主义的计划经济趋向干涉的计划经济，可以允许有限度的私有财产和利润制度，对私人企业予以维持。但对其发展，须根据全民福利的立场随时加以干涉。即以我国而言，在思想方面，我们并不后人。孙中山先生所主张的民生主义，实具有这种精神。平均地权与节制资本全足以避免财富集中，谋全民福利为主鹄的。至少在原则上，是着重干涉的经济政策，不愿再蹈资本主义的覆辙。由此可见，世界的潮流和我国先进的看法全是一致的。同时为我国经济建设着想，时间有限，必须在短期内完成人家自工业革命以来的进度。所以，我们更应该认清楚原则，迎头赶上才是。

可是，不幸在我国近年来，渐有与这种原则矛盾的主张。竟由纯学理上，不赞成有计划的干涉主义。主要的论调不外三种说法：第一，我国目下由于种种原因，致使许多人过分的推崇民主政治，并进而因民主致误解自由的涵义，认为自由放任的经济制度与政治民主为不可分的。为了实现民主，必须实现自由。其实在经济方面，近代所谓"自由"，主要的是指："不虞缺乏的自由"和"免除失业的自由"。这并不一定要包括"企业的自由"在内。在过去的经济制度中，我们业已了然完全企业自由的弊端。所以，我们不能因政治民主而反对有计划干涉的经济制度。第二，由于近年来我国国营事业的无计划，缺乏效率，和一部分事业充斥着官僚资本，结果竟因之而认为国营不如民营，其实这是犯了"因噎废食"的错误。因为，如果我们认为原则是对的，就不能放弃原则，我们应该用全力来改善并纠正种种不良的弊端。除此以外，另外还有一种看法认为："国营与民营争利，有国即无民"。实则，这是误解国与民的关系。国营固然即是政府经营，但在理论上讲，政府是人民推选出来代人民做事情的，政府又何以能看作与人民是对立的呢？又何况国营事业与民营事业系按事业的性质划分的结果呢？按理，今后我国的国营事业应以重工业与锁钥工业为主。例如：交通、矿业、机器制造、动力燃料、电器、基本化学和兵工业等。其他如原料生产、食品、衣着工业，均可任私人企业。不过，后者在原则上须由政府加以管理干涉而已。所以，国营事业与民营事业并不是对立的；而是相辅相成的。退一步说，即设目下确有与民营事业争利的情形，其实也不是国营事业与民营者争利，而是官僚资本的事业与民营事业争利。这一点我们必须分别清楚。第三，在胜利前后，政府有几件重要措施失当，人民失掉信心。举凡田赋征实的偏重，通货政策的失策，接收工作的手续不清，宽纵既得利益集团，种种均使国民发生一种畏惧怀疑的心理。这是一种反应。这种反应扩大的结果，遂认为政府最好是对一切不加干涉，任其自由发展。实则，这种反应固不可以厚非，但由反应而得的看法，却是不正确的。我们不能因少数人所造成的错误事实，而害及真理。当然，同时我们也承认这是政府的责任。希望政府立即从事实上的表现，来纠正这种不幸的误解。

本来经济生活的目标在谋全民公众的幸福。每个人的利益应该以公共的利益为前提。如果每个人只谋个人的利益，自然会侵害旁人的权益，进而害及全体的福利。因此，私人的经济活动与其发展，一定要有限度，须以全民的利益为重。如果一切发展全直接、间接的使全民福利能够提高或者增多，则个人福利自然也会随之增多提高的。消极方面，凡与全民福利有冲突不一致的情形，则应用国家的力量有计划的来干涉。所以，具体地说，我国经济应走的途径，是不能采完全放任自由的经济制度；同时，也不应该有以某些经济集团的经济利益为本位的计划经济。而应该是由政府站在全民福利的立场，对经济有计划的干涉主义。这包括社会改革、防制独占、平均财富、建立直接税系统、发展国家资本等重要设施。唯有如此，我国经济建设才有意义；而且联带的政治问题也容易获得解决。

总之，由我国经济建设的发展前途来看，我们必须采取有计划的干涉主义。老实讲，这并不是一种新的看法。在民生主义的精神中，指示得非常明显。不幸的是，政府在十余年来过分的迁就事实，来维持一时的局面，或者由于投鼠忌器，牵扯太多，结果只好徘徊歧路。不仅节制资本没有计划实践过，即与平均地权有关而最轻简的改革，如二五减租，也只是一纸具文。到现在且变本加厉，对官僚资本和既得利益集团几乎完全放任，任其自由发展。这种作风，不仅与世界潮流不合，而且与民生主义也是背道而驰的。长此以往，乃自取毁灭之道，经济建设将永无前途了。

经济正义与社会安全

《观察》，第 2 卷第 3 期，1947 年 3 月 15 日

郑林庄

在一百五十年来资本主义的发展过程中，人人都可以看得出来，经济不公和社会不安是它的两大病症。自从一九二九年发生世界经济大恐慌以后，资本主义的国家都普遍地受到打击，到处都闹着"物价暴跌，生产停顿，失业日众，民生益困"的病象。当时唯一一个未受影响的国家，只有一个立国不久而实行社会主义的苏联。那里的经济发展和物质享受，虽然还有许多地方，仍然赶不上一些先进的资本主义国家，可是她们的人民大体都能安居乐业，而社会秩序也能相当安定。在这种对照之下，一般人就开始去思索问题的所在，一方面去探究资本主义的症结，一方面又去研究社会主义进步和安定的原因。经过这一番研讨之后，他们发现，资本主义和社会主义这两种制度，不仅在机构上和组织上有着表面的区别，而且在精神上更有基本的不同。在资本主义的社会里，虽有经济的自由，却无经济的正义；而在社会主义的国家里，则正因为有了经济正义，才能让社会安定。

所谓经济正义，实在含有两点内容：其一是工作权（即人人都有就业的权利）的保证，其二是生存权（即人人都有基本生活的权利）的保证。要达到这两个目的，必须有一个生产不断扩充而分配相当合理的社会机构。这些条件只有在实行计划经济的社会里才能具备。至于资本主义的国家除非把自由企业的原则加以变更，否则是不易实现的。不过自由企业乃是资本主义的基础，如果自由企业的精神受到了限制，资本主义的性质也就有了改变。于是如何一面维持自由企业的制度，而一面又复能实现经济正义以促进社会的安全，便变成资本主义的兴衰存亡的问题。

为了解决这个问题，真不知费了多少经济学者的心血。自从凯恩斯指出欲避免经济萧条必须维持充分的就业数量之后，"充分就业"一词就变成一般社会

改造家的口头禅，同时也变成许多国家在制定经济政策时所追求的目标。到了第二次大战时，这更成为资本主义国家维持战后繁荣的中心政策。美前总统罗斯福氏，于其一九四三年一月致国会的咨文里，即曾提到：

> 当战事结束，我们的战士复员之后，他们自己，他们的家庭和他
> 们的邻居，不但需要一个永久的和平，而且也需要一个稳定的职业。

他这一番话，实则指着应在战后维持充分就业的水准而言。在英国，也有类似的主张。在一九四一年，工党就曾主张对其国家的生产贸易和投资加以控制，以便保证充分就业和经济繁荣的达到。不只官方有这样的主张，就是企业界也做如此的看法，至于学术界则呼号尤烈。一九四二年五月，英国商会联合会在一本《战后工业建设报告书》里说：

> 维持联合帝国人民的充分就业，实是世界复兴的基本因素。

美国的商业巨擘福特氏也说：

> 在战后的世界里，我们应为越来越多的人口获得充分就业，因是
> 而使他们能够大量地购买所需的生活必需品，而不感吃力。多少年来，
> 我都在提醒工业界的人士……我们的市场是由工资造成的——这是一
> 件不易让人了解的事实。

诸如此类的说法，真是车载斗量，不胜枚举。这些言论，都表示充分就业是挽救资本主义厄运的灵符。如果不使资本主义在这次战后再蹈第一次大战以后的覆辙，充分就业的理想是必须实现的。

就目前所知，达到充分就业的方法很多，我不想在这里讨论。不过必须指出的是，在依然保持自由企业制度的社会里，不论维持充分就业的方案是怎样的周密，经济循环的病态恐怕不是可以完全消灭的。有见及此，于是又有人提出另一种看法，那就是社会安全的计划。说到社会安全，当以比维里治（Beveridge）的社会安全计划为圭臬。他指出失业固为社会罪恶的渊薮，但疾病残弱与老年亦足使生产资源不得充分的利用。因是他把战前英国所实行的社会保险制，加以扩充，成为一个更周密更完整的社会安全计划。关于比维里治计划的内容，

我也不想在这里叙述，但要说明的是，经过这次大战之后，社会安全也变成大家追寻的理想之一，而社会安全计划的推行亦有助于充分就业的维持。根据前一点来说，我们不妨把社会安全当做一种人民的权利。这是一种免于因老年、匮乏、孤寡、疾病、失业与伤残而生之恐惧的权利。根据后一点来说，则社会安全实是达到充分就业之过程中的一种预防治疗，因为只有像社会安全计划规定的那样，使各家在生活不足或发生意外时，仍能自公共机关领取津贴，社会上的购买力才不致低落，产业界对劳力的需求才致下降，而充分就业的水准才可以长远维持。

充分就业的维持，固然可使工作权得到保障，社会安全计划的推行，固然可使这种保证维系不坠，但未必一定能保障这个社会人人都有合理的生活。因是又有人提出保障最低生活程度的理想。如果人人都有最低生活程度的保障，则前面所说的生存权就有了保证。按照这一理想，凡有工作意志的人，不论其能否工作，都应有最低的收入，使他将享适当的衣、食、住、行、教育、卫生和生息侍养的生活，惟其目的较之充分就业与社会安全的要求更为基本，更为重大。用英国经济学家格罗索尔（Geoffroy Growther）的话来说，最低生活程度的要求，实应称之为"人民的宪章"。正如政治给予人民各种人权的保障，一个经济民主也应该给予人民一种合理生活的保障。在经济的民主里，一个人应该得到充足的食料来维持健康，得到最低限度的衣、住、燃料来保持温暖，得到充分与平等的教育机会来发展自己，得到休息与享受的便利，得到避免因失业、疾病和老年而引起的危险的保护，而最重要的，更不能让他因为生儿育女而沦于穷困悲苦，做父母的既不以子女为累赘，做子女的也不必受无理的虐待。这一切，实是一个现代公民所应有的基本权利。照这样说起来，如果这一理想得以实现，不但资本主义不再是一个可诅咒的名词，即这一个时代也将成为人类历史上的一代盛世了。

充分就业、社会安全和最低生活程度这三个理想，虽在战前早就有人提到，但却是大战方酣的四十年代的开端，才有热烈的讨论和严密的思考。那时一切关于战后重建的计划，简直没有一个不以此为讨论的中心，人人都希望在战事结束之后，可以实现这些理想，以增进人类的幸福。现在距战争正式告终已一年有余，虽然美国在去年通过了一条充分就业的法案，而英国也在逐步把比维里治的计划付诸实行，但去当时的理想实还很远。所以我们能否终于实现这些理想，实有待生活于这一时代的人们来努力。不过我们应当注意的是，要实现这些理想，须具备几个必要的条件。就一个国家来说，它至少要有一个能够处处为人民打算的政府和一个不为特殊权势谋利益的计划。尽管资本主义的国家是怎样不甘于让自由企业的精神受挫折，可是要实现上述这些理想，政府的协助和干涉，是终难避免的。再从国际的关系来说，在现在一个痛痒相关唇齿相依的世界里，如果没有国际间的密切合作，共同来开发世界的资源，让各国的生产可以彼此交换而无阻，这些理想也是不易实现的。但是我们环顾今日的国际形势，我们实不能免于若干惶惑之感。至于讲到我们自己，我们虽然也是一个经过极度的战争苦难的国家，可是现在不但毫无建设改进的希望，甚且大家还在朝着破坏与崩溃的边缘赛跑。是则在战后其他国家所露的一线曙光，反而变成我们心向往之的美景。我们相信，经济正义和社会安全终是当前社会发展的主潮。同时我们更相信，凡是赶不上潮流的，终必被时代所淘汰。试翻阅一下古今的历史，似乎还没有一个民族能逃得掉这一个社会发展的铁则！

政治自由与经济自由

《世纪评论》，第 1 卷第 17 期，1947 年 4 月

蒋廷黻

自由主义原是十八世纪开明运动的产物，其诞生、长育、及成熟，经过长期的与封建势力对敌的奋斗，及无数次的流血革命。历十八十九两世纪，各民族的英雄几全是自由主义的提倡者。到了本世纪的初年，虽然有偏左和偏右的反对者，全世界多数人认定自由主义是文化的正宗。不仅大西洋沿岸的国家崇奉自由主义为天经地义，就是中欧的义奥德也循自由主义的路线向前进。未曾受过文艺复兴及宗教革命洗礼的俄国，居然于日俄战争后召开国会，颁布宪法。同时顽固的、号称欧亚病夫的土耳其，在青年土耳其党的领导之下，兴高采烈的接收西洋文化，其主要成分就是自由主义。文化自成系统，而且离自由主义的地域及环境极远的中国和日本，也在二十世纪初年，或筹备立宪，或已立宪，而图扩大人民自由与参政的范围。在世界各国里，政争还是有的，而且是很激烈的，不过大多数人认为自由主义是正途，所争者是循这个路线的急进与缓进。

从十八世纪中叶到第一次世界大战，自由主义享受了一百六七十年的思想正统。

第一次世界大战以后，这种局势就大变了。列宁及其他苏联革命领袖对传统的自由主义展开了全面战。后来，墨索里尼和希特勒又继续不断的对自由主义加上明击暗打，日本军阀也在尾巴后面喊呐。苏德意日之间虽有共产主义与法西斯主义的大区别，及种种国家利害的大冲突。其反对自由主义，而图以国家全能主义替代之，则是一致的，而且都是不遗余力的。

以先与自由主义对敌者是封建势力。近三十年来，反对自由主义者是革命势力。我们不要忘记，墨索里尼和希特勒均以革命党自居。他们的成败得失诚有问题，但他们曾对意德两国的社会加以剧烈的改变，这是我们不能不承认的。

为什么近年的革命家要反对自由主义呢？

列宁、斯大林、墨索里尼、希特勒都认定自由主义是资产阶级的烟幕。在他们眼光里，自由主义不过是资本主义的变名改姓。据他们说：

一、在自由主义之下，民众纵使得着局部的政治自由，真正的经济自由是绝对得不到的。

二、在自由主义之下，富者益富，贫者益贫。

三、在自由主义之下，少数人有剩余粮食布疋及其他生活必需品，愁着无法出售，于是设法限制生产，瓜分市场，抬高市价；多数人则愁着无饭吃，无衣穿。这种过剩与穷乏面对面的矛盾是自由主义不能克服的。

四、在自由主义之下，不景气的风波一起，工厂忽然关门，已开的矿忽然停开，已种而又可种的田地忽然荒废，同时几千万的劳力者忽然失业。这种经济盛衰的循环。和这种一面生产工具失用而另一面无数生产工人失业的矛盾，也是自由主义所不能克服的。

五、在自由主义之下，尽管人民有言论自由、结社自由、信教自由；尽管人民可以选举行政和立法长官，有几个学府、教堂、报馆不是资本家的御用机关呢？法庭不是他们用以保护资产的？道德还不是他们用以控制民众的吗？

六、到了成熟的阶段，自由主义的花样更多了。富翁可以拿出一部分的不义之财，办点慈善事业，借以表示阶级冲突的不存在。至于牢笼聪明才智之士，使自由职业者及文艺作家不能逃出金钱的网罗，这种伎俩，在资产阶级手里，已经练得绝顶的精明了。

全能主义对于自由主义的批评，不是完全凭空捏造的。西洋近代史充分证明政治的自由绝对不会自然的、不费力的、变为经济自由。一个民族可以享受政治的自由，而同时遭遇经济的压迫。就是在自由主义发动最早、成绩最优的英美，民众把握了政治自由以后，还须继续不断的奋斗，始能取得几成的经济自由。

不过全部人类历史，并无一点事实可以证明，政治自由是经济自由的障碍。单独政治的自由固然是不够，但是如果要说必先取消政治自由而后才能取得经济自由，这未免过于强词夺理了。

究竟政治自由与经济自由，在人类的演化中，是个什么关系呢？

最近这百余年来，自由主义国家的人民，利用政治的自由，与资产阶级作长期的奋斗。他们虽然没有完全达到目的，他们确有相当的收获。

一百年以前，工作时间没有法律的限制。现在最普遍的法定工作时间是每星期四十四小时，比百年以前减少了百分之三十至四十。

一百年以前，英美两国都禁止工人组织工会，把工人的同业团结看为阴谋不轨。现在工人不但能组织工会，而且在许多工厂里非工会会员不得受雇。工会已经成了英美政治上最有力的团体。

工人工资在这百年之内不但在净数上有很大进步。而且在整个社会收益中，所占的百分比也有很大的加增。

现在工矿的卫生及安全设备，是百年前的工人所梦想不到的。现在工人的福利事业及各种社会保险，如失业保险、疾病保险、残废保险、也是百年前的工人所梦想不到的。

百年前，各国尚无所得税，更谈不到累进的税率。今天自由主义的国家所收的所得税、遗产税、及过分利得税均是各国主要的财政收入，且皆出自富有阶级。如拿这种直接税的累进率为政权评判的根据，我们几乎可以说：民主的国家虽没有执行阶级的革命，却高度的把政权分给平民了。

今天英国的工党，用自由民主的方法，取得政权，于是运用合法的政权，把英格兰银行及全英的煤矿收归国有。此刻英国的国会正辩论运输事业、包括全英的铁路，收归国有。

我们如研究英美的历史演化，我们不能不承认两点：（一）英美社会，从劳苦阶级解放方面着想，在自由主义盛行的时代中，确有长足的进步。（二）这种经济及社会的进步，得力于自由主义的民主政治不少。

今天英美的社会离理想境遇甚远，应该改良而且可以改良的地方很多。这是英美自由主义者自己所承认的。以往虽有进步，然而进步之慢及遭遇困难之多，皆足使开明分子痛心。以后资产阶级必尽力之所能以阻碍各种社会主义的设施，这也是我们所能预料的。进步的迟缓及困难，虽一部分应该归罪于富有阶级的心理，却也有其他理由。

第一，自由主义本身的不健全。在起初的时候，自由运动的对象是封建势力及武断苛虐的行政。所以十八世纪的开明政论家，都以无为而治为其政治理想。据他们看来，最好的政府是最不管事的政府。并且在十八世纪，西洋的社会还是农业社会。理论家皆重农而轻工商。至于工业革命以后，金钱势力的膨胀及其支配社会的伎俩多出于自由主义者前辈的想象之外。所以在十九世纪的前半，许多资本家借自由主义的名义，反对政府限制工作时间，反对工人组织工会，甚至于反对政府举办教育及卫生事业。

自由主义的消极解释，今天尚在英美社会中作怪。现在最普遍的反对论调，就是国营事业不及私营事业效率之高。根据这种论调，资本家把国家的富源霸占，把经济的枢纽窃据，使民众依民主政治所得的权利不能充分发挥其效能。国人不察，也有堕入这种论调的陷阱中者，殊不知私营事业之浪费及失败在在皆是。何况国营方法的改善并不是一件不可能的事？

第二，许多社会优秀分子鄙视政治而想逃避现实，洁身自好。这种人生观根本是败北主义，其结果不过把政权拱手让于自私自利的野心家。

自由主义不是一条坦途。它并不能给我们一个一劳永逸的方案。不过如舍自由主义的路线，我们能循全能主义找得天堂吗？

在这篇短文里，我不预备评判全能主义。凡在全能主义政府之下生活过的更加知道自由之可贵。假使人生一切由政府统制，纵使政府是最贤明的，我们会发现为人不过是作牛马。

马克思的学说，大部分是马克思以前的进步分子、内中主要人士还是自由主义者已经宣传过的。马克思对于政治理论的最大贡献，是劳工阶级专政，那就是说，放弃个人的自由、政治的自由，以取得劳工阶级的经济自由。我以为近代的人类史，证明政治的自由与经济的自由是相辅而行的。我们如得其一而失其二，我们要发现生活是悲惨的。我们如双管齐下，我们的奋斗可以事半功倍。

这个样子的宋子文非走开不可

《世纪评论》，第 1 卷第 7 期，1947 年 2 月 15 日

傅孟真[1]

古今中外有一个公例，凡是一个朝代，一个政权，要垮台，并不由于革命的势力，而由于他自己的崩溃！有时是自身的矛盾、分裂；有时是有些人专心致力，加速自蚀运动，惟恐其不乱，如秦朝"指鹿为马"的赵高，明朝的魏忠贤，真好比一个人身体中的寄生虫，加紧繁殖，使这个人的身体迅速死掉。

国民政府自从广东打出来以后，曾办了两件大事，一、打倒军阀（这也是就大体说）；二、抗战胜利。至于说到政治，如果不承认失败，是谁也不相信的。政治的失败不止一事，而用这样的行政院长，前有孔祥熙，后有宋子文，真是不可救药的事。现在社会上若干人士，对于政府的忍耐，实在没有一个人可以忍耐现状，而是由于看到远景，怕更大的混乱，再死上几千万人，彻底的毁产，交通断绝，农业解体，分崩离析，弄出一个五胡十六国的局面，国家更不能有自由独立的希望。然而一般的人总是看现状不看远景的，看当前的政治，不看过去的功劳的，所以美、英、法政府，今天都不是他们抗战时代的组织。即是能看远景的少数人，久而久之，完全失望，彻底觉得在"魔鬼和大海之间"，也只有等死而已。《书》曰："为政不于常，道善则得之，不善则失之矣"。

所以今天能决定中国将来之运命者，必须会悟今天政治的严重性不在党派，不在国际，而在自己。要做的事多极了，而第一件便是请走宋子文，并且要彻底肃清孔、宋二家侵蚀国家的势力。否则政府必然垮台，而希望政府不垮台，以免于更大的混乱者，也要坐以待毙，所谓"火炎昆岗，玉石俱焚"，今天良善的人谁无"人间何世"之感？

---

① 即傅斯年。——编注。

宋子文第一次总持财政经济，本也看不出他有什么政治家的风度，而为人所知的毛病实在不少。然而当时总还有人寄望于他。第一，他虽然也有钱得不得了，当时人的心中，还总以为他是用他的政治地位，以"资本主义社会共同允许之方式"得来，仿佛像法国官僚，从穷小子到大富翁一样，还不曾直接做了扒手，在他手中财政政策改变时，没有先加上一阵混乱，如孔祥熙在改法币时上海金融市场的怪相，弄得中外腾丑。第二，那时候国内企业在自然进步中，上海银行业在发展中，他越借钱（就是公债票等），银行越要借给他（这是资本主义走上坡路时必有之事），夹着政府力量扩大的凭借，一切满意称心。第三，那时候他虽然做到了财政经济的独裁者，如德国的沙赫特（这是说他的权力，不是说他的能耐），还并未作行政院长，"总率百揆"（孔祥熙作寿的话），他的深浅，世人未尽知。

接着，他走了，孔祥熙"十年生聚佐中兴"（这是一个什么人送孔的寿联），几乎把抗战的事业弄垮，而财政界的恶风遂为几百年来所未有（清末奕劻有贪污之名，然比起孔来，真正"寒素"得很，袁世凯时代所用的财政人员，如周自齐、周学熙皆谨慎的官僚，并没有大富），上行下效，谁为祸首罪魁？于是宋氏名声顿起，"饥者易为食，渴者易为饮"，与其说是宋的人望，毋宁说是对孔的憎恨。试想当时宋未上台前两年中重庆的街谈巷议，真正有今昔之感。又看他初次出席参政会，会场中的人，挤得风雨不通，连窗子外门外都挤上千八人，都城人士的心理，对他是怎么样热望的？稍有常识，稍知检点，稍通人情，何至于弄到今天，弄到国人"欲得而食之不厌"，而国家受他这样的摧残，不自爱的人，实在没有过于他的了。他在美国时，国人苦于孔祥熙，所以寄望于他，当时国内的一般人，总以为他对美国有办法，对经济有办法，而当时自美回来的人，颇说他在美国弄得一团糟，对经济不会有好办法，当时的人因为希望太渴了，还多不信，现在久已百分之万的证明了，还不止于此呢！

说他这几年走下坡路的行事（以前也未必走上坡路，只是大家不知道而已），国家、人民也随着他走下坡路的损失，真是写不尽，我也不屑写，只把他最荒谬之点分解一下：

一、看他的黄金政策。他上台最初一件事，是给以前买金子者一个六折，这中间，有小公务员，小资本家，也有大商人，官僚资本者。当时《大公报》还是有条件的赞成，我也一样，写了一文，载《大公报》，强调政府在战时可以征用私人的资本，但须用累进的办法，尤其是再想法子找大户。前者的原则是，国家为战争筹款，必须有钱者出钱，后者的原则是，担负不能在穷人身上。现在想起来，王芸生先生和我，真正做到"君子可欲以其方"了。累进办法，在参政会并且屡次提出过，我们强调他更改，财政当局说，大户买时化小户，无法子分，争执不得结果。假如照那时他的说话，已买者尚可收回，未买者如何可以不加管制？近来，有一天抛五吨，经常是每天几千条或几百条，真正做到他的"自由贸易"的原则！然而试问，如果今日如此"自由"，当年何必"充公"？金价的波动，寻常百姓是吃不消的，虽然各处集到上海的游资许多不易查考，然而一买几千条的大户是谁？岂皆不能查出？报载最近风波之掀起是山西帮，传说是孔、宋斗法，二公本无好感，何不可查查？自己的人是不是也在中间？是不是因为自己的人，一家同姓，一派下属，一大组合（如美国报所说："Soong Combine"、"Kung Combine"），而无从下手？如其不然，中央银行卖金子的铁幕何不可以为立法院、监察院、参政会驻会委员会揭开？我们国家是不是一个金子国，取之不尽的？如其不然，是不是还有别的方法吸收游资？是不是能和整个经济政策配合？一旦用得差不多了之后，何以善其后？如果今日之"自由"是，则前年之"充公"非。如果前年之"充公"是，则今日之"自由"非。所以纵然"不是"黑暗重重，也是无办法，无见识，无原则。子子孙孙要还的黄金债，他这样子玩，玩得领导物价，不特不足平抑物价，反而刺激物价，紊乱物价，至少说来，他是彻底失败了。

二、看他的工业政策。抗战胜利，他宣言曰，后方工业无法保持，这是事实，但总要仔细检点一下，哪些确有设备，哪些只是玩枪花，分别情形，检好的收买其设备，所以答其赞助抗战自沪迁川之热诚，这也不是太难的事，正所谓"栽者培之，倾者覆之"。然而他一笔抹杀，不分青红皂白，于是共产党大得意，高喊民族资本家。所有收复区敌伪的工业，全部眼光看在变钱上，有利可图者收归"国有"，无利可图者"拍卖"，于是工厂一片停止声。去年一年，上海小工业停顿者百分之七十五以上；今年上半年，恐怕要全部解决。他为政府筹款，办中纺公司之类，只要办得好，是可以的，那些闹的，也是要分赃的，不出代价，又借流动金。然而一般工业在水准上者，总须加以维持，不好，改良他，不能坐视其死，更不好，不管他，不能连好带坏一律不问，政府是有责任的。这是失业的问题，即最严重的政治问题。他毫无根本办法，听说新任经济部长，本有一个"收购成品"的计划，如生产局。他置之不理，仅仅贷小款，这是把钱投入大海的；比投大海还糟，他们拿去；好的囤积，坏的又是黄金美钞，捣政府的乱。省小钱于前，花大钱于后，忽关头于前，无所措手于后，治病的办法不做，添紊乱的办法做去。年前年后，一切一跃一倍，最近一跃几倍，还不是更要多发钞票？听说他在做了行政院长后，第一次出席院会，说：计划不必行者，即不付钱，减了还是费钱；计划可行者，不必减他钱。这是神智开朗的话，何以行起来并不如此？为少用法币，抓得紧，是对的，然而要有经济政策，使人不失业，无经济政策之财政政策，是玩不转的，发大票子，专选年关，出口加补助，不看美、英法律，前者毫无常识，后者毫无知识，再由他这样下去，三个月后，景象可想，也不忍想，今天连资本家也有许多同情共产党，开万国未有之奇。他把他的政府伺候得这样子的，人民不必说了，他心中反正没有人民的。

三、看他的对外信用。美国人有许多话也是乱说的，但严重的话，出于有地位之人，不能不弄个明白，为国家留体面。麦帅的经济顾问，说他如何如何，他愤然"更正"，那个人又说，宋如不承认，我举出事实来，所谓"Soong Combine"如何如何，他便不响了。又如美国纽约《下午报》说他把联总送中国医院的调节温度器几架搬到自己家里，这几件东西究竟在哪里，他也不弄明白。诸如此类，我实在不忍多说下去。大凡一个上轨道的国家，一人纵经商，一经从政，须摆脱商业，英国制度，不特阁员如此，即一个下院议员（上院是无作用的"辩论会"，故无此限），如其公司与政府签买卖合同，其议员资格自然无效。偏偏孔、宋二公行为如此，公私难分。"大凡物不得其平则鸣"，而"以直道使人，虽劳不怨"。国家困难，上海经济难维持，假如自己有清风，仍旧可以有办法的，办人也可以取谅于人的，自己无 Vested interest 可以制人的，如自己（包括其一群人）又是当局，又是"人民"，他人不得到意外便宜的，皆要反抗的。我向社会广泛提议，如立法院，如参政会，以及一切人民，都该彻底调查，上海及他地以及国外，所有豪门权族之"企业"是些什么内幕。他们的营业范围如何？他们的外汇得自何处。

四、看看他的办事。他在行政院，把各部长都变成奴隶，或路人。一个主管部的事，他办了，部长不知，看报方知之，真正偏劳得很。各部长建议，置之不理是最客气，碰钉子更寻常。这是他有兴趣的部。如无兴趣的部，则路人相待，反正要钱无钱，说话不理。他可以说，行政院不是由他组织的，这也是事实，然而如由他组织，不知是那些小鬼呢。他平常办事，总是三几个秘书，在上海，总是三几个亲信，还有他的三几个"智囊团"，行政大事尽于其中矣，国家命运如此决定矣。我看，他心中是把天下人分做两类，其一类为敌人，即现行的敌人和潜伏的敌人（Potential Enemies），其一类为奴隶，中间并无其他，所以他管到那个机关，那个机关的长官便是他的奴隶，至于一切其他人，他都不愿见，见亦无可谈，开会不到，立法院、参政会请他不来，至于人民请愿，更不待说。见人傲慢而无话，似乎奴隶之外，全是他的敌人。这样行政，岂特民国"民主"不容有此，即帝国专制又何尝可以，只有中国是他的私产，他才可以如此做的。

五、当政的人，总要有三分文化，他的中国文化，请化学家把他分解到一公忽，也不见踪影的，至于他的外国文化，尽管英国话流畅，交些个美国人（有美国人说，看他交接的是些什么美国人，便知道他是什么人），是决不登大雅之堂的。至于他的态度，举两件一轻一重的事为例：他大可不请客，既请客，偏无话可说，最客气的待遇，是向你面前夹菜，此之谓喂客，非请客也。胜利后第一次到北平，时常在某家，一日，大宴会，演戏，文武官僚地方绅士毕集，他迟迟而来，来的带着某家之某人，全座骇然，此为胜利后北平人士轻视中央之始，因为当时接收笑话，尚未传遍，这事我只可说到此为止。在高位者，这些是要检点的。

说他不聪明吧，他洋话说得不错，还写一笔不坏的中国字（我只看到报载他的签名）；说他聪明吧，他做这些事。难道说神经有毛病吗？

我真愤慨极了，一如当年我在参政会要与孔祥熙在法院见面一样，国家吃不消他了，人民吃不消他了，他真该走了，不走一切垮了。当然有人欢迎他或孔祥熙在位，以便政府快垮。"我们是救火的人，不是趁火打劫的人"，我们要求他快走。

各报载，今日之黄金潮是孔帮与他捣乱，他如退休在上海的"林泉"，焉知他的帮不与后任捣乱？后任未必行，即行，四行在几种势力下如何办事，何况另有他法捣乱？所以孔帮、宋帮走得远，也许还有办法，因为假如整顿财政经济，必须向这几个最大的"既得利益"进攻的，如其不然，不堪再摘，"流共工于幽州，放驩兜于崇山"，是最客气的办法，"进诸四夷，不与同中国"，才是最小可能有效的办法。我虔诚希望有此事，不然，一切完了！共产党最欢喜孔、宋当国，因为可以迅速的"一切完了"。然后他们就到南京了，蒙古"混同"时代的版图，就要如样出现了。国人不忍见此罢？便要不再见宋氏盘踞着！

二月十二日

中国当前的经济祸患应由既得利益阶级负责

《观察》，第 2 卷第 17 期，1947 年 6 月 21 日

杨西孟

中国经济演变到今天的地步，不管在言词上绕什么弯子，在措施上变什么戏法，都是无益的。中国人必须正视当前经济的现实，不容躲避。

当前我国经济已走到什么一个地步呢？简单一句话是：经济的若干方面已在崩溃中，并且还在加速的进展着。这可从左列几方面加以说明：

第一，通货膨胀已深入崩溃期，接近于货币的最后崩溃。我国通货膨胀，从抗战算起，约有十年的历史。在这十年的进程中，通货膨胀的初期在抗战后方为时约两年半，以后自廿九年起便进入通货膨胀的后期，其中主要特征之一为物价上涨率超过通货增加率。在后期中，又有显著的几个分段。其中特别值得注意的是：约自卅年起，我国货币进入崩溃期，也就是说，卅年以后，后方人民对法币逐渐失去信仰，大家快快用出纸币并且尽量避免使用纸币；此时以后，钞票流通的表面数额尽管加大，其实在价值却是缩小，接近一个最低限度。卅二年起，后方货币崩溃的各种现象更为加剧，而且市场利率跳涨起来追逐物价上涨率，这表示离货币的最后崩溃不远了。

幸而胜利来临，解救了当时后方货币和经济的危局。胜利后，后方物价曾反跌一下，随后略又回涨并再保持大体平稳或微涨，为时共约一年又一月，算是得到了一段喘息时间。在收复区，胜利后物价水准，以法币计，甚为低下，接着便猛涨起来，很快便与内地物价水准略近平齐。

在去年，沿海城市物价上涨还不算太剧（例如上海的批发物价指数，在去年十二月不过为前年十二月的四倍半）。但是约从去年十月以来，内地的物价跟着沿海都市上涨起来，成了战后全国性物价上涨的开始。内地既曾到过货币崩溃的后段，而沿海各地在沦陷期间亦曾经过更剧烈的通货膨胀，所以约自去年十月以来，可说是经过战后一段休息和调整期间之后，全国接演胜利前货币崩

溃的后段。今年物价的两度暴涨，以及暴涨中市场的混乱情形等，主要是货币深入崩溃期的表现。特别是购买者急求以纸币换实物，而出售者拒卖，是表现人们对纸币的信任益加丧失。此外，有许多交易是以外币或实物计算，而外币流通的禁止近亦形同取消；甚至政府财政的收支亦早有一部分用实物，而发行债券亦以美金作标准。这些都表示，大家对法币的信任已丧失殆尽。

现在发钞仍在大量的进行着，那么，货币最后崩溃是不会太远了。

第二，我国财政现亦入危险的崩溃境地。这可由下列几点看出：

（a）财政上的主要办法既为发钞，到了货币深入崩溃期的今天，愈发钞则发钞所得的实值愈小，结果财政支出的实值将大为缩小。

（b）凡征收货币的租税，在货币深入崩溃期后，所得的实值亦将缩小。这也使财政支出的实值缩小。

（c）经过十年的通货膨胀，社会财富发生重分配，一方面中、下阶层已经穷苦不堪，而他方面大量财富集中于少数人之手，形成既得利益集团。它掌握权势，控制国家财政经济。这样，贫穷的中、下阶层是再负担不起国家财政的重负，而特殊和富裕阶级是握有权势，能拒绝对国家财政作负担。那末，国家财政还有谁负担呢？

（d）过去把大量的外汇和黄金浪费虚掷——以极度廉价的方式，大部转移到特殊和富裕阶级手里——到现在，外汇准备快耗光了，而国外贷款却不易得，于是对外支付和物资输入发生问题。这对于国家财政与国民经济再加上一层压力。

由以上几点看来，当前财政到了什么境地，是很显然的。

第三，就物资的情形来说，今年恐怕是抗战以来最严重的一年。这是根据于下列几项事实：

首先，在抗战八年中，我国若干地区的农村和沿海的工业受到甚大的破坏。据行政院赔偿委员会初步估计的数字，抗战中我国直接损失即达三百余亿美元之巨（东北各省及共军占领区的损失，尚未计算在内），其中农业、工业、交通的有形资本的破坏，必占甚大的数字。胜利后，虽经善后救济的帮助和敌伪资产的补偿，但对整个的损失和破坏显然相距甚远。也就是说，我国战前的生产力远未恢复。

其次，由于通货膨胀及管制失当对价格关系的扰乱，由于财富集中少数人之手而一般贫穷，由于政府压低外汇与大量外货的倾销，由于豪门巨室垄断若干行业，我国民族工业，以工厂关闭的数目计，去年已崩溃四分之三以上。甚至由敌伪接收过来的工矿等事业（例如在东北方面），亦受战争、财政、通货膨胀、缺乏计划等影响，多任其停顿与败坏。

其次，交通的破坏、梗阻，及运输工具的不能多供民用，也很妨碍生产及物资的有效利用。此外，长江以南若干省区的盗匪猖獗，对于当前国民经济的影响亦不小。

复次，今年天时恐将给我们以甚大的旱灾。例如"绥远数月未曾落雨，麦苗多已枯萎，灾象已成"（见五月廿六日北平《平明日报》）。又据报载，河北省主席与临参会议长日前（五月廿七日）致函行总工作视察团，有云：

> 河北省境自入春以来，数月缺雨，麦收无望，秋苗亦未能及时播种，目前全省旱象已成，粮源奇缺，粮价飞涨，人心恐慌，达于极点，……省政府现在控制五十八个县市，平均每县市二十万人，在本身秋收以前，五个月间，其中非救不活者，即以七成估计，至少当有八百一十二万人。

这些是何等惊心的景象！

再次，过去国家大量的外汇既已浪掷殆尽，出口业和侨汇亦因压低外汇率而受到甚大的打击，并且大量国外贷款和援助亦不易再得，所以从国外运入物资也不能太存奢望。

最后的也是最关重要的是，大规模的国内战争继续进行。兵争的地区必然是惨遭破坏（尤惨的事，是兵争地区也正是旱灾地带）。就是远离兵争的各省，亦将因战争对国力的重大消耗，而负担痛切的剥取和扰害。庐舍为墟，一片荒凉的惨相，在华北若干战场已经实现了。就在远离战区的省份和若干大城市中，亦眼见许多人活不下去。饥饿、疾病、自杀、犯罪、铤而走险……已经是随处可见。若战争、灾荒以及社会、经济其他方面再恶化下去，中国将成何种景象！

* * *

以上是从国家的观点，来看当前经济的实况和可能的更加恶化。现在，我们从另一观点——阶级利益的观点——来看当前经济。

试把抗战以来，约十年间，我国财政经济上的实际措施胪列起来，切实考察一番，看看各色各样的措施，有哪一样不是维护富裕和特殊阶级的利益的？财政上的负担，不管是发行国币公债，外币公债；不管是征收间接税，直接税或田赋征实；不管是直接发钞或变相发钞；不管是对人民的有形征取，或无形征取，法以内的征取，或法以外的剥削；也不管是负担上的归着或转嫁——有哪一样不是实际上维护一个特殊和富裕阶级的利益，而伤害其他阶层的？再从外汇和黄金的运用来说，在一贯的低廉价格之下，已经把巨额的外汇准备耗费光了，结果是若干特殊人物的国外资产大为增长。再看通货膨胀下低利的贷款，实际上肥了什么样的人？物价管制和取缔囤积居奇，何曾摸动过真有势力的人？许多的管制和禁令，实际上哪一样不成了特殊人物的上下其手的机会或攫取暴利的手段？多次的重大案件，一时虽亦表示要惩治大贪污，但那一次打着过大虎？更特别的，若干拥有雄厚势力的企业，实质上说不清是国营或民营，而是特殊人物控制下的特种经营。这一切，就阶级利益看，是很一致的，也很鲜明的。

实际的措施之外，还有一些口头上和措施上的敷衍、支吾和幻术。例如动用国人外币资产，几年以来，始终在文字上和口头上做样子，实际没有动得分毫。又如举办财产税，也仅于应付某种会议时提出来表示有了办法，事后便摆在一边，遇有质询时，再找些话来搪塞便罢了。至于措施上假名变质的办法，则颇能迷惑一般的人。例如今年发行短期库券与美金公债，既订明可作抵押和保证准备金，则结果很容易转变为法币和信用的膨胀。像抗战初期的国币公债转变为通货膨胀一样。这即是说，这样发行公债和库券以收缩通货，是虚幻的，实际上还是通货膨胀。又如出卖国有资产，由国家银行承购，而发行大量通货，表面上是财政上有了出卖资产的大额收入，而实际上仅是国家的资产由政府的这本账转到那本账，终归还是增发通货。这些敷衍和戏法，是做场面，实际对既得利益阶级是不侵动丝毫的。

特殊阶级的利益，梗阻着国家财政经济的改革，这已为国人逐渐认识。现在引最近参政会中对财政的一些坦率的质询，以见一斑："今日我国之官僚资本家，即法国革命前夕之贵族政府。应以强制手段让孔、宋二家拿出钱来，解救国家之危机"。"财产税未举办之原因，恐不是技术问题，而是阶级利益关系"。"建议由监察院组财政金融积案清查委会，调查孔、宋豪门资本活动情形"。"当局曾有令，调查孔、宋所办之中孚、扬子公司情形，调查结果如何？又在限制进口办法公布后，中孚公司尚购进吉普车千辆及冰箱、无线电器材等无算，其外汇何来"？"不举办财产税，是向豪门资本投降"。以上各项质询和抨击，系根据五月廿四日上海《大公报》所载前一日参政会中余楠秋、伍纯武、王孟邻、黄宇人、张潜华诸位参政员的言词和主张。

不过，这些抨击仍然不会发生实效；特殊阶级凭借其权势仍然是强横，紧紧的扼着国家财政经济的命脉。

这个特殊阶级的权势既如此强大，它已使中国社会的结构成一畸形，而且一切制度都要以这一阶级的利益为中心而加以解释与运用。例如在抗战期中，由于富裕阶级不负担战费所引起的高度通货膨胀，曾经陷我国于危险的境地，当时几位朋友和笔者曾联名发表文字，主张拟定富户名单，向富户强迫借款并举办财产税；其时政府方面不肯接受，而且由负责管制物价的最高机构——国家总动员会议——的代理秘书长发表声明（见卅三年五月廿一日重庆《大公报》），认为我们的主张不合"民主精神"。再看今年五月廿三日现在财政当局答参政会的质询时说的"民主时代，财部无权自由征税，有钱者之头上无字，财部不能任意向人要钱，不出钱者，不能拘捕"（见五月廿四日北平《世界日报》）。这里又提出"民主"来。原来"民主"是作如此解释，如此运用的。那么，何不明令公布民主二字的定义，定为：凡合于既得利益阶级的利益的事情就是民主，否则为不民主？不然，大量发钞便是一种苛烈的征税手段，财部何以又有权无限制的使用？岂不是因为这一个手段是伤害中、下阶层（特别是薪饷收入者），而于特殊阶级有利无害吗？至于乡村农民和小本经营者所负担的苛捐杂税，摊派剥削，压榨他们到生存线下，他们头上何尝有字，何以向他们要钱、要物、甚至要命，都做到了呢？对他们就不谈民主了吗？民主二字如此，其他如"国营"、"民营"、"民生"等等名词又何尝不是作类似的解释和运用呢？

这个既得利益阶级对于国家财政经济的控制，是很显然的；他们的贪婪与残忍，比之兵祸和天灾，是具有同样的真实性的。讨论中国经济问题，必须正视这一个大现实，不容躲避。

＊　＊　＊

在前面第一段中，我们从整个国家的观点，指陈当前我国经济在若干方面已在崩溃的阶段中。就中如通货膨胀已深入崩溃期，财政亦入危险的崩溃境地，而物资的情形是抗战以来从未有的严重情形。若任当前情形继续恶化下去，将有千百万人活不下去了！

在前面第二段中，我们从阶级利益的观点，指明既得利益阶级控制着国家的财政经济，他们的贪婪与残忍，比之兵祸与天灾，具有同样的真实性。

从这两个观点所见到的经济现实，好像是两种现象，但实际上两者有大部分是相结合的。例如政府财政之走到今日的危险境地，主要原因是富裕阶级不负担政府的费用和贪官污吏的中饱营私。又通货膨胀之深入崩溃期，主要也是由于自抗战以来富有阶级不负担战费和政费所引起。再国家外汇的虚掷浪费，民族工业的倒闭，以及由于通货膨胀和财富集中等所引致的种种社会、经济不良现象，也直接、间接大部应归咎于既得利益阶级的作祟。就是今日国内的分裂和战争，从经济的观点看，也可说是既得利益阶级的无限贪婪，有密切的关系。试观今日的世界，有哪一个国家不为贫苦大众谋福利，让大家能活下去？而且各种程度的社会主义，正在这个世界（特别在欧洲）抬头和实施；独有在贫穷的中国，竟让少数人积聚骇人听闻的巨额财富，而绝大多数的人沦为赤贫。在这样的国度里，从何保持统一与和平？

既得利益阶级对于当前中国的祸患，是要负很大部分的责任的。只有抗战所给予中国经济的伤害和天时给予农村的灾荒，可说与既得利益阶级无关。但是那个阶级的自私，既陷抗战时的中国于危境，则抗战中直接、间接的损害，也就因此而超过其应有的地步。并且那一阶级既套取大量国家的外汇，则因缺乏外汇而难以向国外购买大量粮食与其他必需物资，势必使救荒、救穷以及恢复生产等事发生困难。这样说来，既得利益阶级，对于中国经济的各种祸患与困难，几乎无一处能完全脱掉干系。

打破既得利益阶级对国家财政经济的控制，没收贪官污吏的财产，并重征富裕阶级的租税，便可以停止通货膨胀，挽救财政，平稳物价，并转变人心。这样可使救灾与实现国内和平较为容易。若能先实现和平，再谋经济的改革，亦是一途，但恐不很切实。至若一任事态的流变，让经济继续败坏下去，则将有千百万的人民（特别在华北）活不下去，而且国家的元气还要大伤，贻后代以莫大的负担。

无论如何，今天我们必须拿出勇气，正视当前险恶的经济现实，图一番割治（对既得利益），消弭（对国内战争）和补养（对灾荒及经济上的各种伤害）。

六月四日于北平

社会主义的虚妄

《自由中国》，第 4 卷第 7 期，1951 年 4 月 1 日

欧阳宾

社会主义的理想天国，萦绕在人类的心中已经过了一百多年的历史。在这一百多年中，社会主义俨然是人类最大的梦想与希望。

许许多多人，用尽一切最恶毒的字眼来讥谤自由经济。认为自由经济一日不去，则天下一日不宁。然而他们却忽略了一件事实，这件事实就是：用一个看得见恶害的制度来与一个纯属杜撰的理想作对比，是一件不公平而且不合情理的事情。

一般人，都把他们心里所想的好事情搜罗于社会主义之中。诸如生活改善，生活保障，人人有工作，人人快乐，都认为是属于社会主义的范畴的。

然而现在，事实已经摆在我们面前，社会主义在经济上给我们带来的是什么？在政治上给我们带来的又是什么？

社会主义无疑的是造成了两大罪恶；第一，它必须攫取权力，或渐次取得权力，把民主自由扼杀。第二，它造成浪费，效率低落，生产减少与贫穷。

在一九一七年以前，苏联这个唐突的社会主义国家还没有出现的时候，世界上的社会主义者从未指摘过社会主义的学说。然而当社会主义的苏联出现以后，整个世界的社会主义者才开始对社会主义所造成的不良结果，有了一个严正的指摘。

然而在当时，一般人依然给予社会主义的学说以一种谅解，认为那只是因为暴力革命所造成的后果，而这一笔烂账，不该算在社会主义学说的身上。认为只要不选择暴力，则社会主义依然能够发出预期的光彩的。

一般的社会主义者，都误信经济的不平等是由于有人掌握了生产工具，又有人没有生产工具。因此只要生产工具收归国有，便可以消灭这种不平等了。这种单纯的想法，就是近百年来人们所认定的。而最可遗憾的，就是他们并没

有提供在收归公有之后如何改善人民的生活。

近年以来，由于这种单纯的理想付诸实施的结果，证明生产工具收归国有与改善人民生活根本就是两回事。只要我们肯睁开眼睛，就能看见此种事实。

二次大战以后，英国是第一个被这个奢侈的幻觉所惩罚的国家，她也是比较主要的实行温和社会主义的国家。

在二次大战以后，英国工党放出一个诺言，说实行社会主义能够使得英国人的生活改善。当然，人们在困境中总是容易为一个理想所激动的。因此在一九四五年的大选中，工党以压倒之势，获得了政权。

工党上台实行了社会主义，他们将英格兰银行、航空公司、煤矿、保险、铁路与内河航运、煤气、电力、部分土地、钢铁，收归国营。

然而结果，样样都赔钱，仅仅国营医药一项，即贴补了全国收入的十分之一。当然弥补这个漏洞的不是政府本身，而是要借重到人民头上来的。英国人民从此非但没有得到生活的改善，抑且使生活更苦了，国营使得管理不善，效率低落，生产减少，物品因而昂贵。一九四八年的煤价，反比一九四六年增加了百分之三十三。最近刚收归国营的钢铁工业，仅仅五天工夫，生铁由每吨十镑十一先令六便士涨到十镑十九先令。钢条自每吨三十三镑涨至三十三镑十二先令六便士。

非但如此，在英国，因为要充分就业，人民先前认为宝贵的择业自由也被取消了。

社会主义给英国带来的并不是先前所预期的繁荣，而是匮乏和重税。在一个年收入二八○○元的英国人，共需缴税二八八元，而在自由经济的美国，仅只二六元。一个英国人假如要喝一瓶啤酒的话，他每买一品脱酒，便须付一角六分的税；一张八角钱的电影票，其中有一半是作为付税用的。

工党又怎样使得他们当初的诺言——改善人民生活——来一个自圆其说呢？

实际上，他们已不再作积极的工作，而改采一个卡特尔制度。这就是使厂家联合经营，对制造运销及价格问题，作协议式的规定。把整个市场，来大家分润一点。而对机器陈旧，生产成本高昂，却漠不关心。工人们有时故意延长工作，使生产大大地受到阻碍。

五年来，工党政府虽曾在这方面费尽了最大的气力，然而主妇们依然须要经过长时间的排队，才能买到一点肉。依然须要拿"食粮配给证"才能买到食粮。

虽然，关于充分就业一点在英国可说已经办到了，工党在这一点上也曾大吹过一番，叫他们不要忘记第一次大战后长期失业的痛苦。然而议员伍尔登却认为这并不是工党政策的成功，而是得益于国际的情势。他说：

> 战后的英国根本就不曾有过失业的问题，工党在此抢救了什么？在联合政府时，我是建设部部长兼充分就业研究委员会主席，莫里逊诸先生即为该会会员，当时大家均同意，等战争一结束，不会发生失业的问题，但现在我们还是依赖美国的大量援助，才保持了充分就业，问题在一旦马歇尔计划终止以后，那时情形会怎样，就不得而知了。

照一般的估计，假如不是美国的援助，英国就要有一百五十万至二百万人的失业。

关于住宅问题，在英国是一连串的重要问题之一。工党对此，曾于五年前开过一张支票，说凡是需要房子的人，政府一定负责给他们建造。然而在一年中，政府只建了二十万幢，仅及需要的五分之一。而且最可悲的，他们赶不上保守党的记录，年建三十万幢。

一位下议员说："工党政府用了同样的劳力，只建了战前三分之二的房舍"。

关于管制物价问题，则反对的人更多了。因为自从管制物价以后，英国的物价反而高昂了。他们认为这是不必要的累赘。

在英国，对于像这样的尝试，使许多社会主义者觉悟了。工党议员爱德华说：

> 以前许多年，我都在指责自由经济制度的缺点，但现在我们已经亲眼比较过这两种制度。假如这样还有人仍说社会主义可以把自由经济的缺点去掉的话，那他真是瞎了眼。社会主义实际上是行不通的！

但说这话的人立刻被工党开除了，即使他是在民主的英国。

上议院的主要工党议员米尔华顿，他在一九四九年钢铁国营案中脱离了工党。他在议院中公开宣称：

> 我本有些理想，原以为工党可使这些理想实现。但现在我看见工党执政的实际效果，使我极度失望。我原以为我参加了一支前进军，结果发现只是被人利用。社会主义所走的道路，无疑的在使英国走到

极权的路上去。

五年以后，让我们来看一看英国人对于工党的功绩的估价。

一九四五年选举时，下院中工党获得三九四席，保守党只有一九二席。而去年选举的结果，工党是三一五席，保守党是二九五席。这等于说工党已比初登台时，丢掉了二〇二个议席。而这些议席的失去，无疑是由于工党对他们的诺言不能兑现的结果。英国人开始了解温和的社会主义是什么。

法国在二次大战后，也作过同样的妄想。这种妄想，一半是由于英国的刺激。法国在那时曾把雷诺汽车工厂、银行、部分的保险业、煤矿、电力、煤气、航空公司收归国有。计划由政府、工人、消费者组织管理委员会。这种机构的权力极大，可以不接受政府的干涉。但这种企业被规定本身必须能自给，否则管理委员会就得革职。然而实行的结果，即发觉效率低落，生产减少，赔钱等情形，和其他作社会主义尝试的国家，如出一辙。于是政府只好下令取消那些委员会，由政府直接管理，而结果依然无效。现在，法国政府只好将国营企业又逐渐放手，仍走民营的老路。

其他各国的情形，我们只要看一看那些社会党衰落的情形，就可以知道我们原先所想的社会主义，竟是怎么一回事了。

（一）纽西兰——十四年来，一向是社会主义的劳工党执政。但在前年十一月的大选中，劳工党失败，主张采自由经济的国民党得胜，组织政府。

（二）澳洲——社会主义的劳工党在澳洲执政八年，在前年十二月的大选中失败，由自由党起而代之。

（三）意大利——意大利的社会主义党本来在国内是第二大党，但现在已衰落到无足轻重了。

（四）德国——德国的社会民主党在二次大战后上台执政，前年被基督教民主党挤下台来。

（五）法国——法国的社会党在议会中占第三位，但在继续衰落中。

（六）日本——在一九四八年选举时，社会民主党是第一大党，但在一九四九年一月，便落在民主自由党的后面了。

（七）在比利时、瑞士、荷兰、挪威、瑞典、丹麦、芬兰、奥国这些国家中，势力都每况愈下。

（八）印度、缅甸、印尼的社会党，一无发展。

（九）拉丁美洲各国社会党，更一无发展。

由此，我们可以看出，温和的社会主义也并不能把铁幕国家所遗下的担子挑起来。主要是因为它只是一个理想，仅供我们想望而不堪实行的。

　　这一个十九世纪的产物，他已不能适应今日社会的要求。他更与人类爱好自由的天性背道而驰。是明智的人，应该有所觉醒了。

社　会　学

人的控制与物的控制

《观察》，第 1 卷第 2 期，1946 年 9 月 7 日

潘光旦

中国有句老话说："童子操刀，其伤实多"。这句话恰好形容了三百年来科学进步的一半的结果。刀是一种人所发明的工具，本身无所谓好坏，只是用途有好坏，用得适当就好，不适当就坏。刀自身不能发挥它的功用，发挥它的功用的是人，而人却有好坏之分，有适当不适当或健全不健全之分。以适当而健全的人来利用一种工具，其功用或结果大概也是适当、健全、而有益的；否则是有害的。童子操刀，指的是后一种的可能的功用。大凡人利用事物，全都得用这眼光来看。水可以载舟，亦可以覆舟，自然的事物如此；人所自造的文物，包括一切比较具体的工具制作与比较抽象的典则制度在内，尤其是如此。说"尤其"，正因为它们是人造的，是人的聪明的产物，如果控制无方，运用失当，以至于贻祸人群，那责任自然更较严重；人的聪明能产生这些，而竟不能适当的控制运用这些，至于尾大不掉，自贻伊戚，也适足以证明那聪明毕竟是有限罢了。

我们也得用这种眼光来看科学。科学也正复是一种人造的工具，一点也不少，一点也不多。它本身也无所谓好坏，好坏系于人的如何控制运用。一部分人，见到科学昌明以后，人类的一部分获取了种种利用厚生的好处，于是就赞扬科学，歌颂科学，对科学五体投地，认为是人类的福星。我想除非一部分人中间，有人生就的是一副诗人性格，动不动要发抒他的感伤主义，这是大可以不必的。另一部分人，见到在同时期以内，科学表现了不少的摧杀败坏的力量，特别是在历次的大小战争里，于是就批评它，诅咒它，认为人类迟早不免因它而归于寂灭，而自原子能的发明以后，这末日可能来临得很早；我认为这也是一种感伤主义的表示，大可以不必的。

我们要认清楚，一切问题的症结在人，关键在人。童子操刀，问题绝对的

不在"刀"，而在"童子操"。人运用科学，问题也决不在科学，而在人的运用与运用的人。我们要问这运用科学的人是不是真能善于运用，真有运用的资格。换一种问法，就是他配不配运用。所谓善，所谓有资格，所谓配，指的是两层相连的意思：一是他在运用之际，能随在参考到人群的福利，始终以人群福利为依归；二是他，运用者自己，必须是一个身心比较健全的人，至少要健全到一个程度，足以教他实行这种参考，笃守这个依归。这两层意思，第一层指人的运用，重在运用：第二层指运用的人，重在人。

我指出这两层意思的分别来，因为"人"与"运用"之间，比较基本的终究是人，人而健全，运用是没有不得当的，反过来就很难想象了。而近年以来，中外论者鉴于科学对人群的利害参半，对于有害的一半总说是"运用失当"，难得有人更进而提出如下的一类问题：失当的原因究竟何在？此种失当是偶然的呢？是一时计虑的错误而可以避免的呢？还是有些基本的因素教它不得不发生而随时可以发生的呢？这基本的因素里可能不可能包括人自己？可能不可能人本身就不适当，因而他对于科学的运用也就无法适当？好比骑马，马是工具，人是马的驾驶者，骑马之人虽未尝不聪明灵活，未尝不略知驾驶之术，但也许年事太轻，或适逢酒后病后，神智不够清楚，终于把马赶进了一个绝境，造成了断头折足的惨剧。这又回到童子操刀的比喻了。然则问题还不在一个操字，而在童子本身。

童子操刀，最浅见而感情用事的人责备着刀。其次也只是在操字上作功夫，总说操得不得法，诚能操之得法，问题就解决了。一九三一年二月，爱因斯坦在加利福尼亚州工科学院对学生作公开演讲，说：

> 光辉灿烂的应用科学既算省了工作的时间，减轻了生活的负担，而对于人类幸福的促进，又何以如是其少呢？我们简单的答复是：我们还没有学到致用之道，一些明白事理的致用之道。要你们的工作得以增加人类的福佑，只是了解应用科学是不够的。你们得同时关切到人。人的自身与人的命运必须始终成为一切技工的努力的主要兴趣。在你们绘制图表与计算公式的时候，随时不要忘记这一点。

这一番话是不错的。从爱氏的嘴里说出来，自然更有分量；但是不够，单单就"操"字上找答复，而不就童子身上找答复，所以不够。爱氏在这话里，也似乎只见到"人的运用"，而没有见到"运用的人"。要见到了运用的人，问题才搔到了痒处。

三百年来，物的研究认识，物的控制运用，诚然是到了家，到最近原子能的发现与原子弹的试用成功，此种认识与控制更是将近登峰造极。但人自己如何？人认识自己么？人更进而控制自己么？我们的答复是，人既不认识自己，更不知所以控制自己。人自己也是一种物体，这物体是一个机械体也罢，是一个有机体也罢，它总是一个极复杂的力的系统。我们对于这力的系统，根据物有本末事有先后之理，我们原应先有一番清切的了解，先作一番有效的控制。但三百年来，科学尽管发达，技术尽管昌明，却并没发达昌明到人的身上来，即虽或偶然涉猎及之，不是迂阔不切，便是破碎支离。结果是，我们窥见了宇宙的底蕴，却认不得自己；我们驾驭了原子中间的力量，却控制不了自己的七情六欲；我们夸着大口说"征服"了自然，却管理不了自己的行为，把握不住自己的命运。这正合着好像是耶稣讲的一句话：我们吞并了全世界，却是抛撒了自己的灵魂。比起这句话来，上文童子操刀、醉汉骑马一类的话，还算是轻描淡写的。

人至今没有适当的与充分的成为科学研究的对象，是很显明的。人属于一个三不管的地带：

第一，人虽然也是一种生物，并且是一种动物，但生物学与动物学不管，至少是不大管，或虽管而其管法和一棵树、一个虫、一只青蛙的管法没有分别，即虽管而于人之所以为人不能有所发明。

第二，人类学与社会学，以至于其它各种社会科学都算是以人做对象的科学了，但说来可怜，这对象是有名无实的。这些学问只是在人身外围兜着圈子，像走马灯中走马之于蜡烛一般。体质人类学算是最接近的，但它的注意范围很有限，除了活人的那一个皮囊，叫做形态的，和死人的那一副架子，叫做骨骼的，以及这两件事物在各种族中间的比较而外，也就说不上多少了。试问我们认识了这个皮囊和挂皮囊的架子，我们就算认识了人么？所谓文化人类学，名为研究文化的人，实际是研究了人的文化，名为是研究产生者，实际是研究了产物，至多也只是牵涉到一些产生者和产物的关系，以及产物对于产生者的一些反响；至于产生者本身究属是什么一回事，我们的认识并没有因文化人类学者的努力而增加多少。社会学是人伦关系之学，似乎所重在关系的研究，而不在此种关系所从建立的人。社会学的对象是人伦之际，要紧的是那一个际字，好比哲学的一部分对象是天人之际一般，所以在不大能运用抽象的脑筋的学子，往往不免扑一个空。所扑的既然是一个空，不用说具体的人是扑不着的了。经济学原应该一面研究物力，一面研究人欲，然后进而研究物力与人欲的内外应合，两相调适；但截至目前为止，无论是正统派的经济学，或唯物论的经济学，似乎始终全神贯注在人身以外的物力的生产与支配之上，而于人欲的应如何调遣裁节，完全恝置不问。物力有限，而人欲无穷，以有限应无穷，前途必有坐困的一日，即行将来临的原子能时代恐也不成例外。而不幸的是，问题中那无穷的一半，恰好就是经济学所"无视"的一半。政治学与法律学都是所谓管理众人的学术，而它们所讲求的管理方法都是甲如何管理乙，张三如何管理李四，而不是甲与乙，张三与李四，如何各自管理自己，或于管理别人之前，先知所以管理自己。总之，各门社会科学犯着一个通病，就是忘本逐末，舍近求远，趋虚避实，放弃了核心而专务外围。所谓本、近、实、与核心，指的当然是人物之际的人、和人我之际的每一个人的自己而言。这便是三不管中的第二不管。

第三，人体生理学、心理学、医学一类的科学在人的研究上我们承认是进了一步，它们进入了人身。上文所说的那种通病它们并没有犯，我们不能说它们"迂阔不切"。它们犯的是另一种通病，就是上面也提到过的"支离破碎"。分析的方法原是三百年来一切研究具体事物的科学的不二法门。名为分析与综合并行，实际所做的几乎全部是分析工作。但分析就是割裂，割裂的结果是支离破碎，这在人以外的物经得起，人自己却经不起；死人经得起，活人却经不起。无论经得起经不起，支离破碎的研究，零星片段的认识，等于未研究，不认识。因为人是囫囵的，整个的，并且是个别的囫囵的或整个的，而零星片段的拼凑总和，并不等于整个。总之，截至最近几年，即在这些直接应付人的科学里，人也未尝不落空。我说截至最近几年，因为一部分生理学家、病理学家，特别是精神病理学家，年来已经充分看到这一点，认为有机体是不容分解的，人格是不容割裂的，而正在改换他们的研究方法中；但时间既短，成就自然有限。

总上三不管的议论，可知人类自己对于人之所以为人，每一个人自己对于我之所以为我，至今依然在一个"无知"与"不学"的状态中。"不学"的下文是"无术"，就是，既不认识自己，便无从控制与管理自己。人不能管制自身，而但知管制物，其为管制必然是一种胡乱的管制；人对于自身系统中的力，不知善用，对于其意志、理智、情绪、兴趣、欲望，不知如何调度裁节，而但知支配运用身外的种种物质系统中的力，其为运用必然是一种滥用。滥用的结果是"伤人实多"，而这个"人"字最后不免包括滥用者自己。这在上文已经预先笼统说过，但至此我们更可以说得明细一些。

人对自身的认识与控制是一种尚待展开的努力。此种努力分两层。一是就整个属类言之的。人也是物类的一种，但究属与一般的物类不同，他有他的很显著的特殊性，惟其特殊，所以研究的方法与控制的技术势必和其他的物类不能一样。上文囫囵或整个之论便是属于研究一方面的。至于控制，即就此人控制彼人而言，我们就不适用所谓"集中"、"清算"或"液体化"一类的方式，这些都是把适用于一般物质的概念与方式强制的适用到人，此其为适用也显然的是一种不认识人的滥用。不过更重要的是第二层。人是比较唯一有个性而能自作主张的动物；也正唯如此，我们才产生了关系复杂的社会与制作丰富的文化。每一个人是一个有机体，每一个人是囫囵的，而其所以为有机，所以成为囫囵，每一个人又和每一个别的人不一样。这样，研究与控制的方式便又须另换一路；即事实上必须每一个人各自研究自己，方才清楚，各自控制自己，方才有效，别人根本无法越俎代谋；别人有理由越俎代谋的，在任何人口之中，只是绝少数的智能不足和精神有病的人。

所以真正的人的学术包括每一个人的自我认识与自我控制，舍此一切是迂阔不切的，支离破碎的，或是由别人越俎代谋而自外强制的。前人的经验，无论中外，其实早就看到这一层道理，所谓"自知者明，自胜者强"的即是。不过看到是一事，做到又是一事。以前虽也有大致做到的贤哲，但总属少数；今后人的学术的任务，我以为就在更清楚地阐明此种看法，更切实更精细地讲求它的做法，而此种学术上的任务也就是教育的最基本的任务。目前的学术与教育是已经把人忘记得一干二净的。学不为己而为别人，是错误，学不为人而为物，是错误之尤，目前该是纠正这大错的时机了。

有了明能自知与强能自胜的个人，我们才有希望造成一个真正的社会。健全的社会意识由此产生，适当的团体控制由此树立；否则一切是虚假的，是似是而非的，意识的产生必然的是由于宣传，而不由于教育，由于暗示力的被人渔猎，而不由于智、情、意的自我启发；而控制机构的树立，也必然是一种利用权力而自外强制的东西。这又说着当代文明人类的一大危机了。一般人不能各自控制自己，有欲望而不知善自裁节，有恐怖而不知善自镇摄，有忧虑而不知善自排遣，有疑难而不知善自解决，于是有野心家出，就其应裁节处加欺诳的满足，应镇摄与排遣处，一面加以实际的煽扬恫吓，而一面加以空虚的慰藉护持；野心家更一面利用宣传的暗示，一面依凭暴力的挟持，于是一国之人就俛首帖耳的入了他的掌握，成为被控制者，成为奴隶。其间绝少数稍稍能自立的，即自作控制的，亦必终于因暴力的挟持而遭受禁锢、驱逐、以至于屠杀。

独裁政治和极权政治不就是这样产生的吗？希特勒、墨索里尼一类的天罡星，不就是这样应运而下凡的么？

什么是野心家？从本文的立场看，野心家就是最不能控制自己而不幸的又有一些聪明才干足以助纣为虐的人。野心的野即应作如是解释：自己不能控制以至别人也不容易控制他，就是野。希特勒有种种欲望，其中最大的是爱权柄的欲望。他自己不知所以运用意志的力量来控制这欲望，反而无穷尽的施展出来，一任这欲望成为控制他人的力量，控制得愈多，他的权柄便见得愈大，控制了德国不够，更进而控制东欧、全欧，以至于全世界。有一个笑话不是说希特勒拜访上帝，上帝不敢起来送行，深怕他一站起来，离开宝座，希特勒就要不客气的取而代之么？这真十足描写了野心家爱权若狂而不知裁节的心理。不过从控制德国以至于全世界，但凭欲望是不够的，他必须运用物力，必须驾驭科学，规模之大，又必须和他的欲望相配合，于是他就从人的控制进入了物的控制，从人力的滥用进入了物力的滥用，而就当时德国与其邻邦的形势而论，因为大部分直接运用物力的人，例如科学家之类，向来没有讲求过自我控制，自作主张，也就服服帖帖的由他摆布，受他驱策，至于肝脑涂地而不悟。第二次世界大战，一部分所由演成的因缘不就是这样的么？

祸福无门，唯人所召。文明人类一大部分的祸患，我们可以武断的说，是由于人自己酿成的，而其所由酿成的最大原因，是自我控制的不讲求与缺乏。这种局势是自古已然，于今为烈；而今日所以加烈的缘故，则因一面人自控制的力量既没有增加，甚或续有减削，而人对于物力的控制的力量，则因科学的发达而突飞猛进。两种力量之间，发生了一个不可以道里计的距离。社会学家称此种不能协力进行的现象为"拖宕"，拖宕一名词是何等的轻淡，而其所酿成的殃祸却真是再严重没有。不过这种严重的程度，一直要到第二次大战将近结果，原子弹发明以后，才进入一部分人的深省。原子分裂所发生的力量是非同小可的，以视蒸气的力量、电流的力量，不知要大出若干倍数。惟其大，所以更难于驾驭控制。大抵为了破坏的目的，在制敌人的死命的心情之下，此种控制比较容易，所以原子弹是成功了。但为了建设与人类福利的目的，控制的功夫似乎要困难得多了。浅见者流不断的以进入原子能新时代相夸耀，把原子能可能产生的种种福利，数说得天花乱坠。不过沉着的科学家却不如是其乐观。即如英国军事委员会的科学顾问艾里斯教授说，我们可能用原子能来驾驭海洋上的巨轮，但为了保护乘客与船员，所必需一种防范机构一定是笨重得不可想象，甚或根本不可能有此种机构。又如生物学家赫胥黎说，原子分裂所发生的种种高度放射作用，对于人的健康与遗传是极度的有害的。这又引起控制与防范的问题了。再如英国奥立芬脱教授指出，制造原子能的厂房一带所遗留的灰渣会发出种种致命的电子性的"毒气"，而毒气所波及的地带，根本无法防卫，长期的成为无人烟与不毛之地。

也就是这一类的科学家如今正进一步的呼吁着物力的控制，觉得前途控制一有疏虞，文明人类便要濒于绝境。不错的，这是一个临崖勒马的时候了。不过我们在上文已经指出，问题的症结不在马，也不在那勒的动作，而在那作勒的动作的人。如果人本身有问题，临时不是不想勒，就是根本不会勒，总之，他对自己既作不得主，名义上对物作主，实际上等于被物作了主去，就是，一发而不可收拾。据说，当初英、美、加等国的科学家在新墨西哥试验场上等待第一颗原子弹爆发的时候，大家就手捏一把汗，深怕它引起所谓连锁的反应，一发而无所底止，后来幸而没有。可见即在谨严的科学家手里，物力的控制也不是一件有把握的事，一旦如果掉进希特勒一类的人手里，殃祸所及，那真是不可想象了。

总之，我们不得不认定人的控制是一切控制的起点，是一切控制的先决条件。人而不知善自控制，在他应付物力的时候，别人想谆谆的劝勉他作妥善的运用，是不可能的。因此，我们也认为解决问题的基本途径不在政治、经济、社会的种种安排，有如近顷许多作家所论，而在教育。童子在操刀以前，必须先受一番"明"、"强"的教育。

家制与政体

潘光旦

无论什么措施总须照顾到两个因素，一是自然而现成的，我们姑且叫它自然；一是我们自觉的一番意志与努力，我们叫它人力。人力的因素比较简单，无须细说；自然则涵义比较复杂。生物的遗传属于自然，是最显然的。地理环境中的种种也属于自然，也是一望而知。至于习惯、经验、生活技术、文物制度，也未尝不可以作为一种自然的力量看，则必须加以说明。自然一词，无论在中西文里，原有两个意思：一是天生，不由人为，上文所说的遗传与环境属之；二是虽出人为，事先却并无确定的目的，并无周密的计划，一任人事的推演，世代的累积，而其既经累积，却也自成一种力量，有非后来的人力所能轻易改易取舍。一个人的习惯与生活方式往往于不知不觉中养成，一个群的经验与文化形态更往往于不知不觉中演出，终于成为此人此群生活上的一种助力，或一种阻力，而其动量或惰性都不是人力所能随时而任情左右。前人就个人生活说，有"少成若天性，习惯成自然"的话，便应作如是解释。而就群体言之，这两句话也未尝不适用，特别是一向以保守著称的中国社会与中国文化。这样一说，我们对于自然两字的扩大运用，就似乎是很有理由了。此种文化的演化累积也不妨叫做任运的，就是听其自然的。

家制与政体同是文化的一部分，中国的家制与政体是中国文化的一部分。就以往的情形说，中国家制大体上是自然演变而来的，中国的政体也是如此。二者虽同属自然演变而来，其间却有一个先后，而先演的势不免对后演的有所影响、限制、甚至于还有几分命定的力量。社群的演展，原有由小及大的趋势，家的形成自是早于国的形成，且为国的形成的一个不可少的条件。家齐国治一类的旧说，虽属先秦思想，特别是儒家思想的一部分的公式化，自未尝没有其自然演化的依据。国之治，是否必待家之齐，固然是很值得研究，但国之所以为国至少有很大的一部分是建筑在家之所以为家之上，即一种政体之所由成，其间因缘虽多，家制总是很重要的一个，大概是不成问题的。

西洋社会思想界在这方面用功力最多而最有所发明的是法国勒泊莱（Frederie Le Play）所创导的家位学派。此派研究社会，就从家庭开始，逐步推开，终于囊括到整个的社会邦国。所谓逐步是：家之区位、家之谋生工作、家之不动产、家之动产、薪工、储蓄、家之型式、家之生活程度与物质生活方式、家庭生活的其它方面、家之保护或监护关系、商业、智力文化、宗教、邻里乡党、经济性或社会性的会社、图保、乡区、市镇、郡邑、省区、邦国，社会的扩展有如移民、外国社会、社会之史、社会在人类生活中的地位与其前途——自小而大，由近及远，始自空间关系，终于时间关系，前后凡二十五个步骤，自"保护或监护关系"一步骤起，便扩展到了家的圈子以外。一种国体的形成，不能无家制或家庭型式的影响，原是常识的一番很自然的推理，经验的一个很粗疏的判断。不过一直要到此派上场，切实运用了这样一个逐步研究的方法，我们才算有了一个比较科学的结论。

此派认为家所处的环境区位与家所营的生业活动，决定了家的型式与所从出的人员的心理品性，而后者又转而决定了一般的社会组织，包括政治体制在内。因其从家庭的区位入手，所以我们称他们为家位学派。不过这派的目的并不在地理的研究，而在社会的研究，要就各式各样的社会里找出几个主要的类型来，所以他们的真正的起点是家庭的体制，而一个主要的归宿是政治的体制。他们认为家庭是一切社会生活的滥觞，也是社会生活的雏形；如果家庭制度与家庭的教育影响不健全，要有健全的社会生活与政治制度是不可能的。勒氏和他的弟子们一番专门研究的结果，认为家庭的类型有四：一是父权式，二是准父权式，三是不稳定式，四是偏特式；在一切文化初开的民族社会里，父权式是一切类型的源头与干流，其余都是流变。父权式的重要性是不待烦言的；准父权式是父权式的一个退化，不关重要，可以搁过不论；偏特式虽较后起，影响却极大，与父权式同为此派研究得最周详的两个类型。不稳定式起初并不见得如何重要，但三十年来，一部分国家的政治的兴替又教我们不得不联想到它；比起父权与偏特两式来，它是两无着落的，因无着落，所以不稳，而因缘凑合，它却又历久停顿在此不稳状态之中，所以也就成了一个类型。

我们对于父权、偏特与不稳的三式家制的来源与流衍是不能没有一番介绍的。据家位学派的研究，父权家制发祥于中亚与东欧的大草原。广大的原野，稀疏的人口，游牧的生活，流动的居址，单纯的生产工具与工商关系，毳幕与牧区的共产等等因缘，促进了每一个家庭集团的自给自足，强调了家庭在社会生活中的地位，使成为唯一的单位，唯一的基体。在这样一个民族社会里，就家庭论，权力是多元的集中的，集中于各个家长，而成为父权家庭；就整个社会论，权力却是散漫的，组织也是粗疏的，平时可以用不着比家长更大的领袖，比家庭更复杂的组织；为了商业，为了劫掠，为了大规模的侵略，而需要更大的集团，也不过是凑合了许多家的驼马临时成为一些骑队；事过境迁，也就散伙了。即使侵略成功，建立起一个朝代来，那国祚也往往很短，例如五胡之于中国。至于教育的影响，有一位勒氏的弟子说，父权制"对下一代用上一些陶冶的工夫，使能在家长的权威之下，和平相处，久而不渝，使每一个人出其全力为家庭的集团造福，而其人的生活，亦唯家庭的组织是赖。个人的地位是完全抹杀了的，也可以说是被家庭集团完全吞没了的"。另外一位说，"在这种家制之下，儿辈的成立，无须依凭自己的努力，只须仰仗家庭集团的帮忙；家庭自会维持他们，如果出外而遭遇到失败，家庭也会欢迎他们回去。因此，个别的教育是不大用着的，每个人所需要的只是一些最低限度的生活知识与经验的传授"。此派认为流行着这种家制的社会国家总是保守而不进步的。勒氏与其徒恐怕还不甚知道中国的社会情形，否则这一路的议论还可以推进好几步；中国民族由中亚移出，而其家庭是一贯的父权的，这他们是知道的。

偏特式的家庭是父权制的一个支流。在史前期，东欧有一部分的父权制的民族向西北移徙，到达了今日瑞典挪威的区域。在那里，地理环境不再是广大的草原，是交错的港湾与河流入海的口子，可以简称为河泽环境。居民的生计也不复是牧，而是渔，住家与大部分的活动可能全在一只不太大的船上。船的容积也就限制了家庭的范围，就是不会太大，只是亲子两代构成的小家庭。海上的风波，谋生的艰苦，终于在每一个人身上磨炼出一种冒险、奋发与特立独行的性格来。有此种性格的人平时是彼此不多来往的；但，有一天，舍舟就陆，团体生活的需要增加，其所发生的社会交际，势必是比较脱略形迹的，人我对等的，而也是动不动要讲权利义务的相当的。脱略形迹是自由。人我相等是平等。权责相当是公道。约言之，他们的社会关系所由建筑的基础观念，决不是陈义甚高的道义，更不是敷衍搪塞的人情，而是平实坦白的契约，是权责的公平授受，是谁也不能有特殊权益，而谁也不能吃亏的人我关系。这样一个社会的单位决不是家庭，而是个人；而其政治组织，无论发展到什么程度，也就自然而然的是民主的。其在家庭中所发挥的教育影响，不用说，也就上文所列叙的一些个人品性与社会伦理的维持与推进，与其它民族社会的家庭教育夐乎不同。这一部分的民族后来繁殖移徙，经由大陆而转入英伦，近代更从英伦散播到北美、澳洲、新西兰、南非，凡是他们到达的地方，也就是我们今天可以找到这一类个人品格、社会关系、与政治体制的地方。

上述两种家制与其对于社会与政治的影响，在家位学派是都有过专题研究的。对于不稳定的一种他们似乎没有，不过也从详讨论到过。不稳定的家制也是父权制的一个流派，有的直接纵出，有的间接从准父权制纵出，而其纵变的媒介是森林环境与狩猎生活。此种生活的机遇性太多，维持生计的力量太薄弱，男子居家的时间太少，仰事俯畜，都成问题，家庭的集团虽不能没有，却始终是散漫零乱，动荡不安。特别欠缺的是生活经验的积聚，与童年教育的效能。勒氏的弟子之一讨论到这一点，说："教养的结果是，既无专长，又无通识；既不能尊重齿德的权威，传统的经验，有如父权家制，又不能启发青年独立的思考，进取的欲望，有如偏特家制。在这样一个家庭里，服从之心与守成之力，立异之心与开创之力，可以说是两无着落。其结果是，白白的养大了一大批幼而未学，长而无成的人，除了供国家鞭策、政府鱼肉之外，全无用处。"换言之，这样一个民族社会的单位既不是家庭，又不是个人，而是笼统的社会全体，更准确一些，是挟全体的名义来驱策每一个人的国家与政府。这样的国家是至上的，政权是集中的，干涉与统制是多方的，以至于无微不至。勒氏与其徒认为西欧的国家的家庭大多数属于不稳定的一类，因此，其国家权力的发挥与政治体制的形成也就容易踏上集权的道路。他们特别提出来做例子的是德国与他们自己的法国。德国的例子是很显然的，尤其是自从希特勒的一幕以后。法国的例子则我们不甚了解，我们只知道它几次共和国的成绩都不算太好，即英美式的民主政治在那里不很成功；我们与其说法国政治因集权而巩固有余，无宁说它因散漫而稳健不足，和不稳定的家制的类型倒有几分直接的相像。也许此派所指的只是家制的初步扩展的结果，其后来的步骤当有待于历史的使运的发展，亦未可知。

上面所叙三种家庭的类型和它们对于社会政治的影响，不妨用一个简单的图表揭示出来：

家制	团体的权威与传统	群居生活的重心	个人的立点开创	政体
父权	正	家庭	负	？
不稳	负	"国"，政府	负	极权政治
偏特	负	个人	正	民主政治

这图表里有两点是尚须解释的。在不稳定的家制之下，于团体权威一栏内，我们记下的是一个负字，而于政体栏内，却又写上极权的字样，初看岂不是恰相矛盾？其实不然。这里所称的团体权威指的是自然积聚而来的一种，例如父母之于子女的权威，其间没有多大强制的成分，即有，也往往因自然的情感关系，而使施者易施，受者易受。同时，它也不利用什么，不假借与挟持什么。子女接受父母的权威，就老老实实的因为他们是父母，是它们自身所由产生之人。极权政治的权威显然的与此不同；它是完全强制的，它的由来与维持推广往往不惜利用种种巧夺豪取的方法；同时，它是有所挟持的，此挟字的用法等于"挟天子以令诸侯"的挟字；明明是一个人的野心，或一个特殊团体的私意，却硬说是万民的愿望，全国的公意；行使权力的人或团体并不真正代表着人民与国家，只是挟持着人民与国家罢了。这一类权力行使我们称之曰"窃"，曰"弄"；天下的父亲，无论如何作威作福，我们决不会说他"窃权""弄权"的。这也就顺便的解释了为什么在"重心"一栏里的国字是加上了引号的。这是应该解释的第一点。

在父权制下的政体栏里，我们没有写什么，只留下一个问号，因为此种政体至今没有一个名字。中国二千年来的帝制政治就属于这一路，它实在是一个大家庭的无数倍的放大，所以会有君父、子民、臣仆一类的称呼。这种政体和民主政体很不相同，是谁都承认的。但君主专制与极权独裁未便相提并论，却未必为一般人所明了。专制君主可以颐指气使，生杀予夺，却不能独裁；极权之权必然是集中的，而在往日天高皇帝远的中国，地方的权力是相当的大的。极权政治显然是一种近代以至于现代的制度，它至少仰仗着两个条件，在政术方面是科学发达后的交通与宣传工具，在社会方面是各个家庭父权的没落与夫家庭生活的一般的解体，而我们深知，在君主专制的局面下，父权是始终完整的。这从"忠孝不能两全"一类的旧话里就可以看出来；正唯其不能两全，一人要"作忠"，必须先行"移孝"，也就可以见得当初的君权并不等于今日的极权了。这是需要解释的第二点。

上文提到家位学派的思想家，对于中国的历史知道得不多，否则对于父权家制与政体的关系必可以有一番更精到的发挥。如今让我们借这机会稍作补充。一直到最近为止，中国人在政治的一部分理论与实际上是通行所谓"家国同理论"的，即治家治国遵循着一条道理。国家的名称就是这样来的。历史上这方面的议论更是不一而足。书经上开头就有亲睦九族，平章百姓，协和万邦的话；更简洁了当的是"伊训"上的始于家邦，终于国家两句。诗有"刑于寡妻，至于兄弟，以御于家邦"之论。大学与孝经两种文献说得更是清楚，充分的表示家国之间，范围虽有大小，着手虽有先后，治理的原则却无二致，例如，"孝所以事君，弟所以事长，慈所以使众"，又如，"事亲孝，故忠可移于君，事兄弟，故顺可移于长，居家理，故治可移于官"。后来的议论全是这一类语气的推衍，别无新鲜的变化，无烦更多的征引。实际上，居官的人确也随时把居家与治家的精神与办法拿出来，其间好的坏的都有，而坏的可能居多，倒不是因为居官的存心要做坏，而是因为以适用于家的种种适用到国，势不免一相情愿，捉襟见肘，甚或张冠李戴，完全不着边际，其结果是非坏不可。"如保赤子，心诚求之"的父母官，历史上可能有过几个，但亲亲主义终于妨碍了人才的产生，法治的建立，以至于一般社会与政治设施的制度化，却终究是一些更大的事实；终于成为前途改革的最大的障碍。比起这些来，公私的混淆不分，与吏治的龌龊狼藉，还是一个比较细小的节目。

说一定得说到这里，我们才可以把问题提出来。家制与国体，无论中外，大体说来，都可以说是自然推演而来的，即都是任运的，而国体的任运发展之中又包括家制的任运发展在内，或可以说，前者得多少建筑在后者之上。我用大体的字样，因为其间不能全无人力的创制与计划，不过在近代以前，任运的成分要远较计划的成分为大罢了。上文列叙的三种家制与国体的关系的格局里，任运性的成分相对的最少的是不稳的家制与极权的政体，其次是偏特的家制与民主的政体，最大的是中国所有的格局；而人力计划的相对的成分恰好与此相反。大抵强制性大些，与制度化的程度高些的政体，也就是任运的成分少些而人谋的成分多些的政体。极权政体当然是最显著的一例。不过强制性迟早会达到自然性所命定的一个限度，过此限度，便是摧折，便是破裂。"绕指柔"的"百炼钢"也自有其最后的限度，其它的物质更不必说了，其它能生长的物质，当其生长之际，虽若有其甚大的伸缩性，但本质之限度而外，又有其生长的法则所规定下来的限度，外力强制过甚的结果是萎缩与死亡。

到此我们就不能不想到孟子揠苗助长的比喻，与夫勿忘勿助长的结论。这比喻和结论真是再恰当没有，教育如此，其它一切的举措都是如此，包括政治的体制在内。孟子所要我们了解的无非是自然与人力的一个适度的配合；它于任运，不知改作，是聪明不足、是暗昧、是愚；强制的改作，置经验与历史于完全不问，是自作聪明、是刚愎、是妄。而就社会的事功言之，习于故常，安于运会，结果是不进步、是终穷、是退化；好事更张，妄图兴革，结果未必是进步，而是徒劳，是走不通，是混乱纷扰。这是一切举措在事前应有的认识。

而就民主政治的一大举措而论，于此一般的认识而外，恐怕还须对于家庭的既往先做一番参考；可能的，家庭的改制的重要性并不后于政治的改制，甚至于是先决条件之一。

家位学派是看清楚了这一点的，所以他们于阐说理论之外，更做过一番改革的提倡。他们认定法国的不稳定的家制与不稳定的政体有密切的联系，唯其不稳，所以在近代历史里，已经有过好几次受到野心家的觊觎，想把法国政治造成今日我们所称为极权的格局。他们是批评社会主义的，认为社会主义是父权主义的变相，有父权之弊，而无其利。真的父权既衰落，于是有人者出，挟国家社会之名以号令众人，形成了一种假父权；可惜这一派的先进没能看到最近三四十年的世局演变，否则他们一定会叹息，痛恨于此种假父的充斥，并且要昭告大家：谨防假父，好比谨防扒手一样！他们一面痛惜着法国的积弱不振，一面自不免对英美的制度表示很热烈的爱好与艳羡，所以他们有改革方案的一部分是提倡偏特式的家庭；他们要先做一番培养国民个人性格的工夫；他们还亲自办过几个学校，专为提倡这种家制。民主政体是否只能有英美的一种格式，固然是一个问题；当其初既不曾经历过所谓河津环境的磨炼选拔，偏特的家庭是否轻易可以产生，独行的性格是否轻易可以养成，固然也未尝不是一个问题；但如果真要学英美的制度，起码要从英美的家庭学起，这一点他们是看准了的。

三四十年来，中国也未尝不想就政体有所改制，而在此种想望与努力之中，对英美的制度尤深寓拳拳之意。不过历年以来，议论虽多，零星片段的努力虽亦复不少，至今还是无多建树，这其间的因素固然不止一端，而比较主要的一个可能就在从事的人始终没有能考虑到本文所讨论的这一层看法。因为没有理会到这种看法，所以一切言论是空疏迂阔的，一切举措是揠苗助长的，是齐其末而不揣其本的。对于社会与政治，中国的家制以往曾经发生过什么影响，当前正发生着什么困难，前途更可能发生什么障碍，泛泛的谈论多，而切实的研究少，含有意气的讥弹多，而平心静气的批评少；"推翻打倒"一类称快一时的主张多，而补偏救弊渐求改进的建议少。此其一。对于西方的家制，特别是英美的小家庭制，一时风气所趋，介绍、歌颂与努力求其实现的也大有人在，但此种制度是否有百利而无一弊，值得完全接纳，即便是，是否可以普遍推行，而无窒碍，即一种社会制度，特别是来源悠远，关涉綦多，甚至于已经和其他制度因缘固结，有如家制，是否可以整个的移植，而求其生根渐长，便没有人悉心存问而得到一个可以发人深省的肯定的答案。此其二。

小家庭和英美民主政治的联系固然是谁都看到的一点，但我们产生小家庭的条件又在哪里？不要说我们始终不曾有过那种有自然孕育的力量的河津环境，我们连家位学派所倡导的培养方法也没有采用过。一部分人只知盲目与不顾一切的做去，老人可以不管，儿女尽量少生，期功亲族的休戚利害自更在不闻不问之列，其它疏远的支派可以不必说了。而事实上旧有的家庭与氏族的种种关系，却又到处掣肘，绝不容许你直截了当的做去，你又毕竟是中国人，多少是任运惯了的，多少要讲些人情，年事较长，阅历渐深，也就不知不觉的和它们周旋起来。结果是，旧的父权制固然是逐渐解体，新的偏特制并没有产生，实际所得可能是近乎不稳定的那种格局。三十年来，一般社会的动荡，政治的杌陧，资以号召的是民主政体的虚名，瞻顾逡巡的却是极权政体的实路；这其间主要原因之一，恐怕就在这里。父权是散失了，收拾到与行使着这权力的却不是各国公民，而是假国家民众之名的一部分特殊人物。

归结上文，我们可以得到如下的几点：

一、我们举办任何事业，要认清自然与人力的凑合；完全听凭自然，我们固然不甘心，也不应当，完全用强制的方法，于理固有未顺，事实上也做不通。这原是常识，但乐天任运惯了的老派些的中国人，与开口闭口讲革命的新派人士两俱知其一而不知其二，所以值得再度加以提示。

二、民主政体我们是要的。但一百分的仿照人家，是做不通的，是有画虎不成的危险的，因为自然与历史的条件无法强求。不问此种条件的做法是不揣其本而齐其末的做法。

三、此种自然与历史条件之一是家庭制度。家制与政体有密切的后先本末的关系。所以改进政体的努力应当包括家制的整顿与稳定。

四、目前中国的家制无疑的是在一个动荡的状态之中。乐观与进步的人士认为这是一个应有的过程，其必然的归宿是小家庭或偏特家制的建立。本文对此看法不敢苟同。家庭的完全解体是不会的，并且也不会解体到一个程度，恰好成为偏特的格局。从大家庭到小家庭，并不是一个自然演化的过程。中国的家庭，如果任其所之，势将继续的动荡，可以在动荡状态中长久维持，家位学派认为德法等国的不稳定的家制就是这样来的。在家制不稳定的社会里，权力是靡所寄托的，好比空中离散的游魂，迟早不免被道士摄去利用，由他去大作威福，结果是一种集权以至于极权的政体。

五、然则当前的一大问题，似乎还不在民主政体应如何积极的建立，而是极权政治的趋势应如何消极的防杜与纠正。如何使家庭的制度，于不稳定之中力持稳定，便是防杜与纠正之一道了。我以前为了一般的社会生活与民族前途设想，曾经提出近一个折中家制的建议，如今为政治的体制着想，又发见只有这样一种家制才可以发生一些稳定的效用，而一种可以配合中国社会环境与文化背景的民主政体的演出才会有一个切实的依据。折中制的内容已详拙著《中国之家庭问题》中，无庸复述。我应该指出来的是，这创议是充分顾到了上面列叙的几点的，特别是第一点，即自然与人力，或经验与理性，都还能顾到，因而不至于窒碍难行。还有一点是，折中制的推行应足以培养健全的个人，亦即健全的社会分子与公民，使父权涣散后的社会权力取得其应得的归宿。此种个人可能比河津环境与偏特家庭所培植出来的还要健全几分：道个人而不忌社会，讲法治而不致寡情，重自由独立而不趋于肆放攘夺。这样的国民才足以掌握权力而无弊，行使权力而无弊，才是自能作主宰的民，才足以语于真正的民主政体。

原载《世纪论评》二卷九十期，一九四七，八，卅—九，六

论绅士

——"从社会结构看中国"之一

费孝通

绅士，是封建解体，大一统的专制皇权确立之后，中国传统社会中所特具的一种人物。它的发生有着社会历史的背景，从这背景中我们可以了解它的特性。

大夫士到士大夫

绅士是封建社会中那些被称为大夫士所蜕变出来的，它承继着这前身的一部分性质，在新的环境中获得了和前身不同的另一部分性质。让我们先从它的前身说起。

在中国那种乡土社会很早就分出了两种人：依孟子的说法是"劳力"的和"劳心"的。这个划界也许并不太正确，因为所谓劳心的心字就缺乏明白的意义。依我们现在所了解的说来"心"是"用思想"。如果是这样，则天下很难得有不劳心的人了，因为事实上没有人能不用思想而生活的。其实孟子的所谓劳心，重要的地方倒不在心，而是在"不劳力"这特性上，严格的说，不劳力的生活也是不可能的。所以更确切的注解应当加入经济的条件："劳力"是指以体力从事生产工作，"劳心"是指并不以体力从事生产工作。这些劳心的人靠什么来维持生活是另一问题。

在封建社会里，"劳力"和"劳心"之分更重要的意义是在孟子所说的半句话里，就是"役人"和"役于人"的界线上。"役"是以政治的权力支配别人的意思。封建社会是农业为主的社会，而且那时农业的技术是很简单的，主要是靠体力来耕作。生产避免不了体力劳动，不从事体力劳动的也就不能直接从事生产工作，他的生活也就不能靠经济活动来维持，于是只有靠政治权力来"役人"了。有役人的，也就必有役于人的。役于人的是没有政治权力的，是被统治的，也是从事生产的，是劳力的。

封建的中国划分着有政权和没有政权的两种人。我们刚才所提到的大夫士是统治者之中的下级人物。从上说下来是：王、诸侯、公卿、大夫、士。"大夫食邑，士食田"——邑和田是由上级的统治者给他们收取供奉的根据。在他们下面是："庶人食力，工商食官，皂隶食职。"最重要是食力的庶人，就是直接从事于耕种土地的人物。大夫士和庶人是直接接触的，在上下两阶级接头的地方。

封建的解体也是从上而下的，愈是离开直接生产者远的也垮得愈快愈彻底。封建解体，在经济上说，是土地可以私有，土地所有权可以自由转移，在政治上说，是政权的集中，和行政机构的确立。在这过程中，社会翻了一半身，和具体的土地有直接关系的统治阶级，利用了新的经济权占领了土地所有权。这是以前的大夫士。可是这时的次序是倒过来了，不是大夫士而是士大夫了。士比了大夫更接近土地，占为己有的机会大。离开封建时代远了，说起大夫士来也觉得怪不顺口的。我们一开口就是士大夫，谁还想起当这两个名词最初出现时，大夫是在士之上的呢？名词的次序，表示了两种看法，一是从封建社会中的权力地位来看的，从上而下，大夫士；一是从转变到自由经济时代和土地的关系疏密上来看的，从下而上的，士大夫。

从大夫士到士大夫的过程里，这底层的统治者丧失了他们政治的地位了。如果不丧失，大夫一定还是在士之上的。他们承接着过去的是他们的生活方式——依旧是"劳心"者，是不从事体力劳动的人。封建的解体，在农业技术方面并没有显著的改变，还是主要的靠体力来耕种。不从事于体力劳动的人，还是不从事经济生产。他们成了地主，从地租里去分得农业的收益。

士和大夫还可以用着旧名词来表示他们的社会地位和生活方式，但是他们政治的权力却丧失了。而且，从此，一直到现在，没有握住过政权。

帝王本无种

我说这种仍被称为士大夫的人物，自从封建解体之后，一直没有握过政权，也许和一般的说法不完全相同，因之，我在这里还得引申一下这句话的意思。让我先说明封建解体后的政治结构。

在封建制度中，大夫和士是统治阶级的一层，虽则在统治阶级中说是很低的一层，但是究竟还是统治者，是握有政权的。封建制度中，政权并不集中在最高的王的手上。这是个一层层重叠着的权力金字塔，每个贵族都分享着一部分权力。王奈何不得侯，侯也奈何不得公，一直到士，都是如此。他们在一定的范围之内，各层有各层的政权。所以我说大夫和士也是握有政权的统治阶级的一部分。封建解体，在政治上说，是政权不再像金字塔一般的从上逐渐一层层地分下来，而集中成了大一统的皇权，皇帝是政府的独占者，"朕即是国家"。他在处理政务时固然雇用着一批助手，就是官僚。可是官僚和贵族是不同的。官僚是皇帝的工具，工具只能行使政权而没有政权。贵族是统治者的家门，官僚是统治者的臣仆。

封建解体之后，政治上还有一个重要的变化，那就是："帝王本无种"。封建的政权是依血统来分配和传袭的。不生在贵族之门的庶人，轮不到这些"宝座"，看不到这些"神器"。没有人能在出生之前挑选他的血统，也没有人在出生之后能改变他的血统，所以不在其位的，也不会去觊觎此位。正如生而为女的不会想变为男的一般。可是封建解体之后，人人得而为皇帝了，换一句话说，政权成了个可以夺取做对象了。在秦末的时候，封建初废，"彼可取而代之"的心理是既新鲜而又生动，所以太史公在史记里借了项羽之口，还要写下这一笔有声有色的口号。这口号是划时代的。从项羽这样一说，争夺政权的事也就没有停止过。政权在一般人眼中似乎成了一个宝贝。做大买卖的就干这个。

可是不幸的，从封建里解放出来的政权，固然不再专属一姓，万世一系了，但是中国却到现在还没有找出一个夺争政权的和平方式。我们一说起夺取政权，也就忘不了"揭竿而起"的武力手段。武力争夺的方式下，政治成了"成则为王，败则为寇"的夺宝了，夺来夺去，以暴易暴，总是极少数人统治着其他的人民，专制的皇权并没有在政权的转移中发生任何性质上的改变。我们不像英国，杀一个皇帝，皇权减少了一些，民权抬了一些头；赶走一个皇帝，皇权又减少了一些，民权也又抬了一些头，最后竟变了个挂名皇帝，取消了皇权。在中国只有"取而代之"的故事，流的是人民的血，得到宝座的却是少数幸运的流氓，像刘邦、朱元璋一派人物。在御定的国史上，固然似乎真有着一线相承的正统，事实上，恐怕大小规模的内战是经常的现象，史不绝书的。

天下之大不韪

以武力争夺政权是危事。成固然可以称王，败则只有一死，非但一死，而且可以灭族。在争夺的时候是"寇"是"匪"，被剿被戮，面对着武力的威胁。这是必然的。用武力得来的天下，怎肯随意拱手让人。许由、务光也不是既得政权之后而逃走的，尧舜的谦让和我们熟知的辞职也许差不多；无论如何，这些本是无可考证的传说，从有记录的历史看，马上得的天下也必须在马上失之。

宝座的代价是命拼来的，当然要世世代代尽力保持着。别的罪都可以因皇恩浩荡而赦免，唯有"篡逆"却在一切可赦者之外。所以这是"天下之大不韪"。念过明太祖对付这些敢于侵犯政权者的酷刑记载，无异是"地狱历程"，我们在城隍庙里所见的十八层地狱的形象，据说是写实的，是明史标本。希特勒比了明太祖还是小巫见大巫。

威胁是皇权自保的手段，我记得幼年时曾经不知怎么在小朋友面前夸口自称起皇帝来，祖母在旁边赶紧很严厉的呵斥："这是不能说的!"——用现代名词说是 Tabu，即是孩子们戏言都不能触犯这个威权。这不是迷信，历史上，至少是传说的历史上，有着屠杀据说命中有做皇帝可能的孩子的说法。

威胁却从来不曾是保政权有效的保险，因为"人不畏死，奈何以死惧之"。只要是政权可争，皇帝的宝座具有引诱，是一笔大买卖时，冒天下大不韪的人还是会接踵地相望于道。威胁只吓得住一部分人，不是全体。在予取予夺，想什么有什么的专制皇权下，政权可以用来谋取私人幸福的时候，社会也可以从顺逆的界线上分出不敢冒大不韪的人和敢于冒大不韪的人。敢不敢是怎样决定的呢?

梁山泊如果可以作为敢于冒大不韪者的象征，"逼上梁山"也说明了他们的勇敢是怎么会发生的了。

在专制政体之下，人民只有义务而没有权利。皇帝的话就是法律。他如果想要大兴土木：建宫殿，营陵墓，造长城，开运河，不管人民愿意不愿意，他就可以用政权来向人民要钱要人；他如果想开边扩地，所谓好大喜功，或是要戡乱平变，所谓安内，不管人民愿意不愿意，他又可以用政权来向人民要钱要人。纳税当兵之成为义务，在专制政体下生活的人是最明白的。这也是孔子所谓"苛政猛于虎"的根据——可见其由来已久。这政治老虎出了槛，就会逼人上梁山了。

逃避权力的渊薮

政治老虎对于每个解除了武装的被统治者的威胁是一般的。但是他们对这老虎的反应却不同。说到这里我们可以回到上面所提到的两种人了，因为士大夫和平民正表现出两种不同的反应方式。

从接受政治老虎威胁的能力上说，愈是经济基础薄弱，愈是承担不起要钱要人的征发。假如经济基础比较稳固些，他还可以忍痛耐一下，所谓逆来顺受，花些冤枉钱免得惹是非。拉长了看，还是上算的。而且在我们的传统里"要人"总是可以转变为"要钱"，骨肉离散、春闺梦里人、白骨填沟壑之类的事不至于发生在富豪之家，原是事实。如果要逼到非上梁山不可，也是偶然的，所以在贫富之间有着顺逆之别。

可是经济基础较稳固的人家，也有他们不利之处，所谓"人怕出名猪怕壮"，如果政治老虎择肥而噬时，情形可比一身之外无长物的贫民更为尴尬。这时财产和较安乐的家庭却成了"家室之累"了。所以，有产的家室不能不更担心着政治老虎的威胁。

在平民，穷到没有办法时，可以硬干。在有家室之累的资产阶级却不大方便硬干。于是他们要开辟一个逃避这老虎的渊薮了。可是"率土之滨莫非王土"的时代，没有租界，交通不方便，海禁未开，也不能去华府或巴西，连香港都没有，在空间想找逃避是不太容易的。也许这也不是断不可能，因为逃之四夷的在早年还是有例子可举。范蠡、张良，都会神龙见首不见尾，可能是走了的，像老子一般骑了青牛也可以出关。但从普通人说，逃避之所还得在社会制度中去创造。

大一统的专制皇权中被这批人发现了一个漏洞。握有无上政权的天子，固然可以在政权的占有上一丝不让人，但是幅员辽阔的天下，却不能一手经管。他虽则未始不想凡事亲理，天子还是人，还有实际的限制，所以他不能不雇佣大批官僚。

我已说过官僚并非天子的家门，并不和皇上分享政权，他们不过是臣仆。当大一统局面形成之前，曾有些人认真的想建立一个富有效率的行政机构，这是法家。他们的理论是一点都不错的，有效率的行政机构必须是一个法治的机构，一切人都得在法律之内。商鞅实验着这理论而且有了成效，可是他有一小点疏忽，有一个人没有收入法律之内，那就是天子。这留在法律之外的一个人却把法家的理论作废。商鞅自己把生命牺牲了，而且还给后世看成了个"现世报"的傻子。"作法自毙"在历代论者的笔下是件愚不可及的殷鉴——这是现实的批判：如果最高的权力不受法律拘束，整个有效率的行政机构可能成为无可抵御的老虎了。从被统治者着想，官僚自己也在内，这决不是个理想，理想刚刚和这个相反，而是一个瘫痪的行政机构。从官僚的怠工做到无为而治的、"天高皇帝远"的、不发生作用的、被软禁了的皇权——这才是孔孟老庄合作努力达到的理想政治。

皇权被软禁的理想也不易充分实现，退而求其次，为了自身的安全，这些官僚即使不能怠工，也得为自己和自家亲戚朋友们开一个方便之门。他们可以利用着他们在行政机构里的位置作掩护，一个不受权力所威胁的租界地。

这个发现给那些有家室之累，不敢冒天下大不韪的资产阶级找到了一个逃避权力的渊薮了。有一些像纳尔逊的战略："靠近敌人"。可是这些欲求自保的资产阶级靠近政权、为皇帝当差、进入官僚的战略，却并不是攻势，而是守势；不是积极的目的，而是消极的目的——并不想去"取而代之"，而是想逃避，"吃不到自己"。官僚和他们所掩护下的亲亲戚戚构成了中国社会所特有的"法律所不及的区域"，他们有免役免税的特权，但并没有政权。

官僚和绅士

靠近自己想逃避的对象是一件需要极机警的动作。官僚是奴才，"君要臣死，不得不死"，"臣罪当诛，天王圣明"——这角色是不易当的。他们不能全部怠工，一旦给皇帝识破，就会斩头。于是他们得行使出两套面目，在执行向平民要钱要人时得特别卖力，把整个政治的担负转嫁到平民身上，使自己所掩护下的亲亲戚戚都可以豁免。但是一旦平民被逼到铤而走险时，首当其冲的却又是这些人。天纵神明是不能错的，官僚成了替罪羊。卖劲也不好，不卖劲也不好。在这里，在中国官场中，经了几千年的磨练，虽则已有种种传统的"宦术"，但是做官并不是一件太容易而没有风险的事，宦海也可没顶。

做官并没有太大的直接的好处。利用官职直接发财的行为，在皇帝看来，不但是腐化皇权所依赖的行政机构，而且是和自己争利，在一个不太糊涂的皇帝手上是不会容忍的。像贾政这样的循吏，加上内宫里还有着裙带的联系，为了侄媳的受贿，竟免不了抄家，可见吏治在专制皇权之下的严厉了。普通官吏不能不勉为其难做到两袖清风的地步。做官既没有太大好处，而多风险，为什么大家还是争着要做官呢？

陶渊明是够得上清高的标准了，他有着诗人的天才，有着独到的风雅，可是他尽管这样，还是勉强去折过腰的。如果折腰不是必要的话，他何必不早一些在田园里负锄往来呢？这是中国社会所不许可的。如果他真的看不起官职，他不去折腰，最可能的他已成了折臂翁了。折腰和折臂之间的选择，使人体悉知了非做官不可的原因。

做官是得到安全和保障的必要手续，有一点像打防疫针，在打针期间可能有反应，做官是有风险的，可以被抄家，被斩头，皇上是难侍候的，可是反应受过，就可以免疫了。当然，这个譬喻有一点不太切，防疫针只能自己免疫，而做官所能掩护的领域却不止个人。于是又发生了一种办法，就是一个集团遣派代表去做官；一人升官，鸡犬安宁。

传统社会里的大家族就是这种团体。全族人合力供给一个人去上学，考上了功名，得了一官半职，一族人都靠福了。在朝廷里没有人，在乡间想保持财产是困难的。像顾亭林这样德高望重的学者，改换了朝代，宁可闭门读书，简从旅行，但是为了安全和保障还是不能不派他外甥到朝廷里去侍奉异族。其实在逻辑上并不矛盾。中国的官僚并不是分享政权的，他们和政权本来是处于敌对的地位。事奉他，就在软禁他，逃避他，并不改变其敌对的地位。这是美国社会学家孙末楠所谓敌对的合作。外甥做官，保障了舅舅的安全，甚至可以使舅舅可以安心去下革命的种子。毫不矛盾。

中国传统的官吏并不认真做官，更不想终身做官；打防疫针的人决不以打针为乐，目的在免疫，和免了疫的康健。中国的官吏在做官时掩护他亲亲戚戚，做了一阵，他任务完成，就要告老还乡了，所谓"归去来兮"那一套。退隐山林是中国人的理想，这时，上边没有了随时可以杀他的主子，周围是感激他的亲戚街坊，他的财产有了安全，面团团，不事耕种而享受着农业的收益。这是"衣锦还乡"的景况，是中国专制政治之下的特权人物的享有。他们决不冒险去觊觎政权，他们的孩子都不准玩着"做皇帝"的游戏。他们更不想改革社会制度，因为他们一旦把皇权的威胁消除了，或推远了，他们就不能靠这制度得到经济的特权。他们在农业经济中是不必体力劳动的既得利益者，他们可说是不劳而获的人——这种人就是绅士。绅士是退任的官僚或是官僚的亲亲戚戚。他们在野，可是朝内有人。他们没有政权，可是有势力，势力就是政治免疫性。政治愈可怕，苛政猛于虎的时候，绅士们免疫性和掩护作用的价值也愈大。托庇豪门才有命。

绅士和官僚互相联起来才发生上述的作用，于是我们可以了解为什么我们会一直沿用着封建时代所传来的大夫和士这两个名称，而且自从颠倒了次序成为士大夫之后，我们一直把这两个名称联用着竟成了一个名词了。

绅士是士，官僚是大夫。士大夫联成了中国传统社会结构中一个重要的层次，就是到现在还是如此。

原载《观察》三卷二期，一九四七，九，六

论知识阶级

——"从社会结构看中国"之二

费孝通

知识阶级已是一个很流行的名词。这名词指示了中国社会在"知识"上发生了分化，其中有一部分人以有"知识"作为异于他人的特性。这里发生了问题：知识，怎么可以成为社会分化的基础呢？可以分化社会的知识是什么性质的呢？这类知识怎么会独占在某一部分人的手里？这种独占有什么好处？怎样加以维持？这一部分怎样在社会里构成阶级？这种结构对于中国现代化有什么影响？这些是我想在本文里提出来讨论的问题。

知者的知识

可以成为社会分化基础的必须是可别的标志。男女两性常是分化基础，因为他们是可别的。现代社会中主要的分化是根据经济的，但并不是贫富，贫富是相对的"差"而不是"别"。分化现代社会的是生产工具所有权的有无。握有生产工具的和没有生产工具的形成两种不同而且对立的阶级。这样说来知识怎么能成为社会分化的基础呢？世界上岂能有毫无知识的人呢？如果没有人能毫无知识而继续生活，知识也决不能成为一部分人所特具的了。我们凭什么可以说知识阶级呢？

知识是所知，知是人类所共具的能力，所以知识是凡人皆有的。但是在古书里也有并不把作名词之用的知字广泛地包括一切所知，而且用知字作为形容词时，如知者的知字，意义也更狭。现代所流行的知识分子一词可能是相近于古书所谓知者。

我们不妨以《论语》里知字的用法作例：

知字作为动词时是和我们普通所说知道了的知字是相同的。例如：

父之年不可不知也。

殷因于夏礼，所损益，可知也。

但是知字成为名词时却可以有狭义的用法了。例如：

樊迟问知。子曰，务民之义，敬鬼神而远之，可谓知矣。

子曰：盖有不知而作之者，我无是也。多闻，择其善者而从之，多见而识之——知之次也。

樊迟问知。子曰："知人。"樊迟未达。子曰："举直错诸枉，能使枉者直。"

这里所谓知，显然不单是"知道了"，而是指"懂了道理"。在第二条文里孔子说明了行为的普通过程：先是闻、见；接下去是择、识，于是知，知才有作。知之异于闻见是在有所择识。择的根据是善，识是加以辨别，因之我们可以说知是明白了行为标准加以择识的作用。所谓行为标准就是"举直错诸枉"里的直字。知了之后，对己还要"从之"，对人还要"使直"，那是"作"。所以孔子可以直接以标准行为的规范来说明知。凡是对民能"务本"，对鬼神能"敬而远之"的就可以说是知了。知在这里不只是人的能力，而是人的德性，可以和仁勇并称。因之，知者并不是指聪明人，智力高的人，或是见闻极广的人，而是指明白道理的人，道理就是规范。

在人类所知的范围里本来可以根据所知的性质分成两类，一是知道事物是怎样的，一是知道事物应当是怎样的。前者是自然知识，后者是规范知识。《论语》里所申述的知是属于规范知识。依孔子看来，凡是专长于规范知识的人可以不必有自然知识。孔子所代表的知者是"四体不勤，五谷不分"的人物。分辨五谷是自然知识，对于知者是不必要的。

樊迟请学稼。子曰，"我不如老农。"请学为圃，曰，"吾不如老圃。"樊迟出。

子曰，"小人哉，樊须也。上好礼，则民莫敢不敬；上好义，则民莫敢不服；上好信则民莫敢不用情。夫如是，则四方之民，襁负其子而至矣，焉用稼？"

这段话不但说明自然知识对于和孔子一般的人是没有价值的，而且从此可以看到这种人的社会地位。他们是在"上"的，在他们之下的是"民"，民是种田种菜的人。在上的人所要的是获得这些民的敬服，方法是好礼、好义、好信。礼、义、信是规范，明白这些规范而实践是知。有规范知识的人不必亲自劳作的。这种社会结构到了孟子口上说得更清楚。有一次有个叫陈相的在孟子面前宣传许行的"贤者与民并耕而食"的主张。孟子听了大不以为然。他认为社会必须分工：耕、织、机器、陶冶不能由一人经营。这是从经济原理立论的，但是他一转，却用分工的原理去维持政治上统治者和被统治者的分化了。在这里他说明了"在上"者的特权。他说：

"百工之事，固不可耕且为也，然则治天下独可耕且为与？有大人之事，有小人之事；且一人之身而百工之所为备，如必自为而后用之，是率天下而路也。故曰：或劳心；或劳力；劳心者治人，劳力者治于人，治于人者食人，治人者食于人，天下之通义也。"

我引用了上面的两段话，目的是在想指出，自然知识和规范知识的分别包含着社会的意义，自然知识是农圃百工所赖以为生的知识，用普通的话说，是利用自然来生产的知识。规范知识是劳心者治人的工具，统治别人的可以"食于人"，由生产者供养，所以自己可不必生产；不事生产才能四体不勤，才能五谷不分，"焉用稼"？

规范带来了威权

孟子虽则说这种社会分化是"天下之通义"，但并没有说明那些劳心的，或如我在上面的解释，那些具有规范知识的为什么可以在上，可以治人，可以食于人。我们如果要分析这些知识分子怎样得到他们这种社会地位，通义两字是不能满足我们的。我觉得知识分子的地位有一部是从规范知识的性质里发生出来的，因之，在这里我们还得再分析一下规范知识的性质。

人们生活上的需要，衣食住行，在在得用自然的物资来满足。可是人并不能任意取给于自然，像神话里的仙女一般说什么就有了什么；人得依顺着自然运行的原则，才能以自然物资为己用。要能依顺自然原则，必然先须明白知道这些原则，自然知识是这些原则的认识。譬如磨擦可以生火是人类很早也是很重要的自然知识。但是要生火的人并不是随意把东西磨擦一下就可以得到火的。生火的知识的内容必须包含用什么东西，怎样磨擦，磨擦多久等等许多条件。在这些条件下才能实现磨擦生火的自然原则。这许多物资条件和手艺是技术。技术规定了在一定程序下得到一定的效果。它可决定火生得起生不起来。

在人类生活中，我们并不是为生火而生火的。生火是为了要达到另外的目的：煮饭、取暖、照明、敬神——于是发生了另外一套问题：为了某种用处应当在什么时候、地点、场合、由谁去生怎么样的火？生火在这里已不是一件孤立的活动，而是整个社会制度中的一部分。在和生活的关联上，生火的活动附着了价值观念，有着应当不应当的问题。这是孔子的所谓礼。同一件事，同一种动作，在不同情形中，有时是应当的，有时是不应当的。

"管仲知礼乎?"曰，"邦君树塞门，管氏亦树塞门；邦君为两君之好，有反坫。管氏亦有反坫，管氏而知礼，孰不知礼！"

决定"应当这样不是那样"的是我在本文中所说的规范知识，和技术所根据的自然知识性质上是不同的。

自然知识有正确不正确，不正确就达不到所要的结果。不明白，或明白了不遵守，磨擦生火的技术，结果是生不出火，因之我们不需要另外加一种力量去防止人们不遵守正确的自然知识。规范知识则不然。人们不遵守应当的规范，虽则也会引起有损害于社会的结果，但是这损害并不很容易看到，而且对于个人可能是不受损害的。所以为了保障社会共同生活的人大家的利益，不得不对于不遵守规范的人加以制裁，使"应当这样"成为"不敢不这样"。制裁作用需要威权的支持，威权的来源是社会共同的意志，可是社会上所有的人不能大家参与制裁的工作，所以得把威权授予若干人物去代理大家执行这任务，这种人是相当于上节里所提到的知者。

在一个变动很少的社会中，从实际经验里累积得来的规范时常是社会共同生活有效的指导。规范对于社会生活的功效不但是它存在的理由，也是受到社会威权支持的理由。社会威权的另一面就是人民的悦服。悦服的原因是在从此可以获得生活上的满足。社会结构不变动，规范成了传统，已往的成效是规范取信于人的凭借。

子曰："述而不作，信而好古，窃比于我老彭。"

子曰："甚矣，吾衰也。久矣，吾不复梦见周公。"

子曰："我非生而知之者，好古，敏而求之者也。"

他认为他所做到的不过是把传统说说罢了，传统是古时传下来的规范，周公是传说中创立这些规范的人物。

传统的社会也可以称作威权的社会。在这种只要遵守现存的规范就可以解决生活上各种问题的社会里做人，他们不必去推究"为什么"的问题，只要问"应当怎么办"或是"以前人曾经怎么办的"就够了。"民可使由之，不可使知之"的时代是传统规范有效的时代，也是社会结构不常变动的时代。那时的问题是谁知道规范? 谁知道传统? 他们服从规范和传统，像一个工匠服从技术一般，技术由师傅传授，师傅是知道技术的人，他具有威望。同样的，知道传统的人具有社会的威望。

在这里我得加上一个注解，这威望和政权可以是不同的。我在"论绅士"一文中着重的说，中国的士大夫并不是握有政权的人。在中国政权和这里所讲的社会威权是很少相合的。政权是以力致的，是征服者和被征服者的关系。这里所讲的威权是社会对个人的控制力。儒家固然希望政权和社会本身所具的控制力相合，前者单独被称为霸道，相合后方是王道。但是事实上并没有成功的。孔子始终是素王，素王和皇权并行于天下，更确切一些说，是上下分治。地方上的事是素王统治，衙门里是皇权的统治。皇权向来是不干涉人民生活的，除了少数暴君，才在额定的赋役之外扰乱地方社会的传统秩序。

文字造下了阶级

在生活比较简单的社会里，规范的知识并不是少数人所特有的，凡是在行为上表示出有这种知识就可以享受传统的威权，并不须特殊的资格。

子夏曰："贤贤易色，事父母能竭其力，事君能致其身，与朋友交，言而有信。虽曰末学，吾必谓之学矣。"

没有特殊资格的原因是在每个人都有和这种知识接触的机会。这种知识是在世代间和社会里口口相传，人人相习的。论语开宗明义的第一句里就用习字来说明学。接着提到曾子的三省，最后一条是"传不习乎？"论语里充满着闻、问这一类直接口头交谈的方式。孔子自己是"不耻下问"，"入太庙，每事问"。到现在学术和学问还是相通的。在那时文字显然并不占重要的地位。"行有余力，则以学文。"

但是生活逐渐复杂，去古日远，口口相传的规范发生了派别的出入时，就有"征实"的问题；那时文献才成了定谳的凭证。

子曰：夏礼吾能言之，杞不足征也，殷礼吾能言之，宋不足征也，文献不足故也，足则我能征之矣。

文献却不是大家可以得到的，文字也不是大家都识的。规范、传统、文字结合了之后，社会上才有知道标准规范知识的特殊人物，称之为君子，为士，为读书人，为知识阶级都可以。

我在两篇《论文字下乡》（《世纪评论》二卷，五及七期）里曾说乡土社会是有语无文的。中国的文字并不发生在乡土基层上，不是人民的，而是庙堂性的，官家的。所以文字的形式，和文字所载的对象都和民间的性格不同。象形的字在学习上需要很长的时间，而且如果不常常用，很容易遗忘，文章的句法和白话不同，会说话的人不一定就会作文，文章是另外一套，必须另外学习；文字所载的又多是官家的史记，或是一篇篇做人的道理，对于普通人民没有多大用处的。这类文字不是任何人都有学习的机会。没有长期的闲暇不必打算做读书人。闲暇在中国传统的匮乏经济中并不是大家可以享有的。尽量利用体力来生产的技术中，每个从事生产的人为了温饱，每天的工作时间必然很长，而且技术简单，收入有限，一年中也不能有较长的假期。因之，如我在《禄村农田》里所描写的：生产者没有闲暇，有闲暇的不事生产，生产和闲暇互相排斥。换一句话说，除非一个人能得到生产者的供养，是不能脱离劳作的。在以农为主的中国经济中，这种人大多是地主，而且是相当大的地主，大到能靠收租维持生活的地主。有资格读书的必须有闲暇，只有地主们有闲暇，于是读书人也就限制在这一个经济阶级中了。

孟子所说劳心者食于人的通义，并不是说劳心是一种应该受到供养的服役，食于人是他们应得的报酬，而是说非有食于人资格的不配劳心。

不劳心的人本来并不是非劳心不可的，换一句话说，一个靠着特权而得到生产者供养的人，不但不必有生产所需要的技术知识，也不必有任何其他知识，他可以优哉游哉的过他的寄生日子。如果他这样，他的特权可就不安全了。特权是要靠力量来维持的：暴力、政权或社会威权。文字是得到社会威权和受到政权保护的官僚地位的手段。于是不但只有这种阶级有资格读书，而且这种阶级亦有读书的需要。两相配合而成了这种阶级的特点了。

这种配合的结果却发生了技术知识和规范知识的分化。我的意思是：并不是因为知识本身可以有这两类的分别，好像男女之别一般，发生为社会的分化；而是因为社会上不同的阶级因为他们不同的地位、需要和能力吸收了不同性质的知识，而使上述两种知识分离在两种人里面。

如我在上面所说的，技术知识和规范知识本是相关相联的。但是规范知识和文字一旦结合而成了不事生产者的独占品时，它和技术知识脱离了。这样一脱离，技术也就停顿了。我已说过自然知识一定要通过社会才能被应用而成为有用的技术。社会必须决定某种自然知识怎样去安排到社会制度里来增加哪些人的生活享受。安排这事的人必须是明白技术的人，不然就无从安排起。那些"四体不勤，五谷不分"的人如果有着决定应当怎样去应用耕种技术的权力的话，他只有反对"淫巧"以阻止技术的改变了。现代技术的进步是生产者取得了决定社会规范的权力之后的事。一旦这权力脱离了生产者，技术的进步也立刻停顿。

传统社会里的知识阶级是一个没有技术知识的阶级，可是他们独占着社会规范决定者的威权，他们在文字上费工夫，在艺术上求表现，但是和技术无关，中国文字是最不适宜于表达技术知识的文字！这也是一个传统社会中经济上的既得利益的阶级，他们的兴趣不是在提高生产，而是在巩固既得的特权，因之，他们着眼的是轨范的维持，是卫道的。眼睛里只有人和人的关系的人，他不免是保守的，人和人的关系要安排到调协的程度，必须先有一个安定的基础，这基础就是人和自然的关系。所谓保守是指不主张变动的意思。眼睛里只有人和自然关系的人，单就技术上打算的，他不免是不肯停的，前进的，要变的；在经济，在效率上讲，那是没底的。技术的改变使人和人的关系不能不随着改变，于是引起不断的社会的变动，变动中人和人可能得不到调协，发生冲突，增加生活上的痛苦。中国的传统知识分子是前一种人，他不了解后一种人，因为他们是没有技术知识的人。

现代书生

当中国被西洋的经济政治的扩张力量带进现代世界时，在社会上握着威权，指导着"在下者"应当怎样应付环境的人物，就是我在上面所分析的知识阶级。中国接受外来文化的影响并不自现代始，印度文化曾经有力的进入过中土，但是这种外来文化并没有引起社会结构上的紊乱，也许是因为所传入的正是中国知识阶级所熟习的那一套，象征性的、文字的、思想的那一套。他们明白怎样去应付，怎样去接收，怎样去加以汉化。可是现代从西洋所进来的那一套却不同了。工业革命之后所发生的那一套西洋文化是以自然知识和技术作重心的。那却巧是我们知识阶级的外行，不只是外行，而且是瞧不起的那一套。

文化的传播是受到社会结构的限制的。我们用了这个自然知识和规范知识分化的格局去和西洋文化相接触时，西洋文化的重心也就无法传播进来。中国具有自然知识，依赖技术为生的人，限于他们的财力和社会地位，不容易和西洋文化相接触。他们可以从西洋运来的货品和工具上间接地去猜想西洋的技术，但是很少机会可以直接去传授技术（中国匠人模仿洋货的能力是惊人的）。和西洋文化有机会直接往来，懂他们的文字，能出洋的却多是知识阶级。在这阶级里发生了"中学为体，西学为用"的公式。这公式不过是中国社会结构本身格式的反映。在这公式下，"在上者"看到西洋技术的效用，但是他们依旧要把这种知识割裂于规范知识，他们要维持社会的形态而强行注入新的技术——一件做不通的事。中国知识阶级并不是不能明白西洋也有一套所谓精神文明的。西洋的历、数、哲、理，都比了我们自己的强。这套东西，在纯粹理论方面，是中国传统知识阶级所能接受的。以我个人所熟悉的社会科学说，穆勒、斯宾塞、孟德斯鸠，亚当·斯密等名著很早已有严复的译本。这些理论是工业革命之后西洋现代文明的理论基础，但是当这些理论传进中土，却并没有激起工业革命。这说明了这套理论一定要和现代技术配合了才发生作用，一旦脱离了技术，只成了一篇文章罢了——知识阶级不论看重西洋文化的理论或是技术，他们同样的并不能把握住两者的关联。他们不能这样，因为他们生活所倚的社会结构是一个把知识分化了的结构。

中国知识阶级受着这种传统社会结构的拘束，使他们不能在中国现代化的过程中担当领导的责任。我这样说并不单指已经过去的一代，我很有意思想包括我们自己这一代在内。在我们这一代里，学习工程和技术的人数是多了，他们而且已经有机会直接到西洋去传授。但是当他们学习的时候，他们却时常只注意自然知识和技术，生火怎么生法一类的问题，并不想到火应当生在什么场合里，对于社会的影响怎样。等他们"学成"了衣锦荣归后，他们会一转而成为食于人，治人的人物，他们继承着传统知识阶级的社会地位，是"在上者"。他们的祖宗是没有技术知识的人物，但是他们有适合于当时社会的规范知识。现代的知识阶级有了不加以实用的技术知识，但是没有适合于现在社会的规范知识。这种人物在社会里是不健全的。不健全的人物去领导中国的变迁，怎能不成为盲人骑瞎马？

或者有人会觉得我这种学说是过分的。我但愿如此，希望现代的知识阶级不致这样的不健全。但是我的看法却是从我在现代工厂里观察出来的。在我们所研究过的工厂里，凡是学校出身的，决不愿意当技工，一定要做职员。职员不但是一个社会地位，而是动笔、动嘴、不动手的人物。工程师和技工的区别是前者经过别人的手去运用机器，而后者用自己的手去运用机器的。我们且不必去问一个不直接用自己的手接触机器的人是否真的能熟习技术，我觉得特别关心的是这些学工程出身的工程师并不知道怎么去有效的利用别人的手；那是工厂管理，人事重于技术的职务，也正是中国新工业里最缺乏的人才。

为什么？这是传统的知识分化还是活着的证据。

最近哈佛大学费正清教授曾说：现代技术进入民间是中国现代化最急需做到的事，但是传统的社会结构却一直在阻挠这件事的发生。他是从中国前途着眼而说的。如果我们回头看到知识阶级的本身，我们不免会为他们担心了。以整个中国历史说，从没有一个时期，在社会上处于领导地位的知识阶级会像现在一般这样无能，在决定中国运命上这样无足轻重的。我这篇分析是想答复这个问题：为什么他们会弄到这个地步？

中国知识阶级是否还有前途，要看他们是否能改变传统的社会结构，使自然知识、技术知识、规范知识能总合成一体，而把他们所有的知识和技术来服务人民。我并不敢预言中国知识阶级能做到这自新条件，在我们眼前的似乎一切都向着相反的路上进行。

原载《观察》三卷八期．一九四七，十，十八

礼治秩序（杂话乡土社会）

费孝通

普通常有以"人治"和"法治"相对称，而且认为西洋是法治的社会，我们是"人治"的社会。其实这个对称的说法并不很清楚的。法治的意思并不是说法律本身能统治，能维持社会秩序，而是说社会上人和人的关系是根据法律来维持的，法律还得靠权力来支持，还得靠人来执行，法治其实是"人依法而治"，并非没有人的因素。

现代论法理的学者中有些极重视人的因素。他们注意到在应用法律于实际情形时，必须经过法官对于法律条文的解释。法官的解释的对象虽则是法律条文，但是决定解释内容的却包含很多因素，法官个人的偏见，甚至是否有胃病，以及社会的议论都是极重要的。于是他们认为法律不过是法官的判决。这自是片面的说法，因为法官并不能任意下判决的，他的判决至少也须被认为是根据法律的，但是这种看法也告诉我们所谓法治绝不能缺乏人的因素了。

这样说来，人治和法治有什么区别呢？如果人治是法治的对面，意思应当是"不依法律的统治"了。统治如果是指社会秩序的维持，我们很难想象一个社会的秩序可以不必靠什么力量就可以维持，人和人的关系可以不根据什么规定而自行配合的。如果不根据法律，根据什么呢？望文生义的说来，人治好像是指有权力的人任凭一己的好恶来规定社会上人和人的关系的意思。他们很怀疑这种"人治"是可能够生的。如果共同生活的人们，相互的行为、权利和义务，没有一定规范可守，依着统治者好恶来决定，而好恶也无法预测的话，社会必然会混乱，人们会不知道怎样行动，那是不可能的，因之也说不上"治"了。

所谓人治和法治之别，不在人和法这两个字上，而是在维持秩序时所用的力量，和所根据的规范的性质。

乡土社会秩序的维持，有很多方面和现代社会秩序的维持是不相同的，可是所不同的并不是说乡土社会是"无法无天"，或者说"无需规律"。的确有些人是这样想法的。返朴回真的老子觉得只要把社区的范围缩小，在鸡犬相闻而不相往来的小国寡民的社会里，社会秩序无据需外力来维持，单凭每个人的本能或良知，就能相安无事了。这种想法也并不限于老子，就是在现代交通之下，全世界的经济已密切相关到成为一体时，美国还有大多数人信奉着古典经济学里的自由竞争的理想，反对用人为的"计划"和"统制"来维持经济秩序，而认为在自由竞争下，冥冥之中，自有一双看不见的手，会为人们理出一个合于道德的经济秩序来的。不论在社会、政治、经济各个范围中，都有认为"无政府"是最理想的状态，当然所谓无政府决不是等于"混乱"而是一种"秩序"，一种不需规律的"秩序"，是一种自动的"秩序"的秩序，是"无治而治"的社会。

可是乡土社会并不是这种社会。我们可以说这是个"无法"的社会，假如我们把法律限于以国家权力所维持的规则，但是"无法"并不影响这社会的秩序，因为乡土社会是"礼治"的社会。

让我先说明，礼治社会并不是指文质彬彬，像《镜花缘》里所描写的君子国一般的社会。礼并不带有"文明"、或是"慈善"、或是"见了人点个头"、不穷凶极恶的意思。礼也可以杀人，可以很"野蛮"。譬如在印度有些地方，丈夫死了，妻子得在葬礼里被别人用火烧死，这是礼。又好像在缅甸有些地方，一个人成年时，一定要去杀几个人头回来，才能完成为成年礼而举行的仪式。我们在旧小说里也常读到杀了人来祭旗，那是军礼——礼的内容在现代标准看去，可能是很残酷的。残酷与否并非合礼与否的问题。"子贡欲去告朔之饩羊。子曰，赐也，尔爱其羊，我爱其礼。"恻隐之心并没有使孔子同意于取消相当残忍的行为。

礼是社会公认合式的行为规范。合于礼的就是说这些行为是做得对的，对是合式的意思。如果单从行为规范一点说，本和法律无异，法律也是一种行为规范。礼和法不相同的地方是维持规范的力量。法律是靠国家的权力来推行的。"国家"是指政治的权力，在现代国家没有形成前，部落也是政治权力。而礼却不需要这有形的权力机构来维持。维持礼这种规范的是传统。

传统是社会所累积的经验。行为规范的目的是在配合人们的行为以完成社会的任务，社会的任务是在满足社会中各分子的生活需要。人们要满足需要必须相互合作，并且采取有效技术，向环境获取资源。这套方法并不是由每个人自行设计，或临时聚集了若干人加以规划的。人们有学习的能力，上一代所试验出来有效的结果，可以教给下一代。这样一代一代的累积出一套帮助人们生活的方法。从每个人说，在他出生之前，已经有人替他准备下怎样去应付人生道上所可能发生的问题了。他只要"学而时习之"就可以享受满足需要的愉快了。

文化本来就是传统，不论哪一个社会，绝不会没有传统的。衣食住行种种最基本的事务，我们并不要事事费心思，那是因为我们托祖宗之福，——有着可以遵守的成法。但是在乡土社会中，传统的重要性比起现代社会更甚。那是因为在乡土社会里传统的效力更大。

乡土社会是安土重迁的，生于斯、长于斯、死于斯的社会。不但是人口流动很小，而且人们所取给资源的土地也很少变动。在这种不分秦汉，代代如是的环境里，个人不但可以信任自己的经验，而且同样可以信任若祖若父的经验。一个在乡土社会里种田的老农所遇着的只是四季的转换，而不是时代变更。一年一度，周而复始。前人所用来解决生活问题的方案，尽可抄袭来作自己生活的指南。愈是经过前代生活中证明有效的，也愈值得保守。于是"言必尧舜"，好古是生活的保障了。

我自己在抗战时，疏散在昆明乡下，初生的孩子，整天啼哭不定，找不到医生，只有请教房东老太太。她一听哭声就知道牙根上生了"假牙"，是一种寄生菌，吃奶时就会发痛，不吃奶又饿。她不慌不忙地要我们用咸菜和蓝青布去擦孩子的嘴腔。一两天果然好了。这地方有这种病，每个孩子都发生，也因之每个母亲都知道怎样治，那是有效的经验。只要环境不变，没有新的细菌侵入，这套不必讲学理的应付方法，总是有效的。既有效也就不必问理由了。

像这一类的传统，不必知之，只要照办，生活就能得到保障的办法，自然会随之发生一套价值。我们说"灵验"，就是说含有一种不可知的魔力在后面。依照着做就有福，不依照了就会出毛病。于是人们对于传统有了敬畏之感了。

如果我们在行为和目的之间的关系不加推究，只按着规定的方法做，而且对于规定的方法带着不这样做就会有不幸的信念时，这套行为也就成了我们普通所谓"仪式"了。礼是按着仪式做的意思。礼字本是从示。是一种祭器，示是指一种仪式。

礼并不是靠一个外在的权力来推行的，而是从教化中养成了个人的敬畏之感，使人服膺；人服礼是主动的。礼是可以为人所好的，所谓"富而好礼"。孔子很重视服礼的主动性，在下面一段话里说得很清楚：

颜渊问仁。子曰，"克己复礼为仁。一日克己复礼，天下归仁焉。为仁由己，而由人乎哉?"颜渊曰，"请问其目。"子曰，"非礼勿视，非礼勿听，非礼勿言，非礼勿动"。颜渊曰，"回虽不敏，请事斯语矣。"

这显然是和法律不同了，甚至不同于普通所谓道德。法律是从外限制人的，不守法所得到的罚是由特定的权力所加之于个人的。人可以逃避法网，逃得脱还可以自己骄傲、得意。道德是社会舆论所维持的，做了不道德的事，见不得人，那是不好；受人吐弃，是耻。礼则有甚于道德：如果失礼，不但不好，而且不对、不合、不成。这是个人习惯所维持的。十目所视，十手所指的，即是在没有人的地方也会不能自已。曾子易簧是一个很好的例子。礼是合式的路子，是经教化过程而成为主动性的服膺于传统的习惯。

礼治在表面看去好像是人们行为不受规律拘束而自动形成的秩序。其实自动的说法是不确，只是主动的服于成规罢了。孔子一再的用"克"字，用"约"字来形容礼的养成，可见礼治并不是离开社会，由于本能或天意所构成的秩序了。

礼治的可能必须以传统可以有效地应付生活问题为前提。乡土社会满足了这前提，因之它的秩序可以礼来维持。在一个变迁很快的社会，传统的效力是无法保证的。尽管一种生活的方法在过去是怎样有效，如果环境一改变，谁也不能再依着老法子去应付新的问题了。所应付的问题如果要由团体合作的时候，就得大家接受个同意的办法，要保证大家在规定的办法下合作应付共同问题，就得有个力量来控制各个人了。这其实就是法律。也就是所谓"法治"。

法治和礼治是发生在两种不同的社会情态中。这里所谓礼治也许就是普通所谓人治，但是礼治一词不会像人治一词那样容易引起误解，以致有人觉得社会秩序是可以由个人好恶来维持的了。礼治和这种个人好恶的统治相差很远，因为礼是传统，是整个社会历史在维持这种秩序。礼治社会并不能在变迁很快的时代中出现的，这是乡土社会的特色。

原载《世界评论》二卷十六期，一九四七，十，十八

论保长

——"从社会结构看中国"之三

胡庆钧

保长，这些活跃于法定行政机构里面的基层人物，它的出现是依托一套被称为"保甲制"的制度，这一种制度又产生在中国的历史传统里。保长的存在究竟是表示中国民主政治的新生？还是一个自上而下的权力系统，在地方自治的美名下，用它作为控制人民的工具？让我们从现行制度的源流与保长实际的扮演里，去了解它的特性。

苦难的产儿

保长这一个名目本孕育在苦难中国的历史因缘里，它的最初出现是见之于众所皆知的宋熙宁间王安石"变法"，安石变法的动机是由于当时国势的羸弱，强敌压境，内政不修。他认为主要是因为旧兵制的腐败，既不足以击外侮，又无能保卫闾里；这样，安石就适应了当时环境的需要，制定了"保甲新法"。新法的要点一是编人民户籍，以防容隐奸徒；二是籍编义勇民兵，改革原有兵制；保长就是在这种保甲制里适逢其选的人物。

我们追述保长的这段根源就指明它背负着中国的历史传统，现代保甲制的复活，更证明它是一个苦难的产儿。继随在外患、朝代更迭和军阀混战的长期内乱之后，民国十六年的国共分裂又使南中国重新陷入战争的灾难里面。为了应付当时剿匪区域的实际需要，保甲制即产生在二十一年豫鄂皖三省剿匪总司令部的一纸公文。这一次的出现显然不是历史的巧合，而是因为当时的局势，正有类乎八百多年的以前的熙宁时代，保甲制度的功能就可以从保甲新法里面得到应有的解释。

通过剿匪总司令部对各省政府的训令，在兵荒马乱之际，保甲制度得到很迅速的推广，这个由上级政府向下推行的政制，以编户籍与练民兵为主要工作的基层行政机构，它就把先前呼喊了多年而略具幼苗的地方自治一笔勾消，代替了它的地位。后来，这种主张似乎不足以成为民主国家的政法设备，于是，这个一手由军事机构呵护的宠儿，又披上了民主的外衣进入地方自治的范围之内。民国二十三年二月，经过中央政治会议通过，由行政院公布的"改进地方自治原则"，规定了"将保甲容纳自治组织之中，乡镇内之编制为保甲"一条根本原则。立法院根据了这个原则也将县自治法予以修正。经过这次的确定之后，保甲便成了县地方自治组织的基层单位，代替了旧制的闾邻。这个原则在二十八年九月公布的县各级组织纲要中还沿用着，成功为今天的新县制。

从二十一年到现在，保甲制从豫鄂皖赣四省开始，逐渐向各省推广。虽然各省推行保甲制的时期不一，好比云南直到二十六年才改用保甲的编制。可是现在除了边疆的盟旗、政教、部落、土司制度之外，保甲制已经风行在内地中国的每一个角落。不用说，这个孩子已经由褴褓孩提而进入少年时代；可是在这前后十五年当中，经历了剿共、抗战和正在进行中的内战三个阶段，保长还是一个在苦难中成长的儿子。

没有民主的传统

保甲制没有民主的传统，保长也不是民主的儿女，我这样说并不是存心跟保甲制度或者保长开玩笑，我知道保长是当前地方自治行政机构里面的基层人物。但是我们要了解保长的特性和他在政治上的地位，以及当前的尴尬局面，必须了解他所依附的制度所具的特质，而这种特质不是从当前保甲制的民主形式所能了解的。

要了解保甲制的特质还可以从历史的传统里去追寻，可以称为类似保甲的制度在周朝便已开始，这就是当时的乡遂制和稍后管仲的轨伍制，商鞅的什伍制等。自周秦以至现在，这一连串的政治制度一进入统治者的权力系统里面，便被作为统治的工具。闻钧天先生说：

"此法制之精旨，在周之政主于教，齐之政主于兵，秦之政主于刑，汉之政主于捕盗，魏晋主于户籍，隋主于检查，唐主于组织，宋始正其名，初主以卫，终乃并以杂役，元则主于乡政，明则主于役民，清则主于制民，且于历朝所用之术，莫不备使。"（见闻著《中国保甲制度》第二页）

这一段分析也证明历朝的类似保甲制，制法者的本意原在把它作为行使政权的一个手段，用以达到管教人民的政治目的。自然，在当时的农业社会里面，特别是逢到承平的时代，统治者既不容易也不太需要对农民作如何严密的控制；也由于时代的着重点不同，此起彼落，在不同的地区也难普遍设立县级以下的基层施政机构，地方自治的权力机构就在这种条件下得到伸张。好比清代因袭宋明旧制，在县级以下原有保正乡约的设置，可是实际上并没有普遍认真的推行。有些省份就由氏族组织代行其事。有些省份好比云南，乡约变成传统地方权力结构里面的人物，由人民自己选举，政府非但不加以干涉，反而利用这套机构作为推行政令的工具。

民国二十一年公布的保甲制却显然不注重清末以来注重自治的情势，而在继承以此为控制人民工具的传统。由剿匪总司令部为编查保甲户口条例颁发到各省政府的文告里面，一再强调保甲制的设立在自卫而不在自治，并且认为全民政治"非目前漠视政治未经训练之人民所能行使，尤非各匪区荡析流离之农村民众所乐与闻"。这种自卫组织应"多由委任，因有命令服从与统驭便利之关系"。

现代的保甲制依照政府的规定，以户数为单位，在一个地理区域或者社区上加一层法定的规划，"十户为甲、十甲为保"是一个共同的原则。户数和地域两个因素描写了保甲组织的性质，保甲组织是在同一地区内有一定户数的公共团体。

根据二十三年行政院公布的改进地方自治原则，保甲制虽然进入地方自治的范围里面，可是保甲如何组织？组织的动力如何？政府的规定与编制都指明它不是一个人民自动组成的团体。在实际的行政里，一个保长究竟具备了多少民主的素养？他是一个怎么样的出身，他做了多少可以符合地方自治的事业？我想在这里用不着解释，聪明的读者一定可以为我找到解答。我在这里只要指出：从抗战开始一直到今天，在"军事第一"的口号下，当前的情势与需要和民国二十一年相较，实在有过之而无不及！在客观的情势下保甲制决不会中途变质，十五岁的保长是从呱呱堕地时长大的。

平庸的出身

我们从历史传统和现实情境里分析了保长所依附的制度，现在要进而描绘所谓保长的这一流人物，这里首先提到保长的出身，看这一个中国政治的基层人物，究竟有多少政治资本？

中国传统社会里很早就分化出两种人，这就是现在所习知的绅士与农民。组成农业社区的分子大多数是在田地里直接生产的农民，而绅士却是主要依赖地租为生的少数知识地主或退隐官吏。绅士与农民代表两种不同的经济基础、生活程度与知识水准，他们是上与下、富与贫、高贵与卑微的分野，在传统的社会结构里，具有声望的人物不是农民而是少数的绅士。

如果具有声望的绅士对于保长这份差事还感觉兴趣，很自然的上级政府会要把这份头衔加在他们的身上，可是，在我的记忆所观察到的事实里，只知道前几年为了示范的作用，成都市曾经选举过大学教授和政府官吏担任过保长外，在辽阔而广大的农村里面，担任保长的并不是属于绅士这一流人物。

绅士不愿意当保长，这份头衔便推到农民以及绅士和农民之间的人物身上，这些介乎农民和绅士之间的人物，可以是比较清正的小学教师，也可以是专爱打听是非脱离农作的闲人，也可以是做小本买卖的行脚商人，这些形形色色的人都不过是"平庸的出身"。

绅士为什么不愿意当保长？我在云南农村调查时曾经问过许多人，一个普遍的回答是："这职务与绅士的身份不合！"这句话是对的，可是要了解这句话，却须知道保长的地位与他所担任的工作。

一个保长摆在政府的行政系统里面，他是一个最起码的芝麻小官，从中央而省、县、乡、保，一字排下来这么许多的顶头上司，"等因奉此"与"仰即知照"，保办公所变成了"仰止堂"。绅士大体上是一个有钱有势的人，他这份钱势就靠自己在传统社会结构里面的权力维持，而这种权力在上级政府的统一之下，只希望得到政府官吏的支持却不愿意受政府权力的干涉。这一个芝麻小官的地位，既不能够装潢自己，却徒然把自己推到政府权力的直接压迫下面，这是绅士所不愿的。绅士在这里表现了他的巧妙才智，把农民一类的人物推了出来，让他出面，自己在幕后作一个牵线人，握住了行使公务的权力。于是，保长的地位就在这里面更贬了值，一个保长不是真正的一保二长，他所做的工作尽是些琐碎的技术事。好比征粮、派款、捉兵拉夫等等，事情烦琐得可怕，他没有权力，除了奉行政府的命令外，还得受绅士之命而工作。

虽然，现在有些地区保长的产生已经具有民主政治的形式，这就是经由保民大会选举，可是这种"选举"的保长也决不会挨到绅士的头上。据我个人在云南农村里的观察选举保长不过是个虚名，在寥寥数人的所谓"保民大会"里，绅士就可以当场指定谁出来当保长。

平庸出身的保长没有雄厚的政治资本，在县长甚至乡长的眼睛里，保长是一些卑微不足道的人物，以这种"不受尊重"的人来担任推动地方自治的基层行政重任，我怎能不为中国的民主政治叫屈！

政治地位

不雄厚的政治资本也无法提高保长的政治地位，他得同时侍奉两个上司：一是上级政府，一是地方绅士。面对着政府权力所代表的统治者的利益，绅士权力是代表地方利益的，两者常易形成对立的局面，保长就得在这两种权力的夹缝里面工作。一个成功的保长是如何在政府权力与绅士权力之间求取平衡，这就是一方面推行政府的功令，一方面顾及地方的利益。可是，保长又如何能够在两者之间讨好！

我们在前面说过：保长是个苦难的儿子，保甲制成长在干戈纷扰的局面之内。上级政府为了加强动员和管制一切的人力物力，以达到某种的目的，政府权力就一天一天的往下面伸张，这种伸张的结果使保长慌忙的几乎尽是上级政府委托的公事。在许多场合下，绅士权力便在一天一天的萎缩。若使政府公事太侵犯绅士所代表的地方利益，绅士要提出反对，也决不敢公开指摘，只能用拖延的方式或暗中向政府官吏疏通说情。

不管是"民选"或者经过绅士指定的保长，他都得经过上级政府的委任，进入政府行政机构的系统里面。在政府权力伸张绅权萎缩的情形下，他尽可以倒在政府的怀抱里，或者站在行政人员的立场上来地方办"公事"，保长是可以不顾地方利益，或者借着奉令征兵派款的名义，滥收征粮，以求中饱，现实政治里正不乏这种的例子。一个想从这里面获取利益的人，他就可以活动当保长，活动的方法甚至不惜出钱向官绅贿赂，这样的保长也就成为众人诅咒的对象。

若使保长是一个外乡人，我想这种狐假虎威营私舞弊的现象也许要变本加厉，可是保甲制却规定保长要由本地人担任。保长既是本乡人，有着一份乡梓情谊，同时也得顾及地方团体的社会约束力量，使他们行事都不能不考虑几分，这就加深了保长的矛盾与痛苦。以一个忠实于地方的农民出任保长，他若是对上级政府的公事推行不力，或者无能为力时，他就得随时请进县政府的班房，甚至丢掉了自己的性命。一个县长不敢随便得罪有力的绅士，他却可以捕杀违命的保长，因征兵派款不力被押致死或者逼死的保长何止多少，保长真是一个苦差！

保长所担任的工作和他今日的政治地位，已经是一个正流之士望而却步的陷阱，这就解释为什么人们一提起保长，除了漠不关心之外，往往还夹杂着可恨和可怜。出任保长的人物，不是想从中捞一笔油水的巧滑，就是些目不识丁的忠厚农民，这种局势如果继续下去，保长的品质还在一天比一天的低下，他们的出身平庸且更平庸。

保长与乡约

现实基层行政机构里的保长有他的特色，这特色我们若是和旧制的乡约加以比较，就更容易使我们了解。

我们在前面说过：保正乡约原是满清政府参据宋明旧制，在县级之下所设置的基层行政人员。可是，在当时农业社会的承平时代，并不需要对农民作如何严密的控制，"政简民轻"的哲学也容许人民有更多的自由。满清政府并没有严格推行它所制定的"保甲法"，当时的编制原是十家为牌，牌设牌头；十牌为甲，甲设甲长；十甲为保，保设保正。可是这种制度一进入氏族组织严密的社会，日久就湮没不彰。在氏族组织不严密的社会，好比云南东部的农村，这种编制虽然存在，但因满清政府的放任政策，编制就逐渐溶入人民自动的组织里，变成了传统地方权力结构的骨架，这就是现在的公家与会牌。一个村落是一个公家，按村落的大小，公家编成一甲或数甲，会牌就是甲下的牌，乡约是在村落的公家机构内执行公事的人物，他的地位出身就等于现制的保长。

承平时代的乡约所担任的公务并不如今天的庞杂，当时上级政府委托的公务普通只有催租催粮，承办差徭。在合理的制度下，每个乡约对于他自己所担任的工作就当能够胜任愉快。可是，皇权统治所培植的官僚作风，规定一个县官出来也得坐八人大桥，鸣锣开道。过境的官吏所需要的差徭更多，这些差徭都通过乡约在各村居民中派给。乡约的办事稍有失误，往往得受县府差人的逮捕与吊打。另一方面，地方绅士的权力多少都带着封建的色彩，对于政府规定的钱粮向不缴纳，这份钱粮得由乡约从中贴补。乡约也得随时侍奉在管事绅士的左右，绅士进茶馆喝茶，或者上馆，都常常接受乡约的招待。因此只要论着乡约，便注定是一个贴钱挨打的苦差。云南呈贡安村观音寺嘉庆七年的石刻碑记上，有下面的几句话：

"古者保长之设，所以卫民而非以病民，后世公务日繁，差徭渐冗，躬肩厥任者，每有遗大投退之患：……每遇替任之年，或防患而贿赂求免，或畏难而逃避他乡。愁苦之状，莫可胜言！因而互相酌谢，约为善处，本寺中无论士庶，每月公捐钱文，送宗二根，将所获钱银，制卖田亩，收积租息，帮贴保正，以供差徭之需。"

乡约进入了传统地方权力结构里面，他的职务是由地方绅士所指派，没有受到政府的委任。现在的保长可不这样，他已经进入政府行政机构里面，是经过政府委任的人物，这就是乡约和保长显著不同的一点。因此，一个乡约的痛苦始终是痛苦，贴钱、挨打，只能自认晦气，除公家规定的贴补数字外，可不敢随便开罪绅士，更不敢向人民有所摊派。一个保长的痛苦也许还夹杂着快乐，他可以"公事公办"，谁不完粮纳税，他可以据实呈报，县府征收员与枪兵就可进到抗粮人的家里。政府有什么需索，他可随时向人民派款、一个保长每月的办公费并无具体的规定，也没有薪饷，可是他不愁自己会要贴钱。一个不能派款，一个随便派款，这就描写了权力来源的不同，也描写了乡约与保长的不同！

从乡约到保长，从差徭租粮到苛捐杂税，征兵派款，客观的情势与保长的工作注定了他不是一件民主的差事。保长如何能民主？保长如何能是民主的儿女？保长的存在如何能象征中国民主政治的新生？

原载《观察》三卷十七期，一九四七，十二，廿

论师儒

——"从社会结构看中国"之四

费孝通

我在《论绅士》一文（《观察》三卷二期）中曾说："这种仍被称为士大夫的人物，自从封建解体之后，一直没有握过政权。"我所谓政权并不指做官，而是国家的主权。在封建时代，主权属于贵族；在朕即国家的皇权时代，主权属于帝皇。中国历史上不但没有过士大夫阶层共同握有主权的时期，甚至可以说，以士大夫个人身份占有皇权的事例也是罕见的。这被视为篡逆的行为，不但不受士大夫阶层的支持，而且是认为不应当的。士大夫阶层从没有过以夺取政权为目的的运动。在政治史上，他们是消极的，不是一个争斗的力量。这个阶层在经济结构中是中国农业社会里的特权阶层（关于这一点留在以后续论），在地方社区生活中是社会威权（见《论知识阶级》），可是在政治上他们却并不和帝皇夺取政权，在中国历史从来没有发生过有如英国大宪章一类的事情，怎么会这样的呢？儒家思想里的道统观念，在我看来是形成这事实的一个因素。维持道统的是师儒。本文就想分析师儒这种人物和皇权的关系。师儒这种人物的创始者，也是模型，是孔子。所以我们不妨从孔子说起。

一个过渡人物的象征

孔子在血统上是一个谜。这个谜并不是偶然的，正象征了士大夫社会地位的谜。从社会史演变中的重心说，从部落的文化英雄燧神、神农、嫘祖，传到部落的政治领袖五帝，再传则是封建的帝国——这个系统：尧、舜、禹、汤、文、武，都是在朝的，而且是帝皇。到周公，发生了一点变化，就是在封建宗法上并没有做皇帝资格的王叔却执了政权。这固然并不是说从周公确立了贵族主权的政治，但是从系统的传袭上却发生了新的意义，重心开始离开了帝皇，转入其他人物的手上。孔子的潜意识里念念不忘的是这象征着历史中心转移的周公。可是周公只表示了皇统和道统的分离，所分离的也极几微，只是个开始，到孔子才把这趋势实现。在这转移中，富于象征作用的"万世师表"应当是怎样一种人物呢？孔子出生之谜，在这里有了意义。

正史说孔子是贵族之后。在封建体系中，他是微不足道的，和周公比相差太远了。在道统依附在皇统的时代，孔子是无法从血统的身份上得到这"统治"的，于是传说发生了，这传说得为孔王找一个离开封建系统的来源。史记上对于孔子的身世就出现可疑之处。先说是野合，再说是他母亲不把父亲的墓地告诉他。后来即母亲死了，别人向他说了，才合葬。孔子的出身据说当时也曾有人怀疑："季氏飨士，孔子与往"——这是说孔子自认是贵族之后，可是，"阳虎绌曰，季氏飨士，非敢飨子也。"——这是说不承认他。

如果要孔子说周公传道统，一方面要表示他血统里有贵族的素质，可是又要他把道统和皇统分离，另一方得表示他另有来源：史记上说是"祷于尼丘得孔子"——这是神授；外史称履大人迹，更把这神授的意思提得清楚一些。

孔子自知是一个转变中的人物，一个射封和非封建之间的接头。下面一段话形容得酷肖：

"孔子适郑与弟子相失。孔子独立郭东门。郑人或谓子贡曰：'东门有人，其颡似尧，其项类皋陶，其肩类子产，然自腰以下，不及禹三寸，累累若丧家之狗。'子贡以实告孔子。孔子欣然笑曰：'形状末也而谓似丧家之狗，然哉，然哉。'"

这是一幅人首狮身的图画。帝皇、贵族、大臣、平民的杂糅物——一个过渡人物的象征。

用之则行舍之则藏的卫道者

皇统和道统的分别是儒家政治理论的基础，也是中国传统政治结构中的一个重要事实。和西洋中古时代的政治和宗教的分权有相似之处，但也不完全相同。在理论上，耶稣说："恺撒的物当归给恺撒，上帝的物当归给上帝。"他也是指权力的双重系统。有一次祭司长和文士并长老责问耶稣，"你仗着什么权柄做这些事？"耶稣问他们："约翰的洗礼是从天上来的，是从人间来的？"这些人不肯回答。耶稣说："我也不告诉你们，我仗着什么权柄做这些事。"——这里说明了在耶稣的眼睛里作事的权柄有两：一种是从天上来的，一种从人间来的。

两者可以并行。但是欧洲中古的历史里人间的权力却降服在天上的权力之下，降服在宗教之下的皇权。政教分离的结果是民权的抬头。在西洋政治意识中，权力不从天上来就得从人间来，人间即是民间；在他们似乎不易有"天纵神明"的自足的皇权。

在中国，孔子也承认权力的双重系统，但是在他看来，这两个系统并不在一个层次里，并不是对立的，也不必从属的，而是并行的，相辅的，但不相代替的。恺撒的一个系统，就是皇统，是相同的；而另一系统在西洋是宗教，或是教统；在中国却并不是宗教，是道统。有人把儒家看成宗教，或是无神之教，因为他自成一个系统，不过这系统和教统有性质上的区别，区别也不只是理论里有没有个神，而且在和人类行为的关系上。耶稣的确用一种权柄，做一些"事"，因之在大家要做事的领域里，上帝和恺撒最后还是会冲突的。突冲的结果是有一个克服另一个。在我们，道统是一个"理"，一个应当这样做的规范，一个依着这样做就能王天下的路子，并不是"事"，因为按不按理做和有没有理是分得开的。事归皇统，而理则归道统。这一点孔子说得很清楚：

孔子曰："回，诗云'匪兕匪虎，率彼旷野'吾道非耶，吾何为于此？"颜回曰："夫子之道至大，故天下莫能容。虽然，夫子推而行之，不容何病？不容然后见君子。夫道之不修也，是吾丑也。夫道既已大修而不用是有国者之丑也。不容何病？不容然后见君子。"孔子欣然而笑曰："有是哉！颜氏之子，使尔多财，吾为尔宰。"

这里说明事实上在"匪兕匪虎，率彼旷野"的乱世，这还是可以"既已大修"的，那是说事与道是两桩事，道是可以离事而修的。道修之后，用道于事，并不是"不在其位"的人的责任，而是"有国者"的责任。"有国者"可以用道，也可以不用道；"不在其位"的维持道统者可以设法"推而行之"，以见"容"于有国者，但是却不能直接行于事。所以"推而行之"只在取得有国者的"用之"的一层里，而并不进入"仗着权柄，做这些事"的一层里。皇统和道统，一是主动，一是被动；所以站在被动的地位才会有"用之则行，舍之则藏"。用舍是有权的，行藏是无权的。

在持执规范的人看去，实际的政治有些和有时是合于规范的，有些和有时是不合于规范的，于是分出"邦有道"和"邦无道"。尧舜是有道的例子，桀纣是无道的例子。皇权可以失道，当失道之时，卫道的人并没有意思去改正它，只要勤于自修，使这规范不湮灭。依孔子的看法，明白规范的人可以在被用的时候把道拿出来，不被用的时候好好的把道藏好。师儒就是和这道统不相离的人物。皇权和道接近时，师儒出而仕，皇权和道分离时，师儒退而守。所以他一再说：

"笃信好学，守死善道。危邦不入，乱邦不居。天下有道则见，无道则隐。邦有道，贫且贱焉，耻也；邦无道，富且贵，耻也。"

"邦有道，谷；邦无道，谷，耻也。"

"直哉史鱼，邦有道，如矢，邦无道，如矢，君子哉蘧伯玉，邦有道则仕，邦无道则可卷而怀之。"

道统消极的等待机会

关键是在皇统和道统怎样接得通。师儒的理想是王道，王道可以说就是皇统加道统。怎么去实现这理想呢？这里埋着孔子的矛盾。他是封建的后裔，他注意社会秩序，一个定于一尊，按着礼治的秩序，静态的社会。封建的传统使他想不到皇统可以脱离血统，静态的理想使他厌恶改变社会结构的革命，这是这过渡人物的上半身。因之他对于皇统是看成既成和不变的因素。可是同时他又以道统自负，死守那个王天下的理，也是不能变的。对于这一层子贡曾劝过孔子，而孔子很固执。

子贡曰："夫子之道至大也，故天下莫能容夫子。夫子盍少贬焉。"孔子曰："赐，良农能稼而不能穑；良工能巧而不能顺；君子能修其道，纲而纪之，统而理之，为容。今尔不修尔道，而求为容，赐，而志不达矣。"

这样说来，这两个不变的因素怎能碰头呢？于是要等机会了。一方面要有耐性的等待，一方面要不辞劳苦的游说。他等待的心情在和子贡的谈话中说得很露骨：

"子贡曰：'有美玉于斯：韫椟而藏诸，求善贾而沽诸？'子曰：'沽之哉，沽之哉，我待贾者也。'"

孔子的周游列国，据史记，他曾"干七十余君""君命召，不俟驾行矣"。他那种不肯错失机会的心情在下列一段《史记》的记载中更可见到：

"孔子年五十，公山不狃以费畔季氏，使人召孔子。孔子循道弥久，温温无所试，莫能己用。曰：'盖周文武起丰镐而王，今费虽小，傥庶几乎？'欲往。子路不说，止孔子。孔子曰：'夫召我者，岂徒哉。如用我，其为东周乎。'然亦卒不行。"

当孔子得到了有人用他的时候，他是想做事的：

"孔子年五十六，由大司寇行摄相事，有喜事。门人曰：'闻君子祸至不惧，福至不喜'。孔子曰：'有是言也。不曰，乐其以贵下人乎？'于是诛鲁大夫乱政者少正卯。与闻国政三月，粥羔豚者弗饰贾。男女行者别于涂，涂不拾遗，四方客至乎邑者不求有司。"

但是像孔子所代表的儒夫在别人眼中却是："滑稽而不可轨法，居傲自顺，不可以为下。崇丧遂哀，破产厚葬，不可以为俗。游说乞贷，不可以为国。"所以尽管有耐性，尽管到处碰机会，与闻政事的机会还是不多。即使碰着了，如果不把皇统屈服，还是没有把握使王道能继续下去的。孔子自己还是"优哉游哉维以卒岁"的离开了鲁国。他感慨得想"乘桴浮于海"。但是如果他真的三年有成，怎样呢？他在窦鸣犊、舜华之死看到了所谓学而仕的师儒人物的结局了：

"孔子临河而叹曰："美哉水，洋洋乎？丘之不济此，命也夫？"子贡趋而进曰："敢问何谓也？"孔子曰："窦鸣犊、舜华，晋国之贤大夫也。赵简子未得志之时，须此两人而后从政。及其已得志，杀之，乃从政。丘闻之也：刳胎杀夭则麒麟不至郊。竭泽涸渔则蛟龙不合阴阳。覆巢毁卵则凤凰不翔。何则？君子讳伤其类也。夫鸟兽之于不义也，尚知避之，而况丘乎？"

可是这教训并不能改变孔子对政权的消极态度，因为他和以后的士大夫一般认为"道理"可以存在于"真际"，不必一定要出现于"实际"。让我再引一段史记来点出这种儒家的基本的看法：

"及西狩见麟，曰：'吾道穷矣。'喟然叹曰：'莫知我夫'？子贡曰：'何为莫知子？'子曰：'不怨天，不尤人，下学则上达，知我者其天乎！''不降其志，不辱其身，伯夷、叔齐乎！'谓'柳下惠，少连降志辱身矣。'谓'虞仲、夷逸隐居放言，行中清，废中权。''我则异于是，无可无不可。'子曰：'弗乎，弗乎！君子病殁世而名不称焉。吾道不行矣，吾何以自见于后世哉？'乃因《史记》作《春秋》。"

《春秋》是一部政治典范，但存在于真际，不必存在于实际的。所谓道统和皇统也就平行着。孔子的尊号是"素王"。这个没有位的"王"是中国政治概念中的特色。这也是我所谓士大夫没有握过政权的意思。素王的后裔是师儒。

奉天以约制皇权企图的流产

道统如果永远不能控制皇统，尽管在道统的立场骂这些失道的有国者不知耻，皇统自己并不觉得如此。邦无道时，师儒们固然不妨把道卷而怀之，可是其如苍生乎？师儒们尽可以说："天之未丧斯文也，匡人其如予何？"但是同样可能的是："天之将丧斯文也，后死者不得与于斯文也。"这是说师儒们并不是月亮上的人物：世界上好，下一次凡；世界不好，拂然上天。皇权的统治是"率土之滨，莫非国土"。道统可以自求不辱的合则留，不合则去。皇统却"有着权柄做这些事"，他可以烧书坑儒，可以兴文字狱，可以干涉道统。孔子的矛盾并没有解决。只要是在一个世界上，道统和皇统在实际上是无法各行其是的。道统不争皇统，皇统却可压迫甚至消灭道统。如果情形是这样，师儒们怎么办呢？积极的出路是走上西洋的方向，制约皇权，把皇统压在道统之下。但这和封建里所养成的传统不合，在中国过去的历史上并没有采取过，所采取的却是另一套。

孔子呼天，这个天是空洞的，即使有知也是不干涉人事的。可是在到了道统被压迫得没有翻身的时候，这个天却被请出来干涉人事了。孔子的道统是没有权柄的，不做什么事的，做事的只有皇统。但到了董仲舒手里，道统却直接通了一个干涉人事的天了。孔子的春秋和董仲舒的春秋因之也有了这基本的差别。董仲舒吓唬皇权说：

"臣谨案《春秋》之文，视前世已行之事，以观天人相与之际，甚可畏也。国家将有失道之败，而天乃先出灾害以谴告之；不知自省，又出怪异以警惧之，尚不知变，而伤败乃至。以此见天心之仁爱人君，而欲止其乱也。

臣谨案《春秋》之文，求王道之端，得之于正。正次王，王次春。春者天之所为也，正者王之所为也。其意曰：上承天之所为，而下以正其所为，正王道之端云尔。……，孔，曰：凤鸟不至，河不出图，吾已矣夫。自悲可致此物，而身卑贱，不得致也。今陛下贵为天子，富有四海，居得致之位，操可致之势，又有能致之资，行高而恩厚，知明而意美，爱民而好士，可谓谊主矣。然而天地未应而美祥莫至者，何也？凡以教化不立，而万民不正也。……是故南面而治天下，莫不以教化为大务，立太学以教于国，设庠序以化于邑。"

在董仲舒的公式里，上是天，中是皇，次是儒，末是民。他抬出天来压倒皇权，使皇权得有所畏。谁知道天意的呢？那是师儒。他特别注重师道，师道必须归于一统，然后才能代表天意。这一点和从民意去看天意的民主萌芽是不同的，虽则大家都保留着听不听天意的权柄给皇权。依着董仲舒所代表的天人之际的符兆主义，师儒不过是帮着皇权去应天。天要降刑罚时，并不用民，而用自然的灾异，先是警告，然后是打击。在这套理论中，虽则对皇权增加了一项压力，但是利用这压力的并非师儒，更非人民。

如果董仲舒再走一步，也许可以到宗教的路子上去，就是由师儒来当天的代表，成为牧师，或主教。师儒再加组织，形成一个教会，获得应归于上帝的归之于教会的权柄，发展下去，可以成为西方的政教关系。但是这并没有发生在中国历史上。董仲舒的灾异说发展到不利于皇权时，先就受到压迫。

仲舒治国，以春秋灾异之变，推阴阳所以错行。故求雨，闭诸阳，纵诸阴，其止雨，反是。行之一国，未尝不得所欲。……先是辽东高庙、长陵高园殿灾，仲舒居家，推说其意，草稿未上。主父偃候仲舒，私见，嫉之，窃其书而奏焉。上召视诸儒。仲舒弟子吕步舒，不知其师书，以为大愚。于是下仲舒吏，当死，诏赦之。仲舒遂不敢复言灾异。

灾异论虽则没有做到控制皇权之功，但是给民间一个重大的刺激，因为这种理论把皇权的绝对性给打击了。如果"天厌之"时，皇权就得改统。于是在汉之后，每一次皇权的动摇，农民的暴动都得借符瑞来取信于民。这也表示了这种理论被民间所接受的情形。灾异论成了改统的根据，但没有改变皇权的性质。

道统被出卖

和董仲舒同时的，徙董仲舒到胶西去的阴谋家公孙弘，也是学《春秋》的儒者，但是他却另开出一条纳师儒入官僚的道路。在当时正统的儒林看来，是出卖了孔子卫道的传统。不肯迁就皇权的九十老人辕固生，罢归的时候，公孙弘侧目而视固。"固曰：公孙子务正学以言，无曲学以阿世！"师儒有着维持道统的责任，不能投机。但是以曾做过狱吏，又牧过豕的卒伍身分致显朝廷，封为列侯，做到宰相的公孙弘却并不这样看。他看到的是出卖道统，依附皇统的投机利益。其实这是早就注定的命运：孔子的矛盾，只有两个可能的解决，一是道统制服皇统，一是皇统制服道统。辕固生、董仲舒不肯甘服，被放逐了，公孙弘甘服了，做到宰相。

公孙弘所主张的是由皇权来利用师儒去统治人民。他说：

"夫虎豹马牛禽兽之不可制者也，及其教驯服习之，至可牵持驾服，唯人之从。臣闻揉曲木者不累日，销金石者不累月。夫人之于利害好恶，岂比禽兽木石之类哉。期年而变。"

公孙弘的"做官""事上"也开了官僚的风气。汉书里描写得很逼真：

"每朝会议，开陈其端，使人主自择，不肯面折庭争。于是上察其行慎厚，辩论有余。习文法吏事，缘饰以儒术。上说之。

弘奏事有所不可，不肯庭辩，常与主爵都尉汲黯请间。黯先发之，弘推其后。上常说，所言皆听。

尝与公卿约议。至上前，皆背其约，以顺上指。汲黯庭诘弘曰：'齐人多诈而无情，始与臣等建此议，今皆背之，不忠。'上问弘。弘谢曰：'夫知臣者以臣为忠，不知臣者以臣为不忠。'上然弘言。

汲黯曰：'弘位在三公，奉禄甚多。然为布被，此诈也。'

弘自见为举首，起徒步，数年至宰相封侯。于是起客馆，开东阁以延贤人，与参谋议。弘身食一肉，脱粟饭，故人宾客仰衣食，奉禄皆以给之，家无所余。然其性意忌，外宽内深。诸常与弘有隙。无近远，虽阳与善，后竟报其过，杀主父偃，徙董仲舒胶西，皆弘力也。"

这是一个不讲原则，揣摩上意，不守信用，出卖朋友，沽名钓誉，营结私党，维持高位的型式，一直到现在还是我们常见的官僚面目。

从公孙弘所开创的官僚路线上，孔子所维持的道统，已不复成为天下的规范，而成了歌功颂德支持皇统的饰词了。韩愈自以为是开八代之衰，直承道统的人物，而他的道统却完全变了质了。在他的《诤臣论》中简直把诤谏的意义训作了为皇帝获取美誉的手段了。他说：

"夫阳子本以布衣隐于蓬蒿之下，主上嘉其行谊，擢在此位，官以谏为名，诚宜有以奉其职，使四方后代知朝廷有直言骨鲠之臣，天子有不僭赏从谏如流之美。庶岩穴之士，闻而慕之，束带结发，愿进于阙下，而伸其辞说，至吾君于尧舜，熙鸿号于无穷也。"

韩愈已不再问皇权是否合于道，这已不是他的问题。皇统既然即是道统，皇帝就有责任起用这些士人，士人也有责任自荐于朝廷，两者也应合而为一。他的理由是这样：

"古之士，三月不仕则相吊，故出疆必载贽，然所以重于自进者，以其于周不可则去鲁，于鲁不可则去齐，于齐不可则去宋，之郑，之秦，之楚也。今天下一君四海一国，舍乎此则夷狄矣，去父母之邦矣。故士之行道者，不得于朝，则山林而已矣。山林者，士之所独善自养，而不忧天下者之所能安也，如有忧天下之心则不能矣。"

他甚至责备四十余日不复他自荐信的宰相说：

"今虽不能为周公之吐哺握发亦宜引而进之，察其所以而去就之，不宜默默而已。"

从韩愈自承的道统起，中国之士，已经不再论是非，只依皇统来说话了。所谓师儒也成了乡间诵读圣谕的人物了。

三六年十二月十日于清华胜因院

原载《观察》三卷十八期，一九四七，十二，廿七

论商贾

——"从社会结构看中国"之五

袁 方

"贵"与"贱"

孟子曰："锱铢必较，此之谓贱丈夫。"在传统社会中锱铢里谋生的商贾，总是占着很低的地位。可是周礼所缮写出来的社会分层里，商贾还没有贱到末流。

坐而论道，谓之王公；作而行之，谓之士大夫；审曲而执，以饬五材，以辨民器，谓之百工；通四方之珍异以资之，谓旅；饬力以长地材，谓之农夫；治丝麻以成之谓妇功。

这里所谓旅，就是商贾。就其地位而论，仅在妇功与农夫之上，远在王公士大夫之下。到春秋战国，商贾的地位，在为政者的眼光里，却降到农工之下。值得我们注意的是：以兴盐海之利把齐国经济繁荣起来争霸的管仲，却是最先说"士农工商"的价值尺度的人。他建议桓公成民之事，把当时四民分为"士农工商"四等，"勿使杂处"。于是"士"在其首，商在其末。"士农工商"的社会分层，好像形成我国传统社会的格局。

《周礼》所记述的社会分层如果是事实，商贾的地位，在农夫之上。何以管仲把它颠倒过来，落在四民之后？依我看来，与其说是管仲描写一个新的局面，不如说是他为了政治的目的，有意要把商贾的地位抑压下去。这是当时商业发达和政权冲突的原故。

春秋战国时代，国君都知道商贾于国有利，争相招挽，使"商贾皆欲出于王之市"。卫文公有通商惠工以兴国的举措。"陶朱公逐什一之利，居无何，则致赀巨万。"（《史记·越王勾践世家》）"子贡结驷连骑，束帛三币，以骋享诸侯，所至国君，无不分庭与之抗礼。倚顿用盐监起，而邯郸纵以铁冶成业，与王者埒富。"（《史记·货殖列传》）正是"以贫求富，农不如工，工不如商，刺绣不如倚市门。"商业勃兴，商贾的地位，事实上非但没有下降；反而在蒸蒸日上，甚至可说这是商贾在中国社会史上的黄金时代。

商贾运用他们锱铢必较的手段，累积财富，有时甚至富埒王侯。这是说，他们的经济实力威胁了原有的社会分层的等次。富埒王侯，进一步将是权倾王侯了。商贾的抬头也成为社会结构是否将予改弦更张的问题。若是不把这在分层里原处于低级的商贾抑下去，就得承认他们的新地位，也就是说要把原来较高的阶层让出个位置来，给商贾去占据，在这社会结构面临改造的威胁中，原属上层的，也是握有权力阶层的不能不出来答复这问题：退让呢，还是保守？中国这段历史的答复是保守，不是退让。在握有权力的王族，守住了他们的地位，利用了当时的社会价值的尺度：贱商。把在社会阶梯上跃跃欲上的新兴财富阶级，打击下去，一直把他们贬到四民之下，连农都不如了。

贵和贱，原是指社会上看得起看不起的分别。士农工商的层次是社会价值的尺度。居于末流的商，也是说社会上最看不起的人物。要使社会上看不起商贾，一定得做到没有人羡慕商贾。商贾是从事交换经济的人物，在这计较锱铢的过程中他可以逐什一之利而累积财富。如果要做到没有人羡慕商贾，必须使商贾的财富有所不能买，使他们不能单凭财富就可得到对人们具有引诱的享受和安全；而且还要在社会上另外开出能具有引诱力的路子来。这些另外的路子又要不去威胁原有的权力结构。做不到这些，尽管想贱商，而商还不贱的。换一句说，要商贱，就得把贵贱之别，脱离财富多寡的标准，而把它系于权力的高下的标准上。如果财富不能买到权力，一个人不能单通过财富去取得享受和安全，财富才不会成为最有力的引诱，商贾也不易被人看得上眼了。若是在另外的路上，却能得到更可取得享受和安全的财富时，商贾的地位，就更要相对的降落了。我们传统社会中的特权阶级，就从这些方面入手去抑压商贾。管仲所安排出来的四民层次，后来竟成为事实的图案。

千金之子竟死于市

大家也许会记得陶朱公想利用财富去保障他儿子生命的故事。《史记·越王勾践世家》里说：

"朱公中男杀人，囚于楚。朱公曰：'杀人而死，职也。然吾闻千金之子不死于市。'告其少子往视之。乃装黄金千镒，置褐器中，载以一牛车，且遣少子。朱公长男固请欲行，朱公不听，长男曰：'家有长子，曰家督。今弟有罪，大人不遣，乃遣少弟。是吾不肖！'朱公不得已而遣长子，为一封书遗故所善庄生曰：'至则进千金于庄生所，听其所为，慎无与争事！'长男既行，亦自私赍百金。至楚，庄生家负郭，披藜藋到门，居甚贫。然长男发书进千金，如其父计。庄生曰：'可疾去矣！慎毋留！即弟出，勿问所以然！'庄生虽居穷闾，然以廉直闻于国，自楚王以下皆师尊之。及朱公进金，非有意受也；欲成事后，复归之以为信耳。庄生闲入见楚王，言某星宿某，此则害于楚。楚王素信庄生，曰：'今为奈何？'庄生曰：'独以德为可以除之'。王乃使使者封三钱之府。楚贵人惊告朱公长男曰：'王且赦！'曰：'何以也？'曰：'每王且赦，常封三钱之府，昨楚王使使封之。'朱公长男以为赦，弟固当出也；重千金虚弃庄生，无所为也。乃复见庄生，庄生惊曰：'若不去邪？'长男曰：'固未也。初为弟事；弟今议自赦，故辞生去。'庄生知其意欲复得其金曰：'若自入室取金！'长男即自入室取金，持去，独自欢幸。庄生羞为儿子所卖，乃入见楚王曰：臣前言某星事，王言欲德报之，今臣出，道路皆言陶之富人朱公之子杀人囚楚，其家多持金赂王左右；故王非能恤国而赦，乃以朱公子故也。楚王大怒：寡人虽不德耳，奈何以朱公之子故而施惠乎？今谕杀朱公子，明日遂下赦令，朱公长男竟持其弟丧归。"

陶朱公在当时不可谓不富，而且曾为卿相。但是他的"贵"的来源是握有政权的王，离开了给他贵的王，也就没有了势。他固然可以用他的"富"去邀得王者的恩赦，可是赦不赦还在王者，不在"千金"本身。千金之子不死于市，诚可以写出钱能通贵的力量。可是有时钱也无法通贵，而使朱公长男持其弟丧回家。富而不贵，便将受皇权的威胁，谈人权保障，与虎谋皮！

在我国的传统社会里，何以"富贵"两字，老是联在一起，难分难解。委实有它的深厚的意义。孔子说："死生有命，富贵在天。"庄子骂孔子道："摇唇鼓舌，以迷惑天下之主，所以谋封侯富贵者也。"俗话有"功名富贵"等，若是一加仔细的分析，"富贵"在一块，不是偶然，这里实在指出我国向来的社会一条真正的致富之路——由贵而富；不是由富而贵。

正因为由贵而富，所以齐管山海之利，秦有盐铁之权，汉置盐铁官以管其事，又禁"贾人不得衣丝乘马，重租税以困辱之"。并且禁他们为官吏，也不给他们田产，农民只出赋一算，可是商贾与奴隶则出倍算。对于商贾敛财致富，有种种限制的方策，凡获利最巨的几种商业如盐铁酒，一律收归国营，于是中产以上的商贾，破产者不知有多少！隋高祖开皇十六年，禁工商不得仕进，唐高祖定工商不得与于仕伍，"明太祖加意重本折末，令农民之家，许穿细纱绢布，商贾之家，只许穿布，农民之家，但有一人为商贾者，亦不许穿细纱"。此种情形，商人的无法抬头，表面上看来好像是政策的压制，其实是贵层的安全，不容许富拟王侯的商贾暗中来威胁。不能"退让"的绝对皇权，怎能再容许子贡之流"分庭抗礼"？"小不得僭大，贱不得逾贵，夫然故上下序而民志定。"因之不是采商鞅的"事末利及怠而贫者，举以为收拿"，就是像秦始皇的徙天下十二万富户到咸阳京城，免生异端；或消极的加以约束——不得购置田产、锦衣玉食；或积极的加以侮辱——把商贾与逋亡的罪人一体看待。"天无二日，地无二主"，神圣的天子既操生杀予夺的大权，殆全然只有把"因其富厚，交通王侯，力过吏势，以利相倾"的商贾压下去，使财富不能通贵！

由贱而贵的道路

说到这里，有人自然会问：为什么商贾不去取得"高贵"身份的来源——政治权力？使人们可以由富而贵，做到名副其实的"富贵"次序？商贾的受制于王者，财富成为权力的报酬，而不成为权力的根据，究竟是怎么缘故呢，是不为？还是不能？这就牵涉到我国社会一条主要攀登贵层的路线。

天子是我国传统社会里高高在上的统治者，可是天子重英豪，特别知道"儒生有益人主"。于是"学而优则仕"，由士而大夫接近真龙天子，成为富贵。十年寒窗功名富贵，只要一举成名，似乎就可以享受不尽，荀子说得好：

"我欲贱而贵，愚而智，贫而富可乎？曰：其唯学乎？彼学者行之曰士也，孰慕焉君子也，知之圣人也。上为圣人，下为士君子，孰禁我哉？乡也混然涂之人也，俄而并乎尧舜，岂不贱而贵矣哉？乡也效门室之辨，混然曾不能决也，俄而原仁义，分是非，图回天下于掌上，而辨黑白，岂不愚而智矣哉？乡也胥靡之人，俄而治天下大器举于此，岂不贫而富矣哉？"（《儒效篇》）

要是商贾攀登贵层，"唯学"是一个不可少的条件。学而优则仕，一登龙门，身价百倍，才可以脱去原有"锱铢必较"的本色。身份的改变，地位的转移，岂是轻而易举的事？士大夫自有其一套生活方式、思想、行为；商贾的又是另一套。尽管士大夫路上，并不排挤商贾同登王朝，但是商贾要想从这条道路，直上青天，怕是不容易的；何况还有人为的障碍加以阻挡？好比隋高祖禁工商不得士进，唐高祖定工商不得与于仕伍一类的设施，商贾欲想改行入仕，真是难上加难。据说以前有两位朋友，一贫一富，贫者科举出身，有功名；富者经商发财。同乡中有一武举时常欺侮这位富翁，富翁奈何不得。于是去请教那位科举出身的老朋友有什么办法可以对付。老朋友建议他捐一笔钱买个官爵，提高地位。果然后来那位武举不敢再小看他了。可是爵位是买来的，不是正牌，表面上别人不敢再加以白眼，实际上还是暗中受人讥笑。他再去请教老朋友有没有更好的办法，真正使人心悦诚服的尊敬？老朋友告诉他除了下一代读书中举外，别无他法，你这辈子可不行了。这虽是传说，不足为凭，但是从这里不难看出，低层的社会分子，抑压的苦哀。社会分层的迫力，看不见也摸不着，富而不贵，买来的官爵，显不出真正的威风，装不出炫耀的门面。

"殴民而归之农"

贱商的对面是重农。可是贱商和重农却是同一的作用，就是政治压倒经济，使皇帝把握住控制人民的大权。中国的皇权一直是建筑在农业基础之上的，而且也只有在这种农业的基础上，这类皇权才能维持。商贾的抬头地主的式微，所以为了维护这皇权的基础，商贾不能不加以压制了。

自"包牺氏没，神农氏作，斫木为耜，揉木为耒，以教天下"以来，农始终是我们的国本。"壁土植谷曰农。"农业和土是何等直接，何等密切！即到现在，我国人民还有百分之七十五以上，犹依旧在农业里谋生。可见我们的生活和土地是不可分割的。从土地上长大的，靠农业养活的，怎能不对土地不对农业发生亲密的情谊？诗经上说："维桑与梓，必恭敬止。"桑梓值得恭敬，对于培养桑梓的乡土，又如何不油然涌起爱恋之感？加以农业和土地难舍难分，因之农业人口，似乎也有固着乡土的特性。不要说"父母在，不远游"，即父母已经逝世，也不能轻易地背井离乡，忘却祖宗坟墓所在的地方。所谓"安土重迁"，就是导源于此。

农业的生活是安土重迁的。大家生于斯，长于斯，朝夕相处，有个共同的和无形的根本，把大家抓在一起。传统的思想家，特别强调"本"的观念，所谓叶落归根。孔子也说"慎终追远，民德归厚"。对于维持世俗人心，都从"本"字出发，这并不是思想家不着边际的幻想。

这个本字实在就是农业的别名。农业既是国本，本之所在，何能忘恩负义。可是商业的社会是流动的，和农业的特性，针锋相对。"本末"原是对比的两端，传统的社会里，"本是农，末是商"。农业固着于地，商业脱离土地——这是对敌的局势，容易产生冲突的情感！

用实际的情形来说本末的冲突，也许较理论的引申，清楚明了。春秋战国时代，在日常生活里，工商业的重要性，日益增加，于是商人阶级乘机崛起。这是我国历史上一个空前的变迁，表现在"舍本逐末"的上面。舍本逐末，就是改农为商。人民从土地里跑出来，断了根，变为商贾；可是商贾的天下，不是祖宗的坟基所在地，家神土主也管制不住他你的行为，懋迁有无，鸡鸣而起，遍走江湖，其目的在孳孳为利。"不农则不地著，不地著则离乡轻家。""贫生于不足，不足生于不农。"晁错看见这些情形，怎不痛心的说：

"今农夫五口之家，其服役者不下二人，其能耕者不过百亩，春不得避风尘，夏不得避暑热，秋不得避阴雨，冬不得避寒冻，勤苦如此，尚复被水旱之灾。"

"商贾大者积贮倍息，小者坐列贩卖，操其奇赢，日游都市，乘上之急，所卖必倍，故其男不耕耘，女不蚕织；衣必文采，食必粱肉，亡农工之苦，有阡陌之得，因其富厚，交通王侯，力过吏势，以利相倾；千里游敖，冠盖相望；乘坚策肥，履丝曳缟，是商人所以兼并农人，农人所以流亡者也。"（《前汉书卷二十四上食货志上》）

这看法是否正确，不加讨论。若是从农本上看，商业实系破坏农业安定的因素。要是"资末业者什于农夫，虚游手者什于末业，是则一夫耕，百人食之；一妇桑，百人衣之。以一奉百，孰能供之？本末不足相供，则民安得不饥寒？饥寒并至，则民安能无奸轨？"（《王符潜夫论》卷三浮侈篇）诸如此类看法，历史典籍里，可谓车载斗量，更仆难数。所以贾谊有"殴民而归之农"的论调："今背本而趋末，食者甚众，是天下之大残也，今殴民而归之农，皆著于本。"感动帝王，躬耕以劝百姓。这不是书生之见，空发议论！

舍本逐末，显然破坏农业生活的完整和安定。看不起商贾，贱商，不是偶然的事。自秦汉以降，传统的社会，一贯的重农抑商政策，始终不变，也不是偶然的事。而且并非由于帝王的偏爱，思想家的空想，推本求源，都与农业有关。因为农民性情朴直，敬畏法令，商君书曰："属于农则朴，朴则令。"商贾多奸狡，且其经济势力危及人主。不抑商，不足以重农，要重农必须抑商。然后才可以做到"殴民而归之农，以著于地"。

帝王——大地主

贱商的一个主要原因，固由于不忘本，重农。可是尽管历代都主张重农抑商，实际怕是农并没有重，商亦没抑，结果有如晁错所说："尊农人，农人已贫贱矣，抑商人，商人已富贵矣。"

贱商，我想还要进一步去加以分析，又要涉牵到前面所谈过的两个字："贵"与"贱"。因为农夫虽受皇权的保护，可是不贵，依然在贱的领域与商贾同病相怜；比起商贾，实际上还受皇权的压迫。商贾是流动的，尽管是末业，易于躲闪皇权的威胁；农民的老根深深埋在泥土里，易遭直接的摧残。"四时之间，亡日休息，急政暴虐，赋敛不时。"除了铤而走险，揭竿为旗，哪敢和皇权为敌！

"君要臣死不得不死"。在崇高无比的天子面前，"士农工商"，本都是一视同仁，一样没有保障。富贵的天子可以使他贫贱，贫贱的天子可以使他富贵，老百姓的生命财产全是皇帝的私藏。"君者出令者也，臣者行君之令，而致诸民者也。"（韩愈原通）皇上的基业，"能以马上得之，却不能马上治之"。一定应有人帮君管理；帮君发号施令的人，不能不给他们以"功名富贵"。"贵为天子，富有四海"，皇权独占着天下之富，依他的主意，分赏给帮助他获取政权和维持政权的臣仆家奴。

荀子在《富国篇》说："人君者管分之枢也。"《王霸篇》解释分的意义是"农分田而耕，贾分货而贩，百工分事而劝，士大夫分职而听，建国诸侯分土而守，三公总方而议，则天子共已而已矣"。在"普天之下，莫非王土"的前面，帝王实际倒是一个全能的大地主。不是吗？历来做官的，做家奴的，都称自己吃的是皇家的俸禄。因之政权何尝不可看作是地权。"帝"和"地"在事实上相通的。帝王一般的通称是天子，可是在我们的社会上，天与地又是一个不可分离的名词。这也许由于与农业有密切关系。因为农业的生产，一方面不能离地，同时也不能脱离天时。农业的生产，是靠天地的生产——皇天后土。乡里人在乱世都希望有"真龙天子"出现——龙是水，同时也是皇权的象征。

帝王是大地主，家奴臣仆，不过是皇上的大小听差。听差们可以在大地主的私产里分一杯羹，吃皇家的俸禄。自秦汉以后，仕宦的途径，或由选举，或由学校，隋唐至清，则出于科举。所以行政全由官僚包办；官僚几乎全是地主的产物。士大夫可以说是大地主下的小地主，历史上的士大夫，不一定全身出地主；可是等到作了士大夫以后，摇身一变，也成为地主。皇上利用儒生维持自己的天下，儒生也依靠皇上维持他们的利益，互相依靠。他们共同的利益是在维持这安定的生产基础，农业和土地。他们不能容许末业者流："运其筹策，上争王者之利，下锢齐民之业。"这真是"伤风败俗，大乱之道"。（《前汉书卷九一·货殖列传》）怎能容许舍本逐末的商贾破坏其间的痛痒关系？贱商，历史的事实，利害的产物！

这种利害关系的结合，商贾难道不明白其中的道理么？"学而优则仕"，商贾明知此路十分困难；在另一方面，他们也明白土地是权贵的基业，于是只有把资本投入土地，作为上跳贵层的桥梁。历史上商贾兼并农民的现象，异常普遍，这莫不是传统商人改贱入贵的一幕惨剧！在绝对的皇权下，只容许贵而富，不容许富而贵。"贵为天子，富有四海"，所希望的是"四海澄平""万世基业"。谁要冒天下大不韪来破坏这个大一统的局面，谁要在太岁头上动土，断子绝孙，诛灭九族！

桑巴特（W. Sombart）有一句名言说是在资本主义以前的社会里，人们由社会权力获取财富；在资本主义社会里，人们才能由财富取得权力。何以我们传统的商贾，不能摇身一变，由财富取得权力？打破由贵而富的僵局？绝对的皇权，贵贱的分层，贱商与商贱，也许是其中最为基本最为主要的一个原因。财富在权力之下，谈什么保障、发展更是不容易了！

原载《观察》三卷十九期，一九四八，一，三

无为政治（杂话乡土社会）

费孝通

　　论权力的人多少可以分成两派，两种看法：一派是偏重在社会冲突的一方面，另一派是偏重在社会合作的一方面；两者各有偏重，所看到的不免也各有不同的地方。

　　从社会冲突一方面着眼的，权力表现在社会不同团体或阶层间去从的形态里。在上的是握有权力的，他们利用权力去支配在下的，发施号令，以他们的意志去驱使被支配者的行动。权力，依这种观点说，是冲突过程的持续，是一种休战状态中的临时平衡。冲突的性质并没有消弭，但是武力的阶段过去了，被支配的一方面已认了输，屈服了；但是他们并没有甘心接受胜利者所规定下的条件，非心服也，于是两方面的关系中发生了权力。权力是维持这关系所必需的手段，它是压迫性质的，是上下之别。从这种观点上看去甚至可以说，政府，甚至国家组织，如果握有这种权力的，是统治者的工具。跟下去还可以说，政府，甚至国家组织，只存在于阶级争斗的过程中。如果有一天"阶级争斗"的问题解决了，社会上不分阶级了，政府，甚至国家组织，都会像秋风里的梧桐叶一般自己凋谢落地。——这种权力我们不妨称之为横暴权力。

　　从社会合作一方面着眼的，却看到权力的另一性质。社会分工的结果，每个人都不能"不求人"而生活。分工对于每个人都有利的，因为这是经济的基础，人可以较少努力得到较多收获；劳力是成本，是痛苦的，人靠了分工，减轻了生活担子，增加了享受。享受固然是人所乐从的，但贪了这种便宜，每个人都不能自足了，不能独善其身，不能不管"闲事"，因为如果别人不好好的安于其位的做他所分的工作，就会影响自己的生活。这时，为了自己，不能不干涉人家了。同样的，自己如果不尽其分，也会影响人家，受着人家的干涉。这样发生了权利和义务，从干涉别人一方面说是权利，从自己接受人家的干涉一方面说是义务。各人有维持各人的工作，维持各人可以互相监督的责任。没有人可以"任意"依自己高兴去做自己想做的事，而得遵守着大家同意分配下的工作。可是这有什么保障呢？如果有人不遵守怎么办呢？这里发生共同授予的权力了。这种权力的基础是社会契约，是同意。社会分工愈复杂，这权力也愈扩大。如果不愿意受这种权力的限制，只有回到"不求人"的境界里去做鲁宾逊，那时才真的顶天立地，不然，也得"小国寡民"以减少权力。再说得清楚些，得抛弃经济利益，不讲享受，像人猿泰山一般回到原始生活水准上去，不然的话，这种权力也总解脱不了。——这种权力我们不妨称之为同意权力。

这两种看法都有根据的，并不冲突的，因为在人类社会里这两种权力都存在的，而且在事实层里，统治者，所谓政府，总同时代表着这两种权力的，不过是配合的成分上有不同。原因是社会分化不容易，至少以已往的历史说，只有合作而没有冲突。这两种过程常是互相交割，错综混合，冲突里有合作，合作里有冲突，不很单纯的。所以上面两种性质的权力是概念上的区别，不常是事实上的区分。我们如果要明白一个社区的权力结构不能不从这两种权力怎样配合上去分析。有的社区偏重在这方面，有的社区偏重在那方面；而且更可以在一社区中，某些人间发生那一种权力关系，某些人间发生另一种权力关系。譬如说美国，表面上是偏重同意权力的，但是种族之间，事实上，却依旧是横暴权力在发生作用。

有人觉得权力本身是具有引诱力的，人有"权力的饥饿"。这种看法忽略了权力的工具性；人也许因为某种心理变态可能发生单纯的支配欲或所谓 sadisw（残酷的嗜好），但这研究不是正常，人喜欢的是从权力得到的利益。如果握在手上的权力并不能得到利益，或是利益可以不必握有权力也能得到的话，权力引诱也就不会太强烈。譬如英国有一次民意测验，愿意自己孩子将来做议员或做阁员的人的比例很低；在英国做议员或做阁员的人薪水虽低，还是有着社会荣誉的报酬，大多数的人对此尚且并无急于攀登之意，如果连荣誉都不给的话，使用权力的人真是成为公仆时，恐怕世界上许由、务光之类的人物也将不足为奇了。

权力之所以引诱人，最主要的应当是经济利益。在同意权力下，握有权力者并不是为了要保障自身特殊的利益，所以社会上必须用荣誉和高薪来延揽。至于横暴权力和经济利益的关系就更为密切了。统治者要用暴力来维持他们的地位不能是有没目的的，而所具的目的也很难想象不是经济的。我们很可以反过来说，如果没有经济利益可得，横暴权力也没有多大的意义，因之也不易发生。

甲团体想用权力来统治乙团体以谋得经济利益，必须有一前提：就是乙团体的存在可以供给这项利益；说得更明白一些，乙团体的生产量必须能超过他的消费量，然后有一项剩余去引诱甲团体来征服他。这是极重要的，一个只有生产他生存必须的消费品的人并没有资格做奴隶的。我说这话意思是想指出农业社会中横暴权力的限制。在广西瑶山里调查时，我常见到汉人侵占瑶人的土地，而并不征服瑶人来作奴隶。原因当然很多，但主要的一个，依我看来，是土地太贫乏，而种水田的瑶人，并不肯降低生活程度，做汉人的佃户；如果瑶人打不过汉人，他们就放弃土地搬到别处去。在农业民族的争斗中，最主要的方式是把土著赶走而占据他们的土地自己来耕种。尤其在人口已经很多，劳力可以自足，土地利用已到了边际的时候是如此。我们读历史，常常可以找到"坑卒几万人"之类的记录，至于见人便杀的流寇，一直到不久之前还是可能遭遇的经验；这种情形大概不是工业性的侵略权力所能了解的。

杀人如麻常被视作东方人残酷的特性，这如果是特性，也并不是生长在血里的，而是在地里的；土地贫瘠，一个人劳力耕种只够养活自己，人没有被利用的价值。如果另一团体征服了这种没有剩余可以榨取的人，不把他们杀了、坑了或是赶走了，而还是让他们耕种土地，则所谓"征服"也真是多此一举了。在这种情形中说征服，其实是征服土地而不是征服人。杀人略地是这类农业团体的冲突方式。东方确是人多地少的区域，人多地少，土地利用靠近边际，在这场合生命的价值对于别人是极低的，残酷是经济的结果。

我并不是说在农业性的乡土社会上并不能建立横暴权力；相反的，我们常见这种社会是皇权的发祥地，那是因为乡土社会并不是一个富于抵抗能力的组织。农业民族受游牧民族的侵略是历史上不断的记录，这是不错的。东方的农业平原正是帝国的领域，但是农业的帝国是虚弱的，因为皇权并不能滋长壮健，能支配强大的横暴权力的基础不足，农业的剩余跟着人口增加而日减，和平又正给人口增加的机会。

中国的历史很可助证这个看法：一个雄图大略的皇权，为了开疆辟土，筑城修河，这些原不能说是什么虐政，正可视作一笔投资，和罗斯福造田纳西工程性质可以有相类之处，但是缺乏储蓄的农业经济却受不住这种工程的费用，没有足够的剩余，于是怨声载道，与汝偕亡地和皇权为难了。这种有为的皇权不能不同时加强他对内的压力，费用更大。陈涉吴广之流，揭竿而起，天下大乱了。人民死亡遍地，人口减少了，于是乱久必合，又形成一个没有比休息更能引诱人的局面，皇权力求无为，所谓养民。养到一个时候，皇权逐渐累积了一些力量，这力量又刺激皇帝的雄图大略，这种循环也因而复始。

为了皇权自身的维持，在历史的经验中，找到了"无为"的生存价值，确立了无为政治的理想。

横暴权力有着这个经济的拘束，于是在天高皇帝远的距离下，把乡土社会中人民切身的公事让给了同意权力去活动了。可是同意权力却有着一套经济条件的限制。依我在上面所说的，同意权力是分工体系的产物。分工体系发达，这种权力才能跟着扩大。乡土社会是个小农经济，在经济上每个农家，除了盐铁之外，必要时很可关门自给。于是我们也很可以想象同意权力的范围也可以小到"关门皇帝"的程度。关于这种权力的分析，我打算在另一次杂话里再说。在这里我们可以看到的是乡土社会里的权力结构，虽则名义上可以说是"专制""独裁"，但是除了自己不想持续的末代皇帝之外，在人民实际生活上看，是松弛和微弱的，是挂名的，是无为的。

原载《世纪评论》三卷四期，一九四八，一，廿四

关于"城""乡"问题

——答姜庆湘先生

费孝通

庆湘先生：

今天接到《中国建设》五卷五期，拜读《再论城乡对立的经济关系》，十分高兴。我说高兴，并非客套，确是实情。我写那些有关城乡问题的文章，原不过是抛砖引玉之意，先生不吝一再赐教，使这个我认为相当重要的问题能引起更多读者的思讨，是我觉得高兴的原因。而且如果我这篇文章可能引起不良影响，经诸位朋友的指正，这影响也不致再引起不良作用。我愿意很诚恳的同意你，如果我已发表的几篇文章真会使读者认为我是在想以恢复旧式的农村副业来为中国经济找出路。想以恢复乡土社会中士绅阶层的社会领导地位为中国政治文化找出路。我那几篇文章在我自己说是写得失败的，对读者说是可能发生不良影响的。所以我感激你肯提醒我，确有许多读者对我那几篇文章，有此印象，使我还有机会可以申说一下。

让我先说以上两点："乡土工业"的性质不一定是旧式的农村副业。我在张子毅先生的《易村手工业》序文、《人性和机器》以及不久以前所写的《小康经济》诸文中，我一再说明，我们的问题是怎样把现代技术输入乡土工业里。我主张乡土工业技术上应当变质。问题是在分散性质的乡土工业里所能输入的现代技术有什么限制？这一点我极愿意有人给我指教，大概只有实地试验之后才能答复。我在《Peasant Life in China》一书中描写、分析和批评过乡村中的小型制丝合作社。可见我在十年前已经不主张"旧式乡土工业的恢复"。同时，熟悉我的朋友，大概知道我这套看法并非完全是乌托邦的设计；我有一个姊姊，费达生先生，她是改良中国丝业的重要工作员，二十年来不但在技术上把中国的生丝提高了，而且她一直在试验怎样可以使中国现代工业能最有效的用来提高人民的生活程度。我经常的和她学习和讨论，尤其感觉到兴趣的是怎样去解决技术现代化和经营社会化的问题。乡土工业并不是一个空洞的概念，而是应当由我们对社会学经济学有兴趣的人和技术家一同去探讨的课题。

我主张工业分散在乡村里的理由已经在以前发表过的文章中提起过。这里我得补充的是，有些朋友一听见我说乡土工业就联想起家庭手工业。我所指的乡土工业可以包括家庭手工业起到五六百工人的工厂（江村的制丝合作社是利用蒸汽马达的，规模较小，并不能吸收全村的原料和人工。后来我的姊姊设计一种生丝代缫机构，利用电力发动，规模就可以以当地原料和劳力来决定。维持一个合作社的代缫所，也不限于一个村，而应该是一个区域。关于这个问题，我将另外写文在乡土复员论里发表）。朋友们一定要说我在开倒车，提倡手工业，未免是过甚其词。我的确不主张不管三七二十一的把乡村手工业加以破坏。我是着眼于农民的生计，他们的收入，如果有些工业，如绣花，近于艺术的活计，只能在家庭中用手工经营的，不妨设法扶助他们，在花样上请专门人才去设计，在原料的购买，成品的运销上组织合作社经营。凡是可以部分用机器的，尤其电气的供给能普遍后，就得由专门的推广机构去指导乡民学习采用现代技术，能在家庭里经营的不妨在家里经营，凡是不能不集中在作坊或小型工厂里的，就搬出家庭来经营；凡是需要大规模集中经营的像钢铁工业等等，就不能容纳在乡村里。说我这种说法是保守，我想不太确切；说是泛泛无甚高见，则是事实。除非有人主张我们不必去安定乡村经济，不妨利用乡村衰落，人口外流的机会，获取便宜劳力在都市里发展工业，我这种平凡的看法可能是比较切实的。如果觉得我这种看法不太进步，我很愿意知道怎样才能更快的可以使农民大众得到工业化利益的方案。

至于有人认为我在提倡绅权，那真是使我不太能明白我的文字怎么会这样的传达了和我相反的意见。我甚至想这个误会可能读者应负的责任应该比作者更多一点，因为我一再的在批评传统地主阶层的社会地位，而读者却会因我的批评而联想到我在憧憬于这阶层的复兴，维持这阶层的利益。我不能干涉别人的联想，我也明白这种联想的起因，所以我在《再论双轨政治》中说明了我如果在幻想一种乡土社会中有用的绅士，这绅士是如我在《重访英伦》中所说到的那些退休的公务员，在为地方兴水利，甚至开了汽车服务人民。我这样说，在我是很显然的，并不是想在维持寄生性的传统绅士了。除非有人认为中国的地主阶层的人物是该死的，我们自应该为这阶层想出一条应走的出路，所谓出路是怎样转变成一个在新秩序中有用的人物，并非设法去维持特权。我在《黎民不饥不寒的小康水准》一文中，已说过，地主阶层只有以放弃其特权才能有出路，我实在不知道应当怎样说法才能使人不再说我是在维护地主阶层的特权了。我说"地主阶层的生存兴趣"是指他们能否在新秩序中生存下去，先生用这话来说是我在维持地主阶层利益，我只有怪文字之不易传达了。

我相信如果乡村经济、政治、文化各方面要现代化，生活程度要提高，无可避免的需要有一大批为他们服务的人，我所希望的是地主阶层的子弟们曾享受了传统特权，受到了现代教育的机会，应当从各方面去服务乡村。我想这种看法不至于"不良"吧。除了这样，试问乡民怎样得到现代技术的机会呢？

以上两点，经我这样说明之后，也许可以减少若干我和先生的距离。我也觉得我们所不同的并不在对将来的展望，而是在对当前城乡对立的分析中，对于各个因素所给的重量。先生注重内在的因素，而我偏重于外来的因素。因之先生觉得我忽视了"封建社会主要剥削根基的土地制度"，虽则也承认"乡土工业的衰落，也确实不无相当的理由"。我想先生因为偏重的不同，进而说我有意要转移视线，为地主阶层开脱，可能是一时意气之词。这一点意气可能也使先生把我"两线作战"之诚看成了对农民而说的话了（我想我这话是劝地主阶层和农民联合争取建立民族工业的机会，而且我是跟着上文要求地主阶层自动放弃特权而说的，先生说我幻想则可，说我在谆劝农民则不可）。平心而论，互有偏重是无妨的。说我完全忽略了土地制度，我想也不公道的，我整篇文章是在说土地制度：我不嫌繁重，列举数字，岂不是在说明地租所引起的贫困？我一再说土地问题早已存在，只是在乡土工业兴盛的时代，这问题不像现在严重。我还相信这话没有说错，也并非在维护传统土地制度。先生认为中国历史上一直有像现在这样严重的局面，那也就受了太忽视了外来因素的作用了（我所谓外来因素是指西洋的工业势力，乡土工业衰落是这个因素所引起的结果）。

我希望我们对这重要的问题能容许多种角度的发挥，每个人的看法都不免有一点偏，所以用得到讨论。如果不从自己所偏的一方面多作申论，去矫正别人的偏，结果也得不到讨论之益了。因之，我不希望从别人所偏的一端多作联想，甚至给别人代下结论，强人进入自己所设下的名目。我不希望这样的原因是在那对于所讨论的问题并不能有良好影响的，至于对个人的影响，倒并无任何值得考虑的地方。

可以多有一些不同的看法，但我并不太看重我自己的看法。我所见到的很有限，我自己也不免有种种的"蔽"，这也是我不敢否认在我潜意识是否在留恋地主阶层的优裕生活的理由。我也曾承认我是在为我所熟悉的这批地主的子弟们打算。可是，我想，我的打算是怎样转变，而不是怎样维持特权。如果这是罪，那我得自动的领罪了。每个人都有他的教育，他的立场，他的希望，以及他现在所处的社会地位蔽障着他所能看到的全部问题。因之，问题是需要讨论的。

我不妨强调一些我们的相异之处。我是认为中国的地主阶层在这时代考验之下应当可以自动转变的，从特权的寄生地位，转变成服务的地位；而先生认为这可能性很少。究竟会不会转变，或是其中有多少人能放弃特权，用他们的知识和技术去服务社会（其实现在已经不少），那是不太久的历史会证明的。我如果鼓励我们中国人赶快结束内部的矛盾，一致向外抵抗工业的侵略势力，联合所有的力量来建设民族工业——让我再加两个注以免再被误会，（一）结束内部的矛盾的和平方式必须由地主阶层自动另找经济基础，也就是以服务来得到生活的报酬；（二）民族工业包括乡土的手工业、机器工业以及集中性的重工业，此外更重要的是供给乡村工业动力的发电站，——大概不致发生"不良的影响"的罢。

最后，我希望这信任在《中国建设》上发表，一则因为祖文兄索稿未复，想以此塞责；二则，我想读者中也许同样对我以前几篇文章有疑问的，借此一并答复。我很自知有时会愈说愈糊涂的，而且在报纸杂志上发表的文章，在作家也不免写得苟且，加以篇幅之限，更不易充分和周到的把一个意见说明，因之误会再生误会也是常有之事。但是我想如果大家把问题看得比作者重要，我想在讨论中是可以得到良好影响的。

我还在继续写《乡土复员论》，陆续发表，还希望先生不吝赐教。

费孝通二月十四日于清华园

原载《观察》五卷六期，一九四八，三，一

男女有别（杂话乡土社会）

费孝通

在《大家庭还是小家族》一篇杂话里，我说在中国乡土社会里家是一个事业社群，凡是做事业的社群，纪律是必需维持的，纪律排斥了私情。这是我们碰着了中国传统感情定向的基本问题了。在那篇杂话里我虽则已说到了一些，但还想在本篇里再伸引发挥一下。

我用感情定向一词来指一个人发展他感情的方向，而这方向却受着文化的规定，所以从分析一个文化型式时，我们应当注意这文化所规定个人感情可以发展的方向，简称作感情定向。"感情"又可以从两方面去看；心理学可以从机体的生理变化来说明感情的本质和种类，社会学却从感情在人和人的关系上去看它所发生的作用，喜怒哀乐固然是生理现象；但是总发生在人事圖局之中，而且影响人事的关系，它们和其他个人的行为一样，在社会现象的一层里得到它们的意义。

感情在心理方面说是一种体内的行为，导发外表的行为，William James（威廉·詹姆斯）说感情是内脏的变化。这变化形成了动作的趋势，本身是一种紧张状态，发动行为的力量。如果一种刺激和一种反应之间的关联，经过了练习，已经相当固定的话，多少可说成为自动时，就不会发生体内的紧张状态，也就是说，不带着强烈的感情。感情常发生在新反应的尝试和旧反应的受阻情形中。

这里所谓感情相当于普通所谓激动，动了情，甚至说动了火。用火来形容感情，就在指这动的势和紧张的状态。从社会关系上说感情是具有破坏和创造作用的。感情的激动改变了原有的关系。这也就是说，如果要维持着固定的社会关系，就得避免感情的激动。其实，感情的淡漠是稳定的社会关系的一种表示。所以我在上一次杂话中曾说纪律是排斥私情的。

稳定社会关系的力量，不是感情，而是了解。所谓了解是指接受着同一的意义体系，同样的刺激会引起同样的反应。我在论《文字下乡》的两篇杂话里已说起过熟习所引起的亲密感觉。亲密感觉和激动性的感情不相同的它是契洽发生持续作用；它是无言的，不像感情奔放时铿然有声，歌哭哀号是激动时不缺的配合。

Oswald Spengler（奥斯瓦尔多·斯本格勒）在《西方陆沉论》里曾说有两种文化模式，一种他称作亚普罗【今译阿波罗下同】式的 Apolloian，一种他称作浮士德式的 Fanstian。亚普罗式的文化认定宇宙的安排有一个完善的秩序。这个秩序超于人力的创造，人不过是去接受它，安于其位，维持它，但是人连维持它的力量都没有，天堂遗失了，黄金时代过去了。这是西方古典的精神。现代的文化却是浮士德式的。他们把冲突看成存在的基础，生命是阻碍的克服：没有了阻碍，生命也就失去了意义。他们把前途看成无尽的创造过程，不断的变。

这两种文化观很可以用来了解乡土社会和现代社会在感情定向上的差别。乡土社会是亚普罗式的，而现代社会是浮士德式的。这两套精神的差别也表现在两种社会最基本的社会生活里。

乡土社会是靠亲密和长期的共同生活来配合各个人的相互行为，社会的联系是长成的，是熟习的，到某种程度使人感觉到是自动的。只有生于斯，死于斯的人群里才能培养出这种亲密的群体，其各个人间有高度的了解。好恶相投，连臭味都一般。要达到这境界却有一个条件，就是没有什么差别在阻碍着各人间的充分了解。空间的位置在乡土社会中的确已不太成为阻碍人了解的因素了。人们生活在同一的小天地里，这小天地多少是孤立的，和别群人没有重要的接触。在时间上，每一代的人在同一的周期中生老病死，一个公式。年轻的人固然在没有经历过年长的生活时，可以不了解年长的人的心情，年龄因之多少是一种隔膜，但是这种隔膜却是，年长的人可以了解年轻的人，他们甚至可以预知年轻的人将要碰着的问题。年轻的人在把年长的人当作他们生活的参考蓝图时，所谓"不了解"也不是分划的鸿沟。

乡土社会中阻碍着共同生活的人充分了解的却是个人生理上的差别。这差别倒并不是起于有着悬殊的遗传特质，这在世代互婚的小社区里并不会太显著的；永远划分着人们生理差别的是男女两性。正因为还没有人能亲身体会过两性的差别，我们对于这种差别的认识，总是间接的；所能说的差别多少只限于表面的。在实际生活上，谁也会感觉到异性的隔膜，但是差别的内容却永远是个猜想，无法领会。

在以充分了解来配合人们相互行为的社会中，这性别的鸿沟是个基本的阻碍。只在他们理想的天堂里，这鸿沟才算被克服：宗教家对性的抹煞，不论自觉或不自觉，决不是偶然的。完全的道义必须有充分的了解，无所隔，这就不能求之于生理上早已划下了鸿沟的男女之间。

男女生理上的分化是为了生育，生育却又规定了男女的结合，这一种结合基于异，并非基于同。在相异的基础上去求充分了解，是困难的，是阻碍重重的，是需要不断的在创造中求统一，是浮士德式的企图。浮士德是感情的象征，是把感情的激动，不断的变，作为生命的主脉。浮士德式的企图也是无穷止的，因为最后的统一是永远不会完成的，这不过是一个求同的过程。不但这样，男女的共同生活，愈向着深处发展，相异的程序也愈是深，求同的阻碍也愈是强大，用来克服这阻碍的创造力也更需强大，在浮士德的立场说，生命力也因之愈强，生活的意义也因之愈深。

把浮士德式的两性恋爱看成是进入生育关系的手段是不对的。恋爱是一项探险，是对未知的摸索。这和友谊不同，友谊是可以停止在某种程度上的了解，恋爱却是不停止的，是追求。这种企图并不以实用为目的，是生活经验的创造，也可以说是生命意义的创造，但不是经济的生产，不是个事业。恋爱的持续倚于推陈出新，不断的克服阻碍，也是不断的发现阻碍，要得到的是这一个过程，而不是这过程的结果，从结果说可以是毫无成就的。非但毫无成就，而且使社会关系不能稳定，使依赖于社会关系的事业不能顺利经营。依现代文化来看，男女间感情激动的发达已使生育的事业摇摇欲坠。这事业除非另外设法，由社会来经营，浮士德式的精神的确在破坏这社会上的基本事业。

在乡土社会中这种精神是不容存在的。它不需要创造新的社会关系，社会关系是生下来就决定的。它更害怕社会关系的破坏，因为乡土社会所求的是稳定。它是亚普罗式的。男女间的关系必须有一种安排，使他们之间不发生激动性的感情，那就是男女有别的原则。“男女有别”是认定男女间不必求同，在生活上加以隔离。这隔离非但有形的，所谓男女授受不亲，而且是在心理上的，男女只在行为上照着一定的规则，经营分工合作的经济和生育的事业，他们不向对方希望心理上的契洽。

在社会结构上，如上篇所说的，因之发生了同性的组合。这在我们乡土社会中看得很清楚。同性组合和家庭组合原则上是交错的，因为以生育为功能的家庭总是异性的组合。因之，乡土社会中“家庭”的团结受到了这同性组合的影响，不易巩固。于是家族代替了家庭，家族是以同性为主，异性为辅的单系组合。中国乡土社会里以家族为基本社群，是同性原则较异性原则为重要的表示。

男女有别的界限使中国传统的感情定向偏于同性方面去发展。变态的同性恋和自我恋究竟普遍到什么程度，我们无法确说。但是乡土社会中结义性的组织，"不愿同日生，但愿同日死"的亲密结合，多少表示了感情方向走入同性关系的一层里的程度已经并不很浅。在女性方面的极端事例是华南的姊妹组织，在女性文学里所流露的也充满着冯小青式的自恋声调。可惜我们对于中国人的感情生活太少分析，关于这方面的话，我们只能说到这里为止了。

缺乏两性间的求同的努力，也减少了一个不在实利上打算的刺激。中国乡土社会中那种实用的精神安下了现世的色彩。儒家不谈鬼，"祭神如神在"，可以说对于切身生活之外部漠然没有兴趣。一般人民更会把天国现世化：并不想把理想去改变现实，天国实现在这世界上，而把现实作为理想的底稿，把现世推进天国。对生活的态度是以克己来迁就外界，那就是改变自己去适合于外在的秩序。所以我们可以说这是古典的，也是亚普罗式的。

社会秩序范围着个性，为了秩序的维持，一切足以引起破坏秩序的要素都被遏制着。男女之间的鸿沟从此筑下。乡土社会是个男女有别的社会，也是个安稳的社会。

原载《世纪评论》三卷十期，一九四八，三，六

血缘和地缘（杂话乡土社会）

费孝通

在《长老统治》的一篇杂话里，我曾说过缺乏变动的文化里长幼之间发生了社会的差次，年长的对年幼的具有强制的权力。这是血缘社会的基础。血缘的意思是人和人的权利和义务根据亲属来决定。亲属是由生育和婚姻所构成的关系。血缘，严格说来，只指由生育所发生的亲子关系。事实上，在单系的家族组织中所注重的亲属确多由于生育而少由于婚姻，所以说是血缘也无妨。

生育是社会持续所必需的，任何社会都一样，所不同的是在有些社会用生育所发生的社会关系来规定各人的社会地位，有些社会却并不如此。前者是血缘的，大体上说来，血缘社会是稳定的，缺乏变动；变动得大的社会也就不易成为血缘社会。社会的稳定是指它结构的静止，填入结构中各个地位的个人是不能静止的，他们受着生命的限制，不能永久停留在那里，他们是要死的。血缘社会就是想用生物上的新陈代谢作用，生育，去维持社会结构的稳定。父死子继。农人之子恒为农，商人之子恒为商——那是职业的血缘继替；贵人之子依旧贵——那是身份的血缘继替；富人之子依旧富——那是财富的血缘继替。到现在固然很少社会能完全抛弃血缘继替的，那在以亲属来担负生育的时代不易做到的，但是社会结构如果发生变动，完全依血缘去继替也属不可能。生育没有社会化之前，血缘作用的强弱似乎是以社会变迁的速率来决定。

血缘所决定的社会地位不容个人选择。世界上最用不上意志，同时在生活上又是影响最大的决定，就是谁是你的父母。谁当你的父母在你说，完全是机会，而且是你存在之前的既存事实。社会用这个无法争、又不易藏没、歪曲的事实来作分配各人的职业、身份、财产的标准，似乎是最没有理由的；如果有理由的话，那是因为这是安稳既存秩序的最基本的办法。只要你接受了这原则（我们有谁曾认真的怀疑这种事实？我们又有谁曾想为这原则探讨存在的理由），社会里很多可能引起的纠纷也随着不发生了。

血缘是稳定的力量。在稳定的社会中，地缘不过是血缘的投影，不分离的。"生于斯，死于斯"之把人和地的因缘固定了。生，也就是血，决定了他的地。世代间人口的繁殖，像一个根上长出的树苗，在地域上靠近在一伙。地域上的靠近可以说是血缘上亲疏的一种反映，区位是社会化了的空间。我们在方向上分出尊卑，左尊于右，南尊于北。这是血缘的坐标。空间本身是混然的，但是我们却用了血缘的坐标把空间划分了方向和位置。当我们用"地位"两字来描写一个人在社会中所占的据点时，这个原是指"空间"的名词却有了社会价值的意义。这也告诉我们"地"的关联派生于社会关系。

在人口不流动的社会中，自足自给的乡土社会的人口是不需要流动的，家族这社群包含着地域的涵义。村落这个概念可以说是多余的。儿谣里"摇摇摇，摇到外婆家"，在我们自己的经验中，"外婆家"充满着地域的意义。血缘和地缘的合一是社区的原始状态。

但是人究竟不是植物，还是要流动的。乡土社会中无法避免的是"细胞分裂"的过程，一个人口在繁殖中的血缘社群，繁殖到一个程度，他们不能在地域上集居了，那是因为这社群所需的土地面积，因人口繁殖，也得不断的扩大。扩大到一个程度，住的地和工作地的距离太远：阻碍着效率时，这社群不能不在区位上分裂了——这还是以土地可以无限扩张时说的。事实上，每个家族可以向外开垦的机会很有限，人口繁殖所引起的常是向内的精耕，精耕受着土地报酬递减律的限制，逼着这社群分裂，分出来的部分另外到别的地方去找耕地。

如果分出去的细胞能在荒地上开垦，另外繁殖成个村落，它和原来的母村还是保持着血缘的联系，甚至把原来地名来称这新地方，那是说否定了空间的分离。这种例子在移民社会中很多。在美国旅行的人，如果只看地名，会发生这是个"揉乱了的欧洲"的幻觉。新英伦、纽约（新约克）是著名的；伦敦、莫斯科等地名在美国地图上都找得到，而且不只一个。以我们自己来说罢，血缘性的地缘更是显著。我十岁就离开了家乡，吴江，在苏州城里住了九年，但是我一直在各种文件的籍贯项上填着"江苏吴江"。抗战时期在云南住了八年，籍贯毫无改变，甚至生在云南的我的孩子，也继承着我的籍贯。她的一生大概也得老是填"江苏，吴江"了。我们的祖宗在吴江已有二十多代，但是在我们的灯笼上却贴着"江夏费"的大红字。江夏是在湖北，从地缘上说我有什么理由和江夏攀关系？真和我的孩子一般，凭什么可以和她从来没有到过的吴江发生地缘呢？在这里很显然，在我们乡土社会里，地缘还没有独立成为一种构成团结力的关系。我们的籍贯是取自我们的父亲的，并不是根据自己所生或所住的地方，而是和姓一般继承的，那是"血缘"，所以我们可以说籍贯只是"血缘的空间投影"。

很多离开老家漂流到别地方去的，并不能像种子落入土中一般长成新村落，他们只能在其他已经形成的社区中设法插进去。如果这些没有血缘关系的人能结成一个地方社群，他们之间的联系可以是纯粹的地缘，而不是血缘了，这种血缘和地缘才能分离。但是事实上在中国乡土社会中却相当困难。我常在各地的村子里看到被称为"客边"、"新客"、"外村人"等的人物。在户口册上也有注明"寄籍"的。在现代都市里都规定着可以取得该地公民权的手续，主要的是一定的居住时期。但是在乡村里居住时期并不是个重要条件，因为我知道许多在村子里已有几代历史的人还是被称为新客或客边的。

我在江村和禄村调查时都注意过这问题，"怎样才能为村子里的人？"大体上说有几个条件：第一是要生根在土里：在村子里有土地。第二是要从婚姻中进入当地的亲属圈子。这几个条件并不是容易的，因为在中国乡土社会中，土地并不充分自由买卖。土地权受着氏族的保护，除非得到氏族的同意，很不易把土地卖给外边人。婚姻的关系固然是取得地缘的门路，一个嫁到了另一个地方去就成为另一个地方的人（入赘使男子可以进入另一个地方社区），但是已经住入了一个地方的"外客"却并不容易娶得本地人作妻子，使他的儿女有个进入当地社区的机会。事实上大概先得有了土地，才能在血缘网中生根——这不过是我的假设，还得更多比较材料加以证实才能成立。

这些寄居于社区边缘上的人物并不能说已插入了这村落社群中，因为他们常常得不到一个普通公民的权利，他们不被视作自己人，不被人所信托。我已说过乡土社会是个亲密的社会，这些人都是"陌生"人，来历不明，形迹可疑。可是就在这个特性上却找到了他们在乡土社会中的特殊职业。

亲密的血缘关系限制着若干社会活动，最主要的是冲突和竞争：亲属是自己人，从一个根本上长出来的枝条，原则上是应当痛痒相关，有无相通的，而且亲密的共同生活中，各人互相依赖的地方是多方面和长期的，因之在授受之间无法一笔一笔的清算往来。亲密社群的团结性就倚赖于各分子间都相互的拖欠着未了的人情。在我们社会里看得最清楚，朋友之间抢着会账，意思是要对方欠自己一笔人情，像是投一笔资。欠了别人的人情就得找一个机会加重一些去回个礼；加重一些就在使对方反欠自己一笔人情。来来往往，维持着人和人之间的互助合作。亲密社群中既无法不互欠人情，也最怕"算账"。"算账""清算"等于绝交之谓，因为如果相互不欠人情，也就无需往来了。

但是亲属尽管亲密，究竟是体外之己；虽说痛痒相关，事实上痛痒走不出皮层的。如果要维持这种亲密团体中的亲密，不成为"不是冤家不碰头"，也必须避免太重叠的人情。社会关系中权利和义务必须有相当的平衡，这平衡可以在时间上拉得很长，但是如果是一面倒，社会关系也就要吃不消，除非加上强制的力量，不然就会折断的。防止折断的方法之一是在减轻社会关系上的担负。举一个例子来说：云南乡下有一种上赍的钱会，是一种信用互助组织。我调查了参加赍的人的关系，看到两种倾向，第一是避免同族的亲属，第二是侧重在没有亲属关系的朋友方面。我问他们为什么不找同族亲属入赍？他们的理由是很现实的。同族的亲属理论上有互通有无，相互救济的责任，如果有能力，有好意，不必入赍就可直接给钱帮忙。事实上，这种慷慨的亲属并不多，如果拉了入赊，假若不按期交款时，由于人情不能逼，结果赍也吹了。所以他们干脆不找同族亲属。其他亲属如舅家的人虽有入赍的，但是也常发生不交款的事。我调查时就看到一位赍首为此发急的情形。他很感慨的说，钱上往来最好不要牵涉亲戚。这句话就是我刚才所谓减轻社会关系上的担负的详解。

社会生活愈发达，人和人之间往来也愈繁重，单靠人情不易维持相互权利和义务的平衡。于是"当场算清"的需要也增加了。货币是清算的单位和媒介，有了一定的单位，清算时可以正确，有了这媒介可以保证各人间所得和所欠的信用。"钱上往来"就是这种可以当场算清的往来，也就是普通包括在"经济"一个范围之内的活动，狭义的说是生意经，或是商业。

在亲密的血缘社会中商业是不能存在的。这并不是说这种社会不发生交易，而是说他们的交易是以人情来往维持的，是相互馈赠的方式。实质上馈赠和贸易都是有无相通，只在清算方式上有差别。以馈赠来经营大规模的易货在太平洋岛屿间还可以看得到。Malinowski【今译马林诺夫斯基】所描写和分析的 Ku-lu【今译库鲁】制度就是一个例子。但是这种制度不但复杂，而且很受限制。普通的情形是在血缘关系之外去建立商业基础。在我们乡土社会中，有专门作贸易活动的街集。街集时常不在村子里，而在一片空场上，各地的人到这特定的地方，各以"无情"的身份出现。在这里大家把原来的关系暂时搁开，一切交易都得当场算清。我常看见隔壁邻舍大家远远的走上十多里在街集上交换清楚之后，又老远的背回来。他们何必到街集上去跑这一趟呢？在门前不是就可以交换的么？这一趟是有作用的，因为在门前是邻居，到了街集上才是"陌生"人，当场算清是陌生人间的行为，不能牵涉其他社会关系的。

从街集贸易发展到店面贸易的过程中，"客边"的地位有了特殊的方便了。

寄籍在血缘性社区边缘上的外边人成了商业活动的媒介。村子里的人对他可以讲价钱，可以当场算清，不必讲人情，没有什么不好意思。所以依我所知道的村子里开店面的，除了穷苦人的老年人摆个摊子，等于是乞丐性质外，大多是外边来的"新客"。商业是在血缘之外发展的。

地缘是从商业里发展出来的社会关系。血缘是身份社会的基础，而地缘却是契约社会的基础。契约是指陌生人中所作的约定。在订立契约时，各人有选择的自由，在契约进行中，一方面有信用，一方面有法律。法律需要一个同意的权力去支持；契约的完成是权利义务的清算，需要精密的计算，确当的单位，可靠的媒介。在这里是冷静的考虑，不是感情，于是理性支配着人们的活动——这一切是现代社会的特性，也是乡土社会所缺的。

从血缘结合转变到地缘结合是社会性质的转变，也是社会史上的一个大转变。

原载《世纪评论》三卷十三期，一九四八，三，廿七

抗战胜利后的文化与学术

学术自由与文化进展

《观察》，第 1 卷第 12 期，1946 年 11 月 16 日

罗忠恕

要求学术自由是目前我国知识界普遍的呼声，也是民主高潮中最基本的要求。要测验一个国家是否真正民主，就要看在学术上是否真有自由。一个时代文化进展的程度，也可由其学术自由之程度而定。我国在春秋、战国时代，由于封建制度的崩溃，学术不复为贵族的专利品。私家讲学之风一起，于是百家争鸣，人各以其所见，发为理论，以求见信于人。对于任何问题，不受传统思想的拘束，故在政治上虽为分崩析离的局面，但因有学术的自由，确造成了我国先秦时代最高的文化进展，而为我国文化最富于独创性的时期。及至秦始皇统一六国，在政治上，虽建立了前此未有的大一统的中国，但因畏惧"处士横议"，要想造成思想统一，以致演到焚书坑儒；虽欲以此种方法，去建立万世的帝业，不二世而亡。因为不容有学术的自由，在思想与文化上，秦代足为后代所称道者甚少。及至汉代，因武帝的罢黜百家，表彰六经，这又是欲以儒家之学，统一思想，因而学术的自由消失，故汉代在武功文事上虽亦有其成功，但思想上独创的意味甚少：其能如王充之具有批判精神者，真是凤毛麟角。到了宋、明，学者虽皆祖述孔子的学说，但既吸收了佛教的影响，又有程朱、陆王之争，因书院之兴，私家讲学之风盛，有此学术自由，故宋、明两代，我国文化，又有长足的进展。清代以异族入主中国，文字之狱屡兴，学术之自由日消。士人既不敢发表其独创的思想，只好钻研于考据之学，在整理古籍上，虽不无贡献，但在学术思想上，很少开有新的方面，也可说是一个思想贫乏的时期。及至西方思想输入，到五四运动的时期，因对于传统的思想文化，加以检讨批判，以至攻击诋毁，把西方的各种思想学说，尽量介绍输入，思想上又得一次大解放。此种运动虽未达成熟及建设的时期，但因此学术自由，我们的文化，又呈现一个有新生机的新时代。及至北伐统一之后，又因国、共的党争，有人

畏惧左派思想的滋长，不利于政治的安定，又来一次谋求思想统一的工作，严防急进的思想，取缔批评时政的言论，书报的发刊既受限制，报章的社论亦受检查，甚至在学校里要防范教师及学生的思想，学生可以检举教师思想之不正确，政府可以干涉教授讲学的自由。我们若以历史眼光来论这一个时期，不能不说是文化的倒退，而不是文化的进展。我们只好盼望这一个时代快要完全过去，再来一度新的解放，而得着真正的学术自由。

我对于学术自由有一种新的解释。第一，我所谓学术自由，并非仅是思想自由。我以为一个人的思想，在某种意义上，是绝对自由的。不论政治上或宗教上是如何限制思想的自由，思想在思想者的头脑里，永久是有自由的。无论政治上有如何严密的设施，要剥夺个人的自由，决不能把思想的自由完全夺去。你可以把一个所谓具有危险的思想者拘禁起来，但你不能禁止他去思想那"危险的思想"。你愈要去防范他的激烈思想，他在被拘的牢狱里，思想更是活泼。无论那一国革命党的亡命之徒，其思想的体系，以及对于其思想之自信力，无不因外界的压迫而愈趋于成熟，并使其革命的意志，趋于坚决。即如国父中山先生的革命过程，也是因环境的压迫愈甚，而愈觉得有构成其革命理论之必要。就另一方面说，革命家是主行动的，但因革命而系狱，在拘捕革命者，固以为他失了自由，而无由布散其危险思想，或实现其革命的手段，而在革命者自己，反觉此时思想最自由。因在狱中，始有闲暇作细密之思索，以图构成其革命之理论基础。故我以为思想在思想者的脑里，永久都是自由的。我们平常所谓思想自由，是指思想发表的自由，亦即所谓言论、出版的自由。在统治者每以为人民果有了言论、出版的自由，则必任意诋毁政府，批评一切政治的设施，而使政治不得安定，终非人民之福。故统治者每借保护治安以限制人民的言论及出版的自由。其实这是最错误的看法。"防民之口，甚于防川，川壅而溃，伤民必多"，这是不易之理。凡经不起人民批评的政治，必然是坏的政治。凡欲励精图治者，莫不容纳人民的意见。何况现代的政治，现代的民主政治，一切的设施，是应以民意为依归，更应使人民有充分言论、出版的自由。民主政治有一个基本的假定，即以人人都是有理性的，人人都能为自己的以及公共的幸福与利益打算的，而且其打算是各有其理由的。如无此基本假定，则所谓民意者，如何能构成？岂不是任何野心家，皆可妖言惑众，传播危险思想，以颠覆政府，使人人无安居之日？一种革命运动之所以能成功，岂非因当权的政府，一切措施，有背人民的要求，使人民相信革命者是解除他们痛苦的合理措施？若非政府腐败达于极点，只因有野心家，欲遂其领袖欲，企图颠覆政府，是决不会成功的。这可由中外历史得着证明。人民批评政府，无论是对政策的批评，或执政者的指摘，苟其论调，全为情感的激动，或为私愤的发泄，无论怎样的说得动听，决不会得着多数的拥护。这是因为不合于公理，不能与公共的幸福或利益相契合者，大多数的人，必以其为私意，而自然消灭。若果政府有这种雅量，竟使那'无理取闹'的言论都发泄了，这也是有利而无害的。英国海德公园，虽容许任何人都可以去谈说，任何人都可以去骂政府，但惟其容许如此，决未有人人都去骂政府的；即如有那真要去发泄气愤的人，他发泄之后，亦即不会再闹问题。我们看到英、美的报纸，容许人民指摘政府，随意批评，但并未因此而政府随时颠覆。所谓言论自由，其言论必须合理，故亦不致因有言论自由，而演到全是怪诞的言论。我们说思想自由，但思想必须合乎逻辑，必须依论理的法则而推展，绝非胡思乱想。所谓思想自由，是仅指发表思想，不受外力的拘束，并非不受理性的支配。

第二，我所谓学术自由，并非谓政府不"管"学术事业，即可谓有学术自由。现代国家政治机构，没有人民的任何一方面生活，不与政府有关。若果有关，即不可不管。我所谓"管"，不是指管制，而是指管理。管制即限制学术的自由。学术的自由受了限制，则学术工作者的精神受了压迫，遂使学术的工作，无由进展。管理是指政府对学术工作负起责任来，有目的、有计划的发展学术事业。如对学术事业，政府能拨划充分的经费，对学术工作者的生活，能使其安定，为欲发展学术事业，政府能规定各种奖励的条例，这都是政府对学术工作负起责任而管理之态度。我们感觉我国学术事业之难以发展，其最大原因，即政府未能充分负起责任，竟可说未能负起管理之责。大学和专科学校以及研究机关，以数量说，也不能说太少；以内容说，则可谓大都虚空；以质量说，只能说不够标准。至于工作人员，无论为大学教授或研究机关的研究员，其月薪的收入，不足以养家活口，更谈不到专心工作，从事于创造发明，或著述研究。我们若没有"不虞匮乏的自由"，也没有"学术的自由"。反之，政府对于学术的管制，倒是有些设施。例如教育部规定了大学各院系、各年级应读的科目表，各地的大学，不问其教师如何，总应依此固定之科目表讲授。于是各大学不问其教授自己专长的科目是什么，因为要教一些科目表所列的课程，于是自己专长的科目，未必有讲授的机会，而不能不应付若干并非自己所欲讲授的课。平心而论，教部规定各系科目，也非全无好处。如以往不少的大学，每系有一、二教授，即可随意开课，是否能将一种学术的体系全部讲授，教部既不过问，学校也无规划。有些大学或者为着体面关系，只编好了一个很详尽的科目表，而并未聘请教授讲授所列课程。仅以哲学一系而论，我见着有几个颇负盛名的大学，列了好几十种课程，但只是课程一览上存此名词，实际上从无教授讲授。现在教部规定了各大学各系必需开的课程，即如只为应付填报表册，也得把基本课程按年讲授。各大学既没有某一学系，总得多聘几位教授，方能将课程开齐；这是有政府规定科目的好处。不过这种好处，仅是形式的。一位教授，大学为要开设教部所规定的课程，不能不请他教一些非所擅长的科目。其结果，教授不能在其专长的方面，使学生多受教益，同时又使自己的时间，为着讲授规定的课程而浪费了。双方皆受损失。我以为教育部对各系课程，仅能规定一个轮廓，和应讲授的最少的几种基本课程，不必详列各系、各年级的课目，务使各大学得就其所聘教授，作合宜的安排，既能尊重大学教授讲学的自由，又能使各大学逐渐养成其特殊的学风。一个学术机关亦如个人，不应使其规律化、形式化、统一化，应容许每一大学、每一学术团体，表现其特殊的风格，独创的精神，独具的个性。机关亦如个人，必有充分的学术自由，始能有充分的发展。一旦统一化，则个性全消，创造的精神也丧失了。这足以造成文化的萎缩，文化的倒退，这是由于政府徒谋管制学术事业，而未负起管理学术工作的结果。我所谓管理学术工作，是国家充分认识学术事业的重要，而能充分扶助学术事业之发展的企图。要谋学术事业之发展，第一要完全取消管制。第二要使学术事业有充足的经费。第三要使学术工作者的生活有充分的保障，能使其安心工作，以发挥创造的能力。如以此三标准，衡量目前的状况，便可知我国文化事业无由发展原因的所在。一面我们见着近年来新设若干大学及专科学校，自然需要不少的经费；另一面我们觉得每一个大学的经费，都是窘得可怜，既不能有充分的图书、仪器、设备，使教授和学生能有研究的自由，而许多大学都感觉到合格的教师之缺乏，好的教授，由此一大学，拉到彼一大学，拉来拉去，还只是这几个人。教授的生活，全无保障，不特每月收入不能维持最低的健康生活，常弄得四处兼课，精疲力竭，既无研究的闲暇，也无将课程教好的精力。有时更不免因与学校行政负责人见解相左，情感不融洽，有被解聘的威胁，使教授不能常在一处有安定的生活，作终生献身学术的打算，在个人虽有去就的自由，因缺乏"免于恐惧"及"不虞匮乏"的自由，也没有真的学术自由了。这是目前学术界的真相，我们不可不加警惕。我们恳切的希望政府对学术事业要负起管理之责，而不可有管制之象，必如是始能有真正的学术自由。七年前，在伦敦曾往访英国大学分款委员会（Universities Grant Committee）的主任莫伯理爵士（Sir Walter Mowbery），并参观该委员会的工作。英国的教育部对大学无直接管理之权；政府对大学，只负有由国库拨款补助的责任，拨款的工作即由这大学分款委员会担任。莫伯理爵士告我，他也曾作大学校长，深知大学的问题。他们对于大学的工作与政策，全不干涉。这委员会与大学行政人员常开会交换意见，以便明了各大学经济的需要。一个大学若有某种研究或教学的计划需款，只需说明理由，编好预算，即可由该委员会划给所需款项，使那大学能有三年去实施计划的机会。三年之后，可检讨工作，报告该委员会，又可重新按工作的发展，请求补助款项。学术的工作，政府全不过问，更不能干涉，只能信任大学及学者专家，凭他们的创造能力去开展。政府的责任，只供给使此学术工作发展所必需的经费。我所谓政府对学术事业，应负管理之责，而不可有管制之象，正可由英国政府的设施，作为我们的借鉴。

第三，我所谓学术自由，不仅是不受外面的拘束，外面的限制；尤其要紧的，是要解除内面的缚束。外面的拘束是指政治的、社会的环境，不容许思想发表的自由而言。所谓外面的限制，是指客观的条件，未能给学术工作者充分的支持与扶助，使学术事业得不着所应有的经费，发展工作，使学术工作者无安定的生活，不能展其抱负，运用其创造的能力而言。即如把这外面的拘束与限制取消了，也不能算有充分的学术自由；若果外面的拘束能取消，而内面的束缚未解除，其自由恐还未达于一半的程度。我所谓内面的缚束，是指学术工作者本身的心理态度，及精神生活，培根所述的四种偶像，即指当时学术界的心理缚束，或者盲从古人，或者拘于成说，或者一味偏见，或者蔽于文字，而忽于事实。这些都是当时培根所感受到的心理缚束。荀子在《解蔽篇》所说："欲为蔽、恶为蔽、始为蔽、终为蔽、远为蔽、近为蔽、博为蔽、浅为蔽、古为蔽、今为蔽"。他所说的十蔽，虽有其解说，都可归纳为是心理的缚束。现在我国的学术界，又何曾不具有这一些内心的重重缚束。许多年来所嚷着的东西文化问题，本位文化问题，中学为体、西学为用的问题，科学玄学之战，闹得乌烟瘴气。至今又有多少人能以纯客观的态度，作细密的分析，排除一切的成见？我国学术界最缺乏的是批判的、分析的、客观的精神。学术论战，则纯从学理分析，不可涉及个人的感情。我国提倡科学的则常说哲学是卖弄玄虚，其实西方的科学又何曾不是由哲学化蜕而出；介绍西洋文化的，则常说中国文化，一钱不值，否则便是西方学术皆我所有：墨子的木鸢，即是飞机的发明；诸葛亮的木牛、流马，即是汽车、火车的前身。不然，一定要主张中学为体、西学为用，似乎西学无体，中学无用。又谁能有以客观的批判的态度，把世界的学术，作细密的分析的气魄？今日之学术，不仅自然科学无国界，即人文科学亦有其公诸全世界而准的真理。我们的气量不可太狭小了。若不将此内心的缚束取消，仅仅争取外面的自由，即如外界的拘束与限制全消，学术仍没有充分的自由，我国文化的前途，仍不含有超越的发展。我们的时代太重要了，各国学术界都在埋头苦干，外界有了自由，内心也无拘束。我们正在争取民主，争取自由，但学术的自由，尤宜急起直追，努力争取。我们五强的地位，已日渐动摇，但现代的强国，并非仅有强大的军力，丰厚的财富，即可保持地位的。第一等强国，在学术上，亦应有其超越的贡献，即如富国强兵，亦何尝不以学术为基础。我们深知，学术无自由，则文化无由进展。我们不可以我们的古文化去骄傲西洋人，古文化有其意义与地位，若欲不愧对我国的古文化，也得有创造新文化的决心。我们的祖先能创造光辉灿烂的文化于古昔，我们决不可作不肖的子孙，在现代世界文化里不显出我们充分的创造力。时代在我们的前面，只看我们的政府及文化工作者如何努力！

士的使命与理学（节录）

张东荪

......

二

我对于宋明理学的见解，和当代贤哲颇为不同。据我的私见，有几点可得而言。第一是我承认宋明理学确系继承孔孟之教。世人多以为理学是受了佛教的影响，把孔孟的真义失了。理学思想经过佛教的影响，当然是事实，不过据我所见，只在方法一方面是受佛家的影响，关于这一点下文当详说。至于真正的内容却可说依然由孔孟推广而出。他们的议论虽不是孔孟自己所说的，而以孔孟所说的来推，却未尝不可推出这样的结论。所以理学与孔孟不是两回事。于是我们先要讲孔孟。冯友兰先生说，孔子就是此"士"之阶级之创立者，至少亦是其发挥光大者。因冯先生不承认在孔子以前即有一种非农非工非商非官僚之"士"，不治生产而专待人之养己者。这些话都很有意思（冯先生并辨明士大夫的士与此处所谓士不相同，亦甚是，因为乃是官职的名称）。我们不要注重其非农非工非商，而要注重其"非官"这一点。大概以前所谓"学"都是指一种技能：农必须有农的技能；工必须有工的技能；而作官亦必须有各种职官的各种技能。孔子讲学不是如此，乃是只旨在造成一种"道德的人"。这种人在社会上只是主持正义。使一个社会内有是非的标准完全靠这种人的"清议"，亦不一定要得政权以实行其道。"可以仕则仕，可以隐则隐。""得志则与民由之，不得志则独行其道。""不怨天，不尤人。"其功用不全在于"以其道易天下"，而却在作"中流砥柱"。只须有所影响，不必大行其道，而社会就可以蒙福。其故在于凡行其道者必先得政权。这便是自上而下。孔子以前都是自上而下的。到了孔子，孟子尊之为"素王"，就是因为不能由上而下了，于是只好由下而上。

这乃只是文化上政治上一个极大的转变。我们须知自上而下的是个"威权"（Authority），是个"力权"（Power）。一个威权力权倘不加以制限无不流于滥用，因而腐败了。必须另有一个自下而上的以为"对抗"（Counterforce），这个对抗力促以矫正在上者，使其得有清明之气。可以说政治上的清明之气全靠有自下而上的推动力。孔子以前，文化未开展，只有自上而下的统治，就可以使人民得福利。后来却渐渐分化与腐败了。所以时势上自然有创立一个自下而上的对抗力的必要。孔子应运而生，在中国历史上真是一个划期的事。似乎在孔子以前并不是没有士，不过那种士只是作官的"预备者"。孔子把他们另付一种特别的使命。所以严格说来，士的阶级不是孔子所造，而士的新使命却是孔子所创。从此中国政治上有了防毒素。因为威权政治总是要自身中毒。倘能时时打血清，纵使不能完全去毒，至少亦可减少其中毒的分量。"士"的人们在社会上发清议，作净谏，便把一个社会内的清明之气唤起来了，以从事于抵抗这个自身中毒。友人张君劢先生常说，一个国家必须容人民有透气的所在，就是这个意思。如果压制得丝毫不透气，则这个国家决不能长存。所以我认为中国能有数千年的历史，中间虽有外族的侵略，然幸能绵绵长存以迄于今者，在外国史家有谓由于统一的行政制度，有谓由于文化的统一，而我则以为至少这个民族的防毒素是有几分力量的。因为有了防毒素，才能够保持民族的"活力"（Vitality）。凡一个民族苟不失掉了"活力"，终久必会抬起头来，即使一时压倒，亦必会翻身的。所以我愿用一个不十分切的比喻，以为孔子创立"士"的一批人便好像英国立宪史上的创立议会差不多，同是对于政治立一个透气的所在，使人们不致在威权主义下闷死。所以孔孟之教，其精神上本是反抗的。不拘其反抗的方法如何——以复古为反抗现状亦不失为一种反抗，不但对于当时是反抗，并且永久是反对的。因为他是自下而上的一种防腐作用。……

三

其次我们应得讲为什么政治上由下而上的运动必须与道德合而为一。换言之，即何以表面是道德运动而里面却是政治问题。我们应得知道一切道德的要求都是根据于社会。不但维持社会必需要某种道德；即改造社会亦必需要某种道德。威权的实行必须有道德的根据，即从道德上要求人们的服从。如人们在心理上不承认有服从的道德，即威权亦不能长久下去。在这一点，我是佩服卢梭（Rousseau）的炯眼。他以为一切社会关系如完全基于"力"，必致没有任何团结。凡是社会必须建立于"同意"上，这就是所谓"道德的"。所以社会的维持必是靠人们各各在心理上承认有这样的一回事，且引以为对。至于破坏秩序则更需要有一种另外的理由，为其原动力，然后才能有所活动。可以说都是心理的，亦就是道德的。所谓道德的是指当事人觉得这样才"对"而言。凡有"对"、"不对"的判断都可说是属于道德范围。且不仅此，对不对的判断必用于人与人之相与。改造社会的人固然否认现状上的道德观念，然而倘欲掀起一个大运动必更须有一种力量以吸引人们来同情于彼，这个力量就是道德的。一个宣教师所以能传教，唤起许多人跟他走，这个力量必须是道德的。所以社会的维持与改变其背后的力量根本上是具有道德性质的。明白了这一点，便知道没有一个社会理想其本身不是一个道德观念。同时没有一个社会的变化不是先从道德观念变化起（纵使道德的抽象原则自身不变，而其具体的应用与范围必大有变化，因为非如此不能推动社会使其改变）。根据这个意思，当知我所说的这种自下而上的运动只先从道德方面着手乃是当然的了。

说到此，又有一点必须同时说明方能完全明白。就是须知这种自下而上的活动只在于透气、防腐、灭毒，而不可认为是革命。所谓"知其不可为而为之"便是明证。倘若从事革命，即无"不可为"了。革命是乙势力推翻甲政权，后来又成为乙政权，乙政权依然可使在下者不得透气，或许丙更起来革命。而这种透气与防腐的作用却不须有这样轮替的变化。只好像对于一间房子开有通风的洞一样，只须时时有新鲜空气流入，不必把这个房子拆了重盖。所以"士"阶级的存在，从一方面来看，永久是政治上的通风洞，使清明之气得息息相生，而从他方面来看，却又是维持秩序的。自孔孟以逮理学先生们所讲的是纲常名教。这都是所以维持社会的。但我们不可因此遂谓都是专为统治者张目。因为不是对于某某一定的统治者或阶级有所护助，乃只是普通的维持秩序而已。任何人都可以利用这个维持论以保护其自己的地位。其故即在于这种自下而上的"干政"，只是"干"而已矣，并不要"执政"且在势亦永不能执政。原来只是"知其不可为而为之"；"道之不行已知之矣"。

所以这种"干"政的人必须要立足于道德问题上，且其本身所需要的道德尤须高出常人数倍。其情形有几分好像西方宗教上所谓"殉道者"（Martgr）。《孟子上》说："无恒产而有恒心者唯士为能。"何为恒心？即"养其大体者"，亦即"所欲有甚于生者，所恶有甚于死者"。故能至于"富贵不能淫，贫贱不能移，威武不能屈"。关于此点下文尚须多多讨论。

现在又须说到一个附义，即这种"士"并不是一个严格的阶级，因为没有经济的背境。不但没有经济的根据，并且因为士是"不治产"的，其社会的地位至不巩固，这乃是一个大缺点，所以由于经济的压迫只得流入于官僚。幸而还有一个好处，就是士的学问不是十二分专门，只需几本书（例如后来只须《论语》、《孟子》、《大学》、《中庸》四种），在乡间亦容易得到。有此理学本都是出身于农，便由于此。凡出身于农的都能有充分活力，这一点足偿前一点（即流入官僚）之失。

……

四

自从韩愈说："斯道也……尧以是传之舜，舜以是传之禹，禹以是传之汤，汤以是传之文武周公，文武周公以是传之孔子，孔子以是传之孟轲，孟轲死不得其传焉。"尧、舜、禹、汤、文、武、周公是他们的托辞，不必多讲。以孟子来继孔子，足见后世所谓"道学"（即理学）乃只是孟学，从此以后都顺着这个趋向而走。其所注重的便是孟子所主张的"反身而诚"与"养浩然之气"等等神秘的方面。至于他们以为孟子得孔子之正传，亦未尝不由于孔子的话亦有这样倾向。例如论语上讲"仁"，从最浅的方面来说，是只等于"爱人"；但从最深的方面，却说"若圣与仁，尧舜其犹病诸"。可见从修养上修到仁并不是十分容易的。因此后儒把仁当作一个特别境界，这原是可以讲得下去的。所以我说理学上所讲的验之于孔孟并非不可通，不过不明显而已。因此我认理学确是继承孔孟之教。此说和时贤以为孔孟平常而未明玄妙之说颇有出入。其故因为我的着眼在于欲提高道德必须以形而上的神秘为背境，没有这种背景绝不能解决道德的保障问题。普通的道德和这种情形不同，因为只是拘束常人的，只须拿习俗与法令便可把他们规范着了。而负于特别使命的"士"则不够。必须把寻常的道德（即由习俗而成的）视为道德，而只自己制出更高超的道德观念。须知这种道德观念与实际利害祸福必不一致。于是便发生一个问题，即为什么要作好人？因为作好人不得好报。若解决这个问题又必须把神秘经验抬出来，使自己的的确确觉得小我已与大我合一，于是人生意义与道德保障便完全寄托在这一点上了。所以我说理学内无论有何派别之争，而大体上终脱不了是神秘的整体主义（mybtic interalism）。谨以张子的《西铭》以为显然。总之，都是想把我与天合一（即与绝对合而为一），于是我尽其性，则我之一举一动便心安理得。故我看透他们主张整体（即万物一体）乃是专为道德立一个最后的托子，使个人有安顿处。有了这个天人合一的"尽性",则行为上一切利害祸福便不发生问题了。你如专从学理上看,你可以说这是一种形而上学。你从社会上有这样超世俗的道德的需要来看,你便知道此种理论不过是要满足这个需要,使这些人们安然生活下去,得在社会政治上起一种作用。从我这个观点来看,我便以为这个形而上学只是添上去的,但这个添加却是必然的。所以就必然的推演而讲,由士的奇特使命便必然生出这种小我与大我打通的人生哲学。由这样人生哲学便必然生出万有一体的宇宙论或形而上学。这种推进虽只是一种逆溯,然却是必然的。因此我主张纵使中国不与印度思想交通,其推进恐怕亦必定是如此的。所以有人以为末明理学完全是从佛理蜕化而出,其实这是知其一不知其二之谈。

<h1 style="text-align:center">五</h1>

但理学确是受了佛学的影响,我现在即要讲其所受的影响究竟在什么地方。照上文所说,当知关于整体观念一点,虽事实上理学亦受佛教的影响,然在论理上却并不是完全出于佛学。可见其最受影响的地方不在于思想内容,而却在于方法。……

……

总之,他们主静或主敬都是一种类乎瑜伽的方法。此种方法把人"心"使之变质,使其不囿于见闻,而直接与外物相通,这乃是一种变态心理(但非普通所谓变态心理)。他们把印度人的方法,原来只用以窥证真如的,却拿来用于处世。换言之,即把限于在宗教上的方法却移来用于人生问题上。再换言之,即把出世的证觉了悟的方法改为处世接物对人之用。我最初认为他们是失败了,因为二者在性质上太不相同。后来我又想了一想,觉得其中有一部分的奇怪,就是他们的注重点不仅在"寂然不动",而尤重在"感而遂通",必须寂然不动方能感而后应,即寂然不动只是一个手段,为了达到感而遂通的目的。例如巅溪于静虚以外必须更有动直,这便是他们和佛家大不相同。似乎佛家只求寂然不动而有所"见"为止。此见即为见本体。从出世的观点来讲,当然见了本体就完了。从宗教的观点,亦只须见了本体就完了。因为见了本体,便安立了信仰。但就入世的观点与做人的观点而言,则见了本体还不能完事。按理,入世与作人本不须要见本体。不过为了道德的保障与人生的意义起见,见了本体便大有用处。其作用可以说不仅是使顽夫廉,懦夫立,并且可使人临死不惧。这便是上文所说为了"殉道者"而设的，所以中国的瑜伽与印度的不同。印度是属于宗教的，而中国是属于道德的。在这一点上，我们不要以为理学是乌烟瘴气，而遽谓为毫无价值，其实乃是一个大发明。

六

这个发明的可贵处即在把印度的瑜伽的性质改变了。印度的瑜伽因为与出世教相连，总不免由"寂"入手而终于慈悲。而中国的这种瑜伽却无论用顿悟或渐悟，其结果乃是得着一个"乐"字。所以他们注重在日常生活，务使在日常生活上，把此心使其"活泼泼地"，遇事便可"当下合理"。这就是所谓"动直"与所谓"静亦定动亦定"，可见他们不是专在静中求明心见性，乃是在动中（即日常生活一举一动中）求尽性乐天知命。有人以程、朱是理学，陆、王是心学，我所说的只能适用于陆、王。此说实为皮相之见。程朱所讲的"理"并不是离了人以后的万物之"所以然"，乃实在是与人合在一起的万物之"所以然"。我们把整体观念加入其中，便不致有此误会。从这一方面看，便见中国的理学总是关乎行为，并无宗教的意思。亦可以说他们把宗教性的神秘移用于极寻常的行为上。于是一切德目如忠孝节义便都有了自然而然的安托。我们只须一检《东林列传》便见那些人的死节之烈。东林不过一部分人而已，然而亦可概见其余。其故即由于"不知生死必不能忠义，不知忠义必无经济"，即以形而上的见性为人世上道德的保障，以有保障的道德而从事于政治活动，则必更为有劲儿，所以我说理学不是纯粹的哲学。

根据这一点，我们又可见所有的理学家对于政治无不干与，这原是出于他们的济世利人之心。这种济世的心是从"民胞物与"的观念而来，固然从儒家的道德上讲，是修身、齐家、治国、平天下。一个士人修了身自然会推到治国平天下。不过照我的观点来看，依然是为了治国才去修身。所以"欲治其国必先齐其家；欲齐其家必先修其身"，这句话倒是颇有所道破。换言之，即本来是只为治国平天下，至于修身诚意不过是个手段而已。可见政治活动是他们的真正目的，至于由自己的道德问题而上溯到形而上学的悟道，都不过直接与间接的手段罢了。所以我说"士"阶级的使命根本在于"干"政，其讲学不过手段而已。可惜他们的干政与泰西所谓宪政、革命等等完全不同，只是想"致君尧舜"。这种办法乃是一条绝对走不通的路，不过他们却"知其不可为而为之"，至少亦未尝没有若干成绩，就是把专制君主的腐败暴虐稍稍挽回了些。所以我说，我们只是威权政治高压政治下的透气洞与消毒素。倘使没有他们，政治的自身中毒还要来得快些，社会的自行奔溃还要来急些。他们在历史上的使命，在我看，可算已经尽了。

到了今天，士的阶级已完全不存在。其故有二：第一是到了清朝，乃是外族操统治权，表面上虽推崇所谓"正学"，而实际上对于读书人已早不容其有这种气概，以致流于虚伪，而饾饤的考据学乃乘运而起。第二是西方文化的传入。西方文化有一个奇怪的地方：就是在西方本土可以把宗教与科学合在一起。因为在西方人，这种调合只是事实上莫知其然而然，本没有逻辑的关联可言，而凡传染西方文化的他种民族却无法这样照办。所以科学与宗教的冲突在西方人不过是一个理论上的问题，不致引起生活上的冲突；而他种民族则不然，苟一传染了西方的科学必定动摇及于全部生活。所以清末数十年，总时时有"中学为体，西学为用"的争论，就是为此——直到现在还有人提起，可见其中确有问题。由于这二点，所以士的使命在历史上可算已结束了。

<h1 style="text-align:center">七</h1>

如拿西方情形来比较，我们虽则很难在西方社会上找到与"士"相类似的阶级。这原是中国社会的特点，我并且认为这是中国民族的优点。中国民族屡次被外族侵略，而侵入的外族其本身都没有类乎"士"的阶级的那种性质。他们虽握了统治权，而却不能不吸收中国文化。而他们所吸收的中国文化只是中国文化中的腐败方面。其结果他们腐化了，渐渐至于衰亡，而中国民族本身仍由士的阶级在千辛万苦中维持其一线的生命。中国所以能有二三千年的历史，比外国任何民族的生命都长，据我看，就是由于此。

退一步来说，我们可以勉强拿欧洲政教分离以后的教士来比中国的士。耶教在欧洲政治上不能说没有很大的影响。因为政教分离以后，教乃偏于注重"个人良心"，自然便带了一些反抗强权的味儿。泰西的个人主义自由主义与其说是纯出于政治运动，毋宁说是隐然由宗教而衍进的。就中尤其是所谓"清教徒"（Poritans），其守身律己不下于中国的理学家。美国的建国全靠这种清教徒，这是大家所共知的。

我们如把君主官僚军阀列为第一第二阶级，则士便是第三阶级。但与西方的中等阶级却不十分相同。因为在西方中等阶级与工商业大有关系，宗教上的个人主义与政治上的人权革命以及经济上的工商业发达乃造成中等阶级的得势。

中国的士却始终没有得势。有人主张中国今后亦应该仿照英国来一个产业革命，已故的丁在君先生曾亲口对我这样说过。不过现在的情形恐怕已经错过了，所以我不认中国的士就等于西方的中产阶级，我只能说士的使命在中国历史上算已经完了。

本来文化的开展是渐渐向普遍而趋的。在君主官僚握一民族一国家的生命的时候，这一个民族或国家便靠着他们以决定其前途。推演下去，久而久之，他们再也不能把握这个生命了，自然另有阶级来担负其使命。士的阶级的产生就是因为君主官僚不能应付这个时代的使命了。从这一点来说，我敢说中国今后担负这个使命的恐怕已经由士而移到大众。马克思说劳动者无祖国，这是指另有阶级担负国家责任的时候而言。在那种状态下，劳动大众自然不负国家的责任。然而等到文化下移以后，国家的责任与民族的前途便会自然而然移到大众的双肩上。于此所谓大众不是把士除外，乃只是使士与大众打成一片。自知识与品德而言，恐怕士还是居领导的地位。

士的使命在历史上已经尽了。今后有一个新时代将要来了。士如果要仍然担任一些使命，则决不能如产业革命者所主张，化为欧美式的中等阶级。我以为只有加入大众中，在大众中除了担任技术知识的需要以外，依然可以行使其提高道德的任务。换言之，即把大众的道德水准设法提高，这就是他们的唯一任务（不过其中仍有个生活问题，似十分复杂，但本篇以篇幅有限，不欲讨论）。所以理学不是完全过时货。不过必须有人出来为之大加整理，使其与现代的需要相符合，而删去一切迂腐之谈。这便是我所希望于君劢先生所办的学院的了。

一九三九，八，一二

原载《观察》一卷十三期，一九四六，十一，廿三

当前文化工作者的任务

——三十五年十月十九日首都文化界联谊会席上讲词

陈立夫

应付一个复杂的环境，应以"简单"为主；应付一个分裂的趋势，应以"团结"为先。中国过去处于一个极复杂的国际环境中，遭遇着不少外来强权的压迫和破坏，较诸任何殖民地的国家，尤为艰苦，是故国父称之为次殖民地。假定没有祖先们伟大的眼光，种下了深厚的民族文化一统的基础，加之以国父深谋远虑，发明了一个独立自主的三民主义，订下了革命力量统一领导的政策，和蒋主席的继承遗志，笃信力行，到今日的中国，不知要弄到怎样的一个悲惨分裂的境地。

在世界各种不同或者甚至于相反的思潮澎湃之中，门户洞开的次殖民地的中国，自然样样受到影响，在十分复杂的关系中，中国是不是应该跟随某一种思潮去走？不，不能！中国不能离开"中"而偏向任何一面，因为讨好一个，会得罪了几个的。中国必须保持中立不倚的态度，创造他自己的新文化，而这新文化的内容，在空间方面说，不妄自尊大，能容纳了各种思潮的长处。在时间方面说，不妄自菲薄，能继承了他固有的文明的优点，创造出适合于自己生存而又可促进世界进化的伟大思想体系，才能使国家有独立的精神，而无孤立的危险。这就是三民主义之所以产生的自然因素。不然的话，中国必定变成了世界思潮的公共战场，中国人民亦必定成了这种战争的牺牲品。

"主义是一种思想，一种信仰和一种力量。"这是中山先生所下的定义，在国民革命过程中，我们的第一要求，当然是力量的集中。力量、信仰和思想的总汇，就是主义。所以主义的信仰，就是力量的源泉。任何革命力量的分散，就是国民革命的损失；任何假借外来的主义，借以勾引外力以图达到割据的目的，就是分裂国家土地主权的统一性，也就是迹近汉奸卖国的行为。中国人民，为爱护其国家民族的生存，为免除内外勾结自陷于分裂的危险，决不容许其存在的。袁世凯、汪精卫，都是最近的例子。在革命过程中，全国人民为了民族的生存，自然而然的首先要要求一切力量的统一与集中；为了民权的普遍实行，首先要要求军令与政令的统一；为了民生的乐利，首先要要求经济建设在统一的计划中，迅速分期来实现。

"统一"既为中国生存的别名，所以无论国内或国外，凡是来破坏统一的，就是违反了中国全体人民的生存利益，全体人民必起而誓死反抗。因此，国父中山先生确定了国民革命的方略，对外以"平等待我"与不破坏中国的统一之国家民族为中国之友，对内则以统一革命力量于一个主义之下，共同奋斗。因之有民国十二年底之孙中山越飞联合宣言，确认三民主义为中国国民革命之唯一指导原则。因之有民十三允许共产党员个别加入国民党为实现三民主义而努力的措施，因之有民十六因共党破坏北伐统一战线而予以清除，因之有民二十六为统一全国抗日力量要求共产党发布宣言，重申服从蒋委员长之指挥及拥护三民主义并取消红军名称与苏维埃制度，以达军政军令及政制之统一，因之有民三十四国共谈判而以和平统一民主建设为一切谈判之基础，而以军队国家化及政治民主化，达到军令政令统一为建国之先决要务。中国国民党和国民政府所以始终以极端宽大的和容忍的态度，并坚持了政治解决的方针，来换取国家民族赖以生存的"统一"，原就是为达到人民始终一贯的共同要求，亦是文化工作者所应首先担负的一个重要任务——统一运动。

中国不但应在空间方面求自身的统一，在时间方面亦应争取建设的先着，因为我们不能不承认科学和工业的落后，而须迎头赶上，抗战八年世界各国的自然科学与应用科学其进步之速，已非被敌人封锁了很久的国人所能想象得到。标准化和大量生产，改变了整个的生产观念和方式。今后国际间的竞争，将为了机器生产力的加速，而愈趋严重。中国如果不能乘抗战胜利之时自力建设起来，仍然不能脱离了经济殖民地的束缚。交通为工商业的命脉，正和水利为农业的命脉一样重要。哪个阻碍和破坏了交通与水利事业，就是妨碍了国家的建设，亦就是停止了国家的进步，使国家离现代化的程度愈远，其耽误时机之罪恶，与日本的侵略同为国人所不能原宥的。至于由交通之破坏而影响到生产低落，物价高涨，工人失业等等，国家因之而遭受之损失，更是无法计算。中山先生的实业计划，原来是为第一次世界大战善后而作，期能以互利的精神，建设中国的实业，同时解决了世界各国工业上的困难问题，其实业建设方针与今日英国工党所采者大体相同，显然是一种社会主义的经济建设，可惜机会被北洋军阀错过了，我希望共党不必效法北洋军阀，再来一次建设机会的错过，使中国的前途陷入万劫不复，而予日本以先我复兴的机会，不然，那就罪不容逭了。建设是中国生存的第二要素，文化工作者应该指出破坏已有的建设事业之错误，及其所学之影响和阻碍未来的建设机会，其罪恶之更不容逭，而强调建设奖励科学之积极，倡导——建设运动——尤为文化工作者不容稍缓的时代使命。

民主为今日世界所必然趋向的潮流，亦是中国革命的三大目标之一，任何人阻碍它的前途，当然自取灭亡，但是民主的多党的政治的先决条件有三：（一）必须军队不属于政党，而属于国家，否则议会中的争辩，会变成战场上的争斗，内乱将无止境。（二）必须有一宪法，以作全国人民及各派共同遵守的基本大法，庶几人民的一切权利有所保障，一切的义务有所遵守，然后道揆法守，各得其当，宪政的基础于焉奠立。（三）必须在平等的基础上，建立少数服从多数的制度，民权初步庶几一切问题有了最后解决的正当途径，使人人能和协，事事能进行。这三事如能早日实行，则民主政治自可早日实现，所以我们在抗战开始时，就要求共党取消红军，改编为八路军，服从蒋委员长的统一指挥，而共党也曾自己宣言实行的。但是到了今天，还在谈这一个老问题——军队国家化，这是不可解的。

宪法需要国大来制定的。日寇侵略，阻碍了国大的召开，不料日寇投降以后就有同样的阻力存在，使国大一再延期，致国家根本大法不能及时制定颁布，甚至欲以少数党派人士之意，预先决定宪法内容，届时使之通过并复取得否决权，期使国民代表，无自由行使其职权之可能，在民主政治初步进步之时，即欲种下反民主之恶因，这是最可痛心的事。我们希望一切阻碍民主的行为不要有，即使反民主的思想，亦须随时导之使正，在公平及公开的原则下，努力培养民主的习惯，奠立民权的基础，庶几在军队为国家所有，宪法为人民所享，政府为人民所治之情形下，国家进入法治的正轨，这也是文化工作者所应努力倡导完成的任务——民权运动。

今日之病，在国人乏创造之信心。在过去，吾国处于次殖民地之环境中，一切制度，莫不从东抄西袭而来，不问与国情相合与否，而以效法他人为荣，其甚者竟欲以他国之主义，强而行之于吾国，奉他国为后台指挥者，而不以为耻。际此情形下所产生之一切制度，欲求其合乎民生之需求，自不可得。举经济及金融制度言之：一国之经济制度与其大多数人民之生活方式相合者其国富，相离者其国贫，相反者其国亡。今我国百分之八十以上之人民从事农业，而国家则正应努力向工业建设之途径迈进，其金融制度，则全以商业为中心，既不管农业，又漠视工业，如此经济事业与其营养机构——金融机构——背道而驰，国家之建设，自难望其成功，人民自然不得不陷于大贫小贫之苦境。盖我国近三四十年来的金融制度效法于外商在华所设之银行制度而来，此种银行其唯一之目的，原为发展外人及其买办在华之商业，提倡我民族工业，适与其利益相背，发展我国农业，更非其业务范围所及，故不管农业漠视工业之过失，未可责于外商银行也。乃我国银行竟全部抄其人制度，行之而不著，习为而不察，其所成之现象，为都市资本主义与农村殖民地化，少数商人得其利，大众农民蒙其害，由于此种不合国情的金融制度所造成之结果，为农工业濒于破产，日言以农建国，而农村之需要无人顾也；日言以工建国，而工业之资金无从有也。加以教育制度又抄袭之于工商发达之国家者，其所培育之青年，原为取给于农村，以供应工商业之需要，今者金融制度既无助长工商业之意图，自无大量工商事业足以容纳教育上所大量造就出来之青年，教育制度亦转成为生产过剩之恶制矣，岂吾人始料之所及哉。故凡受教育之青年既不回到"农"村，又找不到"商"业，在士工农商四种途径中，除向士之一途觅求出路外，尚有何法以解决其问题？再加以科举制之下，士之旧观念未除，认教育之目的在升官发财，因之一般青年乃以做大官即为终身之大事，一切农工商业既乏有志之人以赴，更无大量资金以救之，其陷于停顿之状态，盖为必然之结果也。是故士不能人尽其才，农不能地尽其利，工不能物尽其用，商不能货畅其流，一切制度，既不合乎国情，又不成为整个一套，东拼西凑，重叠磨擦，自不免扞格难行，效力鲜见。吾人应效法国父创造三民主义，五权宪法之精神，取人之长，去己之短，以自由之自信，为创造而努力，然后一切的一切，均能配合恰当畅行无阻，此实为文化工作者所当戮力倡导以求其成功者也——创造运动。

基于上述各点，当前文化运动者，苟能阐明统一之真谛，强调建设之需要，培养民主之作风，发扬创造之精神，则凡违背上述四者之人，将摄于民意，非改善作风，即自取灭亡，庶几是非可明，善恶可分，民族民权民生之基础，将因统一民主建设三种信仰之确立而奠定，更益之以各种适合国情之制度之创造与配合，使主义制度化，则三民主义之实现，可拭目以待之矣。

原载《文化先锋》六卷九十期，一九四六，十一，三十

中国文化特征之研究（节录）

梁漱溟

……

四 三大特征

本书着笔于抗战之第五年（一九四一）。我们眼看着较后起底欧洲战争，几多国家一个接一个先后被消灭，真是惊心；而中国却依然屹立于其西部土地上。论军备国防，论经济、政治、文化种种力量，我们何曾赶得上那些国家？然他们或则几天而亡一个国家，或则几星期而亡一个国家，或则几个月而亡一个国家；独中国支持至五年了，还未见涯涘。显然对照出，不为别底，只为中国国土太大而他们嫌小而已。国小，没有退路，没有后继，便完了。国大，尽你敌人战必胜攻必取，却无奈我一再退守以后，土地依然甚广，人口依然甚多，资源依然甚富。在我还可掌撑，而在敌人却已感战线扯得太长，时间拖得过久，不禁望洋兴叹了。平时我们的国大，自己亦不觉，此时则感触亲切，憬然有悟。

这自是祖宗的遗业，文化的成果，而后人食其福。但细想起来，食其福者亦未尝不受其累。中国之不易亡在此，中国之不易兴或亦在此，譬如多年以来中国最大问题，就是不统一。假如中国只有广西一省这般大，不是早就统一了吗？局面太大了，领袖不易得人。可以为小局面领袖者，在大局面中未必能行。即令其人本质上能行，而机缘会合资望养成亦倍须时间，大非易事。且人多则问题多，局面大则问题大。一处有问题，全局受影响；中枢不就绪，各处难进行。尤可注意者：在小团体中，每一分子可觉知他的责任。团体愈大，则团体中每一分子的责任感觉愈轻微；团体太大了，浸至于无感觉。一个大家族的人，易于懒散，一个大家庭的事，易于荒废，就是为此。反之，一小家人就很容易振作。若分析之，又可指出两面：一面是感觉力迟钝；一面是活动力减低。从前广西有两年战乱遍全省，而在北京只我们和广西有关系底人知道，大多数人则无闻无睹。当东北四省为敌人侵占，领近各省受到威胁，尚时时有所感觉；远处南方各省便日渐淡忘，而无所觉。这都是国太大，人们感觉迟钝之例。有时感觉到问题了，而没有解决问题的勇气与兴趣，或者一时兴奋，奔走活动而不能持久；则皆为活动力贫之证。犹如力气小底人，望着千钧重担不作攘臂之想；或者攘臂而起，试一试，终于废然。须知奔走活动，不怕遇着人反对，而怕得不到什么反应。得不到什么反应，便不想再干。在太大的国度内如中国者，却每每是这样。

国大，既足为福，又足为祸，必不容等闲视之；其所以致此，亦必非偶然，吾人正可举此为中国文化一大特征，而加以研究。往日柳诒征先生著《中国文化史》，就曾举三事为问：

中国幅员广袤，世罕其匹；试问前人所以开拓此抟结此者果由何道？

中国种族复杂，至可惊异。即以汉族言之，吸收同化无虑百数；至今一然相忘。试问其容纳沟通，果由何道？

中国开化甚早；其所以年祀久远，相承勿替，迄今犹存者，又果由何道？

此三个问题，便是三大特征。再详言之：

一、广土众民为一大特征；

二、偌大民族之同化融合，为一偌大特征——如苏联亦广土众民，然其同化融合，在过去似不逮我；

三、历史长久，并世中莫与之比，为一大特征。

五　第四特征

从以上三大特征看，无疑地有一伟大力量蕴寓于其中。但此伟大力量果何在，竟指不出。

如吾人所知，知识实为人类文化力量之所在；西洋人 Knowledge is power "知识即力量"之言极是。中国文化在过去之所以见优胜，无疑地亦正有知识力量在内。但中国人似非以知识见长之民族，此观于其开化甚早，文化寿命极长，而卒不能产生科学，可以知道。科学是知识之正轨或典范。只有科学，才算确实而有系统底知识。只有科学，知识才得其向前发展之道。中国人始终走不上科学路道，便见其长处不在此。

又如吾人所知，经济力量是极大底；今世为然，古时亦然。然试问其是否在此呢？无疑地中国过去之制胜于其邻邦外族，正在其经济因素在内。然说到经济，首在工商业；中国始终墨守其古朴底农业社会不变，素不擅发财，如何能归之于经济力量？

然则是否在军事和政治呢？当然，没有军事和政治的力量，中国是不会存在并且发展底。不过任人皆知，中国文化最富于和平精神；中国人且失之文弱。中国政治主于消极无为，中国人亦缺乏组织力。若竟说中国文化之力量，在于军事及政治方面，似亦未的当。

恰相反地，若就知识、经济、军事、政治一一数来，不独非其所长，且毋宁都是他的短处。必须在这以外去想。但除此四者而外，还有什么称得起是强大力量呢？实又寻想不出。一面明明白白有无比之伟大力量，一面又的的确确指不出其力量竟在哪里；岂非怪事！一面的的确确寻不出其力量来，一面又明明白白见其力量伟大无比；真是怪哉！怪哉！

即此便当是中国文化一大特征——第四特征。几时我们解答了这问题，大约于中国文化要义亦自洞达而无所疑。

六 第五第六特征

如我们所习闻，世界上人看中国为一不可解之谜。这是自昔已然，而因此次抗战更又引起来底。特别在好学深思底学者间，一直没有改变过。惜中国人身处局中，自然不易感觉到此，而浅薄底年轻人则更抹杀中国文化的特征。著者往年（一九三〇），曾为文指出两大古怪点，指引不肯用心底人，去用心。两大古怪点是：

一、历久不变底社会，停滞不进底文化；

二、几乎没有宗教底人生。

现在即以此为第五及第六特征，稍说明于次。

先说关于宗教一点。中国文化内宗教之缺乏，中国人之远于宗教，自来为许多学者所同看到底。从十七八世纪，中国思想和其社会情状渐传到西洋时起，一般印象就是如此。直至最近，英国罗素 B. Russell 论中国传统文化有三特点，还是说中国"以孔子伦理为准则而无宗教"为其中之一。固然亦有人说中国是多宗教底；这看似相反，其实正好相发明。因为中国文化是统一底，今既说其宗教多而不一，不是证明它并不统一于一宗教了吗？不是证明宗教在那里恰不居重要了吗？且宗教信仰贵乎专一，同一社会而不是同一宗教，最易引起冲突；

但像欧洲以及世界各处历史上为宗教争端而演之无数惨剧与长期战祸，在中国独极少见。这里宗教虽多而能相安，甚至相安于一家之中，于一人之身，那么，其宗教意味不是亦就太稀薄了吗？

……

往时严几道先生所译西洋名著中，有英人甄克斯《社会通诠》一书，是讲社会史底。其书大致讲人类是由图腾社会而宗法社会，由宗法社会而军国社会，至于拂特（封建）则为宗法与军国间之闰位。严先生根据此说来看中国，第一便感觉到长期停滞之可怪；在译序中说：

"由唐虞以讫于周，中间二千余年，皆封建之时代；而所谓宗法亦于此时最备。其圣人宗法社会之圣人也；其制度典籍宗法社会之制度典籍也。物穷则必变，商君始皇李斯起，而郡县封城，阡陌土田，燔诗书，坑儒士，其法欲国主而外，无咫尺之势。而迹其所为，非将转宗法之故，以为军国社会者欤？乃由秦以至于今，又二千余岁矣。君此土者不一家，其中之一治一乱常自若。独至今籀其政法，审其风俗，与其秀桀之民所言议思维者，则犹然一宗法之民而已矣。然则此一期之天演，其延缘不去，存于此土者，盖四千数百载而有余也！"

其次，他便感觉到难于判断中国究在社会史上哪一阶段；他只能说：

"夫支那固宗法之社会，而渐入于军国者；综而核之，宗法居其七，而军国居其三。"

此即后一问题之提出了。

后一问题之提出，实以民十七至民二十二年之一期间最为热闹。有名之《中国社会史论战》即在此时；论战文章辑印至四巨册，而其余专著及散见者尚多。这是出于讲社会史的更有力底一派——马克思派之所为。盖当国民党军北伐之后，革命论理发生争执，要追问中国社会是什么社会，方可论定中国革命应该是什么革命。因为照马克思派的讲法，若是封建社会便当行资产阶级革命；若是资本社会便当行无产阶级革命。从乎前者，则资产阶级为革命主力；从乎后者，则资产阶级为革命对象。一出一入之间，可以变成相反底主张。又非徒作历史学问研究，而是要应用于现前实际，关系真是太大。但中国究竟是什么社会呢？却议论不一，谁都认不清。从遥远在莫斯科指挥中国革命底第三国际，直到国内的共产党国民党一切革命家，聚讼不休，以此分成壁垒，演为派别。于是《中国社会史论战》编辑者王礼锡氏，就有这样说话：

"自秦代至鸦片战争以前这一段历史，是中国社会形态发展史中之一段谜底时代，这谜底一段，亦是最重要底一段。其所以重要者，是因为这一个时代有比较可征信底史料，可凭借来解释秦以前底历史，并且这是较接近现代底一段；不明了这一段，便无以凭借去解释现代社会的来踪。这一段历史既是把握中国历史的枢纽，却使这个时代延长到二千多年；为什么会有二三千年不变底社会？这是一个迷惑人底问题。多少中外研究历史底学者，迷惘在这历史底泥坑！"

论者既不易判定其为什么社会，则谲诡其词，强为生解，如云"变质底封建社会"，"半封建"，"前资本主义时代"，"封建制度不存在而封建势力犹存"……种种不一而足。更有些学者（苏联的及中国的）如马扎尔（Madjar）柯金（Kokin）等，则引据马克思曾有亚细亚生产方法一说，以东方社会（印度、中国等）为特殊之例；中国在近百年前，没有受西洋资本主义影响之整个时期皆属于此。而所谓东方社会，则长期停滞不前，固为其特色之一。

七　第七个特征

再则，中国的家族制度在其全部文化中所处地位之重要，根深蒂固，亦是世界闻名底。中国老话有"国之本在家"及"积家而成国"之说；在法制上，明认家为组织之单位。中国所以至今被人目之为宗法社会者，亦即在此。研究中国法制史者说：

"从来中国社会组织，轻个人而重家族，先家族而后国家。轻个人，故欧西之自由主义遂莫能彰；后国家，故近代之国家主义遂非所夙习……是以家族本位为中国社会特色之一。"（陈顾远著《中国法制史》第六三页）研究中国民族性者说：

"中国与西方有一根本不同点：西方认个人与社会为两对立之本体，而在中国则以家族为社会生活的重心，消纳了这两方对立底形势。"（庄泽宜著《民族性与教育》第五六〇页）凡此所说，大致都是很对底。而言之深切善巧者，又莫如卢作孚先生：

"家庭生活是中国人第一重底社会生活；亲戚邻里朋友等关系是中国人第二重底社会生活。这两重社会生活，集中了中国人的要求，范围了中国人的活动，规定了其社会的道德条件和政治上的法律制度。（中略）人每责备中国人只知有家庭，不知有社会；实则中国人除了家庭，没有社会。就农业言，一个农业经营是一个家庭。就商业言，外面是商店，里面就是家庭。就工业言，一个家庭里安了几部织机，便是工厂。就教育言，旧时教散馆是在自己家庭里；教专馆是在人家家庭里。就政治言，一个衙门往往就是一个家庭；一个官吏来了，就是一个家庭来了。（中略）人从降生到老死的时候，脱离不了家庭生活，尤其脱离不了家庭的相互依赖。你可以没有职业，然而不可以没有家庭。你的衣食住都供给于家庭当中。你病了，家庭便是医院，家人便是看护。你是家庭培育大底；你老了，只有家庭养你。你死了，只有家庭替你办丧事。家庭亦许依赖你成功，家庭却亦帮助你成功。你须用尽力量维持经营你的家庭。你须为它增加财富，你须为它提高地位。不但你的家庭这样仰望于你，社会众人亦是以你的家庭兴败为奖惩。最好是你能兴家；其次是你能管家；最叹息底是你不幸而败家。家庭是这样整个包围了你，你万万不能摆脱。（中略）家庭生活的依赖关系这样强有力，有了它常常可以破坏其他社会关系，至少是中国一段障孽。"（卢作孚著《中国的建设问题与人的训练》生活书店出版）我们即以此列为第七特征。

八　其他特征

就吾人闻见所及，一般谈到中国文化而目为可怪者，其事尚多多。例如中国开化既早，远在汉唐文化已极高，学术甚富，而卒未产生科学，即其一可怪之事。

中国人自古在物资方面的发明与发见，原是很多。在十六世纪以前底西洋，正多得力于中国这些发明之传过去。举其著如：一、罗盘针，二、火药，三、钞票，四、活字版印刷术，五、算盘等皆是，而六、造纸尤其重要。威尔斯在其《历史大纲》第三十四章第四节 How Paper Liberated The Human Mind 说得最明白，他以为欧洲文艺复兴，可以说是完全得力于中国造纸之传入。还有铁之冶炼，据说亦是中国先发明底。从这类事说去，物质科学便在中国应该可以产生出来；何以竟不然？

……

总上所说，中国学术不向着科学前进这一问题，我们列为第八特征。

继此又应指出民主、自由、平等一类观念要求，及其形诸法制如欧洲所有者，始终不见于中国，亦事属可异。自由一词，在欧洲人是那样明白确实，是那般宝贵珍重，又且是口中笔下行常日用不离；乃在中国竟无现成词语适与相当，可以翻译出来。最初传入中土，经严几道先生译成"自繇"二字，其后乃以"自由"二字沿用下来。张东荪先生近著《理性与民主》一书，其第五章论"自由与民主"，有云：我敢说中国自古即无西方那样底自由观念。……他费许多研究证明中国只有"无人而不自得"的"自得"一词，似略可相当；此外便没有了。试问：若非两方社会构造迥异，何致彼此心思头脑如此不能相应？我们不能说这恰证明中国过去是封建社会，封建文化中当然没有近代之自由观念。西方自由观念更古之渊源不说，当中世纪人们向贵族领主以武力争取或和平购买自由，即成立了不知多少之宪章及契约，固非忽然出现于近代者。

况且中国若属封建社会，封建社会的人求自由如饥渴，则当清季西洋近代潮流传来，便应踊跃欢喜于解放之到临，何以中国人的反应竟大不然。严几道先生曾形容那时中国人"闻西哲平等自由之说，常口怯舌矫骇然不悟其义之所终"我在《东西文化及其哲学》中，亦说过：

"权利、自由这类观念，不但是中国人心目中从来所没有底，并且是至今看了不得其解底。……他对于西方人之要求自由，总怀两种态度：一种是淡漠得很，不懂要这个做什么；一种是吃惊得很，以为这岂不乱天下！"

不唯当时一般人如此，尤可注意者，即翻译介绍自由主义之严先生（小穆勒（J. S. Mill）《自由论》（On Liberty）严译《群己权界论》）竟亦说小己自由尚非急务底话。且不唯维新派如此，即在中国革命唯一先道底孙中山先生意见，亦竟相同。他还嫌中国人自由太多，而要打破个人自由，结成坚固国体。这些意见之正确与否，非这里所及论；但至少可以证明自由之要求在历史上始终没有被提出过，至少可以证明中国社会之特殊不同。

平等与民主二词亦非中国人所习用者；但平等精神民主精神，在中国却不感生疏。此其证据甚多，参看梁任公《先秦政治思想史》等书可得其概，不烦枚举。大约在古代，则孟子所发挥最明彻不过；如"民为重，社稷次之，君为轻"；"君之视臣如土芥，则臣视君如寇雠"；"闻诛一夫纣矣，未闻弑君也"等是。其在近世，则黄黎洲《明夷待访录》所发挥，更痛快透辟。因此，孟子就会被撤废祀典，而《明夷待访录》则被清季革命党人大量翻印传播，以掀起革命思潮。虽然如此，如要晓得其所发挥仅至民有 Of The People 与民享 For The People 之意思而止；而民治 By The People 之制度或办法，则始终不见有人提到过。更确切地说：中国人亦曾为实现民有民享而求些办法设些制度；但其办法制度，却总没想到人民可自己作主支配这方面来，如举行投票表决，或代议制等。一时没想到犹可说，何以始终总想不到此？这便是最奇怪之处。若并民有民享意思而无之，根本相远犹可说；很早很早就已接近，却又始终进不去，假如不是两方社会构造迥殊，何致彼此心思头脑又如此不能相应呢？有人说，中国社会中国政治未尝反民主或不民主，只不过是民主之另一方式；西洋底叫作

"德谟克拉西"，这便可叫做"德谟克拉东"——此为十余年前林砺儒先生对我讲底话。虽云笑谈，亦可见中国社会之特殊，有识者大致都觉察到。

我们即以民主、自由、平等一类要求不见提出，及其法制之不见形成，为中国文化第九特征。然而合第八第九两特征而观之，科学与民主之不出现，正又不外前述第五特征所谓中国只有中古史而无近代史，文化停滞那一问题。所以这些特征分别来说亦可，归并起亦可。如此可分可合之例是很多底，以后仍要叙到。

······

现在我们且试看彼时欧洲人眼中所见中国文化之特点是什么。彼时欧洲人所醉心于中国者，固不止一方面；而中国的社会政治，发生之刺激作用最大。在此社会与政治方面最引他们注意者，约为下列几点：

一、政治之根本法则与伦理道德相结合，二者一致而不分，而伦理学与政治学终之为同一底学问——这是世界所知之唯一国家。

二、此政治与伦理的共同基础，在于中国人称之"天理天则"；理性于是对于君主的权力，发现了不可思议底效果。

三、他们看中国所谓天理天则，恰便是他们（法国思想家们）所说底"自然法"，因而相信中国之文物制度亦与自然同其悠久而不变。

融国家于社会人伦之中，纳政治于礼俗教化之中，而以道德统括文化，或至少是在全部文化中道德气氛特重，确为中国的事实。"伦理学与政治学终之为同一底学问"，于儒家观念亦一语道着。孟德斯鸠著《法意》，论及中国文物制度而使译者严先生不能不"低首下心服其伟识"者在此。梁任公先生著《先秦政治思想史》，所为提出"德治主义"、"礼治主义"等名词者在此。其文甚繁，不去征引。我们再只要举征一件事——

法学家谈世界法系，或列举十六系，或少至三系四系，而通常则曰世界五大法系。不论是多是少，总之中国法系却必占一位置。这不止为中国法系势力所被之广大，更为中国法系崭然独立，自具特采。其特殊之点，据说是：

一、建国之基础以道德礼教伦常，而不以法律；故法律仅立于补助地位······

二、立法之根据以道德礼教伦常，而不以权利。各国法律在保障人权，民法则以物权债权为先，而亲族继承次之。此法律建筑于权利之上也；我国则反是（以义务不以权利）······

三、法律既立于辅助道德礼教伦常之地位，故其法常简，常历久不变（从汉代以迄清末不变）……

说至此，我们尽可确言道德气氛特重为中国文化之一大特征——我们列它为第十特征。

然而我们若回想前列第六特征——中国缺乏宗教——则将恍然第十第六两点，实为一事；不过一为其正面，一为其负面耳。即宗教缺乏为负面、道德特重为正面，又大可以归并起来。不过在进行研究上，分别亦有分别的好处。

第九特征第十特征，其内容其涉及政治，因而使我们联想到中国人的国家。从前中国人是以天下观念代替国家观念底，他念念中祝望"天下太平"，从来不曾想什么"国家富强"。这与欧洲人全然两副头脑，虽不无古人伟大理想作用于其间，但它却是反映着二千年事实来底。此事实之造成，或由于地理上容易形成大一统之局，又历史上除短时期外缺乏国际间底竞争，以及其他等等，此时尚难深究其故。总之，事实上中国非一般国家类型中之一国家，而是超国家类型底。自来欧洲日本学者，颇有人见到此点，而在国内亦曾有人指出过。

德国奥本海末尔（Feranz Oppenheimer）的名著《国家论》，是从社会学来讲国家之发生和发展以至其将来底。他认为其将来趋势，要成为一种"自由市民团体"；那时，将无国家而只有社会。但中国从他看来，却早近于他所谓"自由市民团体"了。

友人陈嘉异先生在民十九年写给我的信，曾有下面一段话：

"罗素（B. Ruasell）初至中国在上海演说时，即有冷隽之语曰，'中国实为一文化体而非国家'。不佞骤睹此惊人之句，即默而识之，以为罗素眼光何深锐至此——其后，泛观欧西学者论吾国文化之书，始知此语已有先罗素而道之者。"（见《村治月刊》一卷一期）

其后，大约在民二十三年，美国社会学者派克（Robert E. Park）在燕京大学讲学一年。临末出一集刊，亦见有类似底话。大意亦言中国不是一国家，而实为一大文化社会，如同欧西之为一大文化社会者然。

日本宿学长谷川如是闲，则说过一句妙话：

"近代底英国人，以国家为'必要之恶'（Necessary evil），中国人自二千年之古昔，却早把国家当做'不必要之恶'了。"（《东西学者之中国革命论》第一五二页新生命书局版）

清华大学史学教授雷海宗先生，于其著作中则说：

"二千年底中国，只能说是一个庞大底社会，一个具有松散政治形态底大文化区，与战国七雄或近代西洋列国，绝然不同。"

他以为大家族制诚是中国社会一牢固底安定力，使得它经过无数大小变乱仍不解体；然而却是与国家根本不并立底。中国自春秋以后，宗法衰落，乃见国家雏形；战国七雄始为真统一完备底国家；到汉代家族复盛，又不成一个国家了。

近则又有罗梦册先生著《中国论》一书，强调中国为"天下国"。他说中国一面有其天下性，一面又有其国家性，所以是"天下国"。一民族自治其族者，为族国（民族国家）；一民族统治他族者，为帝国；一民族领袖他族以求共治者，为天下国。天下国超族国而反帝国，是国家之进步底形式，亦许是最进步底形式（他似以苏联属于此式）。凡以为中国"还不是一个国家"者，大错误；它乃是走得太远了，超过去了。

关于此问题，我们后面要讨论，这时不再多叙。以上各家说法自必各有其所见，而其认定中国为一特殊之事，不属普通国家类型，却相同。我们即此列为中国文化第十一特征。

上面提到底雷海宗先生，有《中国文化与中国的兵》一书出版。他根据历史，指出中国自东汉以降为无兵底文化。其所谓无兵底，是说只有流氓当兵，兵匪不分，军民互相仇视，或因无兵可用而利用异族出兵，那种变态局面。有兵底正常局面，大致分两种：一种是兵与民分，兵为社会上底专业，此即古之封建社会；一种是兵民合一，全国皆兵，近代国家类多如此。中国历史上这两种局面都曾有过，但后世却没有了；中国之积弱在此。虽然颇有人否认其说，但我们感觉亦值得注意研究。我们列它为第十二特征。

往年历史学教授钱穆先生曾有一论文，称中国文化为"孝的文化"。近则哲学教授谢幼伟先生，又有《孝与中国文化》一书出版。他强调说：

"中国文化在某一意义上，可谓为'孝的文化'。孝在中国文化上作用至大，地位至高；谈中国文化而忽视孝，即非于中国文化真有所知。"（谢著《孝与中国文化》青年军出版社出版）

他于是从道德、宗教、政治各方面，分别加以论证，以成其说；此不征引。此书与前面雷氏一书，皆是些散篇论文之汇印本，可惜非系统地著作，殊不足以发挥这两大论题。然其问题之提出，总是有意思底。我们列它为中国文化第十三特征。

又有蒋星煜先生著《中国隐士与中国文化》一书出版。他指出"隐士"这一名词和它所代表底一类人物，是中国社会的特产；而中国隐士的风格和意境，亦决非欧美人所能了解。虽在人数上占极少数，然而中国的隐士与中国的文化却有相当关系。这些话不无是处，惜原书皆未能认真予以论证发挥。我们今取它为第十四特征，而研究之。

如上之列，再去寻取一些特征，还可以有，但我们姑止于此了。

……

原载《观察》二卷五一七期，一九四七，三，廿九—四，十二

哲学是什么？哲学家应该做什么？

——四月五日在北京大学演讲

张东荪

我是学哲学的，今天要把自己所专学的同大家谈谈。我的题目是"哲学是什么，哲学家应该做什么"。我希望第二句话是别人不曾说过的。哲学是一种苦涩干燥的学问，但它虽然苦涩干燥，却与人生关系密切，也是与我们很接近的学问。今天在座的诸位虽不都是学哲学的，也许对哲学发生兴趣。哲学是西方的文化，在中国学术中找不出哪一种学问是与它完全相同的。文化是一个整体，就像人体一样，头部手足都互相配合；至于马的躯体，配合就与人不同。西方人的文化也是一个整体，哲学是整体中的一部；在中国，也有过"哲学"这个名称，譬如贵校校长胡适之先生和冯先生都写过"中国哲学史"。从这名称上看，中国似乎也有哲学，但其实这是很勉强的，我们看这里面所谈的问题与西方人所谈的问题并不相同。西方的哲学是在两个事物的矛盾中产生的，一个是宗教，一个是科学。西方人的思想，自近世科学起后，与宗教思想发生冲突，这时候才有哲学来起作用。我这样说，一定会有人议我，说：那么希腊就没有哲学了吗？但并不然，希腊的哲学倒像中国的哲学，内容无所不包，并且别无哲学以外之物，所以希腊虽有伟大思想，仍非近世的哲学。近世哲学是科学、宗教、历史以外的哲学；近世哲学之兴起，全由于科学之兴起。科学自古有天文地理物理等，至十六世纪末，十七世纪初，科学勃兴，有大科学家如伽利略、牛顿。科学产生后，就有了宇宙观，对物质有了一个看法，遂与中世纪耶教《圣经》上的说法起了大冲突，西洋文化本身因此有了矛盾，整个文化变得不调和，于是而有了思想上的烦闷，影响到生活上也有了烦闷，于是产生了思想家，即近世哲学家。哲学家在他们的思想系统中增加了新的素质，对新兴的科学潮流加以吸收，而不是迎头痛击。同时对于过去一直赖宗教以维持的社会秩序与道德观念加以种种解释，西洋文化因而起了巨大变化。

我是学哲学的，在抗战前感到极大苦闷，时时要问学哲学究竟有什么用？有一次我同金岳霖先生谈，我就说我们对现世界没有一些用处，完全是浪费时间；眼看日本人就要侵略进来，现在最急迫需要的是应当教青年人如何去抵抗，为什么还要研究纸片上的东西？九一八以后，我就主张改订学校课程，把有关抗战的学问拿来学，不关抗战的放在后面。我也要问学哲学的人究竟有什么贡献，但是并无一人认为我的话值得考虑。抗战八年中学校课程一点没有变动，便是证明。我自己仍然一直在怀疑哲学家的贡献。现在，世界上人类相忤益烈，越来越不成样子了。近来我读到美国某学会的论集，这本书有五寸厚，是一九四四年出版的，讨论的是 App cach To World Panct，里面讲宗教、科学、哲学应如何去贡献和平。可见现在大家的感触都是相同的。我觉得，我们所学的学问如果与人类幸福无关，则其价值都是可疑的。我这样说，并不是浅薄得不讲理论的价值。我是研究知识论的，读康德（Kant）最多，后来改从社会学去研究知识论，兴趣渐渐转到社会研究上去，而不再专讲形而上的奥妙的那一套，于是就变为社会学与知识论的合并，把文化发达与社会学配合起来看。我的这种种转变，一般人很少知道，总还根据我以前写的书来研究我。知识社会学现在已成为一种学问，但还幼稚，在欧洲致力于此的也没有几个人，最早的人当推卡尔·马克思（Karl Marx），他很开辟了一个新的方面。我们可以从知识社会学来看看哲学是什么。我在一本书上曾经写过了，现在只简单说一说。人是有知识的生物，知识没有无用的知识，可分为三大系统：第一是常识系统，主要是为了便利，比较专门的我不谈了。第二是科学系统，建筑在可测量的数量（Quantity）及物的关系上。第三是形而上学的系统，我这里谈的是知识，而不谈盲目信仰；形而上学并不要求像科学那样的分析，而是直接问到最后的本体，宋儒所谓"明心见道"，便是说他可以见到本体了，其实从知识社会学看来，那叫做自己骗自己！玄学所用的方法是 insight，是多神秘的，所用的逻辑也非普通逻辑，譬如黑格尔（Hegel）的逻辑便不是普通逻辑。现在专讲第三个系统。它是与社会思想宗教思想同在一个圈子之内的。自古以来，一直存在着一个问题，许多好人死了，坏人却乱蹦乱跳的活着，坏人富，好人却穷，于是就有了一个问题：人为什么要做好人呢？好人分明得不到好处，为什么不做坏人去发财呢？所以为了维持住使人去做好人，就有了"灵魂不死"的说法，说好人来世可以上天堂。此中并不能说它有真理或没有真理，因为它是起了一定的社会作用（Social Eunction）。人到了不得已时，便会信上帝的。我和我的同事十一个人被日本宪兵捕入狱中，在狱中我自己曾经自杀过四次——我不但懂得哲学的秘密，还懂得自杀的秘密哩！那一次我们先被送到这儿的红楼（"就是这儿"，张先生指着身背后的方向，十分感触地说，他是在北楼讲演的），后来又送到陆军监狱，十一个人关在一个间房里，十个人都做祷告，我知道其中就有从不做祷告的基督徒。我曾经写过宋儒，宋儒是讲理学的，宋受外族压迫，读书人多谈政治，像我们一样的。但是你们知道，中国自古以来的皇帝都是混账东西：不止古来的皇帝，现在的职权最高的也都不是东西！那些士人想抵抗功名利禄妻子等等。你想如何抵抗得了？所以他们只好提倡气，讲究养气，梗着脖颈说，你杀就杀好了。所以从社会观点看，有了文化的需要，就会有理论，理学便是这样的东西。如果一定要去问这是不是真理，那就麻烦了。真理是相对的，上帝并不像热水瓶一样，可以拿出来印证。理论的产生是基于文化要求，社会要求，时代一变，要求一变，真理也就跟着变了，以前的真理便不再是现在的真理。我对于庄子的"彼亦一是非，此亦一是非"的"相对论"并不同意。他这是"公说公有理，婆说婆有理"，如果公婆都有理，岂不没有是非了？相对不能是 Relativism 而应该是 Relatio nism，就是说在这一个环境中是有效的，在另一个环境中就没有效了。理论是不能实验的，科学才是能实验的。我们可以根据这个来看看哲学是什么与哲学家应当作什么。近世西洋哲学家都是夹在宗教与科学的矛盾中间的，大体可以分成两大类：一类要调和这个矛盾，维持社会秩序使不破裂，可名为维持派，一类则完全站在破坏一面，对旧的宗教、社会、道德一体推翻，这在希腊已有，那些"诡辩家"（So ohists）就因持无神论而与世俗相反，可名为革命派。所以文化本身起了裂痕时，总是新的想要压倒旧的，如果做不到则要设法弥缝，生活才能相安，精神上和知识上才能得到安慰。新哲学都是应运而生，如果有一个人跳出圈子去说我凭空创造了一个新的东西，那是绝对的不可能。所以我说哲学家应当做什么，而不是说他们已经做成了什么。现阶段中国文化是否需要这样的人呢？想做哲学家的人又应当怎么做呢？我认为：世界第二次大战后，全人类，包括中国在内，必定要走向一个新方向，否则结局必极惨。中国有句古语说："穷则变，变则通"，中国现在已走到穷途，文化也走到了穷途，世界也走到穷途了，再这样下去，世界就没有新生力量了。身上挖掉一块肉，可以再生，叫做新生，如果生不出来就是没有了新生力量。如果没有了新生力量则将是世界的末日。所以今天如果有哲学，必定不是传统哲学，现在不是仅仅念一点古典就能行的，时代要逼迫着走到新的方向去。在两类哲学家中，我们需要那一类呢？

我们必须要看清文化趋势，如果看不清了，那么德国和意大利也曾有过哲学，那是御用的哲学，这样的哲学家是笑话，笑话，笑话。现在我们要说：哲学家所依据的创造工具，第一是时代潮流的要求，第二是他本人可以看到的时代的进步。这不是汽车坐坐，飞机飞飞就可以来得的。近世的大哲学家都是做什么呢？他们并不一定和现实有太多接触，但实际却是领导着现实。所以哲学家应该做的是：文化到了不能不变时，就要出来做思想领导。这需要冷静的研究，不是应酬应酬，吃吃酒席，开开会就能创造出来的。在中国已经穷了的时候，这样的人是需要的，学哲学的人大可不必妄自菲薄，希望北大哲学系能产生哲学家来领导思想，大家不要只去钻中西典籍，而是要产生新的哲学家。完了。（辛扬火笔记，本文未经讲演者寓目，如有错误，当由记者负责）

原载《时与文》简讯一卷五四期，一九四七，四，十一

张东荪先生的思想（节录）

林 布

（一）知识社会学

……

他主张对外要民族独立，对内要实行民主及社会主义。

"一个是民族国家主义，用以对外，俾立于国际间，得平等而自立。一个是内部的自由，就中尤以经济的自由为最要。"（《知识与文化》一四四页）

凡进步分子必有一套进步分子的知识论。从前中国讲君主专制，这在从前是需要的，现在不需要了。从前讲家族主义，现在也不需要了。从前没有民主，现在需要讲民主。从前没有社会主义，现在要讲社会主义。可见没有千万年不变的思想、理论，或主义。新的社会需要新的思潮。

"理论的产生是基于文化要求，社会要求，时代一变，要求一变，真理也就跟着变了。以前的真理，便不再是现在的真理。"（《时与文》第五期）

只有顽固分子，反动分子才会死死抱住旧社会中的思想意识，奉为天经地义。进步分子则不然，他们问：社会既是不能不变，那么应该怎样变呢？应该提出怎样的主张、理论、思想才能适合新的社会需要呢？

"哲学家应该做的是：文化到了不能不变时，就要出来做思想领导。"（《时与文》第五期）

这就是先生的知识论的基本精神。研究各种思想、意识的社会背景，这种学问他叫做知识社会学。

"我是研究知识论的，讲康德最多，后来改从社会学去研究知识论；兴趣渐渐转到社会研究上去，而不专讲形而上学的奥妙的那一套，于是就变为社会学与知识论的合并，把文化发展与社会学配合起来看。我的这种转变一般人很少的知道，总还根据我以前的书来研究我。知识社会学现在已成了一种学问，但还幼稚，在欧洲致力于此的，也没有几个人，最早的当推卡尔·马克思，他很开辟了一个新的方面。"（《时与文》第五期）

但是先生的知识社会学和马克思的知识社会学是有很大的差别的。

（二）真理与阶级

先生虽不满专制反动，但并不主张造反。他认为暴力革命很难达到目的，因为行动愈激烈反动愈大。

"著者研究中国历史得到了个教训，就是任何激烈的改革，其后必有反动，足以将改革抵消，使其仍复原位。反而倒是所余留的影响或能经久一些。故我们可以说：只有平和的改革其效果比较经久些；愈激烈的改革其退消亦愈快。"（《理性与民主》一八四页）

而且暴力革命一定演成互相残杀。

"凡有改革的主张，倘必动乱以武力求贯彻，杀人不厌其多，恐怖愈大愈好，则其结果必把对方亦激起来反抗而后已，且其结果止有互杀。"（《知识与文化》二三四页）

因此唯有用和平手段求进步。社会本是由各种利益不同的集团结合起来的，利益不同。主张自然也就不同，地主想世世代代做地主，收地租；农民想打地主，分田地；资本家不容许任何人侵犯他的神圣的私人资本；工人也不愿意老让资本家来剥削他的剩余劳动。假如每一个集团都要各行其是，那就只好大家打一场了事，谁有力量谁就来专政、独裁。这是要不得的。与其动手，不如动口；与其用武，不如讲理。任何一方面都不可一意孤行。把大家的意见拿来，每方面的意见都打点折扣，求个折衷，岂不大家和和气气，而社会照样可以进步。

"我们必须承认社会是一个'异质的结合'。在此种结合中各分子有共同的地方，复有各异的地方；即有共同的利害亦有各别的利害。既然在一个社会中利害不能完全一致，即其中的思想自然亦不一致。因为思想无论如何公正，总不能免去为利害所牵制的影响，因此我们必须承认任何思想都包含有若干偏见，而偏见则根据于利害而起。我们这个前提之下，必须主张任何一种思想，若求实现，必须有所'折衷'，因为一种思想而绝对不稍加以折扣，使之实现，便无异于完全打倒其相反的其他思想。"（《知识与文化》二二五页）

所以各个阶级根据自己的利害所提出来的主张、理论，都不免是偏见，不会合乎全社会需要。我们的思想、理论，应该受环境的决定，但环境不限于阶级利害，整个的社会结构都是决定的因素。

"照马克思说法，所谓境况只是经济上的阶级，你属于哪一阶级，你的思想就为哪个阶级利害所左右。我名此为一阶级利害。须知这个却与'社会结构'不是一个意思。究竟我们的思想为阶级利害所决定呢，还是为社会结构所决定呢？由后之说，不仅是主张哪一个阶级中的人会有与其阶级相一致的利害观念，并且整个儿的社会结构决定全社会中的人们思想。质言之，即在资本制度中无产阶级劳动者不但必会有阶级自觉，并且必会把整个资本制度的形态都映入脑中，以决定其思想。二者之不同在于后说为全社会决定其中各个分子的思想，而前说则为各阶级决定其中分子的思想。二者然可固以并行不背，然在意义上却是有些不同。我以为马克思似乎只看见前者，忽略了后者。"（《知识与文化》九四页）

因此不属工人阶级的人也可以有社会主义的思想。

"即马克思本人亦是想作大学教授而不成，遂入了新闻界（报界），可以说是自由职业者，属于中等阶级，亦不是工人，他的挚友恩格斯更是从富有的工厂东家出身的，所以从学者的出身与职业来推定他的思想，不如从他所受的教育及其时代流行的思潮以测知其思想的大势。"（《思想社会》八五页）

总之，先生由于主张和平改革，阶级协调，遂认为一种主张可以是属于社会的，而不是由任何一个阶级的利害来决定的。现在把这些意见讨论一下。

只动口，不动手，这是谁都赞成的。那怕动口的时候面红耳赤，总比真刀真枪好些。可是这并不是说任何时期都不许动手。近时常有人说，讲民主自由当学英国人，他们只在议会里嚷嚷，决不用暴力，殊不知英国人为了争民主自由也砍过国王的头，打过内战。英国拉斯基总不能算是提倡暴力革命的吧，但是他说过，英国议会政治行了这么许久，只因为议会中两党一向只在枝节问题上对立，根本上利益一致，若争端至于触及社会制度的根本，他也不能保证不由动口演变为动手。可见能动口的时候大家都愿意动口，到了不能不动手的时候，才会动手的。假如在当动手时也反对动手，那就是帮助反动者，不是进步分子的态度了。

武力革命以后会造成反动，确有许多事实可作例证。例如资本家和工农联合革命，后来资本家看见工农势力壮大了，害怕起来，转过来和封建势力妥协，镇压工农，这情形很多，中国国民革命便是一个例子。但并不能说一切革命都是如此。革命阵营本身没有严重裂痕，反动便无从发生，而且即使国民革命最初目的未能实现，但其推进社会的作用依然存在。中国在将来如能实现民主，则民主决不会成为少数阶级的特权，会成为大多数工农的普遍权利，这便是国民革命的一个影响。

至于折衷众见，以求真理，政协似乎是一个好例子。政协表面上是一个妥协，国民党让了步，共产党也让了步，每方面的主张都打了折扣，其实这是表面的看法。政协是进步势力的一个胜利。反动派对这一点看得很清楚，因此才要拼命破坏它。现在拥护政协的有几个阶级，这几个阶级所要求的都只限于政协决议，恐怕没有一个阶级要求立刻实行社会主义革命，因为这是客观条件所不许可的。这几个阶级的主张不能打折扣，假如打折扣，那就变成了民青两党，替反动派帮凶了。所以把社会上各个阶级的主张打个折扣，调和折衷，这样得出来的并不是真理。真理是进步的阶级依据客观的条件所规定的主张。

先生以为大家生活在同一个社会里，即使各人阶级利害不同，对整个社会的看法仍可相同。殊不知在阶级社会里是很难做到的。即如社会主义是工人阶级的主义，因为这是符合工人阶级的利益的，资本家决不会真正谈社会主义。谈谈不是骗人，便是骗自己。先生虽然也谈社会主义，但究其实际主张，不过是"最少限度的统制"。即金融统制、交通统制、劳力统制、对外统制。这也算不了什么社会主义，而且大部分是现政府早已实行了的。马克思都谈社会主义，这不表示工人阶级以外的人也可以谈社会主义吗？是的，可以的。但是马恩是摆脱了原来的阶级，参加工人运动，反抗资本主义的。我们怎么能希望所有的资本家也都参加工人运动，来反抗资本主义制度呢！工人阶级为了本阶级的利害倡社会主义，一定要把"整个资本制度的形态映入脑中"，否则马克思便不必花几十年工夫来研究资本主义的发展了。

（三）文化主义的决定论

先生认为中国历来就是个官僚专制国家，农民历来受压迫，压得透不过气时，往往揭竿而起，把社会秩序捣个稀烂。但从孔夫子以后有一种读书人（即所谓士）是维持社会秩序的大力量。他们在朝则以谏诤的态度纠正治者的错误，在野则抨击暴政，阻止它的发展。他们在专制政体下尽了三种任务——"灭毒"，"防腐"，"泄气"，即减少专制体的毒素，防止它腐化，替社会宣郁气。他们不愿看见有一天农民起来革命，使社会大乱，但他们知道让反动派胡搞下去，势非激成革命不可，所以为了维持社会秩序，使之不崩溃，便不能不在政治上与暴虐腐败的政权对抗。

"中国在辛亥革命以前，政治状态数千年如一日，始终只是君主的权力政治，而转以士阶级的防腐灭毒作用。……在这种情形，儒家的思想是最相宜的。因为儒家主张维持，反对破坏，贵秩序，尊上下，……所以士阶级在政治上是好像一个通风穴，一个清血针，比较上近于对抗，不近于维持，而在社会上欲正相反，乃是社会的一种维持力。"（《知识与文化》一一〇至一一一页）

他们既是读书人，要和暴政对抗，只有两套武器，一是讲气节，一是讲道理。

"士就有这两种长处：一是代表理性主义；二是代表道德主义。"（《理性与民主》一七七页）

目前中国情形与过去仍很类似。一方面有反动腐败的专制政权，一方面有农民的暴动，因此先生认为要维持社会秩序，还是要读书人出来说话，只有他们才一方面不满暴政，一方面不主张革命。他们只动口，不动手，最合乎民主精神。所以中国不谈民主则已，要谈则非让读书人作民主运动的中坚分子不可。

"所以我以为中华民族数千年所以有文化，其文化所以不堕者，大部分是由士在那里负担之。到了今天，如果以为固有文化有缺点而另须搬来新文化，恐怕这个负担者仍不能舍士以另求。故农工专制的议论在中国由历史证实之有害无益的。"（《理由与民主》一七七页）

"儒家的士，讲修养，讲道德，匡救时弊，维持秩序，这是中国文化的'道统'，西洋文化的'道统'是民主及社会主义。"（《思想与社会》第五章至第八章）"中国的出路是让士发挥传统的精神来担当实行民主及社会主义的工作。这才是中西文化合流的正当途径。"（《思想与社会》第五章至第八章）

由此可见传统的文化影响很大。解决中国问题的理论、主张，不能不注重传统的士阶级的儒家精神。也因此单是根据现社会的需要来作主张，不顾固有的传统，这样的理论不会是真理。

"因此，我所说的境况不仅谓当前的境况，乃是兼指历史所造的境况而言。不仅是空间上的一个地位，乃含有悠久的过去。这些过去却都活在现在，因为我们想时总是使用概念，已如上述，而概念却免不了受这些有历史性的东西的影响。传说（Traition）不仅影响及于我们的思想内容，有时且左右我们的如何'想法'（Way of thinking）。民俗亦然。"（《知识与文化》九十五页）

"我所注重的尤在于一个民族的有历史性的那些东西，如传说、制度、民俗、言语，甚至于时代精神等等……我愿名我此说为文化主义的决定论，以与马氏（马克思）相分别。他只是社会主义的知识论而已。"（《知识与文化》九四页）

我们且把这些主张检讨一下。首先看所谓士是什么人。先生认为读书人要发挥防腐，灭毒，泄气等作用，绝不可去做官，最好是教书，或是"躬耕"。

"今后士之出路必须大改，我以为只有两途，其一是以教育为终身职业……另其一则是与农打成一片……读书人躬耕本是分内事。"（《理性与民主》一七八页）

当然，所谓"躬耕"的读书人大抵都是所谓"在田的地主"。因此先生的土地政策不主张废除在田地主，而只主张废除不在田的地主。

"乡村所以能自治必须先去不在田的地主……至于在田间的地主则为恶较少。"（《理性与民主》一八二页）

因此先生所谓读书人并非指资本主义社会所造成的有专门技能的人才，如医生、律师、工程师、事务官等，也不是参加工农运动的知识分子，而是那些讲儒家思想理学思想的读书人。

"现在学校的教育只是授与以知识即专门学术，毕业后得成为一种有技能的人才……这样一办，于是士乃渐渐真绝迹了。现在存在的人中，除了马一浮、梁漱溟、熊十力等尚有士君子风度以外，简直是愈来愈少了。新式教育固然有这样的结果，但最近左倾思想之传播又加重其影响……是以后起的读书人信奉了唯物论以后，更没有自勉为士君子的了。"（《理性与民主》一七八页）

这种儒家的读书人在过去及现在多数是地主，可见先生的政治主张确是继承传统的开明地主的态度。今日进步的民主阵营中有此一支代表地主意识的劲旅殊不足怪。因为执政党的专制腐败的政治把农民逼上梁山，假如不阻遏这种趋势，提倡民主与进步，则阶级斗争愈演愈烈，社会秩序大破坏，这也是地主所不愿的，所以开明的地主也需要民主。

但是这种传统的儒家的读书人在未来民主政治中不会成为主力，这一点说来话长，暂置不论。先生所以主张中国文化有其特殊的道统，其意即在主张士在中国民主政治应起领导作用。其实中西文化之非两种根本不同的文化实显而易见。若谓中国读书人讲修养为中国文化的传统特色，则欧洲中世纪亦复如此。若谓民主及社会主义为西洋文化的传统特色，则西洋古代只偶然有过自由人的民主，中世纪无民主。社会主义也是至近代而始发生。先生为了证明社会主义是西洋的传统，至谓社会主义出自宗教，这更是牵强之至了。这一点后面还要谈到。

因此今日的社会思想仍须由今日的社会生活来决定，中国的传统的儒家思想能否适用于今日也要看今日的社会主生活对它是否需要。这一点很明显，如欧洲古典文化在中世纪埋没数百年，至文艺复兴时期然后为人重视。《大学》、《中庸》甚至《孟子》，至宋朝理学兴盛，而后为人推崇，与《论语》并称四书。可见传统文化之影响一代思想，必须当代社会生活对它感到需要。起决定作用的仍是社会生活。先生的文化主义的决定论是颇有问题的。

……

原载《时与文》周刊一卷十二期，一九四七，五

答林布君兼论左派理论

张东荪

在《时与文》十二期上看见林布先生的《张东荪先生的思想》一文，使我积蓄在胸中的许多话不能不借此机会一说。

本文与其说是答复林布先生，毋宁说是说明我对于今后中国文化思想前途的一种希望。若单就林布先生之文而说，实在无答复之必要。

我先声明我是最欢迎有人来批评我的书的。即使反对我的思想，我亦欢迎，决无因为反对而有不高兴的心理。不过我所欢迎的是出于自由思想的批评。而林布先生的态度，我从其字里行间来推测，似乎是一个宗教派主义者，是一个机械性左倾论者，是一个公式主义者。亦许我猜错了，倘使不错，我便有以下的话。

老实说，我的思想是与宗派性公式性的左派论客有很大的距离。不仅我一个人如此，民主阵营中很多人都如此。只是大家不愿把这个问题在今天的情形下揭穿了。其实我想了一想，这是个事实，终久须要揭开，现在就揭开亦没有什么坏处，我自己相信我个人是有资格来提出这个争点的。

在未入正文以前，先说一段插曲。这一次中共军队占领了昌黎，友人张雪岩先生适逢其会，他是参加那个城里的汇文学校所开基督教传道会。共军入城以后，即劝告他们离开此地，大家不得不走。有三百男女学生，有十个外国人，一同到了乡间的一个村庄内，共军便派人表示希望他们全体都到所谓解放区，不再回去。此时张雪岩先生便与之讨论，说明此举反与共军名誉有碍，外国人放回，反可使其向本国作义务宣传。只此一夕之谭，共方立刻变计，把他们全护送回来。这个故事证明中共做事有弹性，能"从谏如流"，便是有活气的证明。我述此故事亦在指出中共之有今日正在于不走呆板的路。

我愿意直截了当，先说出我的结论来，本篇的结论是：今天中国无论在思想方面，文化方面，抑或在政治方面，都绝对不需要比中共更左的议论。中共所标揭的是新民主主义，在政治上是联合政府。这是关于指导原则而说，至于广泛的学说研究当然在外。例如唯物辩证法与唯物史观属于学说范围，那是可以自由讨论的，不过这种学术上的讨论等于讨论笛卡尔的两元论与黑格儿的逻辑，三者在性质上没有不同。

如果宗派主义的左派论客不明白此理，硬要以他自己所信奉的公式强迫大家都须认为指导原则，则我敢说民主阵营反而会缩小，进步集团反而会分散。我不愿以任何帽子强戴在人家头上，但是托派的前车却可为殷鉴。以马克思主义的公式而论，老实说，托派比任何人都严守着，可以说托派比斯大林派为左。须知今天斯大林的成功就是由于他不太左。今天中国国内与国外的情形虽确是迫得我们不得不进步，然并不是教我们非走到太左的极端不可。中共的中央对于这一点恐怕是了解的，中共将来如有成功，我敢说就在于他不太左。即站在邻邦苏联的立场，亦并不希望中国变得和她一样。明白了这个情形，我所以说，为了民主团结的广大起见，不得不希望左派论客把他们的宗派性机械性要特别减低，然后方可与大家在一个大合作中推进国运。每次我看见有人与施复亮先生辩论，我便想把上列的话说出来，而只是苦于无暇。施复亮先生的议论我看很公允；即傅雷先生的文章亦十二分平妥，但是总有人出来驳斥，左派论客何如此示人以不广！现在因林布先生的文章却又引起来了，实在不是专对林布先生而发。

现在就林布先生的文章来分段答复如下：（一）关于只动口，不动手一节，我知道林布先生是主张革命，而以为我是反对革命。其实我在理性与民主一八五页上早已说过，革命是有客观性的。"有些人主张革命而革命偏偏不来；有些人怕革命，怕做革命的对象，而结果革命愈来得快。"今后中国有不有革命只要看其客观情形，究竟如何，今天我还不敢说。但我敢说万一真有革命亦不是林布先生的主观愿望所制造成功的。（二）士的躬耕一节，须知"耕者有其田"的政策真实行了以后，耕者即为地主。如林布先生以为这是保护地主，则必须主张把士都杀光了，只留农工。故我不知林布先生的思想究竟是什么，请林布先生把自己的思路清楚一下，再来批评他人。（三）科学一节，我实在不知道林布先生指的是哪种东西，我们普通说科学是指物理、化学、心理等等，但社会学还不能算作严格的科学。所谓"科学的社会主义"，其科学二字与普通所谓科学颇有不同，关于此点多读书自会明白。凡社会科学都不能算为纯粹的科学，纯粹的科学是抽去"价值"（Value）的。社会科学因为要人类幸福增加，要人类进步，所以不能把价值概念抽除。因此凡社会思想上的任何主义都含有"理想"的要素，理想不是不能实现，只是未必完全实现，我此说与马克思原义不冲突，我说马克思主义是理想，亦未丝毫贬其价值。林布先生"卫道"心切，便对我胡乱攻击起来，似乎太欠于辨别。

还有其他各点，恕我不一一答辩。为现阶段的民主运动起见，我希望左派论客特别体谅这个薄弱的民主阵营与松散的进步集团，千万不要再拿金箍咒向上箍了；万一箍炸了，反为不美。

原载《时与文》一卷十四册，一九四七，六，十三

十年来的教育文化统制（节录）

——教育文化低落的最大原因

蔡尚思

……

一　学校的统制

这十年来政府对于学校教育方面的统制，真是无微不至，最显明的有：

第一，党的学程——政府正式命令各级学校以"党义"为共同必修科目和入学必考科目。抗战前如此，抗战后亦然。

第二，党化课本——由政府大编其《国定中小学教科书》，这里所说的"国"，虽指国家，但在"以党治国"之下，实可以说：国定者，国民党所定也。"其用意所在，不必讳言，是认为前此各书店所编印的课本，虽都已经过教育部的审定，其党化的程度却终嫌不够充分，因而特地编定这一套，加强其党的色调，使全国的中小学生的头脑，普遍地受一番国民党的理论的洗礼，庶可收取万姓万民一心一德的良好的后果。"（川一月二十六日大公报载邓恭三《我对于国定本教科书的控诉》）此外各中学更多以《中国之命运》为"公民"课文。至于大学，虽有哲学、社会科学等课，但在实际上，却只许讲授旧哲学旧社会科学，而不许涉及新哲学新社会科学。

第三，培养师资——除将国立大学的原有教育学院改为师范学院以外，并添设几个独立的师范学院。至于私立大学的教育学院，则不许其继续存在，至多也只能改设教育系，但私立大学教育系毕业生，非再到国立师范学院继续进修，仍不得任中小学教员。这种的计划，是要把中小学师资完全由党国包办培养。其他如留学生，政府也用种种方法统制，已经不像从前的自由了！

第四，审定资格——中小学教员的资格，由各省市的教育行政当局审查，非得有合格证书,不准担任中小学教员。专科大学教员的资格,由教育部审查,对于助教、讲师、副教授、教授等皆另发给证书。最近听说教育行政最高当局还打算命令各专门以上学校,非先将拟聘的教员姓名履历送呈,经过批准,学校不得自由发出聘书。对于教员的统制,已经到了无以复加的地步了!

第五,师生入党——这在抗战前,已有些省党部,下了"各校教职员一律须入国民党,否则不能聘用"的命令。到了抗战期中,党团在各级学校加紧工作,对于教职员学生,往往以为不加入国民党者便是共产党,不许比较前进者的存在。凡较前进的教职员多被解聘,凡较前进的学生多被开除,结果学校便变成守旧派的大本营。

第六,党的训育——抗战以来各级学校是非常注重训育的,而所谓训导处多等于学校的党部,做的多是党的工作,其主要任务在乎怎样领导在朝党的学生来公开活动,怎样去侦察在野党与比较前进的师生的一切,他们的主张,不是各党分子都有好坏,而是在朝党分子全是好的,在野党分子和比较前进分子全是坏的。不是各党分子全留在学校与全退出学校;而是在朝党应该全留在学校,尽量活动,在野党与较前进分子应该全退出学校,严禁活动。所谓"物不得其平则鸣",学校的许多纠纷,实多由这不平而起。

二 学术的统制

政府对于学术思想方面的统制,我不必再说那些《国定中小学教科书》的内容,也不必说政府派书局所出版的书籍,更不必说一般老国民党员或党国要人的著作。现在试单举最近北新书局出版、杨东蓴(已大转变)编的《高中本国史》来做要例,令人想见现在中国学术思想界的大概情形。这部书有相当厚的三册,它讲到"现代中国的学术思想",从清季到对日抗战胜利以后,除了简述严复、梁启超、胡适三个人的介绍西洋学术思想以外,本身有价值的,前只举国父一人的三民主义、民权初步、孙文学说、实业计划,说:"最为博大精深","国人至是在思想上才获得正确的指导",后只举主席一人所著《中国之命运》,说:"对建设与革命哲学之建立问题,以及社会与学术风气之改进问题复有详尽的指示。"至于其他在哲学上,社会科学上,教育学上,史学上……有贡献有主张者,从未一言及之。读者如只读此一部书,便会马上想到国父主席二人不但是民国的元首,而且是民国无独有偶的学术思想家,假使没有这两个人,清季以来就没有学术思想的可讲了。这在该书著者也许正自喜其把"一党专政""以党治国"和"学术思想史"配合起来，而使之成为"一党专学""以党治史"，但在一般纯正学者看来，这实非所以爱党爱元首之道。以此爱党爱元首，对于党与元首，反只有损处而没有益处。

民国二十四年十一月中国国民党第五次全国代表大会决议"确定文化建设原则与推进方针以复兴民族案"说："发扬光大中国之固有文化与吸收外来文化"，"积极的肃清与纠正封建思想、阶级斗争"，"在国家社会经济之建设上，辟除阶级奋斗与自由竞争之主张"。二十七年三月中国国民党临时全国代表大会复确定文化政策，"一为发扬我固有之文化"，"一为抵御不适合国情之文化侵略"。在事实上，国民党几乎是打算用"发扬光大中国之固有文化"来代替"吸收外来文化"，用"封建思想"来代替"阶级斗争"，用"自由竞争"（？）来代替"阶级奋斗"，就是因为要"发扬我固有之文化"，要抵御不适国情之文化侵略，所以研究历史者如钱穆诸先生，研究哲学者如冯友兰诸先生，便都跟着大提倡其全盘守旧的合乎固有一切的国情说（请参看去年十二月二十九日《大公报》星期论文拙作《贯顺潮流不贯合国情》）如果老是这样的只怕一切新的而不怕一切旧的，只要合乎国情而不要顺乎潮流，中国就永远没有希望成为现代化的国家，走上民主的一条路了。

三　出版的统制

在对日抗战时期，政府对于报章杂志及图书的统制是日益严厉的；到了胜利后，报章杂志才有点像雨后春笋的出现，但因政协决定案的被人推翻，和平终告失败，于是各地比较前进的报章杂志，又大规模的很公开的为政府所查禁没收；自从今春各地中共人员的由政府送回共区以后，中共唯一报纸的重庆《新华日报》，唯一杂志的上海《群众周刊》，便被政府封闭，自从今夏全国学生"反饥饿反内战运动"以后，全国仅存的较民间性报纸如上海《文汇报》、《联合晚报》、《新民晚报》，也被政府封闭了。现在的报纸方面，比较可看的只有上海的《大公报》，但为了避免被政府封闭，已不得不改变一些作风（参看《观察周刊》第二卷第十四期），其他各地的大公报或被检查，记者被捕，连上海的《大公报》也不如。胡适先生感慨的说道："虽然我不尽同意《文汇报》的言论，可是我认为《文汇报》的公开寄递及出版，是代表了一种文明。我们今天不可以动感情，要容忍，要有理智。""我以为对于学生运动的记载，不论中央社或是大公报，都是太浓的感情，我也要劝告大家都理智一点"（六月二十九日大公报《一个中年人年青了》）。照胡先生的话来看，"对于学生运动的记载，不论中央社或是大公报都是太浓的感情"，可知报纸应该"有理智"而"不可以动感情"。但在文汇等三报的记载此次学生运动，却反以比较有理智为政府所不满而遭封闭。人民要理智，政府要感情，终是知此对立的。谈到杂志方面，还能代表人民说话的，有是有的，但其数目，已经少得可怜了。所以现在的报章杂志，不是机关的，就是黄色的，以黄色代左派，二者之外，就很难存在了。至于图书方面，因为物价太高，成本太大，购买力太差，新书出版的数目，已极有限；如再以内容性质而论，则除了有些新书店，还勉强出点名符其实的新书以外，其余大小书店所出版的，多不免是名新而实旧的！

一九四七，六，二九。
原载《时与文》一卷十七期，一九四七，七，四

两种克服自然的知识活动及其冲突

《观察》，第 4 卷第 10 期，1948 年 5 月 1 日

刘绪贻

不同的方法和效力

人类生活在自然里面，其生活资料，完全取给于自然。但在自然之中，也有许多因素，是人生严重的威胁。因此，人类为了要自然不断的供给生活资料，并解除其威胁，便产生了各种克服自然的知识活动。这种企图克服自然的知识活动，大体上说，因为方法的不同，可以分成两种。一种是寻求自然的因果关系，然后再利用此关系，以征服自然，增加人类的文化内容和幸福，这是科学家，尤其是自然科学家们，所走的路。一种是根本不明了，或者不能明了，或者错认，自然的因果关系，不得其门而入，但为了要解决问题，于是自欺欺人的，想出或做出一些牛头不对马嘴的方法来，认为有改变自然秩序，以达到人类所要求的目的的能力，这是魔术家、宗教家，甚至一部分哲学家们所走的路。第一条路之以克服自然为目的，并能克服自然，目前已是人所熟知的事实，用不着我们细讲；第二条路之以克服自然为目的，往往不太为人所注意，似乎有略加分析的必要。比如，依照自然的秩序，人到了一定的年龄，是必然会死的，但是，我们秦、汉以来的方士们却一再的想用，并且劝人用，仙药灵丹以求长生不老，这不是要克服自然吗？依照自然的秩序，人因细菌致病，如果不用适当的化学药品把细菌杀尽，终会致命的。但是从事巫术活动的人，却一再的想用，并且劝人用，巫术或符咒等来治疗各种各样的疾病，这不是想克服自然吗？依照自然的秩序，大气中没有适量的水分，或者有适量的水分而没有适度的凝结，是不会下雨的，但是相信天老爷、风伯、雨师、雷公、电母、龙王、菩萨等的人，却用香、纸、蜡烛，以及各种祈祷的方法，想把雨求下来，这不也是想改变自然秩序吗？不过，这些魔术家们，宗教家们所用的克服自然的方法，

都是些"劝老虎不吃人"的方法，是不可能的，绝对没有效力的，因此，科学家们和魔术家、宗教家们的知识活动，虽同以克服自然为目的，但其所表现出来的结果，及其对于人类生活与文化的影响，乃绝对不同。

因为活动的目的相同，一般人往往爱将上述两种知识活动混淆不清，所以我们愿意再进一步的分析，把魔术家和宗教家们所用的克服自然的方法完全没有效力的几重意思，逐一说明。第一，有许多魔术和宗教的方法，似乎有效力，甚至在一些受过科学训练的人看来，也是如此。在我们社会内，一个最显著的例子，便是用阴阳五行的道理作为基本理论的治病方法（也许有很多人要反对我举这个例子，因为一直到今天美国还有反对在学校内讲授演化论的人）。事实上，无论我们问那一个比较学有根基的西医，他一定会告诉我们，有许多疾病都是不治也可以痊愈的，很多时候，就是化学药品的作用，也只是在减少疾病的苦痛而已，并不能除去病根，伤风便是一个很好的例子。有许多中药，吃了并不太害人，但也不能治病，到了一定时候，病自己好了，我们却相信不知其所以然的医生们的话，说这是药的效力，这种效力，大都只是我们错觉的结果。好像当地球来到月亮和太阳正中间的时候，我们相信是天狗把月亮吃了，于是鸣锣放炮，过了一会，地球、太阳、和月亮的相对位置变了，于是我们相信这是因为我们鸣锣放炮，天狗吓慌了，把月亮吐出来的，岂非笑话？

其次，有些人，尤其对于原始文化有相当丰富知识的人类学家们，认为这些魔术和宗教的方法，并不是完全没有功用的，至少可以给人类精神的安慰。不过，精神的安慰并不能解决实际的问题。我们从前把符箓贴在小孩子背上避免天花，大人们固然可以因此而心安一时，但天花的威胁实际上仍然存在。这种威胁的解除，乃是种牛痘的方法渐渐普遍了以后的事。其他各种魔术与宗教的方法也是一样的。所以，虽然在原始社会内面，应用巫术和宗教以克服自然的时候，比在文明社会内面多，但愈是在原始的社会，人类的生活，愈受自然的控制，就是因为原始社会的人太不明了自然因果关系的缘故。

最后，我们要提到的是，有些魔术和宗教的方法，在原始社会甚至在农业社会内，基于一种盲目的信仰，是可以产生相当效力的，但在文明社会内，却失去了它的效力。比如有些心理上的病，是可以用魔术和宗教的方法治好的，这是因为在某种情形之下，碰巧此种魔术和宗教的方法，可以铲除造成此种心理病的压抑作用的缘故。但而今我们已经进入一个理性的时代，我们只能用精神分析学或精神病学的方法治疗心理上的病，魔术或宗教，对于尊重理性的心理病人是毫无作用的。

由以上种种，所以我们说，魔术家们和宗教家们所用的克服自然的方法，是毫无效力的；人类愈文明，愈是如此。

两种克服自然的知识活动的冲突

人类愈文明，魔术家们和宗教家们所用的克服自然的方法，愈显得无效，所以，在人类追求文明的道上，这些原始的或者中世纪的克服自然的知识活动，便慢慢让给了以寻求自然因果关系以克服自然的知识活动。不过，在这种新陈代谢的过程之中，并不是没有冲突的。因为在原始或农业社会中，魔术家和宗教家们，往往靠他们的魔术和宗教，以及人民的无知，取得很高的社会地位，甚至统治权，既然利用自然因果关系以克服自然的方法，较魔术与宗教的方法，为显然有效，所以这种知识活动很容易动摇一般人对于魔术与宗教的信仰，间接的，也就是动摇魔术家和宗教家们的社会地位和统治权，为了要维持这种既得社会地位和统治权，魔术家和宗教家们，自然会用一切可能的方法，以压制这种有效的，但危险的（对他们的地位与权力而言）知识活动。因为此种缘故，所以欧洲文艺复兴过程之中，多少著名的科学家，都受到当时统治者极端的迫害和虐待。比如培根（Roger Bacon），实在是十三世纪西欧第一个有系统的、诚恳的寻求自然因果关系的人，但是，就因为他这种新的知识活动，威胁当时欧洲的统治者、宗教领袖们的地位与权力，所以，不独牛津大学容不了他，他还得在许多艰难困苦之外，度二十四年牢狱生活，临死时说道："我现在懊悔，为了爱好科学的缘故，我曾自寻如许苦恼"。十五、十六世纪之际，哥白尼（Nicolaus Copernicus）用数学的方法证明地球是圆的，是动的，此种说法，根本动摇了教会所利用的 Ptolemy 以来的地球中心说。哥白尼知道他的这种论据是真理，但一直到晚年不敢自动的发表他的著作，后来虽然由友人极力催促，在他临死前发表了，但不独受不到欢迎，而且被禁了两百年之久。十六、十七世纪之交，伽利略（Galileo Galilei）比萨斜塔的物理实验以及他关于天文机械等的研究，带给他无限歧视与虐待，终至忧郁以死，更是世人熟悉的事。这样的例子太多了，我们实在举不胜举。不过，事实究竟是无法否认的，如果寻求自然因果关系的人太多，到了一定的时候，建筑在人民的"无知"之上的魔术家们和宗教家们的权威，因为人民知道的渐渐多了，只有慢慢让步的份儿。可惜的是，这种让步，往往太慢了，遂致酿成无限苦痛。

进一步说，这种寻求自然因果关系的知识活动，既然是以克服自然为目的，而且又是有效的克服自然的方法，因此它的发展方向，总是朝着那些比较更为自然控制的地方，而且一定还会慢慢的将之征服。所以工业革命以来，以此种新的知识活动为基础的西欧文化，一直在向着全世界每一个留在自然状态中的角落前进，而且所向披靡，各种反抗的企图，除非像从前的日本，现在的苏联一样，以牙还牙，一定是会失败的。这是因为魔术和宗教的方法绝不能克服自然，而留在自然状态下的文化，又绝不能抵抗利用其因果关系的活动的缘故。一个很好的例子便是义和团之乱，我们相信魔术和宗教，以肉体去抵抗枪炮，这自然是以卵投石的办法，和印第安人用巫蛊的方法去抵抗白人的侵略，是一样没有结果的。

今天这个世界，仍然是一个此种新的知识活动的用武之地。无论是那一个民族或国家，要是不能牢牢抓住此新的知识活动以克服自然，解决生活问题，世界上另一些抓住了此种知识活动的人，在其克服自然的过程之中，是会越俎代庖的。不过，世界上的人并不都是君子，替人家克服自然，不要代价。这个代价，不是被征服（如美洲印第安人），便是被剥削（如中国以及世界上各个殖民地）。所以苏联的革命领袖也说，要使共产主义在苏联站得住，苏联一定得采取西欧的技术和科学。魔术和宗教一类的东西，绝不能产生奇迹。

我们的传统仍然阻碍着新的克服自然的知识活动

中国文化里面，传统的克服自然，解决生活的知识活动，都是魔术式的宗教式的知识活动，至少不是寻求自然因果关系以克服自然的知识活动。阴阳家、方士、道教徒等的知识活动之为魔术，这大约是很少人反对的；但是，如果我们把战国时代，魏晋南北朝，以及宋以来道学家们的知识活动，称为宗教式的，也许很多人，尤其是大声疾呼的说中国没有宗教精神的哲学家们，恐陷要不赞成。我们之所以说道学家们的知识活动是宗教式的，是因为他们像其他宗教家一样，不去寻求自然的因果关系，然后再利用此种关系，以克服自然。他们克服自然的方法，只是否认一切社会与文化的成就，完全回到自然境界中去。不过，既然人类生活脱离不了社会与文化，自然完全回到自然境界中去也是不可能的。比如人在社会里生活，一定有是非观念，贪生旧死，所以对于大多数人而言，"一生死"、"齐是非"之为不可能，正如"爱你的敌人"和"上天堂"之为不可能，是一样的。劝人用这种不可能的无效的方法应付自然并解决生活问题的人，我们称之为宗教家，似乎没有什么不当的地方。除了道教徒和道学家们以外，佛教徒和佛学家们用"念经"、"不动心"等方法对付自然，也是和道教徒和道学家们一鼻孔出气的。为了节省篇幅起见，我们不再讨论。

这种传统，通过我们两千年来的读书人，尤其是汉儒和宋儒，以及魏晋南北朝士人阶级，深深影响中国人的知识活动，以及生活与文化。所以我们没有科学，没有克服自然的能力。我们怕水灾旱荒，我们屈服于瘟疫，我们没奈何蝗虫，我们无法解决过剩的人口，总之，我们靠天吃饭，我们不能用自己的力量解决生活问题。

更有甚者，这些传统的知识活动，不独使我们无力征服自然，而且阻碍着我们接受从西洋传来的寻求自然因果关系的知识活动。这种阻碍，有的是直接的，意识表面的，普通人看得见的；有的是间接的，下意识的，普通人看不见的。直接的阻碍，像欧洲中世纪一样，大体上是因为那些靠传统知识取得权力与地位的人，因为要维持自己的权力与地位，结合起来，公开的压迫那些新的，有效的克服自然的知识活动。明末读书人极力反对传教士以及徐光启等介绍西洋数学、天文学与制炮技术，以及清代读书人反对李鸿章介绍西洋文化等，都是很好的例子。间接的阻碍，其起因除了旧知识阶级要维持其权力与地位外，还有文化的惰性作用。比如近百年来，我们逐渐认识了以新的知识活动为基础的西欧文化之不可抗性，一步一步的被逼着学习这种新的知识活动，到今天，那个完全靠旧知识传统取得地位与权力的团体虽未完全消灭，但已解体，所以很少有人敢明目张胆的来压迫科学研究。但这种传统，仍然通过我们的旧文化，影响新知识分子，间接的阻碍着新的知识活动。因为这种阻碍是间接的，下意识的，普通人看不见的，所以更可怕，铲除更不容易。我们这篇短文里不能详谈，只能提出两点来作一个简单的分析。

第一，寻求自然因果关系的人，至少要像培根一样，不相信没有经过实验证明的知识，但是，目前我们许多从事知识活动的人（且不提普通人），因为旧文化的影响，仍然相信太极，相信天人感应，相信中医（也许有的中药有效力，但不曾经过定性分析，从严格科学立场说，我们是不应当盲目相信的），相信精神感召，相信先天智力因种族而不同，相信阳历不及阴历有助于农事，相信性教育不应该进学校，相信故步自封专横独断的军阀们可以做好人，相信儒家思想仍然可以解决目前中国问题，相信……各种各样完全没有根据的道理。这样的人，不独自己懒于去寻求自然的因果关系，并且多多少少影响别人，减少其寻求自然因果关系的努力与兴趣。因为除了极少数极少数的例外，大多数的人，从事知识活动，都是要有社会反应的。就是伽利略、凯卜勒（John Kepler）、布纳（Tycho Brahe）等也不能完全忘怀于荣名利禄，何况普通人？既然我们的知识界相信的，欢迎的，只是谈玄说理一类的东西，所以只有从事于此种知识活动的人，才有前途，而极少有人愿意挨冻受饿的去寻求自然的因果关系，让社会把他忘却。是故，如果我们不把这种魔术式宗教式的对付自然的知识传统彻底铲除，也就是说，如果我们不相信这些传统的知识活动不足以解决问题，我们绝难积极的鼓励知识分子去勤求自然的因果关系，也就是新的有效的解决问题的方法。

第二，寻求自然的因果关系不是一件容易的事，里面包含着无限艰辛与烦难，而相信魔术与宗教则是最惬意的。不是吗？口中念念有词，便可以呼风唤雨；轻轻把脉搏一摸，便可以明了十分复杂的病情；用大刀，便可以赶走有长枪大炮的洋鬼子；读经者，便可以齐家治国平天下，这都是极惬意的想法，不要本钱而却又获利巨万的生意。有了这种想法，一切便简单了。所以我们提倡科学，而令人惊奇的是，全国似乎没有几间像样的实验室，也找不出多少孜孜于实验工作的人；国家、社会也不曾实实在在的养一批科学家，让他们有地方有心思做实验。这样提倡科学，和用咒语来呼风唤雨有何分别呢？所以我说，我们虽然提倡寻求自然因果关系的知识活动，但至少是下意识的，我们用的仍然是魔术与宗教式的方法。要改变这种方法，还得彻底的觉悟，驱尽我们思想与行为里的鬼影。

在目前这样一个时代，头脑比较实际的人，也许认为我们讨论此种比较基本的问题，未免不实际，但是，我们认为，我们所以有今天这个局面，正由于我们在收获传统知识活动种下的恶果。假如我们为了铲除这个恶果而发生争执，但在争执之中，却又忘了这个恶果的根源，不图补救，则我们将永远在一个恶性循环中打圈子，活在魔术与宗教等的魔手之下，听自然的摆布。不独如此，我们目前已经来到一个时代，不能让我们从容的听自然摆布；即使要脱离这个恶性循环的圈子，也不能像文艺复兴时代的欧洲，可以等待着漫漫长夜。因为，目前已有别人先我们找着了克服自然的方法。如我们前面所说，以此种方法为基础的文化，是要向世界上比较自然状态下的区域流动的。这是一股铁流、钢流、电流、原子能之流，除非用同样的东西，绝无法抵抗。

三十七年三月二十六日　珞珈山

哲学与哲学家（节录）

张申府

一　哲学的社会功用

讲哲学的社会功用，到今天已经是一个很时髦的题目了，从一九三七年以来，这个问题已经变成了世界学术界的一个很重要的潮流。因为时势所趋，凡是一个有良心有正义的工作者再也不能自己住在象牙之塔里面了，他一定要与社会接触，一定要使他的学问和社会发生关系，发生意义。因此科学的社会功用便形成了一个很重要的课题。英国的科学作家伦敦大学教授 J. D. Bernal 在一九三九年著了一本 The Social Function of Science，另外一个英国科学家 Crowther 在一九四一年也著了一本 The Social Relations of Science。他们著述的目的就是要使学问人间化，使它有人味。以前讲学问都把学问看得非常高，现在不同了，它必须与社会配合，并且要对社会人生发生直接的有意义的和自觉的作用。科学如此，哲学也如此。在近代，哲学总是落在科学后面的，但是由于潮流所趋，哲学必须立即赶上与科学并驾齐驱。

……

以上根据各种界说来研究哲学社会的功用，其次可以就哲学与民主的关系来看看。

现在讲民主，需要民主哲学。民主是什么？民主不仅是一种政治制度而且还是一种思想方式、生活习惯和行动规则。实行民主首先应该在思想上生活上着手。中国过去没有民主制度，但却有一些民主思想，那就是"公"与"恕"。这种思想是合乎民主的精神原素。民主一定要为别人设想。现在看来民主实在是人类的最高理想，比社会主义、共产主义都高。民主的最高原则，可以用一句话来表示，就是："使人人达到最大的可能的发展。"这是民主的一个最高的标准。

分开来看，构成民主哲学的真理有三个要点，（一）多元；（二）相对；（三）概然。

关于第一点，有人说（黑格尔）世界上只有一个大真理，又有人相信一件事只有一个最好的办法，这种说法在理论上也许可以讲得过去，但事实上实在并不尽然。民主哲学在原则上应当多元的。要实行民主而只相信只有一个真理，那就非打破头不成。

关于第二点，我们不能轻于相信绝对的真理，因为真理是因时因地之不同面变化的。譬如二加二等于四似乎是绝对的，其实它原来也不能无所假定。黑格尔与列宁都说："绝对是相对之积"，这话很有些意义。

关于第三点，既然 Probable 就是指一件事情可对可不对。我们必需有此态度才不致太机械、太呆板、太固执，才不至于陷于定命论。换句话说，就是我们对事情不要太过于认真，当然也不可太模糊。

今日的民主哲学是什么？今日的民主哲学就是罗素的经验主义和马克思、列宁的辩证法唯物论的哲学相合起来的哲学。

前面说过，民主的最高原则是使人人达到最大最可能的发展。在中国有句古语："匹夫匹妇，弗获自尽，民主罔与成厥功。"这大概就是民主两字在中国最早的联用。这句话如果照现在字面来讲，与上一句话是有相同的意义。现在好的哲学的社会功用就在使贯通古今的意义的民主原则实现。

二　今日所需要的哲学家

普通说哲学家就是研究哲学的人。其实一个哲学家当然要研究哲学，但研究哲学的人并不一定就是哲学家。日本人将 Philosopher 译为哲学者，那倒比较恰当。

认真的说，一个哲学家至少应当具备下面的五种特性：

第一，一个哲学家必定要心胸开展阔大，气概辉煌。哲学是一个广大博大的学问，一个哲学家绝对不能够将自己束缚在眼前的小问题。

第二，一个哲学家他自己一定要有独特的见解与卓绝的贡献。他自己的思想一定要自成系统，看见过去人所没有看得到的道理。一个哲学家一定要能够深入自得，而有一种新的发现和成就。新的事理成为系统，不但要完全正确，同时也要对于人类社会有益处。

第三，现代的哲学家一定还要精细。他对于事物一定要能够分析，更进一步地找出事物的规律。今天的哲学家研究学问处理事务一定要清楚、精严、一丝不苟，而不能随便、模糊、空洞、笼统。

第四，哲学家不能不谈人生，前面说过，哲学是讲一般的讲普遍的，特殊的偶然的事物不能构成哲学的研究对象。人生在一般的大问题中仅占一小部分，所以有人说哲学不能谈人生。但是人生是人类最切身的一个问题，凡避谈人生的哲学家都够不上大哲学家。

第五，一个哲学家对于事物最敏感，最能认识问题，他能把像是不成问题的当作问题来研究，哲学家是善于怀疑，能发疑问的。但是发疯的哲学家不是哲学家。哲学家能够明白一切，对于事物看得最深刻最透彻。自有知识以来就有问题，而且问题愈来愈多，哲学上的问题即使成问题的都可以解决，但空想是办不到的，从历史上看来，哲学也不断在进步中，尤其现代为然。哲学是有未来的，哲学没有苦闷，哲学家更没有烦恼，所谓仁者不忧，哲人也无闷。

拿上面五种条件来衡量哲学家，自古到今研究哲学的人虽然很多，但够得上哲学家的人实在太少了。在中国古代可以称为哲学家最值得提出的人也不过只有孔、墨、老、庄、公孙龙。三国时代有年轻的王弼，两宋有张载、周敦颐、程氏兄弟、朱熹和陆九渊。西洋的大哲学家也不多，在古代最可说的是柏拉图 Plato 亚里士多德 Aristotle 赫拉克利特 Heraclitus 和德谟克利特 Democratus。罗马时代没有大哲学家可说。近世以来的哲学家，在欧洲大陆有笛卡儿 Descaytes 斯宾诺莎 Spinoza 莱布尼兹 Leibniz，在英国有洛克 Locke 柏克莱 BerKeLey 和休谟 David Humt 再以后有德国的黑格尔 Hegel，十八世纪的唯物论哲学家有狄德罗 Diderot 和霍尔巴赫 D. Holbach。现代的哲学家，全盘看来最有贡献影响最大，领导世界哲学潮流的当推罗素 Bertrand Russel，和杜威 John Dewey 两人。至于现在正倡存在主义的萨特 Sartre 够不上哲学家，存在主义是一种发狂的哲学，有点接近法西斯。

哲学家是要配合时代，对时代有帮助的。自一九三九年欧战爆发以来，许多人提出了认识时代这个问题，现在大战虽然已经结束，但时代未变。说今日所需要的哲学家，今日何日？换句话说，今日的时代究是怎样的一个时代呢？在我看来，我认为它有三个特性：

第一，现在的时代是一个变动的革命的时代。现在负责联合国文教组织的英国生物学家赫胥黎在《论生活在一个革命中》（On Living in a Revolution 1942）一书中说："自一九一四年第一次世界大战以来，整个的世界已在一个大变动中，任何国家都逃不开。"目前正是一个过渡时期，革命时期。就是保守的人如英国保守党的教授卡儿 Carr 在《和平之条件》Conditions of Peace 一书中也极言这种情形。凡是不承认世界是在变动的，时代是在进步的，就不免于落伍。人生好比乘脚踏车，时时刻刻都需前进，一停下来便可跌倒。

第二，这时代是一个人民的民主的时代，华莱士说："二十世纪是人民的世纪"，这句话非常对。现在的世界是人民的世界，是老百姓的世界。现在的时代也就是民主的时代，而且是新意义民主的时代。

第三，现在的时代是一个科学时代，原子能时代。这一点不待申说，现在的人没有人敢于违背科学。一个国家如果没有科学或违背科学必然不幸，一个人也如此。

今日的时代就是这样的一个时代，一个革命的人民的科学的时代。今日所需要的是什么？今日所需要的是变革是进步是民主。因此今日所需要的哲学家，就是能够顺应世界潮流，不违背时代而能驾驶潮流推进时代的前进的人民的科学的哲学家。哲学家应当时时刻刻不违背科学，来说明解释世界变革的真相、步骤、路途，来指导社会前进。

真、善、美都是价值。什么是有价值？有价值就是被需要，凡是被需要的就有价值。因此我们可以说："今日所需要的哲学家就是今日被需要的哲学家。"一个人怎样才被需要？就是少了你不成。因此做一个人或一个哲学家，都应当有特殊能力，特殊贡献，世界少了你便不成。

三　我自己的哲学

……

就一般的倾向来说，我确是非常接近罗素。这种倾向曾一度表现在一九三六年由陈伯达先生提出，由我扩大的新启蒙运动。在当时我提出了一个最高原则，就是"实与理性"。在我看来，无论是中国和世界都缺乏这两点。现在一切事情都在敷衍苟且，都是空假虚伪，欺骗蒙蔽，太不实在了。一切事情全凭冲动、本能、感情用事而不讲理性，法西斯就是反理性的具体表现。理性能够使人进步，过好的生活。十七及十八世纪的哲学家误解了理性，他们认为理性是先天的，生而具有的。亚里士多德曾说过："人是有理性的动物"，这句话也对也不对。人是可以有理性，但人不必有理性，理性不是生而具有的，它是需要学习的。理性是人的一种生活习惯，它能使人说话做事一举一动都有根据，同时使人能分别有分寸，能够分析是非，辨别黑白。

我的思想倾向与罗素很相同，这是因为中国与英国有共同的传统的缘故。中国与英国向来都偏重实际主张实在。英国人因为注重实际，所以英国的哲学多是经验学派的哲学。注重实际是好的，但是像美国一样过分注重实际，局于现实就反而有害了。

罗素是将数学与哲学合而为一的。我的哲学路数也正如此。数学是理性的极致，出自数学的哲学必然重视理性。

十几年来我的原则并没有变。在抗战末期我曾将这个实与理性的原则变成两个口号，就是："实在第一"，"理性至上"。要实在不仅是我一个人的看法，许多政党领袖都有此种看法，但是要紧的是提倡实在的人，自己一定要真实在。

单是实在与理性也还不够，除此以外，我还鼓吹解析。这也是我与罗素共同的主张。解析并不仅是罗素、穆尔以及现代少壮哲学家卡尔纳普 Carrnp 和艾耶 A. J. Ayer 等的主张，同时在原则上亦被辩证唯物论的哲学家所重视，恩格斯在《反杜林论》中就曾说过："没有解析，则无综合。"

我最初提出的哲学主张是"大客观主义"。

"知"knowing 在哲学中是一个大问题，特别是在近世的哲学家都非常重视它。现在我们在知识论的范围之内，差不多可以说已经把它解决了。什么是知？知不仅是一种心理作用，而且还与外界的事物有关系。同样的美也是这样的。美固然本来就美，但也因人而美。知单单用主观或客观来了解是不够的，必定要"跳出主客，主亦为客"这样去了解。构成知的是主观和客观的共同关系。无论是真是善是美，都是主观和客观共同构成的。客观主义是事物是怎样就是怎样，主观主义是想事物是怎样就是怎样。机械的客观论缺少行动，他们的态度是消极的，对于现状是顺受的，他们采取了旁观的立场，失去了自己的作用，像这样即使能够获得真理也不能够推进时代。在客观范围之内有主观的作用，客观对主观有影响，主观对客观也有作用。显然的例子历史是人类的创造物。因而我们要将客观的范围扩大，把主观部分也包括在里面。世界是物质的、客观的、实在的。人也是世界的一部分，人可以影响世界，人和物质是不应该分开的，人也是物质，人的力量也是一种物质的力量。马克思曾说过："理论一旦把握了群众，就变成了物质的力量。"

下面我讲一下我的具体相对论 Concrete Relativism。

我讲具体相对论以二句话为出发点，一句是列宁也曾说过的："真理都是具体的，抽象的真理是没有的。"另外一句就是前次曾提到的，"绝对是相对之积"。

真理一定要表现在具体的事实上，不表现在事实上的抽象的真理不过是人的想象，其实真理是不可想象的。中国人所讲的理就只是想当然耳。真理是表现许多事物间的关系或事物变迁发展的情况，先事物而存在的真理是没有的。

绝对的真理我认为也是没有的，世界上的一切都在进步或变动，真理也在一步步的进步中或变化中。过去的"是"现在可能是"非"，过去的"非"现在可能是"是"。譬如在十六世纪时歌白尼 N. Copernicus，曾经证明地球是动的，这种说法在现在看来就已经不完全对了。真理既然时时刻刻在进步中，很难找着固定的、绝对的、最后的真理。

一种理论对不对，要看它的解释它的对象它的范围。斯大林曾说过："一切都靠着时间、地点、条件。"一切事物都要以时间、地点、条件来衡量。唯心论诚然是要不得的，但 Idealism 如解释为理想主义也并非全无好处。又如认为一切都有心，也非全无可说，只是世界并非心所造。其实心也不过是一种物质作用。物质是什么？列宁说过："物质就是客观实在"，心也应在里面。

构成大客观以得真理的条件，在我看来有五点，就是：如实观、画面观、平等观、发展观和关联观。

其次，我站在中国人立场，根据中国传统来看一看辩证法唯物论。

辩证法唯物论可以说是真正的中国的传统。中国人重实在，要脚踏实地就是唯物论。辩证法就是《易》，就是变化。中国人很早便讲《易》。《易经》上讲易有二个原则即"一阴一阳谓易。"也就是说一正一反这两种作用构成变化。《易传》上还说："有天地，然后有万物，再然后有男女。"这些说法实在有些现在辩证法唯物论的意思。由此可见辩证法唯物论是含中国传统的，中国人并不应该怕它。

辩证法唯物论对于人类社会最有用处，人类应以它作为精神上的武器，凡是希望事情成功而不甘心失败的人，都应当了解它采用它。

辩证法自一七九八年黑格尔开始成就了完整的体系以来，到现在已有一百五十年的历史了。辩证法唯物论自一八四四年马克思创立以来也有一百多年了。什么是辩证法唯物论的精义？辩证法唯物论最简单最根本的意思，我总以为可以用一个"活"字来表示。"活"相当于"权"，人要能守"经"（"常"、"恒"）更要善从"权"。辩证法唯物论也可以说是就是全的逻辑。它反对机械，反对呆板，反对割裂，具体的说，它是实在的、灵活的、变动的、发展的和关联的。

从应用来看，辩证法唯物论第一要义是相反相成。第二要义是汰太。凡是过分的都不是好的。什么事情都不能过分，要怎样也不能太怎样。忠孝是好的，但不能过分，过分的忠孝就变成愚忠愚孝。不过分即要有分有所有当，能够分辨是非，各得其所。也就是要中，中并不是折中而是时中，也就是射中的中。至于什么是最中，那是不能说的，实际上能差不多即可。我们常说止于至善，其实至善是没有的，至善就是能够更好，常常有人问最好的社会是怎样的社会，这个问题是不好解答的，在我看来，最好的社会就是由它得到一个更好的社会的最容易的社会。

最后我讲一下人生理想。人生应当怎样？人生应当活着，人生为的就是活着。换句话说，在原则上根本上来看，我认为人生第一要遂生，第二要大生，第三要美生。首先应该满足人类的生活需要，满足了人类的生活需要之后然后扩大，最后再美化人生。

怎样才能达到这种目的呢？第一步以至最后一步就是要实际民主，像前面所说的民主。依前面所说民主在原则上是使人人达到最大的可能的发展。它在真理论上具有多元、相对和概然三个特点，怎样实际民主？我认为实行民主先要实行四平主义。所谓四平主义，第一是"平情论事"。凡事不可过分用感情，处处时时都应当替别人设想。第二是"平实主张"。我们要脚踏实地，实事求是。好高好远是不能达到目的的。第三是"和平前进"。社会不论怎样，唯有在和平的时候才能前进。就是革命也要走上和平路上去，像苏联在一九一九年以后的样子。战争只是一个手段，它是暂时的，在战争时间是不会有很大的进步的。第四是"平衡发展"。社会不止一个方面，发展最贵平衡。凡事面面都要顾到，如果偏重于一方面而忽略了另外的方面必致相牵相碍，欲进反退。

（这是应北大学生自治会学艺部之请，在寒假中所作的讲演，讲题是"一个现代中国人讲哲学"，全文由演讲记录，已经逐句校正）

原载《中国建设》六卷三期，一九四八年五月一日

读了张东荪先生新著《民主主义与社会主义》之后（节录）

夏炎德

……

我认为本书最可贵的地方在把民主主义与社会主义并为一论，而且指明它在根本上是异名同实的东西，这一点实看到了近代史的内层，著者觉得深有把握，才下了这个断案，确是一大手笔！原书第一节中说："本书把民主主义与社会主义合并为一件事，所以不将民主主义与社会主义分成各别独立的两章，而只是分为许多许多的小节。"第二节中说："民主主义与社会主义同是西方文化上的产物，其根本是在于几个概念：例如自由、平等、公正、公意、公理、人权等等。"（同页）以后在第五节中讲得更为具体：

"我要郑重告诉国人的是：民主主义的概念基型是这些概念（即指自由、平等、公道、人权与理性等项），而社会主义的概念基型亦正是这些概念。并非有两个不同的概念基型。正因为民主主义与社会主义同依据于同一的概念群为其基型，所以二者在本质上，就是一个东西。世人不了解这个道理，乃是由于不细察西方文化发展的史迹。西方历史告诉我们：民主主义的运动与社会主义的运动系抱着同一目的，向着同一的方向而运动的。换言之，即西方文化上，历史所表现的亦只有这样的一个运动。不过或起或伏，或有一些成功，或竟失败，不断地往下去而已。这是一个连续不断，百折不疲的运动。正好像作战，前倒后继，一起一止，乃是一个长流，只此一流，并无他种……"（页二六）

这些话都是极有眼光的。我不但完全同意，而且可以根据历史用我自己的话来加以补充说明。

远者不提，且从十八世纪的民主运动说过，法兰西大革命是一个大规模的民主革命运动，所有的平民在反动势力的淫威之下，受不了压迫的苦痛，遂群起喊出反专制、反迫害与反特权的口号，对准特权阶级（君主、贵族、僧侣）

革起命来。这里面不只是市民身分的资本家（即工商业家），还有工人与农民的群众，智识阶级更在里面起着领导作用，可说是民主战线的大联合。他们的旗帜是争自由，争平等，争人权，不但要求民主，实际还要求生活，盖自由、平等与人权非但为民主的必要条件，同时只有这几点争到手大家生活才有保障。在那大混合性的大革命中，市民阶级或工农群众各曾尽多少力？争民主或争生活（社会主义之起点）各占多少分？实在不易分明。因此某些历史家咬定法国革命单是政治革命或资产阶级的民主革命，实忽视了革命的复杂成分。固然后来的事实，资产阶级吃到革命的果实，而无产阶级不曾有份，是大家所知道的，但却不能即此错判那次革命的性质。从法国革命，美国独立与英国改革，民主只成功了初步，范围仅及政治，因产业革命后新的生产工具归资产主掌握，真正享到民主权利的只有他们，劳工们反受他们压迫。于是很多人竟把民主制度拨给资本家，把民主制度与资本主义在历史上的偶合当作正常联系，而把替劳工阶级争政权争生活的社会主义，反当作与民主不同甚至相反的运动。事情之背谬真理无有过于此者。另外有人因见社会主义注重经济，故认为社会主义就是经济的民主主义，这所犯的错误较小，而也须加以指出，因为社会主义不限于经济方面，正如民主主义不限于政治方面一样。所以把法国革命当作民主革命，把俄国革命当作社会革命，截然分出界限，是割裂了历史的整个性与民主革命的继续性，实际上他们所谓社会革命只是民主革命更扩大更深入的运动。欧文（Owen），勃朗（Blane）、马克思与韦伯（Webb）的努力并不与卢梭、伏尔泰（Voltaire）、孟德斯鸠与杰斐孙（Jefterspn）相反，倒是在进一步做前人未做的工作，他们是同一民主长流中的前浪与后浪。

这个根本要点如果确定了，那么民主主义与社会主义的歧异论、对立论以至民主主义与自由主义及社会主义与独裁主义的必然联系论，这一切错看历史、观念混杂的谬误理论，便可一扫而空。而因此种谬误认识的不良影响足以使民主主义者与社会主义者互相倾轧闹得分家。以至妨碍真正历史任务的推进，故从理论上予以矫正，于实践上有很大的用处。

就在这同一范围内，著者更由几种文献上证明马克思主义亦是民主主义，征引马克思与恩格斯自己的话，读书入于隐微。我也认为马克思最被人误解的地方是主张无产阶级专政，由此而被判定为反民主。实际马氏所反对的是资产阶级的假民主，他们都望实现的是无产阶级的真民主，无产阶级专政仅属过渡办法；倒是无产阶级"专政"这名词用得太欠考虑，因为无产阶级人数多，多数人专政不见得真是专政，反比少数人的民主基础要广些，至少在这理论上可这么讲。

……

　　唯其通透了一部历史，东苏先生始终没有提出公式化的论调。譬如他说革命用暴力不是一个理论问题，而是一个实际问题。为建立一个新社会制度，究用和平革命或暴力革命。完全要看环境来决定，事前很难预先确定，像考茨基（Kanlsky）的反对用暴力或托洛茨基（Trotsky）的为暴力辩证都是呆板的公式论。倒是著者说得妥帖：一切不幸都由革命者与反革命者双方相煎而成，有很多感情相激的成分。我相信要是当年沙皇不用放逐与虐杀的政策，说不定布尔什维克党人也不至用恐怖手段，当年孙中山上书李鸿章这条路走得通，也许不至再有辛亥革命；就近的说，政治协商会议要是成功，就没有这一次的自相戕杀。这些地方，不是理论，而是命运！

　　对于改良与革命之争，也是作同样的看法。改良与革命并不是不相容的东西，它们本身固有程度之分，却都是达到目的的手段，有时相交替，有时相补充。革命派常斥改良派为不彻底，实则能改良总是先求改良，只有这条路断了才革命，而且大规模的改良不断推进时也可由量变质达到改造的目标，譬如英国工党的改良实际上已变成不流血革命。在争民主的历史运动中，革命派与改良派之相排斥，甚至革命派对革命派间之相仇视，往往比对反革命派还要厉害，这种"成功必由我"的褊狭功利观念，足以动摇进步的阵营，而给反动派以可乘之机，实在是革命的大敌。在我们看来，舍小异而取大同，实为必要。

……

　　马克思主义乃西方文明之产物，而苏联制度在斯大林指导下却有显著的东方性格，要将这种制度转移到西方或苏联以外的其他地区，而不能尊重各国环境与利益，定会感到扞格不入。故东方的西方的协调折衷，实是今日社会主义的重要课题。

　　从第二十六节起著者讲到计划经济，意思中认为计划经济与资本制度国族主义同是使社会主义理想成为实际的东西，或用著者自己的名词说是"媒介物"或"衔接物"，仿佛有了这些衔接物才能达到社会主义，他说苏联革命后社会主义行不通而摸索出计划经济的一条路来，故说"并不是社会主义与计划经济有必然的连合"。又说"计划经济的思想并不是出于马克思。反而可说与出于德国李斯特（F. List）一派号称为国族主义的经济学"（页四七）。这不论就经济理论或经济史实上讲似乎都有些出入。资本主义与社会主义是制度，放任经济、统制经济或计划经济是政治，或者说前者是体，后者是用，体用固非一物，然却不能分开。在历史上资本主义初期或个人资本主义用的是放任经济，资本主义后期或国家资本主义用的是统制经济，而社会主义用的是计划经济、即国家社会主义亦是一样。李斯特所提倡的是国家统制经济，却并不是社会计划经济，计划经济必须以生产工具公有为前提，故真正说来只有在社会主义社会才有可能。东荪先生说"确有一些资本主义的国家在那里多少实施计划"是事实，罗斯福的新政便是一例，但就是因为国家没有掌握生产工具，资本家可以不理会，结果大不如理想。马克思的时代任务主要地是在指出资本主义的弊病并提出社会主义的大原则，对后者的实行方式——计划经济确未有交代，而要等到社会主义的实际建设者，如列宁与斯大林等，从事实的要求中试行出来，但他们决不是李斯特的信徒，这种计划经济完全是新生的。苏联并不是放弃了社会主义而实行计划经济的，倒是靠了计划经济才奠定了社会主义的物质基础。此外著者似把苏联的几次生产建设计划当作计划经济的本身，不免也是一种误解，因为计划经济与经济计划在本质上并不相同，经济计划只是计划经济中较具体的一部分，甚至个别的计划在非社会主义制度下也曾有之，计划经济是整个社会主义经济的运用方式，它的对象不限于生产，还及于分配及其他各方面。

普通说，资本主义有自由而牺牲平等，社会主义有平等而牺牲自由，自由与平等不能两全其美。著者既认为自由平等同为民主主义与社会主义基本概念，当然主张自由与平等都是要的。不过他认为自由与平等也要恰如其量，不能因此而妨害生产。这显然因为中国是产业落后的国家，还是发出"生产第一"的主张。在计划经济下个人自由是不完整的，社会主义讲平等也只能做到机会均等。著者说经济上不能有平等只能有公道，便是这个道理。另一方面他特别指出言论自由的重要性，不论是政治的言论或文化的言论，说明马克思主义在本质上不是一种宗教，不同意苏联的文化统制，这是我们所同意的。当然一个时代会得自然地产生一种中心思想，但自由讨论实无抑制的必要。

综观全书，著者以毕生治学的心得，对世局又那么关心，内容确有许多独到的地方。尤其可贵的是讨论政治经济的问题内不挟党派偏见，保持纯正学者的态度，言他所当言。里面有许多主张与我平日所想的非常相合，其著作先问世，衷心殊感欣慰，并不期然而然地夹入了些自己要说的话，对于著者亦弥增其企仰之怀。以他对于哲学、历史、政治、经济、文化各方面渊博的学识，配得上称通儒，当然以通儒论政并不就是主张"通儒政治"，我读毕东荪先生原著还没有发现这样的主张。

"中国今后应采何种政治制度？"东荪先生虽未明白交代，但我可从他的书中代为画出一个轮廓，就是：中国必须走上民主主义社会主义的大道，但不必勉强去抄袭苏联的制度，应该依照本国的特殊环境与需要，定出一个举国一致的建国方针，在一个时期内由各党派通力合作求其实现。在工业方面须赶上先进国家；在农业方面须改良土地制度实行集合农场并以机械耕作。在生产第一的原则下，须公平分配，免除剥削，而并不摧毁个人自由。领导的人最好从各界中选出，不是官僚，其人必须有新思想而在旧道德上站得住，才能在中国社会上发生领导作用。这是我读了本书以后所了解者，不识著者以为何如？其他读者又以为何如？

　　原载《世纪评论》四卷五期，一九四八，七，三十一

道德的眼镜

《观察》，第 5 卷第 7 期，1948 年 10 月 9 日

刘绪贻

知识活动的主流

人类知识活动的对象，简单地说，可以分成两大类：一是自然，一是文化。自然包含天文、地理、动物、植物、矿物等等；文化又可分为物质的与非物质的两大类。这些次类，又可一分再分，以至无穷。一个现代的大学，可以有五千种课程，而这五千种课程，并不能概括人类所有的知识活动。足见人类知识活动的对象，其范围是极其广泛的。

严格地说，世界上各个文化中知识活动的范围，几乎都一样的广泛，对于上述种种，无所不包。不过第一有程度的不同，比如现代文化中有科学的知识，原始文化中也有科学的知识，但原始文化中的科学知识，不及现代文化中的精细、正确、有系统，则是很明显的事。第二有着重点的不同，比如玛雅文化（Mayan Culture）着重于历算，印度和欧洲中世纪文化着重于宗教，近代西欧与北美文化着重于科学，这也是留心于文化问题的人约略知道的。我们说着重，因为上述各个文化里的知识活动，并不仅限于历算、宗教、或者科学，而仅是对于历算、宗教，或者科学，比较起来，下的工夫特别多而已。对于这种工夫下得特别多的知识活动，我们称之为知识活动的主流。这种知识活动的主流，在比较原始的文化里，是不大容易看得出来的。

为什么知识活动会有主流与非主流的区别，而各个文化之中，知识活动的主流又各不相同呢？分析到最后，大约是造成与影响文化的各种因素如种族、地理环境、历史社会背景等等交光互影的结果，因文化的不同而异，似乎没有什么共同的法则，至少没有明显的共同法则。中国自西汉以来，帝王与儒生互相为用，罢黜百家，尊重儒术，自此而后，我们的知识活动，大体上皆以六经、

论、孟为本，万变不离其宗，虽然有时候佛、道、名、法诸家也略一抬头，但读经始终是读书人的第一要务。换句话说，西汉以后，读经变成了我们知识活动的主流。冯友兰先生在其《中国哲学史》中称这一段时期为"经学时代"，确实是很合乎事实的。

关于六经、论、孟的原本究竟如何，现存版本和原本比较，究竟相去几许，目前我们很难确切地知道。不过大体上说，这些儒家的典籍，原来都是以早周为理想，记载与描写周代半奴隶半封建社会的情形与秩序，以及在此种社会秩序中，各人应当如何按照其身份（为君、臣、父、子、兄、弟、夫、妇、朋友等），并应用何种行为规范（礼），做人的。汉以后读书人的知识活动，完全用这种典籍做基础，发扬诠释，冀图用以"修身、齐家、治国、平天下"，所以近代检讨这种知识活动的人，都认为这种知识活动的目的只在维持纲常名教（其实是一种特殊的纲常名教）。从人类整个知识活动的范围说，这种范围是很狭小的。因为他们不独不研究自然，也很少研究物质文化，就是非物质文化，也只研究其一方面。换句话说，他们所寻求的知识，只是所谓"德行之知"，而这种"德行之知"，还是以西周时代的社会作背景的。我们在《知识生活的偏向》（《观察》三卷十九期）一文中，曾经从反面指出我们两千年来的知识活动忽略了对于自然的研究，本文的目的，乃是想从正面指出我们传统知识活动的偏向，究竟是怎样偏的，而且有些什么影响。

道德的眼镜

上面我们说我们传统的知识分子不研究自然，很少研究物质文化，就是对于非物质文化的研究也是拘于一隅的。其实这种说法，还不太接近事实。实际上，我们传统的知识分子也考究自然现象（如天文），物质文化（如车、马、舆、服），以及非物质文化中的非道德部分（如文艺、哲学等）。不过中国传统的知识分子受了传统的影响，戴上了一副有色眼镜。这副有色眼镜，便是"德行之知"。朦上了这副有色眼镜，中国读书人无论看任何事物，都要通过道德的观念（其实只是儒家的道德观念）。其结果，好像一个戴了黄色眼镜的人，看着世界上的事事物物，都染上了一层黄色，他们也看着世界上的事事物物，也浸染了一层道德的色彩。既然戴着黄色眼镜的人所看的世界不是世界的本色，所以戴着道德眼镜的人所看的世界也不会是世界的本来面目，而是经过歪曲了的。这种情形，和欧洲中世纪的知识活动有些相像的地方。欧洲中世纪的知识活动的主流是宗教的，因此，在当时读书人和世界之间，隔上了一个神，人们不能直接看世界上的事事物物，因为世界上的事事物物，都蒙上了一个神的概念。地球本来是动的，是围着太阳转的行星之一，因为隔了一个神的概念去看，结果地球便成为不动的，而且是宇宙的中心。人本来是从高等动物演化而来的，因为隔了一个神的概念去看，结果人便成了亚当和夏娃的后裔。中国读书人，尤其是传统的读书人，和世界之间，也隔上了一个儒家的道德观念。因此他们看自然时，只能看见一个劝善惩恶的天。日亏月蚀，水荒旱灾，是天不满意人的行为时的一种警告；珍禽异兽，瑞云嘉禾，是天满意人的行为时的一种奖励。他们看物质文化时，只能看出一套用来完成儒家道德秩序的工具，所以车、马、舆、服是不能僭越的，也是不能苟且的。他们看非道德的非物质文化时，也是一样。所以不独是"行有余力"，才"则以学文"，就是学文，也必定要"文以载道"。因此，"思美人"变成了"思君"，变成了忠君之怀的不自禁的表现。谈哲学虽是要明天理，但此天理，必与吾心之理同；而此心，又必需是涵蕴仁、义、礼、智、信五常德，而不为喜、怒、哀、乐、爱、恶、欲七情所沾染了的本心。其结果，两千年来我们的读书人"善迷心窍"，使得我们的文艺与哲学都多少染上了教条的色彩，斲丧了其"美"和"真"的成分。

这种戴上道德眼镜以从事于知识活动的结果，不仅是看不清或者歪曲了世界的真面目，还深深为中国读书人养成了一种功利的根性，阻碍他们对于"真理"与"美"的追求。中国读书人，尤其是汉儒和宋儒，虽然自以为他们的活动是"正其谊不谋其利，明其道不计其功"，但是他们"格物致知"的目的，完全是为了要"正心、诚意、修身、齐家、治国、平天下"。背负道统，头顶纲常名教，凡与此大使命不相干的知识活动，一概弃置不理，甚且加以鄙视。从这个观点说，我们传统的知识活动从来没有超脱一种实用的境界。清初朴学虽然研究名物训诂，似乎超出了功利的立场，但清初读书人研究名物训诂，乃是为了要从名物训诂之中找出孔夫子心目中一套道德秩序的原始轮廓，所以他们知识活动的对象始终不能及于与六经、论、孟无关的文物制度。传统的读书人怕"玩物丧志"，不愿意多留情于"雕虫小技"和"奇技淫巧"，以为这些都和他们"明善诚身"的目的无关。但是反过来说，追求"美"与"真理"，尤其是"真理"的知识活动，其结果虽然往往可以大大的改进人类生活，但其过程我们绝不能用功利的观点去衡量。用功利的观点去衡量，许多科学上的成就都会半途而废（其实艺术上的成就大体上也是如此），这是只要稍稍明了近代科学发展的历史的人都知道。目前我们大学里教授的所谓纯粹科学，用功利的眼光去看，似乎简直没有什么意义，杀青蛙，敲顽石，这是"以天下为己任"的传统读书人绝对不能想象的。因为这个缘故，所以我们常常觉得，中国没有科学，尤其是自然科学，这种功利的为学态度，恐怕是一个很重要的原因。说到这里，我们似乎应该申明一句，在《知识、生活、宇宙》（《观察》五卷三期）一文中，我们曾经责备传统的中国读书人认识宇宙的知识活动，不能解决实际的生活问题，这似乎也是一种功利的态度。不过同时我们也说过，他们所用的方法是直觉的方法，如果不用直觉的方法，而用实事求是的方法，去从事于与生活没有直接关系的知识活动，这样的知识活动，起初看起来也许毫无用处，但最后往往可以帮助人类解决实际的生活问题，增进生活上的满足。这正是我们目前需要的知识活动，我们近一世纪来所求之不得的。

要对症下药，不要杞人忧天

隔千年来我们的读书人戴着道德的眼镜以从事于知识活动，不独阻碍了我们对于"真理"与"美"的追求，我们的文化因此成了一个偏枯的文化，我们民族还因此吃了很大的亏。自然，我们不能说我们这个文化中缺乏"美"的成就，但我们却十分相信我们在纲常名教这顶大帽子之下，我们的文艺、音乐等没有得到应得的注意。蔡元培先生也许是感觉到了这一点，所以他平生提倡美育，实在是很有见地的。不过，"美"的欣赏还不是人类的基本需要，一个社会缺了它，不一定出乱子，基本的需要是实现食、色等生物之性。在此种基本的需要不能满足时，一个社会一定会出乱子，谈道德，说仁义，都是没有用的。不过，要顺利的满足这些基本的需要，我们得有能力控制自然，了解人性。如我们在《知识生活的偏向》和《人性的压抑与了解》（《观察》四卷十三期）等文中所说，这是文艺复兴以后，西洋大部分知识分子所走的路，我们传统的知识分子从来不曾走过；如今虽然想步人家后尘，但仍然相去太远。正当此时，西洋人因为经过了两次残酷的世界大战，有些忧时之士，认为也许他们自然科学发达的速度超过了社会科学的，人类从自然之中找出了一些伟大的力量，但人类并不曾找出一套可靠的方法来和平的运用这些力量，以谋全体人类的幸福。而且，从这一方面说，他们认为或许可以从中国传统文化中学得一些教训。其实，这也只是很少数很少数的西洋人是这样想的。但就因为这个缘故，百年来自卑情绪日益深刻的中国知识分子，被这些聪明的西洋人搔着了痒处，公然也认为我们的传统知识——儒家思想，还是宝贝，所以值得研究，值得保留，甚至应该即时加以整理选择，发扬光大。这种想法，即使不是被外国人欺骗了，至少也是忘记了中西文化偏向的不同，有些病急乱投医。

目前自然科学发达的速度超过了社会科学发达的速度，大约是事实；是否因为这种速度的参差而产生了许多严重的问题，我们也不敢说不是。不过即使如此，这是西欧和北美等工业先进国家的问题，而不是我们的问题。西洋文化发展到了今天，在这个文化里生活的人，有力量，也有责任，去找出一套方法来，让人类和平相处，尽量享受自然科学的成果，而不为其所毁灭。至于中国目前的问题，和欧洲中世纪的问题有些相像，乃是要如何才能吃得饱，穿得暖，等等。为了对症下药，我们应当暂时脱下这副道德的眼镜，尽量的去发展工业与科学。不然的话，即使找出一套再好的道德秩序来，我们也不能饿着肚子、冻着身子在这秩序中好好的生活。所以如果我们要想在这方面努力的话，一定也要等到我们的自然科学发达到了相当程度才行，目前我们不独无此能力，似乎也没有此种责任。更有进者，目前就因为我们的自然科学和工业不发达，我们的命运还仍然紧握在帝国主义者的手里。当一个国家或一个人的命运被握在另一个国家或另一个人的手中时，还不设法认清自己的弱点，摆脱这种桎梏，却"梦里不知身是客"的津津然去谈道德、和平、秩序，以取得掌握命运者的爱心，这纵然不是不自觉的奴性表现，至少也是不知当务之急，而作杞人的忧天。

三十七年九月二十日于珞珈山

新道德之基础

——十月十五日在湖北省省训团讲

张君劢

  五四以后，国内有所谓打倒孔家店运动，就是打倒吃人的礼教，打倒旧道德。说到中国的礼教，实在是一个极为复杂的问题。就理论方面来说，有所谓父慈子孝，兄爱弟敬，或者说君为臣纲，父为子纲，夫为妻纲。就实用方面来说，有丧礼、婚礼、祭祀乃至所谓女子的贞操，军人的大节。自从我们与西方文化接触以后，看见西洋政体是民主的，自然对君为臣纲之说不能满意；我们又见现代教育对下一代的体魄、知识非常注意，好像一家之内，几乎以子女为中心，自然对父为子纲之说不能满意；现代的婚姻男女平等，双方认识后，先成朋友，后来结成夫妇，自然对夫为妻纲之说不能满意。

  我们应该知道不满意是一回事，一种道德学说有它发生的环境和发生的时代，是另一回事。拿现代的环境、标准来批评二千年前之学说，实在是一种不公道不合理的举动。譬如说：春秋战国时代，看见诸侯互相征伐，杀人盈野的情形，在那个时候，如其让诸侯互相杀伐呢？还是希望大一统的君主出现呢？所以孔夫子当时的尊王之说，自有其环境的，决不是我们能随便菲薄的。在我们有父为子纲之学说，就是一种父权制度，即所谓天下无不是的父母，换句话说，父权在家庭中是绝对的。同时，我们查一查罗马法，其中一样尊重父权，父母对子女的权力也是绝对的。至于女子应该从事于中馈以内的工作，就是德国人所谓妇女应管理的三件事：一为生育；二为厨房；三为教室。由此可见妇女的地位限于家庭之内，也是各国所共通的。我以上所说的这段话，并无意替中国旧礼教辩护，要你们来遵守旧日的礼法，也不是要从东方文化或精神文明做立脚点来替孔孟当辩护士。我无非要说古人的学说有它发生的环境，存在的理由。我们要以十九世纪、二十世纪的标准来衡量，来打倒二千年来制度、学说，那是一件文不对题的工作。古人的学说，制定为当时而发，自有其存在价值，我们能划开时代，辨别环境，来判断学说的价值，自能发出公平的议论。但是这个问题，也很复杂，也不是我此刻所要与诸君讨论的。

我今天要讨论的，就是诸君所希望知道的，现代社会之中，各个人所以自处之道，应该如何？这就是我所谓的新道德之基础。明白地说，假定诸位所想望的是现代的政体，现代的家庭，现代的职业，而诸位在心理上、行动上仍沿袭旧日的老习惯，来求现代社会生活的享受，那是一件极大的矛盾，更明白地说，就是要享受现代社会组织的利益，而仍保持对封建社会的心理，这是可以引中国到断沟绝境，危险的前途去的。现在我举出三个例子来说明这事：

第一，政治方面。大家现在所想望者是民主政治，既是民主政治，就必须使一个人有一个人之价值，一个选民有一个选民之价值，一个国会议员有一个议员之价值。因为现代社会以个人作基础，既以个人作基础，所以个人之地位权利都必须尊重，个人则尽义务享权利。反过来说，古代社会是以社会公共体作出发点，在公共团体为出发点之下，自然一国之内不能无秩序，不能无权力的人，所以有君为臣纲之说，一家之内有父子、夫妇、有仰事俯育之责，所以有父为子纲，夫为妻纲之说。所谓三纲五常的话，都是以团体作出发的。现代不然，先以个人作出发点，其次说到团体，所以团体道德没有忽略，而是在团体道德背后，更有个人的道德。现在我仍旧回到政治方面个人的价值来说：一个人得到宪法的保障，所以有他种种身体、言论、结社等等之自由，要了这种自由干么？就是要使他个人得到安全的保障，法律的保护，然后行使个人的权利。所以一个人在选举法上是一个选民，能自由选择、投票；在国会中的议员，也敢于明白说出赞成或反对。现在我们中国，人人叫喊民主，但试问每个选民自己知不知道他手中一票的重要呢？政府又是否能尊重选民投票呢？又是否把选民册调查清楚呢？至于我们的国大代表、立法委员，提名的时候大家趋之若鹜，但当选终想靠政党的力量、政府的力量，或者地方官吏的力量将他选出，其真能以个人力量，说服选民，获得选民同情，得累千累万票而当选的，全国之中究有几人？换句话说，还想利用自上而下的压力，把自己选出，得一个头衔而已。及至当选后，无论国大代表、立法委员、其能在大会中、委员会中，热心讨论，按时出席，专心职责者究有几人？拿人民代表之机会当作一己的功名，拿选民看得一文不值，而自己终日在操纵利用之中，达到飞黄腾达的目的，换句话说，仍以旧社会的依赖心理表现于应以独立精神实现的民主政治，这怎么可能呢？

第二，家庭方面。现在的青年，大家知道组成一个小家庭，自由选择一个太太或丈夫，但是据我在外国所见，青年在求学时代，自然可以由父母负担，等到大学毕业之后，终要自己找寻职业，不愿再去加重父母的负担。至于婚姻问题，既由他自由选择，就由他自己负责，就是说必须等到自择的职业已固定后，再谈结婚，建立家庭。但是近年来我在国内所见，选太太是青年自己的权利，但不知道维持家庭也是自己的义务，依然寄食于父母之家，由父母替他养太太，而毫不以为惭愧。生了子女，还由其祖父、祖母照顾、抚养乃至教育，这种情形与从前依赖家庭的习惯有何区别？换句话说，权利的享受是现代的，义务的担当是古代的。这可以说是大家接受现代思想不彻底的地方。

第三，职业方面。一个人的职业，如何找到？而且如何找法？最可表现这个社会的真相。比如说：我们现在的工、商各业，有一家大银行，或一家大工厂，还是离不了家属的关系。以上海的申新纱厂来说，就是一个很明显的例子。既然我们现在的工、商业离不了家庭关系，自然家中有祖上传下来的大产业，无论哪个儿子，都要分沾其利，于是弟兄若干人，各分得一、二个厂，赖以谋生。但是这种事情在西方却很少见到，父亲创办的事业，不必一定传给儿子，而可交给社会上的专家们来继续经营管理，因其如此，所以一个汽车厂，一个电气厂，不为传子孙之机关，而为服务社会之机关。我在美国见到一家很富裕的人家，主人的儿子从十三四岁起已开始踏脚踏车为人送报，每月得数美元，以为其收入。乃至父兄是银行家、是富翁，儿子或兄弟不受大学教育，自愿做清道夫，不肯去找他的父兄为其另谋好差使，因为在他觉得找父兄有失自尊心，宁要做清道夫，而不懊悔。试问这种精神，我们青年有没有？乃至一个大学毕业生，或请他老师，或请他父兄写八行书的，不知道又有多少？所谓门生故里的奔走，照旧一样，这与子女之依赖父母有何两样？这原因虽然是由于中国目前的工、商业不发达，文官制度不确立，所以要人函缄的习惯还没有取消，但终得知道仰求别人是可耻的，然后我们的分子，我们的社会，能发展至于健全的境界。

我说了很久，还没有把我的要点说出，什么要点？就是工业革命后的欧美社会，以个性主义来作基础。个性主义普通翻译为个人主义，我嫌它不好，因为个人主义含有自私自利的意义在内。所谓个性主义，就是说每个人应该自己尊重自己，自己求职业，自己求有所发明，再讲自己的享受，既不依赖家庭，更不依赖团体。自己对自己负责，来发挥其能力，行使其权利。这种个性主义，我们还可以分为三点来说：

一、独立精神。在一国之中为自由公民，在家庭之中，既成年后，应自求职业，不依赖父母亲戚，而且自己有勇气决定自己的方针，选择某种职业，创造他自己的前途。

二、俭约的习惯。这话的意义与古代之节约自有相同之处，但并不是如古代所谓节衣缩食。因为现代人讲究享受，要求舒适，所以自己有了小家庭后，还要有汽车、冰箱、收音机，但他取得汽车、冰箱、收音机等的方法在乎那里？他靠自己努力，不靠父母，或靠在政府中的贪污，这是西方道德中最重要的一点，而我们东方人不太了解。平常我们又看见西方人斤斤计较铢锱，觉得很可恶，要知唯有在计较铢锱之中，每个人才能有盈余，有积蓄，才能将国民所得累积起来。我在美国遇到一个老太太，她家里很有钱，但平日出门，不像我们往往雇出差汽车，费钱没有可惜。她终是乘坐公共汽车，费钱少，我起先觉得这个老太太非常吝啬，但后来我见她在救济中国的捐款簿上捐了几十元，我才知西方的俭约不是吝啬，而是可以养成急公好义的精神的。

三、自己负责。现代政治、社会、家庭既以个人为基础，一个人处社会之中，关于自己的职业、家庭、政治方向，须得有自己负责之精神。这话怎么说呢？就是自己有明确的意见，敢于决定，决定之后，敢于说出赞成或反对，而无所畏惧，假定做成功了是他的功绩，做错了他应负某种责任。我们看西洋家庭中，小孩与大人同桌进餐，桌上的菜无论是汤、是鱼、是肉，一样放至小孩面前，任其自由选择，不加勉强，亦不以命令方式出之。再说青年在大学里所要专攻的学问，将来职业的途径，要靠同学、老师、报纸之中摸索出一条路来。自己选择职业本来很难，但如自己选定的职业，能发挥其天才能力已是最好的选择。现在青年从高中至大学，所选功课未必一定惬心贵当，但青年自己所选者，大体成绩是不错的，因他志趣所归，可以自由发挥才能，较父母指使和命令为好。其次，再说政治，各国公民对地方政府、中央政府之选择没有不投票的，对国家法律、政务没有不加批评的，并且不论在投票或发言，都要有不怕负责任的精神，但是反观我们国内情形，投票无保障，发言不负责，致造成儿戏、谩骂、捣乱和一团糟。

诸位先生，诸位青年，希望大家赶快觉悟，打倒孔家店，打倒旧礼教的时代已经过去了。因为旧礼教本身的生命已经退化，它无力量可以来抵挡你，试问皇帝在那里？父权在那里？夫权在那里？旧礼教既无活力妨碍你，而国内还有不少人，天天在向旧礼教进攻，这帮人无非借此表示他们是进步的、现代的，于问题之解决无补。目前最紧要的工作是建设新道德，提出建设性的提案，来研究现代道德学说的新标准，自己能独立，自食其力，对于自己的意见表示，自己负责，要拿这种新道德的标准，以身作则，做给社会看，这件事我很希望大家共同勉励。我们需要的已不是打倒旧道德，而在建设新道德。

原载《再生》周刊，二三六期，一九四八，十，十九

理性与狂妄

张申府

可以说，现在世界，最好的东西就是理性，最不好的东西就是狂妄，就是发疯，就是反理性，就是不讲理，就是不通情理，就是赌气蛮干，就是残民以求逞。而在今日现实世界里，恰恰正是：最普通流行的是狂妄；最难得最不流行的是理性。固然，理性的所以最可宝贵；也许就因它最难能的缘故。最什么的尤在，就是平常最鼓吹理性的人，也常不免自陷于狂妄无理性。这才最是世界人类社会的一个大悲剧。今日各报都载有一段小消息，说罗素讲演说：西方国家应该在苏联有原子弹以前，同苏联作战。果真有此，那就不幸就是才说情形的一个例子。像罗素这样清楚，这样富于仁义的人，而也如此，真是令人不胜遗憾的事，这将是人类一个很大的损失，也会是哲学的一个很大的损失。

谁不晓得，罗素先生是今日拥护理性而反狂妄最力的一个人，就是他的近著——西洋哲学史，最后结论也在于此。如他自述实践他的哲学的特色的逻辑解析方法而养成的谨慎真实的习惯，原可减少狂妄，而增加同情互喻的能力。可是他本赋有充沛的情感。他在一九二〇上半年以前，曾为苏联鼓吹不遗余力，就是后来的罗曼罗兰也不及他，由他那年二月一篇题作《社会主义与自由派理想》（也题作《民主与革命》）的讲演，就最可以见。但自那年夏游苏以后，即总在不满，虽然对于列宁仍然表示衷心的敬重。以后他是经常不断地拿苏联开玩笑。这两年曾为有关苏联遗传学的问题，在英伦引起了长期的争辩。在他《自由与组织》与《西洋哲学史》先后两部大作中都有专章讲马克思与其哲学，对于辩证唯物论与唯物史观，解释上虽然逐渐增加进境，认为含有真理，承认受其影响。但仍然说，辩证唯物论就是苏联或马克思教的上帝（耶威即耶和华）。这就不能不说是一个颇不理性的态度。

我相信，一个有理性的人，总应该承认苏联是一事，辩证唯物论又是一事，绝不可把其是非浑为一体。不管辩证唯物论与苏联有怎样密切的关系，也不管苏联怎样把辩证唯物论作为国家哲学，不但在进行革命上，就在科学研究上，也要用它，以为方法，以为准绳。但是一个人对苏不管或亲或反，却不可但因此就对辩证唯物论或取或拒。就令对辩证唯物论别有不满的理由，那也当另论。对物对事必须能够这样子分别，这才是必要的理性态度。我总相信，天下的利器，天下人都得取而利用之，也都应取而利用之。辩证唯物论就是今日这样的精神利器之一，不管苏联，或无产阶级，或马克思主义者，都不应据为私有。犹之乎原子弹与关于原子弹的一切知识，美国就本也不应该据为私有，或更借它来唬人。而况辩证唯物论的精义原是中国的一个真传统，而原子弹也不是美国人一手所造成。

同样的理性态度，对于罗素，也应采取。一个人尽可以不满意他的反苏，但却不可因此就抹杀他的哲学，就抹杀他的逻辑，就抹杀他的一般思想，就抹杀他的一向反法西斯而为理性、科学，与民主张目（他的这种努力，就由最近观察五卷十一期译载的一篇广播，也可见）。我自己就很不能认为他的反苏，甚至鼓吹趁机同苏联打，是解决人类问题的正常办法。但是我却依然承认他是今日还活着的最伟大的哲学大师。他那种清楚漂亮而意味风趣深永的散文，在哲学家里，也依然是一时无两。而且他本着哲学家的本色，本来越谈抽象的东西越谈得好，越当行出色，虽然他描写情调，也是圣手，也能生动动人，除他一九○三的名文《自由人的崇拜》外，由他一九二○的游俄记，特别述涅瓦河上的那一段，就很可以见。在哲学界里，二十世纪几个进步的潮流，除了辩证唯物论以外，本都以罗素先生为主脑，为导师。二十世纪，尤其近二十年来，两个最发达的学问，一个是现代物理，即相对论、量子论与原子论。这都是他很能重视而且汲取的。另一个是数理逻辑，即记号逻辑，那就完全在他领导之下，而且曾由他集过大成。这种逻辑，本曾多年由他独力鼓吹，要解决哲学问题，非有它不可。今日此学研究之盛，足令人欢忻鼓舞。想他看着，必也心喜之极。

罗素的数理哲学或数理逻辑体系，以最后结论或最初用意（算数的逻辑化）而论，固然像已终归失败。三十年的努力，在这一点上，显似已归于枉然。因为一九三一年奥国维也纳的一个青年数理逻辑家歌代尔博士 K. Gcedel 已证明：每套平常逻辑里边，都有些不可决定的命题，就是既不能证明，也不能反驳。而且每套平常逻辑都不能自证其自圆。照最近英伦一位与罗素有关的新进算家纽曼 M. H. A. Newnman 所说，歌代尔证明的就是，没有一套平常逻辑能够决定算数所能问而且答的一切问题。有了这样一套逻辑，总可以找着一个定理，为这套逻辑的规则所不能证明或反驳（这个重大结果，在中国似尚未见公开提过）。

这个发见就正像罗素所说，古希腊毕达哥拉派人自己发见出无理数来，而毁坏了自己的一切是数的学统。同时这也恰恰证成了罗数自己一向对成立学统的指斥（特别像在一九一四的“我们的外界知识”）中。可是，纵令罗素的逻辑化的理想已像不能圆成，但在他本世纪初进行这个时，其间的收获，其间的副产物，就像他的类型说，摹状论，逻辑解析法等等，像也在他西哲史最后以《逻辑解析哲学》为题的末章中以及别的好几篇自述的文字里所自述的，作为方法的典范，进一步研究的依据，必将衣被万代，永不废替、绝不应因他反苏而受到什么影响。又如纽曼博士所述，罗素数理逻辑的巨著就是它以后一切这个科目上的成就，（并包歌代尔两定理在内）的基础，也并不因歌代尔博士的所得而被搁置了，或失掉了价值。

固然，罗素的哲学，近年在英伦就已受到信仰辩证唯物论者的酷刻批判，先见于渥罗 R. L. Worrall 的《科学的看法》（一九三三初版，一九四六再版），更见于谷伦佛慈 M. C. Cornforth 的《科学对唯心论》（一九四七出版）。新近表现出来，与罗素同调的最有力的青年学者的著书，却也有克劳色·威廉士 R, Crawshay Williams 的《无理性的慰籍》（一九四七出版）。无论如何，总不该不把对苏态度与哲学见解分别开。我相信，必须这样分别开来，毫无成见，才是有理性者之所为。

理性确是难的。自从十九世纪后半以来，欧洲就有一个新的反理性狂澜，而终极于纳粹法西斯，这几年流行的所谓存在主义，仍然是其残余。在这个战乱，残民以逞的时代，呼吁呼吁和平，就会重重碰一鼻子灰。在不是自己办的刊物上登登文章，也会被疑为加入了军统。就由这些，当已可见，这个社会的缺乏理性，已经到了何等。本来，对于理性，就也有种种误会。我在抗战之初，既曾强调“实与理性”，就曾有朋友表示不解。直等到苏联参加了反法西斯之战后，也常提到理性，大家才再无话说。

事实上，所谓理性，原有些要不得的传统解释。有人以为理性是宇宙原则，就像古希腊人安那萨哥拉的说法，或像中国宋儒理气二元论所主张。这就是以后戴东原所谓以理杀人的理。也就是斯大林在他一九三八年发表的精彩绝伦的《论辩证唯物论与历史唯物论》中之所辟斥。又有人，像古希腊的柏拉图，或像西洋近代哲学之祖，代表理性论的代嘉德（笛卡儿）、以为理性在人，生来就有。这也同样是玄学说法，很要不得。在我看来，人并不是什么有理性动物。人不过应当是有理性动物。说人是有理性动物，与讲范畴，讲本质，讲自性一样，都是亚里士多德的一种哄骗，或者至少，照罗素在他的西哲史中所下评语，也是些糊涂想头。

在我看来，理性并不是生来的，理性乃是习得的。理性其实不是什么性。理性不过是人的思想言语行动上的一种习惯，一种应该习得的习惯。所谓理性，也就是讲理，也就是通情理。照我多年来的解释，照我最近所程式的，它必须具有三个要点：一、说话作事有根有据，有条有理，有原有委。二、能分别、有分寸明分际。三、承认有它，作面面观，替他人想，所有这些都是今日的民主所必须。假使轻忽这些，那就不必谈什么民主。人民革命本在创造理性。马克思对于他自己对黑格尔的辩证法、除了说在把它正过来以外，也尝说是剥落其神秘的外壳，而发扬其理性的核心（见《资本论》卷一再版自序）。法国大革命，最明显的，在一个意义上就是十八世纪理性主义的承继。而俄国大革命也是理性主义的而非反理性主义的。

真正有理性的人一定有正义感，必然也有热情，尤其要仁。创造理性的人民革命的进行，也就要仁，要有热情，要伸张正义。从另一方面说：一个人不可以狂妄。但人却要有气魄，有气概，有魄力。一个人不可以发疯，但人却要有可以风，却要有些风：要有风采，有风度，有风义，有风范，有风格，有风操，有风节，有风义，有风骨，有风力，有风趣，有风韵，有风味。一个人不可以意气用事。但人却要大气磅薄，气度轩昂，正气堂堂凛凛，同时又如光风霁月，和光同尘，平易近人，蔼然可气。犹之乎人不可以轻飘，但却可以一方面铿铿然持重认真，一方面潇洒飘逸，风流蕴藉（如罗素然）。凡这种地方，只有中国的辩证法的"时中"的理想，"相反相成"，"息息相关"，"各得其所"，"各如其分""汰太，去甚"的原则，可以解释，可以指示。在这个天下骚然风动的时代，也许有人怀疑理性的力量，其实，长久下去，理性才最有力量，就像水一样。就是力之所以有力，本也在它基于理，所谓理直气壮。世界也许还要经过一段非理性的阶段，但最后的世界必是理性的无疑。

三十七年十一月二十二日

原载《自由与批判》，一卷十一期，一九四八，十二，一

全体主义与个体主义

——中古哲学中与今日意识中的一个根本问题

雷海宗

人类自文化初开群聚而居以来，有意无意间就时常遇到一个很难满意解决的问题，就是个人与团体的关系的问题。到底是个人为团体而生存，或团体为个人而存在？个人的利益高于团体的利益，或团体的利益高于个人的利益？许多的哲学家，一谈到政治社会问题时，也不免要对此煞费心思。有的时代，甚至这是哲学界的中心问题。团体高于一切的说法，可称为全体主义；个人高于一切的说法，可称为个体主义。两种主义的竞争，在各国之内与国际之间，都是人类目前的切肤问题。共产主义与各形各色的社会主义，都是有全体性的；民主主义、自由主义、个人主义，都是有个体性的。但这些名词，今日都与入主出奴的情绪搅在一起，所以本文只用全体主义与个体主义两词，希望可以少引起一点情感的联系作用。并且当局者总不免迷惑，为摆脱我们今日所难避免的局内成见，我们似乎可对从前一个相似的时代加以研究，虽不见得能使我们解决今日的问题，但最少可叫我们对当前的局面有比较客观而深入一层的了解。在整个的人类史上，于史料许可的范围内，我们可说欧西的中古时代是对全体与个体的关系最为注意的，当时的第一流思想家都费大部的精神去推敲这个问题。

中古哲学讨论这个问题时，采取的是一个非常抽象的方式：就是共相对特相的关系。"形而上者谓之道"，共相是形而上的；"形而下者谓之器"，特相是形而下的。古今世界有无数的马，各马之间无论颜色、身材、速率、性格，以及身心的一切琐碎之点，没有两匹马完全相同。每一匹马是一个特相，并且是很"特别"很"独特"的"特相"。每个特相的马都是我们能见能闻能触的形下之器。但虽无两马相同，我们却毫不犹豫的总称古往今来所有的坐乘为"马"，似乎在一切能见能闻能触的形而下的马之外与之上，还有一切的马所以为"马"的原理，一个不可捉摸而仍然非常实在的形而上之道。否则既然没有两匹马相同，我们安能总称所有类似而不相同的四足物为"马"？一切的马所以为马的根本之理就是共相。

中古哲学家中，一派特别注重共相，认为形而上的道是唯一的实在，形而下的器只是偶然的外相，一切马所以成为马的根本性质才是重要，并且只有这个共相是实在的，一切个别的马不过是马的共相的临时表现而已。这一派的说法，在当时称为唯实主义，唯有共相是实在的。对立的一派，正正相反，所取的是一种常识的态度。具体的当然就是实在的，实在的当然就是具体的。并且只有具体的才能称为实在，只有一个一个的马古往今来实际的存在。虽然没有两匹马完全相同，但所有的马之间有许多主要的共同点，例如善走、可乘、特别的啸声、独有的鬃形等等，我们为便利起见，总称一切赋有以上各种特征的四足兽为"马"。这个"马"只是人类为自己的便利所定的"名"，本身并非实在，这一派称为唯名主义：一切所谓共相都是人定的名称，只有每个特相才是实在的。

这两派的思想，互相争辩甚烈。当初他们只谈一些不相干的例证，如马、狗、舟、车、花、木之类。但不知不觉间，他们就把注意力转移到比较切身的问题，如教会、上帝、国家等。按唯名主义的说法，教会只是许多信徒所组合而成的团体的"名"，实在的只有个个的信徒。教会属于信徒，教会可存可废，全听信徒的便利。教会为信徒的利益而存在，并不能绝对的支配信徒。这种推论当然是大逆不道，绝非当时定于一尊的教会能接受。再如教会对于上帝有所谓三位一体的信仰，上帝是三而一的，"三"虽然不能放弃，但当时特别着重于"一"。若按唯名的说法，所谓上帝的"一"是只是虚名，实际却有三个上帝。但由正统教义的立场来看，否认上帝的"一"荒谬绝伦的异端，必须彻底的扑灭。再者，中古时代虽尚没有特别清楚的国家观念，但当时有一个所谓神圣罗马帝国，在时人的政治意识中占很重要的地位。唯名主义也把它与教会同样的推翻，当然也非它所乐意承认。

唯名主义虽然是不合正道，唯实主义也不能负起卫道的责任。按唯实的说法，教会为唯一实在的主体，个个信徒只是属于教会而已，根本无足轻重。但当时的教会口口声声说是要解救所有的人，使每个人死后灵魂能升天堂，如何能说个人不重要，并且唯实主义讨论上帝的问题时，若推到逻辑的尽头，就成为泛神论：上帝是宇宙间最大的共相，至高无上，大而无外，于是上帝就与宇宙成为一体，宇宙间的一切，包括人类在内，都是上帝的一部分，都是上帝的表现，本身并无独立的存在。追根究底，只有上帝是宇宙间唯一的实在，因为上帝是无所不包的大共相。人类的灵魂即或存在，也不过是上帝神质之一粒的暂时射出，终久是要归还到上帝而失去独立存在的。既然如此，教会以及教会一切救人升天的信条典礼，可说都是庸人自扰，毫无必需的理由。

　　两派既然都不妥当，不久就有第三派出来一个调和折衷的说法。提倡此说的最早名人就是十二世纪的巴黎大学教授阿贝拉。他认为特相与共相都是实在的，但特相很显然的是具体而存在的，共相则不可捉摸，共相只存在于特相中。一个一个的马是实在的，但所以实在的原因，就是因为每个马都有"马"的共相贯乎其中，否则不能成马。似此，共相又属非常重要。但共相不可离特相而独立，不顾特相而只谈共相，共相就只为人心中的一种概念。所以阿贝拉的思想，当时称为概念论，这个说法，是否可以调和两极端的主义，是八百年来没有定论的一个问题。当时有许多人攻击阿贝拉，认为他的思想实际仍是一种变相的唯名论，与宗教的正道根本冲突，这种争辩，正在不得开交时，阿贝拉病死，问题也就不了了之的解决了。

　　共相特相的问题，到十三世纪才得到教会所认为满意的解决方案。亚里斯【士】多德的哲学全集由回教的世界输入欧西，十三世纪的许多哲学家就费全部的精神去吸收消化这位希腊大师的思想，此种潮流的代表人物就是十三世纪中期的意大利哲人圣多玛。他认为共相与特相是相对的，而非绝对的，两者都是实在的，并且是不可分的。宇宙万象，形似混乱，但由畴范与物质的观点去考察，一切却又非常清楚。任何器物都有它所以成为器物之理，就是它的畴范，就是前一世纪哲学界的所谓共相。但每一器物又有它所依据的物质基础，所谓特相的"特"点就是由物质而来。畴范虽然只有一个，但没有两匹马的物质基础完全相同，因而产生了理同器异的现象，个性个个不同的现象。再进一层，畴范与物质的关系并非绝对的。宇宙是金字塔式的，层次甚多，每级为物质，又为畴范，对下级为畴范，对上级为物质。物质为可能性畴范的完成体，畴范是物质目的，物质是畴范的依据。例如空气水分肥料推动一粒种子，一棵大树因而长成；种子空气水分肥料是物质，大树是畴范。把树作成门窗梁椽，树反又成为物质，门窗梁椽是畴范。门窗梁椽以及许多其它元素集合而成屋，门窗等又为物质，屋是畴范。许多间屋合成一座建筑，屋又为物质，建筑是畴范。许多建筑合而成为一所庭院、校园、或公署，建筑又为物质，院署是畴范。许多庭院校园公署和各种类似的建筑集团总合而成一个城市，建筑集团又成了物质，城市是畴范，再往上推，可及于一区、一国，以至于天下宇宙。这不过是根据圣多玛的思想所举的一串相联的例证。宇宙间的事物就是这样一串一串的无数物质畴范的层叠形态。宇宙间只有上帝是特殊的，他超脱于宇宙间的一切，他是纯粹的范畴，不杂有任何的物质，但他并非与宇宙无关的，宇宙间各种的畴范都靠上帝而存在。它们存在于上帝的思想中，上帝思想一物而其物存在。对于我们今日这个非宗教的时代，这个说法或者不免显得生硬，但由纯理论的立场来看，这至今仍不失为一种可以说得通的宇宙万象观。因为对于宇宙万象之所由来，我们除非是存而不论，否则非假定一个最后的无因之因不可。称这个无因之因为道、为太极、为太一、为绝对、为上帝，都同样的只是一个理所必有的假定而已。

圣多玛的思想，不久就被教会承认为正宗的哲学。历史上称他的思想为折衷唯实论：他着重于畴范，但不认畴范为绝对的。他对上帝问题所论的那一套，与我们的主题无关，可以撇开不谈。他对于畴范物质关系的一般说法，却非常重要。物质与畴范，特相与共相，两者间的绝对关系既被打破，所以绝对的唯实论与唯名论也都变成没有意义的论说。讲到教会与信徒，教会当然是畴范，信徒是物质。但教会之所以成为教会，就是因为有信徒，无物质则畴范失所依据。反之，信徒为要实现人类的最高可能性，必须进入教会，物质而无畴范则永远不能达到它的最高目的。物质与畴范，特相与共相，并不是对立的，可说是相依为命的。个体与全体是不可分的，个体主义与全体主义都不妥当，健全稳定的时代，个体不是全体的牺牲品，全体也不是个体的工具，两者相生相成，全体靠个体而成立，个体靠全体而实现。

十三世纪是封建文化的最高峰，美满的哲学系统也于此时成立。任何稳定美满的时代，有形无形间实际都是服应此种折中的哲学思想的。只有在变乱的时代，极端唯实的全体主义或极端唯名的个体主义才占上风。十四世纪，封建文化渐趋破裂，哲学界唯名主义大盛。文艺复兴的运动也萌芽于此时，提倡人本主义，就是个人主义。到十五十六两世纪间而变成意大利所风行的极端放纵的自私自利主义。同时，宗教改革运动兴起，以个人信仰自由相感召，这一切可说都是推翻封建文化与宗教文化的革命势力。到十七世纪，这种革命运动大致已经成功，以教会以封建为中心的文化局面至此已经消灭，一个新的稳定局面已又成立，历史上称之为旧制度：对内各国完全统一，对外列国维持均势，可说是一个美满的国际局面。后世的人承袭法国革命时期的标语口号，对旧制度每多误会。当时的政治是普通所谓专制的，路易第十四世的"朕即国家"一语，最为后人所误解。法国的神学家包随与英国的哲学家霍布斯是此种专制政体的代言人，他们的文字，我们今日读来，虽然有时不免觉得繁琐，但我们能很清楚的明了当时对于专制君主的看法。君主不过是整个国家的象征，国家的观念已经很强，但一般人还不能想象一个抽象而无所寄托的国家，他们只能明白以一人为中心的国家形态。人民当然属于国家，所以也就当然服从国家的象征——君主。君主的专制就由此而来。同时国家也不是绝对的，君主对人民的福利必须顾到，人民且有上书请愿的权利，实际也有上书请愿的事实。这也可说是一种折中唯实论的制度，国家与人民相依相成的局面。

　　旧制度的盛期，也不过百年左右。到十八世纪，尤其是十八世纪的晚期，卢梭一流的革命思想家又起，提倡人权，提倡个人的自由。不久法国的大革命爆发，以自由、平等、博爱为推翻旧制度的革命口号。星星之火，可以燎原，革命与战乱的狂潮一发不可收拾，直到一八七〇年的普法战后，才算告一段落，欧西的世界渐有呈显小康之相。但一般讲来，法国革命时期的个人主义，势力仍然相当的强大，欧美各国无论表面上如何的安定，骨子里个人主义的地位则嫌太高，所以局面总不能完全的稳定。各形各色社会主义日趋兴盛，就是对于个人主义的一种自然反响。第一次大战后兴起的法西斯主义、纳粹主义，共产主义，以及各种各类的极权主义，代表一种更激烈的反动。第二次大战后的今日，典型的纳粹国家德意志、典型的法西斯国家意大利、杂牌的极权国家日本虽然已消灭，但极权主义的根本潮流不仅没有减退，并且有与日俱增之势，与民主主义对立的局面日趋尖锐化。今日以英美为主干的大西洋两岸的各民主国家，大致可说是代表唯名主义、个人主义或个体主义的。今日以苏联为中心的东欧各极权国家，是代表全体主义或唯实主义的，并且其主义并非折中性，而是属于极端性的，人民完全成为国有的工具，毫无个人自由可言，个人人格的价值几乎全部被否定。这与民主国家的把个人捧得太高，一过一不及，两者都不是国家社会长治久安的基础。世界若求安定，无论是国内或国际的外界的安定，或一般人心的内界的安定，都必须先求这个根本问题的解决。过于轻视个人的极权主义与过于重视个人的民主主义一日不彻底变质，举世人心的惶惶无主的情境就一日没有解除的希望。

《周论》第一卷第十五期，一九四八年出版

延安整风运动

三八节有感

《解放日报》

丁　玲

"妇女"这两个字，将在什么时代才不被重视，不需要特别的被提出呢？

年年都有这一天。每年在这一天的时候，几乎是全世界的地方都开着会，检阅着她们的队伍。延安虽说这两年不如前年热闹，但似乎总有几个人在那里忙着。而且一定有大会，有演说的，有通电，有文章发表。

延安的妇女是比中国其他地方的妇女幸福的。甚至有很多人都在嫉羡的说："为什么小米把女同志吃得那么红胖？"女同志在医院，在休养所，在门诊部都占着很大的比例，却似乎并没有使人惊奇。然而延安的女同志却仍不能免除那种幸运：不管在什么场合都最能作为有兴趣的问题被谈起。而且各种各样的女同志都可以得到她应得的诽议，这些责难似乎都是严重而确当的。

女同志的结婚永远使人注意，而不会使人满意的。她们不能同一个男同志比较接近，更不能同几个都接近。她们被画家们讽刺："一个科长也嫁了么？"诗人们也说："延安只有骑马的首长，没有艺术家的首长，艺术家在延安是找不到漂亮的情人的。"然而她们也在某种场合聆听着这些训词："他妈的，瞧不起我们老干部，说是土包子，要不是我们土包子，你想来延安吃小米！"但女人总是要结婚的（不结婚更有罪恶，她将更多的被作为制造谣言的对象，永远被污蔑），不是骑马的就是穿草鞋的，不是艺术家就是总务科长。她们都得生小孩，小孩也有各自的命运：有的被细羊毛线和花绒布包着，抱在保姆的怀里，有的被没有洗净的布片包着，扔在床头啼哭，而妈妈和爸爸都在大嚼着孩子的津贴（每月二十五元，价值二斤半猪肉），要是没有这笔津贴，也许他们根本就尝不到肉味。然而女同志究竟应该嫁谁呢？事实是这样，被逼着带孩子的一定可以得到公开的讥讽："回到家庭了的娜拉。"而有着保姆的女同志，每一个星期可以有一次最卫生的交际舞。虽说在背地里也会有难听的诽语悄声的传播着，然而只要她走到哪里，哪里就会热闹，不管骑马的，穿草鞋的，总务科长，艺术家们的眼睛都会望着她。这同一切的理论都无关，同一切主义思想也无关，同一切开会演说也无关。然而这都是人人知道，人人不说，而且在做着的现实。

离婚的问题也是一样。大抵在结婚的时候，有三个条件是必须注意到的。一、政治上纯洁不纯洁。二、年龄相貌差不多。三、彼此有无帮助。虽说这三个条件几乎是人人具备（公开的汉奸这里是没有的。而所谓帮助也可以说到鞋袜的缝补，甚至女性的安慰），但却一定堂皇的考虑到。而离婚的口实，一定是女同志的落后。我是最以一个女人自己不进步而还要拖住她的丈夫为可耻的，可是让我们看一看她们是如何落后的。她们在没有结婚前都抱着有凌云的志向，和刻苦的斗争生活，她们在生理的要求和"彼此帮助"的蜜语之下结婚了，于是她们被逼着做了操劳的回到家庭的娜拉。她们也唯恐有"落后"的危险，她们四方奔走，厚颜的要求托儿所收留她们的孩子，要求刮子宫，宁肯受一切处分而不得不冒着生命的危险悄悄的去吃着堕胎的药。而她们听着的回答："带孩子不是工作吗？你们只贪图舒服，好高骛远，你们到底做过一些什么了不起的政治工作。既然这样怕生孩子，生了又不肯负责，谁叫你们结婚呢？"于是她们不能免除"落后"的命运。一个有了工作能力的女人，而还能牺牲自己的事业去做为一个贤妻良母的时候，未始不被人所歌颂，但在十多年之后，她必然也逃不出"落后"的悲剧。即使在今天以我一个女人去看，这些"落后"分子，也实在不是一个可爱的女人。她们的皮肤开始有褶皱，头发在稀少，生活的疲惫夺去她们最后的一点爱娇。她们处于这样的悲运，似乎是很自然的，但在旧的社会里，她们或许会被称为可怜、薄命，然而在今天，却是自作孽、活该。不是听说法律上还在争论的问题么？离婚大约多半都是男子提出的，假如是女人，那一定有更不道德的事，那完全该女人受诅咒。

我自己是女人，我会比别人更懂得女人的缺点，但我却更懂得女人的痛苦。她们不会是超时代的，不会是理想的，她们不是铁打的。她们抵抗不了社会一切的诱惑，和无声的压迫。她们每人都有一部血泪史，都有过崇高的感情（不管是升起的或沉落的，不管有幸与不幸，不管仍在孤苦奋斗或卷入庸俗），这在对于来到延安的女同志说来更不冤枉，所以我是拿着很大的宽容来看一切被沦为女犯的人的。而且我更希望男子们，尤其是有地位的男子，和女人本身都把这些女人的过错看得与社会有联系些，少发空议论，多谈实际的问题，使理论与实际不脱节，在每个共产党员的修身上都对自己负责些就好了。

然而我们也不能不对女同志们，尤其是在延安的女同志有些小小的企望，而且勉励着自己，勉励着友好。

世界上从没有无能的人，有资格去获取一切的。所以女人要取得平等，得首先强己，我不必说大家都懂的。而且，一定在今天会有人演说的"首先取得我们的政权"的大话，我只说作为一个阵线中的一员（无产阶级也好，抗战也好，妇女也好），每天所必须注意的事项。

第一，不要让自己生病。无节制的生活，有时会觉得浪漫，有诗意，可爱，然而对今天环境不适宜。没有一个人能比你自己还会爱你的生命些，没有什么东西比今天失去健康更不幸些。只有它同你最亲近，好好注意它，爱护它。

第二，使自己愉快。只有愉快里面才有青春，才有活力，才觉得生命饱满，才觉得能担受一切磨难，才有前途，才有享受。这种愉快决不是生活的满足，而是生活的战斗和进取。所以必须每天都做点有意义的工作，都必须读点书，都能有东西给别人，游惰只使人感到生命的空白，疲软，枯萎。

第三，用脑子，最好养成为一种习惯。改正不假思索，随波逐流的毛病。每说一句话，每做一件事，最好想想这话是否正确？这事是否处理的得当？不违背自己做人的原则？是否自己可以负责？只有这样才不会有后悔。这就是叫通过理性，这，才不会上当，被一切甜蜜所蒙蔽，被小利所诱，才不会浪费热情，浪费生命，而免除烦恼。

第四，下吃苦的决心，坚持到底。生为现代的有觉悟的女人，就要有认定牺牲一切蔷薇色的温柔的梦幻。幸福是暴风雨中的搏斗，而不是在月下弹琴，花前吟诗。假如没有最大的决心，一定会在中途停歇下来，不悲苦，即堕落。而这种支持下去的力量却必须在"有恒"中来养成。没有大的抱负的人是难于有这样不贪便宜，不图舒服的坚忍的。而这类抱负只有真真为人类，而非为己的人才会有。

三八节清晨

附及：文章已经写完了，自己再重看一次，觉得关于企望的地方，还有很多意见，但为发稿时间有限，也不能整理了。不过又有这样的感觉，觉得有些话假如是一个首长在大会中说来，或许有人认为痛快。然而却写在一个女人的笔底下，是很可以取消的。但既然写了就仍旧给那些有同感的人看看吧。

《解放日报》文艺副刊第九八期，一九四二，三，九

野百合花

实　昧

前　记

　　在河边独步时，一位同志脚上的旧式棉鞋，使我又想起了曾穿过这种棉鞋的李芬同志——我所最敬爱的生平第一个朋友。

　　想起她，心脏照例震动一下。照例我感到血液循环得更有力。

　　李芬同志是北大一九二六年级文预科学生，同年入党，一九二八年春牺牲于她底故乡——湖南宝庆。她底死不是由于被捕，而是被她底亲舅父缚送给当地驻军的，这说明旧中国底代表者是如何残忍。同时，在赴死之前，她曾把所有的三套衬衣裤都穿在身上，用针织上下密密织在一起，因为，当时宝庆青年女共产党员被捕枪决后，常由军队纵使流氓去奸尸！这又说明着旧中国是怎样一个血腥、丑恶、肮脏、黑暗的社会！从听到她底噩耗时起，我底血管里便一直燃烧着最狂烈的热爱与毒恨。每一想到她，我眼前便浮出她那圣洁的女殉道者底影子，穿着三套密密缝在一起的衬衣裤，由自己底亲舅父缚送去从容就义！每一想到她，我便心脏震动，血液循环得更有力！（在这歌转玉堂春、舞回金莲步的升平气象中，提到这样的故事，似乎不太和谐，但当前的现实——请闭上眼睛想一想罢，每一分钟都有我们亲爱的同志在血泊中倒下——似乎与这气象也不太和谐。）

　　为了民族的利益，我们并不愿再算阶级仇恨的旧账，我们是真正大公无私的。我们甚至尽一切力量拖曳着旧中国底代表者同我们一路走向光明。可是，在拖曳的过程中，旧中国底肮脏污秽也就沾染了我们自己，散布细菌，传染疾病。

　　我曾不止十次二十次地从李芬同志底影子汲取力量，生活的力量和战斗的力量。这次偶然想到她，使我决心要写一些杂文，野百合花就是它们底总标题。这有两方面的含义：第一，这花是延安山野间最美丽的野花，用以献给那圣洁的影子；其次，据说这花与一般百合花同样有着鳞状茎，吃起来味虽略带苦涩，不似一般百合花那样香甜可口，但却有更大的药用价值——未知确否。

一九四二年二月廿六日

一、我们生活里缺少什么？

延安青年近来似乎生活得有些不起劲，而且似乎肚子里变得有不舒服。

为什么呢？我们生活里缺少什么呢？有人会回答说：我们营养不良，我们缺少维他命，所以……。另有人会回答说：延安男女的比例是“十八比一”，许多青年找不到爱人，所以……。还有人会回答说：延安生活太单调，太枯燥，缺少娱乐，所以……。

这些回答都不是没有道理的。要吃得好一点，要有异性配偶，要生活得有趣，这些都是天经地义。但谁也不能不承认：延安的青年，都是抱定牺牲精神来从事革命，并不是来追求食色的满足和生活的快乐。说他们不起劲，甚至肚子里装着不舒服，就是为了这些问题不能圆满解决，我不敢轻于同意。

那么，我们生活里到底缺些什么呢？下面一段谈话可能透露一些消息。

新年假期中，一天晚上从友人处归来，昏黑里，前面有两个青年女同志在低声而兴奋地谈着话。我们相距丈多远，我放轻脚步凝神谛听着：

“……动不动，就说人家小资产阶级平均主义，其实，他自己倒真有点特殊主义。事事都只愿自己特殊化，对下面同志，身体好也罢坏也罢，病也罢，死也罢，差不多漠不关心！”

“哼，到处乌鸦一般黑，我们底××同志还不也是这样！”

“说得好听！阶级友爱呀，什么呀——屁！好像连人对人的同情心都没有！平常见人装得笑嘻嘻，其实是皮笑肉不笑，肉笑心不笑。稍不如意，就瞪起眼睛，搭出首长架子来训人。”

“大头子是这样，小头子也是这样。我们底科长，×××，对上是毕恭毕敬的。对我们，却是神气活现，好几次同志病了，他连看都不伸头看一下。可是，一次老鹰抓了他一只小鸡，你看他多么关心这件大事呀！以后每次看见老鹰飞来，他却嚎嚎的叫，扔土块去打它——自私自利的家伙！”

沉默了一下。我一方面佩服这位女同志口齿尖利，一方面惘然如有所失。

"害病的同志真太多了，想起来叫人难过。其实，害病，倒并不希望那类人来看你，他只能给你添难受。他底声音、表情、态度，都不使你感觉他对你有什么关怀，爱护。"

"我两年来换了三四个工作机关，那些首长以及科长、主任之类，真正关心干部爱护干部的，实在太少了。"

"是呀，一点也不错！他对别人没有一点爱，别人自然也一点不爱他。要是做群众工作，非垮台不可……。"

她们还轻声低语兴奋地谈着。因为要分路，我就只听到这里为止，这段谈话也许有偏颇，有夸张，其中的"形象"也许没有太大的普遍性；但我们决不能否认它有镜子底作用。

我们生活里到底缺少什么呢？镜子里看罢。

二、碰"碰壁"

在本报"青年之页"第十二期上，谈到一位同志底标题为"碰壁"的文章，不禁有感。

先抄两段原文：

"新从大后方来的一位中年朋友，看到延安青年忍不住些微拂意的事，牢骚满腹，到处发泄的情形，深以为不然地说："这算得什么！我们在外面不知碰了多少壁，受人多少气，……"

"他的话是对的。延安虽也有着令人生气的'脸色'，和一些不能尽如人意的事物；可是在一个碰壁多少次，尝够人生冷暖的人看来，却是微乎其微，算不得什么的。至于在入世未深的青年，尤其是学生出身的，那就迥乎不同了。家庭和学校哺乳他们成人，爱和热向他们细语着人生，教他们描摹单纯和美好的憧憬；现实的丑恶和冷淡于他们是陌生的，无怪乎他们一遇到小小的风浪就要叫嚷，感到从来未有过的不安。"

我不知道作者这位"中年朋友"是怎样的一个人，但我认为他底这种知足者长乐的人生哲学，不但不是"对的"，而是有害的。青年是可贵，在于他们纯洁、敏感、热情、勇敢，他们充满着生命底新锐的力。别人没有感觉的黑暗，他们先感觉；别人没有看到的肮脏，他们先看到；别人不说不敢说的话，他们大胆地说。因此，他们意见多一些，全不见得就是"牢骚"，他们的话或许说得不够四平八稳，但也不见得就是"叫嚷"。我们应该从这些所谓"牢骚""叫嚷"和"不安"的现象的，去探求那产生这些现象的问题底本质，合理地（注意：合理地！青年不见得总是"盲目的叫嚷"）消除这些现象底根源。说延安比"外面"好得多，教导青年不发"牢骚"，说延安的黑暗方面只是"些微拂意的事"，"算不得什么"，这丝毫不能解决问题。是的，延安比"外面"好得多，但延安可能而且必须更好的一点。

当然，青年常表现不冷静，不沉稳。这似乎是"碰壁"作者底主题。但青年如果真个都是"少年老成"起来，那世界该有多么寂寞呀！其实，延安青年已经够老成了，前文所引那两位女同志底"牢骚"，便是在昏黑中用低沉的声音发出的。我们不但不应该讨厌这种"牢骚"，而且应该把它当作镜子照一照自己。

说延安"学生出身"的青年是"家庭和学校哺乳他们成人，爱和热向他们细语着人生……"我认为这多少有些主观主义。延安青年虽然绝大多数是"学生出身"，"入世未深"没有"尝够人生冷暖"，但他们也绝大多数是从各种不同的痛苦斗争道路走到延安来的，过去的生活不见得有那样多的"爱和热"，相反他们倒是懂得了"恨和冷"，才到革命阵营里来追求"爱和热"的。依"碰壁"作者底看法，仿佛延安青年都是娇生惯养。或许因为没有糖果吃就发起"牢骚"来。至于"丑恶和冷淡"，对于他们也并不是"陌生"；正因为认识了"丑恶和冷淡"，他们才到延安来追求"美丽和温暖"，他们才看到延安的"丑恶和冷淡"而"忍不住"要发"牢骚"，以期引起大家注意，把这"丑恶和冷淡"减至最小限度。

一九三八年冬天，我们党曾大规模检查工作，当时党中央号召同志们要"议论纷纷"，"意见不管正确不正确都尽管提"，我希望这样的大检查再来一次，听听一般下面青年底"牢骚"。这对我们底工作一定有很大的好处。

三、"必然性""天塌不下来"与"小事情"

"我们底阵营存在于暗黑的旧社会，因此其中也有黑暗，这是有必然性的。"对呀，这是"马克思主义"。然而，这只是半截马克思主义，还有更重要的后半截，却被"主观主义宗派主义的大师"们忘记了。这后半截应该是：在认识这必然性以后，我们就须要以战斗的布尔塞【什】维克能动性，去防止黑暗底产生，消灭黑暗底滋长，最大限度地发挥意识对存在的反作用。要想在今天，把我们阵营里一切黑暗消灭净尽，这是不可能的；但把黑暗消灭至最小限度，却不但可能，而且必要。可是，"大师"们不唯不曾强调道一点，而且很少提到这一点。他们只指出"必然性"就睡觉去了。

其实,不仅睡觉而已。在"必然性"底借口之下,"大师"们对自己也就很宽容了。他们在睡梦中对自己温情地说:同志,你也是从旧社会里出来的呀,你灵魂中有一点小小黑暗,那是必然的事,别脸红罢。

于是,我们在那儿间接助长黑暗,甚至直接制造黑暗!

在"必然性"底"理论"之后,有一种"民族形式"的"理论"叫做"天塌不下来"。是的,天是不会塌下来的。可是,我们底工作和事业,是否因为"天塌不下来"就不受损失呢?这一层,"大师"们底脑子绝少想甚至从未想到。如果让这"必然性""必然"地发展下去,则天——革命事业的天——是"必然"要塌下来的。别那么安心罢。

与此相关的还有一种叫做"小事情"的"理论"。你批评他,他说你不应总注意"小事情"。有的"大师"甚至说,"妈底个×,女同志好注意小事情,现在男同志也好注意小事情"。是呀,在延安,大概不会出什么叛党叛国的大事情的,但每个人做人行事的小事情,都的在那儿帮助光明,有的在那儿帮助黑暗。而"大人物"生活中的"小事情",更足以在人们心里或是唤起温暖,或是引起寂寞。

四、平均主义与等级制度

听说,曾有某同志用与这同样的题目,在他本机关底墙报上写文章,结果被该机关"首长"批评打击,致陷于半狂状态。我希望这是传闻失实。但连稚弱的小鬼都确凿会有疯狂的,则大人之疯狂。恐怕也不是不会有的事。虽然我也自觉神经不像有些人那么"健康",但自信还有着足够的生命力,在任何情形下都不至陷于疯狂,所以,敢继某同志之后,也来谈平均主义与等级制度。

共产主义不是平均主义(而且我们今天也不是在进行共产主义革命),这不需要我来做八股,因为,我敢保证,没有半个伙伕(我不敢写"炊事员",因为我觉得这有些讽刺意味;但与他们谈话时,我底理性和良心却叫我永远以最温和的语调称呼他们"炊事员同志"——多么可怜的一点温暖呵)会妄想与"首长"过同样的生活。谈到等级制度,问题就稍微麻烦一点。

一种人说:我们延安并没有等级制度;这不合事实,因为它实际存在着。另一种人说:是的,我们有等级制度,但它是合理的。这就需要大家用脑子想一想。

说等级制度是合理的人,大约有以下几种道理:(一)根据"各尽所能,各取所值"的原则，负责任更大的应该多享受一点；（二）"三三制政府不久就要实行薪给制"，待遇自然有等差；（三）苏联也有等级制。

这些理由，我认为都有商量余地。关于（一），我们今天还在艰难困苦的革命过程中，大家都是拖着困惫的躯体支撑着煎熬，许许多多人都失去了最可宝贵的健康，因此无论谁，似乎都还谈不到"取消"和"享受"：相反，负责任更大的人，倒更应该表现与下属同甘苦（这倒是真正应该发扬的民族美德）的精神，使下层对他有衷心的爱，这才能产生真正的铁一般的团结。当然，对于那些健康上需要特殊优待的重要负责者，予以特殊的优待是合理的而且是必要的，一般负担重要责任者，也可略予优待。关于（二），三三制政府的薪给制，也不应有太大的落差；对非党人员可稍优待，党员还是应该保持艰苦奋斗的优良传统，以感动更多的党外人士来与我们合作。关于（三），恕我冒昧，我请这种"言必称希腊"的"大师"闭嘴。

我并非平均主义者，但衣分三色，食分五等，却实在不见得必要与合理——尤其是在衣服问题上（笔者自己是所谓"干部服小厨房"阶层，葡萄并不酸）一切应该依合理与必要的原则来解决。如果一方面害病的同志喝不到一口面汤，青年学生一天只得到两餐稀粥（在问到是否吃得饱的时候，党员还得起模范作用回答：吃得饱），另一方面有些颇为健康的"大人物"，作非常不必要不合理的"享受"，以致下对上感觉他们是异类，对他们不唯没有爱，而且——这是叫人想来不能有些"不安"的。

老是讲"爱"，讲"温暖"，或许是"小资产阶级感情作用"吧？听候批判。

三月十七日

读"野百合花"有感

齐 肃

前二年延安的同志们都要上山生产。我恰在那时赶到延安，自然也不免到山上去锄地。于是便常常遇见野百合花。的确，这花可以说是"延安山野间最美丽的花"（按：较原文少一野字，因想山野间不会有家花的）。但可惜得很，那时候却一锄头一锄头的都锄去了。当时的感觉是为了长小米，对不起，只能这么干。

早几天看了"文艺"上实昧同志的"野百合花"一文，不知怎么觉得有些类似的感觉，不敢去锄，仅是些不同的意见而已。如有不当，则当然也得"敬候批判"的。

一 气象是否和谐

实昧同志很富于想象力。从一个同志的棉鞋，想到另一个同志的三套用针线密密缝在一起的衬衣裤，又想到旧中国的肮脏污秽等等。于是心脏震动，血液循环，而来反对"歌转玉堂春，舞回金莲步的升平气象"。真的，近来延安每逢星期六晚上，常常有跳舞晚会；同时鲁艺平剧团的玉堂春，也常为一般公余之暇去晚会上找些必要的娱乐的同志们所喝彩。特别自一二〇师战斗社回延后，更大大的唱了几天。延安有很多人喜欢听平剧，笔者也是其中的一个，而且听了一回又想下一回再去听的。然而，实昧同志却"血管里燃烧着最狂烈的热爱与毒恨"，来请大家"闭上眼睛想一想"了。唉！过去"我所最敬爱的生平第一个朋友"死得那样惨，今天又"每一分钟都有我们亲爱的同志在血泊中倒下"，而你们却这样欢乐，唉！太不和谐了。

我便想了一下（但没有闭上眼睛，因为一向想问题时没有这样的习惯）。怎么办呢？以后工作之余，便关上窑洞门痛哭过去的烈士，或为今天牺牲的同志流泪吗？还是捧着"野百合花"一类的文章，照着实味同志的例而去"震动心脏"呢？好像不一定妥善。又想一想，自己去听玉堂春是不是在"散布细菌"，或者是过去的肮脏污秽沾染了自己呢？又好像也并不。因为过去在大都市中虽然舞场林立，名角济济，却是不去的，实在是因为袋中空空而轮不上去的，又再想一想自己听了玉堂春之后，却也并未忘记过去，或对今天前线战士的牺牲高兴起来。

想来想去，倒觉得今天延安的玉堂春与草鞋舞，并不是纸醉金迷，更不是人肉宝贝，只要今天并不是直接的身处于战场上，则即使是前方的同志们，也得有工作之余的娱乐的。因此，谈不上是什么歌舞升平。

延安的私生活，不是已经够单调，够枯燥的了吗？为什么才有一点点活气，便又有人绷起面孔来了呢？

二　生活里究竟缺少什么？

谈到生活，今天在延安确是有些不起劲，不舒服。因而有些人便想上前方去，也有些人想将来到了北平便如何如何。但是在今天究竟缺少了些什么呢？实味同志拿出一面镜子来，曰：缺少几个爱护干部，关怀干部的首长。

据实味同志所透露的消息来看，则：首长特殊主义，处处老鸦一般黑，阶级友爱是屁，人对人的同情心都没有等等。虽然，实味同志客气地说：这些话也许有偏颇，有夸张，也许没有太大的普遍性，但总之是一面明镜，照一照便知分晓的。

延安今天有些单位的负责同志，不关心下层干部，有些人搭架子训人，或甚至实行家长统制，我想这情形该是有的。也因此而要有增强热性的决定，而要来反对不正之风。但是不是即成为延安一般青年生活不起劲的原因了呢？这却未必。大概实味同志不能否认，今天在延安有着更多的更负责的首长是关心干部，是虚己待下的。这些较多与更负责任者的关心，不成为青年们生活活跃的原因；为什么没有太大普遍性的不良现象，却成为那主要的原因了呢？

显然问题不在这里。

我认为我们是缺少一些东西的。我们缺少一个没有被人封锁的边区，缺少一个更民主的中国，使边区能聚集更多活泼的青年。我们缺少一条平坦的路，来运进更多的内容丰富的书籍。也缺少一些原则坚定而生动活泼的文章。缺少一些不是牢骚，不是冷嘲，而是站定脚跟据理力争的人。我们也还的确缺少经费以供给更多的文娱条件。

因此，生活里虽然缺少东西，但牢骚不能引为明范；也因此，生活是应该充实，但却不是散布些不经考虑的消息所能充实的。

三 平均主义

关于"野百合花"的二、三两节，看了不大明白。好像是在叫青年们尽管发牢骚。中央既然说过"意见不管正确不正确都尽管提"，那么，牢骚为什么不能够不管对不对也尽管发呢；又好像说是延安有许多人在助长黑暗，制造黑暗，而主要的是以他们生活上的小事情，在助长与制造。

这且不说，却看看第四节的平均主义吧。

实味同志觉得共产主义不是平均主义，但又觉得说这句话便是八股；实味同志来谈等级制度，却又以为说等级制度是合理的道理，一条也不合理。

为什么青年学生一天只得到两餐稀粥呢？盖因有人吃了小厨房之故也。为什么现在尚未感动更多的党外人士来与我们合作呢？盖因有人穿了干部服之故也。

如有人说：人家已在进向共产主义之途而尚有等级制，或可思考一下。则请闭嘴吧，因为谈苏联便是"言必称希腊"云。

实味同志虽然写道："当然，对于那些健康上需要特殊优待的重要负责者，于以特殊的优待是合理的而且是必要的，一般负担重要责任者，也可略予优待。"但却并未想一想，今天有些同志吃的小厨房，是否已够得上称为特殊优待。又有些同志吃了中灶，是否已超出"略予优待"的范围，或者恐怕连外面中产人家的伙食还不如吧！故上二句话，只是说说的，实际上是既然大家支撑着煎熬，便应该大家一样。

因为实味同志觉得，今天等级制度已到了谁说话便有陷于疯狂的危险；已到了下对上视同"异类"的地步。似乎有在上者骄奢淫逸，在下者苦不堪言之势。其实这些观点，如用脑子想一想是大有"商量余地"的。但是实味同志没有想，因此虽然大声说道：我并非"平均主义者"，而字里行间却充满了平均主义的观点。尽此地无银三十两，而其下却不折不扣正是三十两也。

我以为今天延安在生活上，在供给制度上，在许多工作上确是存在有严重的缺点。甚至有个别的同志，窑洞前腊肉挂得老长，跷起腿来当寓公的。但需要的是严正尖锐的批评，诚恳坦白的态度。却绝不是牢骚和冷嘲。

实昧同志似乎陶醉于自己字句的俏皮，嘲笑的尖利：而且为自己虚设了一个可能陷于疯狂的幻境，装出一付英雄的嘴脸，曰：我是不怕的。可是在卖弄文字之余，却实在已经有点忘记了自己是站在什么立场上说话了。

　　看了"野百合花"的几段文章，使人觉得"野百合花"的美丽和药用价值，恐怕和作者的愿望是有很大距离的。

发扬五四的启蒙精神

社　论

　　廿七年前的今天，北京的学生，为反对巴黎和会加给中国的屈辱条件，举行了中国有史以来第一次的群众示威。这一次示威运动，很快就影响了全国，一月之内，引起了各重要地方的学生罢课，商人罢市，以及一部分地方的工人罢工。民众的压力，使当时的北京政府不能不罢免了几个卖国官员，并宣布拒绝巴黎和约的签字。这就是五四运动，是中国民众的第一次觉醒运动。

　　五四运动表现中国人民的民族觉悟和思想解放。当时正在进行着一个文化上的启蒙运动，在反对丧权辱国条约的时机之下，这一启蒙运动就转变为群众的自觉力量。五四文化运动的特点，是对于中国几千年来束缚人民思想的旧封建教条进行了彻底的摧毁。战斗的火力，首先是用来反对封建社会的意识支柱——礼教，反对孔子的教条。文化上的战士们，如像鲁迅、吴虞，对旧礼教的毒害，曾尽情揭露，毫不姑息。当时有名的口号，"礼教吃人"，"打倒孔家店"等等，对全国的知识青年给予了强烈的影响，使他们从专制奴隶的愚昧思想之下解放出来。

　　五四文化运动不仅只摧毁了旧的教条，而且还提出了新的思想立场：科学与民主。辛亥革命虽然推倒了满清专制皇帝，形式上建立了共和政府，但在实际上中国仍然受着封建军阀的统治，儒家的旧教条仍然成为军阀专制的思想工具。五四文化运动之所以要彻底摧毁旧的礼教，就因为它是对于民主思想发展的主要障碍物，"要拥护德先生（即德谟克拉西——民主），便不得不反对孔教、礼法、贞节、旧伦理、旧政治"。五四之提倡科学，也和以前不同，以前，科学是在"中学为体，西学为用"的口实之下，被封建统治阶级利用了某些个别的成果，而五四文化运动却要求我们掌握科学的方法和精神，要求我们完全站在科学的立场上来评判一切事务。当时所谓科学的立场，就是要反对一切主观的虚构和想象，而以客观的态度和充足的凭据来观察事物，论断事物。胡适的

"实验主义"，他的"拿证据来"的口号的引用，在当时有着很大的影响。这样的方法虽然没有超出资产阶级的经验主义的范围，但用来反对旧社会的独立教义，曾发挥了它进步的有力的武器作用。

五四启蒙运动的又一个伟大功绩，是文学革命的提倡。文学革命使中国人民不仅在思想上得到解放，而且在表现思想的文学形式上，也脱离了旧政治的束缚。五四文化运动指斥文言文为"贵族文学"，而要使白话文成为"平民文学"，这样的文学是写实的，能自由"表达情意的，合乎时代"的东西。并反对文学上的"言之无物"和"无病呻吟"。当时的提倡者们，亲身做了许多平易、生动、有内容、有事实分析、脱离旧八股的一切束缚的文章，使白话文获得胜利，成为全国广大的群众所爱读的作品。

五四文化运动是在第一次世界大战和俄国十月革命的国际条件下产生的。在这样的条件下，中国的民族资产阶级和中国的无产阶级都更成长起来，中国的资产阶级民主革命更有力地蕴酿着。由于无产阶级开始表现它的独立力量，又由于十月革命的影响，五四文化运动就把马克思主义接受到中国来，并产生了中国共产党。这在中国革命中，形成了一个最有力的新因素，使中国的资产阶级民主革命运动获得了全然新的性质。

中国的马克思主义与中国共产党，是五四文化运动的最光辉的产物。没有五四运动的民族觉悟和思想解放，不彻底摧毁思想上的旧教条之束缚，要中国人民能接受科学的共产主义是不可想象的。中国共产党从成立的一天起，就最英勇地参加了中国的革命运动，二十多年来轰轰烈烈的斗争，从第一次大革命到现在的抗战，都在事实上证明了：马克思主义与中国的实际革命运动相结合，使中国苦难重重的民族获得了克服一切困难的力量，而驳斥了许多反动分子的关于马克思主义不适合于中国国情的谬论。

五四曾彻底摧毁了中国历史上的旧教条。但五四以后却在中国思想界出现了一个新的偏向，新的教条主义：割断了中国历史和脱离了中国现状，专门搬弄外国的学术词句。这一个偏向也影响到中国共产党内，使许多党员只能背诵马列主义的词句，而不能掌握它的精神和实质，不能依据中国的历史和现状的特点，来解决中国革命的实际问题，使党员在工作中发生了主观主义、宗派主义和党八股的不正确的作风，招致了许多不必要阻碍和损失。

党中央今天号召"整顿三风"的运动，是为着打破新的教条的束缚，正确掌握马克思主义的科学的革命的精神和实质。这也是一个思想解放运动。在这一个运动中，我们应该更进一步地发扬五四的启蒙精神，以五四时代对旧教条彻底摧毁的态度来摧毁新的教条主义。自然，今天反对新的教条主义，需要我们能站在更高的立场上，不是运用资产阶级的经验主义的方法，而是运用辩证法唯物论的思想方法。

现在是"黎明前的黑暗"时期，我们还需要克服极大的困难，以备迎接将来的光明。必须彻底扫除我们思想上的一切愚昧的暗影，"亮起眼睛"来对付一切实际问题，才能在将来斗争过程中，战胜困难，获得胜利。

《解放日报》一九四二，五，四

在延安文艺座谈会上的讲话

（1942 年 5 月 23 日）

毛泽东

……

一

第一个问题：我们的文艺是为什么人的？

这个问题，本来是马克思主义者特别是列宁所早已解决了的。列宁还在一九零五年就已着重指出过，我们的文艺应当"为千千万万劳动人民服务"。在我们各个抗日根据地从事文学艺术工作的同志中，这个问题似乎是已经解决了，不需要再讲的了。其实不然。很多同志对这个问题并没有得到明确的解决。因此，在他们的情绪中，在他们的作品中，在他们的行动中，在他们对于文艺方针问题的意见中，就不免或多或少地发生和群众的需要不相符合，和实际斗争的需要不相符合的情形。当然，现在和共产党、八路军、新四军在一起从事于伟大解放斗争的大批的文化人、文学家、艺术家以及一般文艺工作者，虽然其中也可能有些人是暂时的投机分子，但是绝大多数却都是在为着共同事业努力工作着。依靠这些同志，我们的整个文学工作，戏剧工作，音乐工作，美术工作，都有了很大的成绩。这些文艺工作者，有许多是抗战以后开始工作的；有许多在抗战以前就做了多时的革命工作，经历过许多辛苦，并用他们的工作和作品影响了广大群众的。但是为什么还说即使这些同志中也有对于文艺是为什么人的问题没有明确解决的呢？难道他们还有主张革命文艺不是为着人民大众而是为着剥削者压迫者的吗？

诚然，为着剥削者压迫者的文艺是有的。文艺是为地主阶级的，这是封建主义的文艺。中国封建时代统治阶级的文学艺术，就是这种东西。直到今天，这种文艺在中国还有颇大的势力。文艺是为资产阶级的，这是资产阶级的文艺。像鲁迅所批评的梁实秋一类人，他们虽然在口头上提出什么文艺是超阶级的，但是他们在实际上是主张资产阶级的文艺，反对无产阶级的文艺的。文艺是为帝国主义者的，周作人、张资平这批人就是这样，这叫做汉奸文艺。在我们，文艺不是为上述种种人，而是为人民的。我们曾说，现阶段的中国新文化，是无产阶级领导的人民大众的反帝反封建的文化。真正人民大众的东西，现在一定是无产阶级领导的。资产阶级领导的东西，不可能属于人民大众。新文化中的新文学新艺术，自然也是这样。对于中国和外国过去时代所遗留下来的丰富的文学艺术遗产和优良的文学艺术传统，我们是要继承的，但是目的仍然是为了人民大众。对于过去时代的文艺形式，我们也并不拒绝利用，但这些旧形式到了我们手里，给了改造，加进了新内容，也就变成革命的为人民服务的东西了。

那么，什么是人民大众呢？最广大的人民，占全人口百分之九十以上的人民，是工人、农民、兵士和城市小资产阶级。所以我们的文艺，第一是为工人的，这是领导革命的阶级。第二是为农民的，他们是革命中最广大最坚决的同盟军。第三是为武装起来了的工人农民即八路军、新四军和其他人民武装队伍的，这是革命战争的主力。第四是为城市小资产阶级劳动群众和知识分子的，他们也是革命的同盟者，他们是能够长期地和我们合作的。这四种人，就是中华民族的最大部分，就是最广大的人民大众。

我们的文艺，应该为着上面说的四种人。我们要为这四种人服务，就必须站在无产阶级的立场上，而不能站在小资产阶级的立场上。在今天，坚持个人主义的小资产阶级立场的作家是不可能真正地为革命的工农兵群众服务的，他们的兴趣，主要是放在少数小资产阶级知识分子上面。而我们现在有一部分同志对于文艺为什么人的问题不能正确解决的关键，正在这里。我这样说，不是说在理论上。在理论上，或者说在口头上，我们队伍中没有一个人把工农兵群众看得比小资产阶级知识分子还不重要的。我是说在实际上，在行动上。在实际上，在行动上，他们是否对小资产阶级知识分子比对工农兵还更看得重要些呢？我以为是这样。有许多同志比较地注重研究小资产阶级知识分子，分析他们的心理，着重地去表现他们，原谅并辩护他们的缺点，而不是引导他们和自己一道去接近工农兵群众，去参加工农兵群众的实际斗争，去表现工农兵群众，去教育工农兵群众。有许多同志，因为他们自己是从小资产阶级出身，自己是知识分子，于是就只在知识分子的队伍中找朋友，把自己的注意力放在研究和描写知识分子上面。这种研究和描写如果是站在无产阶级立场上的，那是应该的。但他们并不是，或者不完全是。他们是站在小资产阶级立场，他们是把自己的作品当作小资产阶级的自我表现来创作的，我们在相当多的文学艺术作品中看见这种东西。他们在许多时候，对于小资产阶级出身的知识分子寄予满腔的同情，连他们的缺点也给以同情甚至鼓吹。对于工农兵群众，则缺乏接近，缺乏了解，缺乏研究，缺乏知心朋友，不善于描写他们；倘若描写，也是衣服是劳动人民，面孔却是小资产阶级知识分子。他们在某些方面也爱工农兵，也爱工农兵出身的干部，但有些时候不爱，有些地方不爱，不爱他们的感情，不爱他们的姿态，不爱他们的萌芽状态的文艺（墙报、壁画、民歌、民间故事等）。他们有时也爱这些东西，那是为着猎奇，为着装饰自己的作品，甚至是为着追求其中落后的东西而爱的。有时就公开地鄙弃它们，而偏爱小资产阶级知识分子的乃至资产阶级的东西。这些同志的立足点还是在小资产阶级知识分子方面，或者换句文雅的话说，他们的灵魂深处还是一个小资产阶级知识分子的王国。这样，为什么人的问题他就还是没有解决，或者没有明确地解决。这不光是讲初来延安不久的人，就是到过前方，在根据地、八路军、新四军做过几年工作的人，也有许多是没有彻底解决的。要彻底地解决这个问题，非有十年八年的长时间不可。但是时间无论怎样长，我们却必须解决它，必须明确地彻底地解决它。我们的文艺工作者一定要完成这个任务，一定要把立足点移过来，一定要在深入工农兵群众、深入实际斗争的过程中，在学习马克思主义和学习社会的过程中，逐渐地移过来，移到工农兵这方面来，移到无产阶级这方面来。只有这样，我们才能有真正为工农兵的文艺，真正无产阶级的文艺。

为什么人的问题，是一个根本的问题，原则的问题。过去有些同志间的争论、分歧、对立和不团结，并不是在这个根本的原则的问题上，而是在一些比较次要的甚至是无原则的问题上。而对于这个原则问题，争论的双方倒是没有什么分歧，倒是几乎一致的，都有某种程度的轻视工农兵、脱离群众的倾向。我说某种程度，因为一般地说，这些同志的轻视工农兵、脱离群众，和国民党的轻视工农兵、脱离群众，是不同的；但是无论如何，这个倾向是有的。这个根本问题不解决，其他许多问题也就不易解决。比如说文艺界的宗派主义吧，这也是原则问题，但是要去掉宗派主义，也只有把为工农，为八路军、新四军，到群众中去的口号提出来，并加以切实的实行，才能达到目的，否则宗派主义问题是断然不能解决的。鲁迅曾说："联合战线是以有共同目的为必要条件的。……我们战线不能统一，就证明我们的目的不能一致，或者只为了小团体，或者还其实只为了个人。如果目的都在工农大众，那当然战线也就统一了。"这个问题那时上海有，现在重庆也有。在那些地方，这个问题很难彻底解决，因为那些地方的统治者压迫革命文艺家，不让他们有到工农兵群众中去的自由。在我们这里，情形就完全两样。我们鼓励革命文艺家积极地亲近工农兵，给他们以到群众中去的完全自由，给他们以创作真正革命文艺的完全自由。所以这个问题在我们这里，是接近于解决的了。接近于解决不等于完全的彻底的解决；我们说要学习马克思主义和学习社会，就是为着完全地彻底地解决这个问题。我们说的马克思主义，是要在群众生活群众斗争里实际发生作用的活的马克思主义，不是口头上的马克思主义。把口头上的马克思主义变成为实际生活里的马克思主义，就不会有宗派主义了。不但宗派主义的问题可以解决，其他的许多问题也都可以解决了。

二

为什么人服务的问题解决了，接着的问题就是如何去服务。用同志们的话来说，就是：努力于提高呢，还是努力于普及呢？

有些同志，在过去，是相当地或是严重地轻视了和忽视了普及，他们不适当地太强调了提高。提高是应该强调的，但是片面地孤立地强调提高，强调到不适当的程度，那就错了。我在前面说的没有明确地解决为什么人的问题的事实，在这一点上也表现出来了。并且，因为没有弄清楚为什么人，他们所说的普及和提高就都没有正确的标准，当然更找不到两者的正确关系。我们的文艺，既然基本上是为工农兵，那么所谓普及，也就是向工农兵普及，所谓提高，也就是从工农兵提高。用什么东西向他们普及呢？用封建地主阶级所需要、所便于接受的东西吗？用资产阶级所需要、所便于接受的东西吗？用小资产阶级知识分子所需要、所便于接受的东西吗？都不行，只有用工农兵自己所需要、所便于接受的东西。因此在教育工农兵的任务之前，就先有一个学习工农兵的任务。提高的问题更是如此。提高要有一个基础。比如一桶水，不是从地上去提高，难道是从空中去提高吗？那么所谓文艺的提高，是从什么基础上去提高呢？从封建阶级的基础吗？从资产阶级的基础吗？从小资产阶级知识分子的基础吗？都不是，只能是从工农兵群众的基础上去提高。也不是把工农兵提到封建阶级、资产阶级、小资产阶级知识分子的"高度"去，而是沿着工农兵自己前进的方向去提高，沿着无产阶级前进的方向去提高。而这里也就提出了学习工农兵的任务。只有从工农兵出发，我们对于普及和提高才能有正确的了解，也才能找到普及和提高的正确关系。

一切种类的文学艺术的源泉究竟是从何而来的呢？作为观念形态的文艺作品，都是一定的社会生活在人类头脑中的反映的产物。革命的文艺，则是人民生活在革命作家头脑中的反映的产物。人民生活中本来存在着文学艺术原料的矿藏，这是自然形态的东西，是粗糙的东西，但也是最生动、最丰富、最基本的东西；在这点上说，它们使一切文学艺术相形见绌，它们是一切文学艺术的取之不尽、用之不竭的唯一的源泉。这是唯一的源泉，因为只能有这样的源泉，此外不能有第二个源泉。有人说，书本上的文艺作品，古代的和外国的文艺作品，不也是源泉吗？实际上，过去的文艺作品不是源而是流，是古人和外国人根据他们彼时彼地所得到的人民生活中的文学艺术原料创造出来的东西。我们必须继承一切优秀的文学艺术遗产，批判地吸收其中一切有益的东西，作为我们从此时此地的人民生活中的文学艺术原料创造作品时候的借鉴。有这个借鉴和没有这个借鉴是不同的，这里有文野之分，粗细之分，高低之分，快慢之分。所以我们决不可拒绝继承和借鉴古人和外国人，哪怕是封建阶级和资产阶级的东西。但是继承和借鉴决不可以变成替代自己的创造，这是决不能替代的。文学艺术中对于古人和外国人的毫无批判的硬搬和模仿，乃是最没有出息的最害人的文学教条主义和艺术教条主义。中国的革命的文学家艺术家，有出息的文学家艺术家，必须到群众中去，必须长期地无条件地全心全意地到工农兵群众中去，到火热的斗争中去，到唯一的最广大最丰富的源泉中去，观察、体验、研究、分析一切人，一切阶级，一切群众，一切生动的生活形式和斗争形式，一切文学和艺术的原始材料，然后才有可能进入创作过程。否则你的劳动就没有对象，你就只能做鲁迅在他的遗嘱里所谆谆嘱咐他的儿子万不可做的那种空头文学家，或空头艺术家。

人类的社会生活虽是文学艺术的唯一源泉，虽是较之后者有不可比拟的生动丰富的内容，但是人民还是不满足于前者而要求后者。这是为什么呢？因为虽然两者都是美，但是文艺作品中反映出来的生活却可以而且应该比普通的实际生活更高，更强烈，更有集中性，更典型，更理想，因此就更带普遍性。革命的文艺，应当根据实际生活创造出各种各样的人物来，帮助群众推动历史的前进。例如一方面是人们受饿、受冻、受压迫，一方面是人剥削人、人压迫人，这个事实到处存在着，人们也看得很平淡；文艺就把这种日常的现象集中起来，把其中的矛盾和斗争典型化，造成文学作品或艺术作品，就能使人民群众惊醒起来，感奋起来，推动人民群众走向团结和斗争，实行改造自己的环境。如果没有这样的文艺，那么这个任务就不能完成，或者不能有力地迅速地完成。

什么是文艺工作中的普及和提高呢？这两种任务的关系是怎样的呢？普及的东西比较简单浅显，因此也比较容易为目前广大人民群众所迅速接受。高级的作品比较细致，因此也比较难于生产，并且往往比较难于在目前广大人民群众中迅速流传。现在工农兵面前的问题，是他们正在和敌人作残酷的流血斗争，而他们由于长时期的封建阶级和资产阶级的统治，不识字，无文化，所以他们迫切要求一个普遍的启蒙运动，迫切要求得到他们所急需的和容易接受的文化知识和文艺作品，去提高他们的斗争热情和胜利信心，加强他们的团结，便于他们同心同德地去和敌人作斗争。对于他们，第一步需要还不是"锦上添花"，而是"雪中送炭"。所以在目前条件下，普及工作的任务更为迫切。轻视和忽视普及工作的态度是错误的。

但是，普及工作和提高工作是不能截然分开的。不但一部分优秀的作品现在也有普及的可能，而且广大群众的文化水平也是在不断地提高着。普及工作若是永远停止在一个水平上，一月两月三月，一年两年三年，总是一样的货色，一样的"小放牛"，一样的"人、手、口、刀、牛、羊"，那么，教育者和被教育者岂不都是半斤八两？这种普及工作还有什么意义呢？人民要求普及，跟着也就要求提高，要求逐年逐月地提高。在这里，普及是人民的普及，提高也是人民的提高。而这种提高，不是从空中提高，不是关门提高，而是在普及基础上的提高。这种提高，为普及所决定，同时又给普及以指导。就中国范围来说，革命和革命文化的发展不是平衡的，而是逐渐推广的。一处普及了，并且在普及的基础上提高了，别处还没有开始普及。因此一处由普及而提高的好经验可以应用于别处，使别处的普及工作和提高工作得到指导，少走许多弯路。就国际范围来说，外国的好经验，尤其是苏联的经验，也有指导我们的作用。所以，我们的提高，是在普及基础上的提高；我们的普及，是在提高指导下的普及。正因为这样，我们所说的普及工作不但不是妨碍提高，而且是给目前的范围有限的提高工作以基础，也是给将来的范围大为广阔的提高工作准备必要的条件。

除了直接为群众所需要的提高以外，还有一种间接为群众所需要的提高，这就是干部所需要的提高。干部是群众中的先进分子，他们所受的教育一般都比群众所受的多些；比较高级的文学艺术，对于他们是完全必要的，忽视这一点是错误的。为干部，也完全是为群众，因为只有经过干部才能去教育群众、指导群众。如果违背了这个目的，如果我们给予干部的并不能帮助干部去教育群众、指导群众，那么，我们的提高工作就是无的放矢，就是离开了为人民大众的根本原则。

总起来说，人民生活中的文学艺术的原料，经过革命作家的创造性的劳动而形成观念形态上的为人民大众的文学艺术。在这中间，既有从初级的文艺基础上发展起来的、为被提高了的群众所需要、或首先为群众中的干部所需要的高级的文艺，又有反转来在这种高级的文艺指导之下的、往往为今日最广大群众所最先需要的初级的文艺。无论高级的或初级的，我们的文学艺术都是为人民大众的，首先是为工农兵的，为工农兵而创作，为工农兵所利用的。

我们既然解决了提高和普及的关系问题，则专门家和普及工作者的关系问题也就可以随着解决了。我们的专门家不但是为了干部，主要地还是为了群众。我们的文学专门家应该注意群众的墙报，注意军队和农村中的通讯文学。我们的戏剧专门家应该注意军队和农村中的小剧团。我们的音乐专门家应该注意群众的歌唱。我们的美术专门家应该注意群众的美术。一切这些同志都应该和在群众中做文艺普及工作的同志们发生密切的联系，一方面帮助他们，指导他们，一方面又向他们学习，从他们吸收由群众中来的养料，把自己充实起来，丰富起来，使自己的专门不致成为脱离群众、脱离实际、毫无内容、毫无生气的空中楼阁。我们应该尊重专门家，专门家对于我们的事业是很可宝贵的。但是我们应该告诉他们说，一切革命的文学家艺术家只有联系群众，表现群众，把自己当作群众的忠实的代言人，他们的工作才有意义。只有代表群众才能教育群众，只有做群众的学生才能做群众的先生。如果把自己看作群众的主人，看作高踞于"下等人"头上的贵族，那么，不管他们有多大的才能，也是群众所不需要的，他们的工作是没有前途的。

我们的这种态度是不是功利主义的？唯物主义者并不一般地反对功利主义，但是反对封建阶级的、资产阶级的、小资产阶级的功利主义，反对那种口头上反对功利主义、实际上抱着最自私最短视的功利主义的伪善者。世界上没有什么超功利主义，在阶级社会里，不是这一阶级的功利主义，就是那一阶级的功利主义。我们是无产阶级的革命的功利主义者，我们是以占全人口百分之九十以上的最广大群众的目前利益和将来利益的统一为出发点的，所以我们是以最广和最远为目标的革命的功利主义者，而不是只看到局部和目前的狭隘的功利主义者。例如，某种作品，只为少数人所偏爱，而为多数人所不需要，甚至对多数人有害，硬要拿来上市，拿来向群众宣传，以求其个人的或狭隘集团的功利，还要责备群众的功利主义，这就不但侮辱群众，也太无自知之明了。任何一种东西，必须能使人民群众得到真实的利益，才是好的东西。就算你的是"阳春白雪"吧，这暂时既然是少数人享用的东西，群众还是在那里唱"下里巴人"，那么，你不去提高它，只顾骂人，那就怎样骂也是空的。现在是"阳春白雪"和"下里巴人"统一的问题，是提高和普及统一的问题。不统一，任何专门家的最高级的艺术也不免成为最狭隘的功利主义；要说这也是清高，那只是自封为清高，群众是不会批准的。

在为工农兵和怎样为工农兵的基本方针问题解决之后，其他的问题，例如，写光明和写黑暗的问题，团结问题等，便都一齐解决了。如果大家同意这个基本方针，则我们的文学艺术工作者，我们的文学艺术学校，文学艺术刊物，文学艺术团体和一切文学艺术活动，就应该依照这个方针去做。离开这个方针就是错误的；和这个方针有些不相符合的，就须加以适当的修正。

三

我们的文艺既然是为人民大众的，那么，我们就可以进而讨论一个党内关系问题，党的文艺工作和党的整个工作的关系问题，和另一个党外关系的问题，党的文艺工作和非党的文艺工作的关系问题——文艺界统一战线问题。

先说第一个问题。在现在世界上，一切文化或文学艺术都是属于一定的阶级，属于一定的政治路线的。为艺术的艺术，超阶级的艺术，和政治并行或互相独立的艺术，实际上是不存在的。无产阶级的文学艺术是无产阶级整个革命事业的一部分，如同列宁所说，是整个革命机器中的"齿轮和螺丝钉"。因此，党的文艺工作，在党的整个革命工作中的位置，是确定了的，摆好了的；是服从党在一定革命时期内所规定的革命任务的。反对这种摆法，一定要走到二元论或多元论，而其实质就像托洛茨基那样："政治——马克思主义的；艺术——资产阶级的。"我们不赞成把文艺的重要性过分强调到错误的程度，但也不赞成把文艺的重要性估计不足。文艺是从属于政治的，但又反转来给予伟大的影响于政治。革命文艺是整个革命事业的一部分，是齿轮和螺丝钉，和别的更重要的部分比较起来，自然有轻重缓急第一第二之分，但它是对于整个机器不可缺少的齿轮和螺丝钉，对于整个革命事业不可缺少的一部分。如果连最广义最普通的文学艺术也没有，那革命运动就不能进行，就不能胜利。不认识这一点，是不对的。还有，我们所说的文艺服从于政治，这政治是指阶级的政治、群众的政治，不是所谓少数政治家的政治。政治，不论革命的和反革命的，都是阶级对阶级的斗争，不是少数个人的行为。革命的思想斗争和艺术斗争，必须服从于政治的斗争，因为只有经过政治，阶级和群众的需要才能集中地表现出来。革命的政治家们，懂得革命的政治科学或政治艺术的政治专门家们，他们只是千千万万的群众政治家的领袖，他们的任务在于把群众政治家的意见集中起来，加以提炼，再使之回到群众中去，为群众所接受，所实践，而不是闭门造车，自作聪明，只此一家，别无分店的那种贵族式的所谓"政治家"——这是无产阶级政治家同腐朽了的资产阶级政治家的原则区别。正因为这样，我们的文艺的政治性和真实性才能够完全一致。不认识这一点，把无产阶级的政治和政治家庸俗化，是不对的。

再说文艺界的统一战线问题。文艺服从于政治，今天中国政治的第一个根本问题是抗日，因此党的文艺工作者首先应该在抗日这一点上和党外的一切文学家艺术家（从党的同情分子、小资产阶级的文艺家到一切赞成抗日的资产阶级地主阶级的文艺家）团结起来。其次，应该在民主一点上团结起来；在这一点上，有一部分抗日的文艺家就不赞成，因此团结的范围就不免要小一些。再其次，应该在文艺界的特殊问题——艺术方法艺术作风一点上团结起来；我们是主张社会主义的现实主义的，又有一部分人不赞成，这个团结的范围会更小些。在一个问题上有团结，在另一个问题上就有斗争，有批评。各个问题是彼此分开而又联系着的，因而就在产生团结的问题比如抗日的问题上也同时有斗争，有批评。在一个统一战线里面，只有团结而无斗争，或者只有斗争而无团结，实行如过去某些同志所实行过的右倾的投降主义、尾巴主义，或者"左"倾的排外主义、宗派主义，都是错误的政策。政治上如此，艺术上也是如此。

在文艺界统一战线的各种力量里面，小资产阶级文艺家在中国是一个重要的力量。他们的思想和作品都有很多缺点，但是他们比较地倾向于革命，比较地接近于劳动人民。因此，帮助他们克服缺点，争取他们到为劳动人民服务的战线上来，是一个特别重要的任务。

四

文艺界的主要的斗争方法之一，是文艺批评。文艺批评应该发展，过去在这方面工作做得很不够，同志们指出这一点是对的。文艺批评是一个复杂的问题，需要许多专门的研究。我这里只着重谈一个基本的批评标准问题。此外，对于有些同志所提出的一些个别的问题和一些不正确的观点，也来略为说一说我的意见。

文艺批评有两个标准，一个是政治标准，一个是艺术标准。按照政治标准来说，一切利于抗日和团结的，鼓励群众同心同德的，反对倒退、促成进步的东西，便都是好的；而一切不利于抗日和团结的，鼓动群众离心离德的，反对进步、拉着人们倒退的东西，便都是坏的。这里所说的好坏，究竟是看动机（主观愿望），还是看效果（社会实践）呢？唯心论者是强调动机否认效果的，机械唯物论者是强调效果否认动机的，我们和这两者相反，我们是辩证唯物主义的动机和效果的统一论者。为大众的动机和被大众欢迎的效果，是分不开的，必须使二者统一起来。为个人的和狭隘集团的动机是不好的，有为大众的动机但无被大众欢迎、对大众有益的效果，也是不好的。检验一个作家的主观愿望即其动机是否正确，是否善良，不是看他的宣言，而是看他的行为（主要是作品）在社会大众中产生的效果。社会实践及其效果是检验主观愿望或动机的标准。我们的文艺批评是不要宗派主义的，在团结抗日的大原则下，我们应该容许包含各种各色政治态度的文艺作品的存在。但是我们的批评又是坚持原则立场的，对于一切包含反民族、反科学、反大众和反共的观点的文艺作品必须给以严格的批判和驳斥；因为这些所谓文艺，其动机，其效果，都是破坏团结抗日的。按着艺术标准来说，一切艺术性较高的，是好的，或较好的；艺术性较低的，则是坏的，或较坏的。这种分别，当然也要看社会效果。文艺家几乎没有不以为自己的作品是美的，我们的批评，也应该容许各种各色艺术品的自由竞争，但是按照艺术科学的标准给以正确的批判，使较低级的艺术逐渐提高成为较高级的艺术，使不适合广大群众斗争要求的艺术改变到适合广大群众斗争要求的艺术，也是完全必要的。

又是政治标准，又是艺术标准，这两者的关系怎么样呢？政治并不等于艺术，一般的宇宙观也并不等于艺术创作和艺术批评的方法。我们不但否认抽象的绝对不变的政治标准，也否认抽象的绝对不变的艺术标准，各个阶级社会中的各个阶级都有不同的政治标准和不同的艺术标准。但是任何阶级社会中的任何阶级，总是以政治标准放在第一位，以艺术标准放在第二位的。资产阶级对于无产阶级的文学艺术作品，不管其艺术成就怎样高，总是排斥的。无产阶级对于过去时代的文学艺术作品，也必须首先检查它们对待人民的态度如何，在历史上有无进步意义，而分别采取不同态度。有些政治上根本反动的东西，也可能有某种艺术性。内容愈反动的作品而又愈带艺术性，就愈能毒害人民，就愈应该排斥。处于没落时期的一切剥削阶级的文艺的共同特点，就是其反动的政治内容和其艺术的形式之间所存在的矛盾。我们的要求则是政治和艺术的统一，内容和形式的统一，革命的政治内容和尽可能完美的艺术形式的统一。缺乏艺术性的艺术品，无论政治上怎样进步，也是没有力量的。因此，我们既反对政治观点错误的艺术品，也反对只有正确的政治观点而没有艺术力量的所谓"标语口号式"的倾向。我们应该进行文艺问题上的两条战线斗争。

这两种倾向，在我们的许多同志的思想中是存在着的。许多同志有忽视艺术的倾向，因此应该注意艺术的提高。但是现在更成为问题的，我以为还是在政治方面。有些同志缺乏基本的政治常识，所以发生了各种糊涂观念。让我举一些延安的例子。

"人性论"。有没有人性这种东西？当然有的。但是只有具体的人性，没有抽象的人性。在阶级社会里就是只有带着阶级性的人性，而没有什么超阶级的人性。我们主张无产阶级的人性，人民大众的人性，而地主阶级资产阶级则主张地主阶级资产阶级的人性，不过他们口头上不这样说，却说成为唯一的人性。有些小资产阶级知识分子所鼓吹的人性，也是脱离人民大众或者反对人民大众的，他们的所谓人性实质上不过是资产阶级的个人主义，因此在他们眼中，无产阶级的人性就不合于人性。现在延安有些人们所主张的作为所谓文艺理论基础的"人性论"，就是这样讲，这是完全错误的。

"文艺的基本出发点是爱，是人类之爱。"爱可以是出发点，但是还有一个基本出发点。爱是观念的东西，是客观实践的产物。我们根本上不是从观念出发，而是从客观实践出发。我们的知识分子出身的文艺工作者爱无产阶级，是社会使他们感觉到和无产阶级有共同的命运的结果。我们恨日本帝国主义，是日本帝国主义压迫我们的结果。世上决没有无缘无故的爱，也没有无缘无故的恨。至于所谓"人类之爱"，自从人类分化成为阶级以后，就没有过这种统一的爱。过去的一切统治阶级喜欢提倡这个东西，许多所谓圣人贤人也喜欢提倡这个东西，但是无论谁都没有真正实行过，因为它在阶级社会里是不可能实行的。真正的人类之爱是会有的，那是在全世界消灭了阶级之后。阶级使社会分化为许多对立体，阶级消灭后，那时就有了整个的人类之爱，但是现在还没有。我们不能爱敌人，不能爱社会的丑恶现象，我们的目的是消灭这些东西。这是人们的常识，难道我们的文艺工作者还有不懂得的吗？

"从来的文艺作品都是写光明和黑暗并重，一半对一半。"这里包含着许多糊涂观念。文艺作品并不是从来都这样。许多小资产阶级作家并没有找到过光明，他们的作品就只是暴露黑暗，被称为"暴露文学"，还有简直是专门宣传悲观厌世的。相反地，苏联在社会主义建设时期的文学就是以写光明为主。他们也写工作中的缺点，也写反面的人物，但是这种描写只能成为整个光明的陪衬，并不是所谓"一半对一半"。反动时期的资产阶级文艺家把革命群众写成暴徒，把他们自己写成神圣，所谓光明和黑暗是颠倒的。只有真正革命的文艺家才能正确地解决歌颂和暴露的问题。一切危害人民群众的黑暗势力必须暴露之，一切人民群众的革命斗争必须歌颂之，这就是革命文艺家的基本任务。

"从来文艺的任务就在于暴露。"这种讲法和前一种一样，都是缺乏历史科学知识的见解。从来的文艺并不单在于暴露，前面已经讲过。对于革命的文艺家，暴露的对象，只能是侵略者、剥削者、压迫者及其在人民中所遗留的恶劣影响，而不能是人民大众。人民大众也是有缺点的，这些缺点应当用人民内部的批评和自我批评来克服，而进行这种批评和自我批评也是文艺的最重要任务之一。但这不应该说是什么"暴露人民"。对于人民，基本上是一个教育和提高他们的问题。除非是反革命文艺家，才有所谓人民是"天生愚蠢的"，革命群众是"专制暴徒"之类的描写。

"还是杂文时代，还要鲁迅笔法。"鲁迅处在黑暗势力统治下面，没有言论自由，所以用冷嘲热讽的杂文形式作战，鲁迅是完全正确的。我们也需要尖锐地嘲笑法西斯主义、中国的反动派和一切危害人民的事物，但在给革命文艺家以充分民主自由、仅仅不给反革命分子以民主自由的陕甘宁边区和敌后的各抗日根据地，杂文形式就不应该简单地和鲁迅的一样。我们可以大声疾呼，而不要隐晦曲折，使人民大众不易看懂。如果不是对于人民的敌人，而是对于人民自己，那么，"杂文时代"的鲁迅，也不曾嘲笑和攻击革命人民和革命政党，杂文的写法也和对于敌人的完全两样。对于人民的缺点是需要批评的，我们在前面已经说过了，但必须是真正站在人民的立场上，用保护人民、教育人民的满腔热情来说话。如果把同志当做敌人来对待，就是使自己站在敌人的立场上去了。我们是否废除讽刺？不是的，讽刺是永远需要的。但是有几种讽刺：有对付敌人的，有对付同盟者的，有对付自己队伍的，态度各有不同。我们并不一般地反对讽刺，但是必须废除讽刺的乱用。

"我是不歌功颂德的；歌颂光明者其作品未必伟大，刻画黑暗者其作品未必渺小。"你是资产阶级文艺家，你就不歌颂无产阶级而歌颂资产阶级；你是无产阶级文艺家，你就不歌颂资产阶级而歌颂无产阶级和劳动人民：二者必居其一。歌颂资产阶级光明者其作品未必伟大，刻画资产阶级黑暗者其作品未必渺小，歌颂无产阶级光明者其作品未必不伟大，刻画无产阶级所谓"黑暗"者其作品必定渺小，这难道不是文艺史上的事实吗？对于人民，这个人类世界历史的创造者，为什么不应该歌颂呢？无产阶级、共产党、新民主主义、社会主义，为什么不应该歌颂呢？也有这样的一种人，他们对于人民的事业并无热情，对于无产阶级及其先锋队的战斗和胜利，抱着冷眼旁观的态度，他们所感到兴趣而要不疲倦地歌颂的只有他自己，或者加上他所经营的小集团里的几个角色。这种小资产阶级的个人主义者，当然不愿意歌颂革命人民的功德，鼓舞革命人民的斗争勇气和胜利信心。这样的人不过是革命队伍中的蠹虫，革命人民实在不需要这样的"歌者"。

"不是立场问题；立场是对的，心是好的，意思是懂得的，只是表现不好，结果反而起了坏作用。"关于动机和效果的辩证唯物主义观点，我在前面已经讲过了。现在要问：效果问题是不是立场问题？一个人做事只凭动机，不问效果，等于一个医生只顾开药方，病人吃死了多少他是不管的。又如一个党，只顾发宣言，实行不实行是不管的。试问这种立场也是正确的吗？这样的心，也是好的吗？事前顾及事后的效果，当然可能发生错误，但是已经有了事实证明效果坏，还是照老样子做，这样的心也是好的吗？我们判断一个党、一个医生，要看实践，要看效果；判断一个作家，也是这样。真正的好心，必须顾及效果，总结经验，研究方法，在创作上就叫做表现的手法。真正的好心，必须对于自己工作的缺点错误有完全诚意的自我批评，决心改正这些缺点错误。共产党人的自我批评方法，就是这样采取的。只有这种立场，才是正确的立场。同时也只有在这种严肃的负责的实践过程中，才能一步一步地懂得正确的立场是什么东西，才能一步一步地掌握正确的立场。如果不在实践中向这个方向前进，只是自以为是，说是"懂得"，其实并没有懂得。

"提倡学习马克思主义就是重复辩证唯物论的创作方法的错误，就要妨害创作情绪。"学习马克思主义，是要我们用辩证唯物论和历史唯物论的观点去观察世界，观察社会，观察文学艺术，并不是要我们在文学艺术作品中写哲学讲义。马克思主义只能包括而不能代替文艺创作中的现实主义，正如它只能包括而不能代替物理科学中的原子论、电子论一样。空洞干燥的教条公式是要破坏创作情绪的，但是它不但破坏创作情绪，而且首先破坏了马克思主义。教条主义的"马克思主义"并不是马克思主义，而是反马克思主义的。那么，马克思主义就不破坏创作情绪了吗？要破坏的，它决定地要破坏那些封建的、资产阶级的、小资产阶级的、自由主义的、个人主义的、虚无主义的、为艺术而艺术的、贵族式的、颓废的、悲观的以及其他种种非人民大众非无产阶级的创作情绪。对于无产阶级文艺家，这些情绪应不应该破坏呢？我以为是应该的，应该彻底地破坏它们，而在破坏的同时，就可以建设起新东西来。

五

我们延安文艺界中存在着上述种种问题，这是说明一个什么事实呢？说明这样一个事实，就是文艺界中还严重地存在着作风不正的东西，同志们中间还有很多的唯心论、教条主义、空想、空谈、轻视实践、脱离群众等等的缺点，需要有一个切实的严肃的整风运动。

我们有许多同志还不大清楚无产阶级和小资产阶级的区别。有许多党员，在组织上入了党，思想上并没有完全入党，甚至完全没有入党。这种思想上没有入党的人，头脑里还装着许多剥削阶级的脏东西，根本不知道什么是无产阶级思想，什么是共产主义，什么是党。他们想：什么无产阶级思想，还不是那一套？他们哪里知道要得到这一套并不容易，有些人就是一辈子也没有共产党员的气味，只有离开党完事。因此我们的党，我们的队伍，虽然其中的大部分是纯洁的，但是为要领导革命运动更好地发展，更快地完成，就必须从思想上组织上认真地整顿一番。而为要从组织上整顿，首先需要在思想上整顿，需要展开一个无产阶级对非无产阶级的思想斗争。延安文艺界现在已经展开了思想斗争，这是很必要的。小资产阶级出身的人们总是经过种种方法，也经过文学艺术的方法，顽强地表现他们自己，宣传他们自己的主张，要求人们按照小资产阶级知识分子的面貌来改造党，改造世界。在这种情形下，我们的工作，就是要向他们大喝一声，说："同志"们，你们那一套是不行的，无产阶级是不能迁就你们的，依了你们，实际上就是依了大地主大资产阶级，就有亡党亡国的危险。只能依谁呢？只能依照无产阶级先锋队的面貌改造党，改造世界。我们希望文艺界的同志们认识这一场大论战的严重性，积极起来参加这个斗争，使每个同志都健全起来，使我们的整个队伍在思想上和组织上都真正统一起来，巩固起来。

因为思想上有许多问题，我们有许多同志也就不大能真正区别革命根据地和国民党统治区，并由此弄出许多错误。同志们很多是从上海亭子间来的；从亭子间到革命根据地，不但是经历了两种地区，而且是经历了两个历史时代。一个是大地主大资产阶级统治的半封建半殖民地的社会，一个是无产阶级领导的革命的新民主主义的社会。到了革命根据地，就是到了中国历史几千年来空前未有的人民大众当权的时代。我们周围的人物，我们宣传的对象，完全不同了。过去的时代，已经一去不复返了。因此，我们必须和新的群众相结合，不能有任何迟疑。如果同志们在新的群众中间，还是像我上次说的"不熟，不懂，英雄无用武之地"，那么，不但下乡要发生困难，不下乡，就在延安，也要发生困难的。有的同志想：我还是为"大后方"的读者写作吧，又熟悉，又有"全国意义"。这个想法，是完全不正确的。"大后方"也是要变的，"大后方"的读者，不需要从革命根据地的作家听那些早已听厌了的老故事，他们希望革命根据地的作家告诉他们新的人物，新的世界。所以愈是为革命根据地的群众而写的作品，才愈有全国意义。法捷耶夫的《毁灭》，只写了一支很小的游击队，它并没有想去投合旧世界读者的口味，但是却产生了全世界的影响，至少在中国，像大家所知道的，产生了很大的影响。中国是向前的，不是向后的，领导中国前进的是革命的根据地，不是任何落后倒退的地方。同志们在整风中间，首先要认识这一个根本问题。

既然必须和新的群众的时代相结合，就必须彻底解决个人和群众的关系问题。鲁迅的两句诗，"横眉冷对千夫指，俯首甘为孺子牛"，应该成为我们的座右铭。"千夫"在这里就是说敌人，对于无论什么凶恶的敌人我们决不屈服。"孺子"在这里就是说无产阶级和人民大众。一切共产党员，一切革命家，一切革命的文艺工作者，都应该学鲁迅的榜样，做无产阶级和人民大众的"牛"，鞠躬尽瘁，死而后已。知识分子要和群众结合，要为群众服务，需要一个互相认识的过程。这个过程可能而且一定会发生许多痛苦，许多摩擦，但是只要大家有决心，这些要求是能够达到的。

今天我所讲的，只是我们文艺运动中的一些根本方向问题，还有许多具体问题需要今后继续研究。我相信，同志们是有决心走这个方向的。我相信，同志们在整风过程中间，在今后长期的学习和工作中间，一定能够改造自己和自己作品的面貌，一定能够创造出许多为人民大众所热烈欢迎的优秀的作品，一定能够把革命根据地的文艺运动和全中国的文艺运动推进到一个光辉的新阶段。

"五四"偶谈

《中央日报》，1943 年 5 月 4 日

傅斯年

我从来不曾谈过"五四"，这有个缘故：第一，我也是躬与其事之一人，说来未必被人认为持平；第二，我自感觉"五四"运动之只有轮廓而内容空虚，在当年——去现在并不远——社会上有力人士标榜"五四"的时代，我也不愿附和。

但，现在局面不同了，"五四"之"弱点"报上常有所指摘，而社会上似有一种心愿，即如何忘了"五四"。所以我今年颇有意思写写当年的事实和情景，以为将来历史家的资料，不意观光陪都，几乎忘了岁月。今天有一位西南联大的同学来强我写此一文，恍然一悟，今年的"五四"只有三天了，不禁感慨系之。于是在一小时写此一短文。

"五四"去今年是二十四年整，以近代中国局面变化之迅速而奇幻，若有人说，所谓"五四的精神"在今天仍可尽为青年所采用，是绝无这个道理的。时代已变，社会与政治的环境大有不同，若仍沉醉在这个老调，岂不近于傻，或近于情痴？不过，若有人说，"五四"全未留下好东西，应该忘了他，似乎也没有这个道理。就外交上说，有"五四"的动荡，而后巴黎和会上中国未签字，而后又华盛顿会议，而后有美、日在远东之大不协，不协之久，至于开仗。这一线上固然有许多的原因，然而"五四"总不可不算是一个连锁的不可少的一节。"昔日即今日之原因"，然则"五四"自有其历史的价值。就文化说，他曾彻底检讨中国之文化，分别介绍西洋之文化，当时所立论，在今天看来，不少太幼稚的话，然其动荡所及，确曾打破了袁世凯、段祺瑞时代之寂寞。若说当年学生不该反对政府，则请勿忘当年政府正是穷凶极恶的北洋系，安福系。若问当年学生何以闹学潮，则亦是一种自然界之公式而已。昔日之事未必即可为今日之师，故今日自然决不该是反政府闹学潮的时代，但，也不要忘了当年情

景不同，若以今日之不当如此，即推断到当年也不当如此，岂是历史学之公道？"五四"在往年遭逢"不虞之誉"，今日又遭逢不虞之毁，我以为这都是可以不必的。

今天追想"五四"，我以为有几点似乎不可忘了。

第一，"五四"已经成就了他的使命了。当年蔡孑民先生之就北大，其形势如入虎穴。蔡先生之办学，兼容并包，原非徒为国民党而前往（这个中间自然还有一段故事，恐怕吴稚晖先生知道最清楚）。然而蔡先生提倡潜修，口号是"风雨如晦，鸡鸣不已"，其结果是出来一团朝气。犹忆"五四"以后有人说，北洋政府请蔡先生到他的首都去办学，无异猪八戒肚子中吞了一个孙悟空。"五四"之后，南至广州，北至北平，显然露出一种新动向，其中固是爱国主义与自由主义并行（后来又有共产党加入），然而此一动向，激动了青年的内心，没落了北洋的气馅，动荡了社会上死的寂静，于是当时各方重新起一新阵势，而北伐之役，甚至北伐以前的几年，革命的运动，得到全国有知识青年之多数拥护。虽然共产党也在中间摸了不少的鱼，而走入其他歧途者，亦复不一形态，然而其为颠覆军阀之前驱则一也。

第二，"五四"未尝不为"文化的积累"留下一个永久的崖层。因今日文化之超于原人时代之文化者，以其积累之厚也。积累文化犹如积山，必不除原有者，而于其上更加一层，然后可以后来居上，愈久愈高。若将旧者拆去，从新自平地建设起来，则人类之文化，决不会"后人胜过前人"的。试以今日欧美之文化论，今日所见者，有希腊人之遗物甚多，大多偏于哲学，有罗马人之遗物不少，大多偏于法律，有文艺复兴时代之遗物，大多以人之自觉为主，有开明时代之遗物，大多以人之求知寻理为主，有法兰西革命之遗物，即所谓"平等、自由、博爱"也。此中尽可这里修改一处，那里补进一块，然而必为层层堆积者，而后有今日之富也。"五四"之遗物自带着法兰西革命之色泽，而包括开明时代之成分。由前一点说，可以蔡先生一篇小文为证。当时之北洋军阀，以及其文化的发言人，指新士风为"洪水猛兽"，蔡先生在他那篇小文里说：不错，今日之士风，可以算是洪水，而今日之军阀，正是猛兽，即非用洪水淹此猛兽不可。这话在当年是何等勇敢，何等切实。洪水是不可为常的，洪水过了，留下些好的肥上，猛兽却不见了。由此一点说，当时所提倡的是"科学与民主"，自民八至民十五左右，学自然科学、人文科学者之增加，以学问为事业之增加，遂开民二十以后各种科学各有其根基之局，似与"五四"不无关系吧？即在今天说"科学与民主"，也不算是过时吧？

今日世界文化之灿烂，由于积累而成，已如上文所说。不过现在却有两种人要把自原人石器时代的文化起点，一齐拆去，重新盖起来，尽抹杀以前的累积。这两种人，一是布尔什维克主义者，一是纳粹主义者。我们当然是不走这两条路的，那么就是走积累一条路的了。

图书在版编目（CIP）数据

民国思潮读本 / 田晓青主编 . -- 北京：作家出版社，
2013.5（2022.9重印）

ISBN 978-7-5063-6157-6

Ⅰ . ①民… Ⅱ . ①田… Ⅲ . ①散文集 – 中国 – 现代

Ⅳ . ①I266

中国版本图书馆CIP数据核字（2011）第232411号

民国思潮读本

主　　编：田晓青
策　　划：徐　晓
主编助理：纪　彭
责任编辑：窦海军
装帧设计：任凌云
出版发行：作家出版社有限公司
社　　址：北京农展馆南里10号　　邮　　编：100125
电话传真：86-10-65067186（发行中心及邮购部）
　　　　　86-10-65004079（总编室）
E-mail:zuojia@zuojia.net.cn
http://www.zuojiachubanshe.com
印　　刷：三河市北燕印装有限公司
成品尺寸：170×240
字　　数：2700千
印　　张：155.75
版　　次：2013年5月第1版
印　　次：2022年9月第3次印刷
ISBN　978-7-5063-6157-6
总 定 价：315.00元（全四册）
